Soziologie des Geistes

Peter Gostmann · Alexandra Ivanova
Hrsg.

Soziologie des Geistes

Grundlagen und Fallstudien
zur Ideengeschichte
des 20. Jahrhunderts

Hrsg.
Peter Gostmann
Institut für Soziologie
Goethe-Universität Frankfurt am Main
Frankfurt am Main, Deutschland

Alexandra Ivanova
Institut für Soziologie
Goethe-Universität Frankfurt am Main
Frankfurt am Main, Deutschland

ISBN 978-3-658-25721-7   ISBN 978-3-658-25722-4 (eBook)
https://doi.org/10.1007/978-3-658-25722-4

Die Deutsche Nationalbibliothek verzeichnet diese Publikation in der Deutschen Nationalbibliografie; detaillierte bibliografische Daten sind im Internet über http://dnb.d-nb.de abrufbar.

Springer VS
© Springer Fachmedien Wiesbaden GmbH, ein Teil von Springer Nature 2019
Das Werk einschließlich aller seiner Teile ist urheberrechtlich geschützt. Jede Verwertung, die nicht ausdrücklich vom Urheberrechtsgesetz zugelassen ist, bedarf der vorherigen Zustimmung des Verlags. Das gilt insbesondere für Vervielfältigungen, Bearbeitungen, Übersetzungen, Mikroverfilmungen und die Einspeicherung und Verarbeitung in elektronischen Systemen.
Die Wiedergabe von allgemein beschreibenden Bezeichnungen, Marken, Unternehmensnamen etc. in diesem Werk bedeutet nicht, dass diese frei durch jedermann benutzt werden dürfen. Die Berechtigung zur Benutzung unterliegt, auch ohne gesonderten Hinweis hierzu, den Regeln des Markenrechts. Die Rechte des jeweiligen Zeicheninhabers sind zu beachten.
Der Verlag, die Autoren und die Herausgeber gehen davon aus, dass die Angaben und Informationen in diesem Werk zum Zeitpunkt der Veröffentlichung vollständig und korrekt sind. Weder der Verlag, noch die Autoren oder die Herausgeber übernehmen, ausdrücklich oder implizit, Gewähr für den Inhalt des Werkes, etwaige Fehler oder Äußerungen. Der Verlag bleibt im Hinblick auf geografische Zuordnungen und Gebietsbezeichnungen in veröffentlichten Karten und Institutionsadressen neutral.

Verantwortlich im Verlag: Cori Mackrodt

Springer VS ist ein Imprint der eingetragenen Gesellschaft Springer Fachmedien Wiesbaden GmbH und ist ein Teil von Springer Nature.
Die Anschrift der Gesellschaft ist: Abraham-Lincoln-Str. 46, 65189 Wiesbaden, Germany

Inhaltsverzeichnis

Einleitung 1
Peter Gostmann und Alexandra Ivanova
Literatur 5

Teil I Grundlagen der Soziologie des Geistes

Die Soziologie des Geistes: Systematik und Praxis 9
Peter Gostmann
1 Die ältere Soziologie des Geistes 12
2 Zur erkenntnislogischen Grundlage der älteren Soziologie
   des Geistes 23
3 Eine andere Soziologie des Geistes 38
4 Soziologie des Geistes als Konstellationsanalyse 51
Literatur 59

Die Frage der Rechtfertigung (am Beispiel der Theokratie) 63
Peter Gostmann und Jan Winkelhaus
1 Geltung und Rechtfertigung 64
2 Die Ordnung der Rechtfertigung 69
3 Exemplifikation: Die Rechtfertigung einer Theokratie 74
Literatur 80

V

Die Transserielle Konstellationsanalyse als soziologische Ergänzung zur Historisierung der Leitbegriffe des 20. Jahrhunderts 83
Frank Meyhöfer und Benjamin Schiffl
1 Zur Methodik und Forschungspraxis Transserieller Analyse 85
2 Transserielle Analyse als kontrastierender Vergleich typischer Begriffsverwendungsweisen 88
3 Der Beitrag der Transseriellen Analyse zur Historischen Semantik des 20. Jahrhunderts 94
4 Abschlussbetrachtungen: Grundvektoren der Historischen Semantik des 20. Jahrhunderts und der Transseriellen Analyse 105
Literatur 108

Teil II Fallstudien zur Ideengeschichte des 20. Jahrhunderts

Carlo Schmid und die Außenpolitik 115
Peter Gostmann
1 Fallbeschreibung: „Politik und Geist in exemplarischer Form" 115
2 „Was ist Außenpolitik": Analyse der *selbstgeltenden* Größen 120
3 „Was ist Außenpolitik": Analyse der *transmittierenden* Größen 126
4 Carlo Schmids Soziologe der Außenpolitik: Diskussion – Hypothese – Ausblick 130
Literatur 137

Werner Jaegers transatlantische Paideia 139
Peter Gostmann
1 Kontinuität und Bruch 139
2 Die Philologie, die Historie und die geistige Lage der Gegenwart 145
3 Griechen als Paideia 151
4 Demosthenes in Amerika 160
5 Exzentrik und Zusammenhalt 167
Literatur 170

Stoisches Exil und unvollendete Synthese 173
Benjamin Schiffl
1 Aufbruch in fremde Gefilde 178
2 Von der Faszination zur Unzufriedenheit oder Die zwei unverbundenen Stockwerke im Haus des japanischen Geistes 191
3 Japan als Feind 202
4 Über *Bushidō* als erfundene Tradition oder Japanisches Geschichtsdenken 213

5 Die Wiederaufnahme des Mythologems in der Bundesrepublik	220
6 Resümee: Löwiths Einteilung der Welt	228
Literatur	232

Intellektuelle Krisenbewältigungspraxis der Nachkriegsgesellschaft 237
Frank Meyhöfer

1 Konstellationsanalytische Einordnung Kosellecks	239
2 Symptomatologie der Möglichkeit einer geschichtlichen Krise	249
3 „Krise" der Neuzeit	255
4 Die „Krise" des 20. Jahrhunderts	275
5 Kosellecks Bestimmung der geschichtlichen Krise als Form intellektueller Krisenbewältigungspraxis	298
Literatur	326

Die Ordnung der Ordnungskrise 333
Andreas Schwarzferber

1 Die soziale Serie Jünger–Schmitt	337
2 Die soziale Serie Heidegger–Jünger	362
3 Die soziale Serie Heidegger–Schmitt	370
4 Carl Schmitt und der „Bürgerkrieg"	383
5 Schlussbetrachtung	395
Literatur	399

‚Welten' des Staates 403
Jan Winkelhaus

1 Einleitung	403
2 Otto von Gierke: Die ‚Welt' der Verbände und ihre Rechtfertigung	407
3 Hans Kelsen: Die ‚Welt' des reinen Rechts und ihre Rechtfertigung	421
4 Carl Schmitt: Die ‚Welt' der Volkseinheit und ihre Rechtfertigung	433
5 Ernst-Wolfgang Böckenförde: Die ‚Welt' der Bürger und ihre Rechtfertigung	440
6 Systematik der ‚Welten' der Rechtfertigung	450
Literatur	455

Glossar zur Soziologie des Geistes 459
Peter Gostmann und Alexandra Ivanova

Autorenverzeichnis

Peter Gostmann Institut für Soziologie, Goethe-Universität Frankfurt am Main, Frankfurt am Main, Deutschland

Alexandra Ivanova Institut für Soziologie, Goethe-Universität Frankfurt am Main, Frankfurt am Main, Deutschland

Frank Meyhöfer Zentrum für Lehren und Lernen, Universität Bielefeld, Bielefeld, Deutschland

Benjamin Schiffl Institut für Soziologie, Goethe-Universität Frankfurt am Main, Frankfurt am Main, Deutschland

Andreas Schwarzferber Institut für Soziologie, Goethe-Universität Frankfurt am Main, Frankfurt am Main, Deutschland

Jan Winkelhaus Institut für Soziologie, Goethe-Universität Frankfurt am Main, Frankfurt am Main, Deutschland

Einleitung

Peter Gostmann und Alexandra Ivanova

Unser Buch dokumentiert die Arbeit an einem Gedankenexperiment, das sich aus einer Analyse der gegenwärtigen Lage des Fachs Soziologie ergibt. Dieser Analyse zufolge[1] hat die erfolgreiche Institutionalisierung der Soziologie während des 20. Jahrhunderts den paradoxen Effekt gehabt, dass die Frage, was soziologische Erkenntnis ist, obwohl ungeklärt, im Fach kaum noch Gewicht hat, im Gegenteil häufig soziologische Meinungen zu soziologischen Erkenntnissen aufgewertet werden, solange sie formal korrekt gewillkürt und ein ‚Erfolg' sind – der nicht selten nach Maßstäben von Managern, Verwaltungsfachleuten, Fundraisingexperten, Politikern und Medienmachern beurteilt wird. Diese Analyse legt den Gedanken nahe, ob nicht die Frage der soziologischen Erkenntnis, wenn sie für die institutionalisierte Soziologie nicht mehr von Interesse ist, womöglich ihren Platz in einem anderen wissenschaftlichen Horizont hat. Das Gedankenexperiment, das aus diesem Gedanken folgt, gilt also dem Zweck einer Wissenschaft, die selbst nicht Soziologie, für die aber soziologische Erkenntnis förderlich ist.

---

[1] Gostmann, Peter, und Merz-Benz, Peter-Ulrich. 2018. Humanismus und die Kultur der Soziologie. In *Humanismus und Soziologie*, hrsg. Peter Gostmann und Peter-Ulrich Merz-Benz. Wiesbaden: Springer VS, S. 1–51, hier S. 1–4.

P. Gostmann (✉) · A. Ivanova
Institut für Soziologie, Goethe-Universität Frankfurt am Main,
Frankfurt am Main, Deutschland

Mit anderen Worten, das Gedankenexperiment, an dem wir arbeiten, spielt auf dem Feld einer transdisziplinären Wissenschaft bzw. interdisziplinärer Wissenschaften. Es ist *inter*disziplinär, weil sein Zweck ein Vorschlag für eine Form hermeneutischen Arbeitens ist, die ohne weiteres mit Formen der Materialexegese sich kombinieren lässt, die in Nachbardisziplinen der institutionalisierten Soziologie in Gebrauch sind; in den Geschichtswissenschaften, den Literaturwissenschaften, den Kunst- und Kulturwissenschaften, den Politikwissenschaften, der Theologie, dem Recht, der Philosophie. Unser Gedankenexperiment ist *trans*disziplinär, weil seinen Horizont eine allgemeine Ideengeschichte bildet, die einen soziologischen Gesichtspunkt beinhaltet und an der einige Fachvertreter*innen der Soziologie mit einigen Vertreter*innen der anderen genannten Disziplinen zusammenarbeiten.

Den Horizont dieser allgemeinen Ideengeschichte bildet, soweit wir es vom soziologischen Gesichtspunkt aus erkennen können, das Problem der politischen Ordnung, d. h. das Problem von Recht und Regime. Die Kategorie Recht soll hier die äußere, relativ konstante Form politischer Ordnung abbilden; sie umfasst Fälle von Recht, das sich göttlicher Offenbarung oder heroischer Stiftung verdankt, Fälle der naturrechtlichen Ordnung (die natürliche Gleichheit oder natürliche Ungleichheit prätendieren können); Fälle reinen Säkularrechts. Den relativ konstanten Rechten korrespondieren relativ kurzweilige Elemente der politischen Ordnung, die wir als Regimes verstehen können. Regimes werden praktiziert, nicht kodifiziert; deswegen können wir sagen, dass die Kategorie Regime die innere Form der politischen Ordnung abbildet: die Gesinnungen und Gepflogenheiten, die in einer bestimmten Sequenz einer politischen Ordnung die größte öffentliche Anerkennung genießen, gleichsam für eine gewisse Zeit im Verband ‚den Ton angeben'.

Das Problem von Recht und Regime hat eine historische und eine transhistorische Dimension. Jede ideengeschichtliche Schrift stellt eine Antwort auf das Problem derjenigen politischen Ordnung, in der ihre Autorin lebt, dar; insofern ist ihr Gegenstand ein (bestimmtes) *historisches* Verhältnis von Recht und Regime. Aber ideengeschichtliche Schriften geben Antwort auf dasjenige historische Problem der politischen Ordnung, an der ihre Autorinnen sich abarbeiten, in einer bestimmten Form; indem sie *dieses* Verhältnis von Recht und Regime der Idee nach auf *einer* Ebene (in demselben *Raum*) positionieren, wo ihre *Untersuchungs*gegenstände: Formen der Bearbeitung des Problems der politischen Ordnung in anderen Zeiten und an anderen Orten, angesiedelt sind. Insofern beinhaltet jede ideengeschichtliche Schrift politische Äußerungen von *transhistorischer* Qualität.

Einleitung

Für die Autorin einer ideengeschichtlichen Schrift muss es also darum gehen, möglichst gründlich sowohl in ihren historischen wie in ihren transhistorischen Äußerungen zu sein. Mit anderen Worten, sie sollte im einen wie im anderen Fall Meinungen vermeiden und Erkenntnisse anstreben, d. h. ihre Schlüsse zum Problem der politischen Ordnung, des Verhältnisses von Recht und Regime, material begründen und präzise formulieren. Um zu zeigen, was ein soziologischer (aller Erfahrung nach begrenzter) Gesichtspunkt zu einer solchen gründlich verfahrenden Ideengeschichte beitragen kann, unternehmen wir unser Gedankenexperiment.

Wir dokumentieren dieses Gedankenexperiment in Form eines systematischen und eines praktischen Teils. Dass die Fälle, die wir im praktischen Teil untersuchen, zeitgeschichtlich Fälle des 20. Jahrhunderts n. Chr. sind, folgt keiner prinzipiellen Präferenz, sondern ergibt sich aus dem Themenschwerpunkt, in Auseinandersetzung mit dem die Arbeitsgemeinschaft Soziologie des Geistes sich 2014 konstituiert hat. Dass unsere Fälle zeitgeschichtlich Fälle des 20. Jahrhundert n. Chr. sind, folgt, wenn man so will, einer professionellen Logik. Als Akteur*innen einer im beschriebenen Sinn ohne eigenes wissenschaftliches Fundament institutionalisierten Wissenschaft müssen wir interessiert sein am Verhältnis der intellektuellen Träger dieses paradoxen Institutionalisierungsprozesses (Soziolog*innen mit Erkenntnissen und Meinungen) und seinen materiellen Trägern (Akteur*innen in Staat und Gesellschaft, die Ideen und Interessen haben); die Arbeit am Problem der politischen Ordnung beinhaltet deswegen für uns schon aus Gründen der *compliance* die Reflexion der Verhältnisse zwischen Wissenschaft, Recht und Regime, die diesem Institutionalisierungsprozess korrespondieren. Wir sind, mit anderen Worten, an literarischen, künstlerischen, ökonomischen, politischen, theologischen, juristischen, philosophischen Dokumenten des 20. Jahrhunderts interessiert, weil sie den Resonanzraum bilden, in dem in dieser Zeit die erfolgreiche Institutionalisierung einer Soziologie, die mitunter Erkenntnisse formuliert, aber irritierenderweise mitunter auch Meinungen als Erkenntnisse ausgibt, stattfindet.

Die Texte im systematischen Teil gehen in der Darstellung unseres Gedankenexperiments zwar den praktischen Untersuchungen voraus; aber entstanden sind sie in kollektiven Rhythmuswechseln zwischen Arbeiten am Material und Reflexionen in systematischer Absicht. Tatsächlich waren die ersten publizistischen Niederschläge der Arbeitsgemeinschaft methodologische[2] und praktisch-empirische ideengeschichtliche

---

[2] Vgl. Gostmann, Peter. 2016. *Einführung in die soziologische Konstellationsanalyse*. Wiesbaden: Springer VS; Gostmann, Peter. 2018. Musikwissenschaft als Kritik des Protokolls. Eine methodologische Notiz. In *Don't think positive. Zur Kritik des Positivismus in der Musikwissenschaft*, hrsg. Arbeitskreis kritischer Musikwissenschaftler*innen Frankfurt am Main. Hofheim am Taunus: Wolke, S. 67–82.

Studien.[3] Der erste der folgenden Texte zur Systematik ist also etwas wie eine vorläufige Schlussreflexion zur Frage der Möglichkeit eines soziologischen Beitrags zu einer Ideengeschichte. Dass es sich um eine *vorläufige* Schlussreflexion handelt, dokumentieren wir in Form von zwei Beiträgen, die weitergehende transdisziplinäre (historische Semantik) und intersoziologische (Boltanski-Thévenot-Modell) Perspektiven der Soziologie des Geistes anzeigen.

Die systematische Schlussreflexion, mit der die Darstellung unseres Gedankenexperiments beginnt, geht aus von einem Fall, der an der erfolgreichen Institutionalisierung einer Soziologie Anteil hatte und an dem wir das Verhältnis soziologischer Meinungen und soziologischer Erkenntnisse mit Blick auf die Soziologie des Geistes aufschlüsseln: dem Fall der Wissenssoziologie Karl Mannheims. In Abgrenzung von ihr formulieren wir eine alternative Soziologie des Geistes, die dialektisch verfährt und der allgemeinen Ideengeschichte die Methode einer soziologischen Konstellationsanalyse zur weiteren Verwendung vorschlägt.

Bei den Fallstudien, die wir im praktischen Teil unseres Buchs dokumentieren, handelt es sich um Formen angewandter Konstellationsanalyse. Die einzelnen Studien sind in sich abgeschlossen. Abgesehen von dem Beitrag zu dem besonderen Fall, mit dem sie sich beschäftigen, sollen sie die Potenziale der Methode illustrieren. Dementsprechend bilden Texte nicht eine *historische*, sondern eine *methodologische* Reihe.

---

[3] Vgl. Gostmann, Peter 2014. *Beyond the Pale. Albert Salomon und das intellektuelle Feld im 20. Jahrhundert*. Wiesbaden: Springer VS; Gostmann, Peter, und Ivanova, Alexandra. 2014. Emil Lederer: Wissenschaftslehre und Kultursoziologie. In Emil Lederer, *Schriften zur Wissenschaftslehre und Kultursoziologie*, hrsg. Peter Gostmann und Alexandra Ivanova. Wiesbaden: Springer VS, S. 7–37; Gostmann, Peter. 2015. Intellectual Freedom. On the political Gestalt of Kelsen and Weber, or Strauss's critique on social science revisited. In *The Foundation of the Juridico-Political. Concept Formation in Hans Kelsen and Max Weber*, hrsg. Ian Bryan, Peter Langford und John McGarry Abingdon. New York: Routledge, S. 97–114; Gostmann, Peter. 2017. Zur Soziologie der Schwarzen Hefte. Eine Annäherung an Martin Heideggers Denktagebücher. In *Zyklos 3. Jahrbuch für Theorie und Geschichte der Soziologie*. Wiesbaden: Springer VS, S. 281–309; Gostmann, Peter. 2019. Nach den Staaten. Alexandre Kojève, die Frage des Universalrechts und die University in Exile. In *Jahrbuch für Soziologiegeschichte*. Wiesbaden: Springer VS; Gostmann, Peter, und Schiffl, Benjamin. 2019. Leo Löwenthal und das Überleben der Demokratie. Eine Fallstudie über die Arbeit am politisch-theologischen Problem. In *Zyklos 5. Jahrbuch für Theorie und Geschichte der Soziologie*. Wiesbaden: Springer VS; Ivanova, Alexandra. 2014. „Ob als Freund oder Patient oder vermutlich beides". Eine Studie über die Beziehung Erich Maria Remarques und Karen Horneys. In *Erich Maria Remarque Jahrbuch 24*, S. 7–32; Ivanova, Alexandra. 2018. Wer analysiert wen und zu welchem Zweck oder Ist der Freudianismus ein Humanismus? Ein Beitrag zur Ideengeschichte der Kritischen Theorie der Gesellschaft. In *Humanismus und Soziologie*, hrsg. Peter Gostmann und Peter-Ulrich Merz-Benz. Wiesbaden: Springer VS, S. 117–159.

Unsere methodologische Reihe beginnt mit der Erläuterung konstellationsanalytischer Arbeit am Einzeldokument, weil jede soziologische Konstellationsanalyse mit einem Einzeldokument beginnt und fortgesetzt an Einzeldokumenten arbeitet. Deswegen hat die Darstellung des ersten praktischen Falls, eines Radiovortrags Carlo Schmids aus dem Jahr 1954 zur Außenpolitik, einen eher ‚technischen' Charakter. Es folgen drei Studien, die wir nach der Nomenklatur der Soziologie des Geistes „serielle Analysen" nennen; praktisch bedeutet dies, dass sie jeweils die Konstellation eines bestimmten Motivs in den Schriften eines bestimmten Autors untersuchen: des Japan-Topos im Fall Karl Löwiths; der Paideia im Fall Werner Jaegers; der Krise im Fall Reinhart Kosellecks. Die anschließende („interserielle") Studie untersucht die Arbeit am Problem der politischen Ordnung anhand einer bestimmten Autorenkonstellation in einem bestimmten Zeitraum: Martin Heidegger, Ernst Jünger, Carl Schmitt zu Beginn der 1930er-Jahre. Die letzte („transserielle") Studie untersucht ein transhistorisches Muster in der Form einer historischen Reihe: die Rechtfertigung von Staatlichkeit in der Folge der Rechtswissenschaftler Otto von Gierke, Hans Kelsen, Schmitt, Ernst-Wolfgang Böckenförde.

Auch wenn die einzelnen Studien in sich abgeschlossen sind, gibt es Konvergenzen zwischen den Fällen, die sie untersuchen; nach der Nomenklatur der Soziologie des Geistes bedeutet dies: Autoren haben gelegentlich eine Position in den „Denkräumen" anderer, oder die Äußerung eines Autors tritt in der „Denkbewegung" eines anderen auf. Anders gesagt, abgesehen von der methodologischen Reihe, in der wir die Studien präsentieren, lassen sie sich nach verschiedenen historischen Reihen lesen. Wir wollen aber den Leser*innen mit Interesse an historischen Reihen nicht mit einem Vorschlag vorgreifen.

Wie wir mit Hinweisen auf die Nomenklatur der Soziologie des Geistes bereits angedeutet haben, hat unser Gedankenexperiment es mit sich gebracht, dass wir einigen Begriffen, mit denen wir arbeiten, unsere besondere systematische oder methodologische Aufmerksamkeit gewidmet haben. Da diese Begriffe teilweise nicht sehr geläufig sind, teilweise unser Begriffsgebrauch dem geläufigen nicht entspricht, teilweise sie so, wie sie geläufig, von fundamentaler Bedeutung für die Soziologie des Geistes sind, fassen wir sie am Ende unseres Buchs in einem Glossar zusammen.

Wir bedanken uns bei Vanessa Joppen und Niklas Stoll für ihre profunde Mitarbeit.

Literatur

Gostmann, Peter. 2014. *Beyond the Pale. Albert Salomon und das intellektuelle Feld im 20. Jahrhundert.* Wiesbaden: Springer VS.
Gostmann, Peter. 2015. Intellectual Freedom. On the political Gestalt of Kelsen and Weber, or Strauss's critique on social science revisited. In *The Foundation of the Juridico-Political*.

Concept Formation in Hans Kelsen and Max Weber, hrsg. Ian Bryan, Peter Langford und John McGarry Abingdon. New York: Routledge, S. 97–114.
Gostmann, Peter. 2016. *Einführung in die soziologische Konstellationsanalyse*. Wiesbaden: Springer VS.
Gostmann, Peter. 2017. Zur Soziologie der Schwarzen Hefte. Eine Annäherung an Martin Heideggers Denktagebücher. In *Zyklos 3. Jahrbuch für Theorie und Geschichte der Soziologie*. Wiesbaden: Springer VS, S. 281–309.
Gostmann, Peter. 2018. Musikwissenschaft als Kritik des Protokolls. Eine methodologische Notiz. In *Don't think positive. Zur Kritik des Positivismus in der Musikwissenschaft*, hrsg. Arbeitskreis kritischer Musikwissenschaftler*innen Frankfurt am Main. Hofheim am Taunus: Wolke, S. 67–82.
Gostmann, Peter. 2019. Nach den Staaten. Alexandre Kojève, die Frage des Universalrechts und die University in Exile. In *Jahrbuch für Soziologiegeschichte*. Wiesbaden: Springer VS.
Gostmann, Peter, und Ivanova, Alexandra. 2014. Emil Lederer: Wissenschaftslehre und Kultursoziologie. In Emil Lederer, *Schriften zur Wissenschaftslehre und Kultursoziologie*, hrsg. Peter Gostmann und Alexandra Ivanova. Wiesbaden: Springer VS, S. 7–37.
Gostmann, Peter, und Merz-Benz, Peter-Ulrich. 2018. Humanismus und die Kultur der Soziologie. In *Humanismus und Soziologie*, hrsg. Peter Gostmann und Peter-Ulrich Merz-Benz. Wiesbaden: Springer VS, S. 1–51.
Gostmann, Peter, und Schiffl, Benjamin. 2019. Leo Löwenthal und das Überleben der Demokratie. Eine Fallstudie über die Arbeit am politisch-theologischen Problem. In *Zyklos 5. Jahrbuch für Theorie und Geschichte der Soziologie*. Wiesbaden: Springer VS.
Ivanova, Alexandra. 2014. „Ob als Freund oder Patient oder vermutlich beides". Eine Studie über die Beziehung Erich Maria Remarques und Karen Horneys. In *Erich Maria Remarque Jahrbuch* 24, S. 7–32.
Ivanova, Alexandra. 2018. Wer analysiert wen und zu welchem Zweck oder Ist der Freudianismus ein Humanismus? Ein Beitrag zur Ideengeschichte der Kritischen Theorie der Gesellschaft. In *Humanismus und Soziologie*, hrsg. Peter Gostmann und Peter-Ulrich Merz-Benz. Wiesbaden: Springer VS, S. 117–159.

Teil I
Grundlagen der Soziologie des Geistes

Die Soziologie des Geistes: Systematik und Praxis

Peter Gostmann

Die Ideen scheinen kein gutes Terrain für die soziologische Forschung zu sein. Zwar gelten einige Autoren, die man – teilweise ex post – dem Fach zurechnet (namentlich Ludwig Fleck, Karl Mannheim und Thomas S. Kuhn), als Teil der Patenschaft eines jüngeren „Wandel[s]" im Feld der Ideengeschichte, für den die „neue[n] Forschungsprogramme" der *Cambridge School of the History of Political Thought* Quentin Skinners und John G.A. Pococks sowie die von Reinhard Koselleck begründete begriffsgeschichtliche Schule stehen;[1] zwar lässt sich trefflich

---

[1] Stollberg-Rilinger, Barbara. 2010. Einleitung. In *Ideengeschichte*, hrsg. Barbara Stollberg-Rilinger. Stuttgart: Steiner, S. 7–42, hier S. 19. Vgl. Skinner, Quentin. 1969. Meaning and Understanding in the History of Ideas. In *History and Theory* 8, S. 3–53; Pocock, John G.A. 1987. The Concept of Language and the métier d'historien. Some Considerations of Practice. In *The Languages of Political Theory in Early Modern Europe*, hrsg. Anthony Pagden. Cambridge: Cambridge University Press, S. 19–38; Koselleck, Reinhard. 1979. Begriffsgeschichte und Sozialgeschichte. In *Historische Semantik und Begriffsgeschichte*, hrsg. Reinhard Koselleck. Stuttgart: Klett-Cotta, S. 19–36. Vgl. Fleck, Ludwik. 2008. *Entstehung und Entwicklung einer wissenschaftlichen Tatsache. Einführung in die Lehre von Denkstil und Denkkollektiv.* Frankfurt am Main: Suhrkamp; Mannheim, Karl. 2008. Das Problem der

---

P. Gostmann (✉)
Institut für Soziologie, Goethe-Universität Frankfurt am Main,
Frankfurt am Main, Deutschland

© Springer Fachmedien Wiesbaden GmbH, ein Teil von Springer Nature 2019
P. Gostmann, A. Ivanova (Hrsg.), *Soziologie des Geistes*,
https://doi.org/10.1007/978-3-658-25722-4_2

für die ideengeschichtlichen Potenziale von Niklas Luhmanns als „Nebenprodukt seiner allgemeinen Theorie sozialer Evolution" entstandenen „Studien zu Gesellschaftsstruktur und Semantik" argumentieren.[2] Aber der allgemeinen Tendenz nach scheint doch, wie die Herausgeber der *Zeitschrift für Ideengeschichte* im Editorial zu deren erstem Heft vermerken, ausgerechnet die Prätention einer „soziologisch[en] [A]uf […] klär[ung]" der „Geisteswissenschaften" (neben anderem) für eine bedenkliche Entwicklung verantwortlich zu sein, in deren Ergebnis die Geisteswissenschaften „selbst […] nicht mehr so heißen wollten", und von der Ideengeschichte neben dem Begriff vielfach bloß ein „Erkenntnis*wille*" zurückblieb, gegründet auf einer eher diffusen Überzeugung von der „Notwendigkeit, die langen Linien des Ideenverkehrs zu erforschen", und gefördert dadurch, dass nun einmal Teil der Überlieferung in den akademischen Institutionen eine „profunde Kenntnis des Archivs" ist.[3] In der Soziologie selbst führt derweil, wie sich dem Editorial zu dem neben der Theorie ausdrücklich auch der Geschichte des Fachs verpflichteten Jahrbuch *Zyklos* entnehmen lässt, „die Soziologiegeschichte […] eine Randexistenz", weswegen man, statt ein neues Forschungsprogramm anzuvisieren, vorerst darauf sich beschränkt, die „Relevanz" von „geschichtlichen[n] Perspektivierungen" für das „disziplinäre Selbstverständnis" zu rubrizieren.[4]

Trotz dieser nicht sehr hoffnungsvollen Befunde gehen wir in der Folge vom Gedanken der Möglichkeit aus, *dass* die Ideen ein ausgezeichnetes Terrain für die soziologische Forschung sind. Wir wollen allerdings nicht die Geisteswissenschaften soziologisch aufklären oder auf die Selbstverständigung der Soziologie hinwirken. Sondern wir wollen in Form systematischer Abhandlungen und illustriert durch exemplarische Studien einen Vorschlag für einen genuin soziologischen Beitrag zur allgemeinen Ideengeschichte unterbreiten. Wir verstehen die Ideengeschichte als ein Forschungsgebiet, das Akteur*innen verschiedener Fachrichtungen behandeln, in die

---

Generationen. In *Schriften zur Wirtschafts- und Kultursoziologie*. Wiesbaden: VS Verlag für Sozialwissenschaften, S. 121–166; Kuhn, Thomas S. 1962. *The Structure of Scientific Revolutions*. Chicago: University of Chicago Press.

[2] Stollberg-Rilinger. Einleitung, S. 39. Vgl. Luhmann, Niklas. 1980. Gesellschaftliche Struktur und semantische Tradition. In *Gesellschaftsstruktur und Semantik. Band 1*. Frankfurt am Main: Suhrkamp, S. 9–58.

[3] Herausgeber ZIG. 2007. Einen Anfang machen. Warum wir eine Zeitschrift für Ideengeschichte gründen. In *Zeitschrift für Ideengeschichte* 1/2007, S. 4–6, hier S. 4 (Hervorhebung von mir/PG).

[4] Endreß, Martin, Lichtblau, Klaus, und Moebius, Stephan. 2015. Editorial. In *Zyklos 1. Jahrbuch für Theorie und Geschichte der Soziologie*. Wiesbaden: Springer VS, S. 9–14, hier S. 10–11.

der akademische Betrieb der Geisteswissenschaften sich gegenwärtig, vielfach nicht aus unmittelbar sachlichen, sondern teilweise aus sachfremden (z. B. bürokratischen) Gründen aufteilt, in die sich aber weder das Denken der Vergangenheit (die ihr Gegenstand ist) noch zwangsläufig das Denken der Zukunft (zu dessen Vergangenheit sie gehört haben wird) einteilen lassen. In diesem Sinn steht unser Vorschlag eines soziologischen Beitrags zur Ideengeschichte sachlich im Zusammenhang mit fachfremden Forschungsprogrammen, die z. B. mit den Namen Skinners, Pococks und Kosellecks verbunden sind, während er dem Namen der akademischen Verwaltungseinheit nach vom selben Fach ist, wie eine Reihe von Forschungsprogrammen, mit denen er der Sache nach nichts zu tun hat.

Wir nennen unser Forschungsprogramm mit einer Formulierung Mannheims die „Soziologie des Geistes".[5] Ihm liegt, unter dem Gesichtspunkt der Ideen, dieselbe Frage zugrunde, die die erste Frage jeder Soziologie ist:[6] die Frage der gelungenen Verbindung von soziologischer Systematik und soziologischer Praxis (die man in der gegenwärtigen Soziologie für gewöhnlich nach ,Theorie' und ,Empirie' rubriziert). Diese Frage hat, nicht unter dem Gesichtspunkt der soziologischen Ideengeschichte, sondern zum Zweck einer Logik der Philosophie, aber mit nachweislichen Folgen in Mannheims Soziologie des Geistes,[7] bereits Emil Lask aufgeworfen. Lask unterschied eine „*analytische Logik*", der „[d]as Empirische [...] zur einzigen und vollen Wirklichkeit", dagegen „der Begriff zu einem künstlich ausgesonderten Teilinhalt ohne eigene Existenzfähigkeit" wird, und eine „*emanatistische Logik*", der es umgekehrt um den „Begriff" geht, der „stets inhaltsreicher als die empirische Wirklichkeit ausfallen" wird und von dem man sagt, dass er „den besonderen Verwirklichungsfall sozusagen aus seiner überreichen Fülle *entläßt*".[8] Lasks Klärung

---

[5] Mannheim, Karl. 1982. Die Bedeutung der Konkurrenz im Gebiete des Geistigen. In *Der Streit um die Wissenssoziologie. Erster Band*, hrsg. Volker Meja und Nico Stehr. Frankfurt am Main: Suhrkamp, S. 325–370, hier S. 329.

[6] Vgl. Gostmann, Peter, und Merz-Benz, Peter-Ulrich. 2018. Humanismus und die Kultur der Soziologie. Zur Einleitung. In *Humanismus und Soziologie*, hrsg. Peter Gostmann und Peter-Ulrich Merz-Benz. Wiesbaden: Springer VS, S. 1–51.

[7] Merz-Benz, Peter-Ulrich. 2014. Soziologie als Erkenntniskritik. Zur Genesis der Soziologie aus der Philosophie des Neukantianismus. In *Wissenschaftsphilosophie im Neukantianismus. Ansätze – Kontroversen – Wirkungen*, hrsg. Christian Krijnen und Kurt Walter Zeidler Würzburg: Königshausen & Neumann, S. 317–346, hier S. 329–335. Vgl. Mannheim, Karl. 1922. *Die Strukturanalyse der Erkenntnistheorie. Kant-Studien. Ergänzungshefte* 57. Berlin: Reuther & Reichard.

[8] Lask, Emil. 1923. Fichtes Idealismus und die Geschichte. In *Gesammelte Schriften. I. Band*. Tübingen: Mohr (Siebeck), S. 1–274, hier S. 30.

des Verhältnisses von analytischer Logik und emanatistischer Logik bildet, wie wir sehen werden, eine Blaupause für die Klärung des Verhältnisses von Systematik und Praxis der Soziologie des Geistes; die Klärung dieses Verhältnisses stellt die Grundlage unseres Forschungsprogramms dar.

Wir verfahren in vier Schritten. Zunächst *(1.)* skizzieren wir die Soziologie des Geistes, die Mannheim vorgelegt hat, in ihren Grundzügen, und arbeiten die erkenntnislogischen Fragen heraus, die Mannheims Konzeption ungeklärt lässt. Anschließend *(2.)* unternehmen wir einen ersten Schritt zur Klärung der ungeklärten erkenntnislogischen Fragen. Zu diesem Zweck stellen wir Mannheims Begriff des Geistes demjenigen G.W.F. Hegels gegenüber, wobei wir uns an Lasks Klärung der erkenntnislogischen Grundlagen Hegels orientieren. Vor diesem Hintergrund erläutern wir dann *(3.)* mit Hilfe eines Gedankenexperiments die systematischen Grundlagen für eine Soziologie des Geistes, die die erkenntnislogischen Schwächen meidet, die Mannheims Vorschlag hat. Unser Ansatz verweist uns, wie wir sehen werden, zurück auf die Frage des Zusammenhangs von Systematik und Praxis der Soziologie des Geistes. Daher erläutern wir abschließend *(4.)* die Forschungslogik der Methode der soziologischen Konstellationsanalyse als eines Mittels für den soziologischen Beitrag zur Ideengeschichte.

1 Die ältere Soziologie des Geistes

Von einer „Soziologie des Geistes" spricht Mannheim in der Publikation des Vortrags, den er anlässlich des Sechsten Deutschen Soziologentages in Zürich (17.–19. September 1928) hielt. Entsprechend unserer Fragestellung interessiert uns der Vortrag nicht vorrangig als Beitrag zu einer wissenssoziologischen Explikation der seinerzeitigen „Konflikte des Faches" Soziologie, als die er anschließend häufig diskutiert wurde.[9] Vielmehr interessiert uns die Frage des „organisch[en]" Zusammenhangs zwischen der „soziologische[n] Tatsachenproblematik", die Mannheim in Begriffen der „Konkurrenz" anspricht, und der „erkenntnistheoretische[n] Problematik", die er in seinem Vortrag dem eigenen Anspruch nach „streift" und „[a]ndeut[et]".[10] Um diese Frage zu rekonstruieren,

---

[9] Barboza, Amalia. 2009. *Karl Mannheim.* Konstanz: UVK, S. 28. Vgl. Meja, Volker, und Stehr, Nico, (Hrsg.). 1982. *Der Streit um die Wissenssoziologie. Erster Band: Die Entwicklung der deutschen Wissenssoziologie.* Frankfurt am Main: Suhrkamp.

[10] Mannheim. Die Bedeutung der Konkurrenz, S. 329.

müssen wir zuerst nachvollziehen, wie er den Begriff einer Soziologie des Geistes begründet. Wir beginnen, damit uns nichts Grundlegendes entgeht, mit einem knappen Überblick über Mannheims Text unter diesem Aspekt:[11]

(1) Exposition des Themas. *Soziologische Theorie des Geistes.* Grundbegriffe: (Soziale) Struktur – Generation und Konkurrenz.[12] *(2)* Definition des Gegenstandsgebiets der Soziologie des Geistes. *Das seinsverbundene Denken.* Akteurseinheit: der ‚ganze Mensch'. Begriffe der logischen Form und der Kategorialapparatur. Verhältnis von Gesellschaft und Gesellschaftstheorie.[13] *(3)* Entwicklung einer Typologie der Öffentlichkeit. *Konsens, Monopol, atomisierte und konzentrierte Konkurrenz.*[14] *(4)* Beschreibung der Kategorialapparatur für eine Analyse der Öffentlichkeit unter Gesichtspunkten des Typus der konzentrierten Konkurrenz. *Konservierung, Polarisation, Selektion.*[15] *(5)* Ergebnisse der Analyse. *Konservatismus, Liberalismus, Sozialismus.*[16] *(6)* Ausblick. *Verbindungen, Kreuzungen, Synthesen.* Grenzen der Soziologie des Geistes.[17]

Wir werden in der Folge nicht allen diesen Schritten die gleiche Aufmerksamkeit widmen, daher auch nicht allen genannten Begriffen. Uns interessieren insbesondere die Strukturbedingtheiten, die Mannheim nennt, d. h. die Begriffe ‚Generation' und ‚Konkurrenz', und in ihrem Zusammenhang der Begriff der ‚Seinsverbundenheit'; überdies Mannheims Behandlung der den Vortrag beschließenden Frage der Grenzen der Soziologie des Geistes. Die Auseinandersetzung mit diesen Aspekten des Textes genügt uns, um im Sinn unserer Fragestellung die erkenntnislogischen Unklarheiten in Mannheims Argumentation auszuweisen. Wir beschäftigen uns daher nicht mit der Frage, was aus diesen erkenntnislogischen Unklarheiten mit Blick auf Mannheims Vorschläge zu einer Typologie der Öffentlichkeit und für die Kategorialapparatur der Soziologie des Geistes folgt.

---

[11] Mannheims Text beginnt mit einigen „Leitsätze[n]" zu den folgenden Ausführungen, die, beginnend mit „*A. Hinleitung zum Problem*" und aufhörend mit „Fragen", die „*[d]iskutiert werden können nach Vorschlag des Redners*", einen Überblick andeuten (Mannheim. Die Bedeutung der Konkurrenz, S. 325–327). Wir wollen uns statt an den Leitsätzen an den Begriffen, die Mannheim im Folgenden verwendet, orientieren, da uns nicht zuletzt der Nachvollzug der materialen Form der argumentativen Übergänge zwischen den Schritten, deren geordnete Reihe die Leitsätze prätentieren, interessiert.
[12] Mannheim. Die Bedeutung der Konkurrenz, S. 327–330.
[13] Mannheim. Die Bedeutung der Konkurrenz, S. 330–335.
[14] Mannheim. Die Bedeutung der Konkurrenz, S. 335–346.
[15] Mannheim. Die Bedeutung der Konkurrenz, S. 346–351.
[16] Mannheim. Die Bedeutung der Konkurrenz, S. 351–360.
[17] Mannheim. Die Bedeutung der Konkurrenz, S. 360–369.

§ 1. Die Frage der sozialen Struktur. Mit dem Begriff „Struktur" bezeichnet Mannheim eine Größe, die im „Gegenstandsgebiet" der Soziologie des Geistes als „[B]edingheit" sich niederschlägt. Dieses Gegenstandsgebiet nennt er das *„seinsverbundene Denken"*. Es fällt in das „Gesamtgebiet des Denkens", das wiederum zum „Gesamtgebiet des Geistigen" gehört. Zum Gesamtgebiet des Denkens zählt Mannheim neben dem seinsverbundenen Denken ein „exakt-naturwissenschaftliche[s] Denken". Das seinsverbundene Denken umfasst das „historische Denken […], das politische Denken, das Denken in den Geistes- und Sozialwissenschaften und auch das Denken des Alltags". Für all diese Formen seinsverbundenen Denkens ist kennzeichnend, dass ihre Ausdrucksformen denen des „sozialen Lebens" bzw. des „gesellschaftlichen Lebens" korrespondieren, wie sich mittels Analyse ihrer „logischen Formung[en]" und ihren „Kategorialapparatur[en]" feststellen lasse.[18]

Da im sozialen bzw. gesellschaftlichen Leben bestimmte strukturelle Bedingungen vorhanden sind, finden diese auch in den verschiedenen Kategorialapparaturen, die das ihm (seins-)verbundene Denken hervorbringt, und in deren logischer Formung ihren Niederschlag. Mannheim fasst die Gesamtheit dieser Ausdrucksformen des seinsverbundenen Denkens mit Bezug auf Überlegungen Martin Heideggers unter den Begriff der „öffentlichen Auslegung des Seins". Die Einheit der öffentlichen Seinsauslegungen bezeichnet er als ein „profunderes […] ‚Man'" (gegenüber jenem, von dem Heidegger spricht). Wie es „zustande kommt", d. h. die Frage des Verhältnisses von Einheit und Vielfalt der Formen seinsverbundenen Denkens, ist das „Problem" der Soziologie des Geistes.[19] Der Nachvollzug der strukturellen Bedingungen des sozialen bzw. gesellschaftlichen Lebens ist demnach der Schlüssel für die Lösung *dieses* Problems.

Bei den strukturellen Bedingungen, die im historischen oder im politischen Denken, in den Geistes- und Sozialwissenschaften oder auch im Alltag sich niederschlagen, handelt es Mannheim zufolge sich um zwei „einfache" Gegebenheiten: *„Generationen"* und das *„Phänomen der Konkurrenz"*.[20] Für uns sind sie wichtig, weil wir später mittels ihrer Kritik die systematischen Grundlagen der Soziologie des Geistes präzisieren und die Soziologie des Geistes als eine empirisch verfahrende Form der Ideengeschichte erläutern wollen.

Den Begriff ‚Generation' verwendet Mannheim bereits früher im Text des Zürcher Vortrags, bevor er ihn als einen Schlüssel zur Lösung des Problems der Soziologie des Geistes kennzeichnet, und in anderer Bedeutung. Dies gilt nicht für den

---

[18] Mannheim. Die Bedeutung der Konkurrenz, S. 330–331.
[19] Mannheim. Die Bedeutung der Konkurrenz, S. 334–335. Vgl. Heidegger, Martin. 1993. *Sein und Zeit*. Tübingen: Max Niemeyer.
[20] Mannheim. Die Bedeutung der Konkurrenz, S. 330.

Begriff ‚Konkurrenz', den er gleich eingangs als „Problem" seines Vortrags und der Soziologie überhaupt kenntlich macht.[21] An dieser früheren Stelle des Vortrags ist eine „Generation" das Gegenkonzept zur „gegenwärtigen Konstellation" unter Gesichtspunkten der Aufgaben, die dieser, und der Aufgaben, die jener zukommen. Während der „Generation, die die französische Revolution und die mit ihr zusammenhängende Rückbesinnung durchgemacht" habe, die Sichtung des „Aufgabenkreis[es] einer *Phänomenologie und Geschichtsphilosophie des Geistes*" zugefallen sei, „erw[ä]chs[t]" Mannheim zufolge der gegenwärtigen Konstellation die „Aufgabe" der „soziologische[n] Sichtung des geistigen Lebens". Es geht demnach gegenwärtig im Großen und Ganzen, unter Gesichtspunkten eines Vergleichs der unterschiedlichen „Bedeutung" zweier „historische[r] Zeitmomente", darum, „die konstitutive Bedeutung des Lebens des sozialen Körpers für das Geistige in das Blickfeld zu rücken".[22] Die Generation der französischen Revolution habe die „Entwicklungs- und Bewegungsform des Geisteslebens" mit der „immanenten Gesetzmäßigkeit des Geistes" zusammengebracht; in der Zwischenzeit zeige sich, dass die Entwicklungs- und Bewegungsform des Geisteslebens besser im Zusammenhang mit den „Strukturbedingtheiten des gesellschaftlichen Lebens" zu analysieren wäre.[23] Eine dieser Strukturbedingtheiten (neben dem Phänomen der Konkurrenz) ist, wie wir gesehen haben, die Gegebenheit von ‚Generationen'.

Mannheim hat, wie er in einer Fußnote zum Text des Zürcher Vortrags anmerkt, die Gegebenheit von Generationen, die er für seine Zürcher Gegenüberstellung des Geisteslebens zu Zeiten der französischen Revolution und des Geisteslebens seiner Epoche voraussetzt, im Vorfeld des Vortrags bereits erläutert, in einem Beitrag zur „Soziologie des Geistes" avant la lettre.[24] Wir kommen gleich darauf zurück, wollen aber zuvor eine Zwischenbilanz in erkenntnislogischer Hinsicht ziehen; in deren Ergebnis werden wir bestätigt finden, dass die Schrift zur Soziologie der Generationen tatsächlich von grundlegender Bedeutung für das Verständnis von Mannheims Soziologie des Geistes ist.

§ 2. Zwischenbilanz: Erkenntnislogik der Soziologie des Geistes. Die Soziologie des Geistes stellt für Mannheim eine *bestimmte Form des Denkens und Sprechens über den Geist* dar. Sie ist nicht jedermann zu jeder Zeit und an jedem Ort möglich, oder wenigstens nicht für jedermann jederzeit und überall naheliegend, sondern hat eine *spezifische Trägerschaft*: die Vielfalt der Akteure in Historienschreibung und

---

[21] Mannheim. Die Bedeutung der Konkurrenz, S. 327–328.
[22] Mannheim. Die Bedeutung der Konkurrenz, S. 329–330.
[23] Mannheim. Die Bedeutung der Konkurrenz, S. 330.
[24] Mannheim. Die Bedeutung der Konkurrenz, S. 330 und 369. Vgl. Mannheim. Das Problem der Generationen.

Politik, Geistes- und Sozialwissenschaft, die gegenwärtig in diesen Gebieten wie auch im Alltag zur Gesamtheit der öffentlichen Seinsauslegungen, zur gegebenen Einheit eines profunderen ‚Man', beitragen. Diese Trägerschaft bestimmt Mannheim *in Begriffen der Raumzeit*; so war es z. B. den Menschen zu Zeiten der französischen Revolution *nicht* möglich oder naheliegend, über den Geist in der Form einer Soziologie des Geistes zu sprechen, während dies der Zeitgenossenschaft Mannheims im Großen und Ganzen möglich ist bzw. näher liegt, jedenfalls dem soziologischen juste milieu Heidelbergs.

Kennzeichnend für die Form des Denkens und Sprechens über den Geist, die Mannheim als Träger der gegenwärtigen Konstellation zur Anwendung bringt, ist, wie die Passage eingangs des Zürcher Vortrags zeigt, dass in ihrer Kategorialapparatur und ihrer logischen Formung nach ‚Geist' dem ‚Leben' korrespondiert. Kennzeichnete Mannheim zufolge die Generation der französischen Revolution, sich dem Geist mit Blick auf das ihm *Immanente* anzunähern, so können wir sagen, dass Mannheim als Exeget der zeitgenössischen Konstellation im Korrespondierenlassen von ‚Geist' und ‚Leben' den Vorgang der *Transzendenz* des im Geist selbst Vorhandenen in das Zentrum der Betrachtung rückt.

Wir können anhand von Mannheims Darstellung jedenfalls *zwei Aspekte im Vorgang der Transzendenz des im Geist selbst Vorhandenen in Begriffen des Lebens* unterscheiden. Zum einen ist dies der Aufweis der Bedingtheit von ‚Geistigem' durch das ‚Leben des sozialen Körpers'; deren Nachvollzug bildet das Programm der Soziologie des Geistes. Zum anderen ist dies die (im Text nicht eigens begründete) Komposition von ‚Geist' und ‚Leben' zum ‚geistigen Leben' bzw. ‚Geistesleben'. Der Einsatz dieser Begriffskomposition ermöglicht es Mannheim, das Programm der Soziologie des Geistes zu formulieren. Erst in der angezeigten Weise mit ‚Leben' verbunden, wird ‚Geist' zu einer Größe, die nicht nur in Form des materialen Niederschlags einer innergeistigen Entwicklung und Bewegung sich empirisch bestimmen lässt, sondern deren Entwicklung und Bewegung Mannheim formal mit der Entwicklung und Bewegung von ‚Leben' in einer umfassenderen Qualität in Korrespondenz setzen kann: mit dem ‚sozialen' bzw. ‚gesellschaftlichen Leben'.

Die Komposition ‚geistiges Leben' bzw. ‚Geistesleben' ist der für Mannheims Argumentation grundlegendere der beiden Aspekte im Vorgang der Transzendenz des im Geist selbst Vorhandenen; sie ermöglicht, wie wir gesehen haben, die Formulierung des zweiten, programmatischen Aspekts. Der Begriff, den Mannheim zur Erläuterung des Gesamtvorgangs einführt, ist, wie erinnerlich, dessen ‚Strukturbedingtheit'; er unterscheidet, wie wir gesehen haben, (wenigstens) zwei einfache Strukturbedingungen, die er ‚Konkurrenz' und ‚Generation' nennt. Also können wir schließen, dass die logische Formung und kategorialapparaturiale Abbildung dieser beiden Größen die Voraussetzung für eine treffliche Analyse des gesellschaftlichen und des geistigen bzw. Geisteslebens ist.

Wir können überdies davon ausgehen, dass für unseren Zweck, Mannheims Begründung einer Soziologie des Geistes nachzuvollziehen, von den beiden genannten Strukturbedingungen die ‚Generation' gegenüber der ‚Konkurrenz' die relevantere ist. Wie gesehen, bestimmt Mannheim die Trägerschaft der Soziologie des Geistes in Begriffen der (Raum-)Zeit und verwendet ‚Generation' zur Kennzeichnung (raum-)zeitspezifischer Trägerschaften – wenn nicht einer *Soziologie* des Geistes, so z. B. einer *Phänomenologie und Geschichtsphilosophie* des Geistes. Dagegen behandelt er, wie der Fortgang des Zürcher Vortrags zeigt, ‚Konkurrenz' *nicht* als eine transhistorisch vorhandene Strukturbedingung des gesellschaftlichen Lebens, sondern als *mit der Zeit*, in Vorgang und Wechsel „historische[r] Seinsstufen", entstanden.[25] Konkurrenz „kommt" Mannheim zufolge „auf" oder bleibt aus, „dominiert" beizeiten das gesellschaftliche und das geistige Leben und ist beizeiten in ihm ein marginalisiertes Phänomen, z. B. gegenüber einem „*auf Konsensus beruhenden Denken*" oder anlässlich der „Monopolsituation einer (zumeist ständisch abgeschlossenen) Schicht".[26] Mit anderen Worten, ‚Konkurrenz' beschreibt eine Strukturbedingung, die lediglich für eine bestimmte „Ära" bestimmend ist; jedenfalls für diejenige, in der „wir uns heute weitgehend befinden", und daher auch für die öffentlichen Seinsauslegungen in dieser und für diese Ära, wenn man sie als *Gesamtheit* betrachtet.[27] Dagegen ist ‚Generation' der Begriff der *Einheit* einer solchen Ära unter Gesichtspunkten des Gegenwärtigen; Kategorialapparatur und logische Formung einer Generation sind Ausdruck jenes profunderen ‚Man', dessen Aktualform das Gegenstandsgebiet der Soziologie des Geistes bildet.

§ 3. Generationen. Leben und Strom, Kultur und Wissen. Generationen, deren transhistorisches Vorhandensein Mannheim voraussetzt, um das zeitgenössische Naheliegen einer *Soziologie* des Geistes im Vergleich zum Näherliegen einer *Phänomenologie und Geschichtsphilosophie* des Geistes in einer jüngeren Vergangenheit (zu Zeiten der französischen Revolution) zu begründen, hatte er avant la lettre als eine Form der „soziale[n] Verbundenheit" beschrieben, die sich von den Formen von Verbundenheit, die „konkrete Gruppenbildungen" wie „Zweckverbände, Familie, Sippe, Gesinnungsgemeinschaften usw." kennzeichnen, unterscheidet.[28] Während, so Mannheim, die „Individuen", die solche *konkreten* Gruppen bilden, jedenfalls von ihrer Zugehörigkeit „[w]issen", weil entweder die „Gruppeneinheit [...] durch *vital*, existenziell *vorausgehende* Bindungen der ‚Nähe' fundiert" oder „durch *bewußt gewollte* Stiftung des ‚Kürwillens' zustande"

---

[25] Mannheim. Die Bedeutung der Konkurrenz, S. 335.
[26] Mannheim. Die Bedeutung der Konkurrenz, S. 334, 336 und 338.
[27] Mannheim. Die Bedeutung der Konkurrenz, S. 345.
[28] Mannheim, Karl. 2008. Das Problem der Generationen. In *Schriften zur Wirtschafts- und Kultursoziologie*. Wiesbaden: VS Verlag für Sozialwissenschaften, S. 121–166, hier S. 133.

gekommen ist, stelle der „Generationenzusammenhang", in dieser Hinsicht vergleichbar der „Klassenlage", eine „Lagerung im sozialen Raume" dar, die unabhängig davon existiert, ob jemand von ihr „weiß oder nicht, ob [jemand] sich ihr zurechnet oder diese Zurechenbarkeit vor sich verhüllt".[29]

Wie die Klassenlage beschränkt der Generationenzusammenhang Individuen „auf einen bestimmten Spielraum möglichen Geschehens"; er legt ihnen „eine spezifische Art des Erlebens und Denkens, eine spezifische Art des *Eingreifens in den historischen Prozeß* nahe [...] ".[30] Anders als die Klassenlage, die „fundiert durch das Vorhandensein einer jeweilig sich verändernden, ökonomischen, machtmäßigen Struktur der Gesellschaft" ist, ist die Generationslage „fundiert durch das Vorhandensein des *biologischen Rhythmus* im menschlichen Dasein: durch die Fakta des Lebens und des Todes, durch das Faktum der begrenzten Lebensdauer und durch das Faktum des Alterns". Die Verbundenheit der Individuen, die „zu ein und demselben ‚Geburtenjahrgange'" zählen, basiert darauf, dass sie „im historischen Strome des gesellschaftlichen Geschehens verwandt gelagert" sind.[31]

Das Bild, mit dessen Hilfe Mannheim die Möglichkeit einer Soziologie des Geistes ebenso wie deren Ausbleibens begründet, ist, wie wir gesehen haben, das eines ‚historischen Stroms'. Mannheims Generation ist in diesem Strom so gelagert, dass ihr die Möglichkeit der Soziologie des Geistes offensteht; dagegen die Generation der französischen Revolution so, dass ihr solche Vorgänge der Transzendenz des im Geist selbst Vorhandenen nicht sonderlich angelegen sind. Um zu verstehen, warum Mannheim davon ausgeht, dass die Möglichkeiten einer Soziologie des Geistes in der beschriebenen Weise verteilt sind, müssen wir also seine Begründung des Zusammenhangs von ‚*Generationslage*' und ‚*historischem Strom*' nachvollziehen.

Formal stellt Mannheim den Zusammenhang des Begriffs der ‚Generation' und des Bilds vom ‚historischen Strom' her, indem er von „Generationswandel", „Generationsfolge" und „Generationswechsel" spricht.[32] ‚Generation' ist demzufolge eine Größe, die in einer *bewegten Reihe* auftritt und die man zu Zwecken einer Soziologie des Geistes, aufgrund der Ordnung der (wechselnden) Positionen innerhalb dieser Reihe, in Generation*en* von *unterschiedlicher qualitativer Ausprägung* zergliedern kann. Trotz ihrer qualitativen Unterschiede sind Generationen miteinander verbunden; Mannheims Begriff bildet Kontinuität *und* Diskontinuität ab: Über*gänge* und Über*gaben*.

---

[29] Mannheim. Das Problem der Generationen, S. 133–134 (Hervorhebung von mir/PG).
[30] Mannheim. Das Problem der Generationen, S. 136 (Hervorhebung von mir/PG).
[31] Mannheim. Das Problem der Generationen, S. 135 (Hervorhebung von mir/PG).
[32] Mannheim. Das Problem der Generationen, S. 137.

In inhaltlicher Hinsicht bestimmt Mannheim den kontinuität-diskontinuitären Zusammenhang von ‚Generationslage' und ‚historischem Strom' mittels des Begriffs ‚Kultur'. Der Begriff kennzeichnet etwas, das von einer Generation „fortgebildet" wird; das, da es bereits „[v]orhanden", bereits ihr „*Gegenstand*" ist, ihr zu Zwecken einer „neue[n] Auswahl" oder einer „Revision" oder womöglich bloß, um es zu „[v]ergessen", bereits vorliegt.[33] Eine Generation ist anderen Generationen verbunden, wenn und insoweit Teil dessen, was sie „aktuell produziert und reproduziert", „vergangene", von den ihr in der historischen Reihe vorausgehenden Generationen produzierte und reproduzierte „Erlebnisse [und] Erfahrungen" sind; diese sind ihr im Medium der „*Erinnerung*" zugänglich.[34]

Mit ‚Kultur', dem Begriff, mittels dessen Mannheim den kontinuität-diskontinuitären Zusammenhang der Generationen zum Ausdruck bringt, ruft er eine Qualität von ‚Leben' auf, das, *unter Gesichtspunkten der Zeit*, über die *individuellen* Fakta des Lebens und des Todes und über das Maß des *generationellen* gesellschaftlichen bzw. geistigen Lebens hinausreicht; der Begriff bildet „das *Weiterleben unserer Gesellschaft*" ab. Diese ‚Gesellschaft' nennt Mannheim ‚unsere' unter Maßgabe des anthropologischen Arguments; sie ist und heißt so, weil und sofern dies eine „*menschliche* Gesellschaft" ist.[35] Eine Generation ist mit allen anderen Generationen dadurch verbunden, dass die Gesellschaften, die diese bildeten oder bilden werden, aufgrund bestimmter Kriterien als Gesellschaften solcher Elemente, die den gegenwärtigen Elementen gleichen, identifizierbar sind. Vorausgesetzt ist, dass *diese* Generation, wenigstens in den öffentlichen Trägern des ihr (seins-)verbundenen Denkens, indem diese erleben, denken und in den historischen Prozess eingreifen, auf eine *relativ natürliche* Weise Umgang mit der ihnen zukommenden kulturellen Überlieferung pflegt – so wie dies auf ihre eigenen Weisen schon die Generationen aller vergangenen Raumzeiten taten und wie es bleiben wird, solange es Menschen gibt. ‚Kultur' ist der Begriff, mit dem Mannheim zum Ausdruck bringt, *dass* dieser relativ natürliche Umgang tatsächlich erfolgt. Der Begriff umfasst neben dem, was vom Menschen bleibt im Ablauf der Vorgänge des Erlebens, Denkens und Eingreifens in den historischen Prozess, und sichtbar wird in deren materialen Ergebnissen: das „*Wissen*", das eine Generation und ihre Träger „in aktuellen Situationen wirklich erworben" haben.[36]

---

[33] Mannheim. Das Problem der Generationen, S. 138–139.
[34] Mannheim. Das Problem der Generationen, S. 139.
[35] Mannheim. Das Problem der Generationen, S. 139 (Hervorhebung von mir/PG).
[36] Mannheim. Das Problem der Generationen, S. 140 (Hervorhebung von mir/PG).

Wenn Mannheim die Möglichkeit einer Soziologie des Geistes mit seiner Generationslage erklärt, dagegen die Möglichkeit einer Phänomenologie und Geschichtsphilosophie des Geistes mit der Generationslage zu Zeiten der französischen Revolution in Zusammenhang bringt, so bedeutet dies im Licht unserer letzten Überlegungen, dass in *kultureller* Hinsicht die beiden miteinander verbunden *und* voneinander getrennt sind. Verbunden sind sie mindestens, sofern die Kultur der Soziologie und die Kultur einer Phänomenologie-Geschichtsphilosophie beidesamt Produkte *menschlicher* Lebensvollzüge sind; getrennt sind sie jedenfalls, weil die Wirklichkeiten, die sie vorfinden, wenn ihre biologischen Rhythmen einsetzen, aus raum-zeitlichen Gründen unterschieden sind. Insbesondere kennzeichnet die *Verbundenheit* der beiden Generationen ihre relative raum-zeitliche Nähe in der Generationenreihe. Was Mannheim und seine Zeitgenossen vorfinden, sind, außer der menschlichen Kultur im Großen und Ganzen, den überlieferten Konkretionen des Erlebens, Denkens und Eingreifens in den historischen Prozess, die z. B. zu Zeiten der attischen oder peloponnesischen πόλις stattgefunden haben oder in der Form dieses oder jenes Funkens vom römischen Gedanken sich niedergeschlagen haben mögen, doch nicht zuletzt Hinterbliebenschaften des erworbenen Wissens der Generation der französischen Revolution. Im Sinn der Überführung dieses Wissens in den Fundus der menschlichen Erinnerungen bezeichnet ‚Geist' eine Größe, mit deren *Immanenz* man, ohne es selbst zu *wissen*, zu Zeiten der französischen Revolution zu einem Ende kam.

§ 4. Zweite Zwischenbilanz: Grenzen der Soziologie des Geistes. Bevor wir auf Mannheims den Zürcher Vortrag beschließende Einschätzung der Grenzen der Soziologie des Geistes zu sprechen kommen, wollen wir festhalten, welche Grenzen sich bereits aus unserem Nachvollzug ihrer Anlage bisher ergeben haben. Aus Mannheims eigener Darstellung ergibt sich in dieser Hinsicht das Folgende.

Für Mannheims Soziologie des Geistes spielt es keine Rolle, ob sie etwa der Phänonomenologie-Geschichtsphilosophie des Geistes in der Qualität der Gedankenführung überlegen ist. Er beansprucht für sie z. B. nicht, dass sie gegenüber den Unternehmungen der Generation der französischen Revolution argumentativ redlicher verführe, präziser formuliert sein sollte, der Wahrheit des Geistes näher kommen, das Gemeinwohl trefflicher bestimmen müsste, oder den Regierenden weisere Empfehlungen andiente. Mannheim beansprucht vielmehr, dass die Soziologie des Geistes *wirklich* erlebt und gedacht wird, daher *zeitgemäßer* als die Phänomenologie-Geschichtsphilosophie des Geistes (und zeitgemäßer als jede Beschäftigung mit dem Geist zu jeder anderen Zeit) verfährt, und dass sie, eben weil sie zeitgemäßer verfährt, ihr gegenüber *relevanter* ist.[37] Dass die Soziologie des

---

[37] Vgl. Mannheim. Die Bedeutung der Konkurrenz, S. 365.

Geistes wirklich erlebt und gedacht wird, verbürgt bis auf Weiteres kein erkenntnislogisches Argument, sondern ausschließlich das Vorhandensein des Autors Mannheim selbst – und dass er ihr und in ihrem Begriff einer bestimmten Form der öffentlichen Seinsauslegung einen *Namen* gibt und ihr Ausdruck verleiht, indem er ihre zeitgemäße Gebräuchlichkeit dokumentiert, namentlich in Form der Analyse der Kategorialapparaturen der Öffentlichkeit in Begriffen von Konservierung, Polarisation und Selektion.

Die Soziologie des Geistes in der beschriebenen Form verfügt (der Vorstellung vom biologischen Rhythmus der Generationenfolge nach) über einige *natürliche* Verbündete, die, bei Gefallen, durch den Vollzug ihrer Kultur für eine Kompensation der erkenntnislogischen Lücken sorgen können. Wenigstens potenziell umfasst dieser Verbund sämtliche der auf die verschiedenen konkreten Gruppen (Zweckverbände, Familien, Sippen, Gesinnungsgemeinschaften, usw.) sich verteilenden, nach ihrer Position (Klassenlage usw.) im *sozialen Körper* sich unterscheidenden Einzelnen, mit denen Mannheim als Prätendent der Soziologie des Geistes die Generationslage teilt. Die Voraussetzung für ein solches generationelles Bündnis ist die Bereitschaft der potenziellen Unterstützer zur Anerkennung des Vorrangs derjenigen ‚Kultur', die im gemeinsamen Wissenserwerb der *gegenwärtig* Lebendigen entsteht, gegenüber älterem Wissen. Das natürliche Umfeld, in dem eine Soziologie des Geistes Bedeutung erlangen kann, ist demnach eine Ordnung des Denkens, in der ein selbstverständlicher Vorrang des *zeitgemäßen* Wissens gegenüber der *Überlieferung* gilt; in der (unter Gesichtspunkten der logischen Formung) argumentative Redlichkeit und sprachliche Genauigkeit dem *lebendigen* Ausdruck nachgeordnet sind und (unter Gesichtspunkten der Kategorialapparatur) die Frage der Trefflichkeit eines Begriffs gegenüber seiner Bewährung im *Alltag* relativ wenig bedeutet. Das Gegenstandsgebiet der Soziologie, das ‚seinsverbundene Denken', entspricht der Gesamtheit dieses zeitgemäßen ‚Wissens', das der gemeinsamen Kultur erst ihre Prägnanz verleiht und ihr (auf Zeit) Richtung gibt.

Unter den Gruppen und den Einzelnen, die aufgrund ihrer Gleichzeitigkeit einen sozialen Körper bilden, kommen für ein solches generationelles Bündnis unter Gesichtspunkten einer gemeinsamen Kultur des gebräuchlichen Wissens jedenfalls diejenigen in Frage, die, so wie die Lage der Dinge ist, sich davon etwas versprechen können: diejenigen, die sich einer rechten Kultur um der Integrität der Gegenwartsgesellschaft willen verpflichtet fühlen; diejenigen, die (z. B. durch Mehrheit, Akklamation, ‚Erfolg' oder mangels Widerspruch) im Verband mitwirken daran, welche Worte und Dinge in Gebrauch sind und welches Wissen zeitgemäß ist. Weniger naheliegend ist ein solches generationelles Bündnis für diejenigen Gruppen und Einzelnen, die den gesellschaftlichen Gebräuchen gemäß, nach Kultur und Wissen, *unzeitgemäß* heißen müssen; diejenigen, die nicht voraussetzen wollen, dass die Agenten der gegenwärtigen Kultur und die Träger des gebräuchlichen Wissens die

Überlieferung notwendig besser verstehen, als die überlieferten Autoren selbst sich verstanden haben; diejenigen, die nicht voraussetzen wollen, dass Fragen der argumentativen Redlichkeit und sprachlichen Genauigkeit, Fragen der Wahrheit und des guten Lebens im Großen und Ganzen gegenüber dem, was gemeinhin gerade gilt, notgedrungen nachrangig sind.

§ 5. Das ‚Problem Hegel'. Frage der Synthese. Mannheim vermittelt seine Einschätzung zu den „Grenzen" der Soziologie des Geistes ausgangs seines Zürcher Vortrags, indem er das Bild der „Ebene der erkenntnistheoretischen Fragestellung" verwendet. Auf dieser Ebene, so Mannheim, „folgt" etwas aus der „erkenntnissoziologischen Tatsachenfeststellung", die er im Begriff eines „Kampfe[s] der Denkstile" im Zuge seiner Untersuchung getroffen hat – aber der Frage, was es ist, das aus der soziologischen Analyse des Geistes folgt, d. h. wie die Ebenen der erkenntnissoziologischen Tatsachen und der erkenntnistheoretischen Bearbeitung solcher Tatsachenfeststellungen sich verbinden ließen, soll die Soziologie des Geistes, da dies „ein äußerst schwieriges Problem" ist, im Zürcher Vortrag ausdrücklich noch nicht nachgehen.[38] Für unser Thema sind allerdings, wie wir sehen werden, schon die Andeutungen, die Mannheim in dieser Hinsicht macht, von Interesse.

Die seiner Untersuchung korrespondierende erkenntnistheoretische Fragestellung hat, so viel deutet Mannheim an, mit dem „Problem Hegel" zu tun. Die „Hegelsche Dialektik" bildet im Rahmen seiner Zürcher Analyse einerseits, als prägnanter Ausdruck einer „Polarisationstendenz" im gesellschaftlichen Leben der jüngeren Vergangenheit und bis in die Gegenwart hinein, den „organischen Abschluß" seiner Erörterung der Genese der öffentlichen Seinsauslegung. Andererseits „kehr[t]" der Vortragende mit der „Hegelschen Dialektik [...] eigentlich zu [seinem] Ausgangspunkte" zurück, dem „Rätsel der Bewegungsform des Geistigen",[39] dessen Lösung er, wie wir gesehen haben, eingangs des Vortrags als die Aufgabe der Generation der französischen Revolution wie auch der eigenen Generation (bei unterschiedlichen Ausrichtungen ihres Angangs) beschrieben hatte.

Hegels Stellung im Gegenstandsgebiet des seinsgebundenen Denkens seiner Generation hatte Mannheim im Verlauf seiner Analyse damit bezeichnet, dass sein Denken „eine Synthese zwischen dem Absolutheitsdenken der Aufklärung und dem historischen Denken der konservativen Romantik und des Historismus" darstelle.[40] Dass die „synthetische Tendenz" in Hegels Denken ausgerechnet in einer dialektischen „Rhythmik" sich vollzog, korrespondiere dagegen dem „Strukturgesetz seiner Zeit", wofür Mannheim eine „[V]erwandt[schaft]" mit dem Denken

---

[38] Mannheim. Die Bedeutung der Konkurrenz, S. 368.
[39] Mannheim. Die Bedeutung der Konkurrenz, S. 368.
[40] Mannheim. Die Bedeutung der Konkurrenz, S. 361.

Auguste Comtes anführt.[41] Davon abgesehen lasse sich feststellen, dass „[i]m Laufe der modernen Entwicklung [...] Phasen, Zeitspannen" entstünden, „deren dominierende Generation für die Synthese frei wird", da „für sie [...] sich" einige „ihre[n] Väter[n] [...] noch unauflösliche Problematik[en] in ganz andere Bezirke des Seins" verlagerten.[42] Dies gilt offensichtlich für die Phase der modernen Entwicklung, in der Hegel und Comte agiert haben. Es soll ebenfalls für die Zeitspanne, in der Mannheim selbst agiert, gelten; jedenfalls vermerkt er „nebenbei" für seine „Wissenssoziologie", „gerade" ihr eigne ein „Blickpunkt", „von wo aus rein theoretisch-philosophische Differenzen, die immanent nicht mehr zusammen zu schauen wären, in ihrer Partialität durchschaut und damit bereits von einem synthetischen Ort aus erfaßt werden können".[43]

Mannheim hält denn auch „die Synthese für das Beste [...], was das Denken vom Standpunkte der Sozialisierbarkeit der Erkenntnisse hervorzubringen imstande ist", während er Hegels Denkbewegung zu Zwecken einer „*absolute[n] Synthese*", „die den historischen Prozeß transzendierte", für den Ausdruck einer „Selbsttäuschung" hält, schon weil sie ignoriere, dass „auch die Synthesen [...] nicht im sozial-freien Raume" schwebten.[44] Gleichwohl soll bis auf Weiteres gelten, dass das „Problem der Synthese" allzu „verwickelt" ist, um schon Genaueres über es zu sagen.[45] Mit anderen Worten, ohne eine Lösung des ‚Problems Hegel' in Begriffen der Synthese bleibt auch das Problem der erkenntnislogischen Begründung einer Soziologie des Geistes ungelöst.

2 Zur erkenntnislogischen Grundlage der älteren Soziologie des Geistes

Unser Plan ist, wie erinnerlich, die Frage der Soziologie des Geistes als eine Frage der gelungenen Verbindung von Systematik und Praxis einer ideengeschichtlich orientierten Soziologie zu untersuchen – in Analogie zu Emil Lasks Behandlung der Frage des Verhältnisses von analytischer und emanatistischer Logik zum Zweck einer Logik der Philosophie, die nachweisliche Folgen in Mannheims Soziologie des Geistes hat. Im vorangegangenen Kapitel haben wir diesen Ansatz in seinen Grundzügen analysiert. Fassen wir kurz zusammen, um anschließend die

---

[41] Mannheim. Die Bedeutung der Konkurrenz, S. 363.
[42] Mannheim. Die Bedeutung der Konkurrenz, S. 364.
[43] Mannheim. Die Bedeutung der Konkurrenz, S. 364.
[44] Mannheim. Die Bedeutung der Konkurrenz, S. 365 (Hervorhebung von mir/PG).
[45] Mannheim. Die Bedeutung der Konkurrenz, S. 364.

Bedeutung von Lasks Überlegungen für unsere Zwecke zu verdeutlichen, und auf diese Weise der Frage der gelungenen Verbindung von soziologischer Systematik und Praxis auf die Spur zu kommen.

Als das erkenntnislogische Hauptproblem der Soziologie des Geistes haben wir die Frage des Verhältnisses der allgemeinen Bewegungsform des Geistigen zur Analyse der logischen Formung und der Kategorialapparaturen des seinsverbundenen Denkens identifiziert. Der Begriff ‚Leben' vermittelt, wie wir gesehen haben, einstweilen formal in diesem Verhältnis; Mannheim verwendet ihn sowohl in Hinsicht auf die Bewegungsformen des Geistigen (wenn er vom ‚geistigen Leben' oder ‚Geistesleben' spricht), als auch zur Kennzeichnung eines Vorgangs im ‚sozialen Körper' (dem ‚sozialen Leben' bzw. ‚gesellschaftlichem Leben'), der den Vorgängen des seinsverbundenen Denkens korrespondiert (und ebenso den logischen Formungen und Kategorialapparaturen, in denen diese sich materialisieren).

Die *Einheit* der Träger des seinsverbundenen Denkens und des Lebens des sozialen Körpers beschreibt der Begriff *Generation*, der ein transhistorisch gültiges Phänomen zum Ausdruck bringt: eine Form sozialer Verbundenheit, die in historischer Reihung auftritt, aber erst mit der Zeit, im Fortgang des Lebens des sozialen Körpers und in Begriffen einer Soziologie des Geistes, in seiner Bedeutung als Zentralelement des seinsverbundenen Denkens sichtbar geworden ist. Eine solche Soziologie des Geistes bestimmt die Einheit der Generation in einem Vorgang der *Synthese* der vielfältigen Formen der öffentlichen Seinsauslegung, die das Material ihrer Analyse sind.

Wie wir sagten, behandelt Lask eine unserer Frage nach dem Verhältnis von Systematik und Praxis der Soziologie des Geistes ähnliche Frage, indem er das Verhältnis von *analytischer Logik* und *emanatistischer Logik* beschreibt, die unterscheidet, dass *hier* das „logische Ideal des Begriffs" gilt, d. h. er „stets inhaltsreicher als die empirische Wirklichkeit" ausfällt und „den besonderen Verwirklichungsfall [...] aus seiner überreichen Fülle *entläßt*", dagegen *dort* „das empirisch unmittelbar Erlebbare" als „die unverrückbare Basis" eines analytischen Vorgangs angesehen wird, erst in dessen Vollzug es zu einer „Begriffsbildung" kommt, so dass der Status des Begriffs sich auf den eines „künstlich ausgesonderte[n] Teilinhalt[s] ohne eigene Existenzfähigkeit" reduziert.[46] – Wir werden gleich sehen, inwiefern wir davon sprechen können, Lasks Bestimmung des Verhältnisses von analytischer und emanatistischer Logik habe Folgen in Mannheims Ansatz gehabt. Um diesen Vorgang besser zu verstehen, rekonstruieren wir zunächst in groben Zügen die Bedeutung der Denkbewegung Hegels in Lasks Erläuterung

---

[46] Lask. Fichtes Idealismus und die Geschichte, S. 30.

des Gefüges der beiden Logiken – da wir gesehen haben, dass das erkenntnislogische Problem des Ansatzes Mannheims nach eigenem Bekunden unmittelbar mit dem ‚Problem Hegel' zusammenhängt.

§ 6. Emanatistische Logik. Was Mannheim das ‚Problem Hegel' nennt, ist in Worten Lasks das Problem der emanatistischen Logik. Während „*Kant*" in Lasks Szenario „der typische Vertreter einer analytischen Begriffstheorie" ist, da für ihn das „Band, das den empirischen Umfang eines Begriffs umspannt, nur der *Gedanke* [einer] gemeinschaftlichen Unterordnung" von „Einzelvorstellungen" unter eine „Gattung" ist,[47] gilt ihm Hegel als „der klassische Vollender der emanatistischen Logik", sofern für Hegel „Philosophie" bedeute, den Ausgangspunkt bei „‚Identität', ‚Indifferenz', Durchdringung beider" zu nehmen, „also bei einem Prinzip, das nicht ein *Allgemeines*, sondern ein reales *Ganzes*, nicht eine ‚formale', sondern eine ‚organische Einheit', eine geschlossene Totalität aller *unter* und zugleich *in* ihm Befaßten darstellt".[48]

Lask erläutert Hegels Vollendung der emanatistischen Logik als fortgesetzte „Schöpfung", der die „[E]mpf[i]nd[ung]" einer „notwendigen Aufgabe" korrespondiert. Den maßgeblichen „Wendepunkt" im Schöpfungsvollzug markiert die Schrift zur *Phänomenologie des Geistes*. Von der *Phänomenologie* aus, so Lask, dokumentieren Hegels Arbeiten den Versuch, „in das Prinzip selbst eine ursprüngliche Wandelbarkeit als Grund aller Veränderung [zu] verleg[en]".[49] Diese Umbettung vollzieht Hegel, von der Metaphysik kommend *und* in Gegenbewegung zur Metaphysik, in Begriffen der Logik: unter Gesichtspunkten eines (des „‚wahre[n]'") „Begriffs" des „Absoluten". Die Wahrheit des Begriffs soll sich Hegels Anlage nach erweisen, indem der Begriff „in das Werden […] verlegt wird". Dies bedeutet, dass der Begriff den Gedanken, dessen Bewegung er zum Ausdruck bringt, mit einer „‚Erscheinung'" ausstattet; den Gedanken in einer „einzelnen", „emanatistisch" aus ihm „folgende[n] konkrete[n] Realisation" zeigt, deren „Endlichkeit" er als „notwendiges ‚Moment' im Prozesse des Ganzen" kenntlich macht. Den wahren Begriff des Absoluten kennzeichnet, dass er in einer Einzelgröße die „*völlige Rationalität* des Überganges vom Unendlichen zum Endlichen" dokumentiert.[50]

---

[47] Lask. Fichtes Idealismus und die Geschichte, S. 31 (letztere Hervorhebung von mir/PG).

[48] Lask. Fichtes Idealismus und die Geschichte, S. 61–63.

[49] Lask. Fichtes Idealismus und die Geschichte, S. 63–64. Vgl. Hegel, G.W.F. 1988. *Phänomenologie des Geistes*. Hamburg: Meiner.

[50] Lask. Fichtes Idealismus und die Geschichte, S. 65–66.

Das Problem dieser vollendeten emanatistischen Logik ist es Lask zufolge, dass Hegel im Zuge der Auskehr der Metaphysik in Begriffen der Logik den Begriff selbst der „empirische[n] Wirklichkeit" enthebt und ihm ein „metaphysische[s] Eigenleben" zugesteht: dass hier der „logische Emanatismus [...] der metaphysischen Rangordnung der Realitäten" eingemeindet wird.[51]

Weiteres zum Vorgang dieser Eingemeindung des Begriffs in die Reihe der Metaphysitäten lässt sich Lasks Heidelberger Antrittsvorlesung (am 11. Januar 1905) entnehmen. Lask, der Hegel hier gegen die Deutung, er sei der Schöpfer einer „Philosophie der Restauration", verteidigen will,[52] legt Wert darauf, dass Hegel, wenn er bekanntlich (in der *Rechtsphilosophie*) davon spricht, dass „,was wirklich [...] vernünftig, und was vernünftig [...] wirklich'" sei, ausdrücklich von „Wirklichkeit im emphatischen Sinne" spreche. Damit ist der Standpunkt einer „ursprüngliche[n] Wirklichkeit" gemeint; von diesem Standpunkt aus geht es gerade nicht um Restauration, sondern um „das niemals ganz in die Welt der Werte Aufgehende, das mit dem Moment der undurchdringlichen, unbegreiflichen ‚Zufälligkeit' Behaftete; also nicht um das ‚Vernünftige'", sondern um die Frage des Gesamts des Irrationalen. Diese „Wirklichkeit im nichtempirischen [...] Sinne" bildet „ein eigenes geistiges Reich ideeller Zusammenhänge, [...] das sich wie ein Überbau über der empirischen Wirklichkeit wölbt".[53] Hegel vollzieht, so Lask, eine bestimmte „*Gebärde* [...] der empirischen Wirklichkeit gegenüber[...]", indem er sie vom „Reiche des nicht Begrabenen und Verwesten, sondern ewig Lebendigen und zeitlos Gegenwärtigen" aus „[b]egreif[t]"; er arbeitet gedanklich eine „Abneigung gegen den ‚negativen', d. h. das Unvollkommene und Morsche mit schonungsloser Kritik zersetzenden Radikalismus der vorangegangenen Epoche" aus.[54]

Lask versteht diese Denkbewegung als „einseitig", da Hegel im Mittel der Metaphysierung des Begriffs „alles, was den in der *Zeit* verlaufenden *Zusammenstoß* der beiden Welten des Zeitlosen und des Zeitlichen angeht", „*ignoriert*".[55] Er habe es als die „Aufgabe seiner Philosophie" angesehen, eine „*Ergänzung*" des „Aufklärungszeitalters" vorzunehmen, mit dessen typischen Vertretern er das „Zentralproblem"

---

[51] Lask. Fichtes Idealismus und die Geschichte, S. 67–68.

[52] Lask, Emil. 1923. Hegel in seinem Verhältnis zur Weltanschauung der Aufklärung. In *Gesammelte Schriften. I. Band*. Tübingen: Mohr (Siebeck), S. 335–345, hier S. 336–337.

[53] Lask. Hegel in seinem Verhältnis, S. 337–338. Vgl. Hegel, G.W.F. 1970. *Grundlinien der Philosophie des Rechts oder Naturrecht und Staatswissenschaft im Grundrisse. Mit Hegels eigenständigen Notizen und den mündlichen Zusätzen*. Werke, Bd. 7. Frankfurt am Main: Suhrkamp, S. 20–28.

[54] Lask. Hegel in seinem Verhältnis, S. 340–341.

[55] Lask. Hegel in seinem Verhältnis, S. 341.

teilt; aber statt namentlich „*Kants* ethischen Individualismus" zu ergänzen, habe er durch die Übersteigerung des eigenen Anspruchs in „Gestalt" des „objektive[n] Geist[es]" die Vorgänge des „Geltendmachen[s] von abstrakten Normen und von Berechtigungen des Individuums" nivelliert.[56]

Besonders prägnant ist für Lask in diesem Zusammenhang Hegels „Geschichte der Philosophie", da in ihr das geistige Reich ideeller Zusammenhänge Gestalt gewinnt als ein Gefüge aus „Taten der welthistorischen Individuen und der Heroen des Gedankens", die „*jetzt* noch ebenso gegenwärtig, ebenso lebendig" sind, „wie zur Zeit ihres Hervortretens".[57] Neben einem „Tempel der Erinnerung" und der „Schädelstätte des absoluten Geistes" umschließt Hegels Begriff der Geschichte auch das Bild eines „Wehen[s] des konkreten Weltgeistes", und in dessen Sinn den „Gedanke[n] der Zukunft".[58] Zu Zwecken einer ersten Illustration von Hegels geistigem Reich ideeller Zusammenhänge, das sich wie ein Überbau über der empirischen Wirklichkeit wölbt, führt Lask in der Antrittsvorlesung einen Roman Friedrich Theodor Vischers an, der „die Philosophie *Hegels* durch das Bild von den beiden Stockwerken veranschaulicht" hatte.[59] Er greift die Stockwerk-Metapher in der sechs Jahre später publizierten *Logik der Philosophie*, im Zusammenhang einiger Überlegungen zum „Kategorienproblem",[60] wieder auf; allerdings unter einem anderen Gesichtspunkt als dem der Illustration des ‚Problems Hegel'.

Lask geht in der *Logik der Philosophie* von der Vorstellung von „Stockwerken des Sinns" aus. Unter Gesichtspunkten des *Sinns* bildet „in dem oberen Stockwerk" bezeichnenderweise „die Form das Material"; es geht hier um das „Unsinnlich-Geltende".[61] In der Folge kommt er zu der Einschätzung, dass dieses „obere Stockwerk des theoretischen Sinnes" bei näherer Betrachtung „*zwei* sich zur Einheit des Sinnes zusammenschließende unsinnliche Elemente" beheimatet, d. h. ein „Ineinander von Geltendem und kategorialem Gelten, von Werthaftem und kategorialem Wertmoment" vorliege.[62]

---

[56] Lask. Hegel in seinem Verhältnis, S. 343–344.
[57] Lask. Hegel in seinem Verhältnis, S. 344–345 (Hervorhebung von mir/PG).
[58] Lask. Hegel in seinem Verhältnis, S. 345.
[59] Lask. Hegel in seinem Verhältnis, S. 338–339. Vgl. Vischer, Friedrich Th. 1904. *Auch einer. Eine Reisebekanntschaft.* Stuttgart und Leipzig: Deutsche Verlags-Anstalt.
[60] Lask, Emil. 1923. Die Logik der Philosophie und die Kategorienlehre. In *Gesammelte Schriften. II. Band.* Tübingen: Mohr (Siebeck), S. 1–282, hier S. 21–25 und 88–180.
[61] Lask. Logik der Philosophie, S. 92 und 94.
[62] Lask. Logik der Philosophie, S. 104 (Hervorhebung von mir/PG).

In der abschließenden Zusammenfassung seiner Überlegungen zur Kategorienlehre verwendet Lask die Stockwerk-Metapher dann zu Zwecken der Kennzeichnung der Qualitäten von *besonderen* „Formen", die das Material für unterschiedliche „Logik[en]" sind. Die Formen des „oberen Stockwerks" bilden wegen ihrer Qualität „allein" das Material für „die Logik der Geltungssphäre"; mit den Formen des „unteren Stockwerks" beschäftigen sich die „Logik des sinnlichen und [die] Logik des übersinnlichen Gebiets".[63] Diese beiden Logiken (die analytische und die emanatistische), die Vorstellung des Vorrangs der empirischen Wirklichkeit *und* das Ideal des Begriffs, sind der Einteilung zufolge *beidesamt* Elemente einer „Logik der kategorialen Form fürs Urmaterial, und daher entweder Logik des nichtphilosophischen sinnlichen oder, soweit sie Kategorienlehre der Philosophie trieb, Logik des übersinnlichen Gegenstandgebiets".[64] Die Logik des oberen Stockwerks kennzeichnet dagegen, dass sie eine eigene „Sphäre des Nichtsinnlichen" (anders als alle bisherige „Logik der Metaphysik", anders als alles Reden über Übersinnliches) bildet. Ihre „Aufgabe" ist ein „exklusiv auf die philosophische Sphäre zugeschnittener Kategorienapparat".[65]

Das Kapitel zur Kategorienlehre schließt mit der „zuversichtlich[en]" Prognose einer gesteigerten „kategoriallogischen Forschung". Dieser avisierten Forschung unter Gesichtspunkten der „Gebietskategorie des Geltens", deren Blickpunkt die Formen des oberen Stockwerks sind, geht es jedenfalls nicht mehr um Kategorien für „Relationen [...], deren eines Glied das Geltende und deren anderes das Nichtgeltende ist"; sondern um „das Unsinnliche in seiner gar nicht über sich hinausweisenden Reinheit"[66] – das allerdings mit sich selbst, wie wir gesehen haben, keineswegs im Reinen ist, sondern ein Ineinander von *Geltendem* und *kategorialem Gelten* bildet, von *Werthaftem* und *kategorialem Wertmoment*. – Wir werden in der Folge sehen, dass Mannheims Soziologie des Geistes kategoriallogische Forschung unter Gesichtspunkten des oberen Stockwerks ist; dass Mannheim, als er ausgangs des Zürcher Vortrags das ‚Problem Hegel' avisiert, davon ausgeht, dass dies Problem im Sinne von Lasks Vorschlag einer Logik der Geltungssphäre sich erledigt hat; dass allerdings Mannheim unabhängig von der Frage, ob Lasks Vorschlag das ‚Problem Hegel' erledigt hat, jedenfalls für die Soziologie des Geistes aufgrund deren Anlage das ‚Problem Hegel' *nicht* gelöst hat.

---

[63] Lask. Logik der Philosophie, S. 177.
[64] Lask. Logik der Philosophie, S. 178.
[65] Lask. Logik der Philosophie, S. 179.
[66] Lask. Logik der Philosophie, S. 180 und 175.

§ 7. Gebietslehre und Kategorienlehre. Wir haben gesehen, dass Mannheim die Soziologie des Geistes im Zürcher Vortrag über die Bestimmung ihres *Gegenstandsgebiets* einführt (das *seinsverbundene Denken*), das (wie z. B. auch das exakt-naturwissenschaftliche Denken) eine Region eines größeren Gebiets (Gesamtgebiet des Denkens) ist, welches selbst zu einem noch größeren (Gesamtgebiet des Geistigen) gehört. Wenn wir diese Gebiets- mit der Kategorienlehre Lasks vergleichen, sehen wir Folgendes.

Das *Gesamtgebiet des Geistigen* umfasst das Denken, aber jedenfalls auch *mehr* als Denken; oder in den Begriffen Lasks: Es ist das Gebiet, mit Blick auf das es (in welcher Ordnung der Stockwerke auch immer) um die Frage der Verhältnisse zwischen den Formen des sinnlichen *und* des übersinnlichen Gebiets *und* die nichtsinnlichen Formen der Geltungssphäre geht. Wir können sagen, dies ist das Feld, das Lask bearbeitet und das Mannheim (in der deutschen Übersetzung seiner Dissertation) ausdrücklich mit Lasks Worten als „*Logik der Philosophie*" bezeichnet, die für ihn ein Teil einer „umfassenderen *Theorie der Systematisierungen*" ist.[67]

Für Mannheim ist unter Gesichtspunkten einer solchen umfassenderen Theorie Lasks Arbeit also nicht Anlass zur *Nachfolge*, sondern selbst ein Element seines Materialstocks zu Zwecken einer „Typologie der Erkenntnistheorien".[68] Mannheim behandelt Lasks Denken als *Forschungsmaterial* zu Zwecken der Analyse des Ineinanders von Geltendem und kategorialem Gelten, aber unter einem spezifischen Gesichtspunkt.

Davon abgesehen hat Mannheim einige der Überlegungen Lasks geprüft, um sie im Sinne seiner Fragestellung (einer umfassenderen Theorie der Systematisierungen) für gut zu befinden; z. B. mit Blick auf die Frage des „subjektiven ‚Erlebnistrome[s]'".[69] Dies gilt auch hinsichtlich der Erledigung des ‚Problems Hegel'. Dessen Denkbewegung hebt Mannheim, wie Lask, in Begriffen einer „reinen Geltungslehre" von derjenigen Kants ab (wobei *dieser* dem „Gedanken" nach in einer Reihe mit Bolzano, *jener* nach dem „Erlebnis" in einer Reihe mit Dilthey stehen soll), weil Hegel einseitig der Frage des „Sinn[s]" der „Zeitlichkeit für die Zeitlosigkeit" nachgehe, d. h. einer „metaphysisch-geschichtsphilosophischen Fragestellung" folge.[70]

---

[67] Mannheim. *Strukturanalyse der Erkenntnistheorie*, S. 5.

[68] Mannheim. *Strukturanalyse der Erkenntnistheorie*, S. 59, 65 und 67.

[69] Mannheim. *Strukturanalyse der Erkenntnistheorie*, S. 58. Vgl. Lask, Emil. 1909. Gibt es einen ‚Primat der praktischen Vernunft' in der Logik? In *Bericht über den III. Internationalen Kongress für Philosophie zu Heidelberg 1. bis 5. September 1908*. Heidelberg: Carl Winter's Universitätsbuchhandlung, S. 671–677.

[70] Mannheim. *Strukturanalyse der Erkenntnistheorie*, S. 37 und 33.

Mannheims *Gesamtgebiet des Denkens* umfasst keinesfalls *mehr* als Denken, aber z. B. den Gedanken, dass es mehr als das Denkmögliche gibt. Es umfasst (mit dem exakt-naturwissenschaftlichen Denken) Ausprägungen der analytischen Logik *und* (mit dem seinsverbundenen Denken) Ausprägungen emanatistischer Logik. Wir können sagen, dies ist das gesamte Forschungsfeld unter Gesichtspunkten einer *Gebietskategorie des Geltens*, das Lask im Ausgang seiner Kategorienlehre zuversichtlich in Aussicht stellte – allerdings unter veränderten Vorzeichen. Gegenüber Lasks Ansatz der Arbeit an einem exklusiv auf die *philosophische Sphäre* zugeschnittenen Kategorienapparat arbeitet Mannheim, wie wir gesehen haben, an einem auf das *soziale bzw. gesellschaftliche Leben* zugeschnittenen Kategorienapparat.

Dass Mannheim zum Zweck einer Soziologie des Geistes aus dem Gesamtgebiet des Denkens auf eine Beschäftigung mit dem exakt-naturwissenschaftlichen Denken verzichtet, bedeutet den Verzicht auf *eines* der beiden Elemente, die nach Lasks letztem Gebrauch der Stockwerk-Metapher mit Formen des unteren Stockwerks beschäftigt sind: auf die Ausprägungen der *analytischen* Logik – wenigstens in ihrem reinsten Typus. Dass Mannheim dagegen, wie wir gesehen haben, Hegels Denkbewegung als prägnantes Material für eine Untersuchung im Rahmen der Soziologie des Geistes heranzieht, zeigt uns, dass Ausprägungen der anderen (der *emanatistischen*) der beiden mit den Formen des unteren Stockwerks beschäftigten Logiken für die Bestimmung eines auf das soziale bzw. gesellschaftliche Leben zugeschnittenen Kategorienapparats von maßgeblicher Bedeutung sind. Sie sind dies, wie wir wissen, sofern sie als spezifische Ausprägungen von *Seinsverbundenheit* verstanden werden können; d. h. nicht wegen ihrer Bedeutung für eine Logik der Philosophie, sondern als Teile der Gesamtheit *öffentlicher Auslegungen des Seins*, die in Form dieser Teilhabe und unter der Maßgabe bestimmter struktureller Voraussetzungen zu einem *profunderen ‚Man'* beitragen.

Das Gegenstandsgebiet des *seinsverbundenen Denkens*, die logische Formung, die nach Mannheims Vorschlag das Material der Soziologie des Geistes sein soll, liegt gleichsam *quer* zur philosophischen Sphäre; von der philosophischen Sphäre interessiert ihn als Material das, was in Formen historischen oder politischen Denkens, geistes- und sozialwissenschaften Denkens oder auch des Alltagsdenkens Niederschlag findet und in der *öffentlichen* Kategorialapparatur sich geltend macht. Unter Gesichtspunkten ihrer Seinsverbundenheit können z. B. die Denkbewegungen von Autoren wie Kant, Hegel oder Lask das Material einer Soziologie des Geistes sein. (Kant mag unter Gesichtspunkten Lasks ein Repräsentant der analytischen Logik sein; Mannheim interessiert sich nicht für *diese* unter ihren Qualitäten, sondern für ihre *öffentliche* Prägnanz, d. h. für ihr historisches, politisches und geistes- bzw. sozialwissenschaftliches Potenzial.) Zugleich übersteigt das philosophische Denken, namentlich in Fragen seiner eigenen Logik, deren

Gegenstandsgebiet. (So wie Mannheims Soziologie des Geistes sich nicht um die Beurteilung der *philosophischen* Qualität der Äußerungen Kants, Hegels oder Lasks kümmern soll.)

Mannheims *seinsverbundenem Denken* entspricht bei Lask die Einheit des *theoretischen Sinns*, die er, wie erinnerlich, in einem Zwischenschritt zum letzten Gebrauch der Stockwerk-Metapher konstatiert. So wie Lask zufolge der theoretische Sinn aus zwei sich zusammenschließenden unsinnlichen Elementen besteht, d. h. ein Ineinander von *Geltendem* und *kategorialem Gelten* darstellt, schlagen bei Mannheim im seinsverbundenen Denken zwei unsinnlich geltende Strukturbedingungen sich nieder, das Phänomen der *Konkurrenz* und das der *Generation*, die im lebendigen Ineinander *erinnerter Kultur* und *wirklichen Wissens* die logischen Formen und Kategorialapparaturen des sozialen Körpers verwalten und erzeugen. – Im Folgenden werden wir erörtern, dass in Mannheims kongenialer Umbesetzung von Elementen aus Lasks Logik der Philosophie zu Zwecken einer Soziologie des Geistes ein erkenntnislogisches Problem enthalten ist. Dieses Problem hat, wenn wir im Bild bleiben wollen, damit zu tun, dass Mannheim sich für die systematische Anlage seiner Soziologie des Geistes nicht am *letzten* Gebrauch der Stockwerk-Metapher (in der abschließenden Zusammenfassung der Kategorienlehre), sondern am Ergebnis des *Zwischenschritts* dorthin orientiert hat. Auf dessen Grundlage reproduziert Mannheims Soziologie des Geistes ihrer Anlage nach, wenn auch unter besonderen Vorzeichen und entgegen der ausdrücklichen Absicht des Autors, das ‚Problem Hegel'. Hier wie dort werden, wie wir sehen werden, die Vorgänge des „Geltendmachens" von abstrakten Normen und von Berechtigungen des Individuums" nicht hinreichend berücksichtigt bzw. wird der „Zusammenstoß der beiden Welten des Zeitlosen und des Zeitlichen" nicht weit genug verfolgt.[71]

§ 8. Das ‚Problem Hegel' (Wiederauflage). Wir haben das ‚Problem Hegel' bisher so, wie Mannheim selbst es zum Ende seines Zürcher Vortrags benannt und beschrieben hat, verfolgt. Um zu zeigen, inwiefern das erkenntnislogische Problem der Soziologie des Geistes eine Reproduktion des ‚Problems Hegel' unter besonderen Vorzeichen ist, werden wir im Folgenden eine zweite Schicht dieses Problems im Text des Vortrags rekonstruieren. So wie Mannheim, wie wir gesehen haben, den Begriff ‚Generation' im Zürcher Vortrag bereits verwendet, bevor er ihn als einen Schlüssel zur Lösung des Problems der Soziologie des Geistes kennzeichnet, spricht er, wie wir sehen werden, von Hegel bereits, bevor er dessen Namen nennt. Um dies zu verstehen, betrachten wir einige Aspekte des Textes genauer, die wir bereits erwähnt, denen wir aber bisher keine besondere Beachtung geschenkt haben. Wir beginnen mit dem Gegenkonzept zur gegenwärtigen Konstellation unter

---

[71] Lask. Hegel in seinem Verständnis, S. 343–344.

Gesichtspunkten ihrer *Aufgaben*: mit der *Generation*, von der Mannheim sagt, sie habe die *französische Revolution und die mit ihr zusammenhängende Rückbesinnung* durchgemacht. Mannheims Beschreibung der Generation der französischen Revolution anhand des ihr zugefallenen Aufgabenkreises einer Phänomenologie und Geschichtsphilosophie des Geistes verweist (auch ohne namentliche Nennung) auf Arbeiten Hegels; er zieht in dieser Formulierung die Titel der Schrift über die *Phänomenologie des Geistes*,[72] der Vorlesungen über die *Philosophie der Weltgeschichte*[73] und über die *Geschichte der Philosophie*[74] zusammen. Der Verzicht auf die Nennung des Namens Hegels ist, wenn man Hegel nicht (wie Lask) als Vollender (der emanatistischen Logik), sondern als den „Reihenführer"[75] einer sich (in den Formen der Selektion, Polarisation und Synthese) fortschreibenden Bewegung im seinsverbundenen Denken versteht, folgerichtig.

Hegel selbst hatte an prominenter Stelle, in der Vorrede der *Phänomenologie des Geistes*, von der Lask sagt, sie sei ein Wendepunkt seines Schöpfungsvorgangs, vermerkt, dass „sich der bildende Geist langsam und stille der neuen Gestalt entgegen[reift]", indem ein vormals „esoterisches Besitztum einiger Einzelnen" über die Zeit „exoterisch, begreiflich, und fähig, gelernt und das Eigentum Aller zu sein", werde.[76] Auf dieser Grundlage konnte nicht nur der Verfasser der *Phänomenologie* davon ausgehen, dass in *seinem* „Selbstbewußtsein"[77] das „natürliche Bewußtsein der [...] zeitgenössischen Bildungsstufe"[78] seinen Ausdruck

---

[72] Hegel. *Phänomenologie des Geistes*.
[73] Hegel, G.W.F. 1994. *Vorlesungen über die Philosophie der Weltgeschichte. Band I: Die Vernunft in der Geschichte*. Hamburg: Meiner; Hegel, G.W.F. 1988. *Vorlesungen über die Philosophie der Weltgeschichte. Band II–IV: Die orientalische Welt. Die griechische und die römische Welt. Die germanische Welt*. Hamburg: Meiner.
[74] Hegel, G.W.F. 1970. *Vorlesungen über die Geschichte der Philosophie I*. Werke, Bd. 18. Frankfurt am Main: Suhrkamp; Hegel, G.W.F. 1971: *Vorlesungen über die Geschichte der Philosophie II*. Werke, Bd. 19. Frankfurt am Main: Suhrkamp; Hegel, G.W.F. 1971. *Vorlesungen über die Geschichte der Philosophie III*. Werke, Bd. 20. Frankfurt am Main: Suhrkamp.
[75] Goethe, Johann W. von. 1832/1909. An Carl August Varnhagen von Ense, 5.1.1832. In *Goethes Briefe. Werke. Weimarer Ausgabe*, Abt. 4, Bd. 49. Weimar: Hermann Böhlau, S. 193–195, hier S. 194. Vgl. Löwith, Karl. 1995. *Von Hegel zu Nietzsche. Der revolutionäre Bruch im Denken des neunzehnten Jahrhunderts*. Hamburg: Meiner, S. 18.
[76] Hegel. *Phänomenologie des Geistes*, S. 10–11.
[77] Hegel. *Phänomenologie des Geiste*s, S. 20.
[78] Marx, Werner. 1981. *Hegels Phänomenologie des Geistes. Die Bestimmung ihrer Idee in ‚Vorrede' und ‚Einleitung'*. Frankfurt am Main: Klostermann, S. 52.

finden wollte;⁷⁹ sondern ebenso kann ein späterer, unter Gesichtspunkten der Geltungssphäre fortdenkender Kommentator dieser Bildungsstufe (wie Mannheim) davon ausgehen, dass der Verfasser der *Phänomenologie* dieses Selbstbewusstsein nicht exklusiv besaß, sondern es, wenigstens dem *Empfinden* und der *Gebärde* nach, mit seinen Zeitgenossen geteilt hat.

Wenn dieser Kommentator weiter davon ausgeht, dass seither der sich bildende Geist weiter gereift, d. h. zwischenzeitlich auch das geistige Besitztum Hegels exoterischer, begreiflicher, lernbarer und breiteren Schichten zu eigen geworden ist, so ist es konsequent, dass er *an dieser Stelle seines Textes*, im Zusammenhang einer Erläuterung der Strukturbedingung der Generation, dieses Besitztum nicht *namentlich* mit Hegel, sondern allgemeiner in Begriffen der französischen Revolution und des Aufgabenkreises, der dieser Zeitgenossenschaft zufiel, kennzeichnet:⁸⁰ als den konkreten kulturellen Ausdruck der lebendigen menschlichen Entwicklung, die der historische Strom bis hierher hervorgebracht hat, um von den Trägern späteren Generationen (z. B. der Generation Mannheims) einer Revision unterzogen zu werden.

Neben den genannten Stellen erwähnt Mannheim Hegel namentlich in dem zeitnah zum Zürcher Vortrag veröffentlichten Buch *Ideologie und Utopie*. Die (spärlichen) textuellen Bezüge hier gelten der *Rechtsphilosophie*⁸¹ bzw. der *Geschichtsphilosophie*.⁸² Wie im Zürcher Vortrag oder auch in der Dissertation behandelt Mannheim Hegel als eine Figur von *historischem* Ausmaß, die als solche ein wichtiges Element des Materials für eine umfassende *Theorie der Systematisierungen* darstellt. In kompositorischer Hinsicht fällt auf, dass Mannheim zufolge im Fall Hegels die Historizität der logischen Formung und der Kategorialapparatur sich wesentlich der fundamentalen Bedeutung, die Hegel *selbst* dem Aspekt der *Historizität* der Erkenntnis beimaß, verdankt.⁸³ Hegels Erkenntnisleistung im Mittel einer *Phänomenologie und Geschichtsphilosophie des Geistes* ist aber unter Gesichtspunkten des seinsverbundenen Denkens, trotz dieser Sonderstellung, vor allem eine Ausdrucksform des strukturbedingten Wissens einer Generation der näheren Vergangenheit, die der eigenen Generation im Mittel der *erinnerten Kultur*,

---

[79] Vgl. Hegel. *Phänomenologie des Geistes*, S. 20–21.
[80] Vgl. Ritter, Joachim. 2003. Hegel und die französische Revolution. In *Metaphysik und Politik. Studien zu Aristoteles und Hegel*. Frankfurt am Main: Suhrkamp, S. 183–255.
[81] Mannheim, Karl. 1985. *Ideologie und Utopie*. Frankfurt am Main: Klostermann, S. 200 und 224. Vgl. Hegel. *Grundlinien der Philosophie des Rechts*.
[82] Mannheim. *Ideologie und Utopie*, S. 204. Vgl. Hegel. *Vorlesungen über die Philosophie der Weltgeschichte*.
[83] Mannheim. *Ideologie und Utopie*, S. 62, 64, 132–133, 183, 198, 212, 219 und 222.

die es im Sinne der Aufgaben und des sozialen Körpers der Gegenwart zu bearbeiten gilt, zugekommen ist. Hegel ist unter diesem Gesichtspunkt der „alte Hegel"[84] und der „konservative Hegel",[85] ein Autor fern genug, ihn cum grano salis den „Romantikern" zu assoziieren.[86] Von Heidelberg auf der Höhe des 20. Jahrhunderts aus betrachtet, ist diese Denkbewegung, so wie die französische Revolution, nicht vor allem ein *Anfang*, d. h. das Prävalentwerden einer neuen Generation, sondern in erster Linie das „*Ende* einer relativ geschlossenen Epoche", d. h. der Beginn des Vergessens bestimmter Wissenssonderheiten, die mit dem Verschwinden der Generation der französischen Revolution ganz vergessen sein werden.[87] – Dieses Epochenende fällt allerdings, wie wir gleich sehen werden, *nicht* mit dem Ende der emanatistischen Logik, deren Vollender Lask Hegel nennt, zusammen.

Wie wir gesehen haben, bestimmt Lask Hegels *Geschichte der Philosophie* als besonders prägnantes Material mit Blick auf die Problemlage der emanatistischen Logik: ihre Einseitigkeit, die in einer *Gebärde* der Metaphysierung des Begriffs ihren Ausdruck findet. Wir wollen uns zunächst diese Gebärde vor Augen führen und ihr die Gebärde, mit der Mannheim die Soziologie des Geistes einführt, gegenüberstellen. Auf der Grundlage dieses Vergleichs kehren wir anschließend zurück zu Lask und der Frage der Vorgänge des Geltendmachens abstrakter Normen nach individuellen Berechtigungen – eine Frage, die Mannheim so wenig wie Hegel berücksichtigt, und wegen deren Fehlens sie beide dem Problem des Zusammenstoßes der Welten des Zeitlosen und des Zeitlichen zu wenig Beachtung schenken. Die Klärung *dieser* Frage wird uns zugleich zu dem letzten Schritt unseres Unternehmens der Klärung der Frage der gelungenen Verbindung von Systematik und Praxis einer ideengeschichtlich orientierten Soziologie führen.

§ 9. Hegels Gebärde. Das ewig Lebendige und das zeitlos Gegenwärtige. Hegels Vorlesungsreihe beginnt (nach dem Text der „Heidelberger Niederschrift" von 1817) mit dem Appell an „Aufmerksamkeit und Liebe" zur „Philosophie" zu einem „Zeitpunkt", da prägnanterweise die „Not der Zeit" überwunden und der „*Strom der Wirklichkeit*", da die „kleinen [...] alltäglichen" und die „hohen Interessen" leidlich erfüllt sind, „*gebrochen ist*". Angesichts dieser Entwicklung sei zu „hoffen", dass „auch *die reine Wissenschaft, die freie vernünftige Welt des Geistes wieder emporblühe*", auf dem „*Grund alles lebendigen Lebens*" und „neben dem *Staate*", in der Form einer „[I]nnenkehr" und „[I]n-sich-selbst-Sammlung" des „Weltgeist[es]".[88]

---

[84] Mannheim. *Ideologie und Utopie*, S. 198.
[85] Mannheim. *Ideologie und Utopie*, S. 200, 201 und 203.
[86] Mannheim. *Ideologie und Utopie*, S. 24 und 201.
[87] Mannheim. *Ideologie und Utopie*, S. 132 (Hervorhebung von mir/PG).
[88] Hegel. *Vorlesungen über die Geschichte der Philosophie I*, S. 11–12.

Diese Innenkehr und Selbstsammlung vollzieht Hegel zufolge die „Geschichte der Philosophie": indem sie „Taten des Denkens" identifiziert, die als „das *Resultat*" der Arbeit (und zwar der Arbeit „aller vorhergegangenen Generationen des Menschengeschlechts"), den „Besitz an selbstbewußter Vernünftigkeit" bilden, „welcher uns, der jetzigen Welt[,] angehört". Die „[Ü]berliefer[ung]" des Geistes ist unter Gesichtspunkten der Geschichte der Philosophie „lebendig und schwillt als ein mächtiger Strom, der sich vergrößert, je weiter er von seinem Ursprunge aus vorgedrungen ist"; der Geist selbst „*bearbeitet*" das Überlieferte fortgesetzt und bildet es um, „metamorphorisiert" die ihm überkommene „Erbschaft", d. h. „die Wissenschaft, welche *vorhanden* ist".[89]

Die Geschichte der Philosophie ist nicht ein „*Vorrat von Meinungen*"; sondern „in der Bewegung des denkenden Geistes ist wesentlich Zusammenhang", „geht [es] vernünftig zu". Die „Bestimmung der ‚Entwicklung'" des Geistes unter Gesichtspunkten der Vernunft seines Vorgangs ist daher ihr Aufgabenkreis; um diese Entwicklung adäquat zu bestimmen, muss die Geschichte der Philosophie ihren Gegenstand verstehen als eine Bewegung, die immer „auf das Konkrete [geht]"; die näherhin „sich" (und durch sich den „Geist") selbst „zum Gegenstande" macht; muss damit rechnen, dass die Konkretionen des Geistes, anders als die der „Natur", die „auf dem kürzesten Weg zu ihrem Ziel" kommt, auf dem Weg der „Vermittlung", auf „Umweg[en]", sich entwickeln; muss trotzdem voraussetzen, dass diese Konkretionen insgesamt einen „in sich notwendige[n], konsequente[n] Fortgang" bilden.[90]

So wie der Autor Mannheim verbürgt, dass die Soziologie des Geistes *wirklich* erlebt und gedacht wird, sie das im Geist selbst vorhandene *wirklich* in Begriffen der Gesellschaftsanalyse transzendiert, verbürgt der Autor Hegel den *vernünftigen* Vorgang der Entwicklung des Geistes. So wie die Weltgeschichte *in ihrer gesamten räumlichen Qualität* von Osten nach Westen gewandert ist, ist „die konkrete Gestalt [des] Volkes", das *zuerst* über das „Bewußtsein der Freiheit" verfügt, in dem *zuerst* „das Subjekt das Bewußtsein der Persönlichkeit erlangt hat" und in dem daher die „eigentliche Philosophie" begann,[91] nach „*Abscheiden des Orients*",[92] „im Okzident" [...] [d]as Griechentum".[93] Und so ist es *später*, nach einigen Umwegen, einer „Mittelperiode" des „Gären[s] [...] innerhalb der christlichen Kirche", *weiter* im Westen die „christlich-germanische Welt", in der, „seit der Zeit des Dreißigjährigen Krieges", der Geist zu sich gekommen ist.[94]

---

[89] Hegel. *Vorlesungen über die Geschichte der Philosophie I*, S. 21–22.

[90] Hegel. *Vorlesungen über die Geschichte der Philosophie I*, S. 28–33, 38, 43, 46 und 55.

[91] Hegel. *Vorlesungen über die Geschichte der Philosophie I*, S. 116 und 122.

[92] Hegel. *Vorlesungen über die Geschichte der Philosophie I*, S. 118–121.

[93] Hegel. *Vorlesungen über die Geschichte der Philosophie I*, S. 122 und 123.

[94] Hegel. *Vorlesungen über die Geschichte der Philosophie I*, S. 124 und 131–132.

Der „*nunmehrige Standpunkt* der Philosophie"[95] ist ein Lehrstuhl der *Alma Mater Berolinensis*; das Resultat der „Bemühungen des Geistes durch fast 2500 Jahre", das Hegels Vorlesungsserie verbürgen will, „ist der Gedanke, der bei sich ist und zugleich das Universum umfaßt, es in intelligente Welt verwandelt".[96] Dessen Bürgschaft bildet der „lange Zug von Geistern", die der „*eine* Geist [...] in seinem Leben verwendet", und die Hegel selbst „vor [den] Gedanken" seiner Zuhörer als eine unter Gesichtspunkten der *Geschichte* geordnete „Reihe [...] vorüber[...] führ[t]".[97] Diese Geister, deren „Reihe [...] das wahrhafte *Geisterreich*, das einzige Geisterreich, das es gibt", bildet, formen zugleich den „Organismus unserer Substanz". Bewähren kann Hegels Bürgschaft sich, sofern sie ihren Zeugen eine „Aufforderung" gewesen sein wird, „den Geist der Zeit, der in uns natürlich ist, zu ergreifen und aus seiner Natürlichkeit, d. h. Verschlossenheit, Leblosigkeit hervor an den Tag zu ziehen und – jeder an seinem Ort – mit Bewußtsein an den Tag zu bringen".[98]

Unter Gesichtspunkten einer *Ordnung des Raums* befindet Mannheim in Heidelberg (und ebenso Mannheim zuvor in Budapest und später in Frankfurt und London) im Großen und Ganzen sich ähnlich weit *westlich* wie Hegel in Berlin (oder vorher in Stuttgart, Tübingen, Jena und anderwärts). Für Mannheim ist, wie wir gesehen haben, das für Hegels Zeit eigenschaftlich maßgebliche unter den Elementen des Westens das *französische*; für Hegel selbst ist die seinerzeit für die Frage einer Ordnung des Raums maßgebliche Größe ein *Staats*-Raum. Unter Gesichtspunkten des Ortes, an dem (an *seinem* Ort) der Lehrer Hegel (so wie *jeder* andere an dessen Ort) vor seinen Hörern den Geist der Zeit, der *natürlich* ihn ihm und in ihnen ist, an den *Tag* bringt, ist die maßgebliche Größe *Preußen*. Unter Gesichtspunkten einer solchen staatsräumlichen Ordnung entspricht der Eigenschaft (französisch), die Mannheim zufolge den Zentralvorgang (*Revolution*) der Zeit Hegels kennzeichnet, der Staats-Raum, in dem die von Louis XVIII. erlassene *Charte Constitutionelle* gilt. Zu Zeiten der Generation Mannheims bildet den entsprechenden Staats-Raum eine *République*, die die *dritte* in einer Zeitreihe von Staats-Räumen dieses Namens ist. Dagegen der Staats-Raum, in dem der Lehrer Hegel an seinem Ort ist, ist für Mannheims Generation ein *Freistaat*, der im Reichsverbund eine *Republik* bildet, u. a. gemeinsam mit einigen der Orte, an denen Mannheim seinerzeit bestallt ist.

---

[95] Hegel. *Vorlesungen über die Geschichte der Philosophie III*, S. 454.
[96] Hegel. *Vorlesungen über die Geschichte der Philosophie III*, S. 455.
[97] Hegel. *Vorlesungen über die Geschichte der Philosophie III*, S. 462 und 461.
[98] Hegel. *Vorlesungen über die Geschichte der Philosophie III*, S. 461–462.

Unter Gesichtspunkten einer *Ordnung der Zeit* avisiert Hegel in Berlin ein in Form einer metrischen Datumsordnung (in Jahren) bemessenes Zeitintervall, dessen Beginn nach der gebräuchlichen Zeitrechnung fast 500 Jahre *ante christum natum* liegt; bis in Mannheims Zeit ist diese ihrer Anlage nach unbegrenzt verlängerbare Datumsordnung etwas mehr als 100 weitere Jahre fortgeschritten. Hegel zufolge lässt dieses Zeitintervall sich in eine endliche Reihe von Größen zerlegen, die er *Geister* nennt. Für die Gesamtheit dieser Größen bürgt *ein Geist*, indem er sie sich zu eigen gemacht hat und darin fortfährt. Dieser Geist selbst hat ein *Leben*; d. h. seine Zeitspanne ist, in einem größeren (immerhin bereits fast 2500 Jahre abbildenden) Maßstab, ebenso endlich, wie die einzelnen Sequenzen der Reihe, die die Geister bilden.

Je nach dem *Zeitpunkt*, zu dem jemand in die Reihe der Geister einrückt, in das Leben des Geistes tritt, sieht die Reihe der Geister unterschiedlich aus. Jeder einzelne der Geister, die die Reihe umfasst, sieht sie anders, als Hegel sie sieht. Aber jeder einzelne von ihnen sähe sie so, wie Hegel sie sieht, wäre er an dessen Stelle in Berlin; auch wenn sie zu ihrer Zeit an ihrem Ort nicht einmal über einen Begriff des Geistes verfügten. Jeder Einzelne von ihnen brächte das Leben des Geistes in derselben Weise auf die Reihe, besetzte er gegenwärtig einen solchen Platz, den er einen Ort der *Blüte neben dem Staate* (nicht *in* ihm) zu nennen berechtigt wäre. Jeder Einzelne müsste *sich* in dieser Reihe sehen, wie Hegel ihn sieht (und Hegel sehen, wie Hegel sich sieht), sähe er sich (und ihn) aus der Perspektive des Liebhabers der Philosophie in der Hauptstadt des aus der Not der Zeit, den auf die französische Revolution folgenden Kriegen, befreiten Preußen.

Diese Verbindung der Geister zum Leben des Geistes in seinem begrifflichen Vollzug ist es, was Lask Hegels *Gebärde der empirischen Wirklichkeit gegenüber* nennt. Er sieht, wie die Untersuchung der Gebärde Lask zeigt, von den Abläufen der Produktion und Reproduktion und von den kleinen alltäglichen und den hohen Interessen, die das Geistesleben begleiten, ab. Diese Gebärde, von der Lask sagt, sie gebe einer *Abneigung gegen den negativen Radikalismus der vorangegangenen Epoche* (der Epoche der Revolutionskriege) Ausdruck, hebt die Materialisationen dieses Radikalismus in einem *Reich des ewig Lebendigen und zeitlos Gegenwärtigen* oberhalb des Geschehens der Natur auf, degradiert ihn zu einem der mannigfaltigen Umwege, auf denen, wie erinnerlich, für Hegel im Unterschied zur Natur der Geist sich entwickelt.[99] Es ist dieses relative Desinteresse an den Abläufen der Produktion und Reproduktion, an den Begegnungen des Geistes auf den Umwegen, die die empirische Wirklichkeit ihm bereitet, die Lask zu der Einschätzung führt, Hegel habe dem Problem des Zusammenstoßes der Welten des Zeitlosen und des Zeitlichen zu wenig Beachtung geschenkt.

---

[99] Lask. Hegel in seinem Verhältnis, S. 340–341.

3 Eine andere Soziologie des Geistes

Mannheims Überarbeitung der Phänomenologie und Geschichtsphilosophie des Geistes zum Zweck einer Soziologie des Geistes ist ein Versuch, die genannten Unachtsamkeiten im Mittel einiger grundlegender begrifflicher Umbesetzungen aufzuheben. Fassen wir, was wir en passant der Beschreibung der Gebärde Hegels für Mannheim bemerkt haben, unter Gesichtspunkten der Gebärde, mit der er die Soziologie des Geistes einführt, zusammen, um anschließend zu Lask und dem Problem des Zusammenstoßes der beiden Welten des Zeitlosen und des Zeitlichen zurückzukommen.

§ 10. Mannheims Gebärde. Das eben Lebendige und das Vergegenwärtigte. Mannheim übernimmt von Hegel, wie wir gesehen haben, *nicht* die Vorstellung der eigenen Zeit als einer Epoche der *Innenkehr und In-sich-selbst-Sammlung des Weltgeistes*, sondern hat vor, das im Geist selbst Vorhandene in Begriffen der Gesellschaftsanalyse zu transzendieren. An die Stelle der *absoluten Synthese*, als die er Hegels Gebärde gegenüber der empirischen Wirklichkeit identifiziert hat: den Entwurf eines *Reichs des ewig Lebendigen und zeitlos Gegenwärtigen* neben dem preußischen Staat und der französischen Revolution, soll eine Synthese unter Gesichtspunkten der Sozialisierbarkeit des Geistigen treten – das Wissen einer *Generation*, das ein eigenes *Reich des eben Lebendigen und Vergegenwärtigten* in den Republiken der Gegenwart bildet. Zu diesem Wissen mag die Reihe der Geister, die Hegel beschreibt, oder mögen einzelne von ihnen auf diese oder jene Weise beigetragen haben; jedenfalls aber tragen sie zu der Synthese, die Mannheim als Mittel der Soziologie des Geistes vorschlägt, höchstens *mittelbar* bei, wenn nämlich die Träger der gegenwärtigen Generation, deren Denken der Gegenstand von Mannheims Synthese ist, sie *nicht* vergessen, sondern Elemente ihres Bewegungsgangs zu Zwecken der Gestaltung ihrer Kategorialapparaturen ausgewählt oder einer Revision unterzogen haben.

Mannheims Soziologie des Geistes soll, im Unterschied zur Phänomenologie und Geschichtsphilosophie des Geistes, nicht das Ergebnis einer Längsschnittanalyse des Geistes, sondern einer Analyse des Querschnitts der gesellschaftlichen Öffentlichkeit sein. Das geistige Leben einer *Generation* umfasst, anders als die lebendige Einheit begrifflicher Bewegungen ausgewählter großer Geister über die Zeit hinweg, alle Abläufe der Produktion und Reproduktion, alle kleinen alltäglichen und die (mehr oder weniger) höheren Interessen, die das gesellschaftliche Leben, an dem sie teilhaben, prägen. Mannheim empfiehlt seiner Generation die Soziologie des Geistes als Trägerin eines ihrer Zeit gemäßen Wissens; als geeignete Schlichterin zwischen den Gruppen, die die „politische[n]" Orientierung[en]" und „Weltbilder" der „*[p]artikular[en]*" gesellschaftlichen

Gruppen als „sich ergänzende Teilansichten [...] *stets ein[es] Ganze[n]*" kenntlich macht, d. h. sich bewährt „*als Wissen vom Werden des gesamten politischen Feldes*", Agentin einer „dynamischen Synthese" der es bildenden Größen, die auf „ein *Offensein zur Ergänzung*" drängt.[100]

Man könnte den Eindruck haben, auf diese Weise habe Mannheim Lasks Hinweis, dass die Lösung des ‚Problems Hegel' der rechten Achtsamkeit für das Problem des Zusammenstoßes der Welten des Zeitlosen und des Zeitlichen bedürfe, Rechnung getragen. Tatsächlich räumt er zwar gegenüber Hegel der Welt des Zeitlichen größere Beachtung ein; im Begriff der Generation tritt die lebendige Wirklichkeit an die Stelle des eigenlebendigen Geistes; im Anspruch der Sozialisierung des Geistes tritt die Figur des großen Einzelnen gegenüber der Struktur der gegebenen Öffentlichkeit (ihren Konkurrenzen und Kooperationen, Konservierungen, Polarisationen und Selektionen) in den Hintergrund. Aber Mannheim hat die Welt des Zeitlosen, indem er sie den Welten des Zeitlichen (den Generationslagen) weitgehend eingemeindet hat, zugleich so weit entwertet, dass die Frage des *Zusammenstoßes* beider Welten sich gar nicht mehr stellt: Die Zusammenstöße, die die Soziologie des Geistes interessieren sollen, interessieren nur als Zusammenstöße der Akteure einer Zeitebene (der ‚lebendigen Gegenwart').

In diesem Sinn hatten wir, wie erinnerlich, in der zweiten Zwischenbilanz bereits vermerkt, dass für Mannheims Soziologie des Geistes Fragen nach der Qualität einer Gedankenführung, nach der argumentativen Redlichkeit und begrifflichen Präzision, in denen ein Geist sich materialisiert, nach der Wahrheitsnähe seiner Annahmen, der Trefflichkeit seiner Gemeinwohlbestimmung oder der Weisheit seiner Empfehlungen, keine Rolle spielen. Die Einzelnen, die für ihre Generation dem Beruf der öffentlichen Seinsauslegung nachkommen, sind jedenfalls sämtlich relevanter für diese Soziologie des Geistes, als jeder Einzelne jeder der vorangegangenen Generationen es ist. Wir können sagen, dass Mannheim, indem er das Zeitlose dem Zeitlichen eingemeindet, eine Metaphysierung des Begriffs der Generation – *eines Begriffs des Lebendigen im Sinn eines emphatisch-synthetisierend profundierten Man* – zur Grundlage der Soziologie des Geistes macht.

Die Soziologie des Geistes selbst ist nach Mannheims Konzeption Teil dessen, das ihr Begriff metaphysiert. Sie ist, genauer, Teil einer der „Schicht[en]", die ihre Generation unter Gesichtspunkten der Gesellschaftsanalyse kennzeichnen; ihre Schicht agiert allerdings in Sonderheit „sozial weitgehend freischwebend".[101] Die Teilhabe an dieser Schicht, deren Existenz nicht transhistorisch vorhanden, sondern erst in den Wechselfällen des historischen Stroms entstanden ist, als eine der

---

[100] Mannheim. *Ideologie und Utopie*, S. 129–130, 137 und 76.
[101] Mannheim. *Ideologie und Utopie*, S. 134.

„Tatsachen des *modernen* Lebens", ermöglicht der Soziologie des Geistes erst ihre der „*Eigenart moderner Geistigkeit*" gemäße Praxis. Diese Praxis kennzeichnet, dass ihre Agenten *selbst* grundsätzlich offen zur Ergänzung sind. Sie ist „nicht hieratisch gebunden, abgerundet und geformt, sondern dynamisch, elastisch, stets in Umwälzung begriffen und mit Problemen belastet";[102] bildet sich an „alle[n] jene[n] Impulse[n], die den sozialen Raum durchdringen"; ist aus der Perspektive aller Unzeitgemäßen in der Gesellschaft „charakterlos", während sie dem eigenen Selbstverständnis nach Kategorien und Ergebnisse, die unvermeidlich „im Laufe der Entwicklung wieder auseinanderfallen", formuliert.[103] Nichts spricht dagegen, dass künftige Generationen die Soziologie des Geistes, so wie *deren* Agenten die Immanenzanalyse des Geistes zu Zeiten der französischen Revolution, als nicht mehr zeitgemäß genug kennzeichnen werden: als einer Revision bedürftig oder vergessenswert. Die Soziologie des Geistes und ihre künftigen Agenten werden beizeiten dem Gedanken, sie seien unzeitgemäß, nicht mit dem Hinweis auf die mangelnde argumentative Redlichkeit oder sprachliche Ungenauigkeit, mit der seine Prätendenten verfahren, begegnen können. Jedenfalls dürfte es in den Generationen nach Mannheim, wenn es noch eine Soziologie des Geistes gibt, sie nur geben als etwas, das *nicht* dem entspricht, was Mannheim selbst mit diesem Begriff bezeichnet hat.

Mannheim hat also das ‚Problem Hegel' für die Soziologie des Geistes nicht gelöst. Allerdings heißt dies nicht, dass sein Eindruck, dass es im Sinne von Lasks Vorschlag einer Logik der Geltungssphäre sich erledigt haben *könnte*, falsch wäre. Wir haben gesehen, dass Mannheim Lasks Hinweis, die Lösung des ‚Problems Hegel' setze die rechte Achtsamkeit für das Problem des Zusammenstoßes der Welten des Zeitlosen und des Zeitlichen voraus, nicht hinreichend umgesetzt hat; nicht, dass dieser Hinweis nicht zum Ziel führte. Wir wollen in der Folge einen anderen Weg, diesem Hinweis nachzukommen, verfolgen.

§ 11. Zusammenstoß der Welten des Zeitlosen und des Zeitlichen. Wollen wir Lasks eigenen Vorstellungen von dem, das wir mit Mannheims Worten ‚Soziologie des Geistes' nennen, auf die Spur kommen, so sehen wir uns auf ein Gebiet verwiesen, das er die „Kulturwissenschaften" nennt.[104] Die Kulturwissenschaften stehen nach Lasks Ansicht „der Philosophie, vor allem der angewandten Philosophie", schon aufgrund ihres gemeinsamen „Erkenntnismaterial[s]", d. h.

---

[102] Mannheim. *Ideologie und Utopie*, S. 136 (Hervorhebung von mir/PG).
[103] Mannheim. *Ideologie und Utopie*, S. 137 und 132.
[104] Lask, Emil. 1924. Zum System der Wissenschaften. In *Gesammelte Schriften. III. Band.* Tübingen: Mohr (Siebeck), S. 237–293, hier S. 242.

„sachlich", „näher als die Naturwissenschaften". Ebenso wie die Philosophie, anders als die Naturwissenschaften, sind sie „geltungsdimensioniert".[105]

Wie erinnerlich hatte Lask beizeiten das Material der Analyse der Vorgänge des theoretischen Sinnes (im oberen Stockwerk) als ein „Ineinander von Geltendem und kategorialem Gelten" beschrieben.[106] Anders als die Philosophie ist allerdings eine Kulturwissenschaft wie die Soziologie des Geistes nicht mit der „Grundbestimmtheit" ihres Materials, sondern mit „Einzelbestimmtheit[en]" befasst.[107] Ihr „Stoff" ist, so wie der Stoff jeder Kulturwissenschaft, von Grund auf „heterogen"; Lasks Schüler Albert Salomon nennt in diesem Sinn Kulturgeschichte und Soziologie „Bewältigungsmittel der konkreten Fülle der Wertrealisierungen";[108] sie beginnen bei und enden, wie alle Kulturwissenschaften, mit *Vielfalt* im größeren Maßstab (des ‚*Geistes*') und *Einheit* im kleineren Maßstab (des ‚*Falls*').

Die Soziologie des Geistes ist, wie alle Kulturwissenschaften, eine Wissenschaft der „Geltungsrealisierungsinstanz[en]"; ihr Gegenstand sind „Subjekt[e]", in denen „Sinnliches mit Geltendem", das in Form von „Leistungsprinzipien" auftritt, sich verbindet:[109] „Erscheinung[en]", die ein „Zusammentreffen" von „Werte[n] und apriorischen Formen", z. B. „Schönheit, […] Güte, […] Heiligkeit", mit einem „sinnliche[n] Material" zum Ausdruck bringen.[110] Es handelt sich bei den Gegenständen der Soziologie des Geistes, anders als bei den Gegenständen einer Naturwissenschaft, obschon beides „empirische Wissenschaften" sind, da sie mit „faktisch Vorgefundenem" befasst sind, *nicht* um „*bloße* Tatsachen"; sondern um Größen, in denen „Nichtsinnliches gegenwärtig ist". Daher sollen ihre „Kategorien" sich „auf bereits geltungsbetroffenes Sinnliches" beziehen; dies sind daher Begriffe, die Vollzüge von „Wertentscheidungen" und „Kulturleistungen" beschreiben, die diese oder jene Geltungsrealisierungsinstanz „faktisch" getroffen und vollbracht hat.[111]

Allgemein gilt, dass etwas „Geltendes" neben der Relation mit dem „Subjekt", das von ihm betroffen ist, in einer weiteren „fundamentalen Relation" sich befindet: in einer Relation zum „Nichtgeltenden", d. h. zu all dem „Material", in dem

---

[105] Nachtheim, Stephan. 1992. *Emil Lasks Grundlehre*. Tübingen: Mohr (Siebeck), S. 77.
[106] Lask. Logik der Philosophie, S. 103.
[107] Nachtheim. *Emil Lasks Grundlehre*, S. 78.
[108] Salomon, Albert. 2008. Der Freundschaftskult des 18. Jahrhunderts in Deutschland. In *Werke. Band 1: Biographische Materialien und Schriften 1921–1933*. Wiesbaden: VS Verlag für Sozialwissenschaften, S. 81–133, hier S. 88 und 92.
[109] Nachtheim. *Emil Lasks Grundlehre*, S. 77.
[110] Salomon. Der Freundschaftskult des 18. Jahrhunderts, S. 88.
[111] Nachtheim. *Emil Lasks Grundlehre*, S. 77–78.

nicht realisiert ist, was *dies* Subjekt zur Geltung bringt. Während die Philosophie, befasst mit Grundbestimmtheiten, am Nichtgeltenden nur seine *prinzipielle* Qualität interessiert, nicht aber Nichtgeltendes am „Sinnliche[n] in seiner Einzelbestimmtheit",[112] interessiert die Soziologie des Geistes als eine Kulturwissenschaft sich für Nichtgeltendes am Sinnlichen der Einzelerscheinung, d. h. an konkreten sinnlichen Subjekten, die *nicht* als Geltungsrealisierungsinstanz für den gefragten Wert in Frage kommen: *andere* als die gefragten Wertentscheidungen (oder keine) getroffen oder *andere* Kulturleistungen (oder keine) vollbracht haben. Indem die Soziologie des Geistes sich für Subjekte interessiert, die nicht als Geltungsrealisierungsinstanzen für den gefragten Wert in Frage kommen, interessiert sie sich zugleich dafür, dass diejenigen Subjekte, die in Frage kommen, bestimmte Wertentscheidungen *nicht* getroffen und bestimmte Kulturleistungen *nicht* vollbracht haben, die andere Subjekte getroffen oder vollbracht haben.

Wir werden in der Folge zeigen, dass wir mit dieser an Lasks Bestimmung des Gegenstandsgebiets der Kulturwissenschaften orientierten Bestimmung des *Gegenstandsgebiets der Soziologie des Geistes* als eines Gebiets *tätiger* (Wertentscheidungen treffender und Kulturleistungen vollbringender) *Erscheinungen an sinnlichen Subjekten, in denen etwas Geltendes* (etwas Nichtsinnlich-Gegenwärtiges) und *Nichtgeltendes* (an anderen Geltendes oder andere Formen der Geltungsrealisierung) *einander begegnen*, zugleich den Zusammenstoß der Welten des Zeitlosen und des Zeitlichen als Erkenntnismaterial der Soziologie des Geistes bestimmt haben. Um zunächst dies zu verdeutlichen, unternehmen wir einen Umweg (so wie Hegel zufolge der Geist auf Wegen der *Vermittlung* sich zu seinen Zielen hin bewegt), den wir ein *proklisches Gedankenexperiment* nennen. Er wird uns zurückführen zur Frage des Zusammenhangs von Systematik und Praxis der Soziologie des Geistes.

§ 12. Umweg (Verharren–Hervorgang–Rückkehr). Proklisches Gedankenexperiment. Unser Umweg gilt dem spätantiken Philosophen Proklos, mit dem auch Hegel zum Zweck seiner Geschichte der Philosophie sich beschäftigt hat, während Lask immerhin in seiner Kategorienlehre Plotin, Proklos' Vorgänger in einer Erscheinung des Denkens, die die Philosophiegeschichte den ‚Neuplatonismus' nennt, zuspricht, er habe „erstmals [...] die logische Besinnung" auf das „Übersinnliche" gelenkt.[113] Plotin ist, so Lask, für die kategoriallogische Forschung interessant, weil er vorerst „als einziger auch das intelligible Ineinander, also die konstitutiv-kategorialen Beziehungen in der Sphäre des Nichtsinnlichen" in die logische Analyse einbezogen habe; allerdings sei er „mystischer Irrationalist"

---

[112] Nachtheim. *Emil Lasks Grundlehre*, S. 78–79.
[113] Lask. Logik der Philosophie, S. 234.

geblieben, da er seiner Kategorienlehre einen „der Vielheit des Intelligiblen wie des Sinnlichen entrückten [...] höchsten Punkt", das „*Eine*", vorausgesetzt habe.[114]

Hegel seinerseits beschreibt, wie erinnerlich, die Bewegung des Geistes als einen Vorgang, der im Griechentum beginnt, dann eine vergleichsweise unfruchtbare Mittelperiode durchläuft, und schließlich in der christlich-germanischen Welt zu sich kommt; „eigentlich", vermerkt er in der Einleitung seiner Vorlesungsreihe, „haben wir [...] nur zwei Epochen der Geschichte der Philosophie zu unterscheiden, die griechische und germanische Philosophie, wie antike und moderne Kunst".[115] Der Aufbau der Vorlesungen sieht trotzdem eine Schrittfolge von drei Perioden vor. Deren erste beginnt in „Thales Zeiten" und reicht „bis zur neuplatonischen Philosophie", die „durch Proklos im fünften Jahrhundert" eine „weitere Fortsetzung und Ausbildung" erhält, „bis alle Philosophie erlischt", „mit der Völkerwanderung und dem Untergang des Römischen Reichs". Nach der folgenden Gärungsperiode, während der der Geist zwischen „Scholastiker[n]", „Araber[n] und Juden" wandert, bedeutet die dritte, die germanische Periode, in der man den griechischerseits „zur Idee entwickelt[en] [...] Gedanken als Geist gefaßt hat", „noch" zu Hegels Zeiten, da schließlich erst er dem in angemessener Weise Ausdruck verliehen hat, „etwas Neues".[116] Mit Proklos, dem Namensgeber unseres Gedankenexperiments, beschäftigt uns, der Gebärde Hegels nach, der besondere „Moment [...] im Zug von Geistern",[117] nach dem vorerst alle Philosophie erloschen war und ein langfristiger Umweg begann, erst an dessen Ende der Geist so zum Geiste geworden ist, wie Hegel ihm Ausdruck verleiht.

Die Geschichte der griechischen Philosophie bis hin zu Proklos schildert Hegel in drei historischen Abschnitten, deren dritten der Neuplatonismus bildet. An seinem Anfang steht Philon, „ein gelehrter Jude", der zu Christi Zeiten „zu Alexandrien" lebte.[118] Die „Spitze der neuplatonischen Philosophie", kurz bevor der römische Kaiser Justinian die Akademie in Athen schließen ließ und „alle heidnischen Philosophen aus seinem Reiche [trieb]", bildeten, so Hegel, eben die Arbeit von Proklos aus Konstantinopel, der der Akademie im fünften nachchristlichen Jahrhundert während fünf Jahrzehnten vorstand.[119] Der Neuplatonismus insgesamt bildet unter Hegels Gesichtspunkt einer „dialektischen Bewegung des Geistes zu sich

---

[114] Lask. *Logik der Philosophie*, S. 238 (Hervorhebung von mir/PG).
[115] Hegel. *Vorlesungen über die Geschichte der Philosophie I*, S. 123.
[116] Hegel. *Vorlesungen über die Geschichte der Philosophie I*, S. 131, 124 und 132.
[117] Hegel. *Vorlesungen über die Geschichte der Philosophie III*, S. 462.
[118] Hegel. *Vorlesungen über die Geschichte der Philosophie II*, S. 418.
[119] Hegel. *Vorlesungen über die Geschichte der Philosophie II*, S. 468 und 466.

selbst [...] ein wesentliches Moment in diesem Prozeß".[120] Erst mit und in ihm hat „der νοῦς [...] sich zum Gegenstande", und hat „[d]as Denken [...] in seinem Gegenstande sich selbst": „Das sind drei, das eine und das andere und die Einheit beider".[121] Diese „Hochschätzung", die Hegel im neuplatonischen Geisterreich in Sonderheit Proklos zuteil werden lässt, „entspringt", wie Werner Beierwaltes gezeigt hat, „einer wenn auch in vielem nur formalen Affinität seines eigenen Denkens" mit dem proklischen Ansatz;[122] Ludwig Feuerbach hatte, wie Beierwaltes uns erinnert, geradezu vermerkt, dass wohlverstanden Hegel „nicht der ‚[d]eutsche oder christliche Aristoteles'" heißen, er vielmehr als „der deutsche Proklus" gesehen werden sollte.[123]

Hegel identifiziert Proklos' „Hauptideen" in „seiner Schrift über die Platonische Theologie".[124] Denn in ihr zeige sich, dass ihn z. B. gegenüber anderen Großmeistern der alexandrinischen Schule des Neuplatonismus, so dem gut 200 Jahre älteren Ägypter Plotin, „ein tieferes Studieren der Platonischen Dialektik" auszeichne, näherhin die Beschäftigung mit einer „Dialektik des Einen": „Es ist ihm notwendig, das Viele als Eins und das Eins als Vieles zu zeigen, die Formen, die das Eins annimmt, darzulegen". Hegel befindet die proklische Dialektik allerdings, bei allem zugestandenen „Tiefsinn" und trotz einer „vortreffliche[n] Diktion", doch für „mehr oder weniger äußerlich" und „höchst ermüdend".[125] Er hält wie für Plotin, dessen Analyse der konstitutiv-kategorialen Beziehungen in der Sphäre des Nichtsinnlichen Lask hervorhebt, auch für Proklos fest, dass dieser die „Selbstentwicklung" der „Einheit", die allein er für „wahrhaft" hält (und nicht etwa, wie es dem „vorstellenden Bewußtsein" erscheint, die Vielheit der „Dinge, deren jedes ein Eins heißt und so Substanz"), „nicht" hinreichend „zum Begriffe" mache. Hier wie dort fehle ein „Begriff der Entzweiung" (ebd., S. 470). – Dies ist aber, wie wir von Lask wissen, eine Betrachtung unter dem Gesichtspunkt des ewig Lebendigen und zeitlos Gegenwärtigen, betrieben im Mittel der Metaphysierung des Begriffs, die absieht vom Problem des Zusammenstoßes der Welten des Zeitlosen und des Zeitlichen. Deswegen fehlt unter Gesichtspunkten des Proklos-Kritikers Hegel ein

---

[120] Beierwaltes, Werner. 1979. *Proklos. Grundzüge seiner Metaphysik*. Frankfurt am Main: Klostermann, S. 4.

[121] Hegel. *Vorlesungen über die Geschichte der Philosophie II*, S. 413.

[122] Beierwaltes. *Proklos*, S. 5.

[123] Beierwaltes. *Proklos*, S. 6. Vgl. Feuerbach, Ludwig. 1996. *Entwürfe zu einer Neuen Philosophie*. Hamburg: Meiner, S. 70.

[124] Proklos. 1968–1997. *Proclus. Theologie platonicienne*. (6 Bände). Paris: Les Belles Lettres.

[125] Hegel. *Vorlesungen über die Geschichte der Philosophie II*, S. 468–469.

Begriff für die tätigen (z. B. ‚Platonische Theologie' aufzeichnenden oder ‚Geschichte der Philosophie' vorstellenden) Erscheinungen an sinnlichen Subjekten (die z. B. die Namen ‚Proklos', ‚Hegel', ‚Lask' oder ‚Mannheim' signieren und die in Römisch-Athen, Preußen-Berlin oder der Heidelberger Republik agieren). Und es fehlt – in der Folge des Mangels dieses Begriffs – ein Verständnis für das Zusammentreffen von etwas Geltendem (d. h. etwas Nichtsinnlich-Gegenwärtigem) und Nichtgeltendem (d. h. *an Anderen* – in Römisch-Athen, Preußen-Berlin, der Heidelberger Republik oder anderwärts – Geltendem bzw. *anderen Formen* der Geltungsrealisierung).

Wie Beierwaltes gezeigt hat, verfügt Proklos seinerseits über einen Begriff für dies, wofür Hegel keinen Begriff hat, da ihm das Interesse am Problem des Zusammenstoßes der Welten des Zeitlosen und des Zeitlichen fehlt. Die Erscheinung der Philosophie ist in Proklos' Sinn eine *tätige* Größe, insofern sie „Methode" hat. Ihr „Anfang" ist „Selbsterkenntnis", und der „*Vollzug* des ‚Erkenne Dich selbst'" ist der „Weg des Denkens",[126] in Form dessen an einem sinnlichen Subjekt (z. B. an Proklos oder seinen Schülern in der Akademie) die Philosophie in Erscheinung tritt. Dabei ist der „verläßliche Anfang [...] philosophisch-methodischen Denkens", anders als die sinnlichen Träger seiner Erscheinung, „nicht als zeitlich und einmalig gesetzt zu fassen, sondern als zeitlos durchtragender Grund von Denken".[127]

Die Methode, nach der Proklos zufolge die Philosophie an einem sinnlichen Subjekt in Erscheinung tritt, weist „vielfältige Momente" auf, „deren jedes in bestimmter Weise das Denken an dieser Erscheinung auf das Ziel hin": auf Selbsterkenntnis seines sinnlichen Trägers, „zu bewegen sucht".[128] Man kann, genauer, davon sprechen, dass die philosophisch-methodische Tätigkeit bestimmte „Strukturmomente" beinhaltet, nämlich „das triadische, das kyklische und das dialektische, welches das dihairetische, analytische, synthetische, hypothetische, analogische und apophantische Moment in sich befaßt": „Die Entfaltung dieser Momente ist also der Gang des Gedankens von Trias zu Kreis und Dialektik, wobei eines das andere durchdringt".[129] Das „*konstitutive* Element" dieser „Denkbewegung", die „Sinnstruktur", die in *jeder* „[E]rschein[ung]" des Denkens – „in je anderer Dimension von Seiendem je anders" – enthalten ist, ist ihre „triadische Gestalt".[130]

---

[126] Beierwaltes. *Proklos*, S. 15 (Hervorhebung von mir/PG).
[127] Beierwaltes. *Proklos*, S. 16.
[128] Beierwaltes. *Proklos*, S. 17.
[129] Beierwaltes. *Proklos*, S. 17–18.
[130] Beierwaltes. *Proklos*, S. 24 (Hervorhebung von mir/PG).

Für unsere Zwecke einer Soziologie des Geistes als einer *Kulturwissenschaft*, deren Gegenstandsgebiet Erscheinungen an sinnlichen Subjekten sind, in denen etwas Geltendes und Nichtgeltendes einander begegnen, ist an Proklos' Überlegungen nicht die Voraussetzung des Einen als eines der Vielheit des Intelligiblen wie des Sinnlichen entrückten höchsten Punkts, die bereits Lask aus seiner Betrachtung des Denkens Plotins als mystisch-irrationales Element ausgeklammert hatte,[131] von Interesse; sondern die allgemeine Sinnstruktur der Erscheinungen, d. h. der Aufbau der Denkbewegung in triadischer Gestalt, und deren Zusammenwirken mit den übrigen Strukturmomenten der Methode der denkenden Selbsterkenntnis.

Für das Verständnis des Aufbaus der Denkbewegung in ihrer triadischen Gestalt ist in dem detaillierten System der Triaden, das Proklos zu Zwecken des Nachvollzugs philosophisch-methodischer Selbsterkenntnis entwirft,[132] vor allem eine dieser Triaden von Bedeutung, deren Elemente er als μονή („Verharren"), πρόοδος („Hervorgang") und ἐπιστροφή („Rückkehr") kennzeichnet. Denn deren „systematische[r] Ort" ist, so Beierwaltes, „nicht *neben* anderen Triaden, sondern ist als der jeder Trias innewohnende, sie bewegende Grund zu fassen"; insofern stellt der Zusammenhang von *Verharren, Hervorgang* und *Rückkehr* geradezu das „Strukturprinzip des Geistes" dar.[133]

Das Strukturelement des *Verharrens* soll am Geist kennzeichnen, dass er „selbstgenugsam" verfährt, d. h. eigentlich „nicht eine Bewegung" im Raum, „von ‚hier' nach ‚dort'", ist, oder eine Bewegung in der Zeit, „vom ‚noch-nicht' zum ‚nun-mehr'", darstellt, sondern „nur aus sich selbst in sich selbst hinein hervorgeht". Unter diesem Gesichtspunkt ist Geist keine „diskursiv" verfahrende Größe, sondern eine Größe, die jederzeit und jedenorts „*das Gedachte selbst* ist".[134] Unter unserem Gesichtspunkt einer Soziologie des Geistes, die nicht an der Grundbestimmtheit des Geistes, sondern an seinen *Einzelbestimmtheiten* interessiert ist: an konkreten Erscheinungen an sinnlichen Subjekten, bezeichnet μονή das Moment der *Selbstgeltung* des sinnlichen Subjekts. *Verharren* meint, genauer, dass an diesem Subjekt, ohne dass man davon sprechen müsste, nur etwas Geltendes (etwas Nichtsinnlich-Gegenwärtiges) in Erscheinung treten kann, weil und insofern es selbst als Subjektivität (die z. B. der Name ‚Proklos', ‚Hegel', ‚Lask' oder ‚Mannheim' signiert) in Geltung ist.

---

[131] Lask. Die Logik der Philosophie, S. 238.
[132] Beierwaltes. *Proklos*, S. 48–164.
[133] Beierwaltes. *Proklos*, S. 118.
[134] Beierwaltes. *Proklos*, S. 119–120 (Hervorhebung von mir/PG).

Das Strukturelement des *Hervorgangs* kennzeichnet am Geist, *dass* er (wenn auch selbstgenugsam) *verfährt*. Dies zeigt sich daran, dass er beizeiten „sich seinem Anfang gegenüberstellt" und, während er dies tut, zwar *nicht* „seines Wesens" sich „entäußer[t]", aber doch „aus sich selbst heraus [...] sich von sich selbst [unterscheidet]".[135] Insofern ist Geist eine Größe, die, während sie ist, was sie ist, zugleich im „Übergang" sich befindet, eine sich vollziehende „Entfaltung [ihrer] selbst in Selbigkeit *und* Andersheit" vollzieht – ohne dass die Frage des Vollzugs einer ‚Rückkehr' zu sich selbst sich stellte.[136] Unter Gesichtspunkten der Soziologie des Geistes bezeichnet πρόοδος die Entdeckung des sinnlichen Subjekts, dass an ihm *etwas* in Erscheinung tritt, das nicht *es* in seiner sinnlichen Qualität, sondern etwas Nichtsinnlich-Gegenwärtiges *an ihm* ist, weil in der Erscheinung des Anfangs, dem das Subjekt sich gegenüberstellt, *etwas* Nichtsinnliches gegenwärtig ist, das im *Hervorgang* beiseite tritt, bzw. *etwas* Nichtsinnliches fehlt, das mit dem *Hervorgang* gegenwärtig ist.

Das Strukturelement der *Rückkehr* kennzeichnet am Geist, dass er, da er selbstgenugsam vorgeht, mit der Entdeckung des Nichtsinnlich-Gegenwärtigen an sich nicht „Nichts" findet, sondern in Form der „Überwindung oder Überwundenheit" dessen, das er nicht ist, verfährt; was er an „Nichts" findet, hat er immer schon als ein „Nichts in [sich]" gefunden.[137] Im Moment der Rückkehr vollzieht der Geist „sich als Kreis",[138] womit er zugleich das *triadische* in das *kyklische* Strukturelement der Denkbewegung überführt. Die Triade *Verharren–Hervorgang–Rückkehr* kann auch deswegen als das *Strukturprinzip* des Geistes im Vorgang der Selbsterkenntnis gelten, weil an ihrer „Gestalt [...] das dynamische Prinzip des *Kreises*" deutlich wird.[139] Insofern ist Geist eine Größe, die ihre „Einheit" als eine „vermittelte" Einheit vollzieht, und der an sich selbst „die Unterschiedenheit der mannigfaltigen εἴδη [...] auch als aufgehobene immer bewußt bleibt".[140]

Unter Gesichtspunkten der Soziologie des Geistes bezeichnet ἐπιστροφή, *Rückkehr*, eine Aneignung eines Nichtsinnlich-Gegenwärtigen durch ein sinnliches Subjekt in der Form einer Geltungsrealisierung, in der das Zusammentreffen von etwas Nichtsinnlich-Gegenwärtigem und einem sinnlichen Material eine Form findet, in der es sich selbst vollzogen hat und die es materialisiert.

---

[135] Beierwaltes. *Proklos*, S. 121.

[136] Beierwaltes. *Proklos*, S. 123 (Hervorhebung von mir/PG).

[137] Beierwaltes. *Proklos*, S. 123.

[138] Beierwaltes. *Proklos*, S. 124.

[139] Beierwaltes. *Proklos*, S. 166.

[140] Beierwaltes. *Proklos*, S. 125.

§ 13. Zusammenstoß der Welten des Zeitlosen und des Zeitlichen (Wiederauflage).

Das „triadische" und das „kyklische" Strukturelement der „Methode", nach der Proklos zufolge die Philosophie an einem sinnlichen Subjekt in Erscheinung tritt, beschreiben zusammen, so Beierwaltes, „vorzüglich" den „zeitenthobenen" Anteil dieser Methode. Dagegen das dritte Strukturelement, die „Dialektik", hat „insbesondere den Vollzug des in Zeit verflochtenen Denkens [...] zum Gegenstand".[141] Unter unseren Gesichtspunkten einer Soziologie des Geistes, deren Erkenntnismaterial der Zusammenstoß der Welten des Zeitlosen und des Zeitlichen ist, ist das dialektische Moment die Überführung einer Denkbewegung in ihren *Ausdruck*, in dem einmal der Vollzug einer Geltungsrealisierung: das Zusammentreffen von etwas Nichtsinnlich-Gegenwärtigen und einem sinnlichen Material, sich bereits materialisiert *hat*. Dies bedeutet, dass ein *selbstgenugsames Subjekt*, indem es denkend Selbsterkenntnis vollzog, Zeichen oder Laute zu Worten verbunden hat, Worte in Wortfolgen und Wortfolgen in Sätzen, Sätze in Reden oder Schriften fortgeführt hat – die sich zu ‚Werken' oder in Reihen von ‚Geistern' fügen oder in ‚Generationen' strukturieren mögen.

In dem Ausdruck, in dem das Zusammentreffen von etwas Nichtsinnlich-Gegenwärtigem und einem sinnlichen Material einer Denkbewegung einmal sich materialisiert *hat*, ist die „Möglichkeit, [...] das Eine selbst in Zeit zu denken", d. h. der Zusammenstoß der Welten des Zeitlosen und des Zeitlichen, nurmehr als die „Frage" enthalten, auf die er (temporär) Antwort gegeben hat. Von einer „Schau der Wahrheit" lässt sich unter Gesichtspunkten *solchen* Materials (Zeichen und Lauten, Worten und Sätzen, Reden und Schriften) nur in Begriffen von deren „Einübung" sprechen; von einem „Durchgang [...] der Ideen" auf Selbsterkenntnis hin nur unter der Prämisse, dass in seinem materialen Niederschlag dieser Durchgang von einem „Irrgang" schwer zu unterscheiden ist.[142] Das sinnliche Material der Soziologie des Geistes ist seiner Qualität nach notwendig unvollständig bzw. ist, selbst wenn es vollständig heißen könnte, deren Prätendenten in dieser Qualität nicht zugänglich.

Für unsere Fragestellung ist allerdings, da wir mit Lask die Frage des Einen als eines der Vielheit des Intelligiblen ebenso wie des Sinnlichen entrückten höchsten Punkts ausgeklammert haben, nicht die genannte Begrenzung der Qualität ihres dialektischen Materials von Bedeutung; so dass uns auch der besondere Umgang mit den unterschiedlichen dialektischen Momenten, der Proklos gegenüber Platon, Aristoteles oder Albinos auszeichnet,[143] nicht interessieren muss. Interessant für

---

[141] Beierwaltes. *Proklos*, S. 240.
[142] Beierwaltes. *Proklos*, S. 241 und 243–244.
[143] Beierwaltes. *Proklos*, S. 248–253.

uns ist, was wir en passant unseres Gedankenexperiments mit Blick auf die Einzelbestimmtheiten des Geistes, d. h. seine konkreten Erscheinungen an sinnlichen Subjekten, gelernt haben. Das ‚dialektische Moment' bezeichnet unter diesem Gesichtspunkt das, was vom Vollzug einer denkenden Selbsterkenntnis in materialer Form kenntlich geworden ist; gleichsam den ‚inneren' Zusammenhang der Zeichen und Laute, Worte und Sätze, Reden und Schriften, an denen sie in unvollständiger Weise in Erscheinung getreten ist.

Dieses notwendig unvollständige Material enthält *Elemente, die in sich vollständig sind* (‚selbstgenugsame' Größen): solche Größen an Schriften oder Reden, die (wenigstens temporär) Selbstgeltung als Subjektivität beanspruchen können, sofern gerade an ihnen etwas Nichtsinnlich-Gegenwärtiges in Erscheinung tritt. Dies sind zuerst die Größen, deren Namen (‚Proklos', ‚Hegel', ‚Lask' oder ‚Mannheim') für das, was an dieser Schrift oder jener Rede in Erscheinung tritt, zeichnen; aber auch Größen, deren Namen diese oder jene Einzelerscheinung zur Geltung bringen – so wie bei Hegel ‚Proklos' in Sonderheit eine ermüdende Dialektik zur Geltung bringt, oder bei Mannheim ‚Hegel' ein gelöstes erkenntnistheoretisches Problem.

Das dialektische Material enthält überdies *Relationen zwischen Elementen*, an denen ihre äußere Begrenzung in Erscheinung tritt (transmittierende Größen): solche Größen an Schriften oder Reden, die die selbstgeltenden Größen (‚Proklos', ‚Hegel', usw.) in Verbindung setzen (Geisterreihen, Tempel und Schädelstätten, Stockwerke des Sinns und der Logik, historische Ströme, Generationslagen). Dies trifft zuerst zu für die Relation zwischen der Größe, deren Name für eine Schrift oder Rede zeichnet, und deren Adressaten (ihren Lesern oder Zuhörern); darüber hinaus für sämtliche Relationen zwischen einzelnen Größen, deren Namen eine Schrift oder Rede ausweist (oder auf die sie hinweist) – so wie z. B. (unter der Signatur ‚Hegel') mit ‚Proklos' zur Idee entwickelt erlischt, was später, nach einigen Umwegen, der Signierende als Geist gefasst hat; oder wie (unter der Signatur ‚Mannheim') am Strukturgesetz der Zeit die Verwandtschaft von ‚Hegel' und ‚Comte' in Erscheinung tritt.

Das dialektische Material enthält schließlich (unvollständige) Sinnzusammenhänge zwischen Elementen und Element-Relationen (,selbstgenugsamen' und transmittierenden Größen), die ausgewiesen werden. In dieser Schrift oder jener Rede tritt ein in sich abgeschlossener Vollzug einer Geltungsrealisierung in Erscheinung – so wie ein Vortrag einen Vorgang der denkenden Selbsterkenntnis in Begriffen der ‚Bedeutung der Konkurrenz im Gebiete des Geistigen' zum Ausdruck bringt; oder ein anderer Vortrag einen anderen Vorgang in Begriffen ‚Hegels in seinem Verhältnis zur Weltanschauung der Aufklärung'.

Wir müssen, wie erinnerlich, von einem *unvollständigen* dialektischen Material ausgehen, da der Zusammenstoß der Welten des Zeitlosen und des Zeitlichen, den an einem sinnlichen Subjekt denkende Selbsterkenntnis vollzieht, im Material nurmehr *indirekt* enthalten ist: als die *Frage*, auf die ein material vorliegender Sinnzusammenhang (diese Rede oder jene Schrift) bestimmter Elemente und Element-Relationen (bei temporärer Geltung) antwortet; als Ausdruck lediglich der *Einübung* von etwas, das vollständigkeitshalber ‚Schau der Wahrheit' hieße. In einem dialektischen Material liegt als *zeitliche* Größe (dieses oder jenes Datums, vor oder nach diesem oder jenem anderen Material datiert), dokumentiert in Form von bestimmten, in Schrift und Rede ausgewiesenen Elementen und Element-Relationen, aber gleichsam ‚neben' ihnen, d. h. nicht im Wortlaut des Textes, lediglich ein bereits *vergangener, nicht wiederholbarer* und *niemals einholbarer* Zusammenstoß der Welten des Zeitlichen und des Zeitlosen vor.

Gemäß unseres Gedankenexperiments können wir ein solches Ereignis *abstrakt* als den sich vollziehend-vollzogenen Zusammenschluss der triadisch-kyklisch-dialektischen Strukturelemente beschreiben. Unter Gesichtspunkten der Einzelbestimmtheiten des Geistes, an denen die Soziologie des Geistes als Kulturwissenschaft sich orientiert, können wir sagen, dieses Ereignis bezeichne gleichsam ein (nicht ‚messbares') Moment der Denkbewegung des Signateurs einer Schrift, in welchem *etwas* die Form der Erscheinung gewinnt, das *dann* im Schreibvollzug eines sinnlichen Subjekts als Wertentscheidung und Kulturleistung ein Ausdruck geworden ist. Ulrich Oevermann hat dieses Moment in Begriffen der „Krise" beschrieben, erst unter deren „Bedingung" eine (temporäre) „*Konstitution* von Erfahrung, Erkenntnis und Bildung" erfolgt.[144]

Wenn wir sagen, ein solcher Zusammenstoß der Welten des Zeitlichen und des Zeitlosen sei nicht im Wortlaut einer Rede oder Schrift enthalten, nicht wiederholbar, niemals einholbar und nicht messbar, so bedeutet dies nicht, dass dieser Zusammenstoß *keine* materialen Spuren hinterlassen hätte. So treten im Sinnzusammenhang einer Schrift oder Rede bestimmte Elemente (‚selbstgenugsame' Größen) in Relation, deren physische Träger in der Zeit unmöglich in Relation treten könnten; z. B. in unserer Schrift Mannheim, der 1893 geboren wurde, und Hegel, der 1831 starb, oder Lask, der 1875 geboren wurde, und Proklos, der 485 starb. Wie wir gesehen haben, kann ein dialektisches Material überdies Relationen zwischen

---

[144] Wagner, Hans-Josef. 2001. *Objektive Hermeneutik und Bildung des Subjekts*. Weilerswist: Velbrück, S. 138–139 (Hervorhebung von mir/PG). Vgl. Oevermann, Ulrich. 2000. Die Methode der Fallrekonstruktion in der Grundlagenforschung sowie der klinischen und pädagogischen Praxis. In *Die Fallrekonstruktion. Sinnverstehen in der sozialwissenschaftlichen Forschung*, hrsg. Klaus Kraimer. Frankfurt am Main: Suhrkamp, S. 58–156.

physischen Größen, die eine bestimmte Dauer haben (Stockwerke oder Ströme), und zeitenthobenen Größen enthalten (Stockwerke des *Sinns* oder *historische Ströme*). Berlin-Preußen im 19. Jahrhundert und das spätrömische Athen, über die mehr oder weniger die Zeit hinweggangen ist, können in Schrift und Rede zeitenthoben nebeneinander stehen; eine Größe wie ‚Hegel' kann in verschiedenen Rollen, aber jedenfalls ‚selbstgenugsam', zugleich hier *und* dort sein (z. B. bei Lask in Heidelberg und bei Mannheim in Zürich).

In praktischer Hinsicht verfügt die Soziologie des Geistes über eine weitere Möglichkeit, am dialektischen Material Zusammenstöße der Welten des Zeitlichen und des Zeitlosen *indirekt* zu identifizieren. Denn dieses Material bilden, wie erinnerlich, *tätige* Erscheinungen an sinnlichen Subjekten; es handelt sich bei ihm um den *Vollzug* einer Methode der denkenden Selbsterkenntnis, einen *Weg* des Denkens, den ein physischer Träger, so lange er existiert, fortführt. Das Material, das währenddessen entsteht (in Form von Schrift und Rede), unterliegt einer *pragmatischen Sequenzierung*. Zum Beispiel gibt es im Denkvollzug an der sinnlichen Größe, die wir mit dem Namen ‚Mannheim' bezeichnen, eine Sequenz ‚Zürcher Vortrag', weil jemand Mannheim eingeladen hat, dort vorzutragen. Die Sequenz hat das Volumen, das sie hat, weil sie bestimmten geltenden Regeln für das Volumen von Vorträgen (und bestimmten Institutionen, die diese Regeln sanktionieren) folgt. Nach unserem Gedankenexperiment gehen jeder einzelnen solcher pragmatisch erzeugten Sequenzen denkender Selbsterkenntnis Zusammenstöße der Welten des Zeitlosen und des Zeitlichen voraus; sie finden also auch *zwischen* zwei aufeinanderfolgenden Sequenzen (einer ersten und einer zweiten Rede, diesem Aufsatz und jener Rezension) statt. Wir können also sagen, dass uns solche Zusammenstöße im systematischen Vergleich zweier Sequenzen (durch den Unterschied der Konnotationen eines Namens hier und dort, das Auftreten anderer ‚selbstgenugsamer' Größen, die ‚Karriere' dieser oder jener Relationskategorie, usw.) zugänglich sind.

4 Soziologie des Geistes als Konstellationsanalyse

Die letzten Überlegungen folgten unserer Feststellung, dass Mannheims Vorschlag für eine Soziologie des Geistes das ‚Problem Hegel' nicht gelöst, sondern es lediglich in eine Metaphysierung des Begriffs der Generation (als eines Begriffs des Lebendigen im Sinn eines emphatisch-synthetisierend profundierten Man) übersetzt hat. Wir haben eine andere Soziologie des Geistes vorgeschlagen, die nicht, wie bei Mannheim zu sehen, in Umkehr der Immanenzbewegung Hegels die Welt des Zeitlosen Welten des Zeitlichen (der Generationslage) eingemeindet. Zu diesem Zweck haben wir Lasks Lösung des ‚Problems Hegel' unter dem Gesichtspunkt der Einzelbestimmtheiten des Geistes nachvollzogen, d. h. mit Blick auf sinnliche Subjekte (die Namen wie ‚Hegel', ‚Lask' oder ‚Mannheim' tragen können), an denen Geltungsrealisierungen (Wertentscheidungen und Kulturleistungen) sich vollzogen haben, die nur unvollständig: als der Ausdruck, der von ihnen geblieben ist, vorliegen. Das Problem der Unvollständigkeit haben wir, mit Hilfe unseres proklischen Gedankenexperiments, als ein Problem des Forschungsmaterials der Soziologie des Geistes identifiziert. Dabei haben wir einige Sonderheiten dieses Materials bestimmt und gesehen, dass sich Spuren des Zusammenstoßes der Welten des Zeitlichen und des Zeitlosen an ihm identifizieren lassen. Das Forschungsmaterial der Soziologie des Geistes besteht demnach aus Serien pragmatisch erzeugter, in sich abgeschlossener Sequenzen der tätigen Geltungsrealisierung, die sich, der Signatur nach, sinnlichen Subjekten zurechnen lassen. Diese sinnlichen Subjekte sind, als Namen oder unter anderer Bezeichnung (‚ich', ‚wir'), zugleich *Elemente* dieses Materials. Als solche stellen sie ‚selbstgenugsame' Größen dar, eine Qualität, die sie mit den übrigen im Material namentlich gekennzeichneten Größen teilen. Diese Elemente, zu denen auch die Adressaten einer Sequenz der tätigen Geltungsrealisierung (z. B. einer Schrift oder einer Rede) zählen, stehen untereinander in Relation, wofür im Material bestimmte transmittierende Größen sorgen. Die Elemente und Element-Relationen einer Sequenz bilden einen Sinnzusammenhang und interagieren daher *innerhalb* einer Sequenz auf derselben Zeitebene. So wie auf eine Sequenz eine weitere folgt (und weitere folgen), erweitert sich das Feld der Elemente und Element-Relationen.

§ 14. Konstellationen. Wir nennen den Sinnzusammenhang der verschiedenen, in einer bestimmten *Serie* in sich abgeschlossener *Sequenzen* der *Geltungsrealisierung* in Erscheinung tretenden Größen (mit dem Begriff, den Mannheim in seinem Zürcher Vortrag der *Generation* der französischen Revolution zur Kennzeichnung der *gegenwärtig* agierenden Größen gegenübergestellt) eine *Konstellation*. In diesem Sinn kann man z. B. die sämtlichen Sequenzen der Serie, die Hegels ‚Werk' bildet, auf *Hegels Konstellation* hin untersuchen; oder Reden und Schriften (und sonstige Äußerungen) Mannheims in einem bestimmten Ausschnitt einer Sequenzfolge auf die *Konstellation Mannheims zwischen 1922 und 1928* hin; oder einen Brief von Mannheim an Lask als eine einzelne Sequenz einer *Mannheim-Lask-Konstellation*. – Im Folgenden wollen wir unseren Vorschlag unter Gesichtspunkten des Begriffs der Konstellation um einige Hinweise in forschungslogischer Hinsicht ergänzen.[145]

---

[145] Es handelt sich bei dem Folgenden um eine Zusammenfassung einer ausführlicheren, anwendungsbezogenen Darstellung der Methode der Konstellationsananalyse (Gostmann, Peter. 2015. *Einführung in die soziologische Konstellationsanalyse*. Wiesbaden: Springer VS); an dieser Stelle verzichten wir hingegen auf Erläuterungen zur Forschungspraxis der Soziologie des Geistes.

Mit Blick auf die Frage der Materialauswahl schlagen wir vor, das Untersuchungsfeld, dem die Soziologie des Geistes im Mittel der Konstellationsanalyse sich widmet, zu begrenzen. Wir folgen hier Mannheim und beschreiben unser Untersuchungsfeld in Begriffen der *Öffentlichkeit*. Dabei wollen wir unter ‚Öffentlichkeit' allgemein einen „geistigen Verkehr" verstehen, der „Fragen" behandelt, die als „die Allgemeinheit interessierend" gelten, und in eigens diesem Verkehr zugeeigneten „sozialen Medi[en]" stattfindet.[146] Von welcher Qualität dieser Verkehr ist, wer an ihm aufgrund welcher Voraussetzungen (Zertifikation, Leumund, charismatische Begabung o. ä.) teilzunehmen berechtigt ist, oder von welcher Art die bevorzugt verwendeten sozialen Medien sind, sind empirische Fragen, die am Einzelfall geklärt werden müssen.

Dem Anspruch der Klärung dieser Fragen korrespondiert, dass wir zu Zwecken der adäquaten Einordnung unseres Materials die Frage der größeren sozialen Einheiten, in deren Rahmen öffentliche Äußerungen Geltung beanspruchen, nicht unbeantwortet lassen sollten. Wir wollen eine solche soziale Einheit allgemein als einen „Verband" bezeichnen, d. h. als eine „nach außen regulierend beschränkte oder geschlossene soziale Beziehung", für deren „Ordnung [...] das eigens auf deren Durchführung eingestellte Verhalten bestimmter Menschen" sorgt.[147] Äußerungen, die Mannheim als Formen öffentlicher Seinsauslegung kennzeichnet, können wir demnach als Äußerungen verstehen, die, ob ausdrücklich oder nicht, „Klassifizierungsprinzipien" zur Anwendung bringen bzw. die „Zuschreibung von Kategorien" betreiben, um auf dieser Grundlage den Bedeutungsgehalt der gegebenen Ordnung und des Handelns ihrer Träger bzw. den Verband und dessen Mitgliedschaft vor dem Hintergrund „fundamentale[r] Ideen" (‚Freiheit', ‚Gerechtigkeit', ‚Toleranz', ‚Sittlichkeit', ‚Wachstum' usw.) zu diskutieren[148] und das eigene Befinden einer Öffentlichkeit vorzulegen. Um des präziseren Verständnisses öffentlicher Äußerungen willen interessiert die Konstellationsanalyse sich neben solchen Äußerungen in Form von Reden, Vorträgen, Artikeln, Aufsätzen, Interviews usw. auch für private Äußerungen, z. B. in Form von Briefen, Notizen, Tagebüchern, die sich, der Signatur nach, den gleichen sinnlichen Subjekten zurechnen lassen.

Eine einzelne Sequenz in einer Serie der Geltungsrealisierung an einem sinnlichen Subjekt (also *diese* Schrift oder *jene* Rede) verstehen wir als den *vorerst letzten*, d. h. für eine relativ unbestimmte Zukunft, jedenfalls aber bis zur Folgesequenz,

---

[146] Hölscher, Lucian. 1984. Öffentlichkeit. In *Historisches Wörterbuch der Philosophie. Band 6*, hrsg. Joachim Ritter und Karlfried Gründer. Basel: Schwabe, S. 1134–1140, hier S. 1135.
[147] Weber, Max. 1976. *Wirtschaft und Gesellschaft. Grundriss der verstehenden Soziologie.* Tübingen: Mohr (Siebeck), S. 26.
[148] Bourdieu, Pierre. 2001. Das politische Feld. In *Das politische Feld. Zur Kritik der politischen Vernunft.* Konstanz: UVK, S. 41–66, hier S. 55–56 und 51.

Geltung beanspruchenden *Ausdruck*, in dem eine *Antwort* auf die *allgemeine* Frage der verbandlichen Ordnung vor dem Hintergrund einer *konkreten* Frage hinsichtlich des gegenwärtigen Regimes sich materialisiert hat – auf der Grundlage der kommunikativen Erfahrungen von Welt, die das sinnliche Subjekt, das für die Sequenz signiert, bis zu diesem Punkt vollzogen hat.

Eine Serie der Geltungsrealisierung an einem sinnlichen Subjekt ist formal definiert durch die Menge der anwesenden Größen, d. h. neben dem Signierenden selbst durch deren Adressaten (Leser oder Zuhörer). In diesem Sinn unterscheidet sich z. B. ein Brief von Mannheim an Lask, da er ein Element einer Serie darstellt, an der nur die beiden selbstgenugsamen Größen mit diesen Namen beteiligt sind, von einem Gespräch, dass Lask, Mannheim und Salomon miteinander führen, ebenso wie diese beiden Serien sich von einem Redebeitrag Salomons vor Lasks Seminar unterscheiden oder von einem Aufsatz Mannheims in einer gelehrten Zeitschrift, dessen Adressatenkreis so unbestimmt ist, dass wir uns mit der allgemeinen Kennzeichnung dieser Serie als ‚Mannheim coram publico' begnügen müssen. Eine einzelne Sequenz der Geltungsrealisierung involviert demnach *mindestens* eine Serie der Geltungsrealisierung (so wie ein Aufsatz Mannheims Teil einer umfassenderen Serie Mannheim coram publico ist), kann aber der Möglichkeit nach *mehrere* Serien involvieren (so wie ein Gespräch zwischen Mannheim, Lask und Salomon Teil einer Mannheim-Lask-Salomon-Serie ist, aber auch eine Serie Mannheim-Lask, eine Serie Mannheim-Salomon, eine Serie Lask-Salomon, eine Serie ‚Lasks Seminar' usw., involvieren kann).

Die verschiedenen Serien unterscheiden sich formal dadurch, dass sie sich aus unterschiedlichen Elementen zusammensetzen und daher der Fundus kommunikativer Erfahrungen und der Stand von deren (gemeinsamer) Bearbeitung unterschiedlich sind. So wie die Kommunikation zwischen einer Größe A und einer Größe B (Serie 1, z. B. Mannheim-Lask) nicht bruchlos fortgesetzt werden wird, wenn eine Größe C hinzukommt (Serie 2, z. B. Mannheim-Lask-Salomon) – auch dann nicht, wenn Größe A und Größe C bereits gemeinsame kommunikative Erfahrungen teilen (Serie 3, z. B. Mannheim-Salomon) und dies auch für Größe B und Größe C (Serie 4, z. B. Lask-Salomon) gilt; und selbst dann nicht, wenn der Gegenstand, über den kommuniziert wird, je derselbe ist; und zumal nicht, wenn jede der Größen A, B, und C überdies je für sich Produzent einer Serie eigensinniger öffentlicher Äußerungen ist (Serien 5, 6, 7, z. B. Lask coram publico, Mannheim coram publico, Salomon coram publico). Zu den grundlegenden Operationen einer Konstellationsanalyse zählt es demnach, ausgehend von definierbaren, pragmatisch erzeugten Sequenzen der Geltungsrealisierung an sinnlichen Subjekten möglichst präzise und vollständig die kommunikativen Serien, die in ihr involviert sind, zu identifizieren.

§ 15. **Die serielle Dimension.** Wir haben, indem wir die in einer Sequenz der Geltungsrealisierung involvierten kommunikativen Serien formal identifiziert haben, sie zugleich als Element mehrerer ihr vorhergegangener und mehrerer später sich fortsetzender Sequenzfolgen identifiziert. Wollen wir also den Vollzug einer Geltungsrealisierung an einem sinnlichen Subjekt (Lask, Mannheim, Salomon o. ä.), das an einer solchen Sequenz beteiligt ist, adäquat nachvollziehen, dürfen wir unsere Analyse nicht auf die Analyse ihres Agierens in dieser einzelnen Sequenz begrenzen. Vielmehr müssen wir ihr Agieren in einer solchen Sequenz analysieren als besonderen Fall eines Agierens dieses Subjekts in multiplen kommunikativen Serien: Eine Größe A bildet eine Serie exklusiv mit einer Größe B, eine weitere exklusiv mit einer Größe C, zudem eine mit Größe B *und* Größe C, überdies eine Serie coram publico, usw. Die Voraussetzung, um eine Größe als Element multipler sozialer Serien analysieren zu können, ist die Analyse des sinnhaften Gehalts der kommunikativen Erfahrung (des Stands von deren Bearbeitung), die die einzelnen Serien kennzeichnet, je für sich. Wir gehen davon aus, dass jede einzelne Serie durch einen spezifischen Sinngehalt gekennzeichnet ist, der einer sequenziellen Entwicklung unterliegt: Die gemeinsame kommunikative Erfahrung, die eine Größe A und eine Größe B in einer Sequenz a (z. B. Mannheim und Salomon anlässlich eines ersten Gesprächs) gemacht haben, ist das Ausgangsmaterial einer Sequenz b (z. B. eines Briefs, den Salomon an Mannheim adressiert), die Verdichtung dieser kommunikativen Erfahrung in der Sequenz b ist das Ausgangsmaterial einer Sequenz c (z. B. des Antwortschreibens Mannheims), usw. Zu den Aufgaben einer Konstellationsanalyse zählt es demnach, auf materialer Grundlage die sequenzielle Ordnung der verschiedenen, zuvor identifizierten kommunikativen Serien und die Entwicklung deren spezifischer Sinngehalte je für sich zu bestimmen. Wir sprechen in diesem Zusammenhang von der Aufgabe der Beschreibung der seriellen Verdichtung kommunikativer Erfahrungen bzw. von der Analyse einer *seriellen Konstellation*.

Da wir Sequenzen der Geltungsrealisierung an sinnlichen Subjekten als Teilstücke multipler Serien analysieren wollen, leistet die Beschreibung der *seriellen* Verdichtung kommunikativer Erfahrungen zwar einen wichtigen Beitrag zur Systematisierung des Materials; aber die Arbeit am Material erschöpft sich nicht in ihr. Denn die einzelnen Größen agieren zwar immer als Elemente in einer konkreten Serie; aber sie tun dies, wie wir gesehen haben, als Größen, die Elemente *mehrerer* Serien sind: eine Größe A agiert in einer Serie 2 (z. B. Mannheim, der auf einen Brief Salomons antwortet), nachdem sie zuvor in einer Serie 1 agiert hat (z. B. Mannheim, der, bevor er sich an den Brief macht, in einem Gespräch mit Lask sich befindet) und bevor sie in einer Serie 3 agieren wird (z. B. Mannheim, der nach Verfassen des Briefs an einem Seminar teilnimmt), usw.

Daher sind die kommunikativen Erfahrungen, die ein sinnliches Subjekt im Zuge seiner Biografie durchläuft, nicht *identisch* mit den kommunikativen Erfahrungen, die sich im Zuge der Serien, an denen es teilhat, verdichten; sie lassen sich nicht als deren Summe, als deren allgemeine Tendenz o. ä. beschreiben. So bringt ein sinnliches Subjekt in jede Sequenz einer Serie, an der es teilhat, *a.* die kommunikativen Erfahrungen ein, die es selbst seit der letzten Sequenz dieser Serie gemacht hat, und zudem das Wissen um die eigenen Wissensdefizite, die ihm zwischen zwei Sequenzen einer Serie entstanden sind; *b.* das Wissen, dass die übrigen Elemente der Serie in dieser Zeit ebenfalls (ihm mindestens teilweise nicht bekannte und höchstens nachträglich zur Kenntnis gebrachte) kommunikative Erfahrungen gemacht haben; *c.* das Wissen, dass alle anderen Elemente der Serie wissen, dass es seinerseits in dieser Zeit kommunikative Erfahrungen gemacht hat (die ihnen teilweise zur Kenntnis gebracht worden sein könnten). Zum Zwecke der seriellen Verdichtung kommunikativer Erfahrungen ist dieses Wissen um die eigenen Wissensdefizite von grundlegender Bedeutung. Es dient den beteiligten sinnlichen Subjekten als Voraussetzung, um gemeinsam einen Übergang zwischen den kommunikativen Erfahrungen, die sich in einer zurückliegenden Sequenz a verdichtet hatten, in eine aktuelle Sequenz b zu organisieren.

§ 16. Die interserielle Dimension. Mit Fokus nicht auf die *Serie*, sondern auf eine einzelne an dieser Serie beteiligte Größe A, bedeutet allerdings der Übergang zwischen einer Sequenz a und einer Sequenz b, dessen Organisation diese Größe als Element jener Serie gemeinsam mit einer Größe B unternimmt, nicht einen *Übergang*, sondern einen *Bruch*. Denn diese Größe hat zuvor als Element einer Serie 1 gemeinsam mit einer Größe C einen Übergang zwischen 1/a und 1/b organisiert, der dem sinnhaften Gehalt nach unterschieden ist von dem, was sie nun gemeinsam mit Größe B in der Verdichtung von 2/a zu 2/b zur Geltung bringt. Wenn wir den Fokus nicht auf die Serie, sondern auf eine Einzelgröße richten, beobachten wir demnach eine Organisation der *Brüche* zwischen verschiedenen kommunikativen Serien, die einhergeht mit der Organisation des *Übergangs* zwischen seriellen Sequenzen: Was mit Fokus auf eine Serie 1 beschrieben werden kann als eine Sequenzfolge: *1/a → 1/b → 1/c*, kann mit Blick auf eine Größe A beschrieben werden als eine komplexere, den Durchlauf unterschiedlicher Serien spiegelnde Sequenzfolge, z. B.: *1/a → 2/a → 3/a → 2/b → 1/b → 2/c → 4/a → 3/b → 1/c* usw.

Wir können uns diese Überlegung verdeutlichen, indem wir uns die Praxis eines Konstellationsanalytikers als einen Zusammenschluss von Dokumentarfilmern vorstellen, die arbeitsteilig Aufzeichnungen über eine bestimmte Gruppe sammeln. Dabei ist es die Aufgabe eines der Dokumentarfilmer, nur die Treffen der Gesamtgruppe (z. B. Mannheim – Lask – Salomon) aufzuzeichnen und sie anschließend zusammenzuschneiden. Ein anderer dagegen folgt einem der Mitglieder der Gruppe (z. B. Mannheim) auf Schritt und Tritt, um dieser Person gleichsam ‚über die Schulter' zu filmen, so dass sein Material zwar auch (und zwar aus einer spezifischen Perspektive) die Treffen jener Gruppe umfasst, aber diese im Wechsel mit all den anderen Begegnungen, die die Person durchläuft (z. B. Mannheim, der Hegel liest), dokumentiert. Ein weiterer Dokumentarfilmer hat die Aufgabe, in vergleichbarer Weise einem anderen der Mitglieder der Gruppe (z. B. Salomon) ‚über die Schulter' zu filmen, usw. Wenn nun die Dokumentarfilmer ihr gesamtes Material zusammenführen, so ermöglichen ihnen die Dokumentationen über die einzelnen Mitglieder die Explikation der realen Komplexität des Gruppengeschehens; umgekehrt ermöglicht ihnen die Dokumentation des Gruppengeschehens die Explikation der realen Komplexität der Handlungsvollzüge der einzelnen Mitglieder. Die Konstellationsanalyse stellt in diesem Sinn bezogen auf ausgewählte Fälle ein Mittel der systematischen Explikation der Komplexität des geistigen Verkehrs, den man ‚Öffentlichkeit' nennt, dar.

Um den Zusammenhang der unterschiedlichen (teils divergierende kommunikative Erfahrungen beinhaltenden) Serien, die ein sinnliches Subjekt im Zuge seiner intellektuellen Biografie durchläuft, zu kennzeichnen, sprechen wir von seinem *Denkraum*. Einen solchen Denkraum verstehen wir als ein Gebilde, das in Form von Argumentationsfiguren, Stilelementen, sprachlichen Bildern, Deutungsmustern usw. sich materialisiert und dessen materiale Qualität sich über die Zeit (in der sequenziellen Abfolge unterschiedlicher kommunikativer Serien) verändert. Um den Vollzug einer Geltungsrealisierung an einem sinnlichen Subjekt im Zuge dieses Prozesses zu kennzeichnen, sprechen wir von dessen *Denkbewegung*.[149] Zum Aufgabenfeld einer Konstellationsanalyse zählt demnach die Beschreibung der sequenziellen Ordnung der interseriellen Verdichtung kommunikativer Erfahrungen seitens ausgewählter ‚selbstgenugsamer' Größen: der Nachvollzug ihrer Denkbewegung und die Beschreibung des Denkraums, den diese Denkbewegung konstituiert. Zu explizieren ist dabei nicht zuletzt, wie die Organisation von Übergängen und Brüchen an sinnlichen Subjekt im Vollzug einer Denkbewegung einen Ausdruck gefunden hat (z. B. wie Mannheim Salomon erläutert, dass er seit beider letztem Gespräch nach einen Vortrag Lasks nun einen Gegenstand anders sieht, hinsichtlich dessen beide seinerzeit noch einig waren). Wir sprechen in diesem Zusammenhang von der Analyse *interserieller Konstellationen*.

---

[149] Gostmann, Peter. 2014. Grundlagen einer Intellektuellensoziologie. Theorie und Methodologie. In *‚Beyond the Pale'. Albert Salomons Denkraum und das intellektuelle Feld im 20. Jahrhundert*. Wiesbaden: Springer VS, S. 25–74, hier S. 56–73.

§ 17. Die transserielle Dimension. Aus unserer Erläuterung zur Materialisation des Gebildes, das wir einen Denkraum nennen und dessen materiale Qualität im fortgesetzten Vollzug einer Denkbewegung sich verändert, d. h. mit Blick auf die Spezifik der verwandten Argumentationsfiguren, Stilelemente, sprachlichen Bilder, Deutungsmuster, lässt sich ein weiteres Aufgabenfeld ableiten, das im Mittel der Konstellationsanalyse bearbeitet werden kann. Bei den Operationsweisen, die wir bis hierher beschrieben haben, der Analyse serieller und der Analyse interserieller Konstellationen, handelt es sich, wie wir gesehen haben, um zwei Operationsweisen, die idealerweise miteinander interagieren sollten, da sie, gleichsam aus verschiedenen dokumentarischen Perspektiven, unterschiedliche Fragestellungen an ein und dasselbe Material herantragen: einerseits die Beschreibung der seriellen Verdichtung kommunikativer Erfahrungen, die u. a. in der Form der Organisation von Übergängen zwischen Sequenzen einer Serie geschieht; andererseits die Beschreibung der interseriellen Verdichtung kommunikativer Erfahrungen, die an einer Einzelgröße in Form der Handhabung von Brüchen zwischen unterschiedlichen aufeinanderfolgenden Serien sich vollzieht. Dagegen stellt das Aufgabenfeld der *transseriellen Analyse*, um die es uns jetzt geht, nicht ein genuines Element einer Konstellationsanalyse dar, sondern eine ergänzende Operation, deren Fokus auf der Spezifik der verwendeten Argumentationsfiguren, Stilelemente, sprachlichen Bilder, Deutungsmuster usw. liegt.

Denn diese Mittel der Verdichtung einer kommunikativen Erfahrung können, wenigstens teilweise, die gleichen oder ähnliche Mittel sein, die auch in einer anderen sozialen Serie verwendet werden. Diese Feststellung gilt nun nicht allein für jene Fälle kommunikativer Serien, an denen einige oder doch mindestens eines der Elemente gleichermaßen beteiligt sind (so wie davon ausgegangen werden kann, dass z. B. in einer Serie Lask-Mannheim und einer Serie Lask-Salomon die gleichen oder ähnliche Argumentationsfiguren oder sprachliche Bilder eine Rolle spielen). Sondern sie gilt auch für kommunikative Serien, an denen keines dieser Elemente gleichermaßen beteiligt ist, ja deren Elemente möglicherweise die Elemente dieser Serie und deren Kommunikationen nicht einmal kennen, z. B. nicht einmal in deren geografischer Nähe oder zur gleichen Zeit leben (so wie z. B. im Fall der Serien Hegel coram publico und Mannheim coram publico). Daher können wir am Leitfaden bestimmter Materialisationen des Denkens, sofern wir sie als bedeutsam für diese und jene serielle bzw. interserielle Verdichtungen kommunikativer Erfahrungen identifiziert haben, unterschiedliche, nicht zwangsläufig raum-zeitlich, jedenfalls aber in semantischer Hinsicht verbundene Serien einander zum Zwecke des Vergleichs ihrer Sinngehalte kontrastieren, z. B. mit Blick auf die unterschiedliche Funktion, die Argumentationsfiguren, sprachlichen Bildern usw. in der Organisation von Übergängen und Brüchen zukommt. Im Sinn solcher Vergleiche sprechen wir von der Analyse transserieller Konstellationen.

§ 18. Forschungspraxis. Wenn wir auch an dieser Stelle darauf verzichten, Hinweise auf die Anwendung der Soziologie des Geistes in der konstellationsanalytischen Praxis zu geben, wollen wir abschließend doch ausdrücklich festhalten, dass der sinnhafte Gehalt eines Materials jedenfalls adäquat nur in Form einer möglichst material*gesättigten* Analyse kommunikativer Verdichtungen nachvollzogen werden kann – was grundsätzlich den Anspruch beinhaltet, einmal formulierte Hypothesen kontinuierlich zu prüfen (um sie zu ergänzen, zu präzisieren oder gegebenenfalls zu verwerfen). Schon bei der Formulierung solcher Forschungshypothesen sollten wir sicherstellen, nicht unter der Oberfläche der Exegese nur für uns, d. h. unseren Problembearbeitungsroutinen folgend, selbst irgendwelche Brüche zu bearbeiten bzw. Übergänge zu gestalten. Nach unserer Erfahrung ist dies häufig z. B. dann der Fall, wenn wir bemerken, dass wir unsere Analyse auf triviale Dichotomien hin verdichten, wie ‚links vs. rechts', ‚konservativ vs. liberal', ‚idealistisch vs. materialistisch', ‚autoritär vs. demokratisch'. Jeder Forscher, der ein Material gründlich genug studiert, wird finden, dass es, jedenfalls meistenteils, sich seiner Qualität nach solchen gängigen Schemata in verschiedener Hinsicht entzieht. Mit Blick auf den Anspruch der Hypothesenprüfung hat es sich bewährt, ausgangs jeder Analyse einer einzelnen Sequenz eines Datenmaterials den Forschungsstand zu dokumentieren. Dies beinhaltet neben *(a.)* einer systematischen Skizze zum Sinngehalt des Materials, der zu diesem Zeitpunkt des Forschungsprozesses erschlossen worden ist, *(b.)* eine Reflexion über die erreichte Klärung des Forschungsproblems gegenüber derjenigen Klärungsleistung, die auf Grundlage der Analyse der *vorangegangenen* Sequenz erreicht worden war, und *(c.)* eine Reflexion über die Kriterien und Kategorien, die mit Blick auf die Analyse einer *folgenden* Sequenzen forschungsleitend sein sollten. Wir können sagen, dass wir im kontinuierlichen Vollzug dieses Dreischritts fortlaufend Zusammenstöße der Welten des Zeitlosen und des Zeitlichen in unserem eigenen Erkenntnisgang kenntlich machen. In diesem Sinne empfehlen wir überdies, regelmäßig zur Prüfung der eigenen Befunde exegetische Pendelbewegungen zwischen den verschiedenen Sequenzen einer Serie zu initiieren, um so den der ‚natürlichen' Sequenzfolge eigenen Vorgang der schrittweisen Verdichtung kommunikativer Erfahrungen adäquat explizieren zu können.

Literatur

Barboza, Amalia. 2009. *Karl Mannheim*. Konstanz: UVK.
Beierwaltes, Werner. 1979. *Proklos. Grundzüge seiner Metaphysik*. Frankfurt am Main: Klostermann.
Bourdieu, Pierre. 2001. Das politische Feld. In *Das politische Feld. Zur Kritik der politischen Vernunft*. Konstanz: UVK, S. 41–66.

Endreß, Martin, Lichtblau, Klaus, und Moebius, Stephan. 2015. Editorial. In *Zyklos 1. Jahrbuch für Theorie und Geschichte der Soziologie*. Wiesbaden: Springer VS, S. 9–14.
Feuerbach, Ludwig. 1996. *Entwürfe zu einer Neuen Philosophie*. Hamburg: Meiner.
Fleck, Ludwik. 2008. *Entstehung und Entwicklung einer wissenschaftlichen Tatsache. Einführung in die Lehre von Denkstil und Denkkollektiv*. Frankfurt am Main: Suhrkamp.
Goethe, Johann W. von. 1832/1909. An Carl August Varnhagen von Ense, 05.01.1832. In *Goethes Briefe. Werke. Weimarer Ausgabe*, Abt. 4, Bd. 49. Weimar: Hermann Böhlau, S. 193–195.
Gostmann, Peter. 2014. Grundlagen einer Intellektuellensoziologie. Theorie und Methodologie. In *‚Beyond the Pale'. Albert Salomons Denkraum und das intellektuelle Feld im 20. Jahrhundert*. Wiesbaden: Springer VS, S. 25–74.
Gostmann, Peter. 2015. *Einführung in die soziologische Konstellationsanalyse*. Wiesbaden: Springer VS.
Gostmann, Peter, und Merz-Benz, Peter-Ulrich. 2018. Humanismus und die Kultur der Soziologie. Zur Einleitung. In *Humanismus und Soziologie*, hrsg. Peter Gostmann und Peter-Ulrich Merz-Benz. Wiesbaden: Springer VS, S. 1–51.
Hegel, G.W.F. 1970a. *Vorlesungen über die Geschichte der Philosophie I*. Werke, Bd. 18. Frankfurt am Main: Suhrkamp.
Hegel, G.W.F. 1970b. *Grundlinien der Philosophie des Rechts oder Naturrecht und Staatswissenschaft im Grundrisse. Mit Hegels eigenständigen Notizen und den mündlichen Zusätzen*. Werke, Bd. 7. Frankfurt am Main: Suhrkamp.
Hegel, G.W.F. 1971a. *Vorlesungen über die Geschichte der Philosophie II*. Werke, Bd. 19. Frankfurt am Main: Suhrkamp.
Hegel, G.W.F. 1971b. *Vorlesungen über die Geschichte der Philosophie III*. Werke, Bd. 20. Frankfurt am Main: Suhrkamp.
Hegel, G.W.F. 1988a. *Phänomenologie des Geistes*. Hamburg: Meiner.
Hegel, G.W.F. 1988b. *Vorlesungen über die Philosophie der Weltgeschichte. Band II–IV: Die orientalische Welt. Die griechische und die römische Welt. Die germanische Welt*. Hamburg: Meiner.
Hegel, G.W.F. 1994. *Vorlesungen über die Philosophie der Weltgeschichte. Band I: Die Vernunft in der Geschichte*. Hamburg: Meiner.
Heidegger, Martin. 1993. *Sein und Zeit*. Tübingen: Max Niemeyer.
Herausgeber ZIG. 2007. Einen Anfang machen. Warum wir eine Zeitschrift für Ideengeschichte gründen. In *Zeitschrift für Ideengeschichte* 1/2007, S. 4–6.
Hölscher, Lucian. 1984. Öffentlichkeit. In *Historisches Wörterbuch der Philosophie. Band 6*, hrsg. Joachim Ritter und Karlfried Gründer. Basel: Schwabe, S. 1134–1140.
Koselleck, Reinhard. 1979. Begriffsgeschichte und Sozialgeschichte. In *Historische Semantik und Begriffsgeschichte*, hrsg. Reinhard Koselleck. Stuttgart: Klett-Cotta, S. 19–36.
Kuhn, Thomas S. 1962. *The Structure of Scientific Revolutions*. Chicago: University of Chicago Press.
Lask, Emil. 1909. Gibt es einen ‚Primat der praktischen Vernunft' in der Logik? In *Bericht über den III. Internationalen Kongress für Philosophie zu Heidelberg 1. bis 5. September 1908*. Heidelberg: Carl Winter's Universitätsbuchhandlung, S. 671–677.
Lask, Emil. 1923a. Fichtes Idealismus und die Geschichte. In *Gesammelte Schriften. I. Band*. Tübingen: Mohr (Siebeck), S. 1–274.
Lask, Emil. 1923b. Hegel in seinem Verhältnis zur Weltanschauung der Aufklärung. In *Gesammelte Schriften. I. Band*. Tübingen: Mohr (Siebeck), S. 335–345.

Lask, Emil. 1923c. Die Logik der Philosophie und die Kategorienlehre. In *Gesammelte Schriften. II. Band.* Tübingen: Mohr (Siebeck), S. 1–282.
Lask, Emil. 1924. Zum System der Wissenschaften. In *Gesammelte Schriften. III. Band.* Tübingen: Mohr (Siebeck), S. 237–293.
Löwith, Karl. 1995. *Von Hegel zu Nietzsche. Der revolutionäre Bruch im Denken des neunzehnten Jahrhunderts.* Hamburg: Meiner.
Luhmann, Niklas. 1980. Gesellschaftliche Struktur und semantische Tradition. In *Gesellschaftsstruktur und Semantik. Band 1.* Frankfurt am Main: Suhrkamp, S. 9–58.
Mannheim, Karl. 1922. *Die Strukturanalyse der Erkenntnistheorie. Kant-Studien. Ergänzungshefte 57.* Berlin: Reuther & Reichard.
Mannheim, Karl. 1982. Die Bedeutung der Konkurrenz im Gebiete des Geistigen. In *Der Streit um die Wissenssoziologie. Erster Band,* hrsg. Volker Meja und Nico Stehr. Frankfurt am Main: Suhrkamp, S. 325–370.
Mannheim, Karl. 1985. *Ideologie und Utopie.* Frankfurt am Main: Klostermann.
Mannheim, Karl. 2008. Das Problem der Generationen. In *Schriften zur Wirtschafts- und Kultursoziologie.* Wiesbaden: VS Verlag für Sozialwissenschaften, S. 121–166.
Marx, Werner. 1981. *Hegels Phänomenologie des Geistes. Die Bestimmung ihrer Idee in ‚Vorrede' und ‚Einleitung'.* Frankfurt am Main: Klostermann.
Meja, Volker, und Stehr, Nico, (Hrsg.). 1982. *Der Streit um die Wissenssoziologie. Erster Band: Die Entwicklung der deutschen Wissenssoziologie.* Frankfurt am Main: Suhrkamp.
Merz-Benz, Peter-Ulrich. 2014. Soziologie als Erkenntniskritik. Zur Genesis der Soziologie aus der Philosophie des Neukantianismus. In *Wissenschaftsphilosophie im Neukantianismus. Ansätze – Kontroversen – Wirkungen,* hrsg. Christian Krijnen und Kurt Walter Zeidler Würzburg: Königshausen & Neumann, S. 317–346.
Nachtheim, Stephan. 1992. *Emil Lasks Grundlehre.* Tübingen: Mohr (Siebeck).
Oevermann, Ulrich. 2000. Die Methode der Fallrekonstruktion in der Grundlagenforschung sowie der klinischen und pädagogischen Praxis. In *Die Fallrekonstruktion. Sinnverstehen in der sozialwissenschaftlichen Forschung,* hrsg. Klaus Kraimer. Frankfurt am Main: Suhrkamp, S. 58–156.
Pocock, John G.A. 1987. The Concept of Language and the métier d'historien. Some Considerations of Practice. In *The Languages of Political Theory in Early Modern Europe,* hrsg. Anthony Pagden. Cambridge: Cambridge University Press, S. 19–38.
Proklos. 1968–1997. *Proclus. Theologie platonicienne.* (6 Bände). Paris: Les Belles Lettres.
Ritter, Joachim. 2003. Hegel und die französische Revolution. In *Metaphysik und Politik. Studien zu Aristoteles und Hegel.* Frankfurt am Main: Suhrkamp, S. 183–255.
Salomon, Albert. 2008. Der Freundschaftskult des 18. Jahrhunderts in Deutschland. In *Werke. Band 1: Biographische Materialien und Schriften 1921–1933.* Wiesbaden: VS Verlag für Sozialwissenschaften, S. 81–133.
Skinner, Quentin. 1969. Meaning and Understanding in the History of Ideas. In *History and Theory* 8, S. 3–53.
Stollberg-Rilinger, Barbara. 2010. Einleitung. In *Ideengeschichte,* hrsg. Barbara Stollberg-Rilinger. Stuttgart: Steiner, S. 7–42.
Vischer, Friedrich Th. 1904. *Auch einer. Eine Reisebekanntschaft.* Stuttgart und Leipzig: Deutsche Verlags-Anstalt.
Wagner, Hans-Josef. 2001. *Objektive Hermeneutik und Bildung des Subjekts.* Weilerswist: Velbrück.
Weber, Max. 1976. *Wirtschaft und Gesellschaft. Grundriss der verstehenden Soziologie.* Tübingen: Mohr (Siebeck).

Die Frage der Rechtfertigung (am Beispiel der Theokratie)

Das Boltanski-Thévenot-Modell und die Soziologie des Geistes

Peter Gostmann und Jan Winkelhaus

Wir unterbreiten im Folgenden einen Vorschlag für die Klärung eines formal begrenzten Problems der Soziologie des Geistes. Es geht uns um die Systematisierung der Praxis der *transseriellen* Exegese.

Wir haben die transserielle Dimension der Soziologie des Geistes als eine ergänzende Operation des genuinen konstellationsanalytischen Verfahrens gekennzeichnet, in deren Vollzug der Fokus auf dem *Vergleich des Sinngehalts* unterschiedlicher, nicht zwangsläufig raum-zeitlich, jedenfalls aber in semantischer Hinsicht verbundener kommunikativer Serien liegt. Als einen Anhaltspunkt für einen solchen Vergleich haben wir exemplarisch das Problem der unterschiedlichen Funktionen, die die gleichen oder ähnliche Argumentationsfiguren, Stilelemente, sprachlichen Bilder, Deutungsmuster usw. in den zu vergleichenden Serien erfüllen, genannt.[1] Wir wollen diese allgemeine Bestimmung nun präzisieren, indem wir eine Möglichkeit für einen transseriellen Vergleich unter dem Gesichtspunkt der *politisch-philosophischen Qualität* eines Forschungsmaterials erläutern.

---

[1] Vgl. Gostmann, Peter. 2019. Die Soziologie des Geistes. Systematik und Praxis. In diesem Band. S. 9–61.

P. Gostmann (✉) · J. Winkelhaus
Institut für Soziologie, Goethe-Universität Frankfurt am Main,
Frankfurt am Main, Deutschland

Wir orientieren uns an Überlegungen Luc Boltanskis und Laurent Thévenots im Zusammenhang ihrer Studie *De la justification* (1991) zu einem „umfassende[n] Modell" der Beschreibung des „Verhältnis[ses] von Einigkeit und Uneinigkeit".[2] Wir beginnen unsere Darstellung, indem wir den systematischen Ort des für Boltanskis und Thévenots Argumentation zentralen Begriffs der *Rechtfertigung* in der Soziologie des Geistes bestimmen *(1.)*. Auf dieser Grundlage erläutern wir anschließend die Systematik des Modells der Rechtfertigungsordnung, das Boltanski und Thévenot entwickelt haben *(2.)*. Abschließend zeigen wir anhand eines Gedankenexperiments, der Rechtfertigung einer *Theokratie*, wie das für unsere Zwecke präzisierte Boltanski-Thévenot-Modell in konkrete exegetische Szenarien der Soziologie des Geistes übersetzt werden kann *(3.)*.[3]

1 Geltung und Rechtfertigung

Der Begriff der *Rechtfertigung* spielte in unseren systematischen Überlegungen zur Soziologie des Geistes keine Rolle. Allerdings können wir ihn, wenn wir Boltanskis und Thévenots Begriffsgebrauch folgen, mit unseren Überlegungen zur Kategorie der *Geltung* zusammenführen. Denn Boltanski und Thévenot sprechen von Rechtfertigung ausdrücklich im Kontrast zu dem „*Legitimations*begriff", den Max Weber verwendet;[4] Webers Legitimationsbegriff wiederum kennzeichnet an sozialen Beziehungen das, was über die „bloße, durch Sitte oder Interessenlage bedingte Regelmäßigkeit eines Ablaufs sozialen Handelns" hinaus für die „*Geltung* einer Ordnung" sorgt.[5]

Für Weber, der seinen Geltungsbegriff nicht wie wir unter Rekurs auf Schriften Emil Lasks entwickelt, sondern sich an Heinrich Rickert orientiert hat,[6] ist dieses *Mehr* gegenüber den Sitten und den Interessen, dessen eine Ordnung bedarf, um zu gelten, zuerst eine Frage seiner *Rezeption*: eine Frage der rechten „innerlich[en]" Disposition,

---

[2] Boltanski, Luc, und Thévenot, Laurent. 2007. *Über die Rechtfertigung. Eine Soziologie der kritischen Urteilskraft*. Hamburg: Hamburger Edition, S. 45.
[3] Eine Anwendung dieses Modells in differenzierter Form findet sich in Winkelhaus, Jan. 2019. ‚Welten des Staates'. Zur Systematik der Rechtfertigungsmuster von Staatlichkeit im 20. Jahrhundert. In diesem Band.
[4] Boltanski und Thévenot. *Über die Rechtfertigung*, S. 61.
[5] Weber, Max. 1976. *Wirtschaft und Gesellschaft. Grundriss der verstehenden Soziologie.* Tübingen: Mohr (Siebeck), S. 16 (Hervorhebung von uns/PG und JW).
[6] Vgl. Merz, Peter-Ulrich. 1990. *Max Weber und Heinrich Rickert. Die erkenntniskritischen Grundlagen der verstehenden Soziologie*. Würzburg: Königshausen & Neumann.

die Weber als „Legitimitätsglauben" bezeichnet.[7] Andere Gründe dafür, dass eine Ordnung in Geltung ist, neben diesen *Glaubens*gründen, kommen nicht vor – ob der Referenzpunkt eines Legitimitätsglaubens eine „Satzung" ist, die „Heiligkeit der von jeher vorhandenen Ordnung" oder bestimmte „Gnadengaben" Einzelner. Namentlich spielt für Webers Überlegungen die Phase des *Übergangs* keine Rolle: die Sequenz eines politischen Verbands, wenn der Eindruck eines Missbrauchs der Satzung, der Profanierung der überlieferten heiligen Ordnung oder des Verlusts der Gnadengaben eines Führers sich bereits breit gemacht hat, d. h. bereits eine „Erschütterung" des gemeinen Legitimitätsglaubens stattgefunden hat, aber deren „weitgehende Folgen" in Form einer *neuen* Ordnung noch nicht sichtbar sind, sondern sie erst zur Geltung gebracht wird.[8] Den fortgesetzten Wandel der Ordnungen setzt Weber, ebenso wie die rein konfessionelle Basis ihrer Geltung, als Axiom der politischen Soziologie voraus.

Der Soziologie des Geistes geht es nicht unmittelbar um die Frage der Geltung von Ordnungen; sondern, wie erinnerlich,[9] um konkrete sinnliche Subjekte als Instanzen der Realisierung bestimmter Werte (und bestimmter anderer Werte nicht) und um konkrete Vollzüge der tätigen Geltungsrealisierung. Allerdings haben wir, um den Rahmen solcher Vollzüge tätiger Geltungsrealisierung zu bestimmen, sie als *öffentliche* Äußerungen beschrieben, und solche öffentlichen Äußerungen als Ausdruck einer Positionierung zur gegebenen *verbandlichen Ordnung* und zu den Umtrieben ihrer Repräsentanten auf Grundlage *fundamentaler Ideen*. Die Soziologie des Geistes beschäftigt sich also zwar nicht unmittelbar mit der Frage der Geltung von Ordnungen; aber mittelbar, indem sie Ordnungen als korrespondierende Größen der tätigen Geltungsrealisierung an sinnlichen Subjekten versteht. Für diesen Zugang zum Problem der Ordnung ist Webers Vorschlag, die Untersuchung der Geltung von Ordnungen auf die Frage der konfessionellen Verhältnisse zwischen Befehlenden und Gehorchenden zu konzentrieren, nicht auf die *Ordnungen des Übergangs*, wenig ergiebig. Dies zeigt nicht zuletzt die gegenüber dem konstellationsanalytischen Ansatz geringere Beachtung, die Weber der Eigensinnigkeit der Einzelvorgänge widmet, um stattdessen „Idealtypen"[10] zu generieren.

---

[7] Weber, Max. 1988. Die drei reinen Typen der legitimen Herrschaft. In *Gesammelte Aufsätze zur Wissenschaftslehre*. Tübingen: Mohr (Siebeck), S. 475–488, hier S. 475.

[8] Weber, Max. 1988. Die drei reinen Typen der legitimen Herrschaft. In *Gesammelte Aufsätze zur Wissenschaftslehre*. Tübingen: Mohr (Siebeck), S. 475–488, hier S. 475.

[9] Vgl. Gostmann. Soziologie des Geistes, S. 41–42.

[10] Vgl. Strauss, Leo. 1965. *Natural Right and History*. Chicago: University of Chicago Press, S. 77–78.

Boltanski und Thévenot kommen vor dem Hintergrund ihres Anspruchs, ein umfassendes Modell für die Beschreibung des Verhältnisses von Einigkeit und Uneinigkeit zu formulieren, zu einem ähnlichen Befund, wie wir mit Blick auf die Anspruchslage der Soziologie des Geistes. Für sie ist das Problem der Axiomatik Webers (die sie als „Rückzug auf einen Wertrelativismus" beschreiben), dass auf deren Grundlage „tendenziell Rechtfertigung und Täuschung gleichgesetzt" werden.[11] Tatsächlich, eine Legitimität, die als konfessionelle Größe untersucht wird, lässt sich, sobald einmal ein begründeter Zweifel gegen sie artikuliert worden ist, nicht mehr gegen den Vorwurf verteidigen, sie beruhe auf einer Täuschung: Glaube steht dann gegen Glaube.[12]

Durch die relativistische Anlage seines Legitimitätsbegriffs, so Boltanski und Thévenot, verfehlt Webers Ansatz all die Fälle von „Personen", die einer Ordnung Geltung zu verschaffen versuchen, indem sie „Erklärungen" für sie bieten, „die einer Überprüfung durchaus standhalten können"; d. h. alle Fälle, in denen in der Folge einer Sequenz ernsthaft ausgetragener intellektueller „Konflikt[e]" eine signifikante Menge von Größen des politischen Verbands „ein Prinzip der Einigung als legitim betrachtet".[13] Der Frage der Modalitäten der Konfliktbewältigung haben wir für die Soziologie des Geistes ebenfalls einen zentralen Stellenwert eingeräumt, indem wir die Bedeutung der unterschiedlichen Funktionen von Argumentationsfiguren und sprachlichen Bildern bei der Organisation der *Brüche* zwischen kommunikativen Serien und bei der Organisation des *Übergangs* zwischen seriellen Sequenzen hervorgehoben haben.[14]

Boltanski und Thévenot schlagen in Abgrenzung zu Webers Axiomatik vor, Legitimität unter Gesichtspunkten eines *Vorgangs* der Einigung zu betrachten, der abläuft in Form von „*Prüfungen* zur Regelung von Streitfällen". Zu deren Zweck ziehen die Prüfenden bestimmte Größen („Dinge" bzw. „Objekte") heran, die sie mit bestimmten „übergeordneten gemeinsamen Prinzipien" in Korrespondenz setzen und so „*zur Geltung zu bringen*" versuchen. Im Zuge solcher Prüfungsvorgänge entstehen nach und nach „Objektensemble[s]", die für die am Einigungsvorgang beteiligten bzw. intellektuell an ihn anschließenden Akteure „kohärente und sich selbst genügende Welt[en]" bilden, die in verschiedenen „Konstellationen" sich manifestieren können.[15]

---

[11] Boltanski und Thévenot. *Über die Rechtfertigung*, S. 61.
[12] Vgl. Weber, Max. 1988. Wissenschaft als Beruf. In *Gesammelte Aufsätze zur Wissenschaftslehre*. Tübingen: Mohr (Siebeck), S. 582–613, hier S. 605.
[13] Boltanski und Thévenot. *Über die Rechtfertigung*, S. 61–62.
[14] Vgl. Gostmann. Soziologie des Geistes, S. 58.
[15] Boltanski und Thévenot. *Über die Rechtfertigung*, S. 65.

Nicht nur wegen des Vorkommens der Begriffe *Konstellation* und *Selbstgenugsamkeit*, sondern auch aus systematischen Gründen passt diese Überlegung mit der Soziologie des Geistes zusammen:

(a.) Die Soziologie des Geistes arbeitet mit einem Begriff, dem des *Denkraums*, der spezifiziert, was bei Boltanski und Thévenot die Kategorie des *Objektensembles* umfasst: den Text (und die *Serien* von Texten), in dem (bzw. denen) der Vollzug einer *Denkbewegung* an sinnlichen Subjekten in Form von Elementen und Element-Relationen (selbstgenugsamen und transmittierenden Größen), Argumentationsfiguren und sprachlichen Bildern sich materialisiert hat.[16]

(b.) Unter den *selbstgenugsamen* Größen, die die Soziologie des Geistes an ihrem Material identifiziert, hebt sie jeweils diejenige besonders hervor ('ich', 'wir', o. ä.), die auf *das* sinnliche Subjekt verweist, dem der Signatur nach das Material als Autor zugerechnet werden soll. Wenn Boltanski und Thévenot das Objektensemble, das im Vorgang der Einigung eines politischen Verbands entsteht, als Erscheinung einer *sich selbst genügenden Welt* bezeichnen, so hat dies eine Parallele in unserer Überlegung, dass das Gesamtgefüge selbstgenugsamer und transmittierender Größen, die an einem Text in Erscheinung treten, eine *in sich abgeschlossene* Sequenz tätiger Geltungsrealisierung darstellt: *weil* sie in sich abgeschlossen ist, tritt an und zugleich mit diesem Gefüge eine sich selbst (wenn auch: bis auf Weiteres) genügende Welt in Erscheinung.

(c.) Während also die Soziologie des Geistes mit dem Begriff der *Geltungsrealisierung* die Mikroprozesse von Kommunikation fokussiert (und in der Folge der systematischen Rekonstruktion der Brüche und Übergänge im Material besonderes Gewicht beimisst), nehmen Boltanski und Thévenot mit dem Begriff der *Rechtfertigung* von vornherein die *Gesamttendenz* eines Prozesses der Geltungsrealisierung, d. h. die vollzogene *Denkbewegung*, in den Blick (weswegen sie das Material kategorial nach *Einigkeit* und *Uneinigkeit* subsumieren). Wir können sagen: Während wir das Boltanski-Thévenot-Modell als Hinweis auf die Möglichkeit der Systematisierung und des (transseriellen) Vergleichs unserer Forschungsmaterialien unter dem Gesichtspunkt ihrer politisch-philosophischen Qualität lesen, ließen unsere Überlegungen sich als Hinweis auf die Möglichkeit einer objektivistisch-hermeneutischen bzw. konversationsanalytisch-ethnografischen Steigerung des Boltanski-Thévenot-Ansatzes lesen.[17]

---

[16] Vgl. Gostmann. Soziologie des Geistes, S. 57.
[17] Vgl. auch Oevermann, Ulrich. 2016. „Krise und Routine" als analytisches Paradigma in den Sozialwissenschaften. In *Die Methodenschule der Objektiven Hermeneutik. Eine Bestandsaufnahme*, hrsg. R. Becker-Lenz, A. Franzmann, M. Jansen und A. Jung. Wiesbaden:

Der exemplarische Fall, anhand dessen Boltanski und Thévenot ihre Überlegungen zu solchen regelungsbedürftigen und deswegen Prüfvorgänge auslösenden, schließlich idealerweise Rechtfertigung erzeugenden Streitfällen illustrieren, ist das Problem der Rechtfertigung des Besitzes und der Verteilung „knapper, allseits begehrter Güter".[18] Der Autor, an dessen Schriften sich ihrem Urteil zufolge in prägnanter Weise die Bewältigung dieses Konflikts in der Form einer Einigung auf eine kohärente, sich selbst genügende Welt nachvollziehen lässt, ist Adam Smith.[19] Sie behandeln den schottischen Philosophen als Autoren, der dem Publikum eine sich selbst genügende Welt vorstellt (eine sich selbst genügende Form der Rechtfertigung von Besitz und Verteilung knapper, allseits begehrter Güter), indem er eine gedankliche Interaktion mit einer Reihe weiterer Autoren, z. B. mit Samuel von Pufendorf,[20] Bernard Mandeville[21] oder David Hume[22] vollzieht – so wie wir, am Leitfaden des Begriffs der *Konstellation*, die auf sinnliche Signateure verweisenden selbstgenugsamen Größen, die an einem Text in Erscheinung treten, als Größen der Interaktion mit Denkbewegungen anderer Schreiber (vor allem solcher, die in diesem Text als *selbstgeltende* Größen in Erscheinung treten) verstehen.[23]

Bemerkenswert ist, dass Boltanski und Thévenot in Smith' Darstellung einer sich selbst genügenden Welt der Rechtfertigung des Besitzes und der Verteilung knapper, allseits begehrter Güter nicht nur eine *bestimmte* Rechtfertigungsleistung identifiziert haben; sondern überdies eine *allgemeine* Ordnung des Vorgangs der Rechtfertigung, deren Vollzug Smith mit einer Reihe anderer Autoren teilt, die ihrerseits solche sich

---

Springer VS, S. 43–114; Scheffer, Thomas. 2008. Zug um Zug und Schritt für Schritt. Annäherungen an eine transsequentielle Analytik. In *Theoretische Empirie. Zur Relevanz qualitativer Forschung*, hrsg. Herbert Kalthoff, Stefan Hirschauer und Gesa Lindemann. Frankfurt am Main: Suhrkamp, S. 368–398.

[18] Boltanski und Thévenot. *Über die Rechtfertigung*, S. 69.

[19] Vgl. Smith, Adam. 2010. *Theorie der ethischen Gefühle*. Hamburg: Meiner; Smith, Adam. 2012. *Untersuchung über Wesen und Ursachen des Reichtums der Völker*. Tübingen: Mohr (Siebeck).

[20] Boltanski und Thévenot. *Über die Rechtfertigung*, S. 69–71. Vgl. Pufendorf, Samuel von. 1998. *Acht Bücher von Natur- und Völckerrechte. Mit des Weitberühmten JCti. Johann Nicolai Hertii, Johann Barbeyrac und anderer Hoch-Gelehrten Männer außerlesenen Anmerckungen erläutert und in die Teutsche Sprach übersetzet*. Hildesheim: Olms.

[21] Boltanski und Thévenot. *Über die Rechtfertigung*, S. 73. Vgl. Mandeville, Bernard. 1980. *Die Bienenfabel oder Private Laster, öffentliche Vorteile*. Frankfurt am Main: Suhrkamp.

[22] Boltanski und Thévenot. *Über die Rechtfertigung*, S. 78–81 und 87. Vgl. Hume, David. 1989. *Ein Traktat über die menschliche Natur*. Hamburg: Meiner.

[23] Gostmann. Soziologie des Geistes, S. 49 und 52–58. Vgl. Gostmann, Peter. 2015. *Einführung in die soziologische Konstellationsanalyse*. Wiesbaden: Springer VS.

selbst genügenden Welten beschreiben, die aber von derjenigen Smith' signifikant verschieden sind. Boltanski und Thévenot dokumentieren diese allgemeine Ordnung des Vorgangs der Rechtfertigung neben *(a.)* dem „Gemeinwesen des Marktes", zu dem das Objektensemble, das Smith in seinen Schriften vorstellt, sich ordnet,[24] außerdem *(b.)* für ein „Gemeinwesen der Inspiration", das sie an Augustinus' *Civitate Dei* entdecken;[25] für *(c.)* das „häusliche Gemeinwesen" Jacques Bossuets;[26] für *(d.)* Thomas Hobbes' „Gemeinwesen der Meinung";[27] für *(e.)* das „staatsbürgerliche Gemeinwesen" Jean-Jacques Rousseaus[28] sowie für *(f.)* Claude-Henri de Saint-Simons „industrielle[s] Gemeinwesen".[29] Aufgrund der Ähnlichkeit ihrer formalen Anlage, so die Entdeckung Boltanskis und Thévenots, sind also diese Rechtfertigungsleistungen, trotz ihrer Eigensinnigkeit in inhaltlicher Hinsicht (wir können sagen: trotz der Eigenheit der vorgestellten selbstgenugsamen und transmittierenden Größen), miteinander vergleichbar.

2 Die Ordnung der Rechtfertigung

Smith' Vorschlag für die Bewältigung des Problems der Rechtfertigung des Besitzes knapper, allseits begehrter Güter in der Form einer Einigung auf eine kohärente, sich selbst genügende Welt des *Marktes* ist, wie wir sagten, für Boltanski und Thévenot ein Beispiel für einen allgemeinen Vorgang, der zwar in der Konstitution unterschiedlicher ‚Welten' sich ausmünzt, deren Qualität aber, da Einigung und Kritik als „eng zusammenhängende Momente ein und desselben

---

[24] Boltanski und Thévenot. *Über die Rechtfertigung*, S. 68–92.

[25] Boltanski und Thévenot. *Über die Rechtfertigung*, S. 120–129. Vgl. insbes. Augustinus, Aurelius. 2007. *Vom Gottesstaat (De civitate Dei). Vollständige Ausgabe in einem Band.* München: DTV.

[26] Boltanski und Thévenot. *Über die Rechtfertigung*, S. 130–141. Vgl. insbes. Bossuet, Jacques Bénigne. 1999. *Politics Drawn from the Very Words of Holy Scripture.* Cambridge: Cambridge University Press.

[27] Boltanski und Thévenot. *Über die Rechtfertigung*, S. 141–153. Vgl. insbes. Hobbes, Thomas. 2011. *Leviathan. Oder Stoff, Form und Gewalt eines kirchlichen und bürgerlichen Staates.* Frankfurt am Main: Suhrkamp.

[28] Boltanski und Thévenot. *Über die Rechtfertigung*, S. 153–167. Vgl. insbes. Rousseau, Jean-Jacques. 1977. *Vom Gesellschaftsvertrag. Oder Grundsätze des Staatsrechts.* Stuttgart: Reclam.

[29] Boltanski und Thévenot. *Über die Rechtfertigung*, S. 167–175. Vgl. insbes. Saint-Simon, Claude-Henri de. 1821. *Du Système Industriel.* Paris: Renoud.

Handlungsverlaufs" am Ablauf der Rechtfertigung beteiligt sind,[30] im Rahmen eines übergreifenden Modells: einer *Ordnung der Rechtfertigung*, sich erläutern lässt. Jede vollständige Rechtfertigung eines Gemeinwesens lässt sich demnach als ein endliches System von sechs verschiedenen interagierenden *Axiomen* der Einigung bzw. Kritik, die auf vier *logischen Ebenen* bearbeitet werden, beschreiben.

Fehlen im Fall einer Rechtfertigungsleistung, d. h. an einer konkreten Schrift, die Gegenstand der Analyse ist, einzelne dieser Axiome bzw. werden nicht sämtliche logischen Ebenen erreicht, so können wir sagen, dass hier eine relativ *defizitäre* (bzw. *vulgäre*) Ordnung des Vorgangs der Rechtfertigung vorliegt. Boltanski und Thévenot gehen einen etwas anderen Weg, indem sie die Unvollständigkeit einer Rechtfertigungsleistung nicht als eine Frage der Defizienz, sondern als eine Frage der „[I]llegitim[ität]" der Ordnung behandeln. In diesem Sinn setzen sie voraus, dass eine Ordnung des Vorgangs der Rechtfertigung nur dann vollständig ist, wenn das erste Element der Axiomenlehre „ein gemeinsame[s] geteilte[s] Menschsein" ist, weswegen z. B. eine Rechtfertigungsleistung im Sinne der „Eugenik" niemals vollständig sein kann.[31] Diese Einschätzung ist nach humanistischen Maßstäben ehrenwert; aber ihr liegt die stillschweigende Voraussetzung zugrunde, dass die humanistischen Maßstäbe und die Maßstäbe für die Vollständigkeit einer Rechtfertigungsleistung identisch sind, d. h. ein Ineinssetzen von Sein und Sollen. Wir wollen stattdessen die Möglichkeit zulassen, dass Rechtfertigungsleistungen im Sinne der Eugenik *formal* vollständig sein können, weswegen wir das Boltanski-Thévenot-Modell im Folgenden auf eine allgemeinere Ebene transponieren. Um das analytische *und* systematische Potenzial zu verdeutlichen, das wir auf diese Weise gewinnen, wählen wir für die Exemplifikation im anschließenden Kapitel mit der Theokratie eine Ordnungsform, die nach humanistischen Maßstäben ähnlich illegitim ist wie die Eugenik.

Eine *vollständige* Rechtfertigungsordnung setzt sich, wie gesagt, Boltanski und Thévenot zufolge aus sechs Axiomen der Einigung bzw. Kritik zusammen und wird auf vier logischen Ebenen bearbeitet.

Axiom 1 (a1) dient der Identifikation „alle[r] Personen, […] die imstande sind, sich zu einigen", d. h. setzt die „Mitglieder des Gemeinwesens" ein. Die Ordnung der Rechtfertigung beginnt also mit der Konstituierung einer Relation der „Äquivalenz". Im Fall *vollständiger* Rechtfertigungsordnungen, so Boltanski und Thévenot, setzt eine solche Konstituierungsleistung „grundsätzlich" an – weswegen sie davon ausgehen, dass die Größe der Einigung das „gemeinsame Menschsein" der Mitglieder des Gemeinwesens abbilde. Für sich genommen (als *Einheit*) ist *a1* aber

---

[30] Boltanski und Thévenot. *Über die Rechtfertigung*, S. 45.
[31] Boltanski und Thévenot. *Über die Rechtfertigung*, S. 116–119.

auch dann, wenn wir nach humanistischen Maßstäben illegitime Rechtfertigungsordnungen als *formal* der Möglichkeit nach vollständig zulassen wollen, jedenfalls eine Größe der „politische[n] *Metaphysik*": weil sie an allen Mitgliedern (wenn auch nicht in jedem Fall an allen, die Mitglied des Gemeinwesens sein *könnten*, aber eben durch die Art, wie *a1* formuliert ist, von ihm ausgeschlossen werden) „*einen* Menschen in Gestalt eines Adam" markiert und sie so in eine „*ewige* Welt [...] ständige[n] Einvernehmen[s]" stellt.[32]

Mit anderen Worten, *a1* ist eine Größe, die für sich genommen unfähig ist, Konflikte zu organisieren. Die „einzige logische Ebene", für die sie geeignet ist, ist die Bestimmung des „*Eden*" eines Gemeinwesens (*H1*); wir können sie uns praktisch vorstellen als eine Sequenz der chorischen Akklamation. Wenn das Gemeinwesen eine Sequenz *jenseits* von Eden erreicht hat (z. B., wie im Fall Kain und Abel, ein Konflikt zwischen Ackerbauern und Hirten auftritt), muss es darüber hinaus eine Ordnungsgröße installieren, die mehr als *eine* „Form der *Rechtfertigung* von Handlungen und von *Prüfungen*" zulässt (z. B. die Rechtfertigungsleistungen und Prüfverfahren eines Ackerbauern *und* diejenigen eines Hirten ermöglicht).

Diesen Zweck erfüllt ein *Axiom 2 (a2)*, das komplementär zur Äquivalenzrelation *a1* eine Relation der „Verschiedenartigkeit" konstituiert, d. h. eine Menge verschiedener Merkmalszustände abbildet.[33] Um Konflikte adäquat organisieren zu können, darf *a2* jedenfalls nicht so formuliert sein, dass „die Besonderheit *jedes einzelnen* Individuums" als legitim gelten kann, denn in diesem Fall wäre „jegliche Bewertung oder Einordnung" eines Handlungszuges illegitim, d. h. wäre es unmöglich, eine Ordnung des Gemeinwesens zu bestimmen. Deswegen ist *a2* eine Größe der politischen „*Repräsentation*".[34]

Mit dem Problem der Vermittlung zwischen den Axiomen der *Äquivalenz* und der *Verschiedenheit* (Größen der *politischen Metaphysik* und Größen der *politischen Repräsentation*) verlagert die Frage der Einigung des Gemeinwesens sich auf eine andere logische Ebene: diejenige der Bestimmung einer „*Menschheit*, die in *mehrere Merkmalszustände* (*H2*) untergliedert ist".[35]

Diesen Zweck erfüllt die Einführung einer Größe der *Dynamik*: eines *Axioms 3* (*a3*), das abbildet, dass „alle Mitglieder exakt die gleichen Zugangschancen zu allen Merkmalszuständen" haben (z. B. die Legitimität des Wechsels vom Ackerbau

---

[32] Boltanski und Thévenot. *Über die Rechtfertigung*, S. 108 (Hervorhebung von uns/PG und JW).

[33] Boltanski und Thévenot. *Über die Rechtfertigung*, S. 108–109.

[34] Boltanski und Thévenot. *Über die Rechtfertigung*, S. 109 (Hervorhebung von uns/PG und JW).

[35] Boltanski und Thévenot. *Über die Rechtfertigung*, S. 110.

zur Viehwirtschaft und des Sesshaftwerdens eines Nomaden abbildet). Eine solche Größe der *sozialen Dynamik* rechtfertigt die Ordnung des Gemeinwesens, indem sie die „*gemeinsame Würde*" seiner Mitglieder *trotz* ihrer Verschiedenheit bestimmt, weil sie die Trennung von Personen und Merkmalszuständen organisiert.[36]

Größen der gemeinsamen Würde (*a3*) lösen allerdings nicht die Konflikte zwischen den verschiedenen politischen Repräsentanten, sondern vermitteln lediglich zwischen dem Einheitsprinzip und der Vielfalt möglicher Formen, die Geltung einer Ordnung zu bestimmen und zu prüfen. Für solche Konfliktlösungen wird deswegen eine „Werteskala der Güter" eingeführt (die z. B. das Opfer von *Früchten des Feldes* und das *Tieropfer* standardisiert): eine Größe (*a4*), die eine „*Rangordnung*" zwischen den verschiedenen Merkmalszuständen, die die Mitglieder des Gemeinwesens repräsentieren, zu organisieren ermöglicht. *a4* ist ein Größe der politischen „Hierarchisierung".[37]

Damit ein Gemeinwesen Konflikte adäquat organisieren kann, muss *a4* jedenfalls so formuliert sein, dass deutlich wird, dass der „Bürgerkrieg" (und überhaupt eine „Fraktionierung in lauter Menschheiten" innerhalb der Mitgliedschaft) gegenüber der vorgeschlagenen Ordnung die schlechtere Form der Klärung des „Spannungsverhältnis[ses]" zwischen politischer *Metaphysik* (dem prätendierten Zustand *Eden*) und politischer *Hierarchie* (z. B. dem höheren Ansehen der Tieropfer gegenüber den Früchten des Feldes) ist.[38]

Mit dem Problem der Klärung des Konflikts zwischen politischer Metaphysik (*a1*) und politischer Hierarchie (*a4*) verlagert sich die Frage der Einigung des Gemeinwesens sich auf eine weitere logische Ebene: die der Bestimmung einer „*hierarchisierten Menschheit* (*H3*)" innerhalb der Mitgliedschaft. Diese logische Ebene wird garantiert durch eine Größe der *gerichteten Dynamik*: ein *Axiom 5* (*a5*), das den „*Investitionsmodus*" definiert, nach dem die Ränge in der Ordnung des Gemeinwesens mit bestimmten „Verzichtsleistungen" (z. B. des Nomaden Verzicht auf den Landbesitz eines Ackerbauern) verrechnet werden sollen, also die Mitglieder den Preis des „Aufstieg[s] zu einem höheren *Zustand*" beurteilen können. Die Größe *a5* muss jedenfalls so formuliert sein, dass für die Mitglieder des Gemeinwesens Verzicht (auf Aufstieg oder aufstiegsäquivalente Leistungen) eher gerechtfertigt ist, als die Ordnung „infrage [zu] stellen".[39]

Größen der gerichteten Dynamik (*a5*) organisieren allerdings lediglich die Verhältnisse zwischen den politischen Repräsentanten; für eine *vollständige* Rechtfertigungsordnung (*H4*) muss die investitionsmodal hierarchisierte Menschheit in

---

[36] Boltanski und Thévenot. *Über die Rechtfertigung*, S. 109–110.
[37] Boltanski und Thévenot. *Über die Rechtfertigung*, S. 110.
[38] Boltanski und Thévenot. *Über die Rechtfertigung*, S. 110.
[39] Boltanski und Thévenot. *Über die Rechtfertigung*, S. 111.

Relation zum *einen* Adam gesetzt, d. h. mit den Größen der politischen Metaphysik vermittelt werden. Die *Geltung* der Ordnung eines Gemeinwesens signiert eine Größe, die die gegebenen „*Güter* und *Vorteile*" als Elemente *eines* „Gemeinwohl[s]" identifiziert: ein *Axiom 6* (*a6*), das die „von allen geteilte Würde (a3)" transformiert in das allen Mitgliedern des Gemeinwesens eigene „Vermögen, das persönliche Verhalten auf das Gemeinwohl hin auszurichten".[40] Die Größe *a6* setzt die Ordnung des Gemeinwesens in Geltung, indem sie „die auf niederer Stufe Stehenden in den Großen *aufgehen*" lässt. Erst die Formulierung von *a6*, einem „*übergeordnete[n] gemeinsame[n] Prinzip*", garantiert eine *dauerhafte* Ordnung der Konfliktbewältigung,[41] d. h. erzeugt ein *politisch handlungsfähiges Gemeinwesen*.

Die *erste* Dimension des Vergleichs der politisch-philosophischen Qualität der Welten, die an einem Material *A* und einem Material *B* (usw.) in Erscheinung treten, betrifft die Frage der formalen Vollständigkeit: Bei jedem Vorgang der Rechtfertigung, der dem Publikum z. B. *keine* Variation des Gedankens eines Aufgehens der niederen in höhergestellten Mitgliedern vorstellt, handelt es sich um die Vorstellung einer (gegenüber einer Rechtfertigungsleistung, bei der dies der Fall ist) relativ *defizitären* Welt. Den höchsten Grad an Defizienz weist in diesem Sinn die Vorstellung einer Welt auf, deren Rechtfertigung nach der Akklamation ihrer Einheit abbricht.

Die *zweite* Dimension des Vergleichs der politisch-philosophischen Qualität der Welten, die an einem Material *A* und einem Material *B* (usw.) in Erscheinung treten, betrifft die Frage der unterschiedlichen Konkretion der „Grammatik des politischen Bandes".[42] Damit ist gemeint, dass Vorgänge der Rechtfertigung eines Gemeinwesens nach ihrer sprachlichen Anlage ihren Eigensinn entfalten und deswegen sich voneinander unterscheiden können, auch wenn sie formal den gleichen Grad der Vollständigkeit aufweisen; so schränkt bereits die sprachliche Gestaltung der Konstellation der Axiome *a1* (politische Metaphysik) und *a2* (politische Repräsentation) das Feld möglicher sinnlogischer Anschlüsse ein. Daraus folgt, dass z. B. eine Rechtfertigungsleistung, die nach der prätendierten Metaphysik und Repräsentation ein Gemeinwesen der Inspiration vorstellt, nicht mehr in ein Gemeinwesen der Meinung umgestülpt werden kann. Lediglich lässt sich „Kritik", die in der Linie der Rechtfertigung eines Gemeinwesens *A* an der Ordnung der Rechtfertigung eines Gemeinwesens *B* formuliert wird,[43] in der Form ihrer „Beschwichtigung" in den Rechtfertigungsvorgang einarbeiten.[44]

---

[40] Boltanski und Thévenot. *Über die Rechtfertigung*, S. 111–112.
[41] Boltanski und Thévenot. *Über die Rechtfertigung*, S. 112.
[42] Boltanski und Thévenot. *Über die Rechtfertigung*, S. 97.
[43] Vgl. Boltanski und Thévenot. *Über die Rechtfertigung*, S. 289–364.
[44] Vgl. Boltanski und Thévenot. *Über die Rechtfertigung*, S. 367–447.

Die *dritte* Dimension des Vergleichs der politisch-philosophischen Qualität der Welten, die an einem Material *A* und einem Material *B* (usw.) in Erscheinung treten, betrifft die Frage der Differenz zwischen der großen Linie nach gleichgerichteten Vorgängen der Rechtfertigung (z. B. zwischen solchen, die sich der großen Linie nach auf Gemeinwesen der Inspiration beziehen). Bei Boltanski und Thévenot bleibt diese dritte Vergleichsdimension so implizit wie die erste. Während *dort*, wie wir gesehen haben, der Grund des Implizitbleibens die Behandlung der Unvollständigkeit einer Rechtfertigungsleistung als eine Frage der Illegitimität (statt der Defizienz) einer Ordnung ist, ist *hier* der Grund Boltanskis und Thévenots forschungspraktischer Ansatz: ihr Anspruch, in der zeitgenössischen Ratgeberliteratur für Führungskräfte in Unternehmen Variationen der überlieferten Rechtfertigungsleistungen Augustinus', Bossuets, Hobbes', Rousseaus, Saint-Simons oder Smith' zu identifizieren,[45] verpflichtet sie auf eine Praxis der *Subsumtion*. Dagegen ermöglicht eine *rekonstruktions*logische Forschungspraxis, wie wir sie für die Soziologie des Geistes vorgeschlagen haben,[46] unterhalb der Oberfläche gleichgerichteter Vorgänge der Rechtfertigung deren mannigfaltige Erscheinungsweisen herauszuarbeiten.

3 Exemplifikation: Die Rechtfertigung einer Theokratie

Im Sinne unseres Anspruchs, das Boltanski-Thévenot-Modell für die Soziologie des Geistes, genauer für die Systematisierung der transseriellen Exegese fruchtbar zu machen, wollen wir das Modell in der präzisierten Form, die wir im vorangegangenen Kapitel entwickelt haben, exemplifizieren. Dabei wollen wir nicht zuletzt denjenigen Dimensionen des Modells Rechnung tragen, die, wie wir gesehen haben, bei Boltanski und Thévenot implizit bleiben: *(a.)* der formalen Vollständigkeit von Rechtfertigungsleistungen, die unsere Referenzautoren nicht berücksichtigen, weil diese nach humanistischem Maßstäben illegitim sind – weswegen unser Beispiel die nach diesen Maßstäben illegitime Rechtfertigung einer *Theokratie* ist; *(b.)* der Mannigfaltigkeit der Erscheinungsweisen unterhalb der Oberfläche gleichgerichteter Vorgänge der Rechtfertigung – weswegen wir, bevor wir auf die Ordnung der Axiome *a1* bis *a6* und der logischen Ebenen *H1* bis *H4* zu sprechen kommen, nun zuerst ein (wenn auch zu Zwecken einer ersten Orientierung von *einer* Grundfigur ausgehendes) Bild der Mehrschichtigkeit des Phänomens Theokratie zeichnen.

Theokratie. Der Gegenstand unseres Gedankenexperiments ist die Rechtfertigung eines Gemeinwesens, das, orientiert man sich am *Historischen Wörterbuch*

---

[45] Vgl. Boltanski und Thévenot. *Über die Rechtfertigung*, S. 206–221.
[46] Vgl. Gostmann. *Soziologische Konstellationsanalyse*, S. 43–44.

der Philosophie, eine Größe in einer „Typologie der Verfassungsformen" darstellt:[47] die Rechtfertigung einer *Theokratie*. Die Grundfigur bildet die Ordnung Israels nach dem Exodus; nach deren Maß können politische Ordnungen als mehr oder weniger theokratisch (d. h. ihr mehr oder weniger entsprechend) beschrieben werden. Für und Wider des Ordnungstyps Theokratie lassen sich auf der Grundlage des ausgebildeten Begriffs ebenso diskutieren wie die Verhältnisse zwischen der Theokratie und anderen Ordnungstypen, oder die Frage ihrer Abfolge.[48]

Nach dem *letzten* Wort zur Theokratie im Historischen Wörterbuch bleibt der Begriff „trotz kritischer Vorbehalte […] präsent"; was immer im Text vorher zur Theokratie gesagt worden ist, ist ein *vorerst* letztes Wort zu ihr gewesen. Dieses Wort über die vorerst letzten Worte stützt, neben einigen Texten aus dem Zeitraum 1959–1995, die die fortgesetzte Präsenz der Theokratie verbürgen, eine Äußerung des „an C. Schmitt orientierte[n] Jurist[en] W. Hamel", demzufolge „die ‚Wendung von der Th[eokratie] zu säkularen, ja profanen Kategorien'", wie das „Staatsrecht der Gegenwart", namentlich E.W. Böckenförde (ein anderer Carl Schmitt verbundener Jurist), sie zwischenzeitlich vollzogen habe, „höchst zweifelhaft" ist. Diese deklamatorische Wendung von der Theokratie zu säkularen bzw. profanen Kategorien dient dem Stichworteintrag zufolge nicht einer Erkenntnis, sondern der Reinhaltung des Begriffs der „Demokratie".[49]

Unter diesem Gesichtspunkt betrachtet, ist, wenn wir die innerschmittianische Diskussionslage[50] hier beiseite lassen wollen, jedenfalls die Theokratie der Grundfigur nach ein *ewiger Sonderfall*. Damit ist gemeint, dass die Praxis des politischen Verbands, ohne dass eine *Institution* dafür zuständig sein müsste, sich (und zwar nach einer göttlichen Weisung) orientiert. Dabei hat die göttliche Weisung die Form der *aktuellen Inspiration*. Die ausgezeichneten Träger dieser Inspiration sind ausgezeichnete *Menschen*. Sie wird zu einer *politischen* Inspiration mittels *zwischenmenschlicher* (*gemeinsamer*) Verständigung und in der Form von Tätigkeiten, die auf ein wohlgeordnetes Gemeinwesen (eine *stete* Theokratie) ausgerichtet sind.

---

[47] Hülsewiesche, Reinhold. 1998. Theokratie. In *Historisches Wörterbuch der Philosophie*. Bd. 10, hrsg. Joachim Ritter und Karlfried Gründer. Basel: Schwabe, S. 1075–1080, hier S. 1075.

[48] Vgl. Hülsewiesche. Theokratie.

[49] Hülsewiesche. Theokratie, S. 1077–1078. Vgl. Hamel, Walter. 1953. Das Bekenntnis als Gestalt der Freiheit. In *Archiv für Rechts- und Sozialphilosophie* 40, S. 465–493; Böckenförde, Ernst-Wolfgang. 1987. Demokratie als Verfassungsprinzip. In *Handbuch des Staatsrechts der Bundesrepublik Deutschland*. Bd. 1, hrsg. Josef Isensee und Paul Kirchhof. Heidelberg: Müller, S. 887–950, hier S. 927.

[50] Vgl. Müller, Jan-Werner. 2011. *Ein gefährlicher Geist. Carl Schmitts Wirkung in Europa*. Darmstadt: Wissenschaftliche Buchgesellschaft, S. 83–84, 178–179 und 198–199.

Das *theokratisch* wohlgeordnete Gemeinwesen (das ‚Reich Gottes', den ‚Gottesstaat' usw.) kennzeichnet, dass in ihm auf spezifische Weise eine wohlgeratene Relation des ‚Göttlichen' (im Monotheismus: des *einen* Gottes) und der ‚Dinge der Welt' (deren intellektueller Ordnung und der materialen Gerechtigkeit) verwirklicht ist. Im Zuge der fortgesetzten Verständigung über das theokratisch wohlgeordnete Gemeinwesen entsteht eine spezifische *Tradition*. Diese Tradition umfasst: *(a.)* ein (der Möglichkeit nach mündlich *und* in Schriftform) überliefertes Wissen über den *Anfang* (z. B. eine ursprüngliche Offenbarung); *(b.)* ein überliefertes Wissen über *Konstellationen* menschlichen Zusammenlebens (d. h. politische Ordnungen), in denen (oder fallweise: *gegen* die) die Theokratie (mehr oder weniger vollständig) auftritt; *(c.)* überlieferte Mittel der Verständigung mit dem Göttlichen (Rezitation, Liturgie, Gebet, Meditation usw.); *(d.)* überlieferte Formen der *Verkündigung* (Prophetie, Predigt); überlieferte *Worte* der Verkündigung (eine ausgebildete politisch-theologische Rhetorik, ausgebildete Tugendlehren); *(e.)* überlieferte Formen der *Auslegung* (Techniken der Exegese bzw. Hermeneutik) von Offenbarung und Verkündigung.

Als Zusammenhang verstanden, bilden die verschiedenen Elemente theokratischer Verständigung eine *komplexe Lehre* (die in der Form eines komplexen Textgefüges vorliegt: als Tugendlehre *und* Politische Theologie *und* Auslegungsleistung) zu Zwecken der *Rechtfertigung* des Gemeinwesens. Dabei ergibt sich die konkrete Komplexität einer Rechtfertigungslehre aus der Relation, in die ihr Autor bringt: Anfangswissen und Vollendungswissen (*Ewigkeit* und *Zeitlichkeit*); die Tradition und die kommunikativen sowie die materiellen Erfordernisse der Gegenwart; das Gemeinwesen der Gegenwart (dessen *Verfassung* und das aktuelle *Regime*) und das *bestmögliche* Gemeinwesen (die *vollendete* Theokratie).

Zu Zwecken der Systematisierung spezifisch *theokratischer* Rechtfertigungslehren lässt sich das Boltanski-Thévenot-Modell wie folgt zu einem *allgemeinen Rechtfertigungsmodell der Theokratie* weiterentwickeln.

Axiom 1 (a1). Politische Metaphysik (Äquivalenzrelation): Identifikation aller Personen, die imstande sind, sich zu einigen (Mitglieder des Gemeinwesens).

Die erste Referenzgröße einer Theokratie ist definitionsgemäß θεός; alle Elemente der Ordnung befinden sich untereinander in eine Relation der Äquivalenz, weil sie von θεός unterschieden und auf θεός hingeordnet sind. Diese Eigenschaft teilen sie allerdings mit allen übrigen ‚Dingen der Welt', z. B. den Tieren, weswegen wir in diesem Fall nicht davon sprechen können, dass ‚gemeinsames Menschsein' der Grund der Einigung ist. Die theokratische Einigung ist denn auch eine Sache „*der menschlichen Person*" (‚Adam') nur unter der Maßgabe eines spezifischen „*Vollzug[s]*", nämlich der „unabhängig" von jedem *menschlichen* „Zwang" vollzogenen „Bindung"[51] an θεός, gewährleistet z. B. durch Rezitation, Liturgie, Gebet. Diejenigen, die diese Bindung nicht (mehr) vollziehen, sind den Mitgliedern des Gemeinwesens (den θεός-Leuten), selbst wenn sie mit ihnen das Menschsein teilen und beisammen wohnen mögen, von Grund auf *nicht* äquivalent (und in *dieser* Hinsicht z. B. nicht von den Tieren unterschieden).

→ *Logische Ebene H1.* Eden: Gottes Volk auf Erden.

Axiom 2 (a2). Politische Repräsentation (Relation der Verschiedenheit): Organisation der zulässigen Formen der *Rechtfertigung* von Handlungen und von *Prüfverfahren* (Bestimmung der für das Gemeinwesen repräsentativen Merkmalszustände).

Der Vollzug der Bindung an θεός kann, wenn es um seine „irdische Bestätigung" geht, *wahr* oder *unwahr* (eine Lüge) sein. Da er ausschließlich eine Angelegenheit der *Person* ist, kann ihre Behauptung niemals *widerlegt* werden; tendenziell ist „Wahrheit" deswegen eine Größe, um die „religiös-politisch gekämpft werden muss".[52] Nicht zulässig sind jedenfalls die Behauptungen, *keine* göttliche Bindung zu unterhalten sei möglich oder man könne die Frage der göttlichen Bindung *vernachlässigen*; denn im Sinne der Theokratie bedeutet das eine wie das andere die Verweigerung der Teilhabe am religiös-politischen Kampf. Dagegen muss die Prüfung der theokratischen Zulässigkeit von bestimmten Handlungen gewährleistet werden, die nicht *unmittelbar* als Kampf um die Wahrheit zu verstehen, d. h. nicht im wortwörtlichen Sinn religiöse Rezitation, Liturgie oder Gebet sind; z. B. muss das Gebets*ähnliche* an unterschiedlichen handwerklichen Tätigkeiten, die Mitglieder des Gemeinwesens ausüben, identifiziert werden, oder das Liturgie*hafte* am Handel mit Gütern, den andere Mitglieder praktizieren. Mit anderen Worten, es bedarf der Repräsentation von θεός in bestimmten Handlungen, die *an sich* keine göttliche Bindung zeigen; z. B. in der Form eines „Kult[s] des *gut gemachten Werks*".[53]

Axiom 3 (a3). Soziale Dynamik: Nivellierung der Zugangschancen zu allen repräsentativen Merkmalszuständen (gemeinsame Würde der Mitglieder des Gemeinwesens).

Die Form der Anteilhabe am θεόςischen, d. h. der Zugang zur *wahren* Inspiration, „Kommen und Gehen der Ruach",[54] muss prinzipiell für alle Mitglieder des Gemeinwesens möglich sein. Die Größe, die diese gemeinsame Würde des Gottesvolks organisiert, müssen *Personen* repräsentieren, die zum religiös-politischen

---

[51] Buber, Martin. 1956. *Königtum Gottes*. Heidelberg: Lambert Schneider, S. 118.
[52] Buber. *Königtum Gottes*, S. 118.
[53] Péguy, Charles. 2017. *Das Geld*. Berlin: Matthes & Seitz, S. 42.
[54] Buber. *Königtum Gottes*, S. 120.

Kampf bereit sind, die *Notwendigkeit* der göttlichen Inspiration behaupten und demonstrieren. Diese Personen müssen einen *repräsentativen* Wandel (Wechsel der Anteilhabe am θεόςischen) vorführen; z. B. ein „Richter" sein, den θεός erst „erstehen" lässt,[55] oder ein „Prophet", der *nicht* wegen *weltlicher* Dinge wie „Weisheit", „Bildung" oder Beruf (als „Magd") zum Propheten wird.[56]
→ *Logische Ebene H2.* Gottes Volk, in mehrere Merkmalszustände untergliedert.

Axiom 4 (a4). Politische Hierarchisierung: Begründung einer Werteskala der Güter (Rangordnung der repräsentativen Merkmalszustände)

Unter *irdischen* Gesichtspunkten lösen Größen wie Propheten oder Richter keine Konflikte; sie demonstrieren (in Wort, Tat und Bild) eine Ordnung der Konfliktlösung: wie theokratische Weisheit sich niederschlägt; was ein rechter Theokrat weiß (theokratische Bildungswerte); wie man theokratisch korrekt praktizieren soll. *En gros* bildet sich an Worten, Taten und Bildern des Propheten(-Richters) ein *System der inspirativen Nähe und Distanz*, das sich nach Ordnungen der *Kommunikation*, der *Verkündigung* und der *Auslegung* differenzieren kann. Dabei gilt das Prinzip: Wer sein Handeln konsequent an der Ruach ausrichtet, weiß am besten, wie das Gemeinwesen der Gegenwart dem Ziel eines theokratisch wohlgeordneten Gemeinwesens sich annähern kann. Ein Ergebnis der Entwicklung einer Rangordnung der Gottesnähe ist die Deklaration repräsentativer Formen der (relativen) Gottes*ferne*. Deswegen müssen jedenfalls alle Praktiken der anti-θεόςischen Konspiration das untere Ende der theokratischen Werteskala bilden; eine Richtung, in die diejenigen sich bewegen, die eine dumpfe Eingewöhnung in einen theokratischen Kultus pflegen und das „[F]üttern" der „bequemeren Baale" praktizieren.[57]

Axiom 5 (a5). Gerichtete (politisch-ökonomische) Dynamik: Definition des *Investitionsmodus* (Bestimmung der Korrespondenzen zwischen *Rängen* und *Verzichtsleistungen*).

Das Gegenmittel gegen anti-θεόςische Aspirationen und die Hinwendung zu den bequemeren Baalen bilden allgemein der (relativen) ranglichen Gottesnäherung korrespondierende Systeme der *Reinigung* (Verlust von Besitztümern, Suspendierung von Bürgerrechten, Exerzitien, Buße usw.), bzw. der *Klärung* (Gebet, Schulen der Exegese, Tugendlehren usw.). Deren Anwendung kann durch die Anleitung oder das Mitwirken von höheren Rängen der Kommunikation, der Verkündigung und der Auslegung (die als „Genossenschaft der ‚Sprecher' [...] das zu

---

[55] Buber. *Königtum Gottes*, S. 141.
[56] Spinoza, Baruch de. 2012. *Theologisch-politischer Traktat*. Hamburg: Meiner, S. 31.
[57] Buber. *Königtum Gottes*, S. 133.

erfüllen sich unterfangen, was [...] dem Volke zugedacht" ist[58]) bestätigt oder gestärkt werden. Anti-θεόçische Konspirateure bedürfen jedenfalls besonders intensiver Reinigung und Klärung. Alle Mitglieder des theokratischen Gemeinwesens bedürfen der steten Reinigung und Klärung ihrer persönlichen „Freiheit" zur Freiheit „um einer höheren Bindung willen".[59] Außergewöhnliches wird darüber hinaus jedenfalls den Mitgliedern des kleinen Kreises, der Genossenschaft der Sprecher, abgefordert. Sie sind, ganz abseits von jeglichem eingewöhnten theokratischen Kultus, Größen θεόςischen „Überwältigtwerden[s]";[60] sie praktizieren, indem sie sich im buchstäblichen Sinn entäußern;[61] sie üben radikaler als andere „Herrschaftsverzicht", d. h. verfahren noch da, wo sie dem Gemeinwesen gebieten, in vollständiger „Hingabe" an θεός.[62]

→ *Logische Ebene H3.* Die Hierarchie im Volk Gottes.

Axiom 6 (a6). Politische Metaphysik II: Identifizierung der *Güter* und *Vorteile* als Elemente *eines* Gemeinwohls (Bild eines allen Mitgliedern des Gemeinwesens eigenen Vermögens, das persönliche Verhalten auf das Gemeinwohl hin auszurichten).

Das übergeordnete gemeinsame Prinzip der θεός-Leute ist der *politische Vollzug* der Bindung an θεός, d. h. das Erreichen des Zustands, in dem *sein* Gesetz voll in Geltung ist. Dieser Zustand wäre erreicht, wenn ein „Werfen der Lose" hinreichte, die Theokratie zu organisieren.[63] Die materielle Voraussetzung dafür ist die Verteidigung der theokratischen Territorien und der Abschluss der theokratischen „Landnahme",[64] weswegen bis zu diesem Zeitpunkt dem Gemeinwohl die Ordnungsform eines „Feldlager[s]" besonders zuträglich ist[65] und den theokratischen Alltag der Haltung nach ein (von einer Genossenschaft von Sprechern angeleitetes) „Harren", unter dem Gesetz Gottes, auf die Ruach, kennzeichnen soll.

→ *Logische Ebene H4.* Die vollendete Theokratie.

---

[58] Buber. *Königtum Gottes*, S. 139.
[59] Buber. *Königtum Gottes*, S. 118.
[60] Buber. *Königtum Gottes*, S. 120.
[61] Buber. *Königtum Gottes*, S. 136–138.
[62] Buber. *Königtum Gottes*, S. 148.
[63] Buber. *Königtum Gottes*, S. 129.
[64] Buber. *Königtum Gottes*, S. 125–126.
[65] Buber. *Königtum Gottes*, S. 143.

Literatur

Augustinus, Aurelius. 2007. *Vom Gottesstaat (De civitate Dei). Vollständige Ausgabe in einem Band.* München: DTV.
Böckenförde, Ernst-Wolfgang. 1987. Demokratie als Verfassungsprinzip. In *Handbuch des Staatsrechts der Bundesrepublik Deutschland. Bd. 1*, hrsg. Josef Isensee und Paul Kirchhof. Heidelberg: Müller, S. 887–950.
Boltanski, Luc, und Thévenot, Laurent. 2007. *Über die Rechtfertigung. Eine Soziologie der kritischen Urteilskraft.* Hamburg: Hamburger Edition.
Bossuet, Jacques Bénigne. 1999. *Politics Drawn from the Very Words of Holy Scripture.* Cambridge: Cambridge University Press.
Buber, Martin. 1956. *Königtum Gottes.* Heidelberg: Lambert Schneider.
Gostmann, Peter. 2015. *Einführung in die soziologische Konstellationsanalyse.* Wiesbaden: Springer VS.
Gostmann, Peter. 2019. Die Soziologie des Geistes. Systematik und Praxis. In diesem Band.
Hamel, Walter. 1953. Das Bekenntnis als Gestalt der Freiheit. In *Archiv für Rechts- und Sozialphilosophie* 40, S. 465–493.
Hobbes, Thomas. 2011. *Leviathan. Oder Stoff, Form und Gewalt eines kirchlichen und bürgerlichen Staates.* Frankfurt am Main: Suhrkamp.
Hülsewiesche, Reinhold. 1998. Theokratie. In *Historisches Wörterbuch der Philosophie. Bd. 10*, hrsg. Joachim Ritter und Karlfried Gründer. Basel: Schwabe, S. 1075–1080.
Hume, David. 1989. *Ein Traktat über die menschliche Natur.* Hamburg: Meiner.
Mandeville, Bernard. 1980. *Die Bienenfabel oder Private Laster, öffentliche Vorteile.* Frankfurt am Main: Suhrkamp.
Merz, Peter-Ulrich. 1990. *Max Weber und Heinrich Rickert. Die erkenntniskritischen Grundlagen der verstehenden Soziologie.* Würzburg: Königshausen & Neumann.
Müller, Jan-Werner. 2011. *Ein gefährlicher Geist. Carl Schmitts Wirkung in Europa.* Darmstadt: Wissenschaftliche Buchgesellschaft.
Oevermann, Ulrich. 2016. „Krise und Routine" als analytisches Paradigma in den Sozialwissenschaften. In *Die Methodenschule der Objektiven Hermeneutik. Eine Bestandsaufnahme*, hrsg. R. Becker-Lenz, A. Franzmann, M. Jansen und A. Jung. Wiesbaden: Springer VS, S. 43–114.
Péguy, Charles. 2017. *Das Geld.* Berlin: Matthes & Seitz.
Pufendorf, Samuel von. 1998. *Acht Bücher von Natur- und Völckerrechte. Mit des Weitberühmten JCti. Johann Nicolai Hertii, Johann Barbeyrac und anderer Hoch-Gelehrten Männer außerlesenen Anmerckungen erläutert und in die Teutsche Sprach übersetzt.* Hildesheim: Olms.
Rousseau, Jean-Jacques. 1977. *Vom Gesellschaftsvertrag. Oder Grundsätze des Staatsrechts.* Stuttgart: Reclam.
Saint-Simon, Claude-Henri de. 1821. *Du Système Industriel.* Paris: Renoud.
Scheffer, Thomas. 2008. Zug um Zug und Schritt für Schritt. Annäherungen an eine transsequentielle Analytik. In *Theoretische Empirie. Zur Relevanz qualitativer Forschung*, hrsg. Herbert Kalthoff, Stefan Hirschauer und Gesa Lindemann. Frankfurt am Main: Suhrkamp, S. 368–398.
Smith, Adam. 2010. *Theorie der ethischen Gefühle.* Hamburg: Meiner.

Smith, Adam. 2012. *Untersuchung über Wesen und Ursachen des Reichtums der Völker.* Tübingen: Mohr (Siebeck).
Spinoza, Baruch de. 2012. *Theologisch-politischer Traktat.* Hamburg: Meiner.
Strauss, Leo. 1965. *Natural Right and History.* Chicago: University of Chicago Press.
Weber, Max. 1976. *Wirtschaft und Gesellschaft. Grundriss der verstehenden Soziologie.* Tübingen: Mohr (Siebeck).
Weber, Max. 1988a. Die drei reinen Typen der legitimen Herrschaft. In *Gesammelte Aufsätze zur Wissenschaftslehre.* Tübingen: Mohr (Siebeck), S. 475–488.
Weber, Max. 1988b. Wissenschaft als Beruf. In *Gesammelte Aufsätze zur Wissenschaftslehre.* Tübingen: Mohr (Siebeck), S. 582–613.
Winkelhaus, Jan. 2019. ‚Welten des Staates'. Zur Systematik der Rechtfertigungsmuster von Staatlichkeit im 20. Jahrhundert. In diesem Band.

Die Transserielle Konstellationsanalyse als soziologische Ergänzung zur Historisierung der Leitbegriffe des 20. Jahrhunderts

Frank Meyhöfer und Benjamin Schiffl

In den vergangenen Jahren gab es, nicht zuletzt innerhalb der Soziologie, Bestrebungen Leitbegriffe herauszuarbeiten, die zur Beschreibung der gegenwärtigen politisch-sozialen Realität gebraucht werden.[1] Dabei geht es diesen Versuchen trotz ihrer unterschiedlichen Fragestellungen und zugrunde gelegten Methoden im Kern darum, nicht nur eine enzyklopädische Inventur der aktuellen Begriffsverwendungsweisen anzufertigen, sondern im Rückgriff auf Prägungen, Veränderungen und Karrieren einzelner Begriffe sich über die Verfasstheit der Gegenwart zu vergewissern. Die mit kürzeren oder längeren Zeithorizonten arbeitende Historisierung jener Leitbegriffe soll so letztendlich Aufschluss über gegenwärtige Phänomene oder Ausschnitte der sprachlich verfassten Aushandlung und Organisation politisch-sozialer Ordnungen ermöglichen. Offenkundig teilt die mit dem vorliegenden Sammelband vorgestellte Soziologie des Geistes programmatisch einzelne

---

[1] Zum Beispiel: Bröckling, Ulrich, Krasmann, Susanne, und Lemke, Thomas (Hrsg.). 2004. *Glossar der Gegenwart*. Frankfurt am Main: Suhrkamp; Lessenich, Stephan. 2003. *Wohlfahrtsstaatliche Grundbegriffe. Historische und aktuelle Diskurse*. Frankfurt am Main/ New York: Campus.

F. Meyhöfer (✉)
Zentrum für Lehren und Lernen, Universität Bielefeld, Bielefeld, Deutschland

B. Schiffl
Institut für Soziologie, Goethe-Universität Frankfurt am Main, Frankfurt am Main, Deutschland

Aspekte dieses Vorhabens, gleichwohl sie sich mit dem Verfahren der Konstellationsanalyse methodisch von anderen Ansätzen unterscheidet. Jedoch stellen sich auch für die Konstellationsanalyse dieselben allgemeinen methodologischen und forschungspraktischen Schwierigkeiten ein: Wie sollen die Begriffsverwendungsweisen, von denen angenommen wird, sie seien für einen gewissen Zeitraum und einen gewissen Kreis von Personen sowie für die sich an ihren Äußerungen orientierende Öffentlichkeit relevant, diachron herausgearbeitet werden? Und besonders: Wie steht es um Aussagegehalt und Geltungsanspruch eines solchen Rückgriffs, wenn es sich um Begrifflichkeiten in nur geringer historischer Distanz handelt, d. h. solche Begriffe, die nicht nur zur vergangenen, sondern gerade auch zur gegenwärtigen öffentlichen kommunikativen Bewältigung von Welt gehören?

Diesen Fragen wollen wir uns aus der Perspektive der konstellationsanalytisch verfahrenden Soziologie des Geistes nähern, und über die disziplinäre Grenze der Soziologie hinausblickend den möglichen Beitrag der *Transseriellen Analyse* zu diesem Forschungsproblem aufzeigen. Im breiteren Rahmen der Historischen Semantik, Begriffsgeschichte und Zeitgeschichte stieß Christian Geulen mit seinem *Plädoyer für eine Geschichte der Grundbegriffe des 20. Jahrhunderts* eine umfangreiche Debatte über die Historisierbarkeit der Leitbegriffe des vergangenen Jahrhunderts an.[2] Da sich alle im hier vorliegenden Band versammelten Detailstudien offenkundig mit Äußerungen aus diesem Jahrhundert beschäftigen, ist die Relevanz dieser Debatte für solche Forschungsprojekte evident. Im ersten Teil unseres Aufsatzes werden wir eine methodologische Präzisierung der Methode der Transseriellen Konstellationsanalyse vornehmen, die auch mit forschungspraktischen Hinweisen versehen ist. Im zweiten Teil des Aufsatzes werden wir zeigen, welchen Beitrag die Methodik der Transseriellen Konstellationsanalyse zum interdisziplinären Projekt der Historisierung der Leitbegriffe des 20. Jahrhunderts leisten kann und wo ihre Grenzen liegen. Dies illustrieren wir am Beispiel des programmatischen Textes von Christian Geulen, der einen Fixpunkt der kürzlichen, in den von ihr aufgeworfenen Fragen noch aktuellen Debatte darstellt.

---

[2] Geulen, Christian. 2010. Plädoyer für eine Geschichte der Grundbegriffe des 20. Jahrhunderts. In *Zeithistorische Forschungen* 7 (1), S. 79–97. Auf das 20. Jahrhundert als Desiderat der Begriffsgeschichte haben bereits aufmerksam gemacht: Dutt, Carsten. 2007. Postmoderne Zukunftsmüdigkeit. Hans Ulrich Gumbrecht verabschiedet die Ideengeschichte. In *Zeitschrift für Ideengeschichte* 1 (1), S. 118–122; Steinmetz, Willibald. 2008. Vierzig Jahre Begriffsgeschichte – The State of the Art. In *Sprache – Kognition – Kultur. Sprache zwischen mentaler Struktur und kultureller Prägung*, hrsg. Heidrun Kämper und Ludwig M. Eichinger. Berlin: Walter de Gruyter, S. 174–197. Für einen kompakten Überblick zur Debatte vgl. Müller, Ernst, und Schmieder, Falko (Hrsg.). 2016. *Begriffsgeschichte und historische Semantik. Ein kritisches Kompendium.* Frankfurt am Main: Suhrkamp, S. 383–392.

1 Zur Methodik und Forschungspraxis Transserieller Analyse

Bekanntlich macht die Soziologie des Geistes mit der Konstellationsanalyse ein methodisches Angebot für die Analyse „des geistigen Verkehr[s] der Personen, die sich *coram publico* äußern".[3] Gegenstand der Konstellationsanalyse, näherhin auch der Transseriellen Analyse, sind damit Äußerungen öffentlicher Personen, die kraft ihrer Gestaltungsmacht das Bestehende von neuem oder Neues in der öffentlichen Aushandlung der politisch-sozialen Ordnung mit Geltung versehen.[4] Während sich (inter-)serielle Konstellationsanalysen der Rekonstruktion der (inter-)seriellen Verdichtung der kommunikativen Erfahrung von Welt ausgewählter Personen sowie deren Organisation von Brüchen zwischen Serien und Übergängen zwischen seriellen Sequenzen widmen, zielt die Analyse einer *transseriellen Konstellation* allgemein auf die Rekonstruktion verschiedener Serien ab, innerhalb derer unterschiedliche Personen und Personenkreise an der je serienspezifischen Verdichtung der kommunikativen Erfahrungen beteiligt sind. Anders formuliert: Während die *(inter-)serielle Konstellationsanalyse* den Denkraum *einer* öffentlichen Person (bzw. eines Konglomerats öffentlicher Personen) ausmisst und deren individuelle Denkbewegung abschreitet, befasst sich die *Transserielle Konstellationsanalyse* mit der Analyse von *verschiedenen*, aus heterogenen Denkräumen hervorgehenden Denkbewegungen, die in Form von Begriffen, Argumentationsfiguren und sprachlichen Bildern in je eigensinniger materialer Ausdrucksgestalt vorliegen.[5] Die Analyse einer transseriellen Konstellation ist dabei nicht auf zu einem Zeitpunkt oder in einem Zeitraum synchrone Serien beschränkt, sondern kann je nach anleitender Fragestellung *diachrone* Serien zum Gegenstand haben.[6]

---

[3] Gostmann, Peter. 2016. *Einführung in die soziologische Konstellationsanalyse.* Wiesbaden: Springer VS, S. 2.
[4] Wir beschränken uns hier auf eine kursorische Charakterisierung; siehe dazu ausführlich Gostmann, Peter. 2019. Die Soziologie des Geistes. Systematik und Praxis. In diesem Band; Gostmann, *Einführung*, S. 2–5.
[5] Vgl. Gostmann. *Einführung*, S. 17–21.
[6] Unter Diachronie verstehen wir aus der Perspektive der Transseriellen Analyse die mit lang- und mittelfristigen Zeitabständen arbeitende inbezugsetzende Reihung von synchronen, d. h. zum selben Zeitpunkt in Erscheinung tretenden Ereignissen in unterschiedlichen Serien. Insofern jeder Serie in Form der Organisation von Brüchen und Übergängen zwischen Sequenzen eine zeitliche Veränderungsdynamik zu eigen ist, wollen wir durch die Betonung der Diachronie auf den je nach Fragestellung potentiell größeren Entstehungszeitraum des Materials der Transseriellen Analyse im Gegensatz zu (inter-)seriellen Konstellationen hinweisen.

Im Rahmen der Soziologie des Geistes ist also die Transserielle Analyse das Mittel der Wahl, wenn es um die Herausarbeitung der Begriffsverwendung im breiteren Feld der intellektuell-öffentlichen kommunikativen Bewältigung und Aushandlung von Welt bzw. von Teilen und des Ganzen der politisch-sozialen Ordnung über einen längeren Zeitraum hinweg geht. Genauer bietet sie die Möglichkeit, entlang *bestimmter Begriffe*[7] heterogene, synchrone und diachrone, „jedenfalls aber in *semantischer Hinsicht* verbundene soziale Serien einander zum Zwecke des *Vergleichs* ihres Sinngehalts [zu] *kontrastieren*",[8] sofern diese Begriffe für die einzelnen Serien als bedeutsam identifiziert wurden. Wir sehen in dieser programmatischen sowie forschungspraktischen Bestimmung der Transseriellen Analyse die wesentlichen Elemente, um uns der eingangs vorgelegten Frage nach einem soziologischen Beitrag zur explorativen Vergewisserung über die Leitbegriffe des 20. Jahrhunderts anzunähern.

Wie lassen sich nun zuerst in semantischer Hinsicht verbundene Serien identifizieren? Um auf diese Frage zu antworten, werden die im Material vorkommenden Begriffe als *selbstgeltende Größen*, d. h. als „Namen, [die] diese oder jene Einzelerscheinung zur Geltung bringen",[9] behandelt. Dies erfasst den Vollzug der Bezeichnung von *Etwas* mithilfe des Begriffs in Form einer Geltungsrealisierung. Sofern in Rücksicht nicht nur auf die sozialen Situationen, in deren Rahmen die Serien eingebettet sind, sondern auf die *Funktion* einer selbstgeltenden Größe als Bestandteil einer Geltungsrealisierung abgehoben wird, können solche Größen als in semantischer Hinsicht verbundene *Lösungen* für ein sich in den seriellen Verdichtungen stellendes *Problem* perspektiviert werden: So antwortet die Verwendung eines Begriffs als selbstgeltende Größe innerhalb einer Serie zugleich auf allgemeine Fragen des Verbands, innerhalb dessen die begriffsverwendende Person sich öffentlich äußert, und auf konkrete Fragen der je gegenwärtigen politisch-sozialen Ordnungen, nicht zuletzt der jeweils virulenten Lebensformen.[10]

Jeweils kontextspezifisch instanziierte Begriffe erfüllen damit nicht nur eine Funktion im Rahmen der in und zwischen Serien beobachtbaren, je individuellen Verdichtung kommunikativer Erfahrungen der in den Serien Involvierten. Die Begriffe bilden in diesem Fall als selbstgeltende Größen den vektoriellen Zielpunkt

---

[7] Im Folgenden führen wir unsere Argumentation auf *Begriffe* eng, um später an die Debatte über die Möglichkeiten einer Begriffsgeschichte des 20. Jahrhunderts anzuschließen. Dies heißt aber nicht, dass Argumentationsfiguren, sprachliche Bilder o. Ä. kategorisch aus der Transseriellen Analyse, wie wir sie hier vorstellen, ausgeschlossen werden müssten.
[8] Gostmann. *Einführung*, S. 19–20.
[9] Gostmann, Soziologie des Geistes, S. 49.
[10] Gostmann. *Einführung*, S. 4–7.

von Denkbewegungen, welche den Begriff graduell ausschärfen, oder leiten auf andere selbstgeltende Größen gerichtete Denkbewegungen als verbindendes Element an. Jene Begriffe verweisen, sofern sie für den sinnhaften Gehalt dieser Serien als bedeutsam angenommen werden können, auf die kommunikative Bewältigung jener Fragen, die zu einem bestimmten Zeitpunkt innerhalb bestimmter Zustände und Formationen politisch-sozialer Ordnungen öffentlich verhandelt werden. Zeit-räumlich getrennte, diachrone sowie synchrone Serien lassen sich also als in semantischer Hinsicht verbunden betrachten, wenn in ihnen derselbe Begriff eine *Funktion als selbstgeltende oder transmittierende Größe* übernimmt.[11]

Die Frage nach der Funktion des Begriffs innerhalb der jeweiligen Serie bildet dann auch ganz im Sinne des relativ voraussetzungslosen, d. h. nur gering mit hypothetischen Vorannahmen belasteten abduktivischen Imperativs, den Anfang des Forschungsprozesses. Zugleich handelt es sich im Unterschied zur seriellen und interseriellen Analyse um *dieselbe* Frage, welche an *unterschiedliche* Serien herangetragen wird.[12]

Vor diesem Hintergrund kann die Transserielle Analyse am Anfang eines Forschungsprozesses stehen und zur Präzisierung der für daran anschließende (inter-)serielle Detailrekonstruktionen relevanten Ereigniskonstellationen dienen. Die Fragen, die an das empirische Material gestellt werden, lauten demnach in diesem Falle schlicht: Erweist sich der fokussierte Begriff innerhalb der verschiedenen Serien einer transseriellen Konstellation als für den in argumentativen Denkbewegungen ablaufenden Vorgang der graduellen Bestimmungen von

---

[11] Offenkundig stellt sich ausgehend dieser Definition die Frage, ob sich einerseits die Analyse einer transseriellen Konstellation sowie andererseits alle weiteren von uns vorgenommenen methodischen Erläuterungen tatsächlich auf *denselben* Begriff, verstanden als identische Graphemkette bzw. identische Buchstabenfolge, beschränken müssen oder ob unterschiedliche Begriffe nicht aufgrund ihrer Ähnlichkeit hinsichtlich ihrer Funktion als Gegenstand der Transseriellen Analyse fungieren können. So lässt sich beispielsweise ganz der Begriffsstruktur der „Krise" folgend von einer eingetretenen Katastrophe im Sinne eines über den zukünftigen Verlauf entscheidenden Wendepunkts sprechen, ohne den Begriff der Krise selbst explizit verwenden zu müssen. Ebenso mag erst aus der privaten Briefkorrespondenz eines*r reisenden öffentlichen Intellektuellen ersichtlich werden, dass er*sie mit seiner*ihrer vorherig öffentlich geäußerten Unterscheidung von „Okzident" und „Orient" mit letzterem sich maßgeblich auf Japan bezieht, ohne diese selbstgeltende Größe ihrem Namen nach explizit zu verwenden. Obgleich wir diese Frage nicht zufriedenstellend beantworten können – und bereits hier das Gebiet der Begriffsgeschichte berühren – hat es sich in bisherigen Transseriellen Analysen forschungspraktisch bewährt, sich auf denselben Begriff zu beschränken, um entlang eines angebbaren Kriteriums für die weitere Analyse bedeutsame Serien identifizieren zu können.

[12] Siehe dazu Gostmann, *Einführung*, S. 22 sowie 32.

anderen selbstgeltenden Größen als bedeutsam? Lässt sich dementsprechend dem Begriff eine Funktion als *transmittierende Größe* zusprechen? Oder konstituiert der Begriff als *selbstgeltende Größe* innerhalb des argumentativen Vollzugs ein Objekt (eine Sinneinheit, Argumentationsfigur, sprachliches Bild usw.), das mittels Denkbewegungen zunehmend bestimmt wird? Wäre der Vollzug einer Geltungsrealisierung in ihrer materialen Form so oder so ähnlich auch in Abwesenheit des Begriffs möglich?

Diese Fragen lassen sich zufriedenstellend an der materialen Einzelbestimmtheit *einer* Serie beantworten. Doch darüber hinaus lässt sich mittels der Transseriellen Analyse, eingedenk der Funktion betrachteter Begriffe, eine *vergleichende Perspektive* einnehmen. Vergleichend nicht nur hinsichtlich der Bedeutsamkeit für die in einzelnen Serien materiell vorliegenden Denkbewegungen, sondern bedeutsam auch als Geltung beanspruchende Antworten auf breitere Fragen der politisch-sozialen Ordnung. Das analytische Vorgehen unter der Bedingung der Funktionalisierung eröffnet Vergleichshorizonte und Kontrastierungsmöglichkeiten zwischen Serien, in denen Begriffe (in Rücksicht auf ihre nicht-fixierte Semantik, d. h. ihre immer *in actu* zu rekonstruierende Funktion) eine *ähnliche*, ferner erst aufgrund ihrer Ähnlichkeit *vergleichbare* Position einnehmen.

2 Transserielle Analyse als kontrastierender Vergleich typischer Begriffsverwendungsweisen

Bevor wir nun auf Resonanzen zwischen der so charakterisierten Transseriellen Analyse und der begriffsgeschichtlichen Historisierbarkeit des 20. Jahrhunderts eingehen, werden wir uns der Frage nach dem Vergleich typischer Arten und Weisen der Verwendung eines Begriffs in der öffentlichen Aushandlung von Fragen der politisch-sozialen Ordnung zu einem bestimmten Zeitraum annehmen.

2.1 Identifikation ähnlicher Begriffe in unterschiedlichen Serien

Zuerst muss bestimmt werden, was das Merkmal der *Ähnlichkeit* als Kriterium der Materialauswahl für einen solchen Vergleich qualifiziert. Anders formuliert erscheint das bloße Auftauchen desselben Begriffs in unterschiedlichen Serien – gleichwohl dies ein durchaus sinnvoller, weil beizeiten erklärungsbedürftiger Indikator ist, um am Beginn des Forschungsprozesses relevante Begriffe und relevante Serien identifizieren zu können – als methodologisch unbefriedigendes

Kriterium. Anstatt das damit angesprochene Problem der Plausibilisierung der Materialauswahl aus begriffsgeschichtlicher Perspektive anzugehen,[13] lässt sich gedankenexperimentell an sprachanalytische Überlegungen Wittgensteins,[14] näherhin an sein Konzept der Familienähnlichkeit anschließen: Da die Bedeutung von Worten innerhalb eines Sprachspiels als Ganzem, d. h. der Verbindung von „Sprache und der Tätigkeiten, mit denen sie verwoben ist",[15] sich nur in ihrer je konkreten Verwendung bestimmen lässt, kann die *Ähnlichkeit* der Wörter wiederum nie taxonomisch oder subsumtionslogisch bestimmt werden, sondern sie steht gemäß dem Konzept der *Familienähnlichkeit* in einem Zusammenhang, welcher sich nicht durch ein subsumierendes *allen Gemeinsames* auszeichnet. Die Ähnlichkeit erweist sich jeweils in Ansehung der Gebrauchsweisen als solcher, insofern unter dem Gesichtspunkt des „Bemerken[s] eines Aspekts"[16] – d. h. in unserem Falle: gemäß der Funktion des betrachteten Begriffs als selbstgeltender Größe – „viele gemeinsame Züge verschwinden, andere [auf]treten".[17]

---

[13] Allgemeine methodische und forschungspraktische Problemstellungen der Materialauswahl im Horizont einer Historisierung der Leitbegriffe des 20. Jahrhunderts lassen sich grob unterscheiden in die notwendige Angabe von wie immer begründeter Skopusbegrenzungen und Skopuskriterien einerseits und das Problem der Darstellbarkeit von Polykontexturalität der betrachteten Begriffe bzw. Begriffseinheiten andererseits; vgl. dazu Kollmeier, Kathrin, und Hoffmann, Stefan-Ludwig. 2010. Zeitgeschichte der Begriffe? Perspektiven einer Historischen Semantik des 20. Jahrhunderts. Einleitung. In *Zeithistorische Forschungen* 7 (1), S. 75–78, hier S. 77. Dies zugestanden ergibt sich dann das Folgeproblem der Ausblendung oder des dezidierten Miteinbezugs von schriftlichen Zeugnissen öffentlicher Intellektueller und/oder schriftlichen Zeugnissen des Alltagsgeschehens. Vgl. dazu die kritischen Anmerkungen zur Berücksichtigung des breiten Felds von Mündlichkeit und diskursiver Aneignung und Auslegung der eigenen Welt seitens nicht-professioneller Autor*innen in Lüdtke, Alf. 2012. History of Concepts, New Edition. Suitable for a Better Understanding of Modern Times? In *Contributions to the History of Concepts* 7 (2), S. 111–117, hier S. 115. Diese Problemkomplexe werden wir in der Diskussion des möglichen Beitrags der Transseriellen Analyse zur Historisierung der Leitbegriffe des 20. Jahrhunderts berücksichtigen, insbesondere bezüglich der Beschränkung der Transseriellen Analyse auf die (nicht ausschließlich: veröffentlichten) schriftlichen Zeugnisse öffentlicher Intellektueller.

[14] Der Vorteil unseres Rekurses auf Wittgenstein liegt gegenüber anderen Theorieangeboten unseres Erachtens darin, mit relativ voraussetzungslosen Prämissen bezüglich des Sozialen oder einer spezifischen historischen Gesellschaftsformation arbeiten zu können. Dass dieser Rekurs für die Soziologie durchaus nicht unüblich ist, zeigt beispielsweise Wiggershaus, Rolf (Hrsg.). 1975. Sprachanalyse und Soziologie. Die Sozialwissenschaftliche Relevanz von Wittgensteins Sprachphilosophie. Frankfurt am Main: Suhrkamp.

[15] Wittgenstein, Ludwig. 1977. *Philosophische Untersuchungen*. Frankfurt am Main: Suhrkamp, § 7.

[16] Wittgenstein. *Philosophische Untersuchungen*, S. 307.

[17] Wittgenstein. *Philosophische Untersuchungen*, § 66.

Kongruent dazu sind aus der hier entwickelten methodologischen Perspektive *familien*ähnliche Wörter ähnliche *selbstgeltende Größen* in ihrer je materialen Einzelbestimmtheit, die zugleich auf die Mannigfaltigkeit der von ihnen tatsächlich oder womöglich ausgehenden Geltungsrealisierungen verweisen. Als solche selbstgeltende Größen in Sinnzusammenhängen des jeweiligen (unabgeschlossenen, aber in seinen Elementen vollständigen) materialen Vollzugs von Geltungsrealisierungen können sie „in vielen verschiedenen Weisen verwandt"[18] sein und so ein „kompliziertes Netz von Ähnlichkeiten"[19] bilden. Eben jenes Netz von Ähnlichkeiten reformuliert also sprachtheoretisch das Über-Sich-Hinausweisen selbstgeltender Größen in Richtung der Mannigfaltigkeit der von ihnen ermöglichten Geltungsrealisierungen.

Zusammenfassend kann die *Ähnlichkeit* zwischen verschiedenen Verwendungsweisen eines Begriffs – materialisiert in mehreren, heterogenen Serien – in seiner Funktion zur je *serienspezifischen* kommunikativen Bewältigung der Erfahrung von Welt, sowie der Beantwortung von *allgemeinen*, öffentlich verhandelten Fragen des je gegenwärtigen Verbands, Regimes und Zustands politisch-sozialer Ordnung *kontrastierend verglichen* werden. Was aber zeigt sich durch einen solchen kontrastierenden Vergleich mittels der so gefassten Transseriellen Analyse? Worin besteht ihr Erkenntnisgewinn – und damit der mögliche Beitrag zur Frage nach der Historisierung der Leitbegriffe des 20. Jahrhunderts?

2.2 Typenbildung durch kontrastierenden Begriffsvergleich

Ziel unserer Überlegungen zur Fungibilität der Transseriellen Analyse als kontrastierender Vergleich ähnlicher Begriffsverwendungen ist ein skizzenhaftes Aufzeigen der möglichen *typischen* Arten und Weisen des Redens und Schreibens über einen oder mithilfe eines bestimmten Begriffs in verschiedenen materialen Formen von öffentlichen Äußerungen, d. h. in Gestalt von Serien, die in Aufsätzen, Monographien, Reden, Vorträgen, Miszellen usw. vorliegen. Eine *solche* Analyse versteht sich insgesamt als *methodisch informierte Suchbewegung*.[20]

---

[18] Wittgenstein. *Philosophische Untersuchungen*, § 65.

[19] Wittgenstein. *Philosophische Untersuchungen*, § 66; Herv. von uns, FM/BS.

[20] Auch die dezidiert mit Blick auf anschließende (inter-)serielle Analysen durchgeführte Analyse einer transseriellen Konstellation lässt sich als Suchbewegung beschreiben. Allerdings liegt dabei ihr primärer Zweck in der Identifikation relevanter Ereigniskonstellationen und damit (Vor-)Strukturierung weiterer Schritte des Forschungsprozesses einerseits und in der Erhöhung der Irritationschance zur Präzisierung und/oder Modifikation der an das Material

Im Horizont des möglichen Beitrags der Transseriellen Analyse zur Herausarbeitung von Leitbegriffen des 20. Jahrhunderts dient diese Suchbewegung dazu, für einzelne in transseriellen Konstellationen vorgefundene Begriffe aufzuzeigen, wie sich *typisch* über je nach Fragestellung und Eigenheiten der jeweiligen Serien enger spezifizierbare Fragen der politisch-sozialen Ordnung zu verschiedenen Zeitpunkten sprechen lässt. Sowohl in manchen Verfahren der Historischen Semantik und Begriffsgeschichte[21] als auch in unserem, der Logik qualitativer Sozialforschung folgenden Falle werden die für die Typenbildung notwendigen Vergleichsdimensionen herausgearbeitet.[22]

---

herangetragenen Fragen und Faszilitation sukzessiver Hypothesenbildung andererseits. In unserer dargestellten Perspektive auf die Transserielle Analyse mögen ihr diese Funktionen für den Forschungsprozess *auch* zukommen, jedoch verschiebt sich die Aufgabe der Suchbewegung, wie zu zeigen sein wird, auf kontrastierendes Vergleichen zwecks Typisierung ähnlicher Begriffsverwendungsweisen.

[21] Ob und inwiefern der für die *Geschichtlichen Grundbegriffe* eingeführte, auf die diachrone Aggregation von Begriffsverwendungsweisen abstellende Term „Bedeutungsschichten" mit der von uns anvisierten Typisierung kompatibel ist, kann an dieser Stelle nicht erläutert werden, vgl. Koselleck, Reinhart. 1972. Einleitung. In *Geschichtliche Grundbegriffe. Historisches Lexikon zur politisch-sozialen Sprache in Deutschland*. Band 1, hrsg. Otto Brunner, Werner Conze und Reinhart Koselleck. Stuttgart: Ernst Klett Verlag, S. XIII–XXVII, hier S. XXI. Aber darüber hinaus findet sich abseits der Programmatik der *Geschichtlichen Grundbegriffe* bei Koselleck selbst eine Form der Typisierung, wie wir sie für die Transserielle Analyse im Blick haben: So entwirft Koselleck im Bezug auf die Begriffsgeschichte von „Krise" drei sich voneinander unterscheidende „semantische Modelle", welche zwar „in der geschichtsphilosophischen oder geschichtstheoretischen Sprache [...] *nicht in reiner Form* auf[tauchen]", sondern sich „gegenseitig ab[stützen]" und „gemischt und verschieden dosiert" werden; Koselleck, Reinhart. 2006. Einige Fragen an die Begriffsgeschichte von „Krise". In *Begriffsgeschichten. Studien zur Semantik und Pragmatik der politischen und sozialen Sprache*. Frankfurt am Main: Suhrkamp, S. 203–217, hier S. 207–209, unsere Hervorhebung FM/BS. Auch Gumbrechts Verwendung eines „Entwurf[s] zum System der Bedeutungsmöglichkeiten" als „heuristisch[e] Hilfskonstruktion" der sich verändernden Begriffsverwendungsweisen von „modern" im Hinblick auf die diachron zu berücksichtigende Differenz von Sprachnorm und (Begriffs-)Innovation ähnelt der hier vorgeschlagenen, mittels vergleichender Kontrastierung verfahrender Typisierung; Gumbrecht, Hans-Ulrich. 2006. Modern, Modernität, Methode. In *Dimensionen und Grenzen der Begriffsgeschichte*. München: Fink, S. 37–80, hier S. 40–41. Gemeinsamkeiten und Unterschiede zwischen der von uns vorgestellten Typisierung mittels der Transseriellen Analyse und Gumbrechts eigener terminologischer Einführung von Typ als phänomenale, erfahrungsgeleitete Bestimmungsrelation im Rahmen seines Vorschlags einer historischen Textpragmatik können wir indessen hier nicht diskutieren, vgl. dazu Gumbrecht, Hans-Ulrich. 1977. Historische Textpragmatik als Grundlagenwissenschaft der Geschichtsschreibung. In *Lendemains* 2 (6), S. 125–136.

[22] Kelle, Udo, und Kluge, Susanne. 1999. *Vom Einzelfall zum Typus. Fallvergleich und Fallkontrastierung in der qualitativen Sozialforschung*. Opladen: Leske & Budrich, hier S. 81 ff.

So gebildete Typisierungen von Begriffsverwendungen als öffentliche und Geltung beanspruchende Antworten auf Fragen der politisch-sozialen Ordnung lassen sich vordergründig als *Idealtypen* im Sinne Max Webers[23] verstehen. Wenn wir uns gemäß unseres Zwecks der Illustration des Vorgehens der Transseriellen Analyse nicht an der Frage eines im Sinne einer *Wissenschaftstheorie* vollständigen Typenbegriff im Anschluss an Weber orientieren,[24] sondern Webers Konzept in *forschungspragmatischer* Hinsicht verwenden, mit Blick auf den Anspruch einer empirisch begründeten Typenbildung,[25] so können wir feststellen: Die mittels Transserieller Analyse konstruierten typischen Arten und Weisen der Begriffsverwendung haben den Status von „theoretischen Konstrukten unter illustrativer Benutzung des Empirischen",[26] d. h. werden gewonnen durch „einseitige Steigerung

---

Zur Kontraststärke des Vergleichens und den dadurch herausgearbeiteten „Gemeinsamkeiten in der Vielfalt der Erscheinungsformen", vgl. Kleining, Gerhard. 1982. Umriss zu einer Methodologie qualitativer Sozialforschung. In *Kölner Zeitschrift für Soziologie und Sozialpsychologie* 34 (2), S. 224–253, hier S. 238.

[23] Weber, Max. 1988. Die Objektivität sozialwissenschaftlicher und sozialpolitischer Erkenntnis. In Max Weber, *Gesammelte Aufsätze zur Wissenschaftslehre*, hrsg. Johannes Winckelmann. Tübingen: Mohr (Siebeck), S. 146–214; Weber, Max. 1972. *Wirtschaft und Gesellschaft. Grundriss der verstehenden Soziologie*. Tübingen: Mohr (Siebeck), hier S. 10.

[24] Weber. Objektivität, S. 205.

[25] Weber. Objektivität, S. 191.

[26] Um Unklarheiten zu vermeiden, möchten wir unsere Referenz auf Max Weber verdeutlichen: In Anlehnung an Schmids Diskussion des Typisierungsverfahrens Webers ließe sich das Verhältnis von in *einzelnen* Serien materialisierten selbstgeltenden Größen und deren Typisierung mittels des Vergleichs *unterschiedlicher* Serien als *Faktualisierung* der Analyse durch das Material beschreiben. Dies bedeutet dann *nicht*, dass die herausgearbeiteten Begriffsverwendungsweisen nur, weil es sich um typische handelt, einen nicht-realistischen epistemischen Status haben müssten, vgl. Schmid, Michael. 1994. Idealisierung und Idealtyp. Zur Logik der Typenbildung bei Max Weber. In *Max Webers Wissenschaftslehre. Interpretation und Kritik*, hrsg. Gerhard Wagner und Heinz Zipprian. Frankfurt am Main: Suhrkamp, S. 415–444, hier S. 417–419. Der (allgemeinen) Kulturbedeutsamkeit der selbstgeltenden Größe tritt indessen im von uns anvisierten Typisierungsverfahren ihre (individuelle bzw. serienspezifische) Bedeutsamkeit für die Serien signierenden Autor*innen gleichwertig gegenüber. Die herausgearbeiteten typischen selbstgeltenden Größen sind im Rahmen ihrer Funktion zur Beantwortung allgemeiner Fragen des Verbandes sowie der politisch-sozialen Ordnungszusammenhänge demnach *kein* „widerspruchslose[s] Idealbilde", *aber* beanspruchen Geltung als serienspezifische „Begriffsbildung", vgl. Weber. Objektivität, S. 191 und 199. Auf das Verhältnis von Idealtypen und idealtypischer Form der Begriffsbildung bei Weber können wir an dieser Stelle nicht eingehen; vgl. aber Lichtblau, Klaus. 2006. Zum Status von „Grundbegriffen" in Max Webers Werk. In *Max Webers ‚Grundbegriffe'. Kategorien der kultur- und sozialwissenschaftlichen Forschung*, hrsg. Klaus Lichtblau. Wiesbaden: VS, S. 242–256; Mommsen, Wolfgang. 1974. „Verstehen" und „Idealtypus". Zur Methodologie einer historischen

eines oder einiger Gesichtspunkte und durch Zusammenschluss einer Fülle von [...] Einzelerscheinungen, die sich jenen einseitig herausgehobenen Gesichtspunkten [...] zu einem in sich einheitlichen Gedankengebilde [fügen]."[27] In systematischer Hinsicht registrieren wir die sich bei Webers Idealisierungsprozess potentiell zeigende Spannung zwischen historischen und soziologischen Idealtypen[28] als Hinweis auf das am Material sich zeigende Aufeinandertreffen des Zeitlichen und Zeitlosen.[29] Die Problematik der Geltungsprüfung (vorläufig) aufgestellter Typen[30] von Begriffsverwendungen sehen wir in Korrespondenz mit der „exegetischen Pendelbewegung",[31] die im Zuge von Konstellationsanalysen gefordert ist.

Angesichts der oben bereits erfolgten Erläuterungen zur Einbettung einer analysierten Serie in *allgemeine* Fragen der politisch-sozialen Ordnung erweist sich allerdings der von Weber vorgeschlagene, zur Typenbildung notwendige, im Sinne der Präzision der Deutungsarbeit aber riskante Schritt der Abstraktion vom empirischen Material zusammenfassend als obsolet. Denn die als transmittierenden oder selbstgeltenden Größen im Material auftauchenden Begriffsverwendungen sind in diesem Sinne immer schon *typisch*: Einerseits sind sie typisch für die spezifischen Serien, die ein*e Autor*in während seiner*ihrer Beantwortung dieser allgemeineren Fragen der politisch-sozialen Ordnung signiert. Andererseits zeigen sich im synchronen und diachronen Vergleich der von unterschiedlichen Autor*innen getragenen Serien typische – und dadurch unterscheidbare – Beantwortungsstrategien gegenüber denselben allgemeineren Fragen mittels ähnlicher Begriffsverwendungsweisen. Die Typenbildung soll letztlich der Darstellung von empirisch auffindbaren Regelmäßigkeiten in *dieser* Hinsicht dienen; der Vergleichsdimensionierung entspricht indessen der beispielsweise von der Grounded Theory vertretene Gedanke der qualitativen Dimensionierung von im Material auffindbaren (Aggregat-)Phänomenen.[32]

Das eigenständige methodische Profil der Transseriellen Analyse sollte ersichtlich geworden sein. Wenn nun danach gefragt werden soll, welchen soziologischen

---

Sozialwissenschaft. In *Max Weber. Gesellschaft, Politik und Geschichte*. Frankfurt am Main: Suhrkamp, S. 208–232, hier besonders S. 224 ff.

[27] Kluge, Susann. 1999. *Empirisch begründete Typenbildung*, Opladen: Leske & Budrich.

[28] Vgl. Pfister, Bernhard. 1928. *Die Entwicklung zum Idealtypus. Eine methodologische Untersuchung über das Verhältnis von Theorie und Geschichte bei Menger, Schmoller und Max Weber*. Tübingen: Mohr, hier S. 170 ff.

[29] Vgl. Gostmann, Soziologie des Geistes, S. 40 ff.

[30] Vgl. Schmid. Idealisierung und Idealtyp, S. 427–429.

[31] Gostmann. *Einführung*, S. 36.

[32] Vgl. Strauss, Anselm L., und Corbin, Juliet. 1996. *Grounded Theory. Grundlagen Qualitativer Sozialforschung*. Weinheim: Psychologie Verlags Union.

Beitrag die Transserielle Analyse im Rahmen der Herausarbeitung der Leitbegriffe des 20. Jahrhunderts leisten könnte, heißt das keinesfalls, dass die vorgestellte Methode bessere Antworten auf methodologische Probleme der Historischen Semantik, Begriffsgeschichte oder Zeitgeschichte hätte. Stattdessen sollen nun einige der Schwierigkeiten, die im Zuge der von Geulens *Plädoyer* ausgehenden Debatte diskutiert worden sind, aus der Perspektive der Transseriellen Analyse beleuchtet werden.

3 Der Beitrag der Transseriellen Analyse zur Historischen Semantik des 20. Jahrhunderts

Welche Schwierigkeiten bestehen für die Rekonstruktion der Entwicklung und Veränderung von leitenden Begriffen und Begriffsverwendungen im 20. bzw. 21. Jahrhundert? Einen Fixpunkt der aktuellen Debatten um eine Historische Semantik des 20. Jahrhunderts, der kompakt verschiedene Probleme in diesem Bereich skizziert, stellt Christian Geulens *Plädoyer für eine Geschichte der Grundbegriffe des 20. Jahrhunderts* dar, in dem er zu einer „systematischen Untersuchung der historisch-politischen Sprache" des 20. Jahrhunderts aufruft.[33] Im Folgenden werden wir seine Thesen umreißen und die damit in Verbindung stehende Forschungsdiskussion skizzieren, um einerseits das Methodenprofil der Transseriellen Konstellationsanalyse auszuschärfen und andererseits einen Ausblick auf ihren potentiellen Beitrag zur Historischen Semantik des 20. Jahrhunderts zu geben. Insofern es auch uns um methodische Überlegungen zur Ideengeschichte des 20. Jahrhunderts geht, lassen wir dabei bewusst offen, ob die von Geulen vorgeschlagenen Strukturmerkmale die politisch-soziale Sprache des 20. Jahrhunderts adäquat charakterisieren. Stattdessen wollen wir veranschaulichen, inwiefern die Transserielle Analyse diesbezüglich Ergänzungspotential in methodischer und systematischer Hinsicht birgt.

Geulen fordert grundsätzlich eine Historisierung des abgeschlossenen 20. Jahrhunderts, zu der eine Untersuchung der in dieser Zeit virulenten Begriffe gehört. Durch die nunmehr veränderte weltpolitische Lage sei eine stärkere Distanzierung von den Ereignissen und Begriffen möglich geworden. Unter den begriffsgeschichtlichen Forschungsprojekten des 20. Jahrhunderts hebt Geulen das Projekt der *Geschichtlichen Grundbegriffe* hervor. Dieses untersuchte die „semantische Geburt der Moderne" ausgehend von der „Sattelzeit" in der Mitte des 18. Jahrhunderts, in der

---

[33] Geulen. Plädoyer, S. 80.

sich ein fundamentaler semantischer Wandel vollzog.³⁴ Nun geht Geulen aber gerade nicht davon aus, dass eine Geschichte der Leitbegriffe des 20. Jahrhunderts genau nach der Art der *Geschichtlichen Grundbegriffe* zu verfahren habe, sondern dass, da sich die Moderne im 20. Jahrhundert nochmals „[t]ransform[iert]" habe, eine andere Vorgehensweise zu wählen sei. Diese Transformation sei auch nicht zuletzt dadurch gekennzeichnet, dass der politische „Erwartungsüberschuss", den man im 19. Jahrhundert beobachten konnte, einen „Erfahrungsschock" durch die totalitären Staaten und die Weltkriege erleiden musste.³⁵ Dass Geulen *nicht* lediglich für

---

³⁴ Geulen. Plädoyer, S. 80–81. Die mit der *Sattelzeit* verbundene Annahme eines semantisch geprägten und zugleich die Semantik prägenden Übergangs in die Moderne fungiert als ein die gesamte begriffsgeschichtliche Arbeit der *Geschichtlichen Grundbegriffe* rahmender heuristischer Vorgriff. Während dieses von ca. 1750 bis 1850 reichenden Zeitraums soll die politisch-soziale Semantik einen tiefgreifenden Strukturwandel durchlaufen haben, der eine Bedeutungstransformation vorher klassischer Topoi hin zu jenen semantischen Gehalten nach sich zog, welche noch aus der Perspektive der heutigen Gegenwart auf ein grundlegendes, der Explikation unbedürftiges Vorverständnis treffen können. Ausgehend von diesem Janusgesicht der Begriffe erscheint das Unternehmen plausibel, sich mittels der Historisierung jener Grundbegriffe der Sattelzeit über die eigene Gegenwart vergewissern zu können; vgl. Koselleck. Einleitung; Koselleck, Reinhart. 1967. Richtlinien für das Lexikon politisch-sozialer Begriffe der Neuzeit. In *Archiv für Begriffsgeschichte* 11 (1), S. 81–99; Koselleck, Reinhart. 2015. Über die Theoriebedürftigkeit der Geschichtswissenschaft. In *Zeitschichten. Studien zur Historik*. 4. Aufl. Frankfurt am Main: Suhrkamp, S. 298–316, hier S. 302–303. Paul Noltes Überlegungen zur Begriffsgeschichte des 20. Jahrhunderts markieren die Hauptproblematik eines solchen Unternehmens im Verhältnis der *jeweiligen Gegenwart*, der Begriffe erklärt werden sollen und dem davon ausgehend gewählten Historisierungszeitraum, der die geschichtliche Prägung jener Leitbegriffe rekonstruieren lassen soll. Die Problematik des Janusgesichts der Sattelzeit-Hypothese besteht dann, anders formuliert, in der Diskrepanz, welche die Geschichtlichen Grundbegriffe zur heutigen Gegenwart des 21. Jahrhunderts aufweisen. Konnte der Rückgriff auf die Sattelzeit noch Erklärungskraft für die damalige unmittelbare Gegenwart beanspruchen, so fordere die Eigensinnigkeit des 20. Jahrhunderts wie auch der heutigen Gegenwart neue zu historisierende Begriffe, wenn nicht gar eine Modifikation des Ansatzes; vgl. Nolte, Paul. 2010. Vom Fortschreiben und Umschreiben der Begriffe. Kommentar zu Christian Geulen. In *Zeithistorische Forschungen* 7 (1), S. 98–103, hier S. 98–99. Wir kommen im Laufe der folgenden Argumentation *en passant* auf die Gegenwartsgebundenheit der Historisierung zurück.

³⁵ Geulen. Plädoyer, S. 86. Zeichnet sich die von den *Geschichtlichen Grundbegriffen* fokussierte Sattelzeit maßgeblich durch den auf die Französische Revolution und davon ausgehenden Veränderungen politisch-sozialer Ordnungszusammenhänge zulaufenden semantischen Transformationsprozess aus, sind für eine historische Charakterisierung des 20. Jahrhunderts ebenso mit den zwei Weltkriegen Zäsuren markiert, deren Vorlauf und Nachwirkungen jeweils für die Veränderungen der Leitbegriffe der politisch-semantischen Sprache von zentraler Bedeutung sind. Nach Lüdtke. History of Concepts, S. 113–114 ist die Berücksichtigung von Rupturen bzw. Einschnitten in langanhaltende Prozesse und

eine Anpassung der Forschungsprogrammatik der *Geschichtlichen Grundbegriffe* an das 20. Jahrhundert, sondern vielmehr für eine methodische Neuorientierung zwecks zeitgeschichtlich adäquater Behandlung des 20. Jahrhunderts als eines historisch eigensinnigen Zeitalters[36] votiert, lädt dazu ein, andere und nicht direkt mit der Begriffsgeschichte oder der Historischen Semantik in Verbindung stehende Ansätze für dieses Unternehmen zu befragen.[37] Deswegen greifen wir im Folgenden die von ihm hervorgehobenen vier Strukturmerkmale der Transformation der Semantik im 20. Jahrhundert (Verwissenschaftlichung, Popularisierung, Verräumlichung und Verflüssigung) auf, anhand derer wir jeweils die bisherige Darstellung der Transseriellen Analyse diskutieren.

Mit dem ersten Strukturmerkmal, der *Verwissenschaftlichung* der Grundbegriffe, bezeichnet Geulen den stärker gewordenen Begriffstransfer zwischen der Wissenschaft und anderen sozialen Bereichen. Für die Grundbegriffe sei eine wissenschaftliche Legitimation immer notwendiger geworden. Beispiele für die Tendenz der Verwissenschaftlichung seien der Darwinsche Evolutionsbegriff und die Psychoanalyse Freuds, die auch in Bereichen außerhalb der Wissenschaft das Denken stark beeinflusst haben.[38] Zugespitzt formuliert: Geulen zufolge bedarf die politisch-soziale Semantik einer der – vermeintlich – wissenschaftlichen Geltungssphäre sich verdankenden Begriffsadelung, während zugleich immer mehr Erfahrungsbereiche und -gegenstände des politisch-sozialen Lebens vom wissenschaftlichen Register erfasst werden. Hiermit wird das semantische Diffusions- und Transmissionsverhältnis zwischen Wissenschaft, wissenschaftlichen Einzeldisziplinen und Öffentlichkeit thematisiert, das sich wesentlich unschärfer darstellt, als

---

Strukturen für die Eigensinnigkeit des 20. Jahrhunderts sowie seiner Leitbegriffe als Gegenstand der Historisierung essentiell. Für das 20. Jahrhundert bilden zwei zentrale Einschnitte offenkundig die beiden Weltkriege. Solche Einschnitte werden denn auch in der Selbsthistorisierung der vergangenen Gegenwart virulent, beispielsweise als Problem der Differenz zwischen unterschiedlichen Generationen, die einen solchen Einschnitt erlebt haben oder nicht, aber mit den Folgeproblemen konfrontiert sind. Die Transserielle Analyse, deren Gegenstand die Verwendungsweisen bestimmter Begriffe als selbstgeltende Größen ist, rekonstruiert solche geschichtlich Einschnitte ausgehend von der serienspezifischen Art und Weise, in der außeralltägliche *Brüche* bewältigt und *Übergänge* organisiert werden, nicht zuletzt jene Begriffe, denen eine solche Bewältigungsfunktion zukommt.

[36] ,Zeitalter' hier im Sinne der Charakterisierung des 20. Jahrhunderts als Zeitalter der Extreme, vgl. Hobsbawm, Eric. 1997. *Das Zeitalter der Extreme. Weltgeschichte des 20. Jahrhunderts*. Darmstadt: Wissenschaftliche Buchgesellschaft.

[37] Geulen, Christian. 2012. Reply. In *Contributions to the History of Concepts* 7 (2), S. 118–128, hier S. 118–119 sowie 123.

[38] Geulen. Plädoyer, S. 86–87.

die relativ einseitige, von der ‚Höhenkamm-Literatur'[39] ausgehende Begriffsprägung während der Sattelzeit. Dies führt denn auch dazu, dass in Geulens Charakterisierung der Verwissenschaftlichung unklar bleibt, ob dieser Bedarf nach wissenschaftlicher Begriffsadelung von der Geltungssphäre der Politik oder aber derjenigen der Wissenschaften initiiert wird.

Wie bereits dargestellt, fokussiert die Konstellationsanalyse die Äußerungen öffentlich agierender Personen, die kraft ihrer Gestaltungsmacht mithilfe bestimmter Begriffe auf Fragen der ihnen gegenwärtigen politisch-sozialen Ordnung antworten. Sie nimmt damit genau jene, für das 20. Jahrhundert relevantere und zugleich diffusere Schnittstelle zwischen Wissenschaft und Öffentlichkeit in den Blick. Forschungspraktisch lässt sich mit der Transseriellen Analyse die Differenz bzw. die jeweiligen, am Material sichtbar werdenden Übersetzungsschritte zwischen Wissenschaft und Öffentlichkeit in der Zusammenschau aller (relevanten) Elemente von (multiplen) Serien über ihre zeitliche Entwicklung hinweg rekonstruieren. Dabei ist keine Vorab-Festlegung bzw. Zuordnung von einzelnen Elementen zu der Sphäre der Wissenschaft *oder* der Öffentlichkeit nötig, sondern die Übersetzungsschritte und sich als durchhaltend erweisenden Begriffsprägungen erweisen sich am Material.

Eine solche Perspektive nimmt auch die Fragen in den Blick, die aus Steinmetz' Problematisierung einer mit der Verwissenschaftlichung potentiell einhergehenden Verengung auf die Quasi-Monopolstellung wissenschaftlicher Semantiken in öffentlichen Diskursen im 20. Jahrhundert hervorgehen.[40] Steinmetz folgend sollten demnach Folgefragen berücksichtigt werden, welche die Diffusion und Transmission von Begriffen *zwischen* Wissenschaft und Öffentlichkeit sowie zwischen einzelnen

---

[39] Für die Nachzeichnung des semantischen Wandels einzelner Begriffe der politisch-sozialen Sprache verwendet die Begriffsgeschichte, neben enzyklopädischen Einträgen und Wortlexika, in erster Linie Literatur, deren Autor*innen – nach Koselleck: „Philosophen, Theoretiker, Dichter, Schriftsteller oder Theologen oder naturwissenschaftliche Forscher" – es gegenüber einem „alltäglichen Spreche[r]" zur Gewohnheit haben, ihre „eigenen semantischen oder sozialen Voraussetzungen zu reflektieren". Der Vorteil, Erzeugnisse jener repräsentativen Schriftsteller zur Beantwortung der Fragen der Begriffsgeschichte heranzuziehen, liege gegenüber der „untersten Ebene der Alltagssprache" darin, dass sie es sind, die „neue Einsichten, neue Erfahrungen, die dem Alltagssprecher normalerweise entgehen oder die zu finden er noch nicht fähig ist", produzieren und registrieren, so die pointierte Begründung in Koselleck, Reinhart, und Dutt, Carsten. 2006. Nachwort. Zu Einleitungsfragmenten Reinhart Kosellecks. In *Begriffsgeschichten. Studien zur Semantik und Pragmatik der politischen und sozialen Sprache*. Frankfurt am Main: Suhrkamp, S. 529–540, hier S. 537–538; vgl. Koselleck. Einleitung, S. XXIV.

[40] Steinmetz, Willibald. 2012. Some Thoughts on a History of Twentieth-Century German Basic Concepts. In *Contributions to the History of Concepts* 7 (2), S. 87–100, hier S. 96.

wissenschaftlichen Disziplinen schärfer in den Blick nehmen. Die Transserielle Analyse verfolgt also ausgehend von der Gestaltungsmacht öffentlicher Intellektueller und ganz im Sinne von Steinmetz' Überlegungen zur Verwissenschaftlichungs-Hypothese die Frage, „when, and how exactly, certain scientific terms acquired (or lost) the *prestige* that *made them acceptable for broader public use*"[41] in der Form des kontrastierenden Vergleichs von Begriffsverwendungsweisen in multiplen Serien.[42]

In Anbetracht von Geulens Einwand, dass gegenüber den von den *Geschichtlichen Grundbegriffen* aus als Agenten der Begriffsprägung angesehenen Enzyklopädien und öffentlichen Intellektuellen für das 20. Jahrhundert durchaus neue Aktanten und neue Begriffsprägungspotenziale zu berücksichtigen seien, können wir feststellen, dass die hier dargestellte Transserielle Analyse mit ihrem Fokus auf öffentlich agierende Intellektuelle sich auf einen nach wie vor bestehenden (Teil-)Bereich der

---

[41] Steinmetz. Some Thoughts, S. 96, Herv. von uns, FM/BS.

[42] Für das Verhältnis von Transserieller Analyse der Leitsemantiken einerseits und deren Detailrekonstruktion entlang (inter-)serieller Konstellationen andererseits verweist die Frage nach den *Gründen* für die Akzeptanz und Anschlussfähigkeit spezifischer Begriffsverwendungen einzelner Intellektueller auf die notwendige Rückbindung der Praxis der Konstellationsanalyse an die Systematik der Soziologie des Geistes bzw. einer soziologischen Konzeption des Feldes öffentlicher Intellektueller; vgl. Gostmann, Peter. 2014. *Beyond the Pale. Albert Salomons Denkraum und das intellektuelle Feld im 20. Jahrhundert*. Wiesbaden: Springer VS. Dies verdeutlicht dabei in Bezug auf die hier von uns vorgestellte Transserielle Analyse deren rekursive Organisation des Forschungsprozesses: Um typische Begriffsverwendungsweisen mittels eines kontrastierenden Vergleichs in transseriellen Konstellationen herausarbeiten zu können, müssen (inter-)serielle Feinanalysen bestimmter Serien dahingehend ausgewählt werden, welchen Stellenwert der Begriff *und* die Sequenz seiner Verwendung als Element einer Serie *und* in der transseriellen Konstellation einnehmen. Konkret: Hat der*die Intellektuelle umfangreiches Material zu dem Begriff hinterlassen oder ist es nur eine Fußnote? Ist aber unter Umständen die Fußnote für andere, an die in der ausgangs betrachteten Sequenz anschließenden Serien relevanter? Wird auf den Begriff zu unterschiedlichen Zeiten in der Denkbewegung des*der Intellektuellen rekurriert? Beispielsweise ist Max Weber wesentlich bekannter als Kurt Singer; dies schlägt sich zumindest hypothetisch auch auf die Deutungsmacht nieder, die Webers Gebrauch von „Japan" im wissenschaftlichen Feld entwickelt; er hat womöglich einen stärkeren Einfluss auf die Semantik des Begriffs in der seinerzeitigen sozialwissenschaftlichen Begriffsklaviatur gehabt. Allein deswegen jedoch Singers eigensinnige Verwendung von „Japan" aus der Analyse einer transseriellen Konstellation auszublenden, hieße Kontrastierungs- und Typisierungspotential zu verlieren. Die Begründung der Fallauswahl gestaltet sich bei einem vielfältigen Material mitunter als äußerst schwierig, denn Quantität und wie immer bestimmbare Reputation als einzige Kriterien treten zurück hinter der Bewährung am Material. Anders formuliert richtet sich die hier vorgestellte Transserielle Analyse in der Historisierung möglicher Leitbegriffe *auch*, aber *nicht ausschließlich* nach der Logik des Erfolgs bestimmter Begriffsverwendungsweisen im Sinne beobachtbarer Rezeptionskarrieren.

Prägung und des Wandels von Leitsemantiken beschränkt.[43] Allerdings führt diese Beschränkung nicht notwendig zur Ausblendung jener übergreifenden semantischen Rahmenbedingungen, innerhalb derer auch die abseits des Feldes der öffentlichen Intellektuellen sich bewegenden neuen Aktanten agieren – insofern die *serienspezifischen*, ihre Gestaltungsmacht beizeiten aus der Geltungssphäre der Wissenschaft beziehenden Begriffsprägungen als Antworten auf *allgemeine*, öffentlich verhandelte Fragen des je gegenwärtigen Verbands, Regimes und Ordnungsgefüges perspektiviert werden. Demnach setzt die Transserielle Analyse zwar den Akzent auf öffentliche Intellektuelle, folgt aber genau dem allgemeinen, der Debatte um die Historisierung der Leitsemantiken des 20. Jahrhunderts zugrunde liegenden Bedürfnis, den „*gemeinsamen Handlungs- und Deutungsrahmen*" zu fassen, in dem der erbitterte Kampf um die *gültige Ordnung* der Moderne ausgetragen wurde".[44]

Im Zuge „neue[r] Medien und Informationstechnologien" sei es Geulen zufolge im 20. Jahrhundert zu einer *Popularisierung* der Begriffe – dem zweiten Strukturmerkmal – gekommen, die neben der schon von Koselleck festgestellten *quantitativen* Expansion in vormals exkludierte Gesellschaftsbereiche nun auch *qualitativ* auf die Semantik zurückwirkt. Einerseits würden die Medien die „Bedeutung [der Begriffe] vervielfach[en] und differenzier[en]", andererseits können sie eine Bedeutungsnormierung forcieren.[45] Ausgehend von der breiten Definition, aber in der Analyse einer Konstellation je gesondert zu berücksichtigenden Medialität von Öffentlichkeit,[46] lässt sich das Spannungsverhältnis von Bedeutungsexpansion und

---

[43] Vgl. Geulen. Reply, S. 124.
[44] Sabrow, Martin. 2010. Pathosformeln des 20. Jahrhunderts. Kommentar zu Christian Geulen. In *Zeithistorische Forschungen* 7 (1), S. 110–114, hier S. 110.
[45] Geulen. Plädoyer, S. 87–88.
[46] Die spezifische mediale Beschaffenheit von *coram publico* adressierten Äußerungen Intellektueller rückt für die Konstellationsanalyse in den Blick, insofern die von Intellektuellen verwendeten Medien und Technologien einen irreduziblen Teil der auf materialer Grundlage zu klärenden Interaktionsmodalitäten des Handelns und Zusammenhandelns öffentlicher Intellektueller bildet, vgl. Gostmann. *Einführung*, S. 5. So sind beispielsweise für die Analyse einzelner Sequenzen die auf schreibmaschinellen Typoskripten gefundenen handschriftlich hinzugefügten redaktionellen Anmerkungen ebenso aufschlussreich wie die im privaten Briefverkehr auffindbaren Referenzen auf gemeinsame Treffen am Rande eines Konferenzprogramms. Ebenso lassen sich je nach materialer Grundlage Korrespondenzen zwischen bestimmten Sequenzen und den innerhalb der Massenmedien thematisierten allgemeineren Fragen der politisch-sozialen Ordnung registrieren; diese Korrespondenzen müssen sich aber am konkreten Material zeigen lassen. Obgleich der Fokus der Konstellationsanalyse *nicht* auf der Rekonstruktion dessen liegt, was sich im Zuge der Etablierung neuer Medien und Informationstechnologien möglicherweise im und am geistigen Verkehr öffentlicher Intellektueller im Ganzen ändern mag, lassen sich derartige Korrespondenzen für Sequenzen

Bedeutungsnormierung grundsätzlich, aber mit Einschränkungen berücksichtigen: Wenn eine graduelle Bedeutungsnormierung angenommen werden soll, müsste sich dieser Prozess im Abgleich zwischen den je in einzelnen Serien instanziierten Begriffsverwendungsweisen und den mittels Vergleich gewonnenen Typen potentiell nachzeichnen lassen können. Die Aussagekraft einer solchen Analyse bezieht sich dann freilich auf die in der transseriellen Konstellation enthaltenen Serien. Jedoch können breitere Normierungstendenzen bestimmter Leitbegriffe in den Blick geraten, wenn berücksichtigt wird, dass in der materialen Ausdrucksgestalt öffentlicher Äußerungen immer jene mit den je gegenwärtig virulenten Leitbegriffen verbundenen „Klassifizierungsprinzipien"[47] zur Anwendung kommen.

In Bezug auf den Ende des 19. Jahrhunderts einsetzenden „radikalen Wandel der Kommunikationsvoraussetzungen und -möglichkeiten"[48] und die damit verbundene Notwendigkeit, mit Blick auf Veränderungen der Leitbegriffe des 20. Jahrhunderts besonders die Herausbildung neuer Kommunikationsmedien, Informationsinfrastrukturen und die sich im Zeichen der Digitalisierung verändernden Äußerungspraktiken zu beachten,[49] lässt sich für die Transserielle Analyse von einem anders gelagerten Schwerpunkt sprechen. So sind die Interaktionsmodalitäten einer Serie in der Analyse mitzuberücksichtigen, beispielsweise die Spezifika eines öffentlichen Vortrags vor einem Fachpublikum oder eines technisch reproduzierten Vortrags für ein Laienpublikum von massenmedial zu erreichenden Interessierten.[50] Aber die *Medialität* tritt gegenüber der Betrachtung der *Funktion* einzelner

---

und Serien berücksichtigen, was deren Inbezugsetzung mit der Veränderung bestimmter mittels Transserieller Analyse rekonstruierter Begriffsverwendungsweisen nicht ausschließt.

[47] Bourdieu, Pierre. 2001. Das politische Feld. In *Das politische Feld. Zur Kritik der politischen Vernunft.* Konstanz: UVK, S. 41–66, hier S. 55; vgl. Gostmann. *Beyond the Pale,* S. 29–30.

[48] Kollmeier und Hoffmann. Zeitgeschichte der Begriffe, S. 76.

[49] Lüdtke. History of Concepts, S. 111–114.

[50] Es ist also für die Analyse der Serien bedeutsam, ob ein Vortrag im kleinen Kreise vor ausgewählten Professor*innen gehalten wird, oder ob ein Rundfunkbeitrag massenmedial gesendet wird. Der Vortrag ist ein Ereignis, das eine face-to-face-Kommunikation ermöglicht, in der beispielsweise das Publikum dem Vortragenden Fragen stellen kann. Da zu einem Publikum gesprochen wird, das es gewohnt ist, komplexe Gedankengänge nachzuvollziehen, kann davon ausgegangen werden, dass der Vortrag einen höheren Komplexitätsgrad als der Rundfunkbeitrag erreicht, der zu einem Massenpublikum spricht. Anderseits können öffentliche Personen bewusst mit den Möglichkeiten des jeweiligen Mediums spielen: So mag es sein, dass sich innerhalb des eine diffuse Öffentlichkeit adressierenden Rundfunkbeitrags Beschreibungen der politisch-sozialen Ordnung mittels bestimmter Begriffe finden lassen, die sich in den die engere Wissenschaftsöffentlichkeit adressierenden Schriften desselben*derselben Autor*in *nicht* finden.

selbstgeltender Größen für den Vollzug von Geltungsrealisierungen in den Hintergrund; durch den Medienwandel ausgelöste semantische Transformationen stehen gegenüber den einzelnen Begriffsinstanzierungen deutlich nicht im Zentrum. Allerdings birgt diese Limitation gerade wegen der mit ihr einhergehenden relativen Vorsicht gegenüber (allzu) breiten Generalisierungen beobachtbarer Begriffs*normierungen* ein forschungs*reflexives* Potential, das angesichts der geringen historischen Distanz der Gegenwart zum 20. Jahrhundert nicht unterschätzt werden sollte: Die konstellationsanalytische Praxis versteht sich als Korrektiv gegenüber der Möglichkeit, „unter der Oberfläche der Exegese nur für uns, d. h. unseren Problembearbeitungsroutinen folgend, selbst irgendwelche Brüche zu bearbeiten bzw. Übergänge zu gestalten".[51] Das heißt, dass sie verhindern will, dass die heutige intuitive Begriffsverwendung als Fixpunkt für das Verstehen von in der Vergangenheit verfassten materialen Zeugnissen genommen wird und diese so ihres zeitspezifischen Sinns beraubt werden.

Im Kontrast zu Kosellecks Begriff der Verzeitlichung konstatiert Geulen für das 20. Jahrhundert als drittes Strukturmerkmal eine zunehmende *Verräumlichung* der Semantik. Im Zeitalter der Globalisierung und der Infragestellung sowohl des Historismus als auch des „Fortschrittsdenkens" sei es zu einer „[E]rgänz[ung]" der zeitlichen Begriffe der „Geschichte" und des „Fortschritts" durch räumliche Begriffe wie „Staat", „Nation" oder „Gesellschaft" gekommen.[52] Wir fassen dieses von Geulen behauptete Strukturmerkmal der Verräumlichung als zu registrierenden Anstieg räumlicher Denkfiguren im Denken des 20. Jahrhunderts auf.[53]

Innerhalb einer interseriellen Konstellationsanalyse kann der räumliche Bezug selbstgeltender Größen identifiziert werden. Hierbei kommen Raumverhältnisse zur Sprache, die dann in Form einer vergleichenden Kartografik[54] in die

---

[51] Gostmann. Soziologie des Geistes, S. 59.

[52] Geulen. Plädoyer, S. 88–90.

[53] Die Betonung der Wichtigkeit des Raumes ist auch ein wesentliches Charakteristikum des *Spatial-Turns* in den Sozial- und Kulturwissenschaften sowie in der Postkolonialen Theorie. Beide Denkrichtungen entstanden im 20. Jahrhundert und setzen sich bis heute fort. Inwiefern es sich beim Spatial-Turn um ein Korrespondenzphänomen zur von Geulen attestierten Verräumlichung handelt, kann hier nicht verhandelt werden. Zum systematischen und ideengeschichtlichen Überblick vgl. Döring, Jörg und Tristan Thielmann (Hrsg.). 2008. *Spatial Turn: Das Raumparadigma in den Kultur- und Sozialwissenschaften*. Bielefeld: transcript; Schlitte, Annika, Hünefeldt, Thomas, Romić, Daniel, und Van Loon, Jost (Hrsg.). 2014. *Philosophie des Ortes: Reflexionen zum Spatial-Turn in den Sozial- und Kulturwissenschaften*. Bielefeld: transcript; zur Postkolonialen Theorie vgl. Castro Varela, María do Mar, und Dhawan, Nikita. 2015. *Postkoloniale Theorie: Eine kritische Einführung*. Bielefeld: transcript.

[54] Vgl. dazu das Konzept der *Mental Maps* von Friedrich Kießling in Kießling, Friedrich.

Transserielle Analyse münden können. Autor*innen (aus unserer Perspektive spezifische, Text signierende selbstgenugsame Größen), können Begriffe mit einer ausgeprägten räumlichen Dimension wie z. B. ‚Japan' oder ‚Okzident' zu ihrer Selbstvergewisserung in ihren Denkraum einlassen. Mit dieser Tätigkeit konstruieren sie die Grenzen ihres Verbandes mit, indem sie sich z. B. aus einem Vorrat dort kursierender Selbst- und Fremdbilder bedienen oder neue Raumeinteilungen schaffen. Ereignisse des Ortswechsels wie z. B. Reisen, Umzug oder Exil sind häufig Katalysatoren der räumlichen Begriffsschöpfung.[55] In systematischer Hinsicht lässt sich die Verräumlichung von Begriffen in serienspezifischen Antworten auf allgemeinere Fragen der politisch-sozialen Ordnung jedoch auch dann registrieren, wenn die sie signierenden Autor*innen *keine* Erfahrung der räumlichen Grenzüberschreitung in der Organisation von Übergängen und Bewältigung von Brüchen zwischen Serien vollziehen.[56] Die Konstellationsanalyse präzisiert in beiden Fällen die Genese der räumlichen Begriffe, indem sie berücksichtigt *wo* und in *welchem Verband* Äußerungen getätigt werden.

Eine mögliche Ergänzung von Geulens These der Verräumlichung mittels der Transseriellen Analyse soll nun am Falle der räumlichen Grenzüberschreitung, genauer am Beispiel des Exils, näher erläutert werden: Der erzwungene Ortswechsel von Intellektuellen kann auf verschiedene Weisen Einfluss auf ihre Denkbewegung nehmen. Die in der Heimat begonnenen begrifflichen Anstrengungen können idealtypisch kontinuierlich weitergeführt werden, während es in anderen Fällen zu Brüchen in der Denkbewegung kommen kann. Als Beispiel für eine relativ hohe Kontinuität im Exil führt Gostmann Werner Jaeger an, der in den USA die in

---

2012. *Die undeutschen Deutschen. Eine ideengeschichtliche Archäologie der alten Bundesrepublik 1945–1972*. Paderborn: Schöningh. S. 185–186.

[55] Für Geulens These der Verräumlichung mag auch sprechen, dass im 20. Jahrhundert derartige Ereignisse aufgrund von technischen Entwicklungen und der zunehmenden Durchlässigkeit nationalstaatlicher Grenzen häufiger und nicht zuletzt das desaströse Ausmaß von Kriegen größer geworden sind.

[56] Hier ließe sich beispielsweise Martin Heidegger anführen, in dessen Gesamtwerk ausgehend von *Sein und Zeit* sich zwar eine Kontinuität des Raumbezugs bis in das Spätwerk verfolgen lässt, jedoch ab ca. den 1950er-Jahren zunehmend Denkfiguren mit räumlich-örtlichen Bezug virulent werden. Zur expliziten Thematisierung von Ort und Raum vgl. Heidegger, Martin. 1951/2000. Bauen Wohnen Denken. In Martin Heidegger, *Vorträge und Schriften. Gesamtausgabe Band 7*, hrsg. Friedrich-Wilhelm von Herrmann. Frankfurt am Main: Klostermann, S. 145–167. Für eine Rekonstruktion des Raumbezugs zwischen Heideggers Früh- und Spätwerk vgl. Vetter, Helmuth. 2007. Über das Eigentümliche des Raumes bei Heidegger mit besonderer Berücksichtigung der Beiträge zur Philosophie. In *Das Spätwerk Heideggers: Ereignis – Sage – Geviert*, hrsg. Damir Barbarić. Würzburg: Königshausen & Neumann, S. 109–127.

Deutschland begonnene Arbeit an seiner Paideia fortführte.[57] Die Brüche indessen, die aus dem Exil resultieren, können von unterschiedlicher Art und Weise sein. Während das Exil in den Fällen von Albert Salomon und Emil Lederer,[58] die beide nach New York gingen und dort an der *New School for Social Research* arbeiteten, eine prägnante Prüfung der alten Begrifflichkeiten hervorruft, aber hier für die Kategorien des Raums keine intensive Überarbeitung sich feststellen lässt, höchstens gelegentlich, aber ohne weitere Klärung, vom ‚Westen' die Rede ist, wo vorher von ‚Europa' die Rede war, ist in einem anderen Falle, z. B. dem Karl Löwiths, eine intensive Arbeit an und mit Kategorien des Raums zu beobachten, die sich z. B. in seinen Äußerungen zu den Unterschieden zwischen ‚Okzident' und ‚Orient' und der Karrieren der selbstgeltenden Größe ‚Japan' zeigt. Während um den Begriff des Okzidents sich ein Bild desjenigen Kulturraums anordnet, dem sich Löwith zugehörig fühlt, leiten ‚Orient' und ‚Japan' Fremdbilder an, mit deren Hilfe sich Löwith seiner selbst und der Lage der Welt und des Denkens vergewissert.[59]

Die Konstellationsanalyse berücksichtigt die räumliche Dimension der Organisation von Übergängen und Brüchen in der kommunikativen Verarbeitung der Erfahrung von Welt. Möchte man Geulens These der Verräumlichung als adäquate Beschreibung der räumlichen Dimension des geistigen Verkehrs des 20. Jahrhunderts weiterverfolgen, so müsste sich je nach Materialauswahl eine ansteigende, gleichsam aber auch stärker routinierte Einbindung von (internationalen) Ortswechseln in die biographischen Verläufe öffentlicher Intellektueller verzeichnen lassen.

Geulen stellt weiterhin die These auf, dass der beschleunigt sich vollziehende Bedeutungstransfer zwischen verschiedenen Domänen der politisch-sozialen

---

[57] Gostmann, Peter. 2019. Werner Jaegers transatlantische Paideia. In diesem Band.

[58] Für die Wirkungen der Exilerfahrung auf Salomons Denkbewegungen vgl. Kaden, Tom. 2011. Die Soziologie des Heimkehrenden. In *Verlassene Stufen der Reflexion*, hrsg. Peter Gostmann und Claudius Härpfer. Wiesbaden: Springer VS, S. 207–218; Gostmann, Peter, und Härpfer, Claudius. 2006. Die Welt von Gestern im Eingedenken der Soziologie. Albert Salomon und das Tikkun. In *Deutsch-jüdische Wissenschaftsschicksale. Studien über Identitätskonstruktionen in der Sozialwissenschaft*, hrsg. Amalia Barboza und Christoph Henning. Bielefeld: transcript, S. 23–47. Zur allgemeinen Charakterisierung der Positionierung Salomons im intellektuellen Feld vgl. Gostmann, Peter. 2011. Von Berlin nach New York. In *Verlassene Stufen der Reflexion*, hrsg. Peter Gostmann und Claudius Härpfer. Wiesbaden: VS, S. 21–55; Gostmann, *Beyond the Pale*. Für den Fall Lederers vgl. Gostmann, Peter, und Ivanova, Alexandra. 2014. Emil Lederer: Wissenschaftslehre und Kultursoziologie. In Emil Lederer, *Schriften zur Wissenschaftslehre und Kultursoziologie*, hrsg. Peter Gostmann und Alexandra Ivanova. Wiesbaden: Springer VS, S. 7–38.

[59] Vgl. Schiffl, Benjamin. 2019. Stoisches Exil und unvollendete Synthese. Das Mythologem Japan bei Karl Löwith. In diesem Band.

Sprache letztlich zum vierten Strukturmerkmal der *Verflüssigung* der Begriffe geführt habe, welche die „Verwandlung und Einschmelzung ihrer semantischen Struktur" bezeichnen soll. Begriffe wie „Informations-" oder „Wissensgesellschaft" würden nicht mehr nur eine imperialistische Ausbreitung der Sachverhalte in andere gesellschaftliche Teilbereiche, sondern eine alle Teilbereiche durchziehende Tiefendimension beschreiben.[60] Geulens These der Verflüssigung als Kennzeichen des semantischen Wandels im 20. Jahrhundert geht aber über die Behauptung einer zunehmend intransparenten, wenn nicht gerade unmöglich rekonstruierbaren Ursprungsgeschichte der Leitbegriffe hinaus: Verflüssigte Leitbegriffe fassen unter Bedingungen der modernen, d. h. komplexen Gesellschaft die „sinn- und formgebende Grunddimension von Gesellschaften *nach* ihrer Modernisierung"[61] zusammen und lösen sich damit qua Abstraktion aus ihren ursprünglichen normativen, politischen und/oder ideologischen Entstehungskontexten heraus, um mitunter „Universalgeltung" zu beanspruchen: „als nicht mehr ernsthaft zu leugnende, aber auch kaum mehr problematisierte Orientierungen moderner Gesellschaften".[62]

Wir wollen offen lassen, ob Geulens These der Verflüssigung und ferner der mit ihr vorausgesetzten Charakterisierung der modernisierten Gesellschaft vollumfänglich zuzustimmen sei. Im Falle der Transseriellen Analyse kann die Virulenz von ihres eigentlichen Ursprungskontextes enthobenen Begrifflichkeiten innerhalb der politisch-sozialen Sprache des 20. Jahrhunderts auch ohne Anschluss an diese voraussetzungsvollen Annahmen beobachtet werden. Denn die Transserielle Analyse hat dem mit ihr verbundenem Anspruch nach zwar durchaus die im Sinne eines Abstraktionsprozesses verlaufende semantische Karriere von Begriffen als selbstgeltender Größen zum Gegenstand, verfolgt diese Karrieren aber entlang konkreter Konstellationen *ohne* den Anspruch auf ganzheitliche Abbildung multiperspektivischer – und gerade dadurch das „sozial[e] und politisch[e] Eigenleben"[63] anzeigender – Begriffsverwendungsweisen zu erheben. Die Tatsache jedoch, *dass* bestimmte Begriffe – einmal ihrer zu rekonstruierenden Geltungsrealisierung enthoben und universelle Geltung beanspruchend – ein solches Eigenleben entwickeln mögen, lässt sich einerseits mit Blick auf die Einbettung der beobachteten Serien in die größeren Zusammenhänge des Verbandes, des Regimes und der je gegenwärtigen Ordnung, sowie andererseits als Moment des Über-Sich-Hinausweisens einer selbstgeltenden Größe systematisch untersuchen. Die Transserielle Analyse bietet damit eine

---

[60] Geulen. Plädoyer, S. 91–93.
[61] Geulen, Plädoyer, S. 92.
[62] Geulen. Plädoyer, S. 92.
[63] Geulen, Plädoyer, S. 93.

Möglichkeit des Umgangs mit dem allgemeinen, sich jeder Historischen Semantik des 20. Jahrhunderts stellenden Forschungsproblem der Darstellung von Polykontexturalität der betrachteten Begriffe bzw. Begriffseinheiten unter Bedingungen von Globalisierung und Verflechtung, sozialer Ausdifferenzierung, Quellenpluralität und Quellenexpansion.[64] Diese Möglichkeit besteht jedoch, ohne im Vorhinein von Verflüssigungstendenzen der Leitsemantik auszugehen, darin, in der *ausschnitthaften* Analyse bestimmter transserieller Konstellationen solche Tendenzen im Einzelfall nachzeichnen zu können.[65]

4 Abschlussbetrachtungen: Grundvektoren der Historischen Semantik des 20. Jahrhunderts und der Transseriellen Analyse

Die bis hierhin erfolgte Auseinandersetzung mit den von Geulen für das 20. Jahrhundert veranschlagten Strukturmerkmalen sollten den Beitrag, den die Transseriellen Analyse zur Historisierung der Leitbegriffe des Jahrhunderts leisten kann, anzeigen. Abschließend sollen nun noch zwei der Debatte über Geulens *Plädoyer* entnommenen Problematisierungen und die daraus hervorgehenden Vorschläge diskutiert werden, da sich diese aus unserer Sicht dafür eignen, die methodischen Grundvektoren der Transseriellen Analyse nachzuzeichnen.

---

[64] Zur Problembeschreibung im Zusammenhang mit der Debatte um Geulens Plädoyer vgl. Kollmeier und Hoffmann. Zeitgeschichte der Begriffe, S. 75–77.
[65] So bildet beispielsweise der bereits zu den *Geschichtlichen Grundbegriffen* zählende Begriff der „Krise" und sein soziales und politisches Eigenleben zur Zeit der Weimarer Republik den allgemeineren, anhand verschiedener Serien zu präzisierenden Hintergrund, vor dem dann die spezifische Begriffsverwendungsweise der „Krise" innerhalb der Serie Walter Benjamin-Bertolt Brecht in ihren Überlegungen zur Zeitschriftengründung von *Krise und Kritik* eine besonders kontraststarke Vergleichsmöglichkeit für die Begriffsverwendungsweisen der „Krise" im 20. Jahrhundert anzeigen mag. Vgl. Wizisla, Erdmut. 2004. *Benjamin und Brecht. Die Geschichte einer Freundschaft*. Frankfurt am Main: Suhrkamp; Graf, Rüdiger. 2010. Either-Or: The Narrative of „Crisis" in Weimar Germany and in Historiography. In *Central European History* 43 (4), S. 592–615, hier S. 609–610; Oexle, Otto Gerhard. 2009. „Wirklichkeit" – „Krise der Wirklichkeit" – „Neue Wirklichkeit." Deutungsmuster und Paradigmenkämpfe in der deutschen Wissenschaft vor und nach 1933. In *Die Rolle der Geisteswissenschaften im Dritten Reich 1933–1945*, hrsg. Elisabeth Müller-Luckner und Frank-Rutger Hausmann. München: Oldenbourg Wissenschaftsverlag, S. 1–20; Koselleck, Reinhart. 1982. Krise. In *Geschichtliche Grundbegriffe. Historisches Lexikon zur politisch-sozialen Sprache in Deutschland*, Band 3, hrsg. Otto Brunner, Werner Conze und Reinhart Koselleck. Stuttgart: Ernst Klett Verlag, S. 617–650.

Im Gegensatz zur Programmatik der *Geschichtlichen Grundbegriffe* untersuchen die theoretisch und methodisch disparaten Historisierungsversuche den Begriffswandel des 20. Jahrhunderts nicht länger entlang von *die gesamte Epoche umspannenden Fragestellungen*.[66] Kongruent dazu geht es im Fall der Transseriellen Analyse nicht um die ganzheitliche Herausarbeitung von Epochenverschiebungen, sondern um ein präziseres Verständnis von je nach Forschungsfrage fokussierten diachronen semantischen Entwicklungslinien. Ausgehend von diesem Grundvektor, den die Transserielle Analyse mit einigen in der Debatte um Geulens *Plädoyer* vertretenen Positionen teilt, lässt sich auf das eingangs markierte Grundproblem der Historisierbarkeit des 20. Jahrhunderts im Medium der Historisierung seiner Leitbegriffe zurückkommen.

So lässt sich im Anschluss an Steinmetz' Vorschlag, die Begriffsgeschichte des 20. Jahrhunderts um „*micro-diachronic studies in historical semantics*"[67] zu ergänzen, der potentielle Beitrag der Transseriellen Analyse zu einem solchen Projekt veranschaulichen: Denn ebenso wie die Abkehr von epochenumspannenden Heuristiken löst Steinmetz seinen methodologischen Vorschlag der mikro-diachronen Analyse aus dem theoretischen Korsett voraussetzungsvoller theoretischer Annahmen über Epochentransformationen heraus, akzeptiert aber durchaus Hypothesen über Langzeit-Transformationsprozesse als heuristische Instrumente zur Organisation forschungspraktischer Entscheidungen. Die Leistung solcher mikro-diachroner Analysen, so Steinmetz, bestehe in einer stärkeren Berücksichtigung der Situativität und sozialen Kontextgebundenheit von Begriffsverwendungen. Forschungspraktisch vollziehen sich solche Analysen „starting from the uses of a particular concept and then follow[ing] its trajectory and semantic situatedness through a variety of communicative settings".[68] Steinmetz' Vorschlag der mikro-diachronischen Analysen weist offenkundig Ähnlichkeiten zur Transseriellen Analyse auf. So lassen sich Transserielle Analysen ohne Änderung der programmatischen Leitlinien der Soziologie des Geistes bzw. der Konstellationsanalyse ebenso als Analysen von Begriffsverwendungen in multiplen Kontexten beschreiben, die als einzelne Analysen multipler Serien immer wieder durch die Berücksichtigung von Verband, Regime und Ordnung in eine breitere historische Perspektive eingeordnet werden können.[69]

---

[66] Hoffmann, Stefan-Ludwig, Kollmeier, Kathrin, und Bowman, Paul. 2012. Introduction: „Geschichtliche Grundbegriffe" Reloaded? Writing the Conceptual History of the Twentieth Century. In *Contributions to the History of Concepts* 7 (2), S. 79–86, hier S. 81–82.
[67] Steinmetz. Some Thoughts, S. 89.
[68] Steinmetz. Some Thoughts, S. 89.
[69] Steinmetz. Some Thoughts, S. 89.

Mit Blick auf die Frage nach den Leitbegriffen des 20. Jahrhunderts sieht die Transserielle Analyse also von epochenumspannenden Transformationsaussagen ab. Allerdings stellt sich auch ihr das in der Debatte zentrale Problem der geringen historischen Distanz der Gegenwart zu jenen vergangenen Begriffsverwendungsweisen. Von welchem epistemologischen Standpunkt aus lassen sich *noch* gegenwärtig oder *nicht mehr* virulente Begriffe, Argumentationsfiguren oder sprachliche Bilder historisieren? Die Problematik, den historischen Zugriff auf einen noch so nahen Zeitabschnitt mit dem Anspruch auf Systematizität der Rekonstruktionsleistung zu verbinden, beschreibt Phillip Sarasin besonders pointiert. In Anlehnung an den frühen Foucault der *Geburt der Klinik* empfiehlt Sarasin dem*der Historiker*in eine Haltung des anatomischen Sezierens toter und vollständig ausgebreiteter Körper: die *systematische* Rekonstruktion sei nur bei abgeschlossenen Themen möglich.[70]

Wenn man Sarasins Einwand folgen möchte, bietet die Konstellationsanalyse im Allgemeinen und die Transserielle Analyse im Besonderen interessante Parallelen zu der von ihm markierten methodologischen Position: Denn vergleichbar seiner Voraussetzung eines abgeschlossenen und vollständigen Vorliegens historischer Zusammenhänge für einen systematischen Zugriff, untersucht die Konstellationsanalyse Serien als *in sich abgeschlossene*, aber über sich hinausweisende Materialisationen von Denkbewegungen bzw. selbstgeltenden und transmittierenden Größen. Serienspezifische Geltungsrealisierungen sind, um es mit Sarasin zu sagen, dem anatomisch-sezierenden Blick zugänglich, insofern Manuskripte publiziert, Reden gehalten und Briefe abgeschickt wurden. Es kann dabei offen gelassen werden, ob der *einzige* Umgang mit der Historizität des 20. Jahrhunderts aus der Warte der Gegenwart ausschließlich darin bestehe, „to develop a method that would help to present the historical subject matter as much as possible exempt from tradition-bolstered ‚understanding'".[71] Traditionsüberladenes Verstehen zu praktizieren hieße, implizit oder explizit von einer diachronen Kontinuität des Sinnverstehens und/oder von der Teilhabe jedes zu verstehenden Zeugnisses am Weltgeist überzeugt zu sein – und sich damit als Praktizierende*r von „*bad* metaphysics" auszuweisen.[72] Mit ihrer Sensibilität für die Rolle, die Begriffe als Materialisationen von Geltungsrealisierungen in der Organisation von Übergängen und

---

[70] Sarasin, Philipp und Paul Bowman. 2012. Is a „History of Basic Concepts of the Twentieth Century" Possible? A Polemic. In *Contributions to the History of Concepts* 7 (2), S. 101–110, hier S. 106–107.

[71] Sarasin. Is a „History of Basic Concepts of the Twentieth Century" Possible?, S. 107.

[72] Sarasin. Is a „History of Basic Concepts of the Twentieth Century" Possible?, S. 105, Herv. von uns, FM/BS.

Brüchen spielen können, arbeitet die Transserielle Analyse zumindest *nicht* unter der Voraussetzung einer ungebrochenen Tradition des Verstehens und Verstehen-Könnens und perspektiviert den Sinngehalt selbstgeltender Größen auch *nicht* als *nur* im Ganzen einer historischen Totalität sinnvollen Teil jenes Ganzen.[73] Als rekonstruktiver, d. h. nicht-subsumtionslogisch verfahrender *soziologischer* Forschungsprozess ist die Transserielle Analyse allerdings nicht gänzlich unabhängig von einerseits einem gewissen Maß *Fortuna* in der Identifikation der für die Analyse relevanten Serien und andererseits von dem hermeneutischen Geschick der Interpretierenden. Allerdings diente dieser Aufsatz der Ausschärfung des Methodenprofils eines Verfahrens innerhalb der Soziologie des Geistes, das durch gegenwärtige und zukünftige Forschungsarbeiten gewiss noch nach- und feinjustiert wird. Gegebenenfalls bedarf es aber auch in Fragen der Historisierung der Arten und Weisen, mit denen das 20. Jahrhundert sich hinsichtlich seiner politisch-sozialen Ordnung selbst begrifflich öffentlich ausgelegt hat, nicht zuletzt etwas forschungspraktischem *Esprit*.[74]

Literatur

Bourdieu, Pierre. 2001. Das politische Feld. In *Das politische Feld. Zur Kritik der politischen Vernunft*. Konstanz: UVK, S. 41–66.
Bröckling, Ulrich, Krasmann, Susanne, und Lemke, Thomas (Hrsg.). 2004. *Glossar der Gegenwart*. Frankfurt am Main: Suhrkamp.
Castro Varela, María do Mar, und Dhawan, Nikita. 2015. *Postkoloniale Theorie: Eine kritische Einführung*. Bielefeld: transcript.
Deleuze, Gilles. 1992. *Differenz und Wiederholung*. München: Fink.
Döring, Jörg und Tristan Thielmann (Hrsg.). 2008. *Spatial Turn: Das Raumparadigma in den Kultur- und Sozialwissenschaften*. Bielefeld: transcript.
Dutt, Carsten. 2007. Postmoderne Zukunftsmüdigkeit. Hans Ulrich Gumbrecht verabschiedet die Ideengeschichte. In *Zeitschrift für Ideengeschichte* 1 (1), S. 118–122.
Geulen, Christian. 2010. Plädoyer für eine Geschichte der Grundbegriffe des 20. Jahrhunderts. In *Zeithistorische Forschungen* 7 (1).
Geulen, Christian. 2012. Reply. In *Contributions to the History of Concepts* 7 (2), S. 118–128.
Gostmann, Peter, und Härpfer, Claudius. 2006. Die Welt von Gestern im Eingedenken der Soziologie. Albert Salomon und das Tikkun. In *Deutsch-jüdische Wissenschaftsschicksale. Studien über Identitätskonstruktionen in der Sozialwissenschaft*, hrsg. Amalia Barboza und Christoph Henning. Bielefeld: transcript, S. 23–47.

---

[73] So Sarasins Kritik an jeder mit der Kategorie der Grundbegriffe operierenden Historisierung der Leitbegriffe des 20. Jahrhunderts, vgl. Sarasin. Is a „History of Basic Concepts of the Twentieth Century" Possible?, S. 104–106.
[74] Vgl. Deleuze, Gilles. 1992. *Differenz und Wiederholung*. München: Fink, hier S. 174.

Gostmann, Peter. 2011. Von Berlin nach New York. In *Verlassene Stufen der Reflexion*. hrsg. Peter Gostmann und Claudius Härpfer. Wiesbaden: VS, S. 21–55.
Gostmann, Peter. 2014. *Beyond the Pale. Albert Salomons Denkraum und das intellektuelle Feld im 20. Jahrhundert*. Wiesbaden: Springer VS.
Gostmann, Peter, und Ivanova, Alexandra. 2014. Emil Lederer: Wissenschaftslehre und Kultursoziologie. In Emil Lederer, *Schriften zur Wissenschaftslehre und Kultursoziologie*, hrsg. Peter Gostmann und Alexandra Ivanova. Wiesbaden: Springer VS, S. 7–38.
Gostmann, Peter. 2016. *Einführung in die soziologische Konstellationsanalyse*. Wiesbaden: Springer VS.
Gostmann, Peter. 2019a. Die Soziologie des Geistes. Systematik und Praxis. In diesem Band.
Gostmann, Peter. 2019b. Werner Jaegers transatlantische Paideia. In diesem Band.
Gumbrecht, Hans-Ulrich. 1977. Historische Textpragmatik als Grundlagenwissenschaft der Geschichtsschreibung. In *Lendemains* 2 (6), S. 125–136.
Gumbrecht, Hans-Ulrich. 2006. Modern, Modernität, Methode. In *Dimensionen und Grenzen der Begriffsgeschichte*. München: Fink, S. 37–80.
Heidegger, Martin. 1951/2000. Bauen Wohnen Denken. In Martin Heidegger, *Vorträge und Schriften. Gesamtausgabe Band 7*, hrsg. Friedrich-Wilhelm von Herrmann. Frankfurt am Main: Klostermann, S. 145–167.
Hobsbawm, Eric. 1997. *Das Zeitalter der Extreme. Weltgeschichte des 20. Jahrhunderts*. Darmstadt: Wissenschaftliche Buchgesellschaft.
Kaden, Tom. 2011. Die Soziologie des Heimkehrenden. In *Verlassene Stufen der Reflexion*, hrsg. Peter Gostmann und Claudius Härpfer. Wiesbaden: Springer VS, S. 207–218.
Graf, Rüdiger. 2010. Either-Or: The Narrative of "Crisis" in Weimar Germany and in Historiography. In *Central European History* 43 (4), S. 592–615.
Hoffmann, Stefan-Ludwig, Kollmeier, Kathrin, und Bowman, Paul. 2012. Introduction: "Geschichtliche Grundbegriffe" Reloaded? Writing the Conceptual History of the Twentieth Century. In *Contributions to the History of Concepts* 7 (2), S. 79–86.
Kelle, Udo, und Kluge, Susanne. 1999. *Vom Einzelfall zum Typus. Fallvergleich und Fallkontrastierung in der qualitativen Sozialforschung*. Opladen: Leske & Budrich.
Kießling, Friedrich. 2012. *Die undeutschen Deutschen. Eine ideengeschichtliche Archäologie der alten Bundesrepublik 1945–1972*. Paderborn: Schöningh.
Kleining, Gerhard. 1982. Umriss zu einer Methodologie qualitativer Sozialforschung. In *Kölner Zeitschrift für Soziologie und Sozialpsychologie*, 34 (2), S. 224–253.
Kluge, Susann. 1999. *Empirisch begründete Typenbildung*, Opladen: Leske & Budrich.
Kollmeier, Kathrin, und Hoffmann, Stefan-Ludwig. 2010. Zeitgeschichte der Begriffe? Perspektiven einer Historischen Semantik des 20. Jahrhunderts. Einleitung. In *Zeithistorische Forschungen*, S. 75–78.
Koselleck, Reinhart. 1967. Richtlinien für das Lexikon politisch-sozialer Begriffe der Neuzeit. In *Archiv für Begriffsgeschichte* 11 (1), S. 81–99.
Koselleck, Reinhart. 1972. Einleitung. In *Geschichtliche Grundbegriffe. Historisches Lexikon zur politisch-sozialen Sprache in Deutschland*. Band 1, hrsg. Otto Brunner, Werner Conze und Reinhart Koselleck. Stuttgart: Ernst Klett Verlag.
Koselleck, Reinhart. 1982. Krise. In *Geschichtliche Grundbegriffe. Historisches Lexikon zur politisch-sozialen Sprache in Deutschland*, Band 3, hrsg. Otto Brunner, Werner Conze und Reinhart Koselleck. Stuttgart: Ernst Klett Verlag, S. 617–650.
Koselleck, Reinhart. 2006. Einige Fragen an die Begriffsgeschichte von „Krise". In *Begriffsgeschichten. Studien zur Semantik und Pragmatik der politischen und sozialen Sprache*. Frankfurt am Main: Suhrkamp, S. 203–217.

Koselleck, Reinhart, und Dutt, Carsten. 2006. Nachwort. Zu Einleitungsfragmenten Reinhart Kosellecks. In *Begriffsgeschichten. Studien zur Semantik und Pragmatik der politischen und sozialen Sprache*. Frankfurt am Main: Suhrkamp, S. 529–540.
Koselleck, Reinhart. 2015. Über die Theoriebedürftigkeit der Geschichtswissenschaft. In *Zeitschichten. Studien zur Historik*. 4. Aufl. Frankfurt am Main: Suhrkamp, S. 298–316.
Lessenich, Stephan. 2003. *Wohlfahrtsstaatliche Grundbegriffe. Historische und aktuelle Diskurse*. Frankfurt am Main/New York: Campus.
Lichtblau, Klaus. 2006. Zum Status von „Grundbegriffen" in Max Webers Werk. In *Max Webers ‚Grundbegriffe'. Kategorien der kultur- und sozialwissenschaftlichen Forschung*, hrsg. Klaus Lichtblau. Wiesbaden: VS, S. 242–256.
Lüdtke, Alf. 2012. History of Concepts, New Edition. Suitable for a Better Understanding of Modern Times? In *Contributions to the History of Concepts* 7 (2), S. 111–117.
Mommsen, Wolfgang. 1974. „Verstehen" und „Idealtypus". Zur Methodologie einer historischen Sozialwissenschaft. In *Max Weber. Gesellschaft, Politik und Geschichte*. Frankfurt am Main: Suhrkamp, S. 208–232.
Müller, Ernst, und Schmieder, Falko (Hrsg.). 2016. *Begriffsgeschichte und historische Semantik. Ein kritisches Kompendium*. Frankfurt am Main: Suhrkamp, S. 383–392.
Nolte, Paul. 2010. Vom Fortschreiben und Umschreiben der Begriffe. Kommentar zu Christian Geulen, In *Zeithistorische Forschungen* 7 (1), S. 98–103.
Oexle, Otto Gerhard. 2009. „Wirklichkeit" – „Krise der Wirklichkeit" – „Neue Wirklichkeit". Deutungsmuster und Paradigmenkämpfe in der deutschen Wissenschaft vor und nach 1933. In *Die Rolle der Geisteswissenschaften im Dritten Reich 1933–1945*, hrsg. Elisabeth Müller-Luckner und Frank-Rutger Hausmann. München: Oldenbourg Wissenschaftsverlag, S. 1–20.
Pfister, Bernhard. 1928. *Die Entwicklung zum Idealtypus. Eine methodologische Untersuchung über das Verhältnis von Theorie und Geschichte bei Menger, Schmoller und Max Weber*. Tübingen: Mohr.
Sabrow, Martin. 2010. Pathosformeln des 20. Jahrhunderts. Kommentar zu Christian Geulen. In *Zeithistorische Forschungen* 7 (1), S. 110–114.
Sarasin, Philipp und Paul Bowman. 2012. Is a „History of Basic Concepts of the Twentieth Century" Possible? A Polemic. In Contributions to the History of Concepts 7 (2), S. 101–110.
Schiffl, Benjamin. 2019. Stoisches Exil und unvollendete Synthese. Das Mythologem Japan bei Karl Löwith. In diesem Band.
Schlitte, Annika, Hünefeldt, Thomas, Romić, Daniel, und Van Loon, Jost (Hrsg.). 2014. *Philosophie des Ortes: Reflexionen zum Spatial-Turn in den Sozial- und Kulturwissenschaften*. Bielefeld: transcript.
Schmid, Michael. 1994. Idealisierung und Idealtyp. Zur Logik der Typenbildung bei Max Weber. In *Max Webers Wissenschaftslehre. Interpretation und Kritik*, hrsg. Gerhard Wagner und Heinz Zipprian. Frankfurt am Main: Suhrkamp, S. 415–444.
Steinmetz, Willibald. 2008. Vierzig Jahre Begriffsgeschichte – The State of the Art. In *Sprache – Kognition – Kultur. Sprache zwischen mentaler Struktur und kultureller Prägung*, hrsg. Heidrun Kämper und Ludwig M. Eichinger. Berlin: Walter de Gruyter, S. 174–197.
Steinmetz, Willibald. 2012. Some Thoughts on a History of Twentieth-Century German Basic Concepts. In *Contributions to the History of Concepts* 7 (2), S. 87–100.

Strauss, Anselm L., und Corbin, Juliet. 1996. *Grounded Theory. Grundlagen Qualitativer Sozialforschung*. Weinheim: Psychologie Verlags Union.
Vetter, Helmuth. 2007. Über das Eigentümliche des Raumes bei Heidegger mit besonderer Berücksichtigung der Beiträge zur Philosophie. In *Das Spätwerk Heideggers: Ereignis – Sage – Geviert*, hrsg. Damir Barbarić. Würzburg: Königshausen & Neumann, S. 109–127.
Weber, Max. 1972. *Wirtschaft und Gesellschaft. Grundriss der verstehenden Soziologie*. Tübingen: Mohr (Siebeck).
Weber, Max. 1988. Die Objektivität sozialwissenschaftlicher und sozialpolitischer Erkenntnis. In Max Weber, *Gesammelte Aufsätze zur Wissenschaftslehre*, hrsg. Johannes Winckelmann. Tübingen: Mohr (Siebeck), S. 146–214.
Wiggershaus, Rolf (Hrsg.). 1975. *Sprachanalyse und Soziologie. Die Sozialwissenschaftliche Relevanz von Wittgensteins Sprachphilosophie*. Frankfurt am Main: Suhrkamp.
Wittgenstein, Ludwig. 1977. *Philosophische Untersuchungen*. Frankfurt am Main: Suhrkamp.
Wizisla, Erdmut. 2004. *Benjamin und Brecht. Die Geschichte einer Freundschaft*. Frankfurt am Main: Suhrkamp.

Teil II
Fallstudien zur Ideengeschichte des 20. Jahrhunderts

Carlo Schmid und die Außenpolitik

Eine konstellationsanalytische Fallstudie

Peter Gostmann

1 Fallbeschreibung: „Politik und Geist in exemplarischer Form"

Was ist Außenpolitik? ist der Titel eines Radiovortrags Carlo Schmids, den der *Südwestfunk* im Jahr 1955 im Rahmen der sonntagvormittäglichen Sendereihe *Die Aula* publiziert. Mit der Reihe, die 1947 (mit einem Vortrag Gerhard Ritters) begonnen hat, will man im Sender der „Stimme der Universität" Gehör verschaffen.[1] Schmid, der vor dem Krieg in Tübingen studiert und gelehrt hat, hält seit 1953 einen Lehrstuhl für Politische Wissenschaft an der Wirtschafts- und Sozialwissenschaftlichen Fakultät in Frankfurt am Main,[2] wo bereits Fritz Neumark und Heinz

---

[1] Hörisch, Jochen. 2003. Die Universität und das Radio. Zur medialen Präsenz (und Absenz) deutscher Intellektueller im 20. Jahrhundert. In *Medien – Politik – Geschichte. Tel Aviver Jahrbuch für deutsche Geschichte* 31, hrsg. Moshe Zimmermann, S. 208–230, hier S. 221.
[2] Weber, Petra. 1996. *Carlo Schmid, 1896–1979. Eine Biographie.* C.H. Beck, S. 511–522.

P. Gostmann (✉)
Institut für Soziologie, Goethe-Universität Frankfurt am Main,
Frankfurt am Main, Deutschland

Sauermann unterrichten.[3] Zu den Vortragenden der Sendereihe in den Nachkriegsjahren zählen außerdem z. B. Wilhelm Weischedel, Karl Jaspers, Karl Löwith, Theodor Heuss, Bruno Snell, Romano Guardini, Hugo Friedrich, Heinrich Bornkamm, Wolfgang Schadewaldt, Eugen Fink, Josef Pieper, Walter Jens und Alexander Mitscherlich.[4] Im Druck erscheint der Text des Vortrags im selben Jahr als Heft 18 der Reihe *Geschichte und Politik* des Verlags Ulrich Steiner im württembergischen Laupheim;[5] wieder veröffentlicht wird er 1961 in einer Sammlung von Texten Schmids, die der Stuttgarter Ernst Klett Verlag unter dem Titel *Politik und Geist* publiziert, als achter von insgesamt dreizehn Texten,[6] die Schmid mit einem Vorwort einleitet.[7]

Einer Bemerkung ausgangs des Vorworts können wir entnehmen, dass Schmid den Text des Vortrags über Außenpolitik (wie alle übrigen Texte des Bands) als „Gelegenheitsschrift" verstanden wissen will; so wie *hier* die Gelegenheit der Radiovortrag, waren es *dort* eine Einladung der Eidgenössischen Technischen Hochschule, eine Woche der Brüderlichkeit oder eine Tagung der Katholischen Akademie in Bayern.[8] Schmid legt aber Wert darauf, dass den Text trotz seines Gelegenheitscharakters mit den übrigen verbindet, dass ihm und ihnen das selbe „bestimmte Denkbild" zugrunde liegt.[9] Es handelt sich also bei *Was ist Außenpolitik?* um einen Text, der (als Vortrag) für sich spricht *und* (wegen des Denkbilds, das in ihm sich materialisiert) ein Element einer größeren (mindestens zwölf weitere Texte umfassenden) Reihe bildet. – Uns interessiert zunächst der zweite Aspekt.

Denkbild. Den Begriff Denkbild hat Schmid bereits an drei früheren Stellen des Vorworts zu *Politik und Geist* verwendet. Auf dessen ersten Seiten resümiert er seine Gelegenheitsschriften, die er „Untersuchungen" über die „Frage" der „Möglichkeit der Vermenschlichung von Macht" nennt, als „*Denkbilder*, die sich überschn[eid]en, überlager[...]n, aufh[e]ben"; dieses Gefüge aus Denkbildern habe

---

[3] Vgl. Möller, Hans. 2016. Der Kreis der Kollegen um Heinz Sauermann. In *Wirtschafts- und Sozialwissenschaftler in Frankfurt am Main. Von der Handelshochschule zum hundertjährigen Jubiläum der Universität*, hrsg. Bertram Schefold. Marburg: Metropolis, S. 180–183; Neumark, Fritz. 2016. Von der Emigration zum Rektorat: Die Jahre 1950–1970. In *Wirtschafts- und Sozialwissenschaftler in Frankfurt am Main. Von der Handelshochschule zum hundertjährigen Jubiläum der Universität*, hrsg. Bertram Schefold. Marburg: Metropolis, S. 163–167.
[4] Hörisch. Die Universität und das Radio, S. 221–222.
[5] Schmid, Carlo. 1955. *Was ist Außenpolitik?* Laupheim: Ulrich Steiner.
[6] Schmid, Carlo. 1961. *Politik und Geist*. Stuttgart: Ernst Klett, S. 149–163.
[7] Schmid. *Politik und Geist*, S. 7–16.
[8] Vgl. Schmid. *Politik und Geist*, S. 279–280.
[9] Schmid. *Politik und Geist*, S. 16.

ihn zu der „Erkenntnis" gebracht, so Schmid, „daß im Kraftfeld des Politischen Gleichungen, die aufgehen, falsch angesetzt waren".[10]

Ein Denkbild ist demnach (so wie Schmids Texte oder auch die Vorträge in der Sendereihe *Die Aula*) eine Größe, die in *Reihe* (mit anderen Denkbildern) auftritt. Die Elemente dieser Reihe verbindet, dass ein bestimmtes Problem (die Möglichkeit der Vermenschlichung von Macht) in ihnen in einer bestimmten Form (eben der des Denkbilds) sich materialisiert hat. Die Elemente der Reihe befinden sich untereinander aber nicht in gleichmäßigen Verhältnissen. So könnte nach Schmids Ausführungen z. B. das Denkbild, das in dem Element *Was ist Außenpolitik?* sich zeigt, zu dem Denkbild, das *Der europäische Mensch* vorführt,[11] im Verhältnis der *Überschneidung* stehen, hingegen zu dem Denkbild von *Kurt Schumacher als Redner*[12] im Verhältnis der *Überlagerung*; oder *Der europäische Mensch* und *Kurt Schumacher als Redner* könnten in einem Verhältnis der *Aufhebung* stehen.

Etwas weiter im Text bestimmt Schmid „Macht" (um die Möglichkeit von deren Vermenschlichung es, wie wir gesehen haben, im Fall aller dreizehn Denkbilder gehen soll) mit Blick auf „die Dinge, deren sich einer bedienen mag, um [...] ein *Denkbild anderer* durch ein ihnen ursprünglich fremdes *eigenes* zu überdecken" – was ebenso für Gandhis „Ethik der Gewaltlosigkeit" zutreffe wie für ein „gewisses Etwas" der „Persönlichkeit[en]" Mohammeds oder Lenins, das es ihnen ermöglichte, „Furcht und Zittern [zu] erreg[en]".[13] Ein Denkbild ist also *auch* Element einer Gruppe von Denkbildern, die nach Grad und Form ihrer *Macht*entfaltung geordnet ist.

Der Begriff, mittels dessen Schmid die Größe kennzeichnet, die in Gleichungen, die aufgehen, *nicht* angemessen Berücksichtigung findet, ist „Geist";[14] „Geist" ist zugleich der Name dessen, das in diesem oder jenem Denkbild auf diese oder jene Weise Macht entfaltet.[15] Überdies enthält „Geist", wenn von ihm „die Rede ist", einen Hinweis auf den *politischen Protestantismus* des Redners: Der zählt *nicht* zu der Gruppe von Rednern, die „das bloße Wirken der Schwerkraft als letzten Grund und Sinn hin[...]nehmen"; und *nicht* zu der Gruppe von Rednern, die „der Quantität den Rang eines wertverleihenden Arguments zu[...]ordnen".[16]

---

[10] Schmid. *Politik und Geist*, S. 7–8 (Hervorhebung von mir/PG).
[11] Schmid. *Politik und Geist*, S. 17–40.
[12] Schmid. *Politik und Geist*, S. 227–244.
[13] Schmid. *Politik und Geist*, S. 9–10 (Hervorhebung von mir/PG).
[14] Schmid. *Politik und Geist*, S. 8.
[15] Schmid. *Politik und Geist*, S. 9.
[16] Schmid. *Politik und Geist*, S. 12.

Zu der Gruppe, die weder das erste hinnehmen noch die zweite Zuordnung vornehmen, zählt Schmid z. B. *Dante*, der das Problem des Geistes im Zeichen eines „Wehen[s]" beschreibt, „das [...] den Umschwung der Planetensphären erzeugt, die ihrerseits von der Liebe Gottes in Bewegung gehalten werden"; oder „*Cartesius*", der es im Begriff der „,lumen naturale'" fasst; oder *Hegel, Marx* und *Augustinus*, die es in die „dialektische Kunst" verlegen; oder *Sokrates*, der es in Form „liebende[r] Hingabe an das Begegnende" angeht und auf diese Weise ein „*Denkbild*" erzeugt, das idealerweise „das von allem Zufälligen, aller Zweckhaftigkeit und aller Ich-Bezogenheit abgelöste Schöne und Gute" umfasst.[17]

Ein Denkbild ist also *auch* eine Größe, die im Rahmen einer konkflikthaften Gruppierung von Rednern eine Rolle spielt. Der Begriff kennzeichnet ein zentrales Element einer *Lehre*, das den Lehrer (Sokrates) als eine Größe auf *der* Seite dieses Konflikts auszeichnet, auf der z. B. auch Hegel, Marx und Augustinus (wegen ihren dialektischen Lehren) oder Dante (wegen seiner Theokosmologie) sich befinden; Sokrates befindet als Vertreter *dieser* Lehre (weil er ein *solches* Denkbild erzeugt) sich *nicht* auf der Seite der Schwerkräftler und Quantifizierer.

In der Passage ausgangs des Vorworts zu *Politik und Geist*, in der Schmid die Texte des Bands (u. a. *Was ist Außenpolitik?*) als Größen kennzeichnet, die jede für sich sprechen *und* alle das selbe bestimmte Denkbild zum Ausdruck bringen, schreibt er, genauer, die Texte bildeten „insgesamt Außenseiten eines Körpers – das Wort im geometrischen Sinne verstanden –, der Außmaße und Gestalt einem *bestimmten Denkbild* verdankt".[18] Dagegen die „Denkbilder", die die zwölf Texte vorführen, sind Größen, die *nicht* „more geometrico [d]urchgezeichnet und [b]ewiesen" sind; deswegen sind sie auch *nicht* „Wissenschaft im strengen Sinne des Worts".[19]

Erst im Gefüge des geometrischen Korpus *Politik und Geist* werden also die zwölf Denkbilder (u. a. dasjenige, das *Was ist Außenpolitik?* vorführt) *wissenschaftsfähig*: nicht sie *für sich* haben diese Qualität, sondern erst als Elemente dieses Gefüge, aus dem buchstäblich eine Wissenschaft *für sich* sich herauslesen lässt, erlangen sie diese Qualität. Schmids (nicht weiter konkretisierter) Hinweis auf das *bestimmte Denkbild*, das in Form von Gelegenheitsschriften die raumzeitliche Bewegung des Autors im Zeitraum 1952–1960 zwischen *Athen*[20] und *Berlin*[21] dokumentiert, ist demnach ein *Versprechen* an die Leser, dass im Fall einer Lektüre

---

[17] Schmid. *Politik und Geist*, S. 11–12 (Hervorhebungen von mir/PG).
[18] Schmid. *Politik und Geist*, S. 16 (Hervorhebung von mir/PG).
[19] Schmid. *Politik und Geist*, S. 7.
[20] Schmid. *Politik und Geist*, S. 164–188.
[21] Schmid. *Politik und Geist*, S. 219–226.

more geometrico *mehr* an den Denkbildern zu entdecken ist, als ihr Inhalt: *der Autor Carlo Schmid als eine Größe, an der in exemplarischer Form das Verhältnis von Politik und Geist zu studieren ist.*

Dieses versprochene Denkbild more geometrico müsste jedenfalls eine Größe auf *der* Seite im Konflikt politischer Redner bilden, auf der auch die Lehre des Sokrates sich befindet; denn so wie diese Lehre auf eine Erzeugung von Denkbildern hinwirkt, unternimmt es (wenn auch nur als Gelegenheitsschriftsteller) auch der Autor Carlo Schmid. Die *Lehren*, die dessen wissenschaftlicher Leser an diesen Denkbildern entdecken kann, stellen Schmid zudem auf die gleiche Seite, auf der wegen *ihrer* Lehren *Cartesius, Hegel, Marx, Augustinus* oder *Dante* sich befinden; und *nicht* auf die Seite der Schwerkräftler und Quantifizierer. Schon als Teil dieser Konfliktlage ist die Lehre, die *Politik und Geist* bereithält, eine *politische* Lehre; sie ist es überdies, weil der Autor Carlo Schmid, wie wir gesehen haben, sich bewußt ist, dass Denkbilder, wie er sie vorführt, Größen der *Machtentfaltung* sind, die idealerweise andere Denkbilder überdecken können (wie es in ausgezeichneter Weise z. B. Gandhi, Mohammed oder Lenin gelungen ist).

Der *wissenschaftliche* Leser der Texte in *Politik und Geist* befindet sich auf der gleichen Seite wie der Autor Carlo Schmid (und wie die Lehrer Sokrates, Cartesius, Hegel, Marx, Augustinus und Dante), wenn er eine Praxis ‚more geometrico' *nicht* wie ein Schwerkräftler oder ein Quantifizierer versteht. ‚More geometrico' zu lesen, kann z. B. bedeuten, Schmids Texte (im strengen Sinn) dialektisch zu lesen oder in liebender Hingabe (im strengen sokratischen Sinn). Jedenfalls bedeutet eine solche Lektüre ‚more geometrico' *nicht*, das Denkbild, das ein Text vorführt, *nur* als dieses Denkbild zu verstehen (und nicht als Hinweis auf *mehr*: auf eine Größe, an der in exemplarischer Form das Verhältnis von Politik und Geist zu studieren ist).

Allerdings muss der Leser von *Politik und Geist* die Texte nicht *zwangsläufig* ‚more geometrico' lesen, um auf der gleichen Seite zu stehen, wie der Autor Carlo Schmid (und die übrigen genannten Lehrer). Er kann z. B. auch einfach an der Frage der Möglichkeit der Vermenschlichung von Macht Anteil nehmen oder mit ihm in der Erkenntnis sympathisieren, dass im Kraftfeld des Politischen Gleichungen, die aufgehen, falsch angesetzt gewesen sein müssen; oder einen gewissen politischen Protestantismus mit ihm teilen oder die Überzeugung, dass mehr vom Geist die Rede sein sollte. Demnach ist *Was ist Außenpolitik?* ein Text, für den sein Autor unterschiedliche Formen der Lektüre vorsieht: eine physikalistisch-quantifikatorische (die eine Lektüre *gegen* den Vorschlag ihres Autors ist); eine *geistig*-politische (dem Vorschlag des Autors entsprechend) und eine geistig-*politische* (an der ‚Haltung' des Autors interessierte).

Nach den Prinzipien der Soziologie des Geistes[22] wollen wir *Was ist Außenpolitik?* im Folgenden *nicht* gegen den Vorschlag des Autors lesen; wir sind auch nicht vorderhand an seiner ‚Haltung' interessiert. Dies bedeutet allerdings nicht, dass wir den Text nach dem Vorschlag Schmids *geistig*-politisch lesen. Denn unser Ziel ist es *nicht*, den Autor Carlo Schmid als eine Größe zu analysieren, an der in exemplarischer Form das Verhältnis von Politik und Geist zu studieren ist; sondern die Soziologie seiner Schriften zu studieren.

Fragestellung. Unser Interesse gilt dem Verhältnis von *Was ist Außenpolitik?* als einem Text, der für sich spricht, und *Was ist Außenpolitik* als einem Text, der auf *mehr* (eine exemplarische Form) verweist; dem Verhältnis eines (im Text vorgeführten) Denkbilds, das *nicht* wissenschaftsfähig ist, und eines (mit dem Text ausgeführten) Denkbilds, das eine Wissenschaft *für sich* darstellt; und den Positionen dieser beiden Denkbilder im Gefüge ‚geistiger Mächte'.

Nach den Prinzipien der Soziologie des Geistes ist unser erster Schritt, *Was ist Außenpolitik?* auf die an ihm auftretenden Größen hin zu untersuchen; dabei unterscheiden wir zwischen *selbstgeltenden* (bzw. selbstgenugsamen) Größen, an denen etwas *Nichtsinnlich-Gegenwärtiges* in Erscheinung tritt,[23] und *transmittierenden* Größen, die die selbstgeltenden Größen in *Verbindung* setzen und auf diese Weise deren äußere Begrenzung markieren.[24]

2 „Was ist Außenpolitik": Analyse der *selbstgeltenden* Größen

Die selbstgeltenden Größen, die in *Was ist Außenpolitik?* eine Rolle spielen, ordnen wir, um uns einen systematischen Überblick über sie zu verschaffen, wie folgt an. Wir beginnen mit *A*. den Größen *Autor* und *Leser* als den für die Konstellation des Textes (Carlo Schmid *coram publico*) maßgeblichen Elementen; es folgt *B*. die Gruppe Staaten (bzw. Regierungen); dann *C*. alle politischen Größen neben den *Staaten*, wobei wir zuerst die Gruppe der *Menschen* aufführen; dann die verschiedenen Größen, deren Handeln Element von Staatshandeln ist (*genuine politische Akteure*); danach die Größen, deren Handeln *nicht* Element von Staatshandeln ist, die aber eine besondere Bedeutung für das Staatshandeln haben (*indirekte politische*

---

[22] Vgl. Gostmann, Peter. 2016. *Einführung in die soziologische Konstellationsanalyse.* Wiesbaden: Springer VS; Gostmann, Peter. 2019. Die Soziologie des Geistes. Systematik und Praxis. In diesem Band.

[23] Vgl. Gostmann, Peter, und Ivanova, Alexandra. 2019. Glossar zur Soziologie des Geistes. In diesem Band. S. 475.

[24] Vgl. Gostmann und Ivanova. Glossar, S. 477–478.

Akteure); schließlich *D.* die Gruppe derjenigen, deren Handeln nicht Element des Staatshandels ist und die keine besondere Bedeutung für das Staatshandeln haben, die aber unter Gesichtspunkten der Rezeption des Staatshandelns besondere Bedeutung haben (*politische Kommentatoren*).[25]

Bei der Feststellung der selbstgeltenden (wie auch der transmittierenden) Größen handelt es sich um einen analytischen Zwischenschritt auf dem Weg der Klärung unserer Fragestellung; einen vergleichsweise ‚technischen' Vorgang der Reorganisation des Textmaterials, an dessen Ende eine vollständige *Liste* der selbstgeltenden Größen stehen soll, die im Text auftreten. Diese Liste soll nicht nur die einzelnen selbstgeltenden Größen erfassen; sondern darüber hinaus die Eigenschaften, Tätigkeiten, und Überzeugungen, durch die sie charakterisiert sind. Schmids Text wird auf diese Weise in seine einzelnen Serien umgruppiert. Die Eigenschaften, Tätigkeiten und Überzeugungen der Größen, die im Text auftreten, werden aus ihrem engeren Kontext gelöst, um diese Größen in verdichter Form zu beschreiben. Mit anderen Worten, die Leserin der folgenden Liste (gerade wenn sie Schmids Text nicht zur Hand hat) darf sie mit dem Anspruch studieren, sich gelegentlich in ihr zu verlieren und dies und jenes an ihr zu entdecken; unser Vorschlag zur Klärung folgt im abschließenden Kapitel.

A. *Carlo Schmid coram publico.*
A.1. der *Autor* (mit der Signatur Carlo Schmid):
der (dem Angebot nach in Arbeitsgemeinschaft mit seinen *Lesern*) sich thematisch „beschränkt"; der „[a]nkündig[t]" und „Frage[n] heraus[fordert]";[26] sich „hüte[t], Vorstellungen und Wunschbilder[n]" nachzugeben;[27]

---

[25] Die beschriebene Anordnung dokumentiert, forschungspraktisch gesprochen, die *zweite* Sequenz einer konstellationsanalytischen Fallstudie mit Blick auf selbstgeltende Größen. Vorausgegangen ist ihr das Erstellen einer vollständigen Liste der im Text auftretenden selbstgeltenden Größen. Eine solche erste Liste spiegelt allerdings (sofern wir den Text von vorn nach hinten gelesen haben) lediglich die Reihenfolge ihres Auftretens im Text. Indem wir diese Reihenfolge auflösen und die selbstgeltenden Größen *nach formaler Ähnlichkeit gruppieren*, erarbeiten wir uns eine analytische Distanz gegenüber dem Ausgangsmaterial. Dieser Distanzierungsschritt verläuft unvermeidlich nach dem Prinzip *trial and error*, bis alle selbstgeltenden Größen so eingruppiert sind, dass sie jedenfalls ähnlicher den übrigen Größen sind, mit denen gemeinsam sie aufgeführt werden, als denjenigen Größen, die anders gruppiert sind. Wir haben diesen Distanzierungsschritt hier – ebenso wie später im Fall der transmittierenden Größen – nicht im Einzelnen dokumentiert, um die Geduld der Leser*innen nicht überzustrapazieren; stattdessen verweisen wir für Vorschläge in forschungspraktischer Hinsicht auf: Gostmann. *Konstellationsanalyse*, S. 21–39.
[26] Schmid. Politik und Geist, S. 149.
[27] Schmid. *Politik und Geist*, S. 152–153.

wiederholt „Wort[e] Rankes [...] variier[t]";[28] die „Friedenswahrung zum obersten Ziel aller Außenpolitik machen möchte", „alle ernsthaften Schritte" zur Institutionalisierung der „Kriegsverhütung [...] begrüß[t]"[29] und institutionalisierte „Machtpolitik" der „Sprache der Kanonen" vorzieht; über das „[F]unktionieren" der Institutionen der Weltpolitik „[K]lar[heit]" sich verschafft;[30] „fragmentarisch" und „locker" Gedanken „[a]neinanderreih[t]";[31] naturwissenschaftliche Erkenntnisse nachvollzieht;[32] der „Meinung" ist, dass im Fall „menschliche[n] Tun[s]" (z. B. „in der Außenpolitik") „keine Rechnung aufgeht".[33]

A.2. *mancher* Leser:
der vom *Autor* etwas über „gesetzmäßige Abläufe" der Außenpolitik erwartet („wie sie uns die Naturwissenschaft in der Natur hat erkennen lassen").[34]

B. *Staaten* (bzw. *Regierungen*):
die „Außenpolitik treiben" und „Innenpolitik"; „Beweger der Geschichte" sind;[35] „Bürger" und „andere Staaten" adressieren[36] und mit letzteren „kooperieren" oder konkurrieren;[37] „Gesetze" aufstellen;[38] einen „Interessenbereich" hegen (u. a. die „Änderung der Machtverhältnisse", „kulturelle Fragen", einen „Wirtschaftsverkehr", ein „Gesundheitswesen" oder „Moral- und Rechtssysteme" regeln).[39]

B.1. der *ideale* Staat (bzw. *die ideale Regierung*):
der „nach innen [...] Gerechtigkeit und Wohlfahrt" realisiert; „nach außen [...] die Welt [...] veränder[t]", um seine „Interessen" (und die der „Nation") „zu fördern"; „von den in den Tatsachen der Gegenwart und Vergangenheit wirkenden Kräften aus" seine Ziele bestimmt;[40] in seinen

---

[28] Schmid. *Politik und Geist*, S. 159.
[29] Schmid. *Politik und Geist*, S. 161–162.
[30] Schmid. *Politik und Geist*, S. 162.
[31] Schmid. *Politik und Geist*, S. 162.
[32] Schmid. *Politik und Geist*, S. 162.
[33] Schmid. *Politik und Geist*, S. 162.
[34] Schmid. *Politik und Geist*, S. 162.
[35] Schmid. *Politik und Geist*, S. 149.
[36] Schmid. *Politik und Geist*, S. 150.
[37] Schmid. *Politik und Geist*, S. 152.
[38] Schmid. *Politik und Geist*, S. 150.
[39] Schmid. *Politik und Geist*, S. 152.
[40] Schmid. *Politik und Geist*, S. 153.

„Entscheidungen" die rechten ideellen „Impulse" berücksichtigt;[41] im Fall seiner Anerkennung als Großmacht im Sinne des „Bestand[s] des Staatensystems [...] de concert" agiert;[42] sein existenzielles Interesse definiert und *die* (begrenzten einzelnen) *Interessen* ihm „unter[...]ordnet";[43] sich „im Krisenfall" bewährt.[44]

B.2. *einstige* Staaten:
die (womöglich) sich mit anderen Staaten „als Gemeinschaft empfinden".[45]

B.3. *parlamentarisch kontrollierte* Regierungen:
die (wie alle Regierungen) politische Entscheidungen treffen.[46]

B.4. *moderne* Staaten (bzw. Regierungen):
die die Außenpolitik monopolisieren und deren „Faktoren" auswählen;[47] mittels Außenpolitik (Organisation von Freundschaften und Feindschaften mit äußeren Größen nach dem Staatsinteresse) die „Entfaltung der inneren Kräfte der Nationen" fördern *und* Kanäle zwischen diesen und den äußeren Größen schaffen;[48] eine „Diplomatie" und die „Steuerung der öffentlichen Meinung" betreiben; ökonomische und militärische „Macht" gebrauchen;[49] darunter

B.4.1. *Großmächte* (in *Europa*, dazu die *USA, Japan, China* und *Indien*):
die (in „systematisiert[er] und rationalisiert[er] Weise") „Weltpolitik" praktizieren; andere Staaten als „Großm[ä]cht[e] anerkennen";[50] z. B. ein „Vetorecht" (im *Sicherheitsrat* der *UNO*) geltend machen.[51]

C. *Sonstige politische Größen.*

C.1. *Menschen:*
die unterschiedliche Sprachen sprechen und Beziehungen mit Menschen anderer Sprachen unterhalten;[52] nach „Erkenntnisse[n] aus der Erfahrung" sich verhalten;[53] darunter

---

[41] Schmid. *Politik und Geist*, S. 155.
[42] Schmid. *Politik und Geist*, S. 158.
[43] Schmid. *Politik und Geist*, S. 160.
[44] Schmid. *Politik und Geist*, S. 161.
[45] Schmid. *Politik und Geist*, S. 153.
[46] Schmid. *Politik und Geist*, S. 161.
[47] Schmid. *Politik und Geist*, S. 150–151.
[48] Schmid. *Politik und Geist*, S. 155.
[49] Schmid. *Politik und Geist*, S. 161.
[50] Schmid. *Politik und Geist*, S. 156–157.
[51] Schmid. *Politik und Geist*, S. 158.
[52] Schmid. *Politik und Geist*, S. 151.
[53] Schmid. *Politik und Geist*, S. 154.

C.1.1. *maßgebliche* Menschen:
die ihren „Entscheidungen" nach *ideellen* „Impulse[n]" die rechte „Neigung" geben.[54]

C.2. *genuin* politische Akteure:
die feststellen, „welches die Tatsachen („der Gegenwart und der Vergangenheit") sind";[55] an „Wesen" und „Möglichkeiten" von „Macht" interessiert sind;[56] Entscheidungen „auf die Gefahr des Irrtums hin" treffen;[57] darunter

C.2.1. die *Briten* (und in exemplarischer Form *Lord Curzon*):
wegen ihres Staatswissens;[58]

C.2.2. *ideale* politische Akteure:
die „den Staat für den Krisenfall politisch so stark als nötig […] machen"; „den Krieg („das äußerste Instrument der Außenpolitik") gegenstandslos […] machen";[59]

C.2.3. *blinde Hühner* (in der Politik):
die („recht oft", aber unzuverlässig) Körner finden;[60]

C.2.4. *außen*politische Akteure:
die „sich um die Erkenntnis der Erfahrungen der Jahrhunderte bemühen" (d. h. *historisch* arbeiten);[61] nach dem Prinzip „do ut des" sich richten;[62] darunter

C.2.4.1. *Isolationisten:*
die aber trotz ihres Isolationismus *nicht* denken, Außenpolitik finde „im luftleeren Raum" statt;[63]

C.2.4.2. *Arbeiter am Staatensystem:*
die „substantielle Unabhängigkeit" und „funktionelle […] Abhängigkeit" vermitteln, z. B. „Rangordnung[en]" von Staaten organisieren und „[V]erantwortlich[keiten]" (nach „Stärke") definieren;[64] die *UNO* konstituieren;[65]

---

[54] Schmid. *Politik und Geist*, S. 154–155.
[55] Schmid. *Politik und Geist*, S. 153–154.
[56] Schmid. *Politik und Geist*, S. 159.
[57] Schmid. *Politik und Geist*, S. 162.
[58] Schmid. *Politik und Geist*, S. 150.
[59] Schmid. *Politik und Geist*, S. 161.
[60] Schmid. *Politik und Geist*, S. 154.
[61] Schmid. *Politik und Geist*, S. 154.
[62] Schmid. *Politik und Geist*, S. 158.
[63] Schmid. *Politik und Geist*, S. 155.
[64] Schmid. *Politik und Geist*, S. 157.
[65] Schmid. *Politik und Geist*, S. 158.

C.2.4.3. *Meister:*
    die den Einsatz außenpolitischer Instrumentarien „rational erwägen";[66]

C.2.4.4. *Zauberlehrlinge:*
    die außenpolitische Instrumente in „[g]*efährlich*[er]" Weise verwenden;[67]

C.2.4.5. *Diplomaten, Wirtschaftler und Militärs:*
    die Regierungsentscheide „sachgemäß aus[…]führen" und ihnen von Staats wegen „gestellte Aufgaben" erfüllen;[68]

C.2.4.6. *Richelieu:*
    als erster moderner Außenpolitiker (und außerdem seine *Nachfolger*).[69]

C.3. *Indirekte politische Akteure:*

C.3.1. *Erdölgesellschaften* und *Streichholzkonzerne*:
    die aber *nicht* „Träger der Außenpolitik" sind;[70]

C.3.2. *Volkstums-Gruppen*:
    die „internationale Beziehungen" unterhalten (aber *nicht* „Träger der Außenpolitik" sind);[71]

C.3.3. die *UNO*:
    die (z. B. in der Form ihres *Sicherheitsrats* und nach Maßgabe des Vetorechts von *Großmächten*) „leistet wofür sie geschaffen worden ist";[72] nämlich die „Kriegsverhütung" betreibt (so wie dieses *Schiedsgericht* oder jener *Sicherheitspakt*);[73]

C.3.4. ein *Etwas*:
    „das im Spiele ist, wenn Staaten Außenpolitik treiben".[74]

D. **Politische Kommentatoren.**

D.1. die *Gebildeten dieser Welt*:
    die Staaten (Regierungen oder Nationen) „Anerkennung" (je nach Lage nach verschiedenen Kriterien) beimessen;[75]

---

[66] Schmid. *Politik und Geist*, S. 161.
[67] Schmid. *Politik und Geist*, S. 161.
[68] Schmid. *Politik und Geist*, S. 161.
[69] Schmid. *Politik und Geist*, S. 151.
[70] Schmid. *Politik und Geist*, S. 151.
[71] Schmid. *Politik und Geist*, S. 151.
[72] Schmid. *Politik und Geist*, S. 158.
[73] Schmid. *Politik und Geist*, S. 162.
[74] Schmid. *Politik und Geist*, S. 149.
[75] Schmid. *Politik und Geist*, S. 159.

D.2. die *Naturwissenschaft*:
die „gesetzmäßige Abläufe [...] in der Natur" erkennt (wie sie sich *nicht* für die Außenpolitik ermitteln lassen) und anderen ihre Erkenntnisse mitteilt;[76]

D.3. *Ranke*:
der das „Wort vom Primat der Außenpolitik" ausspricht;[77] mehrfach und besonders trefflich „die Wahrheit" (über den Staat) formuliert;[78] das *letzte* Wort hat, in dem er seine *Leser* zu intensiver Anschauung auffordert („Fasse [...] ins Auge [...] [s]o viel gesonderte, irdisch-geistliche Gemeinschaften"; „Schaue sie an [...] in ihren Bahnen, ihrer Wechselwirkung, ihrem Systeme");[79]

D.4. *Meinecke*:
der das „Prinzip" staatlicher „Existenz" (*das* Staats-Interesse) benennt.[80]

3 „Was ist Außenpolitik": Analyse der *transmittierenden* Größen

Die transmittierenden Größen, die in *Was ist Außenpolitik?* eine Rolle spielen, interessieren uns zwar als Größen mit Bezug auf die selbstgeltenden Größen. Trotzdem identifizieren wir sie zunächst nicht auf Grundlage unserer Ordnung dieser selbstgeltenden Größen, sondern für sich; auf diese Weise haben wir die Möglichkeit, im folgenden Schritt diese Ordnung von der Ordnung der transmittierenden Größen her systematisch zu überprüfen. Wir arbeiten die Ordnung der transmittierenden Größen heraus, um anschließend in einer exegetischen Pendelbewegung diese und die selbstgeltenden Größen aufeinander zu beziehen und auf diese Weise unsere Fragen an Schmids *Was ist Außenpolitik?* zu beantworten. Wie oben behandeln wir *E*. die Autor-Leser-Relation (*Carlo Schmid coram publico*) gesondert; es folgt *F*. die Größe *Leben*, die Verbindungen zwischen Staaten, Bürgern und Gemeinschaften stiftet; dann *G*. eine Gruppe von Größen der *Mechanik* (in der Staaten und Regierungen ihre Verhältnisse beurteilen und organisieren); daraufhin *H*. eine Gruppe von Größen der *Kunst* (als die Staaten und Regierungen die Ordnung ihrer Verhältnisse verstehen und betreiben sollen); es folgen *I*. *kartografische* Größen, die Relationen

---

[76] Schmid. *Politik und Geist*, S. 162.
[77] Schmid. *Politik und Geist*, S. 155.
[78] Schmid. *Politik und Geist*, S. 156.
[79] Schmid. *Politik und Geist*, S. 163.
[80] Schmid. *Politik und Geist*, S. 160.

zwischen politischer Mechanik, Kultur und Kosmologie herstellen; als eigene Kategorie erfassen wir *J. das Transzendenz/Immanenz*-Problem, das die ‚irdisch-geistigen Gemeinschaften' aller Zeiten und Räume auf *eine* Ebene stellt.[81]

E. **Carlo Schmid coram publico.**

E.1. Schematismus heißt das Mittel, das der Autor seinen Lesern zum Zweck der Verbindung zu einer intellektuellen Arbeitsgemeinschaft anbietet.[82]

E.2. *Stufen der Ethik* heißt eine Größe, die der Autor seinen Lesern als *einen* Orientierungsrahmen vorschlägt, mit der man in intellektueller Gemeinschaft u. a. (aber *nicht* vorrangig) die Arbeit der deutenden Bewertung von Staatstätigkeiten verrichten sollte.[83]

F. **Leben.**

F.1. *Leben* (eines *Staates*) kennzeichnet die Verbindung aller „staatlichen Tätigkeiten", auch wenn sie ihrer Spezifikation nach („Außenpolitik", „Innenpolitik", usw.) unterschieden werden können.[84]

F.2. *Leben* kennzeichnet überdies, nebst *Interesse* (das auch Staaten haben[85]) und *Wohlfahrt* (die Staaten „[f]ördern" sollen[86]) die Verbindung der „Mitglieder der Gesellschaft" bzw. „Bürger".[87]

F.2.1. In Sonderheit Lebens*verhältnisse* heißen die Größen, die Staat und Bürger verbinden, weil *er* die ihren (in der Anrede als *Nation*) idealerweise „fördern" soll;[88] als Mittel der Organisation der Lebensverhältnisse verbinden *Gesetze* und *Gehorsam* Staaten (die *sie* leisten und *ihn* beanspruchen) und Bürger (die *sie* beanspruchen und *ihn* leisten).[89]

---

[81] Analog zu unserer Erläuterung oben in Fußnote 25 gilt auch hier, dass unsere Darstellung, forschungspraktisch gesprochen, die *zweite* Sequenz einer konstellationsanalytischen Fallstudie mit Blick auf transmittierende Größen darstellt, der das Erstellen einer vollständigen Liste vorausgegangen ist, die aber lediglich die Reihenfolge deren Auftretens im Text spiegelte und deswegen, zum Zweck der analytischen Distanzierung vom Ausgangsmaterial, aufgelöst und durch Gruppierung nach formaler Ähnlichkeit restrukturiert wurde.

[82] Schmid. *Politik und Geist*, S. 152.
[83] Schmid. *Politik und Geist*, S. 153.
[84] Schmid. *Politik und Geist*, S. 149.
[85] Schmid. *Politik und Geist*, S. 152.
[86] Schmid. *Politik und Geist*, S. 153.
[87] Schmid. *Politik und Geist*, S. 150.
[88] Schmid. *Politik und Geist*, S. 153.
[89] Schmid. *Politik und Geist*, S. 150.

F.2.2. „[I]rdisch-geistige Gemeinschaften" können nach ihrem *inneren Trieb* (*Genius* und *moralische Energie*) verglichen werden.[90]

G. *(Bewegung und) Mechanik.*

G.1. Selbständige *Beweger der Geschichte* zu sein, verbindet alle Größen miteinander, die als Staaten angesprochen werden können;[91] „Erdölgesellschaften", „Streichholzkonzerne" oder „Volkst[ü]m[er]" sind nur, aber immerhin dem „Anschein" nach in dieser Hinsicht mit Staaten verbunden (faktisch hingegen *nicht*).[92]

G.2. Eine *Gleichung* über die Bewegung der Geschichte durchzuführen (die „bestimmende [...] Gegebenheiten", „[N]otwendig[keiten]" und den „Faktor Zeit" umfasst), d. h. bestimmte „Faktoren" nach „Erfahrung" auf ihre „politisch[e] [E]rheblich[keit]" hin zu untersuchen, verbindet sämtliche Formen, „Politik [zu] treiben".[93]

G.2.1. Alle *politischen* Gleichungen verbindet, dass sie eine *Mechanik* aufweisen.[94]

G.2.2. Die Maße für die Mechaniken, die an unterschiedlichen *außen*politischen Gleichungen sich aufweisen lassen, sind der *Widerstand* („fremder Staaten" gegen „Interessen des Staates")[95] und der *Stoß* (den das „Verhalten eines Staates" im „System" der Staaten erzeugt); Widerständigkeit und Stoßkraft der Staaten lassen sich als deren *Potenzial* zusammenfassen und vergleichen.[96]

G.2.3. Ein Sondermaß für den Staatenvergleich ist die *Balanciermechanik*, die im Fall von solchen Staaten einen besonders ausgeprägten Wert hat, denen es (temporär) gelingt, „waffenlos zwischen zwei Blöcken" zu agieren.[97]

G.2.4. Die *Grundformel* für den Vergleich der „politischen Ort[e]", die Staaten „im *Koordinatengefüge*" eines „politischen Systems" einnehmen, basiert auf der Analyse ihres „Interesses".[98]

---

[90] Schmid. *Politik und Geist*, S. 163.
[91] Schmid. *Politik und Geist*, S. 149.
[92] Schmid. *Politik und Geist*, S. 151.
[93] Schmid. *Politik und Geist*, S. 154.
[94] Schmid. *Politik und Geist*, S. 154.
[95] Schmid. *Politik und Geist*, S. 155.
[96] Schmid. *Politik und Geist*, S. 156.
[97] Schmid. *Politik und Geist*, S. 160.
[98] Schmid. *Politik und Geist*, S. 160.

H. *(Spiel und) Kunst.*

H.1. *Spiel* heißt der Rahmen, in dem „Staaten" miteinander verbunden sind, indem sie „Außenpolitik treiben"; in diesem Rahmen sind Staaten (im Mittel ihrer Außenpolitik) zugleich mit einem *Etwas* verbunden, das das „[E]igentlich[e]" der Außenpolitik ist.[99]

H.2. Nach dem *Einklang* der Staaten, die das System bilden (der mit steigender „[S]ystematisier[ung]" und „[R]ationalisier[ung]" zunimmt), lassen sich *Staatensysteme* (z. B. dasjenige nach dem „Kongreß von Utrecht" und dasjenige nach dem „Wiener Kongreß") vergleichen.[100]

H.3. *Stil* (der u. a. die „Ideologie, die die Vorstellungswelt bestimmt",[101] umfasst) heißt die Größe, nach der „Epochen" zu vergleichen (und die daher auch für den Vergleich epochaler Staatensysteme zu berücksichtigen) sind;[102] die *Güte* der Stile verschiedener Sequenzen eines (epochalen) Staatensystems lässt sich danach vergleichen, wie sehr in ihm die „Großmächte" *de concert* agieren; die andere Seite des Kontinuums, das den *trans*epochalen Vergleich der Staatensysteme orientiert, ist ein Konzert, das *aus den Fugen* gerät:[103] in dem die Stimmen das Thema verfehlen oder den rechten Ton nicht treffen, man nicht alle Stimmen vollständig zu Wort kommen lässt und *Kontrasubjekte* ignoriert, und in dem das Verhältnis von *Dux* und *Comes* falsch organisiert wird.[104]

H.4. *Instrumente* (oder *Werkzeuge*) heißt eine Gruppe von Elementen, anhand deren die Möglichkeiten von Staaten, „Außenpolitik [zu] treiben", verglichen werden können.[105]

H.5. *Genius* heißt eine Größe, nach der (nebst *moralischer Energie*) die Qualität der Herkunft und des „inneren *Trieb[s]*" von „irdisch-geistigen Gemeinschaften" bestimmt werden können.[106]

---

[99] Schmid. *Politik und Geist*, S. 149.
[100] Schmid. *Politik und Geist*, S. 157.
[101] Schmid. *Politik und Geist*, S. 160.
[102] Schmid. *Politik und Geist*, S. 157.
[103] Schmid. *Politik und Geist*, S. 158.
[104] Vgl. Grassl, Markus. 2002. Fuge. In: *Österreichisches Musiklexikon. Band 1*, hrsg. Rudolf Flotzinger. Wien: Verlag der Österreichischen Akademie der Wissenschaften, S. 505–509.
[105] Schmid. *Politik und Geist*, S. 161.
[106] Schmid. *Politik und Geist*, S. 163.

I. *Kartografie.*
   I.1. *Raum* (für „Entfaltung der inneren Kräfte der Nation") und *Wege* (für „Impulse" und Einflüsse) sind die Maße, an denen die Qualitäten unterschiedlicher Außenpolitiken sich vergleichen lassen;[107] diese verbindet jedenfalls, dass die *Räume* in denen sie agieren, *nicht* „luftleer" sind, d. h. sie Elemente der Homosphäre sind.[108]
   I.2. Die Räume und Wege der Homosphäre verbindet, dass sie unter Gesichtspunkten der „Staaten" Elemente eines *politischen Kräftefelds* bilden, das die Staaten als (erweiterungsfähiges) *System kommunzierender Röhren* betreiben.[109]
   I.3. Die Stellungen der Staaten der Homosphäre lassen sich nach dem *historischen Grundgestein*, auf dem sie sich bewegen (und nach den *Linien* in der Form des „Interesses", die das Grundgestein „durchlaufen"), vergleichen.[110]
   I.4. Die *Spitzen* ihrer Staaten zu bilden, verbindet Regierungen miteinander.[111]
   I.5. Die Ordnung der irdisch-geistigen Gemeinschaften hat eine Analogie in der Ordnung der *Gestirne* („ihren Bahnen, ihrer Wechselwirkung, ihrem Systeme"), d. h. des Kosmos.[112]

J. *Transzendenz/Immanenz.*
   J.1. Vor *Gott* sind „jede Nation und jede Epoche" gleich (da sie alle „unmittelbar *zu* Gott" stehen).[113]

4 Carlo Schmids Soziologe der Außenpolitik: Diskussion – Hypothese – Ausblick

Wie erinnerlich, ist unser Thema die Frage des Verhältnisses von *Was ist Außenpolitik?* als einem Text, der *für sich* spricht, und *Was ist Außenpolitik?* als einem Text, der auf *mehr* (auf eine exemplarische Form) verweist; bzw. die Frage des Verhältnisses eines (im Text vorgeführten) Denkbilds, das *nicht* wissenschaftsfähig ist, und eines (mit dem Text ausgeführten) Denkbilds, das eine Wissenschaft *für*

---

[107] Schmid. *Politik und Geist*, S. 155.
[108] Schmid. *Politik und Geist*, S. 155.
[109] Schmid. *Politik und Geist*, S. 156.
[110] Schmid. *Politik und Geist*, S. 160.
[111] Schmid. *Politik und Geist*, S. 151.
[112] Schmid. *Politik und Geist*, S. 163.
[113] Schmid. *Politik und Geist*, S. 159 (Hervorhebung von mir/PG).

sich darstellt. Auf diese Weise wollen wir zu einer Hypothese über die Positionen dieser beiden Denkbilder im Gefüge ‚geistiger Mächte' kommen, deren Darstellung Schmid im Vorwort zu *Politik und Geist* für seine Sammlung von Gelegenheitschriften avisiert. Wir fassen auf der Grundlage unserer Analyse der selbstgeltenden und transmittierenden Größen, die in *Was ist Außenpolitik?* auftreten, zuerst das *Denkbild* der Außenpolitik systematisch zusammen; auf Grundlage dieses Denkbilds diskutieren wir anschließend das Verhältnis von *Text* und *exemplarischer Form*; dessen Interpretation ermöglicht uns schließlich eine Hypothese über Schmids *Positionierung im Gefüge ‚geistiger Mächte'*.

Denkbilder. Die zentrale Größe des (*nicht* wissenschaftsfähigen) Denkbilds, das Schmid vorführt, ist ausdrücklich *Außenpolitik*. Im Gefüge der Größen, die im Text zur Sprache kommen, ist *Außenpolitik* dagegen *nicht* die zentrale Größe; sie ist (so wie *Innenpolitik*) ein Element der Tätigkeit einer umfangreicheren Größe *Staat*. Die Qualität außenpolitischer Tätigkeiten bemisst sich daher nach der Qualität, die diese Tätigkeit in (gesamt)staatlicher Hinsicht beanspruchen darf; d. h. in abgeleiteter Form: nach der Güte der Verknüpfung von inneren und äußeren Problemen, die den *Regierenden* gelingt.

Der *aktive* Staat umfasst ausschließlich Größen der *Regierung*; neben den *Spitzen* des Staats zählen dazu auch niederrangige (an sich *reaktive*) Elemente der Staatsverwaltung (wie *Diplomaten, Wirtschaftler* und *Militärs*), wenn sie nämlich die Entscheide der *Spitzen* auftragsgemäß durchführen. (Niederrangige Elemente der Staatsverwaltung, die *nicht* auftragsgemäß agieren, agieren demnach nur der Bezeichnung nach, *nicht* in realiter, als Elemente des Staats.)

Ein Staat ist keine singuläre Größe; er ist ein Element eines *Raums*, in dem mehrere Größen, einige ihrerseits in der Form *Staat*, (inter-)agieren. Dieser Raum entspricht im Großen und Ganzen der *Homosphäre*, die selbst eine kosmologische Größe ist; dem Kosmos korrespondiert *Gott*, dessen Präsenz alle Tätigkeiten in der Homosphäre auf *eine* Ebene bringt.

Der einzelne Staat steht nicht zwangsläufig in Relation zu *allen* anderen Größen der Homosphäre; sondern nur mit Größen, die er (nach bestimmten Kriterien) als Staaten anerkennt. (Es sind demnach politische Größen denkbar, die *keine* Staaten sind, obwohl sie ihrer Form und Ordnung nach wie Staaten agieren, oder politische Größen die – noch – Staaten heißen, obwohl ihre Form und Ordnung *aus den Fugen* ist.)

Die Gesamtheit der gegebenen Anerkennungsverhältnisse bildet ein *Staatensystem*. Die Elemente des Staatensystems (die Regierungen) organisieren sich (jedenfalls bis auf weiteres) nicht egalitär, sondern hierarchisch (so wie *in* den Staaten es *Spitzen* und niederrangige (Verwaltungs-)Elemente gibt); ein Sonderfall in der

Anerkennungskonstellation ist der Fall einer Anerkennung als *Großmacht*, die einzelne Staaten erlangen (bzw. gewähren) können.

Staaten sind überdies Größen der *Zeit*; als *moderne* (i. d. R. *parlamentarisch regierte*) unterscheiden sie sich grundsätzlich von *vor*modernen politischen Größen, ebenso wie *einstige* Staaten (wenn sie einmal statt als ein Staatensystem als Gemeinschaft sich empfinden) sich grundsätzlich von ihnen unterscheiden könnten.

Moderne Staaten bauen buchstäblich auf einer spezifischen Vergangenheit auf; sie unterscheiden sich nach dem *historischen Grundgestein*, auf dem sie sich bewegen. Diese Vergangenheit reicht bis in die *vor*staatliche Zeit zurück; in der Zeit der Staaten ist diese *ältere* Vergangenheit in der Form *ideeller* Größen der *Bewegung* präsent: als der eigene *Genius* einer staatlich organisierten Gemeinschaft und als die ihr verfügbare *moralische Energie*.

Die *jüngere* Vergangenheit moderner Staaten umfasst die Zeit seit der Durchsetzung des staatlichen (den *Spitzen* der *Regierung* übertragenen) Monopols der *Außenpolitik*. Dieses Monopol ermöglichte die Entwicklung des Staatensystems auf *rationaler* Grundlage; es lassen sich Etappen (*Epochen*) dieser Entwicklung (angezeigt z. B. durch Utrecht 1713, Wien 1814, Genf 1920, San Francisco 1945) unterscheiden. Den Akteuren des modernen Staats steht diese jüngere Vergangenheit in der Form einer *Erfahrung* zur Verfügung, an der sie sich anlässlich anstehender Entscheide orientieren sollten.

Die Aneignung der jüngeren Vergangenheit ist also ein Aspekt des Handwerks, das jeder *genuine politische Akteur* der modernen Zeit beherrschen sollte. Während einige es dabei zur *Meisterschaft* bringen, kommen andere nicht über den Status von *Zauberlehrlingen* hinaus und müssen hoffen, als *blinde Hühner* zu reüssieren.

Tatsächlich ist moderne Außenpolitik wegen ihrer (tendenziell) *rationalen* Orientierung kein Hexenwerk, sondern etwas, das anhand einer *Mechanik* sich systematisch studieren und betreiben lässt. Staatssystematische *Erfahrung* ist (wie sich exemplarisch an *Lord Curzon* und allgemein an den *Briten* zeigen lässt) das Ergebnis des Erlernens dieser Mechanik; die staatssystematische *Praxis* bedarf neben der Kenntnis der *Mechanik* ideeller Komponenten: hinreichender *moralischer Energie* und eines ausgezeichneten Verständnisses der *Genien* der am Staatssystem beteiligten historischen Gemeinschaften (nicht zuletzt derjenigen Gemeinschaft, zu der die Akteure selbst zählen).

Die Größen, mit denen ein *(außen-)politischer Akteur* operieren muss, wenn er die *Mechanik* moderner Staatensysteme studiert, sind *Beweger*: sinnlich wahrnehmbare vergängliche Substanzen,[114] die ein eigenes politisches *Potenzial* aufweisen,

---

[114] Aristoteles 2003. *Metaphysik*. Würzburg: Königshausen & Neumann, S. 341–342.

das nach *Widerständigkeit* und *Stoßkraft* bemessen werden kann. Das politische Potenzial der Staaten muss, um ihre Position im System zu berechnen, mit dem spezifischen (historisch gewachsenen) Staats*interesse* verrechnet werden.

Um den Schritt von der Analyse der Mechanik eines gegebenen Staatensystems zur staatssystematischen Praxis zu machen, muss ein moderner (außen-)politischer Akteur das Ergebnis seiner *Gleichung* mit einer *Norm* abgleichen. Dieser Norm nach sollte ein Staatsystem ein *System kommunizierender Röhren* sein; d. h. der *Flüssigkeitsspiegel* sollte in allen angeschlossenen *Gefäßen* identisch sein. Die Praxis eines guten (modernen) Außenpolitikers ist Arbeit am Ausgleich von Ungleichständen der Flüssigkeitsspiegel; seine bevorzugten *Instrumente* sind demnach *Nivelliergeräte*.

Was nivelliert werden soll, sind aber *nicht* Potenziale und Interessen der beteiligten Staaten; deren Substanz bleibt von der außenpolitischen Praxis unberührt. (Im Gegenteil wäre es falsch, sich darüber zu täuschen, dass es unter ihnen, je nach *Widerständigkeit* und *Stoßkraft*, *Duces* und *Comes* gibt.) Die Verteilung der ‚Flüssigkeit', die das System kommunizierender Röhren transportieren und deren Gleichverteilung dem Außenpolitiker angelegen sein soll, bemisst sich im Gegenteil nach *ästhetischen* Kategorien: ein Gleichstand der Flüssigkeitsspiegel heißt *Einklang*.

Der (staats)ästhetische Idealfall ist dann gegeben, wenn die Kommunikation im System der ‚Röhren', die die Staaten verbinden, *en concert* geschieht (wofür der Beitrag der *Duces* entscheidender ist als derjenige der *Comes*). Diese Seite der staatssystematischen Praxis setzt (im Idealfall) das Verständnis der *Mechaniken* von Staatensystemen voraus, erschöpft sich aber nicht in ihm, sondern versteht die außenpolitische *Gleichung* als Größe eines *Spiels*, dessen Zweck (jedenfalls in der modernen Epoche) eine *Harmonie* zwischen den dynamischen Größen der inneren und der äußeren Politiken ist.

Die Dynamik, die ein Staatensystem entfaltet, bis es beizeiten endgültig *aus den Fugen* geraten ist, ist demnach ein Wechsel- und Zusammenspiel unterschiedlicher *Stimmen*, das gute (und hinreichend mächtige) Außenpolitiker zu orchestrieren verstehen, indem sie im Mittel der *Improvisation* einen tonalen Klangraum (wie die politischen Größen in dieser Epoche miteinander sprechen) und ein Set von Akkordgestalten (wie politische Größen in dieser Epoche anderen politischen Größen antworten) ausschöpfen. Diese Kunst der Improvisation zu beherrschen bedeutet, den *Stil* der Epoche verstehen *und* prägen zu können.

Der Einfluss der Regierungen auf die Dynamik eines Staatensystems ist trotz allem begrenzt; den politischen Stil der Epoche prägen neben den Staatsaktionen die Bewegungen von *Bürgern* (*Gesellschaftsmitgliedern*), die *Interessen* haben und *Wohlfahrt* anstreben; die Tätigkeiten, die *Wirtschaftsgruppen* (*Erdölgesellschaften*,

Streichholzkonzerne, usw.) für die Organisation der Interessen der Teilhaber entfalten; und *innere Triebe* (*moralische Energie, Genien*), die verschiedene *Lebensgemeinschaften* (Volkstümer, Nationen, usw.) in die kommunizierenden Röhren der Homosphäre einspeisen – bis ein Staatensystem beizeiten endgültig aus den Fugen geraten ist, so wie, bei aller mechanistischen Rafinesse, einmal der (ab 1713 geltende) politische Stil Utrechts, der (ab 1814 geltende) Wiens oder der (ab 1920 geltende) Genfs sich *über*lebt hatten. Tatsächlich verbindet Staaten und Bürger, dass sie *lebendige* (noch *nicht* zu *historischem Grundgestein* petrifizierte) Größen sind. (Dies unterscheidet sie von jedem unsachgemäßen kleinen Diplomaten oder Militär der Epoche *Richelieus* ebenso wie von diesem frühesten *Meister* der modernen Politik selbst).

Text und exemplarische Form. Unter den *Bürgern* identifiziert Schmid eine Gruppe, der er selbst im Besonderen zuzurechnen ist: die auf die Staaten verteilten *Gebildeten der Welt*. So wie alle Staatsbürger, die nicht in die Regierung eingerückt sind (und wie Wirtschaftsgruppen und Lebensgemeinschaften), zählen sie *nicht* zu den *genuinen* politischen Akteuren (den *Spitzen* des Staats); teilweise zählen sie, wie Schmid als Professor der Politischen Wissenschaft in Frankfurt am Main, zu den mehr oder weniger *reaktiven* Elementen im *aktiven* Staats (d. h. der Gruppe derjenigen, die ihn unter bestimmten Gesichtspunkten verwalten).

Die Gruppe der *Gebildeten der Welt* beinhaltet *Naturwissenschaftler*, deren Ansatz (was immer ihn positiv im Einzelnen kennzeichnet) für das Verständnis und die Praxis der Außenpolitik *nicht* geeignet ist. Deswegen können Naturwissenschaftler *nicht* Elemente der staatssystematischen Anerkennungskonstellation sein; dies unterscheiden sie von einer zweiten Gruppe der Gebildeten der Welt, die (wenn auch lediglich in *reaktiver* Form) über eine spezifische Anerkennungskompetenz verfügen: die Gruppe der *politischen Kommentatoren*. Zu den Mitgliedern dieser Gruppe zählen neben dem *Autor* u. a. namentlich *Meinecke* und besonders *Ranke*.

Die Praxis der politischen Kommentatoren orientiert sich nicht zuerst und nicht zuletzt (wie die der *Naturwissenschaftler*) am Problem *gesetzmäßiger Abläufe*. D. h. dies ist unter den Gebildeten der Welt die Gruppe derjenigen, deren Äußerungen *exemplifizieren*, dass eine staatssystematische Praxis *mehr* ist als das Beherrschen einer *Mechanik*; die die *Kunst der Improvisation* zu schätzen und den *Stil der Epoche* zu deuten wissen (was keineswegs ausschließt, dass sie überdies in der Lage sind, staatssystematische Gleichungen anzustellen); die im Idealfall das Politische unter Gesichtspunkten einer politischen *Kosmologie* verfolgen (und um das ungeklärte Verhältnis von homosphärischer und extrahomosphärischer Welt wissen).

Wenn es sich bei einem *politischen Kommentator* um einen *maßgeblichen Menschen* handelt (d. h. einen *qualifizierten* Kommentator), werden seine Kommentare einem *ideellen Impuls* folgen. Allerdings wird dieser ideelle Impuls idealerweise nicht mit der moralischen Energie *einer* Lebensgemeinschaft (*einem* Volkstum, *einer* Nation) identisch sein; sondern dem ästhetischen Ideal des politischen Kommentars nach soll der Impuls, den ein Kommentator aufnimmt (wie im Fall *Rankes*), ein Eindruck des Zusammenwirkens vielgestaltiger *moralischer Energien* sein, den die *gesonderten irdisch-geistlichen Gemeinschaften* in das Staatensystem einspeisen.

Der gemeinsame Referenzpunkt der Mitglieder der Gruppe der *qualifizierten politischen Kommentatoren* ist eine *numinose* Größe: ein *Etwas, das im Spiele ist*; Schmids Text nach korrespondiert dieser Größe homosphärenintern das Prinzip *kosmologischer Ordnung* (und über die Homosphäre hinaus *Gott*). Mit der *qualifizierten Regierung* verbindet politische Kommentatoren, dass beider Praxis sich (abgesehen von den *Interessen*) an einem Modell von *Stufen der Ethik* orientieren soll. Der politische Kommentar ist deswegen für die Regierenden ein Vorschlag, im Mittel ihrer Entscheide eine Balance zwischen (wenigstens) der kosmologischen Ordnung, der Staatensystematik, Interessen und Wohlfahrtsstreben herzustellen. Politische Kommentatoren sind diejenigen Größen, die die Tätigkeiten der Regierenden als *etwas Exemplarisches* (über sich Hinausweisendes) auszeichnen; diese Kompetenz macht ihre *Macht* aus.

Schmids Positionierung im Gefüge ‚geistiger Mächte'. Da es sich bei *Was ist Außenpolitik?* um eine Äußerung *coram publico* handelt, entspricht die Sozialstruktur seiner Leserschaft (jedenfalls der Möglichkeit nach) dem vollständigen Satz sozialer Größen, die Schmid aufzählt: Lesern, die sich als (künftige) Spitzen des Staats identifizieren; als (künftige) Akteure der Staatsverwaltung; (künftigen) politischen Kommentatoren oder Naturwissenschaftlern; (künftigen) Mitgliedern einer Wirtschaftsgruppe oder Lebensgemeinschaft; Bürgern. Entsprechend vielseitig ist das *Denkbild*, verstanden als eine *Wissenschaft für sich*, mit dessen Vorstellung Schmid im Gefüge ‚geistiger Mächte' positioniert ist.

Ein Leser, der zur Gruppe der Regierenden zählt (z. B. ein Kabinettsmitglied), kann Schmids Schrift als Quelle der *Legitimation* und der Verpflichtung auf das Prinzip der *Friedenswahrung* lesen (wenn er die Grundlagen der intellektuelle Arbeitsgemeinschaft mit ihrem Autor akzeptiert); ein Mitglied der Staatsverwaltung (z. B. ein Beamter oder ein Hochschullehrer) als Aufforderung zum *Opportunismus*; ein freier politischer Kommentator (z. B. ein Historiker oder ein Journalist) als *moralische* Stärkung. Naturwissenschaftler können Schmids Schrift als Ausdruck der Wertschätzung ihres Handwerks lesen; Vertreter der Wirtschaft als Würdigung ihrer Interessen; Vertreter des Volkstums und Fürsprecher der Nation als Versicherung ihrer Wichtigkeit – bei jeweils gleichzeitiger Geringschätzung ihrer politischen Kompetenzen. Jeder *Bürger* kann sie als Würdigung seines eigenen

Interesses und seines Anspruchs auf persönliche Wohlfahrt lesen – um den Preis seines Ausschlusses vom *aktiven* Staat, seiner Einrechnung in die staatssystematische Gesamtrechnung und Eingemeindung in die politischen Kosmologien qualifizierter Kommentatoren.

Um Schmidts Positionierung in diesem Gefüge recht zu verstehen, müssen wir den Fall voraussetzen, dass die unterschiedlichen Leser nicht nur die Ansprache an die eigene Gruppe verstehen, sondern überdies verstehen, dass es die *anderen* Lesergruppen gibt und diese auf *ihre* Weise von Schmid angesprochen werden; wir setzen also z. B. den Fall eines *Regierenden* voraus (z. B. ein Mitglied des Kabinetts Adenauer II 1955 oder den Bürgermeister der Stadt und des Landes Berlin 1961), der u. a. die Aufforderung zum Opportunismus an die Verwaltenden erkennt; bzw. eines Naturwissenschaftlers, der u. a. erkennt, dass er, um als qualifizierter politischer Kommentator zu reüssieren, sein Gebiet in das (Staats-)Ästhetische erweitern müsste; oder eines Beamten, der davon ausgeht, dass sein Opportunismus dem Interesse und der Wohlfahrt, die er als ein Bürger hegt, dienlich sein soll.

Unter dieser Voraussetzung sind alle angesprochenen Gruppen (*wenn* sie die Grundlagen der intellektuellen Arbeitsgemeinschaft mit Schmid akzeptieren), Größen, deren Loyalität der Ordnung ihrer *Epoche* gilt. Im Großen und Ganzen ist dies die *Moderne*; weil sie loyal zur Moderne sind (und in Erwartung, dass die anderen Gruppen es sein mögen), sind die Regierenden, die Gebildeten und die Bürger loyal zum *Prinzip* des Staatensystems. Praktisch markiert *San Francisco* (1945) die vorläufige Ordnung der Epoche; indem sie loyal zur *San Francisco-Moderne* sind, sind die Regierenden, die Gebildeten und die Bürger loyal zu der Charta der *United Nations Conference on International Organization* (der die Bundesrepublik Deutschland 1973 beitreten wird).

Als Loyalisten der Moderne können Schmids Akteure die Ordnung von San Francisco aber nicht als eine *statische* Größe verstehen; sie *ist* in Bewegung und *soll* in *harmonischer* Bewegung gehalten werden. Daher bedeutet für Regierende und Bürger Loyalität zur San-Francisco Moderne Loyalität zum Prinzip der *schöpferischen Bewahrung*; deshalb auch Loyalität zum Beruf der Bildung – zuerst und zuletzt zu den Berufen der Improvisation, der Stilkunde und der politischen Kosmologie.

Ausblick. Wie erinnerlich, hat Schmid seinen Lesern in der Einleitung zu *Politik und Geist* eröffnet, dass erst als Elemente dieses geometrischen Korpus begutachtet die einzelnen Denkbilder wissenschaftsfähig werden, d. h. der Autor Carlo Schmid so kenntlich wird, wie er kenntlich werden will. Wir wissen, genauer gesagt, nicht, was es bedeutet, dass *Was ist Außenpolitik?* z. B. zu einem Denkbild wie *Kurt Schumacher als Redner* oder *Der europäische Mensch* in einem Verhältnis der *Überschneidung*, der *Überlagerung* oder der *Aufhebung* stehen soll. Die Klärung dieses Problems wäre demnach ein naheliegender nächster Schritt, wenn wir der Anleitung des Autors selbst folgen wollen. Unter Gesichtspunkten der Soziologie des Geistes entspricht dieser Schritt einer *seriellen* Logik. Eine nicht weniger naheliegende Alternative, die nicht der Anleitung des Autors folgt, ist die *Aula*-Serie; d. h. die *interserielle* Untersuchung von Schmids außenpolitischem Denkbild als Element der Vortragsreihe mit weiteren Protagonist*innen wie Weischedel, Jaspers, Löwith, Heuss, usw. An dieser Stelle verzichten wir auf den einen ebenso wie auf den anderen nächsten Schritt.

Literatur

Aristoteles 2003. *Metaphysik*. Würzburg: Königshausen & Neumann.
Gostmann, Peter. 2016. *Einführung in die soziologische Konstellationsanalyse*. Wiesbaden: Springer VS.
Gostmann, Peter. 2019. Die Soziologie des Geistes. Systematik und Praxis. In diesem Band.
Gostmann, Peter, und Ivanova, Alexandra. 2019. Glossar zur Soziologie des Geistes. In diesem Band.
Grassl, Markus. 2002. In: *Österreichisches Musiklexikon. Band 1*, hrsg. Rudolf Flotzinger. Wien: Verlag der Österreichischen Akademie der Wissenschaften, S. 505–509.
Hörisch, Jochen. 2003. Die Universität und das Radio. Zur medialen Präsenz (und Absenz) deutscher Intellektueller im 20. Jahrhundert. In *Medien – Politik – Geschichte. Tel Aviver Jahrbuch für deutsche Geschichte* 31, hrsg. Moshe Zimmermann, S. 208–230.
Möller, Hans. 2016. Der Kreis der Kollegen um Heinz Sauermann. In *Wirtschafts- und Sozialwissenschaftler in Frankfurt am Main. Von der Handelshochschule zum hundertjährigen Jubiläum der Universität*, hrsg. Bertram Schefold. Marburg: Metropolis, S. 180–183.
Neumark, Fritz. 2016. Von der Emigration zum Rektorat: Die Jahre 1950–1970. In *Wirtschafts- und Sozialwissenschaftler in Frankfurt am Main. Von der Handelshochschule zum hundertjährigen Jubiläum der Universität*, hrsg. Bertram Schefold. Marburg: Metropolis, S. 163–167.
Schmid, Carlo. 1955. *Was ist Außenpolitik?* Laupheim: Ulrich Steiner.
Schmid, Carlo. 1961. *Politik und Geist*. Stuttgart: Ernst Klett.
Weber, Petra. 1996. *Carlo Schmid, 1896–1979. Eine Biographie*. C.H. Beck.

Werner Jaegers transatlantische Paideia

Peter Gostmann

1 Kontinuität und Bruch

Der Soziologe Hans Speier, der als Assistent Emil Lederers maßgeblich an der Einrichtung der Graduiertenfakultät der New School for Social Research beteiligt war,[1] die man der Öffentlichkeit New Yorks als eine *University in Exile* vorstellte,[2] beschrieb 1937 in einem Aufsatz für die Hauszeitschrift der Fakultät den Intellektuellen im Exil als eine transhistorische Figur, deren unterschiedliche Ausprägungen als Elemente eines Kontinuums verstanden werden können, dessen einen Pol der Fall einer „complete disruption of intellectual activities" und dessen anderen Pol der Fall einer „continued, unchanged performance of functions" bilden.[3]

Zum Beispiel Speiers späterer Kollege Günther Anders, der ehemalige Assistent Max Schelers, der über Paris in die USA gekommen ist und Jahre als *odd-job man* arbeitet, ist ein Intellektueller im Exil, der vergleichsweise nahe des ersten Pols

---

[1] Rutkoff, Peter M., und Scott, William B. 1986. *New School. A History of the New School for Social Research*. New York: The Free Press, S. 111.
[2] Rutkoff und Scott. *New School*, S. 92.
[3] Speier, Hans. 1937. The Social Conditions of the Intellectual Exile. In *Social Research* 4, S. 316–328, hier S. 316.

P. Gostmann (✉)
Institut für Soziologie, Goethe-Universität Frankfurt am Main,
Frankfurt am Main, Deutschland

von Speiers Kontinuum anzusiedeln ist. Speier seinerseits ist schon wegen der Fortsetzung der Assistenz bei Lederer, wenn er auch statt an der Universität der deutschen Hauptstadt nun an einer besseren Volkshochschule angestellt ist,[4] sicher im Vergleich zu Anders näher am zweiten Pol des Kontinuums Intellektueller im Exil einzuordnen. Im Fall Speiers ist die Kontinuität der Tätigkeit allerdings nicht so ausgeprägt, wie im Fall des gegenüber Speier und Anders etwa eineinhalb Jahrzehnte älteren Werner Jaeger, Inhaber des altphilologischen Lehrstuhls der Friedrich-Wilhelms-Universität, Mitglied der Preußischen Akademie der Wissenschaften, der im Jahr vor der Veröffentlichung von Speiers Aufsatz mit offizieller Genehmigung des amtierenden Regimes an die University of Chicago gewechselt ist, von wo er wenig später nach Harvard weiterziehen wird, um ungestört sein lange vorbereitetes Projekt einer Ausgabe der Werke Gregor von Nyssas zu verwirklichen.[5] Jaeger scheint den zweiten Pol von Speiers Kontinuum geradezu idealtypisch zu exemplifizieren.

So unterschiedlich das Verhältnis von Bruch und Kontinuität im intellektuellen Beruf in den Fällen Anders und Jaeger nach der Emigration in die Vereinigten Staaten ausfällt; ihnen gemeinsam ist Speier zufolge, so wie allen Intellektuellen im Exil, dass sie dort sind nicht aufgrund einer unabhängigen Entscheidung, sondern in Reaktion auf „forces wich are not under [their] control",[6] was Intellektuelle im Exil von anderen intellektuellen Migranten unterscheidet. Im Fall Jaegers waren dies die Rassengesetze der neuen deutschen Regierung, die die Rechte seiner Frau beschränkten.

Speier führt den seinerzeit vom Militärkaiser Claudius für acht Jahre nach Kreta relegierten Seneca als exemplarischen Fall eines Intellektuellen im Exil ein, um seinen Lesern, zuerst dem Kollegium der *University in Exile,* eine Haltung zu empfehlen, der zufolge, wenn man das rechte Tugendmaß anlegt, „nothing but small matters are subject to the arbitrary will of others".[7] Abgesehen von den Möglichkeiten der Tugendphilosophie für die persönliche Lebensbewältigung, so vermerkt Speier mit Henry Adams, einem früheren US-Intellektuellen im europäischen Exil, bedarf allerdings ein Intellektueller auch im Exil einer „audience".[8] Wir

---

[4] Oakes, Guy. 2008. Geschichtlichkeit und Menschichkeit. Albert Salomon an der New School. In Albert Salomon, *Werke 2: Schriften 1934–1942.* Wiesbaden: VS Verlag für Sozialwissenschaften, S. 7–14, hier S. 12.

[5] Vgl. Jaeger, Werner. 1956/1960. Die asketisch-mystische Theologie des Gregor von Nyssa. In *Humanistische Reden und Vorträge.* Berlin: de Gruyter, S. 266–286.

[6] Speier. The Social Conditions of the Intellectual Exile, S. 316.

[7] Speier. The Social Conditions of the Intellectual Exile, S. 317.

[8] Speier. The Social Conditions of the Intellectual Exile, S. 317.

werden im Folgenden sehen, dass Jaeger, der das seltene Glück hatte, nach der Emigration in die Vereinigten Staaten seine Forschungen so nahtlos fortsetzen zu können, als hätte er sich ohne jeden Einfluss äußerer Kräfte für einen Wechsel von Berlin nach Harvard entschieden, gegenüber seiner früheren Tätigkeit insbesondere das Publikum fehlte. Ich will zeigen, dass der Bruch, den Jaegers Emigration bedeutet, sich niederschlägt in seiner Arbeit an der Exemplifikation des Intellektuellen im Exil – für den nicht Seneca Pate steht, aber ebenfalls die Materialisation einer Tugendlehre.

Im Mittelpunkt steht Jaegers monumentale, zwischen 1933 und 1947 in drei Bänden publizierte, seit 1973 in der Form des Buchs vorliegende Arbeit *Paideia*.[9] Deren erster Band erschien 1934 bei de Gruyter in Leipzig und Berlin; der zweite und dritte Band erschienen zuerst (1943 und 1945) auf Englisch, erst danach (1944 und 1947) auf Deutsch. Man kann die *Paideia* also eine *transatlantische* Arbeit nennen. In ihr manifestiert sich, wenn wir Jaegers eigener Darstellung folgen, ein über Jahrzehnte gedanklich und publizistisch vorbereitetes, im akademischen Betrieb fest verankertes, durch kulturpolitische Aktivitäten gestütztes, beizeiten durch die Sonderlage des Exils zur Umjustierung herausgefordertes Unternehmen, „gegenwärtige[m] erzieherische[n] Wissen und Wollen" im Mittel der „Wesenserkenntnis des griechischen Bildungsphänomens" seine „unentbehrliche Grundlage" vorzustellen: mit der „Paideia der Griechen [...] zugleich die Griechen als Paideia".[10]

Demnach ist die *Paideia* als Ganzes betrachtet ein transatlantisches *Erziehungswerk*. Die drei Etappenschritte, in denen das Ganze erschienen ist, dokumentieren neben dem „geschlossene[n] Geschichtsbild", in dem Jaeger „das frühe Griechentum" entlang einer „repräsentativen" Auswahl von „schöpferischen Werken des Geistes" kondensiert,[11] zugleich einen Bildungsprozess des Autors. Wir werden sehen, dass Jaeger, als er jenseits des Atlantiks die dritte Etappe der Arbeit an der *Paideia der Griechen* beendete, die Bedeutung des Problems des Exils bewusst gewesen ist und er es in sein Erziehungsprogramm *Griechen als Paideia* eingearbeitet hat.

In dieser Hinsicht ist, wie ich zeigen werde, die Figur des Demosthenes besonders interessant.[12] Der politische Redner und Diplomat, der im vierten vorchristlichen

---

[9] Jaeger, Werner. 1973. *Paideia. Die Formung des griechischen Menschen*. Berlin: de Gruyter.

[10] Jaeger. *Paideia*, S. VI–VII.

[11] Jaeger. *Paideia*, S. VII.

[12] Vgl. bereits Calder, William M. 1998. *Men in Their Books. Studies in the Modern History of Classical Sholarship*. Hildesheim: Olms, S. 139–140.

Jahrhundert, letztlich ohne Erfolg, sich gegen die hegemonialen Ansprüche des makedonischen Kriegskönigtums für eine freiheitliche hellenische Ordnung einsetzte, ist der *letzte* Repräsentant des frühen Griechentums, den Jaeger in der *Paideia* vorstellt.[13] In der Einleitung, die Jaeger 1933 verfasste und mit dem ersten Etappenschritt vorlegte, war (so wie im Vorwort von insgesamt *zwei* statt von *drei* Bänden *Paideia* die Rede ist) von Demosthenes *nicht* die Rede. Auf der dreizehnten der zwanzig Druckseiten der Einleitung von 1933, die (dem Vorwort zufolge) eine „mehr allgemeine Betrachtung des Typischen" der griechischen Paideia enthalten,[14] erwähnt Jaeger dagegen „Sokrates, Platon und Aristoteles", in deren Lehren „die folgerichtige Bewegung der Philosophie [...] gipfelt".[15] Tatsächlich gipfelt später, im dritten (*transatlantischen*) Band der *Paideia* das griechische Erziehungswerk *als Ganzes* in einem „Zeitalter der großen Bildner und Bildungssysteme", das selbst in Philosophie und, von Sokrates als ihrem „Mittelpunkt" ausgehend und durch Aristoteles bestätigt,[16] *als* Philosophie in Platons *Nomoi* gipfelt.[17] Aber mit dem Politiker Demosthenes endet es.

Schon in der 1933 publizierten Einleitung schildert Jaeger die Bewegung der Philosophie als zwar eine *Gipfel*bewegung, die aber nur *eine* Bewegungsform im Rahmen eines umfangreicheren dynamischen Gefüges darstellt. In diesem dynamischen Gefüge unterliegt der „griechische Staat", Demosthenes' Thema, schon wegen seiner allgemeinen Qualität als „Former des Menschen und seines ganzen Lebens", anderen Bewegungsgesetzen, als die Philosophie; so wie auch der Mythos, die „Plastik", die „Malerei" oder die „Poesie" eigenen Rhythmen folgend, in eigensinnigen Kombinationen ineinander verwoben, verfahren.[18] Erst aus der Gesamtansicht dieses dynamischen Gefüges (und *nicht* von philosophischen Gipfelpunkten aus) erschließt sich die Paideia der Griechen vollständig und ist das Erziehungsprogramm *Griechen als Paideia* abgeschlossen.

Die Figur Demosthenes tritt zum Ende des dritten Etappenschritts der *Paideia* auf, um in letzter Konsequenz vorzustellen, was Jaeger schon im Vollzug des ersten Etappenschritts beschrieben hatte: dass *etwas* am „griechischen Geist" mitwirkt, das auch von philosophischen Gipfeln aus nicht sichtbar ist und *erst von dem aus* die einzelnen Bereiche der Paideia der Griechen als Aspekte eines übergreifenden „anthropozentrischen Lebensgefühls", das zugleich ihr „Erbe" ist und also der

---

[13] Jaeger. *Paideia*, S. 1221–1250.
[14] Jaeger. *Paideia*, S. VI.
[15] Jaeger. *Paideia*, S. 13.
[16] Jaeger. *Paideia*, S. 590.
[17] Jaeger. *Paideia*, S. 1165–1220.
[18] Jaeger. *Paideia*, S. 13.

Grundton des Erziehungsprogramms *Griechen als Paideia*, sich erschließen.[19] Während Platon auf dem Gipfel der *Nomoi* den „Staat" vorstellte als die „soziale Form" der „Idee dessen, was höher ist als der Mensch und doch des Menschen wahres Selbst",[20] verkörpert Demosthenes' „Endkampf [...] um die Unabhängigkeit" den praktischen Umgang des griechischen Geists mit der „Last des Erbes". Das Besondere an Demosthenes' Tätigkeit ist, dass sie erst einsetzt, nachdem bereits „die geschichtliche Lebensform [des] Staates", den Platon als Idee erfasste, „sich ausgelebt hatte". Demosthenes ist, so Jaeger, der Sonderfall, an dem die „als philosophisches Problem" beizeiten etablierte Frage der griechischen Paideia „sich [...] in politische Wirklichkeit umsetzte".[21] Mit Demosthenes umfasst das anthropozentrische Lebensgefühl neben dem Kampf um die Unabhängigkeit überdies das Wissen um die Möglichkeit des Scheiterns dieses Kampfs – den Moment, wenn nicht mehr bleibt, als der Appell an die Mitbürger, „nicht zu wünschen, dass [sie] anders entschieden hätte[n], als die Vergangenheit es von [ihnen] forderte".[22]

Mit der Figur Demosthenes hat Jaeger sich nicht erst zu beschäftigen begonnen, nachdem er auf die amerikanische Seite des Atlantiks übergesiedelt war. Er trug bereits 1934, noch als Gastprofessor aus Berlin, in einer Vorlesungsreihe der University of California in Berkeley über sie vor. Im Vorwort der Druckfassung der *Sather Lectures* schreibt er, er habe „[f]or many years" über die Publikation einer „more analytical study" über Demosthenes' politische Reden nachgedacht, die er dann stattdessen in Berkeley unter Gesichtspunkten von „practical political thought" erläutert habe.[23]

Um den *transatlantischen* Demosthenes (und an ihm Jaegers Erziehungsprogramm *Griechen als Paideia* als Ganzes) zu verstehen, müssen wir ihn also, neben den Philosophen, Künstlern und Dichtern, an denen Jaeger die Paideia der Griechen vorstellt, auch mit dem Demosthenes der *Sather Lectures* (zwischen Berlin und Harvard, zu Zeiten des ersten Etappenschritts der *Paideia*) vergleichen. Um den Demosthenes der *Sather Lectures* zu verstehen, müssen wir allerdings zunächst verstehen, was Jaeger meint, wenn er in ihrem Vorwort den Gesichtspunkt der Vorträge, „practical political thought", als „more accessible form" gegenüber der früher geplanten „more analytical study" über Demosthenes' politische Reden bezeichnet.[24]

---

[19] Jaeger. *Paideia*, S. 13.
[20] Jaeger. *Paideia*, S. 1220.
[21] Jaeger. *Paideia*, S. 1249–1250.
[22] Jaeger. *Paideia*, S. 1250.
[23] Jaeger, Werner. 1938. *Demosthenes. The Origin and Growth of His Policy*. Berkeley, California: University of California Press, S. IX.
[24] Jaeger. *Demosthenes*, S. IX.

Was Jaeger unter „analytical studies" verstand, hat er anlässlich eines markanten Etappenschritts *seiner* Paideia, in der Basler Antrittsvorlesung 1914, nach Jahren des Studiums bei Hermann Diels und Ulrich von Wilamowitz-Moellendorff,[25] im Mittel der Bestimmung des Verhältnisses von *Philologie und Historie* dokumentiert.[26] Noch in der Vorrede zur zweiten Auflage einer Sammlung *humanistischer Reden und Vorträge*, die 1960 bei Jaegers altem Berliner Verlag de Gruyter erscheint, stellt er sie (wie jeden der versammelten Texte) vor als ein Element der „inneren Einheit" seiner „fortgesetzten Bemühungen um die Erneuerung des humanistischen Geistes auf Universität und Schule", die er zuerst eingebettet in das „Leben der [deutschen] Nation nach dem ersten Weltkriege" verfolgt habe, später als Teil einer „beginnende[n] Bewegung zur Selbstbesinnung" im Zeichen der „humanistische[n] Idee", die er „in Amerika in der geistig führenden Schicht [...] vorfand".[27] Neben dem analytischen Element in Jaegers Beitrag zur Erneuerung des Humanismus, der Erläuterung der Bedeutung der „kritische[n] Methode" und „strenge[r] Urkundlichkeit des Verfahrens" im Verhältnis zum „urteilenden Verstand" und zur „geschichtliche[n] Phantasie",[28] dokumentiert die Sammlung seines humanistischen Bemühens auch Texte, deren Form ‚more accessible' ist – so wie der *praktisch-politische* Demosthenes der *Sather Lectures* gegenüber dem Philologen-Demosthenes, über den Jaeger ihrem Vorwort zufolge früher einmal etwas schreiben wollte.

So wie mit den *Sather Lectures* der *praktisch-politische* Demosthenes, an dessen Stelle später der *transatlantische* Demosthenes trat, den *Philologen*-Demosthenes ersetzt, dokumentiert bereits Jaegers Bemühen um den Humanismus in der Zeit nach dem ersten Weltkrieg[29] gegenüber der Basler Antrittsvorlesung eine Erweiterung seines Tätigkeitsfelds in das praktisch-politische Gebiet. Jaeger, der

---

[25] Vgl. Jaeger, Werner. 1920/1960. Hermann Diels. Zum goldenen Doktorjubiläum. In *Humanistische Reden und Vorträge*. Berlin: de Gruyter, S. 31–40; Jaeger, Werner. 1932/1960. Ulrich von Wilamowitz-Moellendorff. In *Humanistische Reden und Vorträge*. Berlin: de Gruyter, S. 215–221.

[26] Jaeger, Werner. 1914/1960. Philologie und Historie. In *Humanistische Reden und Vorträge*. Berlin: de Gruyter, S. 1–16.

[27] Jaeger. Philologie und Historie, S. V.

[28] Jaeger. Philologie und Historie, S. 5–6.

[29] Vgl. White, Donald O. 1990. Werner Jaeger's ‚Third Humanism' and the Crisis of Conservative Cultural Politics in Weimar Germany. In *Werner Jaeger reconsidered. Proceedings of the Second Oldfather Conference, held on the Campus of the University of Illinois at Urbana-Champaign, April 26–28, 1990*, hrsg. William M. Calder III. Atlanta, Georgia: Scholars Press, S. 267–288; Groppe, Carola. 1997. *Die Macht der Bildung. Das deutsche Bürgertum und der George-Kreis 1890–1933*. Köln: Böhlau, S. 640–650.

1921 als Nachfolger Wilamowitz-Moellendorffs nach Berlin berufen wurde, gründete eine *Gesellschaft für antike Kultur*, eine Zeitschrift für die breitere akademische Öffentlichkeit (*Die Antike*) und war an der Gründung des in die Schulen der Republik reichenden *Deutschen Altphilologenverbands* beteiligt.[30] Um die Bedeutung des praktisch-politischen Demosthenes der *Sather Lectures* in der Paideia Jaegers besser zu verstehen, müssen wir ihm also den praktisch-politisch um Humanismus bemühten Redner Jaeger der Berliner Jahre gegenüberstellen. Dafür eignet sich besonders die Rede, die er 1929 anlässlich der Festsitzung der ersten öffentlichen Tagung der *Gesellschaft für antike Kultur* im großen Sitzungssaal des Preußischen Herrenhauses hielt.[31]

Damit sind die Schritte beschrieben, die wir unternehmen müssen, um Jaegers transatlantische Paideia nachzuvollziehen. Wir verfahren chronologisch, d. h. beginnen *(2.)* mit dem *analytischen* Humanismus der Basler Antrittsvorlesung, und spüren dessen ‚innerer Einheit' mit dem *politisch-praktischen* Humanismus der Festrede im Preußischen Herrenhaus nach. Damit haben wir den Denkraum bestimmt, in den, wie wir anschließend *(3.)* sehen werden, Jaeger im Mittel der Vorstellung der griechischen Paideia sein Erziehungsprogramm *Griechen als Paideia* einlässt. Auf dessen Grundlage vergleichen wir *(4.)* den *transatlantischen* Demosthenes, der das Erziehungsprogramm signiert, mit dem Demosthenes der *Sather Lectures* ein Jahrzehnt früher. Jaegers eigener Lage und Tätigkeit in den Vereinigten Staaten kennzeichnet gegenüber seiner Berliner Zeit ebenso wie gegenüber dem Demosthenes der *Paideia* eine deutliche Minderung des praktisch-politischen Elements; praktisch bleibt die Arbeit an ‚more analytical studies', politisch bleiben Gesten für den Zusammenhalt der *happy few* aus exzentrischer Positionalität *(5.)*.

2 Die Philologie, die Historie und die geistige Lage der Gegenwart

An den Anfang seiner Basler Antrittsvorlesung *Philologie und Historie* stellt Jaeger zwar als „unumstößliche[n] Satz", dass „es [...] so viel Philologien [gibt], als es wirklich *originale* Philologen gibt";[32] davon abgesehen verbinde aber *alle* Philologen der Gegenwart, dass sie um eine „Arbeitsgemeinschaft" mit der Geschichte

---

[30] Vgl. Schadewaldt, Wolfgang. 1963. *Gedenkrede auf Werner Jaeger, 1888–1961. Mit einem Verzeichnis der Schriften Werner Jaegers*. Berlin: de Gruyter, S. 17–19.

[31] Jaeger, Werner. 1929/1960. Die geistige Gegenwart der Antike. In *Humanistische Reden und Vorträge*. Berlin: de Gruyter, S. 158–177.

[32] Jaeger. Philologie und Historie, S. 1 (Hervorhebung von mir/PG).

(wie auch mit der Archäologie) nicht herumkommen, weswegen der Philologie die Klärung beider Verhältnisse angelegen sein muss.[33] Was sie wie sämtliche „selbständige Wissenschaft[en]" jedenfalls voneinander unterscheidet, ist „die Idee, unter der sie die [ihnen] [...] gemeinsamen Gegenstände betrachte[n]".[34]

Abseits der unterschiedlichen ideellen Voraussetzungen gilt Jaeger zufolge in Fragen der „Methode", dass *ohne* philologische Vorleistungen „in den historischen Disziplinen" und „in der historischen Forschung im engeren Sinne" (wie z. B. auch in „Theologie und Rechtslehre") von „wissenschaftliche[m] Arbeiten" nicht die Rede sein kann.[35] Vom „äußersten ‚philologischen' Fall" („Textkonstitution eines alten Schriftstellers") bis zum Fall der Rekonstruktion des „römischen Staatsrecht[s]" durch einen Erzhistoriker wie Mommsen, so Jaeger, gilt deswegen dieselbe „Voraussetzung" der „strenge[n] Urkundlichkeit des Verfahrens" als das methodologische Prinzip.[36]

Philologie und Historie unterscheiden sich ihren ideellen Voraussetzungen nach hinsichtlich ihres Verhältnisses zur „Sprache", was Jaeger letztlich auf „Naturanlagen und Begabungen des Philologen und Historikers" zurückführt:[37] ein besonderes „Ohr" und ausgeprägtes „rhythmische[s] Gefühl" im ersten, ausgeprägtes „Streben" nach „Zusammensicht" und ein besonderer „Trieb [...] nach Verewigung" im zweiten Fall.[38] Über die Begabungen der Philologen und Historiker hinaus (*und* im Zusammenhang mit ihnen) unterscheiden Philologie und Historie (und „eine jede Wissenschaft") sich effektiv nach dem eigenen „Wertgesichtspunkt, durch den sie sich dem Getriebe einer Kultur einfüg[en]", und nach der spezifischen „Würde, die sie eben dadurch in ihm empf[a]ng[en]".[39]

Der Wertgesichtspunkt der Philologie *ist* die „Sprache", d. h. Sprache als „lebender, individueller Organismus", „Ausdruck und Träger aller in der Kultur einer Nation tätigen Kräfte" – und ist in diesem Sinn ein „Ethos" des „Geschaffenen". Dagegen den Wertgesichtspunkt der „Geschichte" bilden die „politische[n] Gebilde und Vorgänge", d. h. die „politische Erfahrung" als Mittel der „Hoffnung" auf die „künftige Gestaltung der menschlichen Dinge"; es handelt sich deswegen um ein Ethos des „Geschehenen", „illustrativ" um das „Gewesene" ergänzt.[40] Während also die Geschichte „*nur* zu verstehen [sucht], um zu erkennen[,] [erkennt] [d]ie

---

[33] Jaeger. Philologie und Historie, S. 2–3.
[34] Jaeger. Philologie und Historie, S. 3.
[35] Jaeger. Philologie und Historie, S. 5.
[36] Jaeger. Philologie und Historie, S. 6–7 und 5.
[37] Jaeger. Philologie und Historie, S. 8.
[38] Jaeger. Philologie und Historie, S. 9–10.
[39] Jaeger. Philologie und Historie, S. 11.
[40] Jaeger. Philologie und Historie, S. 11–12.

Philologie, um zu verstehen". *Was* die Historie *nur* erkennt, wenn sie (philologisch) versteht, und die Philologie versteht, weil sie weiß, dass der „Sitz alles Wertes im Individuellen" ist, sind „einige *große* Individualitäten".[41]

Die „*Idee* […] der philologischen Tätigkeit", ihr „Kraft- und Wertzentrum", ist eine „Schau der ‚unbegreiflich hohen Werke'", die idealerweise „vom unmittelbarsten Lebensbedarf und Lebensdrang der Gegenwart ausgeh[t]" und „die Menschen der Gegenwart zu dem Ewigen leiten[…]" soll.[42] Diese Idee entspricht, dem sie begleitenden „Kulturgefühl" nach, der Haltung der Gelehrten der „Renaissance", „Humboldts" oder „Goethes", und führt ihre Prätendenten und deren Adressaten, „wenn sie etwas taugt, […] in das Reich der Dauer und der Freiheit"[43] – so wie, wie wir gesehen haben, 23 Jahre später Speiers Seneca *seinem* Kulturgefühl die Erkenntnis abgewinnt, dass „nothing but small matters are subject to the arbitrary will of others".[44]

Den unmittelbaren Lebensbedarf und Lebensdrang des Jahres 1914 beschreibt Jaeger in der Basler Antrittsvorlesung recht allgemein. Es fehlt der „Zeit", lässt er Zuhörer und spätere Leser wissen, die „einheitliche Kultur, wie das Altertum oder Mittelalter, ja noch das XVIII. Jahrh. sie kannte"; es herrsche eine „[U]nsicher[heit]" in den „Gestaltungen des staatlichen und persönlichen Lebens". Die Philologie als Zeugin ‚großer Individualitäten' kann wegen deren „erzieherische[r] Wirkung" der allgemeinen „Zersplitterung" entgegenwirken, indem sie an ihnen ein *Ethos des Geschaffenen* vorführt.[45] Exemplarisch für solche Individualitäten nennt Jaeger neben der „Sonne Homers", dem „aeschyleischen Ernst", der „pindarischen Frömmigkeit", dem „plotinischen Tiefsinn", der „aristotelische[n] Forschung" und der „platonische[n] Wahrheit" auch die „demosthenische Glut".[46]

Der *Philologen*-Demosthenes ist also eine exemplarische Größe, an der ein bestimmtes Element der griechischen Freiheit zum Ausdruck kommt, eingelassen in ein Gefüge ähnlicher Größen (Philologen-Homer, Philologen-Aischylos, Philologen-Pindar, usw.) mit unterschiedlichen Qualitäten (Ernst, Frömmigkeit, Wahrheit, usw.), die eine ‚innere Einheit' aufweisen. Während der Philologen-*Homer* den „*Verkünder*"-Interpreten fordert, der Philologen-*Aristoteles* den „*Sucher*"-Interpreten, oder der Philologen-*Platon* den „*Anbeter*"-Interpreten, fordert der Philologen-*Demosthenes* den „*Wecker*"-Interpreten.[47]

---

[41] Jaeger. Philologie und Historie, S. 13 (Hervorhebungen von mir/PG).

[42] Jaeger. Philologie und Historie, S. 14 (Hervorhebung von mir/PG).

[43] Jaeger. Philologie und Historie, S. 15–16.

[44] Speier. The Social Conditions of the Intellectual Exile, S. 317.

[45] Jaeger. Philologie und Historie, S. 15.

[46] Jaeger. Philologie und Historie, S. 16.

[47] Jaeger. Philologie und Historie, S. 16. (Hervorhebungen von mir/PG).

Seinen Vortrag im Preußischen Herrenhaus 15 Jahre später hält Jaeger nicht von der Philologie, sondern von der Historie her; er beschreibt die „Bestimmung" der tagenden *Gesellschaft für antike Kultur* (die er allerdings eine „Gemeinschaft" nennt) als die der Bewährung von Thukydides' „Worten", er schaffe der „Menschheit" mit seiner Schilderung der *Peloponnesischen Kriege* einen „Besitz für immer".[48]

Dieser (thukydidischen) Geschichte, so lässt Jaeger die Anwesenden wissen, geht es um Fragen von „Dauer"; ihr Mittel ist *nicht* (wie im Fall der „*Heroen*"-Geschichte) der „epische Gesang", sondern ist Arbeit an einem „ideelle[n] Ganze[n]", das (nach „*aristotelische[m] Gedanken*") in der Form der „Entelechie" seit je sich fortsetzt – so wie z. B. beizeiten der vergebliche „Traum einer nationalen Wiedergeburt Roms aus der Besinnung auf die höchsten Werte der klassischen Kultur" auf Umwegen die „christlich-abendländische Kultur" hervorgebracht habe.[49]

Die Lage der Gegenwart kennzeichnen, so Jaeger, „als abstrakte Idee[n]" Größen wie „Moskau" und „Genf" (die *Union Sozialistischer Sowjetrepubliken* und die *League of Nations*); aber „das tragende Gerüst im Aufbau unserer politischen Welt" (die „die europäische Welt" ist) bilden, als Träger des „Menschheitsgedanken[s]", „Hellas und Rom" („Antike" und „Christentum"). Dies hat die Gegenwart z. B. mit der „französisch englische[n] Aufklärung des 17.–18. Jahrhunderts" gemein oder mit dem „klassische[n] deutschen Idealismus".[50] Allerdings ist die Antike der Gegenwart nicht identisch mit der Antike der Menschen des 17. und 18. Jahrhunderts; z. B. die eingetretene „Verfeinerung des Zeitgefühls [...] verträgt sich [...] nicht mit der zeitlosen Betrachtungsweise des Klassizismus", zu der auch kein Weg „zurückgeh[t]".[51]

Die kulturellen Träger der allfälligen politischen Entelechie in der Gegenwart des Jahres 1929 agieren nicht mehr in der gleichen Welt, in der ihre Vorgänger zu Zeiten des ‚klassischen' Europa agierten, dem noch die Welt der „Renaissance" angehörte.[52] Es ist diesen Welten gegenüber eine fundamental „veränderte Welt": eine Welt nach dem „ungeheuerste[n] Bruch mit aller Tradition", den Jaeger auf die Jahre „1830 bis 1929" datiert. Die „Mächte", in denen dieser Bruch in „Erscheinung"

---

[48] Jaeger. Die geistige Gegenwart der Antike, S. 158–159. Vgl. Thukydides. 2002. *Der Peloponnesische Krieg*. Düsseldorf: Artemis & Winkler, S. 18–19.

[49] Jaeger. Die geistige Gegenwart der Antike, S. 160–161 (Hervorhebung von mir/PG). Vgl. Chambers, Mortimer. 1990. The Historian as Educator: Jaeger on Thucydides. In *Werner Jaeger reconsidered. Proceedings of the Second Oldfather Conference, held on the Campus of the University of Illinois at Urbana-Champaign, April 26–28, 1990*, hrsg. William M. Calder III. Atlanta, Georgia: Scholars Press, S. 25–36.

[50] Jaeger. Die geistige Gegenwart der Antike, S. 162.

[51] Jaeger. Die geistige Gegenwart der Antike, S. 164.

[52] Jaeger. Die geistige Gegenwart der Antike, S. 162.

tritt, sind: „nationale Staatenbildung", „Kapitalismus", „Technik", „Materialismus als Praxis und als Weltanschauung", das „Massenproblem", „geistige Desorientierung des Bürgertums", „Mechanisierung der Kultur und Wissenschaft".[53]

Gegen diese Mächte ist in der Gegenwart, als ideeller Träger des antikischchristlichen „Menschheitsgedanken[s]", der „Humanismus [...] unbedingt ein Politicum".[54] Seine „eigentlich bewußten Träger" bilden (so wie es „von jeher" mit den Trägerschaften von „Kulturideen" ist) einen „begrenzt[en] [Kreis]", der der „Masse", der „besitzlosen" wie der „besitzenden", verschlossen ist. Dessen „Mittelpunkt" bildet, „unbestritten", eine Größe der Vergangenheit: „Plato", der nach der Basler Antrittsvorlesung einen *Anbeter*-Interpreten erfordert, und dem Jaeger nun im Preußischen Herrenhaus „eine Auferstehung" konzediert.[55]

Eine Größe der Gegenwart ist „Plato" als Träger des „pädagogischen Problem[s]", das für ihn „das Problem des Staates" ist, so wie für ihn „Sokrates", als Träger des „Problem[s] der menschlichen Gemeinschaft", der „einzige wirkliche Politiker seiner Zeit" ist. Wo neben Platons *Idee* ein *„Wille* zum Staat" tritt, erweist Platon sich als *Erzieher* zum Staat"; so der Möglichkeit nach auch „bei uns Deutschen" (die, so lange sie *mit* Platon ihren Staat begründen, die „Brücke [...] zu den anderen Nationen" *nicht* „ab[brechen]" werden).[56] ‚Deutsche' kennzeichnet allerdings aktuell, im Jahr 1929, dass sie, so wie die Dinge liegen, aus „Schmerz" und nicht aus „Freude" einen ‚Willen zum Staat' aufbringen müssen.[57]

Was Jaeger der Festgesellschaft im Preußischen Herrenhaus vorführt, ist also die Möglichkeit einer „Vergemeinschaftung in der Gemeinde".[58] Deren *ideelle* Mitte bildet ein *Erziehungswerk*, das in Platons Schriften, hauptsächlich den *Nomoi*, in kondensierter Form vorliegt. In dieser Form bildet es ein Mittel der Orientierung für die „Gefolgschaft";[59] daher sind die Mittel der Vergemeinschaftung in der *Gesellschaft für antike Kultur* die Pflege, Lektüre und Deutung der alten Schriften, in Sonderheit derjenigen Platons. In der Anwendung dieses Mittels verbindet die Gemeinde sich (in ‚innerer Einheit') zu einer *größeren* Gemeinschaft mit den Förderern, Lesern und Interpreten dieser Schriften über Räume und Zeiten hinweg.

---

[53] Jaeger. Die geistige Gegenwart der Antike, S. 166.
[54] Jaeger. Die geistige Gegenwart der Antike, S. 162.
[55] Jaeger. Die geistige Gegenwart der Antike, S. 168.
[56] Jaeger. Die geistige Gegenwart der Antike, S. 176 und 162–163 (Hervorhebungen von mir/ PG).
[57] Jaeger. Die geistige Gegenwart der Antike, S. 177.
[58] Weber, Max. 1988. Die drei reinen Typen der legitimen Herrschaft. In *Gesammelte Aufsätze zur Wissenschaftslehre*. Tübingen: Mohr (Siebeck), S. 475–488, hier S. 481–482.
[59] Weber. Die drei reinen Typen der legitimen Herrschaft, S. 482.

Die Gemeinde ist exklusiv; wer sich ihr eingemeindet, tut dies im Bewusstsein, Teil eines begrenzten Kreises zu werden. Sich an Platon zu orientieren bedeutet jedenfalls, sich anders als die *Masse* zu orientieren (wobei es ist nicht Besitz ist, der die Glieder der Gemeinde gegenüber der Masse auszeichnet). Offensichtlich bildet die beste Gewähr, dazuzugehören, eine philologische Tätigkeit. Die Bereitschaft zu einer Orientierung am Humanismus ist eine Voraussetzung dafür. Jedenfalls ist bereit für den Humanismus, wer der Konstellation der Mächte der Gegenwart, die Jaeger vorstellt, mit Skepsis oder Ablehnung begegnet: den alten Nationalstaaten und dem neuen Bürgertum, dem Kapitalismus und der Technik, dem Materialismus und der Mechanisierung.

Die Gemeinde, die Jaeger vorstellt, ist, jedenfalls nach Idee und Historie, ein *transeuropäisches* Gebilde. Nach Lage der Dinge verteilt sie sich allerdings bis auf weiteres auf (innerlich verbundene) nationale Sondergemeinden. Daher ist die Vergemeinschaftung in die *Gesellschaft für antike Kultur* zuerst ein Schritt in eine in Sonderheit *deutsche* Gemeinde. Die deutsche Gemeinde steht ihrerseits in einem besonderen Verhältnis zum *Staat* (der zugleich das Hochamt des griechischen Erziehungswerks darstellt). Sie weiß, dass dieser Staat *nicht* existiert (erst wiederherzustellen ist), und weiß, dass es, damit er existiere, (neben der Idee) eines Willens zum (neuen) Staat bedarf. In diesem Sinne ist die *Paideia*, die Jaeger im Preußischen Herrenhaus avisiert, eine *deutsche* Paideia, der sich zwar nicht eingemeindet, aber doch verbunden fühlen darf, wer ebenfalls den Willen zu einem neuen (deutschen) Staat hat.

Insofern ist der begrenzte Kreis der Träger der antiken Kultur in der Gegenwart zur Erweiterung offen. Tendenziell jeder der Anwesenden und der Leser, der einer Tätigkeit nachgeht, die als Arbeit an der deutschen Paideia sich betreiben lässt, kann sich als Teil der humanistischen Gemeinde verstehen: in seltenen Fällen als *Interpret* des Erziehungswerks (bestenfalls im Beruf des Philologen); fallweise als sein *Agent* (Lehrer, Künstler); jedenfalls als *lesende Laien* (Bürger, Politiker, Offiziere) und *Mäzene* des Humanismus (Staats- und Wirtschaftsleute).

Die Arbeit an der deutschen Paideia unterscheidet sich in ihrem *Haupt*gebiet nicht von der Arbeit an der Paideia der Griechen, d. h. der philologischen Tätigkeit, die in transeuropäischen Expertenzirkeln (an griechischer Sprache und mit den Mitteln der kritischen Methode) praktiziert wird. Eine ‚deutsche' Paideia, der Gegenstand des praktisch-politischen Redners Jaeger, entsteht erst unter Gesichtspunkten der Historie, wobei *diese* Historie selbst einer griechischen Form (der *thukydidischen*) folgt und also *Philologen*-Historie ist (wegen der Sonderzuständigkeit der Philologie für die griechischen Formen).[60]

---

[60] Vgl. Wegeler, Cornelia. 1996. „*... wir sagen ab der internationalen Gelehrtenrepublik*": *Altertumswissenschaft und Nationalsozialismus. Das Göttinger Institut für Altertumskunde 1921–1962.* Köln: Böhlau, S. 55–59.

Als Element des Gefüges griechischer Formen kennzeichnet die *thukydidische* Historie ihre Orientierung am Menschheitsgedanken, wegen der sie mit den anderen (großen) Individualitäten (*aeschyleischer* Ernst, *platonische* Wahrheit, *demosthenische* Glut, usw.) in ‚innerer Einheit' verbunden ist. Ihr eigenes ‚Ethos des Geschaffenen', d. h. ihre besondere praktisch-politische Qualität, gewinnt die thukydidische Historie aus dem „große[n] Krieg [...] der Griechenwelt", der ihr, mit der „allseitige[n] Erfahrung des Ewig-Menschlichen in seiner Größe und Grenze", als Problem „das Menschliche", den „Grenzfall tierhafter und göttlicher Existenz", aufgegeben hat.[61] Im Sinn der Bearbeitung dieses Problems ist z. B. der *Historiker*-Platon (so wie der *Philologen*-Platon) zuerst eine Größe der *Wahrheit*, aber darüber hinaus, wie wir gesehen haben, auch eine *praktisch-politische* Größe: ein Erzieher zum Staat; oder der *Historiker*-Aristoteles (so wie der *Philologen*-Aristoteles) zuerst eine Größe der *Forschung*, aber darüber hinaus auch Stichwortgeber einer politischen Entelechie der Gegenwart.

Das Problem des *Historiker*-Demosthenes, der die große philologische Individualität der demosthenischen *Glut* in politischer Praxis vorstellt, ist *nicht* Gegenstand der Festrede Jaegers im Preußischen Herrenhaus. Wie wir wissen, wird er diesen Gesichtspunkt aber wenige Jahre später, im Rahmen der *Sather Lectures* des Jahres 1934, ausführlich erläutern; ebenso wie Demosthenes an markanter Stelle in Jaegers Erziehungsprogramm *Griechen als Paideia*, das er mit seiner Analyse der Paideia der Griechen vorlegt, eine Rolle spielt. Anders als Demosthenes oder Platon behandelt Jaeger Thukydides nicht im dritten Band der *Paideia*, als eine Größe des *Zeitalters der großen Bildner und Bildungssysteme*; sondern Thukydides beschließt den (zuerst 1943 publizierten) zweiten Band, *Höhe und Krise des attischen Geists*.

3 Griechen als Paideia

Jaegers *Paideia* ist, wie wir gesehen haben, eine über einen längeren Zeitraum analytisch und praktisch-politisch vorbereitete Schrift; z. B. Jaegers philologische Studien zur Metaphysik des Aristoteles gehen zurück auf die Zeit des deutschen Kaiserreichs;[62] Fallstudien zu politischen Akteuren wie Solon, Platon oder Tyrtaios, die zu den Achsenfiguren der *Paideia* zählen, entstehen zu Zeiten der Weimarer

---

[61] Jaeger. Die geistige Gegenwart der Antike, S. 159.
[62] Jaeger, Werner. 1912. *Studien zur Entstehungsgeschichte der Metaphysik des Aristoteles*. Berlin: Weidmann. Vgl. Mensching, Eckart. 1989. Über Werner Jaeger (geb. am 30. Juli 1888) und seinen Weg nach Berlin. In *Nugae zur Philologie-Geschichte II*. Berlin: Universitätsbibliothek der Technischen Universität Berlin, S. 60–80.

Republik.[63] Bereits von der 1933 verfassten Einleitung her ist die *Paideia* in ihren großen Zügen als *Ganzes* konzipiert; nicht zuletzt die herausgehobene Stellung Platons, die seiner Stellung im Aufbau der humanistischen Gemeinde entspricht, die Jaeger im Preußischen Herrenhaus vorstellt, steht schon 1933 fest. Aber Jaeger verfasst die *Paideia* während eines Zeitraums von rund fünfzehn Jahren; in diesem Sinn reflektiert die Schrift bei aller Kontinuität ein dynamisches Element, einen den Umständen der Zeit geschuldeten Bildungsprozess ihres Autors.[64] Während dieser Zeit behält Jaeger zwar den Anspruch, die *Paideia* als *Einheit* vorzustellen, bei, aber trotzdem ist das Gesamtgefüge der Paideia, das mit dem dritten Band 1947 vorliegt, nicht identisch mit deren Konzeption in den frühen 1930er-Jahren. Für unser Problem, die transatlantische Dimension der *Paideia*, ist, wie wir gesehen haben, die Figur Demosthenes besonders interessant; nicht zuletzt, weil Demosthenes als *letzter* Repräsentant der griechischen Paideia Platons frühzeitig festgelegte Sonderstellung relativiert.

Der *erste* Zug der *Paideia* ist in jedem Fall, in der Behandlung aller Elemente des ‚griechischen Geistes', durchtragend von den frühen 1930er-Jahren bis in die zweite Hälfte der 1940er-Jahre, eine *philologische* Tätigkeit. Nicht der praktisch-politische Redner Jaeger unternimmt diesen ersten Zug; sondern der *Analytiker* Jaeger. Sein Metier ist, nach dem Vorwort zur zweiten Auflage des ersten Bands 1935, die Bearbeitung der *Paideia der Griechen* im Mittel der kritischen Methode. Allerdings hat bereits diese Tätigkeit eine politisch-praktische Dimension; es handelt sich bei ihr um ein Teilgebiet des Erziehungsprogramms *Griechen als Paideia*, das als die ‚große Individualität' *aristotelischer Forschung* an der *Paideia der Griechen* beteiligt ist.

Die über fünfzehn Jahre in mehreren Etappen in schriftlicher Form kondensierte *Paideia*, die uns vorliegt, ist das Ergebnis der Überarbeitung der philologischen Tätigkeit durch den ‚urteilenden Verstand', d. h. durch den *Interpreten* Jaeger. Wie wir wissen, unterhält dieser Interpret zu seinen Gegenständen kein *einheitliches* Verhältnis, sondern will, je nach Beitrag zur *Paideia*, z. B. den

---

[63] Jaeger, Werner. 1926/1960. Solons Eunomie. In *Scripta Minora I*. Rom: Edizioni die Storia e Letteratura, S. 315–337; Jaeger, Werner. 1928/1960. Platons Stellung im Aufbau der griechischen Bildung. In *Humanistische Reden und Vorträge*. Berlin: de Gruyter, S. 117–157; Jaeger, Werner. 1932/1960. Tyrtaios über die wahre ἀρετή. In *Scripta Minora II*. Rom: Edizioni die Storia e Letteratura, S. 75–114.

[64] Vgl. bereits Näf, Beat. 1990. Werner Jaegers Paideia. Entstehung, kulturpolitische Absichten und Rezeption. In *Werner Jaeger reconsidered. Proceedings of the Second Oldfather Conference, held on the Campus of the University of Illinois at Urbana-Champaign, April 26–28, 1990,* hrsg. William M. Calder III. Atlanta, Georgia: Scholars Press, S. 125–146 – der allerdings andere Schwerpunkte bei der Analyse setzt, als wir in der Folge.

Werken Homers als *Verkünder*, den Werken Platons als *Anbeter* oder Demosthenes' Reden als *Wecker* gegenübertreten. Unter diesen Voraussetzungen interessiert uns im Folgenden besonders Jaegers Weiterbearbeitung seiner Interpretamente zur *Paideia der Griechen* mittels ‚geschichtlicher Phantasie'; d. h. der Anteil des praktisch-politischen Redners an Jaegers *Paideia*.

Der praktisch-politische Redner kommt, wie wir bereits gesehen haben, z. B. in der Einleitung ausführlich zu Wort. Allgemein äußert er sich bevorzugt im Zusammenhang von Äußerungen über verschiedene ‚große Individualitäten', in der Form des Urteils über ihre Leistung. Besonders interessant sind für unsere Zwecke deshalb die Passagen, wo Jaeger an den ‚großen Individualitäten' Themen vorführt (so wie seinerzeit im Preußischen Herrenhaus an Thukydides den *Krieg* oder an Platon die *Wiederherstellung des Staats*), die zugleich praktisch-politische Probleme der Gegenwart (1933–1947) betreffen. Wir behandeln im Folgenden zunächst anhand von Homer, Aischylos und Platon eine Reihe von (relativ) ‚großen Individualitäten' mit besonderer Relevanz für das praktisch-politische Gesamtgefüge der *Paideia*, die bereits zum Zeitpunkt der Konzeption der Studie, d. h. in der Perspektive der *deutschen* Paideia, feststand; im anschließenden Kapitel rücken wir mit Demosthenes diejenige große Individualität in den Mittelpunkt, die erst in der *transatlantischen* Perspektive eine solche besondere Relevanz erhielt.

Der erste Band (1933) behandelt die Paideia der „griechische[n] Frühzeit". Dies ist die Zeit, *bevor*, bei Aischylos „im 5. Jhrh." (mit dessen Dramen der zweite Band der *Paideia* [1943/45] beginnen wird), überhaupt von einer „Paideia" die Rede sein kann.[65] Im ersten Etappenschritt der *Paideia* beschäftigt Jaeger, so wie das Konzept der Paideia als *Ganzes* seinerzeit es vorsieht, sich also lediglich mit *vor*großen Individualitäten. Größen der griechischen Paideia sind sie nicht aus sich, sondern erst von dem feststehenden (philosophischen) Gipfelpunkt des *Ganzen* her. So erweist sich z. B. die „*homerische Adelsbildung*", das zentrale Element dieser *vor*großen Zeit, erst unter Gesichtspunkten der „Philosophie Platons" als die „Urform des griechischen Geistes".[66]

Mit *Homer* teilt Platon den praktisch-politischen Beruf; er selbst, den Jaeger der Gemeinde im Preußischen Herrenhaus als *Erzieher zum Staat* vorgestellt hat, nennt Homer einen „*Erzieher ganz Griechenlands*". Homer ist allerdings nicht, wie Platon, ein *Philosophen*-Erzieher, sondern (nur) ein „*Dichter*"-Erzieher. Die homerische Form der Erziehung, d. h. die Form des ‚epischen Gesangs' (,Heroen-Geschichte'), bleibt, obschon sie selbst *noch nicht* Paideia heißen kann, „stets" in

---

[65] Jaeger. *Paideia*, S. 25.
[66] Jaeger. *Paideia*, S. 62 (Hervorhebung von mir/PG).

Funktion.⁶⁷ Sie hat sich also auch zu Zeiten Platons, trotz ihres gegenüber der philosophischen Paideia relativ geringen Raffinements, nicht etwa erledigt; weder der geistigen Form nach noch praktisch-politisch. Ebenso wenig zu Zeiten Jaegers; Dichter-Erzieher sind (1933) Komplementärgrößen der *deutschen Paideia* im weiteren Feld der deutschen Erziehung *und* Komplementärgrößen der *transatlantischen Paideia* (1945/47).

Wie wir wissen, tritt der *Interpret* Jaeger Homers Werken in der Form des *Verkünders* gegenüber. Die besondere Qualität der Erziehungs-Dichtung Homers ist demzufolge, dass mit ihr, wenn auch in unvollkommener Form, „alle charakteristischen Kräfte und Tendenzen des Griechentums", d. h. der *ganzen* späteren Paideia, „deutlich vorgebildet zu Tage treten". Homers Erziehungs-Dichtung ist eine Größe der *Bewegung* (die, unter Gesichtspunkten des späteren, *aristotelischen* Gedankens der Entelechie, „unermeßliche geschichtliche Wirkung" entfaltet) *und* eine Größe des *Beisichbleibens* (der „Rasse, die sich in ihren Eigenschaften [...] seltsam unverändert erhält").⁶⁸

Die Gegenwart (1933) steht, schon wegen der allfälligen Entelechien, zur homerischen ‚Rasse' im Verhältnis der „Verschiedenheit des Artgleichen". Sie kennt (wenigstens in den großen Zügen) bereits die vollständige griechische Paideia (1933–47), samt deren platonischen Gipfelpunkten. Daher ist die Frage der Artgleichheit, so wie das ganze Erziehungswerk des *alten* Adels, das als *vor*große Individualität in den Schriften Homers dokumentiert ist, eine Sache der *Frühzeit*, „für *uns* nur" (aber immerhin) „gefühlsmäßig und intuitiv zu erfassen[...]".⁶⁹ Sie ist gegenüber den philosophischen Gipfelbewegungen der späteren Epoche so unbedeutend, wie im Allgemeinen die praktisch-politische Leistung eines *Dichter*-Erziehers gegenüber der eines vollgültigen *platonischen* Erziehers unbefriedigend ist.

Innerhalb der humanistischen Gemeinde, die Jaeger, wie wir gesehen haben, im Preußischen Herrenhaus aufruft, zählt der *homerische* Typus sicher nicht zu den *Philologen*, und, da er nicht auf die Arbeit der Philologie aufbauen kann, nicht zur Gruppe der *Interpreten*. Er ist allerdings, da er selbst Werke (‚epische Gesänge') verfasst, *mehr* als nur ein *lesender Laie* oder ein *Mäzen* des Humanismus; er zählt zur Gruppe seiner *Agenten*.

Bemerkenswert ist, dass *Homer als Erzieher* in unveränderter Form mit der *deutschen* Paideia des Jahres 1933 wie mit der *transatlantischen* Paideia von 1945/47 korrespondiert. Wenn z. B. Jaeger, wie wir gesehen haben, vermerkt, dass *für uns* die eigene Artgleichheit mit der homerischen ‚Rasse' nur (aber immerhin)

---

⁶⁷ Jaeger. *Paideia*, S. 63 (Hervorhebung von mir/PG).
⁶⁸ Jaeger. *Paideia*, S. 88 (Hervorhebung von mir/PG).
⁶⁹ Jaeger. *Paideia*, S. 88 (Hervorhebung von mir/PG).

gefühlsmäßig und intuitiv zu erfassen sei, so darf ebenso der deutsche Leser des Jahres 1933 wie der amerikanische Leser des Jahres 1945 dies als Angebot zur Vergemeinschaftung in einer Sondergemeinde eines größeren humanistischen Verbunds *nach griechischer Art* verstehen. Ebenso in Deutschland 1933 wie in den Vereinigten Staaten 1945 (und auch in Deutschland 1947) darf man davon ausgehen, dass dieser oder jener *homerische* Erzieher komplementär zu Vertretern der eigentlichen *Paideia*, z. B. diesem oder jenem *Philosophen*-Erzieher, auftritt.

Den zweiten publizistischen Etappenschritt der *Paideia* vollzieht Jaeger von den Vereinigten Staaten aus. Der Band erscheint 1943 zuerst auf Englisch, erst im darauffolgenden Jahr auf Deutsch, wobei allerdings der deutschsprachige der ursprüngliche Text ist. Anders als der erste Band ist der zweite Band also bereits ein *transatlantischer* Text. Allerdings hat Jaeger ihn in den großen Zügen schon zum Ende des ersten Bands (1933) vorbereitet, indem er hier einen epochalen „Übergang" vorstellt: die „Tyrannis", eine temporäre Kooperation „unzufriedene[r] Adliger" und „besitzlose[r] Masse" in der Form *„Führer"–Gefolgschaft*, zu der es im Zuge einer „zunehmende[n] Verbreitung der Geldwirtschaft" gekommen ist, durch die die alte aristokratische Ordnung unterminiert wurde.[70] Der Leser des Schlusskapitels des ersten Bands 1933 erfährt bereits, dass *nach* dieser (für die *Paideia* im Großen und Ganzen nachrangigen) Zeit, die *nur* ein Übergang ist, ein „Volksstaat" folgt.[71] Er lernt überdies, dass ein maßgeblicher Beitrag des Erziehungswerks, das den „modern[en] [...] attischen Staat" begleitet, sich „Aischylos" verdankt.[72] Aischylos, so liest er, ist wie Homer ein „Dichter"-Erzieher, aber anders als Homer nicht ein Erzieher zu einem Leben nach der alten „politischen Arete" („höfisch vornehme Sitte und kriegerische[s] Heldentum"), sondern nach dem „Genius seines Volkes".[73]

Tatsächlich beginnt der zweite Band der *Paideia* (1943/44), wo der erste (1933) aufhört; bei Aischylos, der „die Zeit der Tyrannen noch als Knabe erlebt" hat und „unter der neuen Volksherrschaft [...] zum Manne herangewachsen" ist.[74] Wie wir wissen, hat Jaeger bereits in der Basler Antrittsvorlesung seine Vorstellung der ‚großen Individualitäten' (wie an der ‚Sonne Homers') u. a. am ‚aeschyleischen Ernst' exemplifiziert. Demnach fordert Aischylos' Dichtung von ihrem Interpreten keine besondere Qualifikation (so wie die Dichtung Homers die des *Verkünders*),

---

[70] Jaeger. *Paideia*, S. 294–295 (Hervorhebung von mir/PG).

[71] Jaeger. *Paideia*, S. 292.

[72] Jaeger. *Paideia*, S. 302–303.

[73] Jaeger. *Paideia*, S. 303 und 25.

[74] Jaeger. *Paideia*, S. 307.

sondern einfach einen „*Deuter*".[75] Aus der Einleitung der *Paideia* wissen wir überdies, dass wir mit Aischylos den Autoren erreichen, bei dem (anders als bei den Akteuren der Frühzeit) überhaupt erst von einer ‚Paideia' im eigentlichen Sinn die Rede sein kann.

So wie Homer oder Platon übt Aischylos einen praktisch-politischen Beruf aus; so wie Homer (aber nicht Platon) praktiziert er im Mittel der *Dichtung*. Allerdings ist die Form dieser Dichtung nicht der *Mythos*, sondern die „*Tragödie*". Der aeschyleische Typus ist noch kein Erzieher zum *Staat*; aber immerhin ist er Erzieher zu einem potenziell staatstragenden „*sittlichen Wollen*".[76] Er bringt den Staat buchstäblich auf die Bühne, idealerweise „an den Dionysusfesten", indem er der versammelten Menge an einzelnen Fällen die „Auferstehung des heroischen Menschen aus dem Geist der Freiheit" vorstellt: Akteure, die *nicht* (wie im Fall der alten Adelsbildung) aus einer Aristokratie des „Bluts" agieren, sondern einem „guten Genius" folgen, der Genius *eines* („des attischen") „Volks" ist.[77]

Der aeschyleische Staat ist *keine* statische Größe (keine „Behörde"), sondern eine Größe der *Bewegung* (Ausdruck des „Ringen[s] der Bürgerschaft"). Auf der aeschyleischen Bühne reden (wie schon Aristoteles wusste) „die Personen noch nicht rhetorisch sondern politisch".[78] Das Mittel der Tragödie, die eine „Volkssache" ist, ist „[S]uggesti[on]". Je nach deren Erfolg ist der *Tragödien*-Erzieher eine „Macht" im „Staat".[79]

Obwohl die Tragödie das gemeine (attische) Volk adressiert, ist sie auf „Abstand von der gemeinen Wirklichkeit" bedacht. Ihr Gelingen hängt an der Kunst der „Zuspitzung des [...] Geschehens zur Schicksalswende". Gemein macht der Tragödien-Erzieher sich mit der Menge nur, indem er als den politischen „Träger" den „Chor" einsetzt, der die Auferstehung des heroischen Menschen gemeinschaftlich beglaubigt; zu ihm treten beizeiten eine Mehrzahl einzelner „Sprecher [...] [h]in[...]").[80]

Ein aeschyleisches Erziehungswerk ist „radikal" auf die „Gegenwart" fixiert, deren „innere Voraussetzungen" es abbilden soll; so ist z. B. Aischylos' „König Pelasgos" (in den *Schutzflehenden*) ein „moderner Staatsmann", sein „Zeus" (in *Der gefesselte Prometheus*) ein „moderne[r] Tyrann", und „Prometheus", dieses

---

[75] Jaeger. Philologie und Historie, S. 16.
[76] Jaeger. *Paideia*, S. 309 und 308 (Hervorhebung von mir/PG).
[77] Jaeger. *Paideia*, S. 319 und 309.
[78] Jaeger. *Paideia*, S. 310.
[79] Jaeger. *Paideia*, S. 319–320.
[80] Jaeger. *Paideia*, S. 321–323.

Tyrannen „Ratgeber", (auch) ein moderner „Sophist".[81] Was die Volksversammlung mit den Größen auf der Bühne verbindet, ist ihre Gebundenheit an das „Schicksal"; es (und nicht „[d]er Mensch") ist das eigentliche „Problem", das die Tragödien-Erzieher der Menge vorstellen und ihr nach dem Maß einer „göttlichen Ordnung der Welt" auslegen.[82]

So wie der *homerische* Typus, wie wir gesehen haben, nicht an die griechische Paideia gebunden ist, sondern stets und also auch zu Zeiten Jaegers auftritt, ist es auch beim *aeschyleischen* Typus. Jaeger lässt seine Leser wissen, dass die „attischen Festspiele […] das Urbild eines Nationaltheaters" sind, „um das die deutschen Dichter und Bühnenleiter unserer klassischen Zeit sich so heiß doch vergeblich bemüht haben".[83] Der Staat der Gegenwart steht zum aeschyleischen Staat also (abgesehen von all den Entelechien seither) im Verhältnis der *Analogie*. So wie der aeschyleische Staat nicht ein Institutionen-Staat, sondern eine Größe der Staatswerdung (,sittliches Wollen', ,bürgerschaftliches Ringen') darstellt, ist in der Gegenwart eine aeschyleische politische Form (,Nationaltheater') keine Größe der staatlichen Wirklichkeit, sondern eine Größe der Arbeit am Staats-Ideal (des ,Bemühens' um ein ,Urbild'). Die ,deutschen Dichter' sind 1943/44 Teil der *transatlantischen* Paideia, so wie sie sicher zu diesem Zeitpunkt, wenn seit der Rede im Preußischen Herrenhaus die Lage des deutschen Staats dieselbe geblieben wäre, Elemente der (dort vorgestellten) *deutschen* Paideia wären. Weil die Lage des deutschen Staats sich geändert hat, steht allerdings nun fest, dass die ,deutschen Dichter' *zuerst* aeschyleische, erst nachrangig deutsche, und ebenso gut wie deutsche amerikanische Größen sind.

Innerhalb der humanistischen Gemeinde zählt der *aeschyleische* so wenig wie der *homerische* Typus zu den Philologen (d. h. dem engsten Kreis). Die starke Stellung, die in seinem Erziehungswerk das *Schicksal* einnimmt, der Einsatz von Mitteln der *Suggestion*, der Verlass auf eine Kunst der *Zuspitzung* – all dies unterscheidet den aeschyleischen Typus vom Agenten einer strengen Urkundlichkeit des Verfahrens. Andererseits verfasst der aeschyleische Typus *mehr* als ,epische Gesänge'; er stellt Analogien vor (Pelasgos als Staatsmann der Gegenwart, Prometheus als politischer Berater), d. h. agiert im Mittel der *Interpretation*. Er muss also immerhin einen Zugang zur Arbeit der Philologie haben – so wie z. B. Rudolf Borchardt, der Programmatiker der „[s]chöpferischen Restauration"[84] in den Jahren

---

[81] Jaeger. *Paideia*, S. 324.
[82] Jaeger. *Paideia*, S. 327 und 329.
[83] Jaeger. *Paideia*, S. 319.
[84] Borchard, Rudolf. 1927/1999. Schöpferische Restauration. In *Gesammelte Werke. Reden.* Stuttgart: Klett-Cotta, S. 230–253.

1929 bis 1933 mit dem Philologen Jaeger Briefe gewechselt hatte,[85] oder Gilbert Highet, nachdem er dessen ganze *Paideia* ins Englische übersetzt hatte, sie in ein Bild einer *Classical Tradition* übersetzte,[86] das amerikanischen „undergraduate[s]" einiges suggerieren mochte.[87]

Der dritte Etappenschritt der *Paideia* (der zweite transatlantische) beginnt mit dem „Ende des [...] Krieges der griechischen Staaten" und dem „Fall Athens (404 v. Chr.)", des ‚klassischen' Anwärters „auf die zukünftige Führung Griechenlands". Dem folgt unter *griechischen* Gesichtspunkten ein „Vakuum" in Fragen der politischen Führung,[88] unter *athenischen* Gesichtspunkten eine umfassende Überarbeitung der älteren Paideia (die, von ihren Ursprüngen in der *alten Arete* her, immer auch eine Größe *kriegerischen Heldentums* war) mit Orientierung „nach der geistigen Seite". Erst das „*bewußte Ideal* der Erziehung und Kultur", das (bei Platon) am Ende des Überarbeitungsprozesses steht, wird dann (wegen des besonderen „Wachsein[s]" und der „inneren Klarheit" seiner Träger) die *transhistorische* Gültigkeit der griechischen Paideia begründen: „dass die Nachwelt niemals aufhören kann, ihr Schüler zu sein".[89]

Die *transhistorische* Paideia ist allerdings (anders als das aeschyleische Erziehungswerk und unter anderen Gesichtspunkten als das homerische) nichts für die ‚Masse' oder das ‚Volk', sondern eine Sache „geschlossene[r] Schulen" und „bestimmte[r] soziale[r] Kreise" – so wie die humanistische Gemeinde, die Jaeger 1929 im Preußischen Herrenhaus vorstellte, einen *begrenzten* Kreis bildet.[90] „Plato" selbst steht für die Erkenntnis, dass die transhistorische Paideia „keine Botschaft für alle" ist. Der platonische Erzieher richtet sich vielmehr an die „Herrscher und Lenker des Volkes"; daher fehlt in seinem Erziehungswerk die Klärung der Frage der „Mittel, mit denen diese führenden Männer das Volk in seiner Gesamtheit formen sollen".[91]

---

[85] Borchard, Rudolf, und Jaeger, Werner. 2007. *Briefe und Dokumente 1929–1933*. München, Ebersberg: Rudolf-Borchardt-Gesellschaft.

[86] Highet, Gilbert. 1985. *The Classical Tradition. Greek and Roman Influences on Western Literature*. New York, Oxford: Oxford University Press.

[87] Bloom, Harold. 1985. Foreword. In *The Classical Tradition. Greek and Roman Influences on Western Literature*, hrsg. Gilbert Highet. New York, Oxford: Oxford University Press, S. V–VIII.

[88] Jaeger. Die geistige Gegenwart der Antike, S. 517.

[89] Jaeger. Die geistige Gegenwart der Antike, S. 519. Vgl. Kahn, Charles H. 1990. Werner Jaeger's Portrayal of Plato. In *Werner Jaeger reconsidered. Proceedings of the Second Oldfather Conference, held on the Campus of the University of Illinois at Urbana-Champaign, April 26–28, 1990*, hrsg. William M. Calder III. Atlanta, Georgia: Scholars Press, S. 69–81.

[90] Jaeger. *Paideia*, S. 524.

[91] Jaeger. *Paideia*, S. 525–526.

Platon teilt nicht nur mit Homer oder Aischylos den praktisch-politischen Beruf; sein Erziehungswerk ist, wie wir bereits gesehen haben, Maß und Gipfelpunkt dieses Berufs. Platons Paideia ist, so Jaeger, eine (ihrem „erzieherischen Geist" nach „[s]okrati[sche]") „Philosophie", die (anders als frühere Philosophien) „nicht nur das Wesen der Dinge schauen, sondern das Gute schaffen will". Dies *philosophische* Erziehungswerk ist *politisch*, weil Philosophen-Erzieher es in der Form einer „kritischen Auseinandersetzung mit den großen Erziehungs*mächten*" der „eigenen Zeit" praktizieren, wobei es ihnen im „Kern" (den „Hauptwerken") um die Fragen des „,*Staat[s]*'" und der „,*Gesetze*'" geht.[92]

Die Gegenwart (1945/47), als Element der *Nachwelt* der platonischen Paideia, steht zu diesem Erziehungswerk, wie wir gesehen haben, jedenfalls in einem *scholastischen* Verhältnis. Andererseits kennt sie, abgesehen von der bemerkenswerten Gipfelbewegung, die „von Stufe zu Stufe" der geforderte *Anbeter*-Philologe an Platons Schriften dokumentieren kann, (so wie „in seinem Alter" Platon selbst es noch erkannte), auch die Mängel einer solchen *Paideia des begrenzten Kreises*: die offene Frage der politischen Erziehung des Volks durch die politische Elite.[93]

Was der Gegenwart (so wie *jeder* Nachwelt) mit der platonischen Philosophie zukommt, ist unter Gesichtspunkten des Anspruchs der Volkserziehung *nicht* zuerst Philosophie, sondern das Problem „eine[r] neue[n] Religion". Weil *Religion* im vierten vorchristlichen Jahrhundert nicht weniger als eine „neue Seins- und Wertordnung" darstellt (d. h. es bis hierher keine eigentliche Religion gab), kommt der Gegenwart mit der Frage der Volkserziehung geradezu *die* Religion vor Augen.[94] Wie erinnerlich, hatte Jaeger bereits in der Basler Antrittsvorlesung vermerkt, dass Platons Schriften einen *Anbeter*-Interpreten forderten, und im Preußischen Herrenhaus insbesondere die *Nomoi* als die ideelle Mitte einer anstehenden Vergemeinschaftung in der humanistischen Gemeinde vorgestellt.

Innerhalb der humanistischen Gemeinde ist der *platonische* Typus ein *bewusster Arbeiter am Ideal*; wer ihm entspricht, zählt jedenfalls zum engsten Kreis. Die Arbeit am Ideal ist allerdings nicht dieselbe Arbeit, die Platon, in dessen Schriften das humanistische Ideal vorliegt, verrichtet hat. Der platonische Erzieher verfährt selbst *nicht* philosophisch (oder jedenfalls nicht in *der* Weise philosophisch, in der Platon verfuhr). Wie Platon selbst führen platonische Erzieher jedenfalls eine kritische Auseinandersetzung mit den übrigen, *außer*platonischen Erziehungsmächten ihrer Zeit. Zu denen zählen im Fall Platons nicht zuletzt die zeitgenössischen Sophisten; im Großen und Ganzen sind es Vertreter einer homerischen Helden-Historie oder

---

[92] Jaeger. *Paideia*, S. 654–655 (Hervorhebung von mir/PG).
[93] Jaeger. *Paideia*, S. 654 und 525.
[94] Jaeger. *Paideia*, S. 655.

einer aeschyleischen Tragödien-Erziehung. Zum Beispiel unter den Gesichtspunkten des Jahres 1929 treten sie, wie wir gesehen haben, in der Form von *Kapitalismus* oder *Materialismus* in Erscheinung.

Allerdings ist die Tätigkeit eines *platonischen* Erziehers der Gegenwart (1947) *nur* wegen der Auseinandersetzung mit der pädagogischen Konkurrenz *platonische* politische Praxis. Sie kann *nicht* (oder jedenfalls nicht ausschließlich) platonisch-politisch sein mit Blick auf die Fragen des *Staats* und des *Gesetzes* – weil Platon (wegen der Paideia des begrenzten Kreises) die grundstürzende Frage der politischen Erziehung des Volks durch die (idealerweise philosophisch erzogene) Elite nicht geklärt hat. Immerhin gibt Jaeger einen Hinweis, in welcher Richtung von Platon her diese Volkserziehung zu praktizieren wäre: in der Richtung einer *Religion*. Diese platonische Religion (welche *die* Religion ist) hat, so Jaeger, ihr „Zentrum in *Gott*", während „[d]er Staat [...] die soziale Form [ist], die die geschichtliche Überlieferung des griechischen Volkes Plato darbot, um in ihr diese Idee auszuprägen".[95] Demnach praktizieren die platonischen Erzieher in der Form einer (humanistischen) *politischen Theologie.*

4 Demosthenes in Amerika

Wir hatten bemerkt, dass Jaeger bereits 1933, in der dem ersten Band vorangestellten Einleitung der *ganzen* Paideia, andeutet, dass *etwas* am ‚griechischen Geist' mitwirkt, das von den philosophischen Gipfeln aus *nicht* sichtbar ist. Der Aufbau des dritten Bands, demzufolge auf Platons *Nomoi* als die letzte Repräsentanz der griechischen *Paideia* noch Demosthenes folgt, konkretisiert dieses *Etwas*. Sein idealer Träger ist ein im Beruf des Redners und Diplomaten praktizierender Kontrahent der makedonischen Kriegerkönige Philipp und Alexander.

Bereits 1914 hatte Jaeger, wie wir gesehen haben, in der Reihe der großen Individualitäten, die die Philologie tätig (in diesem Fall in der Funktion eines *Wecker*-Interpreten) bezeugen soll, die ‚demosthenische Glut' aufgeführt. Auch unter praktisch-politischen Gesichtspunkten hat er sich, wie wir wissen, zu Zeiten des dritten Etappenschritts der *Paideia* bereits mit Demosthenes beschäftigt, als Gastprofessor in Berkeley, *zwischen* Berlin und Harvard. Uns bietet sich dadurch die Möglichkeit, im Vergleich des Demosthenes der *Sather Lectures* (1934) und des Demosthenes am Ende der *Paideia* (1945/47) die *transatlantische* Entwicklung dieser Figur, und an ihr das transatlantische Element von Jaegers Paideia, zu identifizieren. Wir beginnen mit dem *späteren* Demosthenes, der den Abschluss

---

[95] Jaeger. *Paideia*, S. 1220 (Hervorhebung von mir/PG).

der griechischen Paideia bildet, die wir am Endes des vorangegangenen Kapitels bei der offenen, da von Platon nicht mehr berücksichtigten Frage der politischen Erziehung des Volks durch die (idealerweise philosophisch erzogene) Elite verlassen haben.

Nicht als „Person" genommen, sondern als ‚große' Individualität („überpersönlich") verstanden, ist Demosthenes eine Größe der *Erziehung*; er gibt *uns* (dem „Wir" des Zeitpunkts 1945/47) „zu lernen" nicht als ein *Lehrer* (weswegen die Gegenwart zu ihm, anders als zu Platon, nicht in einem *scholastischen* Verhältnis stehen kann), sondern durch politische *Aktion*: „Widerstand gegen die Mächte seiner Zeit". Dabei ist eine demosthenische Politik von Grund auf konservativ; sie arbeitet an der „Beharrung eines Volkes in der einmal von ihm *geprägten* Lebensform, die in seiner *Naturanlage* begründet ist und der es die *höchsten Errungenschaften* seiner Entwicklung verdankt".[96]

Demosthenische Politik ist also ein *eigenständiges* Element der griechischen Paideia – dasjenige, das sie erst vervollständigt, d. h. die *ganze* vorangegangene Paideia (die homerische Rasse, das aeschyleische Volk, die platonische Gipfelbewegung) aufnimmt und in praktische Politik übersetzt. In dieser Hinsicht spiegelt die demosthenische Politik als Schlusspunkt der ganzen Paideia die Erziehungs-Dichtung Homers an ihrem Beginn – von der wie erinnerlich Jaeger sagt, dass in ihr bereits die ganze spätere Paideia deutlich vorgebildet zu Tage tritt.

Die „wahre[n] Schule[n]" demosthenischer Politik (neben der Schulung, die der demosthenische Erzieher in „Akademien", idealerweise einer platonischen, erhält) sind Jaeger zufolge die „Partei", die „Volksversammlung" und das „Gericht". Sie eignet sich wegen ihrer Orientierung an den Problemen der praktischen „politischen Arbeit", die an diesen Orten zu verrichten ist, eine eigene „literarische Form" an. An dieser Form zeigt sich zuerst der Unterschied zwischen der *demosthenischen* Paideia und allen vorangegangenen Formen. Sie kennzeichnet, dass sie die „Suggestion der lebendigen Fühlung" des Redners „mit dem Hörer", also einen gezielten Vorgang der Vergemeinschaftung, abbildet.[97] Diese Suggestion entfaltet sich *nicht* (wie die *aeschyleische*) theatralisch; sondern im Mittel der „systematische[n] Konsequenz" der Argumentationsführung.[98]

Der Orientierungspunkt demosthenischer Politik sind die „Lebensinteressen des Staates"; es geht ihr also um den *Erhalt der politischen Ordnung*. Dafür ist sie, bei aller Wertschätzung für die „philosophische Gewissensproblematik", gegebenenfalls zu „aggressive[r] außenpolitischer Betätigung" bereit; oder zu Appellen an

---

[96] Jaeger. *Paideia*, S. 1223 (Hervorhebung von mir/PG).
[97] Jaeger. *Paideia*, S. 1226–1227.
[98] Jaeger. *Paideia*, S. 1231.

das „Volk" im Mittel aggressiver Reden gegen die „Männer der Politik".⁹⁹ Tatsächlich strebt der demosthenische Politiker die „Leitung" eines „Volkes" an, zu dem er die „Masse", die er adressiert, erst noch „formen" muss. Deswegen sind in seinem Fall „Redner und Staatsmann [...] eins". Idealerweise formt er die ‚Masse' zum ‚Volk', indem er sie Stufe für Stufe seines Argumentationsgangs „nötigt, auf eine höhere Warte zu treten und selbst zu urteilen".¹⁰⁰

Demosthenische Politik argumentiert auf Grundlage einer *geopolitisch geweiteten* Perspektive (so wie Jaeger 1945/47 unter *transatlantischen* Umständen); unter Gesichtspunkten *seines* politischen Orts (z. B. der athenischen Polis) „verfolgt" ein demosthenischer Politiker die Entwicklungen in der „Welt ringsumher". Denn er ist interessiert an „praktische[r] Bündnisbildung", die er nach der „Idee des Gleichgewichts" zu organisieren versucht.¹⁰¹ Unter Umständen ist er bereit, das Problem eines „Staat[s] in Gefahr" zu lösen, indem er ihn einer „politischen Einigung" höherer Stufe eingemeindet (wie z. B. den athenischen ‚Staat' dem „[u]nabhäng[igen]" Griechenland).¹⁰² Ein demosthenischer Politiker versteht es, die „Masse" zum „[H]andeln" für diese *neue* politische Ordnung zu bewegen, indem er ihnen eine gemeinsame „Vergangenheit" entwirft.¹⁰³

Wir haben gesehen, dass Jaeger zufolge die Richtung, die von Platon her die Klärung des Problems der Volkserziehung nehmen müsste, die *Religion* ist, und daraus geschlossen, dass deren Form eine *politische Theologie* sein müsste. Die politische Theologie des (*thukydidisch*)-historischen Staatsmanns Demosthenes, die in seinen Reden mit der systematischen Konsequenz seiner Argumentationsführung ihre „*einmal*[ige]" suggestive Kraft entfaltet, ist (wie z. B. auch die Lehre seines Kontrahenten, des Anti-Platonikers Isokrates) „[p]anhellenis[tisch]" orientiert.¹⁰⁴ Es geht in seinen Reden (anders als in Isokrates' Reden) um den Aufbau einer „panhellenische Front" gegen die Gegner der *alten* „hellenischen Freiheit", die der Grund der *neuen* „Staatsbildung" sein soll.¹⁰⁵

Dieser neue Staat, der im Fall des alten Griechenland nicht zustande kam, wäre, wie wir wissen, idealerweise ein Staat, der dem Staat Platons korrespondierte, d. h. bildete als soziale Form die Idee eines Kosmos ab, der sein Zentrum in *Gott* hat – wäre also eine *monotheistische* Ordnung. *Deren* tätige Verwirklichung ist also

---

⁹⁹ Jaeger. *Paideia*, S. 1236.
¹⁰⁰ Jaeger. *Paideia*, S. 1239–1240 und 1244.
¹⁰¹ Jaeger. *Paideia*, S. 1232–1233.
¹⁰² Jaeger. *Paideia*, S. 1235 und 1242–1243.
¹⁰³ Jaeger. *Paideia*, S. 1245–1246.
¹⁰⁴ Jaeger. *Paideia*, S. 1249 und 1243.
¹⁰⁵ Jaeger. *Paideia*, S. 1244 und 1249.

Zweck und Ziel der demosthenischen politischen Theologie, die Jaeger 1945/47 seinen Lesern im letzten Schritt der *Paideia* vorstellt. Jede demosthenische politische Theologie muss berücksichtigen, dass der Staat der *Nomoi* selbst (noch) *nicht* mit dieser Idee identisch ist, sondern eben nur diejenige Form abgibt, in der die ‚geschichtliche Überlieferung des griechischen Volkes' Platon diese Idee vorstellte.

Der Demosthenes der *Paideia* ist, wie wir wissen, durch den Demosthenes der *Sather Lectures* begründet.[106] Allerdings ist dieser *ältere* Demosthenes (des Jahres 1934) *nicht* ein Element einer umfassend vorbereiteten *Paideia*. Es geht hier, anders als im Fall des transatlantischen Demosthenes (1945/47), um die *Person*, *nicht* um die ‚große' erzieherische Individualität. Dies hat Auswirkungen nicht zuletzt auf Jaegers Beurteilung des Gebiets der politischen Religion. Während die demosthenische Politik in ihrer *transhistorischen* Bedeutung als Schlusspunkt der *ganzen* Paideia eine platonisch-*monotheistische* Größe ist, unternimmt der *historische* Demosthenes (1934) „extensive observations on *the gods* and the part they play in the present situation";[107] d. h. er praktiziert als *Polytheist*, ist im strikten Sinn also kein politischer *Theologe*.

Vielmehr beruft der historische Demosthenes der *Sather Lectures* sich auf den *Gott der Gelegenheit*: „*Kairos*", ein besonderes Element im Gefüge der Götter, deren Zusammenwirken Demosthenes, wie Jaeger uns wissen lässt, im Großen und Ganzen als „*Tyche*" (als das, was den Menschen zukommt) versteht. Den Dienst am *Kairos* stellt der historische Demosthenes seinen Adressaten vor als eine politische Praxis, die sich nicht nur um die Dinge kümmert, die man tun *soll*, sondern auch um die, die „a man [should not] leave undone". Die Grundlage einer solchen Praxis ist „recognition of the right moment", wenn „divinity stretches out its hand to man".[108] Es geht demnach also darum, die *Zeichen der Zeit* zu erkennen; den Spielraum, den das Zusammenwirken der Götter (oder das ‚Schicksal') dem Staat (Athen) eröffnet, zum eigenen Besten zu nutzen. Dagegen ist der *transatlantische* Demosthenes (1945/47) sich zwar der Grenzen bewusst, die „Tyche" den Möglichkeiten des „Staatsmannes" setzt, zieht aus dieser Beobachtung aber keinen religiösen Schluss, sondern sucht einfach die „Gunst der *Gelegenheit*".[109]

---

[106] Jaeger. *Paideia*, S. 1392. Vgl. Badian, Ernst. 1990. Jaeger's Demosthenes: An Essay in Anti-History. In *Werner Jaeger reconsidered. Proceedings of the Second Oldfather Conference, held on the Campus of the University of Illinois at Urbana-Champaign, April 26–28, 1990*, hrsg. William M. Calder III. Atlanta, Georgia: Scholars Press, S. 289–315.

[107] Jaeger. *Demosthenes*, S. 130 (Hervorhebung von mir/PG).

[108] Jaeger. *Demosthenes*, S. 130–131.

[109] Jaeger. *Paideia*, S. 1242 (Hervorhebung von mir/PG).

Der Demosthenes der *Sather Lectures* hat wie der Demosthenes der *Paideia* die Schulen der praktischen politischen Arbeit durchlaufen; auch er ist am Erhalt der griechischen Freiheit interessiert und ist ein Volkserzieher. Er verfügt ebenfalls über eine geopolitisch geweitete Perspektive (so wie Jaeger zwar jenseits des Atlantiks noch nicht installiert ist, aber bereits von Chicago aus sich äußert); allerdings steht *sein* „Panhellenism" auf einer anderen Grundlage als der platonisch-monotheistische Panhellenismus 1945/47. Denn als polytheistischer Politiker geht er (anders als die ‚große' erzieherische Individualität fünfzehn Jahre später), während er ihn formuliert, nicht von einem Gebilde aus, das sein Zentrum in *Gott* hat. Sondern davon, dass jede Stadt ihre *eigene* Tyche besitzt, ebenso wie z. B. der makedonische König Philipp die seine[110] – während unter Gesichtspunkten des *transatlantischen* Demosthenes den makedonischen König lediglich eine „[z]auberische und [d]ämonische [...] Persönlichkeit kennzeichnet.[111] Als polytheistischer Praktiker verfolgt der ältere Demosthenes (1934) zwar ab einem bestimmten Zeitpunkt ein „national program"; aber die „conditio sine qua non of Hellenic existence" bleibt für ihn „the city-state", d. h. sind die überkommenen politischen Einheiten.[112]

Zwar hat der Demosthenes, den Jaeger 1934 vorstellt, *mehr* als eine *historische* Bedeutung; aber Jaeger stellt ihn nicht als eine *trans*historische Größe vor, wie der Demosthenes der *Paideia*, den er 1945/47 präsentiert, eine ist. *Trans*historisch bedeutsam ist der Demosthenes von 1934 nicht, weil er ein politisches Erziehungswerk für *alle* Zeiten hinterlassen hätte; sondern weil es *singuläre* politische Konstellationen gibt, die seiner Lage entsprechen – d. h. in der Form der *historischen Analogie*: „In all history there is no comparable situation until the time of the Napoleonic wars, when all the nations of Europe were battling for their freedom".[113]

Dieser historischen Analogie geht es um *kleinere* politische Einheiten, die in ihrem Bestand bedroht sind, untereinander und gegenüber der expandierenden Einheit, die sie in ihrem Bestand bedroht. Es geht *nicht* um Analogien zwischen einer ‚alten' (griechischen) Nation und modernen Nationen. Demosthenes' Arbeit am „feeling of national solidarity" ist *nicht* mit „the modern tendency toward creation of the unified nation state" zu vergleichen; z. B. mit der „situation [...] of Germany or Italy in the nineteenth century".[114] Sie ist ebenfalls nicht vergleichbar mit der demosthenischen politischen Theologie, die die *ganze* griechische Paideia aufnimmt und deswegen unter Gesichtspunkten eines *neuen* Staats zu agieren versteht.

---

[110] Jaeger. *Demosthenes*, S. 173 und 138.
[111] Jaeger. *Paideia*, S. 1240.
[112] Jaeger. *Demosthenes*, S. 177 und 190.
[113] Jaeger. *Demosthenes*, S. 174.
[114] Jaeger. *Demosthenes*, S. 255.

Der Demosthenes des Jahres 1934 ist, auch wenn seine politische Welt offensichtlich nicht diejenige politische Welt ist, die Jaeger und die Adressaten seiner *Sather Lectures* teilen, ein Sympathieträger: wenigstens, dass er sich aus lauteren Motiven für den Bestand kleinerer politischer Einheiten gegen expandierende Mächte einsetzt, macht seinen „fight [...] deathless, though he fought for a mortal nation".[115] Die historische Analogie zwischen der Lage der griechischen Städte im Kampf gegen die makedonischen Könige und derjenigen der europäischen Staaten zu Zeiten der napoleonischen Kriege unterbreitet demnach den Adressaten der *Sather Lectures* das Angebot eines Sympathie*transfers* in Richtung der politischen Einheiten in Europa (u. a. Deutschland und Italien), die der europäische Antinapoleonismus seinerzeit hervorgebracht hat. Eine Handreichung für die Beurteilung der Dinge in Europa in den 1930er-Jahren (z. B. der Ansprüche und des Agierens der zeitgenössischen ‚Achsenmächte') lässt sich daraus nicht unmittelbar ableiten – was aber nicht ausschließt, dass dieser oder jener Zuhörer oder Leser nach Jaegers Maßgabe unter den lebenden europäischen Politikern den Typus *Demostheniker* zu identifizieren unternimmt.

Der Demosthenes von 1945/47 ist nicht nur ein historischer Sympathieträger; sondern seine politische Theologie vollendet die griechische Paideia und beschließt Jaegers Erziehungsprogramm *Griechen als Paideia*. Er soll seiner transatlantischen Leserschaft also unbedingt etwas sagen; sie ist dazu aufgefordert, in der Gegenwart demosthenische Politiken zu identifizieren und, je nach den Möglichkeiten der Einzelnen, sie zu befördern oder zu begleiten, zu lehren oder selbst zu praktizieren. Wenn wir voraussetzen, dass der *Sympathietransfer* eines der Mittel der Identifikation solcher demosthenischen Politiken ist, so sehen wir, dass Jaeger dafür mit der demosthenischen *Paideia* (anders als mit dem Demosthenes der *Sather Lectures*) seiner Leserschaft das Angebot unterbreitet, mit einer neuen Staatsbildung zu sympathisieren.

Es handelt sich, genauer, bei diesem Angebot um das eines Staaten*bunds*, zu dem verschiedene Akteure, die von einer ‚Natur' sind, wegen ihrer Freiheitsrechte und um ihrer Freiheitsrechte willen sich zusammenschließen, unter der Maßgabe, dass im Zentrum ihrer Verfassung *Gott* stehen soll. Mit anderen Worten: Jaeger empfiehlt seiner Leserschaft eine Orientierung an der *Declaration of Independence* und Sympathie mit denjenigen, die sich für deren Aktualisierung einsetzen. Wir können sagen, dass auf diese Weise Jaeger an Stelle der *deutschen* Paideia, die er im Preußischen Herrenhaus anvisiert hatte, eine *amerikanische* Paideia setzt.

---

[115] Jaeger. *Demosthenes*, S. 190.

Eine der Auffälligkeiten des Vergleichs der *Sather Lectures* und des letzten Kapitels der *Paideia* ist, dass Jaeger *hier*[116] Demosthenes' Tod etwas knapper schildert als *dort*. Dies wäre nicht weiter bemerkenswert, wenn zu den fehlenden Passagen nicht diejenige zählte, der zufolge Demosthenes „had sought asylum at the altar of Poseidon's temple on the little island of Calauria".[117] Denn Jaeger publiziert dieses Detail der Selbsttötung Demosthenes' *nicht* ein Jahrzehnt nachdem er selbst von Deutschland in die Vereinigten Staaten emigriert ist – zwar mit Genehmigung der deutschen Regierung, aber doch um seine Ehe gegen deren *Gesetz zum Schutze des deutschen Blutes und der deutschen Ehre* zu schützen[118] – und in Kenntnis der *Shoa*, die ihm zeigen konnte, dass seinerzeit im Schritt in die Vereinigten Staaten keinesfalls eine relativ unabhängige Entscheidung zur Auswanderung sich manifestiert hatte, sondern „forces which are not under [...] control".[119] Jaeger hatte noch 1933 vergeblich versucht, mit einem Beitrag in einer einschlägigen Zeitschrift der humanistischen Gemeinde die Kontrolle über den altphilologischen Anteil an der Erziehung des neuen deutschen „Volk[s] im Werden" zu sichern.[120] In den folgenden Jahren fanden hunderttausende Europäer in den Vereinigten Staaten ein Asyl, wobei es ihre Chancen erhöhte, wenn sie zum Berufsstand Jaegers zählten;[121] er selbst war fallweise in akademische Berufungsverfahren, die kosmopolitische Variante amerikanischer Asylvergabe, involviert.[122]

Formal spricht für Jaegers Verzicht, seinen Lesern 1945/47 Demosthenes' Selbsttötung als einen Vorgang *im Asyl* vorzustellen, dass, gemäß des Duktus der *ganzen* Paideia, die Aufmerksamkeit nicht dem *historischen* Demosthenes gelten soll, sondern der ‚großen' erzieherischen Individualität, d. h. dem transhistorisch gültigen Ideal einer demosthenischen Politik. An diesem Erziehungswerk hat die Flucht in den Bezirk des Poseidon-Tempels auf Kalavria in der Ägäis offenkundig

---

[116] Jaeger. *Paideia*, S. 1249.
[117] Jaeger. *Demosthenes*, S. 197.
[118] Calder. *Men in Their Books*, S. 139.
[119] Speier. The Social Conditions of the Intellectual Exile, S. 316.
[120] Jaeger, Werner. 1933. Die Erziehung des politischen Menschen und die Antike. In *Volk im Werden* 1, S. 43–48.
[121] Krohn, Claus-Dieter, von zur Mühlen, Patrik, Paul, Gerhard, und Winckler, Lutz (Hrsg.). 2012. *Handbuch der deutschsprachigen Emigration 1933–1945*. Darmstadt: Wissenschaftliche Buchgesellschaft; Strauss, H.A., und Röder, W. Hrsg. 1999. *International Biographical Dictionary of Central European Emigrés 1933–1945*. Bd. 2: *The Arts, Sciences, and Literature*. München: Saur.
[122] Obermayer, Hans Peter. 2014. *Deutsche Altertumswissenschaftler im amerikanischen Exil. Eine Rekonstruktion*. Berlin: de Gruyter, S. 24–30. Vgl. Wegeler. *Altertumswissenschaften und Nationalsozialismus*, S. 119–215.

keinen nennenswerten Anteil; wohl schon deshalb, weil es hier, abgesehen vom Akt der Selbsttötung, keine Fortsetzung gefunden hat. Den erzieherischen Wert aber, den Jaeger Demosthenes' Selbsttötung zuschlägt, hat nicht nur bereits zuvor dessen „Rede vom Kranz" dokumentiert; sondern überdies ist dieser erzieherische Wert nicht an den Ort (den Poseidon-Tempel) gebunden, an dem Demosthenes sich tötete. Im Gegenteil hätte Demosthenes' Flucht nach Kalavria Jaegers Bild eines „Ende[s]", das, selbst um den Preis „seiner Bitterkeit", seine „Harmonie" mit den Entscheidungen der „Vergangenheit" bekunden soll,[123] beträchtlich kompliziert.

Nicht nur die Flucht, auch der Ort, zu dem der historische Demosthenes floh, hätte das Bild demosthenischer Politik als der letzten der ‚großen' Individualitäten, aus denen die griechische Paideia sich fügt, kompliziert. Zum einen träte mit Poseidon, der Zuwidmung an den der Tempelbezirk in Kalavria seinen Status als Asyl verdankt, eine *polytheistische* Größe in Jaegers platonisch-monotheistisches Szenario. Zum anderen träte mit der ionischen Amphiktyonie, wegen der man seinerzeit das Heiligtum in Kalavria gegründet hatte, die *ältere* Politik loser Städte-Bündnisse neben den (ohnehin nicht realisierten) *neuen* (griechischen) Staat.

5 Exzentrik und Zusammenhalt

Während Jaegers Darstellung zufolge zu Demosthenes' Erziehungswerk nach seiner Flucht nach Kalavria keine nennenswerten Anteile mehr hinzukommen, nur noch die Selbsttötung beendet, was bereits die *Rede vom Kranz* im Wort manifestiert hatte, hat Jaeger selbst nach der Übersiedlung in die Vereinigten Staaten nicht nur, wie wir gesehen haben, seine *Paideia* abgeschlossen, sondern überdies *seiner* (persönlichen) Paideia einige Elemente hinzugefügt. Während aber Jaegers Tätigkeit vor der Emigration, wie wir uns an seiner Rede im Preußischen Herrenhaus verdeutlicht haben, mit der Gründung einer *Gesellschaft für antike Kultur*, einer Zeitschrift für die akademische Öffentlichkeit und des *Deutschen Altphilologenverbands* eine *demosthenische* (praktisch-politische) Perspektive hatte, hat seine Tätigkeit in den Vereinigten Staaten eine solche Perspektive (trotz der Umarbeitung der vormals *deutschen* in eine *amerikanische* Paideia im letzten Schritt der *Paideia*) nicht mehr.

In der autobiografisch angelegten „Einführung" zum ersten von zwei Bänden *Scripta Minora*, die Jaeger 1960 in einem italienischen Verlag publizierte,[124] ist

---

[123] Jaeger. *Paideia*, S. 1249–1250.

[124] Jaeger, Werner. 1960. Zur Einführung. In *Scripta Minora I*. Rom: Edizioni di Storia e Letteratura, S. IX–XXVIII.

ihm die Emigration, abgesehen von einigen philologischen Arbeiten, die in seinen amerikanischen Jahren erschienen, keine Zeile wert. Tatsächlich bewegte der *historische* Jaeger, dem unser Interesse gilt, wie William M. Calder III berichtet, sich nach der Emigration in die Vereinigten Staaten in einem Umfeld hauptberuflicher „boys from good families". Die hiesigen *Classical Studies*, in deren Rahmen er seine *Paideia* in die praktische Form des akademischen Unterrichts überführte, praktizierten im Großen und Ganzen in der Form eines „game of grammar and translation". Der Möglichkeit, in diesem Umfeld Interesse für eine neu-alte (platonisch-monotheistische) Religion zu wecken, stand im Weg, so Calder, dass hier „[n]o one dreamt of ‚believing' anything he read in an ancient author".[125]

Die *Paideia* wurde in den Vereinigten Staaten zwar besprochen (und wohl auch hier und da gelesen); aber, bei allem Respekt, ohne der „message of the Greek *paideia*" eine Chance einzuräumen, weil es nun einmal in den Vereinigten Staaten um „happiness" gehe, nicht um „virtue", und man „education as a way to gain advantages" verstehe, nicht „[to] refin[e] [...] human nature".[126] Wie wir heute wissen, ist die *Paideia* mitunter auch ausdrücklich *nicht* besprochen worden; so nicht von Paul Friedländer, Wilamowitz-Moellendorffs zweitem „‚Meisterschüler'", der zum Zeitpunkt der Fertigstellung der amerikanischen *Paideia* das *American Journal of Philology* herausgab und Jaeger für einen „Nazi" hielt.[127] Es wird berichtet, dass das Universitätskollegium in Harvard Jaeger nicht in ein „political office" wählen wollte.[128]

---

[125] Calder. *Men in Their Books*, S. 140–141.

[126] Bertini Malgarini, Alessandra. Werner Jaeger in the United States: One Among Many Others. In *Werner Jaeger reconsidered. Proceedings of the Second Oldfather Conference, held on the Campus of the University of Illinois at Urbana-Champaign, April 26–28, 1990*, hrsg. William M. Calder III. Atlanta, Georgia: Scholars Press, S. 107–123, hier S. 118. Vgl. Robinson, Richard G. 1945. Review: Paideia. The Ideals of Greek Culture. Vols II and III. In *Philosophical Review* 54, S. 83–89.

[127] Obermayer. *Deutsche Altertumswissenschaftler im amerikanischen Exil*, S. 24 und 26–27. Vgl. Jaeger, Werner. 1938/1960. Greeks and Jews. In *Scripta Minora II*. Rom: Edizioni di Storia e Letteratura, S. 169–183.

[128] Goeing, Anja-Silvia, und Barker, Devan. 2011. Werner Jaeger und Robert Ulich: Two Émigré Scholars on Educational Theory. In *German Scholars in Exile. New Studies in Intellectual History*, hrsg. Axel Fair-Schulze und Mario Kessler. Lanham, Maryland: Lexington Books 2011, S. 1–17, hier S. 7. Vgl. Hallett, Judith P. 1990. The Case of the Missing President: Werner Jaeger and the American Philological Association. In *Werner Jaeger reconsidered. Proceedings of the Second Oldfather Conference, held on the Campus of the University of Illinois at Urbana-Champaign, April 26–28, 1990*, hrsg. William M. Calder III. Atlanta, Georgia: Scholars Press, S. 37–68.

Jaeger hat sich also in den Vereinigten Staaten über die Jahre von allen politisch-praktischen Ambitionen verabschieden müssen; einer Überlieferung zufolge stellte seine amerikanische Paideia sich seinen Studenten mehrheitlich in der Figur eines „eccentric" vor: „a man of stupendous learning and quaint ideas, harmless and liked from afar", „[who] never expected American students to know anything and asked simple questions, often answering them himself".[129] Jaegers Tätigkeit im Exil fehlt demnach jedes demosthenische Element. Calder schreibt, dass Jaeger seinem „*Demosthenesbild*" höchstens als „self-portrait of his own predicament" entspreche, tatsächlich aber überhaupt nicht als „philosopher", sondern als „historian and philologist" in Erinnerung bleiben werde; nicht die *Paideia* bleibt, sondern „conjectures" wie seine Ausgaben der *Metaphysik* des Aristoteles oder der Werke Gregor von Nyssas.[130]

Die „resignierte Handbewegung", mit der Jaeger, wie sein Schüler Wolfgang Schadewaldt „nach der Mitteilung der Gattin" in einem Nachruf berichtet, „sein letztes Wort" begleitet habe, scheint in dieses Bild zu passen. Allerdings soll, so Schadewaldt, diese Handbewegung nicht nur Resignation signalisiert haben, sondern überdies „allumfassend" gewesen sein, so dass seine letzte eheliche Mitteilung („Nun mußt du alles zusammenhalten") als Botschaft für einen weiteren Kreis Freiwilliger („jeden, dem an dem ‚Zusammenhalt' in Wissenschaft, Kultur und Leben um der Zukunft des Menschen willen gelegen ist") verstanden werden wolle[131] – einen Kreis, dessen ‚innere Einheit' wir ohne weiteres als Variation der transeuropäischen Vergemeinschaftung in der deutschen Gemeinde, deren Möglichkeit Jaeger seinerseits 1929 im Preußischen Herrenhaus aufrufen wollte, erkennen können: ein inzwischen trans*atlantisches* Gefüge aus Philologen und Historikern, Lehrern und Künstlern, lesenden Laien und Mäzenen des Humanismus.

Dem Duktus Schadewaldts zufolge bemisst Jaegers Tätigkeit sich so wenig wie die Politik des Demosthenes' der *Paideia* (1945/47) nach Maßstäben der „realpolitischen Chance", ihr Erziehungswerk zu verwirklichen.[132] Das resignative Element der letzten *Geste* des *historischen* Jaeger ist irrelevant gegenüber der transhistorischen Dimension, die die letzte *Botschaft* für diejenigen stiftet, die sie erkennen wollen. Wir können sagen, dass Schadewaldt Jaegers an Demosthenes gespiegelte politische Theologie „*veralltäglich[t]*": an der Stelle der demonstrativen Vergemeinschaftung in der humanistischen Gemeinde vom Preußischen Herrenhaus aus im Mittel der „Traditionalisierung" eine „Autorität der Präjudizien und Präzedenzienzen"

---

[129] Calder. *Men in Their Books*, S. 141. Vgl. Bertini. Werner Jaeger in the United States.
[130] Calder. *Men in Their Books*, S. 139 und 141–142.
[131] Schadewaldt. *Gedenkrede auf Werner Jaeger*, S. 22.
[132] Jaeger. *Paideia*, S. 1223.

einsetzt.[133] Mangelnder historischer Erfolg ist für die exemplarische Autorität Jaegers so wenig ein Kriterium, wie seinerzeit für Jaeger Demosthenes' Asyl. Die ersten Kriterien sind hier wie dort die Überzeugung von der Bedeutung der Paideia und die Ernsthaftigkeit, mit der (je nach den historischen Möglichkeit mit unterschiedlicher Gewichtung des politisch-praktischen und des philologischen Elements) die Arbeit an ihr bewerkstelligt wird. Hier wie dort, im Fall von Demosthenes' Abschied von Athen und dem von Jaegers Abschied in Watertown, Massachusetts, besiegelt ein „Ende", das bei aller „Bitterkeit" seine „Harmonie" mit den Entscheidungen der „Vergangenheit" bekundet, die exemplarische Autorität.[134]

In all dem sind Schadewaldts Jaeger und Jaegers Demosthenes dem Seneca-Bild Speiers bemerkenswert ähnlich, der an seinem exemplarischen Fall zeigen will, dass „truth" und „human misery" nicht voneinander getrennt werden können. Allerdings wollte Speier, genauer, darauf hinweisen, dass „a kind of truth that few are able to attain and with which still fewer are able to live" die „various Siberias of history" nicht verhindert habe.[135] Jaegers Demosthenes dagegen mag zwar *historisch* zu den Vielen sprechen, soll aber unter *transhistorischen* Gesichtspunkten eine Individualität sein, die nur wenigen zur Orientierung taugen und die von noch wenigeren wahrhaft verstanden werden kann.

Literatur

Badian, Ernst. 1990. Jaeger's Demosthenes: An Essay in Anti-History. In *Werner Jaeger reconsidered. Proceedings of the Second Oldfather Conference, held on the Campus of the University of Illinois at Urbana-Champaign, April 26–28, 1990,* hrsg. William M. Calder III. Atlanta, Georgia: Scholars Press, S. 289–315.

Bertini Malgarini, Alessandra. Werner Jaeger in the United States: One Among Many Others. In *Werner Jaeger reconsidered. Proceedings of the Second Oldfather Conference, held on the Campus of the University of Illinois at Urbana-Champaign, April 26–28, 1990,* hrsg. William M. Calder III. Atlanta, Georgia: Scholars Press, S. 107–123.

Bloom, Harold. 1985. Foreword. In *The Classical Tradition. Greek and Roman Influences on Western Literature,* hrsg. Gilbert Highet. New York, Oxford: Oxford University Press, S. V–VIII.

Borchard, Rudolf. 1927/1999. Schöpferische Restauration. In *Gesammelte Werke. Reden.* Stuttgart: Klett-Cotta, S. 230–253.

---

[133] Weber. Die drei reinen Typen der legitimen Herrschaft, S. 485.

[134] Jaeger. *Paideia,* S. 1249–1250.

[135] Speier. The Social Conditions of the Intellectual Exile, S. 317. Vgl. Hölscher, Uvo. 1994. *Das nächste Fremde. Von Texten der griechischen Frühzeit und ihren Reflexen in der Moderne.* München: C.H. Beck, S. 252.

Borchard, Rudolf, und Jaeger, Werner. 2007. *Briefe und Dokumente 1929–1933*. München, Ebersberg: Rudolf-Borchardt-Gesellschaft.

Calder III, William M. 1998. *Men in Their Books. Studies in the Modern History of Classical Sholarship*. Hildesheim: Olms.

Chambers, Mortimer. 1990. The Historian as Educator: Jaeger on Thucydides. In *Werner Jaeger reconsidered. Proceedings of the Second Oldfather Conference, held on the Campus of the University of Illinois at Urbana-Champaign, April 26–28, 1990*, hrsg. William M. Calder III. Atlanta, Georgia: Scholars Press, S. 25–36.

Goeing, Anja-Silvia, und Barker, Devan. 2011. Werner Jaeger und Robert Ulich: Two Émigré Scholars on Educational Theory. In *German Scholars in Exile. New Studies in Intellectual History*, hrsg. Axel Fair-Schulze und Mario Kessler. Lanham, Maryland: Lexington Books 2011, S. 1–17.

Groppe, Carola. 1997. *Die Macht der Bildung. Das deutsche Bürgertum und der George-Kreis 1890–1933*. Köln: Böhlau.

Hallett, Judith P. 1990. The Case of the Missing President: Werner Jaeger and the American Philological Association. In *Werner Jaeger reconsidered. Proceedings of the Second Oldfather Conference, held on the Campus of the University of Illinois at Urbana-Champaign, April 26–28, 1990*, hrsg. William M. Calder III. Atlanta, Georgia: Scholars Press, S. 37–68.

Highet, Gilbert. 1985. *The Classical Tradition. Greek and Roman Influences on Western Literature*. New York, Oxford: Oxford University Press.

Hölscher, Uvo. 1994. *Das nächste Fremde. Von Texten der griechischen Frühzeit und ihren Reflexen in der Moderne*. München: C.H. Beck.

Jaeger, Werner. 1912. *Studien zur Entstehungsgeschichte der Metaphysik des Aristoteles*. Berlin: Weidmann.

Jaeger, Werner. 1914/1960. Philologie und Historie. In *Humanistische Reden und Vorträge*. Berlin: de Gruyter, S. 1–16.

Jaeger, Werner. 1920/1960. Hermann Diels. Zum goldenen Doktorjubiläum. In *Humanistische Reden und Vorträge*. Berlin: de Gruyter, S. 31–40.

Jaeger, Werner. 1926/1960. Solons Eunomie. In *Scripta Minora I*. Rom: Edizioni die Storia e Letteratura, S. 315–337.

Jaeger, Werner. 1928/1960. Platons Stellung im Aufbau der griechischen Bildung. In *Humanistische Reden und Vorträge*. Berlin: de Gruyter, S. 117–157.

Jaeger, Werner. 1929/1960. Die geistige Gegenwart der Antike. In *Humanistische Reden und Vorträge*. Berlin: de Gruyter, S. 158–177.

Jaeger, Werner. 1932/1960. Ulrich von Wilamowitz-Moellendorff. In *Humanistische Reden und Vorträge*. Berlin: de Gruyter, S. 215–221.

Jaeger, Werner. 1932/1960. Tyrtaios über die wahre ἀρετή. In *Scripta Minora II*. Rom: Edizioni die Storia e Letteratura, S. 75–114.

Jaeger, Werner. 1933. Die Erziehung des politischen Menschen und die Antike. In *Volk im Werden* 1, S. 43–48.

Jaeger, Werner. 1938. *Demosthenes. The Origin and Growth of His Policy*. Berkeley, California: University of California Press.

Jaeger, Werner. 1938/1960. Greeks and Jews. In *Scripta Minora II*. Rom: Edizioni di Storia e Letteratura, S. 169–183.

Jaeger, Werner. 1956/1960. Die asketisch-mystische Theologie des Gregor von Nyssa. In *Humanistische Reden und Vorträge*. Berlin: de Gruyter, S. 266–286.

Jaeger, Werner. 1960. Vorrede zur zweiten Auflage. In *Humanistische Reden und Vorträge*. Berlin: de Gruyter, S. V–VI.
Jaeger, Werner. 1960. Zur Einführung. In *Scripta Minora I*. Rom: Edizioni di Storia e Letteratura, S. IX–XXVIII.
Jaeger, Werner. 1973. *Paideia. Die Formung des griechischen Menschen*. Berlin: de Gruyter.
Kahn, Charles H. 1990. Werner Jaeger's Portrayal of Plato. In *Werner Jaeger reconsidered. Proceedings of the Second Oldfather Conference, held on the Campus of the University of Illinois at Urbana-Champaign, April 26–28, 1990*, hrsg. William M. Calder III. Atlanta, Georgia: Scholars Press, S. 69–81.
Krohn, Claus-Dieter, von zur Mühlen, Patrik, Paul, Gerhard, und Winckler, Lutz (Hrsg.). 2012. *Handbuch der deutschsprachigen Emigration 1933–1945*. Darmstadt: Wissenschaftliche Buchgesellschaft.
Mensching, Eckart. 1989. Über Werner Jaeger (geb. am 30. Juli 1888) und seinen Weg nach Berlin. In *Nugae zur Philologie-Geschichte II*. Berlin: Universitätsbibliothek der Technischen Universität Berlin, S. 60–80.
Näf, Beat. 1990. Werner Jaegers Paideia. Entstehung, kulturpolitische Absichten und Rezeption. In *Werner Jaeger reconsidered. Proceedings of the Second Oldfather Conference, held on the Campus of the University of Illinois at Urbana-Champaign, April 26–28, 1990*, hrsg. William M. Calder III. Atlanta, Georgia: Scholars Press, S. 125–146.
Oakes, Guy. 2008. Geschichtlichkeit und Menschlichkeit. Albert Salomon an der New School. In Albert Salomon, *Werke 2: Schriften 1934–1942*. Wiesbaden: VS Verlag für Sozialwissenschaften, S. 7–14.
Obermayer, Hans Peter. 2014. *Deutsche Altertumswissenschaftler im amerikanischen Exil. Eine Rekonstruktion*. Berlin: de Gruyter.
Robinson, Richard G. 1945. Review: Paideia. The Ideals of Greek Culture. Vols II and III. In *Philosophical Review* 54, S. 83–89.
Rutkoff, Peter M., und Scott, William B. 1986. *New School. A History of the New School for Social Research*. New York: The Free Press.
Schadewaldt, Wolfgang. 1963. *Gedenkrede auf Werner Jaeger, 1888–1961. Mit einem Verzeichnis der Schriften Werner Jaegers*. Berlin: de Gruyter.
Speier, Hans. 1937. The Social Conditions of the Intellectual Exile. In *Social Research* 4, S. 316–328.
Strauss, H.A., und Röder, W. Hrsg. 1999. *International Biographical Dictionary of Central European Emigrés 1933–1945. Bd. 2: The Arts, Sciences, and Literature*. München: Saur.
Thukydides. 2002. *Der Peloponnesische Krieg*. Düsseldorf: Artemis & Winkler.
Weber, Max. 1988. Die drei reinen Typen der legitimen Herrschaft. In *Gesammelte Aufsätze zur Wissenschaftslehre*. Tübingen: Mohr (Siebeck), S. 475–488.
Wegeler, Cornelia. 1996. „…*wir sagen ab der internationalen Gelehrtenrepublik": Altertumswissenschaft und Nationalsozialismus. Das Göttinger Institut für Altertumskunde 1921–1962*. Köln: Böhlau.
White, Donald O. 1990. Werner Jaeger's ‚Third Humanism' and the Crisis of Conservative Cultural Politics in Weimar Germany. In *Werner Jaeger reconsidered. Proceedings of the Second Oldfather Conference, held on the Campus of the University of Illinois at Urbana-Champaign, April 26–28, 1990*, hrsg. William M. Calder III. Atlanta, Georgia: Scholars Press, S. 267–288.

Stoisches Exil und unvollendete Synthese

Das Mythologem Japan bei Karl Löwith

Benjamin Schiffl

In diesem Beitrag werde ich zeigen, welche Bedeutung das Mythologem Japan in der Denkbewegung Karl Löwiths (1897–1973) hat. ‚Japan' ist keine exotische Fußnote im Rahmen der Rekonstruktion von Löwiths Denken, sondern wichtig für dessen Verständnis in einem umfassenderen Sinn. Dies sieht man schon an der Fülle des Materials, in dem das Mythologem bei Löwith eine Rolle spielt. Auch dass Löwith sich in verschiedenen Phasen seiner Biografie, als Emigrant in Japan während des Zweiten Weltkriegs, aber auch danach in den Vereinigten Staaten und später, als er in der Bundesrepublik lehrte, mit Japan beschäftigte, spricht für die Relevanz einer ausführlichen Rekonstruktion des Mythologems in Löwiths Denkbewegung.[1]

---

[1] Umso erstaunlicher ist es, dass Löwiths Japanrezeption bis auf wenige Ausnahmen, wie beispielsweise bei Fürnkäs, Josef. 2011. Von Europa nach Amerika: Karl Löwith, ein philosophischer Skeptiker in Sendai. In *Flucht und Rettung. Exil im japanischen Herrschaftsbereich 1933–1945*, hrsg. Thomas Pekar. Berlin: Metropol Verlag, S. 192–217; Pekar, Thomas. 2010. Zwei Japan-Exilanten im Zweiten Weltkrieg als „unfreiwillige" kulturelle Übersetzer: Karl Löwith und Kurt Singer. In *Übersetzung: Transformation. Umformungsprozesse in/von Texten, Medien, Kulturen* hrsg. Hiroshi Yamamoto und Christine Ivanovic. Würzburg: Königshausen und Neumann, S. 151–161; Pekar, Thomas. 2011. Kultur-Texte des japanischen

---

B. Schiffl (✉)
Institut für Soziologie, Goethe-Universität Frankfurt am Main,
Frankfurt am Main, Deutschland

Warum schreibe ich vom *Mythologem* Japan und nicht vom *Begriff* Japan? Im Sinne der Soziologie des Geistes können nicht nur Personen als *selbstgenugsame Größen* in Erzeugnissen von Intellektuellen[2] auftreten, sondern auch sinnlich diffuse Entitäten wie ‚Japan' kommen als Geltungsrealisierungsinstanzen in Frage. Um diese Diffusität abzubilden (dass ‚Japan' als ein sinnliches Subjekt behandelt wird oder so, als emergiere es im Handeln bestimmter sinnlicher Subjekte), spreche ich vom *Mythologem* Japan. Damit steht die Frage im Raum, *welches* der Mythos im Denken Löwiths ist, zu dem der Auftritt ‚Japans' einen Beitrag leistet.[3] Ich gehe also davon aus, dass das Mythologem Japan, so wie die Rede vom Westen, vom Osten oder vom Orient, keine ontische Pointe besitzt. Im Gegenteil, Größen wie Japan bezeichnen z. B. imaginierte Gemeinschaften, die durch eine bestimmte Erzählung, einen Mythos, begründet werden. Mit Hilfe solcher Mythen wird die Mannigfaltigkeit der Welt in einer bestimmten Weise geordnet, und auch die Furcht vor dem Unerwarteten oder dem Fremden kann mit Hilfe von Mythen gemindert werden.[4]

Löwith setzt sich mit Japan von Berufs wegen rational auseinander. Aber er verwendet sprachliche Figuren wie Metaphern, d. h. erläutert es, indem er *Ähnlichkeits*relationen ins sinnliche Gebiet aufbaut. Und er setzt sich für seine Arbeit an der Vernunft mit den Mythen anderer Akteure auseinander, die sich zu Japan geäußert haben. Diese Akteure haben mit ihren Erzählungen zu einem „kulturellen Gedächtnis"[5] in Bezug auf Japan beigetragen, dessen sich Löwith bei der Beschreibung von Tendenzen bedient, die teilweise weit vor seiner Lebensspanne liegen. Als eigensinniger „Wissensbevollmächtiger",[6] der die Elemente dieses kulturellen

---

Exils: Karl Löwith, Kurt Bauchwitz und Kurt Singer. In *Flucht und Rettung. Exil im japanischen Herrschaftsbereich 1933–1945*, hrsg. Thomas Pekar. Berlin: Metropol Verlag, S. 179–191; Schwentker, Wolfgang. 1994. Karl Löwith und Japan. In *Archiv für Kulturgeschichte* Band 76, H. 2, S. 415–449, und in geringerem Maße bei Pansa, Birgit. 1999. *Juden unter japanischer Herrschaft. Jüdische Exilerfahrungen und der Sonderfall Karl Löwith*. München: Iudicium, in der Forschung kaum eine Rolle spielt.

[2] Den Begriff des Intellektuellen verwende ich für Personen, die mit ihren symbolischen Sinnkonstruktionen in einer gewissen Regelmäßigkeit in die Öffentlichkeit treten.

[3] Das Mythologem Japan, in dieser Weise verstanden, tritt auch bei anderen Intellektuellen im 20. Jahrhundert wie Max Weber, Emil Lederer, Claude Lévi-Strauss und Roland Barthes auf, weshalb sich zur weiteren Klärung seiner Funktion eine transserielle Konstellationsanalyse anbietet. In meiner in Arbeit befindlichen Dissertation wähle ich diese Vorgehensweise.

[4] Zum Mythos vgl. Blumenberg, Hans. 1984. *Arbeit am Mythos*. Frankfurt am Main: Suhrkamp, S. 40–67.

[5] Assmann, Jan. 2013. *Das kulturelle Gedächtnis. Schrift, Erinnerung und politische Identität in frühen Hochkulturen*. München: C.H. Beck.

[6] Assmann. *Das kulturelle Gedächtnis*, S. 54.

Gedächtnisses nicht zum Zweck der Imagination „ethnische[r] Identität und Persistenz" einsetzt,[7] sondern sie mit ‚europäischen' bzw. ‚westlichen' Elementen verbindet, verwendet Löwith das Mythologem Japan.

Im Laufe des Texts werde ich auch auf die Unterschiede zwischen Löwiths Sicht auf Japan und der heutigen Sicht von Japanologen, Kulturwissenschaftlern, Historikern und Sozialwissenschaftlern auf das Land eingehen. Dies geschieht nicht mit der Intention, Löwiths Sicht zu desavouieren und dem ‚mythischen Japan' ein ‚wahres Japan' entgegenzustellen, das durch den Fortschritt der Wissenschaften nun ein für alle Mal verstanden ist. Sondern es geschieht in der Absicht, Löwiths Gebrauch des Mythologems durch den Kontrast zu anderen Standpunkten verstehen und kritisieren zu können. Die Vielzahl von Literaturen und Quellen, auf die die heutige Wissenschaft zurückgreift, und der dagegen eindimensionale Anschein der Sichtweise Löwiths ändern aber nichts daran, dass es im Sinne der Soziologie des Geistes zuerst darum gehen muss, den Zusammenstoß des Zeitlosen mit dem Zeitlichen zu analysieren, der sich bei der Verwendung von ‚Japan' ereignet.

Die Rekonstruktion der Funktion von Löwiths Gebrauch des Mythologems Japan erfolgt durch eine serielle Konstellationsanalyse. Das Ausgangsmaterial hierfür bildet die Untersuchung der von Löwith veröffentlichten Texte, in denen „Japan" eine Rolle spielt.[8] Damit lässt sich auch zeigen, in welchen Konstellationen sich Löwith befindet, die seine Sicht auf Japan prägen.[9] Ich verfahre im Folgenden größtenteils chronologisch, um die Veränderung der Funktion des Mythologems besser verständlich zu machen. Die Texte Löwiths lassen sich adäquat nur mit Hilfe der Kenntnis seiner Biografie und einiger geschichtlicher Hintergründe verstehen. Deshalb werde ich, wo nötig, entsprechende Erläuterungen einfügen und auch Materialien wie Löwiths Tagebücher und Briefwechsel, die zunächst nicht für eine Veröffentlichung bestimmt waren, zum Verständnis heranziehen. Nach der Analyse der Texte folgt eine Einschätzung von Löwiths „Mental Map",[10] also seiner Einteilung der Welt in Teilgebiete wie z. B. ‚Ost' und ‚West'; sie verbinde ich mit einem kritischen Resümee.

---

[7] Assmann. *Das kulturelle Gedächtnis*, S. 160.

[8] Es ist nicht auszuschließen, dass Löwith sich in weiteren Briefen oder unveröffentlichten Manuskripten zu Japan äußerte. Beispielsweise wird von Wolfgang Schwentker die Existenz eines Tagebuchs zu Löwiths zweitem Japanaufenthalt 1958 erwähnt, das sich im Privatbesitz befindet (Schwentker. Karl Löwith und Japan, S. 443–444).

[9] Zum Begriff der „Konstellation" siehe Gostmann, Peter. 2016. *Einführung in die soziologische Konstellationsanalyse*. Wiesbaden: Springer VS.

[10] Den Begriff Mental Maps verwende ich wie Friedrich Kießling (Kießling, Friedrich. 2012. *Die undeutschen Deutschen. Eine ideengeschichtliche Archäologie der alten Bundesrepublik 1945–1972*. Paderborn: Schöningh, S. 185–186).

Der Ausgangspunkt von Löwiths Auseinandersetzung mit Japan war sein fünfjähriger Lehrauftrag an der philosophischen Fakultät der *Tōhoku-Universität*[11] in Sendai. Nachdem er in Deutschland aufgrund seines ihm von den Nazis zugeschriebenen Status als ‚Halbjude' keiner universitären Lehrtätigkeit mehr nachgehen durfte, wanderte er zunächst nach Italien aus, wo er von 1934–1936 seinen Lebensunterhalt (in Rom) mithilfe eines Rockefeller-Stipendiums bestritt. Dort konnte Löwith die Bücher *Nietzsches Philosophie der ewigen Wiederkunft des Gleichen* und *Jacob Burckhardt: Der Mensch inmitten der Geschichte* fertigstellen. Als die Förderung durch das Stipendium auslief, wurde ihm eine Stelle als Professor in Japan angeboten.

Bei der Vermittlung der Stelle halfen Löwith Kontakte zu japanischen Wissenschaftlern und Studenten, die er bei seinem Studium bei Edmund Husserl (1859–1938) und Martin Heidegger (1889–1976) in Freiburg und während seiner Lehrtätigkeit in Marburg knüpfen konnte. Als er schon nach Italien ausgewandert war, reiste er 1934 kurz zurück nach Marburg, wo er einen japanischen Studenten kennenlernte, der, „um bei [ihm] zu studieren [,] nach Marburg gekommen war".[12] Er gab Löwith den Rat in Japan zu lehren, wo man seine Habilitationsschrift *Das Individuum in der Rolle des Mitmenschen: Ein Beitrag zur anthropologischen Grundlegung ethischer Probleme* (1928), die er bei Heidegger geschrieben hatte, gut kenne. In Begriffen Pierre Bourdieus: Löwith genoss im japanischen intellektuellen Feld aufgrund seines objektivierten und institutionellen Kulturkapitals hinreichende Anerkennung, um sich Hoffnungen auf eine Gastprofessor machen zu dürfen.[13] Zum Gelingen seiner Bemühungen trug wahrscheinlich auch sein Studium bei Heidegger bei, den viele japanische Intellektuelle, z. B. die Philosophen Watsuji Tetsurō (1889–1960) und Nishitani Keiji (1900–1990), rezipierten. Auf den Rat des Marburger Studenten hin wandte sich Löwith an den Philosophen Kuki Shūzō[14] (1888–1941), der mit ihm bei Husserl studiert hatte. Im Juni 1936 erhielt er per Telegramm die Berufung nach Sendai. Nationalsozialistische Politiker versuchten ohne Erfolg, seine Berufung nach Japan zu verhindern.[15]

---

[11] Die Umschrift der langen Vokale im Japanischen erfolgt in diesem Text durch das Makron über dem Vokal.

[12] Löwith, Karl. 2007. *Mein Leben in Deutschland vor und nach 1933*. Stuttgart: J.B. Metzler, S. 105.

[13] Zum Begriff des kulturellen Kapitals siehe Bourdieu, Pierre. 1992. *Die verborgenen Mechanismen der Macht. Schriften zu Politik & Kultur 1*. Hamburg: VSA-Verlag, S. 53–63.

[14] Namen von japanischen Personen werden von mir in der traditionellen japanischen Namensreihenfolge geschrieben: zuerst der Familienname und dann der Eigenname.

[15] Löwith. *Mein Leben*, S. 108.

1936 reisten Löwith und seine Frau Ada (1900–1989) mit dem japanischen Schiff *Suwa Maru* ab. Seine Gedanken auf der mehrere Wochen dauernden Fahrt hielt er in einem Reisetagebuch fest.[16] Er kam in einer politisch turbulenten Zeit nach Japan, die von Ultranationalismus, imperialistischem Expansionismus und zunehmender Militarisierung geprägt war. Er lehrte von 1936 bis 1941 Philosophie an der Tōhoku-Universität in Sendai. In dieser Zeit stellte er die Studie *Von Hegel zu Nietzsche* fertig. Seine Erfahrungen mit Japan während der Emigration sind Gegenstand mehrerer Schriften. Im 1940 erschienenen Text *Der Europäische Nihilismus* richtete Löwith ein *Nachwort an den japanischen Leser*,[17] und auch Teile seines 1940 für ein akademisches Preisausschreiben verfassten Berichts *Mein Leben in Deutschland vor und nach 1933* beschreiben Erlebnisse in Japan.

Als sich die innenpolitische Lage in Japan immer mehr zuspitzte, ab 1940 im Zuge des Bündnisses mit Deutschland der Druck auf die Universität, Löwith zu entlassen, immer größer wurde,[18] nahm er ein Stellenangebot des Theologischen Seminars in Hartford an; ab 1949 lehrte er an der New Yorker *New School for Social Research*. Seine Erfahrungen in Japan und der Eintritt Japans in die Zweiten Weltkrieg veranlassten Löwith dazu, zwei weitere Texte über Japan in amerikanischen Fachzeitschriften zu publizieren: Den 1942/1943 verfassten Aufsatz *Japans Verwestlichung und moralische Grundlage*[19] und *Der japanische Geist* von 1943.[20]

Nach dem Zweiten Weltkrieg äußerte sich Löwith zu Japan im Rahmen der 1950 und 1951 veröffentlichten Texte *Weltgeschichte und Heilsgeschehen*[21] und

---

[16] Löwith, Karl. 2001. *Von Rom nach Sendai. Von Japan nach Amerika. Reisetagebuch 1936 und 1941*. Marbach: Deutsche Schillergesellschaft Marbach.

[17] Löwith, Karl. 1983. Der Europäische Nihilismus. In *Sämtliche Schriften Bd. 2. Weltgeschichte und Heilsgeschehen*. Stuttgart: Metzlersche Verlagsbuchhandlung, S. 473–540.

[18] Birgit Pansa schreibt dazu: „Versuche der Nazis, die Lehrtätigkeit eines Juden selbst in Japan zu verhindern, hatte es schon vor Löwiths Berufung nach Sendai gegeben. Erst mit dem Bündnis von Deutschland und Japan wurden diese Kräfte so stark, daß Löwith 1940 ein Ende seiner akademischen Laufbahn in Japan befürchten mußte" (Pansa. *Juden unter japanischer Herrschaft*, S. 83).

[19] Löwith, Karl. 2013. Japans Verwestlichung und moralische Grundlage. In *Der japanische Geist*. Berlin: Matthes & Seitz Berlin, S. 48–74.

[20] Löwith, Karl. 2013. Der japanische Geist. In *Der japanische Geist*. Berlin: Matthes & Seitz Berlin, S. 21–47.

[21] Löwith, Karl. 1983. Weltgeschichte und Heilsgeschehen. In *Sämtliche Schriften Bd. 2. Weltgeschichte und Heilsgeschehen*. Stuttgart: Metzlersche Verlagsbuchhandlung, S. 240–279. Dieser Aufsatz enthält die Quintessenz aus dem Buch *Weltgeschichte und Heilsgeschehen. Die theologischen Voraussetzungen der Geschichtsphilosophie*. Noch vor der deutschen Veröffentlichung des Buches 1953 erschien er 1950 in *Anteile. Festschrift für Martin Heidegger zum 60. Geburtstag*. Frankfurt/Main: Klostermann, S. 106–153.

Natur und Geschichte[22] über das Geschichtsdenken in Japan. Auf Initiative von Hans-Georg Gadamer (1900–2002) wurde Löwith 1952 nach Heidelberg berufen, wo er eine Professur im Fach Philosophie annahm. Beide kannten und schätzten sich aus ihrer gemeinsamen Zeit in Marburg. 1958 reiste Löwith zum zweiten Mal nach Japan, woraufhin er sich nochmals in dem Vortrag *Bemerkungen zum Unterschied von Orient und Okzident*,[23] den er auf einem Kongress zu Gadamers 60. Geburtstag hielt, zu Japan äußerte.

1 Aufbruch in fremde Gefilde

Ich beginne die Konstellationsanalyse mit der Sequenz des Reisetagebuches von 1936, also kurz bevor Löwith mit dem Schiff ins Exil nach Japan reiste. Zu beachten sind hierbei die Charakteristika der Form des Tagebuchs, das nicht für eine Veröffentlichung vorgesehen war und häufig durch eine weniger stringente Form der Darstellung als Löwiths fachliche Veröffentlichungen über Japan gekennzeichnet ist. Vielmehr sind hier spontane Überlegungen festgehalten, auf die er aber in vielen Fällen in späteren Texten zurückkommt.

Löwith lobt in seinem Reisetagebuch von 1936 die Schönheit Italiens und insbesondere Roms; einer Stadt, in der „einem beständig zwei Jahrtausende europäischer Geschichte: Antike und Christentum vor Augen stehen".[24] Als Löwith von Rom aus, einer der Ursprungsstätten des europäischen Denkens, wegen des Angebots einer Professur nach Japan emigrierte, ist Europa in einer politischen und moralischen Krise, die später in den Zweiten Weltkrieg mündete. Wie ich weiter unten zeigen werde, versichert sich Löwith seiner selbst als europäischer Intellektueller, indem er sich mit der Entstehung des „Europäischen Geistes" aus der antiken griechisch-römischen Philosophie und dem Christentum beschäftigt. Insbesondere eine Rekonstitution des stoischen Denkens steht im Zentrum seiner Beschäftigung mit dem „Europäischen Geist".[25] Löwith sieht Europa als seine

---

[22] Löwith, Karl. 1983. Natur und Geschichte. In *Sämtliche Schriften Bd. 2. Weltgeschichte und Heilsgeschehen*. Stuttgart: Metzlersche Verlagsbuchhandlung, S. 280–295.

[23] Löwith, Karl. 1983. Bemerkungen zum Unterschied zwischen Orient und Okzident. In *Sämtliche Schriften Bd. 2. Weltgeschichte und Heilsgeschehen*. Stuttgart: Metzlersche Verlagsbuchhandlung, S. 571–601.

[24] Löwith. *Von Rom nach Sendai*, S. 8.

[25] Der Löwithsche Versuch der Rekonstitution der Stoa wird bei Habermas, Jürgen. 1963/1971. Karl Löwiths stoischer Rückzug vom historischen Bewußtsein. In *Philosophisch-politische Profile*. Frankfurt am Main: Suhrkamp, S. 116–140 beschrieben, und auch weiter unten wird von ihm noch die Rede sein.

geistige Heimat an, und er hat profunde Kenntnisse über die europäische Philosophiegeschichte. Von Japan hingegen scheint Löwith noch recht wenig zu wissen,[26] weshalb es ihm zunächst als fremd erscheint. Dieses Fremde fordert Antworten von ihm, die er in Form der Verwendung des Mythologems Japan gibt.[27] Was erwartet sich der sich als *Europäer* verstehende Löwith nun von seinem Aufenthalt in der Fremde? Die erste Sequenz, in der er sich dazu äußert, ist die folgende: „Aber nun soll alles anders werden – im ‚fernen Osten', dessen Ferne einem Europa vielleicht erst wieder nahebringt."[28]

Löwith sieht seine erzwungene Auswanderung nach Japan also als Möglichkeit, Europa, das seit 1914 keine Einheit mehr sei,[29] wieder näher zu kommen. Denn der Zerfall Europas und die Machtübernahme der Nazis entfernten ihn (zuerst in einem nicht-räumlichen Sinn) von Europa. Die Nazis haben Löwith wieder zum „Juden" gemacht, obwohl er zum Protestantismus konvertiert ist und sich als Deutscher und Europäer fühlt. Das kränkt Löwith, denn „ein deutscher Jude weiß immer noch besser, was deutsch ist, als ein germanischer Deutschtümling".[30] Mit Hilfe des Fremden in Form von Japan bearbeitet Löwith sein Selbstverständnis. Erst in Japan wird er, zumindest am Anfang seiner Jahre im Exil, wieder als Deutscher wahrgenommen und nicht primär als Jude.[31]

---

[26] Jedenfalls konnte ich keinerlei Hinweise dafür finden, dass sich Löwith vor seiner Emigration wissenschaftlich oder privat intensiv mit Japan auseinander setzte. Auch Anzeichen für eine Vorliebe für die japanische Kultur oder Kunst konnte ich nicht entdecken.

[27] Zum Thema des Antwortens auf die Fremde vgl. Waldenfels, Bernhard. 2016. *Topographie des Fremden. Studien zur Phänomenologie des Fremden 1*. Frankfurt am Main: Suhrkamp, insbesondere S. 50–53.

[28] Löwith. *Von Rom nach Sendai*, S. 8.

[29] Vgl. Löwith. *Der Europäische Nihilismus*.

[30] Löwith. *Von Rom nach Sendai*, S. 15.

[31] Zur Zeit von Löwiths Aufenthalt gibt es durchaus Antisemitismus in Japan; für einen Überblick zu diesem Thema siehe Pansa. *Juden unter japanischer Herrschaft*. Der Antisemitismus wurde Ende des 19. und Anfang des 20. Jahrhundert aus dem Westen importiert. Zu beachten ist aber: „Es gibt jedoch einen wichtigen Unterschied zwischen dem europäischen und dem japanischen Antisemitismus: Antisemitismus in Japan wurde nicht zur Verfolgung von Juden eingesetzt. Er beeinflusste wohl die japanische Sichtweise des Krieges und wurde von der japanischen Regierung für die ideologische Gleichschaltung mißbraucht, aber er hatte fast keine Auswirkungen auf die Behandlung der Juden durch die Japaner." (Pansa. *Juden unter japanischer Herrschaft*, S. 25) Pansa charakterisiert Löwith ausgehend von einer Überlegung Hannah Arendts als „Ausnahmejuden", der im Gegensatz zur Mehrzahl der Juden in Japan einem geregelten Arbeitsverhältnis, das zunächst ohne zeitliche Begrenzung war, nachgehen durfte (Pansa. *Juden unter japanischer Herrschaft*, S. 102). Löwith hat sich auch mehrmals von bestimmten anderen Juden distanziert, die fast ausschließlich mit

Auf dem Schiff *Suwa Maru*, mit dem Löwith von Italien nach Japan reist, begegnet er einigen japanischen Mitpassagieren und der japanischen Crew des Schiffes. Anhand von Löwiths Äußerungen über sie kann man sehr gut eine Logik nachzeichnen, der er bei seiner Verwendung des Mythologems Japan folgt. Er beschreibt einzelne Personen und will anhand von ihnen auf allgemeine Charakteristika von Japan schließen; Löwith denkt *exemplarisch*. So ist er zum Beispiel begeistert von den zwei Kindern eines japanischen Ehepaares auf Deck. Sie seien sehr gut erzogen, er preist ihre „Selbstständigkeit", aber auch ihre Folgsamkeit gegenüber den Eltern. „Japaner" verstünden es im Gegensatz zu den „Italienern", die ihre Kinder total verhätschelten, ihre Kinder liebend zu umsorgen, aber trotzdem zur Selbstständigkeit zu erziehen.[32] Mit dieser Einschätzung der Erziehung der beiden japanischen Kinder gewinnt Löwith den Eindruck, dass seine eigenen Werte und die Werte der Japaner sich in manchen Punkten sehr ähneln. So nähert sich Löwith dem Fremden mithilfe des ihm schon Bekannten an.

Er ist sehr angetan von der freundlichen und zuvorkommenden Art der japanischen Bedienung.[33] Aber auch die japanischen Mitpassagiere seien sehr höflich gegenüber dem Service-Personal. Dies erklärt sich Löwith damit, dass das feudalistische Lehnsherr-Diener-Verhältnis, das bis zur Mitte des 19. Jahrhunderts in Japan die Regel gewesen sei, immer noch einen großen Einfluss auf die japanischen Sitten ausübe.[34] Löwith versucht hier also, Charakteristiken moderner Japaner über den Umweg traditioneller Sozialverhältnisse zu verstehen. Die traditionelle Kleidung der japanischen Damen hält er für „fein abgestimmt".[35] Bei der Betrachtung der japanischen Männergesichter benutzt der religionsphilosophisch geschulte Löwith immer wieder ein religiöses Verweissystem. Beispiele hierfür sind Ausdrücke wie „sehr edel geformte (…) Buddhagesichter"[36] oder „meditatives Gelehrtengesicht".[37]

Einzig die Änderung des Verhaltens „der Japaner" unter Alkoholeinfluss ist für Löwith mysteriös. Nach dem Alkoholkonsum werden „die Japaner" am Deck der *Suwa Maru* „lebhafter", sind nicht mehr zurückhaltend und „etwas ganz Anderes kommt zum Vorschein". Dann erscheinen sie Löwith „unheimlich und undurchdringbar".

Juden verkehrten. Er wollte nicht als Jude, sondern als Deutscher wahrgenommen werden (Pansa. *Juden unter japanischer Herrschaft*, S. 104–106).

[32] Löwith. *Von Rom nach Sendai*, S. 29–30.

[33] Löwith. *Von Rom nach Sendai*, S. 17.

[34] Löwith. *Von Rom nach Sendai*, S. 86–87.

[35] Löwith. *Von Rom nach Sendai*, S. 17.

[36] Löwith. *Von Rom nach Sendai*, S. 17.

[37] Löwith. *Von Rom nach Sendai*, S. 18.

Hier macht Löwith das Verhalten „der Japaner" Angst, weil es sich seiner Einordnung entzieht, ihm fremd bleibt. Er vergleicht es mit dem Auftreten einiger Chinesen im Film *Shanghai Express*.

Eine im weiteren Verlauf seiner Auseinandersetzung mit dem fremden Japan sehr wichtige Frage stellt sich Löwith schon auf dem Schiff nach Japan: Wie rezipieren Japaner die westliche Kultur? Er bemerkt, dass die japanischen Frauen auf der *Suwa Maru* selten Kimonos tragen, sondern meistens westliche Kleidung. Löwith fragt sich, ob das „zwei (deutsche) Seelen in einer Brust" seien oder doch nur eine „urjapanische in europäischer Verkleidung".[38] Die „Seelen" stehen hier für den „Geist des Westens" und „den japanischen Geist". Wenn eine japanische Frau „zwei Seelen in einer Brust" hat, ist sie womöglich hin- und hergerissen in ihren Handlungen. Eine „Verkleidung" hingegen würde einem Betrug der japanischen Frauen ähneln, die ihre „wahre japanische Seele" unter der oberflächlichen Verkleidung verstecken. Es stellt sich die Frage, ob es eine Möglichkeit der *Synthese* zwischen diesen beiden „Seelen" gibt. Dieses Thema, das Löwith auf alle Japaner ausweitet, steht im Zentrum seiner Überlegungen zu Japan, wie ich weiter unten an den Schriften, die nach dem Tagebuch entstanden sind, zeigen werde.

Mit dem Kapitän der *Suwa Maru*, einem Mann namens Goto, führt Löwith ein Gespräch über die politische Weltlage. Goto sympathisiert mit den Achsenmächten, weil diese expandieren, antikommunistisch seien, „militärisch aufgebaut" seien und ihre Bevölkerung wachse. Löwith folgert aus Gotos Aussagen, dass der „durchschnittliche Ausländer nicht die schrecklich dumpfe und diktatorischgleichgeschaltete geistige Stimmung in Europa erkenne, sondern nur die technisch-fortschrittliche Oberfläche Europas."[39] Unklar ist hierbei, wie Löwith von einer einzigen Aussage eines bestimmten Individuums zu der Verallgemeinerung kommt, dass dieses Individuum für einen „durchschnittlichen Ausländer stehe". Die Behauptungen über die Wahrnehmung Europas vonseiten der Japaner, die sich vor allem auf die „Oberfläche" konzentriere, wird er im *Nachwort an den japanischen Leser* (1940) fortführen.

Die ersten Bilder seines neuen Gastlandes, die Löwith auf seiner Reise sieht, sind die einer Filmvorführung auf der *Suwa Maru*, bei der die japanische Landschaft, der Jahreszeitenwechsel in Japan und die „Volksfeste" in „schönen Bildern" gezeigt werden. Die japanische Kultur und Kunst erscheinen Löwith „bis ins Einzelne durchgebildet", sie seien eine Ganzheit in „Form und Inhalt" und „Innerem und Äußerem". Er betont die große Bedeutung von der „Höflichkeit der Sprache und des Umgangs".

---

[38] Löwith. *Von Rom nach Sendai*, S. 34.
[39] Löwith. *Von Rom nach Sendai*, S. 41.

Der Begriff Höflichkeit hat seine etymologischen Wurzeln im Verhalten derjenigen französischen Aristokraten, die zu *Hofe* des Königs wohnen und dort einen spezifisch höfischen Habitus ausbilden, der einen starken Fokus auf Affektkontrolle legt: „Die Art der Stilkonvention, der Umgangsformen, der Affektmodellierung, die Wertschätzung der Höflichkeit, die Wichtigkeit des Gutsprechens und der Konversation, die Artikuliertheit der Sprache und anderes mehr, alles das bildet sich in Frankreich zunächst innerhalb der höfischen Gesellschaft, und wird in einer kontinuierlichen Ausbreitungsbewegung langsam aus einem Sozial- zum Nationalcharakter."[40] Das Bürgertum versuchte dem Verhalten des Hofadels nachzueifern, damit es auch zu Hofe verkehren konnte, und so breitete sich diese Art von Höflichkeit langsam schichtübergreifend aus. Auch die japanische Kultur wurde u. a. von den höfischen Sitten des Kaiserhauses über die Jahrhunderte mal mehr, mal weniger geprägt.

Diese differenzierten Höflichkeitskonventionen stellen für Löwith aber zugleich eine Herausforderung für das Verständnis von Japan dar. Als er die langen Abschieds- und Begrüßungsrituale der japanischen Schiffspassagiere beobachtet, bemerkt er, dass Konventionen und Rituale bei „den Japanern" einen hohen Stellenwert einnehmen. Löwith konstatiert aber einen Mangel an Spontanität bei „den Japanern", denn diese Konventionen seien „nur feststehende Variationen bestimmter Höflichkeitsformen".[41] „Die Japaner" hätten diese Konventionen vollkommen internalisiert und wüssten auch nicht mehr, woher sie stammen. Löwith bezweifelt, ob man als Europäer diese Rituale überhaupt verstehen könne, oder ob man beim Versuch nicht an die Grenzen des Verstehens stoßen würde. Er hadert mit der politischen Situation, dank der er in diese völlige Fremde ziehen muss. Die Aussicht, dass er das Fremde nicht verstehen könnte, ängstigt ihn.[42]

Ein entscheidender Faktor für die Wahrnehmung von Japan als „fremd" ist die japanische Sprache. Das Ehepaar Löwith versucht auf der Schiffsreise, die Grundzüge der japanischen Sprache zu erlernen. Für ihn ist dies ein hoffnungsloses Unterfangen, denn dazu „müsste man ein Kindergedächtnis haben, aber keinen eingefahrenen Schädel".[43] Löwith sucht also das Problem des mangelnden Fremdverstehens bei sich, denn er ist ja derjenige (aufgehoben in einem diffusen *Man*) mit einem „eingefahrenen Schädel", der nicht in der Lage dazu ist, sich die

---

[40] Elias, Norbert. 1976. *Über den Prozeß der Zivilisation. Soziogenetische und psychogenetische Untersuchungen. Erster Band. Wandlungen des Verhaltens in den weltlichen Oberschichten des Abendlandes.* Frankfurt am Main: Suhrkamp, S. 44.
[41] Löwith. *Von Rom nach Sendai*, S. 62.
[42] Löwith. *Von Rom nach Sendai*, S. 65.
[43] Löwith. *Von Rom nach Sendai*, S. 54–55.

neue Sprache anzueignen. Ihm ist bewusst geworden, dass er eine enorme Menge an Schriftzeichen (die Silbenalphabete *Hiragana* und *Katakana* sowie die tausenden *Kanji*, die aus dem Chinesischen stammen) lernen müsste, damit er Japanisch auf einem für ihn ausreichenden Niveau beherrschen könnte.

In den anderen mir von Löwith bekannten Texten ist nicht die Rede davon, dass er später noch Anstrengungen unternommen hätte, Japanisch zu lernen. Mit dem Scheitern an der Sprachhürde sind dem Verständnis fremden Denkens Grenzen gesetzt; Löwith konnte nur die wenigen von Japanern geschriebenen Texte rezipieren, die auf Englisch oder Deutsch verfasst waren. Bemerkenswert ist hierbei, dass sich seine Selbstproblematisierung später umkehrt und er sie auf ‚die Japaner' projiziert. Wie weiter unten gezeigt wird, wirft er ihnen nämlich später vor, dass sie sich die europäische Kultur nicht richtig angeeignet hätten.

Das japanische Essen, das Löwith erstmals auf der *Suwa Maru* in Form von *Sukiyaki* kosten kann, sei, schreibt er, „sehr kultiviert und zugleich sehr primitiv". Es sei sehr schmackhaft angerichtet und werde in kleinen Schälchen gegessen. Letzteres sei ein Beispiel dafür, warum auf Europäer das japanische Leben einen „puppenhaften", zierlichen und spielerischen Eindruck mache. Als Kenner der antiken griechischen Philosophie zieht Löwith Parallelen zwischen dem griechischen *Symposion* und *Sukiyaki*. Außerdem spekuliert er, dass „noch viele andere ‚orientalische' Sitten den griechischen sehr nahe stehen dürften".[44] Eine verfeinerte Ästhetik erkennt er sowohl in dem kunstvollen Falten der Betttücher auf dem Schiff als auch in der japanischen Kalligrafie als einer Besonderheit der japanischen „Geistesart".[45]

Ein weiteres Beispiel dafür, wie Löwith das Fremde in Gestalt von Japan mithilfe der ihm bekannten griechisch-römischen Antike begreifen will, ist der erste Besuch, den er einem *Shintō*-Schrein abstattet. Löwith setzt seinen Fuß das erste Mal auf (damals) japanisches Territorium, als die *Suwa Maru* einen Zwischenstopp auf der Insel Formosa einlegt. Formosa war von Japan im chinesisch-japanischen Krieg erobert worden, der sich 1894–1895 zutrug.

Löwith findet, dass es in Keelung (Kirun) noch „schmutzig" und „düster" aussehe, obwohl „die Japaner" schon 40 Jahre die Insel besitzen. Die japanischen Kolonialherren seien nicht am Wohl der Einheimischen interessiert. Die Japaner, mit denen Löwith spricht, sehen allerdings Fortschritte in ihrer Kolonie; denn es gäbe nun keine Menschen mehr, die Fremden die Köpfe abschneiden, und die chinesische Bevölkerung habe Schulpflicht.[46] Auf Formosa kommt Löwith zum ersten

---

[44] Löwith. *Von Rom nach Sendai*, S. 33–34.
[45] Löwith. *Von Rom nach Sendai*, S. 37–38.
[46] Löwith. *Von Rom nach Sendai*, S. 73.

Mal in Kontakt mit dem ihm vorher völlig unbekannten Shintōismus.[47] Er besucht dort einen neu gebauten, aber traditionell ‚japanisch' angelegten Schrein. Löwith klassifiziert den „Shintoschrein" als „heidnischen Tempel" und *„heiligen Hain,* der mit den Mächten der Natur in Einklang steht". Dem *Torii*[48] am Eingang und dem Schrein insgesamt schreibt er „Schönheit" und „Einfachheit" zu. Das Innere des Schreines dürfe nicht betreten werden, es sei „eine geheimnisvolle (...) Leere". Meist sei nur ein „Metall *Spiegel"* in ihm als Zeichen für die Gottheit, die den Schrein bewohne. Die Gottheiten rufe man mittels Anschlagen eines Gefäßes und Klatschen herbei. Der *Shintō* sei zur japanischen „Staatsreligion" ausgerufen worden. Diese Art der Religion erinnert Löwith nicht an das „dogmatisch lehrhafte" Christentum, sondern vielmehr an die Kulte des alten Rom und Griechenlands.[49]

Auch der Fremdheit der drei japanischen Geishas, denen er bei der Abfahrt des Schiffes von Schanghai begegnet, nähert sich Löwith über einen Vergleich mit Griechenland. Wie im alten Griechenland sei die japanische Ehefrau für die häusliche Arbeit und das Großziehen der Kinder zuständig. Um das männliche Bedürfnis nach weiblicher Unterhaltung zu stillen, bedürfe es der Geishas in Japan und habe es der Hetären im antiken Griechenland bedurft. Die Geishas seien „vor allem für Tanz, Unterhaltung und Gesang zuständig" und sollen auch als Nebenfrauen

---

[47] Die Wörter Shintōismus oder *Shintō, (deutsch: Weg der Götter))* bezeichnen die religiösen Inhalte und Praktiken, die schon vor der Einführung des Buddhismus durch Mönche von der koreanischen Halbinsel im 6. Jahrhundert auf den japanischen Inseln existierten. *Shintō* ist „eine Mischung von viel Natur- mit etwas Ahnenkult [...], beides angereichert mit einer starken politischen Komponente" (Lokowandt 2001, S. 12) Über die Jahrhunderte hinweg verschmolzen der Shintōismus und der Buddhismus immer mehr. Erst nach der *Meiji*-Restauration im Jahre 1868, die die politische Herrschaft des *Tennō* (deutsch: Himmlischer Herrscher, meist als Kaiser bezeichnet), der als direkter Nachfahre der shintōistischen Sonnengöttin Amaterasu-ō-mi-kami gesehen wurde, wiederherstellte, wurde *Shintō* bis zum Jahre 1945 Teil der Staatsdoktrin Japans. Dazu sollten *Shintō* und Buddhismus voneinander getrennt werden, was aufgrund ihrer vielfältigen Verflechtungen nicht gelang (Ebd., S. 48–49). Weil in der *Meiji*-Verfassung eigentlich das Prinzip der Religionsfreiheit festgeschrieben war, wurde der staatliche Teil des *Shintō* nicht als Religion, sondern von der Regierung als kaiserlicher Staats-Ritus dargestellt (Gluck, Carol. 1985. *Japan's Modern Myths. Ideology in the Late Meiji Period.* New Jersey: Princeton University Press, S. 138–143). Nach der Niederlage Japans im Zweiten Weltkrieg wurde von der amerikanischen Besatzungsmacht der Staats-*Shintō* abgeschafft (Lokowandt 2001, S. 57).

[48] *Torii* heißen die meist hölzernen Tore, die den Eingang zu einem *Shintō*-Schrein kennzeichnen (Lokowandt 2002, S. 19). Manchmal sind sie auch innerhalb buddhistischer Tempel in Japan zu finden, weil eine Trennung zwischen den beiden Religionen über viele Jahrhunderte nicht praktiziert wurde.

[49] Löwith. *Von Rom nach Sendai,* S. 75–76.

käuflich sein.⁵⁰ Der Mitpassagier Löwiths mit dem Namen Tsuboi, der Erdbebenforscher ist,⁵¹ berichtet, dass es dann aber meist zu Konflikten mit der Familie des Mannes käme und die Liebe zwischen der Geisha und dem Mann oft tragisch mit einem Doppelselbstmord ende.⁵²

Bei weiteren Gesprächen mit Tsuboi kommt Löwith zu dem Schluss, dass in Japan die Institution Familie und die mit ihr einhergehende Ahnenverehrung sehr mächtig sei. Dies sei auch daran ersichtlich, dass für eine japanische Heirat beide Elternteile ihr Einverständnis geben müssen. Eine Liebesheirat existiere nicht, denn es gäbe keinen Persönlichkeitsbegriff, der ja eine Voraussetzung für sie darstelle. Stattdessen verheiraten Bekannte und Verwandte einen Menschen. Dies stellt eine Praxis dar, die Löwith auch aus Deutschland kennt: Die Großmutter seiner Frau Ada wurde auch verheiratet. Löwith meint dazu, dass das „gewiss nicht die schlechtesten Ehen sind".⁵³ Die Liebesheirat als Erscheinung des sozialen Wandels beurteilt Löwith also leidenschaftslos. Dies ist ein Zeichen dafür, dass ihm eine ständische Ordnung nicht fremder ist, als das demokratische Prinzip. Dies kann man auch an seiner Bemerkung über die Rolle der japanischen Frau sehen. Die japanischen Frauen würden „dem Europäer als eine Art Hausklavin erscheinen".⁵⁴ Dies sei aber nur eine oberflächliche Betrachtung. Denn Löwith bemerkt, dass sich viele Japaner die Frage stellen, ob eine Emanzipation im westlichen Sinne wirklich zu mehr Freiheit der japanischen Frau führen würde. Denn westliche Frauen seien oft viel mehr von der Einschätzung anderer abhängig und die „wohl- und strengerzogenen" Japanerinnen seien oft „viel selbstständiger" als die meisten Europäerinnen.⁵⁵

Die *Suwa Maru* fährt über die japanische Inlandsee, von wo aus Löwith kleine Inseldörfer erblicken kann, die im starken Kontrast zu seinen Eindrücken von Schanghai stehen. Im Gegensatz zu der „grellen Buntheit chinesischer Strassen" sei hier alles „ländlich, bürgerlich, still und sehr privat abgeschlossen".⁵⁶ Karl Löwith betritt in Kobe das erste Mal den Boden von Honshū, der größten der drei japanischen Hauptinseln. Das Ehepaar Löwith wird von dem Philosophen Kuki Shūzō und einem gewissen Kono abgeholt und besichtigt die alte japanische Kaiserstadt Kyōto. Dort besuchen sie den Chion-Tempel, der „herrlich groß" und mit

---

⁵⁰ Löwith. *Von Rom nach Sendai*, S. 82–83.
⁵¹ Löwith. *Von Rom nach Sendai*, S. 18.
⁵² Löwith. *Von Rom nach Sendai*, S. 82–83.
⁵³ Löwith. *Von Rom nach Sendai*, S. 83–84.
⁵⁴ Löwith. *Von Rom nach Sendai*, S. 86–87.
⁵⁵ Löwith. *Von Rom nach Sendai*, S. 86–87.
⁵⁶ Löwith. *Von Rom nach Sendai*, S. 85.

„wunderbaren" Landschaftsgemälden verziert ist. Außerdem ist Löwith angetan von der Einmaligkeit des ehemaligen Kaiserpalastes in Kyōto mit seiner „vornehmen Einfachheit".[57] Bevor die Löwiths nach Tōkyō weiterreisen, werden sie in Kukis Haus eingeladen. Löwith verbindet mit Kuki eine Freundschaft. Löwith kennt einige Studenten und Dozenten noch aus seiner Marburger Zeit, wie zum Beispiel die Philosophen Gōichi Miyake (1895–1982) und Takahashi Satomi (1886–1964). Beide sind Schüler von Nishida Kitarō, der auf Löwiths Gebrauch des Mythologems Japan, wie ich weiter unten ausführen werde, einen großen Einfluss ausübt. Löwith führt aus, dass Takahashi in Deutschland bei Heinrich Rickert (1863–1936), Karl Jaspers (1883–1969) und Edmund Husserl studiert hat.[58] Die „Ishiwaras" helfen dem Ehepaar Löwith beim Einrichten ihres neuen Hauses.[59] Seine Antrittsvorlesung hält Löwith zum Thema „Die Idee von Europa in der deutschen Philosophie der Geschichte".

Nach der Vorlesung stellt sich ihm der „Schicksalsgenosse" Kurt Singer (1886–1962) vor. Singer war Nationalökonom und Mitglied des Kreises um Stefan George, hatte aber auch bei Georg Simmel (1858–1918) studiert, dessen Schriften auch Löwith bekannt waren. Singer emigrierte 1931 nach Japan, wo er als Gastprofessor an der Tōkyō University Ökonomie unterrichtete. Schon 1933 wurde ihm im Zuge des ‚Gesetzes zur Wiederherstellung des Berufsbeamtentums' seine Lehrerlaubnis (wie Löwith) entzogen, was seine Rückkehr nach Deutschland unmöglich machte. Bis 1935 lehrte Singer an der *Tōkyō University*. Nach seiner Entlassung arbeitete er als Sprachlehrer in Sendai. Singer beschäftigte sich intensiv mit seinem Gastland, was zur Veröffentlichung einer Monografie und vieler Aufsätze führte. Das bekannteste davon ist die Studie *Spiegel, Schwert und Edelstein. Strukturen japanischen Lebens,* die schon in den 1950er Jahren fertig geschrieben war, aber erst 1973 in englischer Übersetzung als *Mirror, Sword and Jewel*[60] und 1991 in deutscher Fassung erschienen ist.[61]

Singer ist laut Löwith der einzige Deutsche, der in Sendai lebt. Damit ähnelt sich beider Position in Japan: *Fremde* im Sinne Georg Simmels, dessen Schriften beide kannten und insbesondere Singer, der Simmels Vorlesungen von 1905–1909

---

[57] Löwith. *Von Rom nach Sendai*, S. 89.
[58] Vgl. Löwith. *Von Rom nach Sendai*, S. 91.
[59] Löwith. *Von Rom nach Sendai*, S. 93.
[60] Singer, Kurt. 1973. *Mirror, Sword and Jewel*. London: Croom Helm.
[61] Singer, Kurt. 1991. *Spiegel, Schwert und Edelstein. Strukturen des japanischen Lebens*. Frankfurt am Main: Suhrkamp.

hörte,⁶² beeinflusst haben.⁶³ Es könnte sein, dass Singer und Löwith sich ausdrücklich als *Fremde* im Sinne Simmels begreifen; dies lässt sich aber nicht einwandfrei an den vorliegenden Texten belegen. Jedenfalls ist ihre Ähnlichkeit in der sozialen Position im Feld, ihre ‚Schicksalsgenossenschaft', ausschlaggebend für den Beginn der Konstellation Löwith–Singer. Als emigrierter deutscher Intellektueller hatte Singer ähnliche Worte und Wendungen für die Erfahrungen in der Fremde, was sicher eine relativ gute Gesprächsgrundlage darstellte.

Singer besuchte die Löwiths in ihrer Wohnung. In seinem Tagebuch charakterisiert Löwith Singer als „sehr klugen und angenehmen Menschen, (…) dessen geistige Voraussetzungen mit den meinen weitgehend dieselben sind": Löwith fällt tatsächlich auf, dass Singer ein „Simmelschüler und Georgejünger" ist. Löwith bezeichnet ihn, in Anlehnung an den Germanisten und Mitglied des George-Kreises Rudolf Fahrner (1903–1988), als „mein[en] Sendai Fahrner".⁶⁴

Fahrner findet in Löwiths Buch *Mein Leben* mehrmalige Erwähnung als „F.". Dort bezeichnet Löwith ihn, den er wohl aus der Zeit seiner Dozententätigkeit in Marburg kennt, als „Freund und Kollegen", den er genauso wie Singer „klug" nennt. Ihre politische Ausrichtung hindert aber beide daran, für Löwith als *weise* zu gelten.⁶⁵ Fahrner äußert sich aus Antisemitismus heraus abfällig über die Verlobung des Wirtschaftshistorikers Oswald Schneider mit einer Jüdin und die Ehe Löwiths, „opferte der Politik seine Freundschaft mit Sch.".⁶⁶ Fahrner zeigt Löwith zufolge genauso wie Singer zwar eine gewisse Distanz zu Adolf Hitler [1889–1945] und seiner Instrumentalisierung der „Massen", billigt ihm aber zu, dass er „die Massen

---

⁶² Zur Biographie Singers und zur Konstellation zwischen Simmel und Singer siehe Allert, Tilman. 2000. Das gebrochene Pathos der Auserwähltheit. Zwischen Stefan George und Georg Simmel: Eine intellektuelle Biografie Kurt Singers. In *Saeculum* 51 (Part 1), S. 100–157, hier S. 104.

⁶³ Simmel charakterisiert den Typus des Fremden als denjenigen, „der heute kommt und morgen bleibt – sozusagen der potentiell Wandernde, der, obgleich er nicht weitergezogen ist, die Gelöstheit des Kommens und Gehens nicht ganz überwunden hat" (Simmel, Georg. 1908. *Soziologie: Untersuchung über die Formen der Vergesellschaftung*. Berlin: Duncker & Humblot, S. 509). Außerdem ist „seine Position in diesem [räumlichen Umkreis] dadurch wesentlich bestimmt, dass er nicht von vornherein in ihn gehört, dass er Qualitäten, die aus ihm nicht stammen und stammen können, in ihn hineinträgt" (Simmel. *Soziologie*, S. 509). Auch kennzeichnet ihn eine bestimmte „Objektivität" gegenüber der Gruppe, in der er der Fremde ist (Simmel. *Soziologie*, S. 510).

⁶⁴ Löwith. *Von Rom nach Sendai*, S. 93–94.

⁶⁵ Zum Verhältnis der Begriffe „Klugheit" und „Weisheit" bei Karl Löwith siehe dieses Aufsatzes.

⁶⁶ Löwith. *Mein Leben*, S. 23. Mit „Sch." ist laut den Anmerkungen (Löwith. *Mein Leben*, S. 219) der Archäologe und Georgeaner Karl Schefold gemeint.

in Bewegung setzt", und wartet auf einen „richtigen Herrscher" der Deutschen.[67] Diese Einstellung hat er, genau wie Singer, aus dem Kreis um Stefan George (1868–1933).

Singer und Löwith kommen intellektuell und privat gut miteinander aus, ihr Verhältnis ist aber durch politische Differenzen gekennzeichnet; in *Mein Leben in Deutschland* bezichtigt Löwith Singer, mit dem Faschismus zu sympathisieren: „Politisch war er Faschist." Als Begründung hierfür führt Löwith seine Begeisterung für die nationalsozialistische Annektion Österreichs und des Sudetenlands an; die Wehrmacht sehe er trotz des Antisemitismus immer noch als eine für alle Deutschen kämpfende Armee an. Überdies verteidige er Japans Angriff auf China und verachte „alle demokratischen Institutionen". Die Simmelschen Anteile in seinem Denken[68] stünden Singer viel besser, als das Georgeanische „Pathos" und seine Heldenverehrung. Trotzdem betont Löwith auch hier, dass er Singer, „abgesehen von seiner politischen Perversion", als „geistreichen Mann mit liebenswürdigen Zügen" schätze, der keine Frau und wissenschaftlichen Kontakte in Japan habe, aber trotzdem vielseitigen Interessen nachgehe.[69]

Zu Singers politischer Einstellung zwischen den Weltkriegen existiert ein aufschlussreicher Aufsatz des Politikwissenschaftlers Rudolf Wolfgang Müller, den ich im Folgenden heranziehen werde, um Löwiths Einschätzung von Singer zu erläutern.[70]

Löwith spricht nicht davon, dass Singer ein Nationalsozialist sei, sondern nennt ihn einen „politischen [sic!] Faschisten". Das Adjektiv *politisch* klammert eine *Privatperson* Singer aus. Der Begriff Faschismus ist bei Löwith auch etwas positiver als der Begriff Nationalsozialismus besetzt. Die deutschen „Nationalsozialisten" seien im Gegensatz zu den italienischen „Faschisten" inhuman und prinzipienversessen: „Der Deutsche ist pedantisch und intolerant, denn er nimmt die Sache stets prinzipiell, indem er sie von dem Menschen trennt; der Italiener ist auch im schwarzen Hemd noch human, weil er einen natürlichen Sinn für die menschlichen Schwächen hat."[71]

---

[67] Löwith. *Mein Leben*, S. 73.

[68] Kurt Singer war in Vorlesungen von Georg Simmel und bezieht sich auch in seiner Habilitationsschrift *Das Geld als Zeichen* und in Teilen von *Spiegel, Schwert und Edelstein* auf Simmel.

[69] Löwith. *Mein Leben*, S. 23. Zu Singer siehe auch: Allert 2000.

[70] Vgl. Müller, Rudolf Wolfgang. 2002. Gestalt, Reich und Mythos. Zu Kurt Singers politischer Einstellung zwischen den Weltkriegen. In *Interkulturelle Singer-Studien. Zu Leben und Werk Kurt Singers* hrsg. Achim Eschbach, Viktoria Eschbach-Szabo und Nobuo Ikeda. München: Iudicium, S. 137–160.

[71] Löwith. *Mein Leben*, S. 82.

Stoisches Exil und unvollendete Synthese

Um Löwiths Einschätzung von Singer als einem „politischen Faschisten" noch besser einordnen zu können, lohnt sich ein Blick auf die Aussagen Löwiths zum Kreis um Stefan George. Löwith charakterisiert den George-Kreis als „geistigen Wegbereiter der nationalsozialistischen Ideologie", in dem man Ungleichheit und „Gehorsam" propagierte und „vor allem die kriegerischen und heldischen Tugenden pries".[72] An einer anderen Stelle unterteilt Löwith den George-Kreis in eine ältere und eine jüngere Generation. Während die ältere Generation, zu der auch Kurt Singer gehört, den Nationalsozialismus und hierbei vor allem das Element der Massendiktatur „schon aus Geschmacksgründen" ablehne, stehe die jüngere Generation der NS-Diktatur näher, insbesondere dem „preußischen Generalstab". Singer seinerseits lehnt wohl Hitler ab, aber sein Schwärmen für die Siege der deutschen Armee könnte mit seiner Vorliebe für die „preußischen Generäle" zusammenhängen, auch wenn er zur älteren Generation des George-Kreises zählt.[73]

Löwith beschließt sein Reisetagebuch von 1936 optimistisch. Er ist froh darüber, dass er in Japan eine „neue Existenz" gründen könne und spricht von „freundlichen und intelligenten Kollegen" und „interessierten Studenten". Zum erfüllenden intellektuellen Arbeiten in Japan fehlen nur noch seine Bibliothek und seine Möbel, die beide bald per Schiff ankommen werden.[74] Er fragt sich bei der Abschrift seiner Reisenotizen, wie er den Zufall des „Schicksals trägt", der ihn in die Fremde geführt hat. Er stellt sich aber auch die Frage, was „über das sogenannte Schicksal hinausgeht, wo die Menschen zur Ruhe kommen und sie nichts weiter begehren als zu sein, was sie sind." Löwith kommt zu dem Schluss, dass „[ö]stliche Weisheit" wichtiger sei als „[w]estliche Klugheit", und die „Gelassenheit" bedeutender als das „Verändernwollen".[75]

Um zu verstehen, was Löwith meint, wenn er von einem Unterschied zwischen der Klugheit spricht, die er ‚dem Westen' zuschreibt, und der Weisheit, die er mit ‚dem Osten' assoziiert, empfiehlt sich ein Seitenblick auf die Geschichte der beiden Begriffe. Laut dem Eintrag im *Historischen Wörterbuch der Philosophie* „steht Klugheit zwischen Einsicht (Verständigkeit, Wissen um das Richtige und Zweckmäßige) und Weisheit (σοφία, sapientia)." Denn: „Sie ist nicht so theoretisch wie die Einsicht, aber auch nicht so abgeklärt wie die Weisheit."[76] Aristoteles (384-322 v. Chr.) zufolge

---

[72] Löwith. *Mein Leben*, S. 21–22.
[73] Zu Löwiths Einschätzung des George-Kreises: Müller. Gestalt, Reich und Mythos, S. 150 und 151–154.
[74] Löwith. *Von Rom nach Sendai*, S. 94.
[75] Löwith. *Von Rom nach Sendai*, S. 94–95.
[76] Ritter, Joachim, u. a. (Hrsg.). 1976. *Historisches Wörterbuch der Philosophie. Band 4: I-K*. Basel: Schwabe & Co, S. 857.

„zeigt sich Klugheit eher im Handeln, in der Staatsführung, im praktischen Beruf", also nicht in der Kontemplation oder der „Gelassenheit", von der Löwith redet. Weisheit hingegen „begegnet als ein ausgezeichnetes Wissen, das zum einem auf menschlicher Erfahrung beruht; zum anderen wird ihr göttlicher Ursprung betont".[77] Schon Aristoteles stellt die Begriffe Weisheit und Klugheit gegenüber und weist der „Weisheit" einen höheren Rang zu: „Auch wenn Aristoteles im sechsten Buch der ‚Nikomachischen Ethik' theoretische W. antithetisch gegen praktische Klugheit, die *Phronesis* (s.d.) stellt [...], so übersteigt die W. das theoretische Wissen doch gerade darin, daß sie zur vollkommen Verwirklichung an die existenzielle Vollendung des Menschen, des jeweiligen φιλοσοφος, zurückverwiesen ist."[78]

In der oben genannten Sequenz sieht Löwith die kontemplative „[ö]stliche Weisheit" als eine erstrebenswerte Alternative zum „westlichen Verändernwollen" an. Sowohl sein Schicksalsbegriff als auch seine Vorliebe für die „[ö]stliche Weisheit" können als *stoische* Motive gedeutet werden. Die „[ö]stliche Weisheit" steht in enger Beziehung zu seinem Schicksalsbegriff, denn jene erreicht durch Kontemplation und Einsicht in das Ganze Zufriedenheit. Ein Hadern mit dem eigenen Schicksal führe nur zu Verwirrung, denn am Vergehen und Werden der kosmischen Natur, an die die Geschichte geknüpft ist, könne der Mensch nichts ändern. Löwith spricht zuerst von „Schicksal", dann aber vom „sogenannten Schicksal". Das heißt, dass er sich einerseits vom geläufigen Schicksalsbegriff distanziert, ihn aber mangels eigener begrifflicher Alternativen doch benutzt.

In dem Text *Curriculum Vitae*, den Löwith 1959 verfasst,[79] spricht er ebenfalls vom Schicksal, nämlich in Bezug auf seine Flucht aus Deutschland, die er als „Emigration" ansieht:[80] „Die Emigration führte mich durch eine Reihe glücklicher Zufälle, die man gern Schicksal nennt, über Rom nach einer japanischen Universität."[81] Hier verliert Löwith kein Wort des Klagens über seinen Lebenslauf, der ihn wegen der politisch-geschichtlichen Umstände innerhalb von knapp zwei Jahrzehnten gezwungenermaßen um die halbe Welt führte. Stattdessen präsentiert er

---

[77] Ritter, Joachim, u. a. (Hrsg.). 2004. *Historisches Wörterbuch der Philosophie. Band 12: W-Z.* Basel: Schwabe & Co, S. 371.

[78] Ritter, Joachim, u. a. (Hrsg.). 2004. *Historisches Wörterbuch der Philosophie. Band 12: W-Z.* Basel: Schwabe & Co, S. 373.

[79] Löwith, Karl. 2007. Curriculum Vitae. In *Mein Leben in Deutschland vor und nach 1933.* Stuttgart: J.B. Metzler, S. 182–193.

[80] Zu dieser Stelle siehe Pansa. *Juden unter japanischer Herrschaft*, S. 86–87.

[81] Löwith. Curriculum Vitae, S. 186.

sich als jemand, der stoisch die Zufälle des ‚Schicksals' trägt, die ihm zugestoßen sind. Dieses Fügen ins eigene ‚Schicksal', das durch die kosmischen Gesetze bestimmt wird, korreliert mit seinem Interesse für die Weisheitslehren des Ostens, die Selbstbeherrschung und die Kontemplation betonen.

In seinem Tagebuch hat Löwith bereits viele Motive angesprochen, die in seinen späteren Texten wieder aufgegriffen und spezifiziert werden, z. B. die ritualisierte Höflichkeit, die Übernahme europäischer Kulturelemente und das Verhältnis von östlichen Weisheitslehren zur westlichen Philosophie.

2 Von der Faszination zur Unzufriedenheit oder Die zwei unverbundenen Stockwerke im Haus des japanischen Geistes

Am 14. Januar 1941, kurz vor seiner Abreise von Japan in die USA, nahm Löwith die Arbeit an seinem Reisetagebuch wieder auf. Die Theologen Paul Tillich (1886–1965) und Reinhold Niebuhr (1892–1971) konnten ihm eine Stelle am Theologischen Seminar in Hartford/Massachusetts vermitteln. Daraufhin entschied sich Löwith aufgrund seiner unklaren beruflichen Zukunft in Japan dazu, in die USA zu emigrieren.[82]

Japanische Kollegen und Freunde halfen dem Ehepaar dabei, die Wohnung auszuräumen. Im Gegensatz zu den Ereignissen bei seiner Ankunft in Japan empfindet Löwith die Hilfe der Japaner aber als „lästig". Mit seinem Kollegen Miura verbringt Löwith ein „sang- und klangloses Abschiedsessen" mitsamt „unvermeidlichem Geschenkunwesen und Fotografiertwerden".[83] Das Universitätspersonal der Philosophischen Fakultät verabschiedet Löwith am Bahnhof. Sie übergeben ihm einen Geldbetrag von der Fakultät und ein zusätzliches Monatsgehalt von der Universität. Löwith erhält eine Liste der Beteiligten an seinem Geschenk. Er ist sich sicher, dass von ihm ein Gegengeschenk erwartet wird.[84] Nur über das Verhalten weniger Japaner bei seinem Abschied scheint sich Löwith zu freuen: Er erwähnt die Puppen, die ihm der „klassische Philologe und Philosoph" Kubo Tsutomo

---

[82] Siehe Pansa. *Juden unter japanischer Herrschaft*, S. 83.
[83] Löwith. *Von Rom nach Sendai*, S. 99. In Japan ist es Sitte, andere zu gewissen Feiern und beim Abschied zu beschenken. Hierbei wird erwartet, dass der Beschenkte mit einem Gegengeschenk seine Dankbarkeit erweist.
[84] Löwith. *Von Rom nach Sendai*, S. 100.

schenkt,[85] und das gute Verhältnis zu „Joshino", dem Dienstmädchen der Löwiths in Sendai. Sie besucht das Ehepaar einen Tag vor der Abreise nochmals, um sich von ihnen zu verabschieden.[86]

Ada und Karl begeben sich auf die Schiffsreise, „ohne viel Illusionen" über ihren Aufenthalt in den USA und „ohne viel Bedauern und Anhänglichkeit an die viereinhalb Jahre Japan" zu haben. Und das, obwohl der Aufenthalt „grosses Glück" bedeutete: „eine freiherrliche Stellung, eine große Bereicherung und Erfahrung und ein wunderbares Land".[87] Beide vermissen Japan trotz vieler schöner Erfahrungen nicht.[88]

Löwith ruft zur Erklärung dieses Tatbestands in seinem Tagebuch das *Nachwort an den japanischen Leser* zum 1940 in einer japanischen Zeitschrift veröffentlichten Aufsatz *Der Europäische Nihilismus* in Erinnerung. Dort sei die Essenz seines vierjährigen Nachdenkens „über die Japaner und ihre oft unausstehliche Selbstliebe und daher Empfindlichkeit"[89] zu finden. Ein Ausflug mit Igarashi zu einem „Berg Onsen"[90] sei neben einer „Tour mit Doi" das Schönste in den letzten Tagen seines Japanaufenthalts gewesen. Gefallen haben Löwith bei diesen Ausflügen aber offenbar nicht die sozialen Begegnungen, sondern die Landschaftserfahrung, denn „weiter gekommen ist man aber in vier Jahren im Grunde mit keinem dieser Menschen. Schon auf dem Schiff fällt von uns alles Japanische ab, als hätte man nie damit etwas zu tun gehabt".

Die Löwiths wollen sich auf dem Schiff nicht mehr mit Japanern unterhalten: „Sie können ja alle nicht reden – offen, unmittelbar, selbst."[91] Was er genau damit meint, bleibt in der Reisetagebuch-Sequenz selbst unklar, wird aber im *Nachwort*

---

[85] Löwith. *Von Rom nach Sendai*, Anmerkung zu S. 99 auf 167.
[86] Löwith. *Von Rom nach Sendai*, S. 99–100.
[87] Löwith. *Von Rom nach Sendai*, S. 100.
[88] Laut Birgit Pansa waren auch die Arbeitsbedingungen von Löwith in Japan hervorragend. Er konnte in einem eigenen Haus wohnen, seine Marburger Bibliothek wurde nach Japan verschifft, und „er konnte in seiner Muttersprache unterrichten und thematisch genau an der Stelle fortfahren, an der er in Marburg in seiner Vorlesung aufgehört hatte" (Pansa. *Juden unter japanischer Herrschaft*, S. 93–94). Wie bei anderen jüdischen Flüchtlingen wurde auch nicht erwartet, dass die Löwiths sich an die Japaner anpassen (Pansa. *Juden unter japanischer Herrschaft*, S. 97).
[89] Löwith. *Von Rom nach Sendai*, S. 100–101.
[90] *Onsen* sind heiße Quellen vulkanischen Ursprungs, in denen man zu Zwecken der Gesundheit und Entspannung badet. Siehe: Serbulea, Mihaela und Payyappallimana, Unnikrishnan. 2012. Onsen (hot springs) in Japan – Transforming terrain into healing landscapes. In *Health and Place*, Volume 18, Issue 6, S. 1366–1373.
[91] Löwith. *Von Rom nach Sendai*, S. 101.

an den japanischen Leser zum Text *Der Europäische Nihilismus* (1940) und seinen später in den Vereinigten Staaten verfassten Texten klarer. Nichtsdestotrotz kann man schon hier feststellen, dass Löwith der Meinung ist, dass die japanische Kultur nur oberflächlich an ihm gehaftet hätte und keine Spuren hinterlassen habe. Ada Löwiths Nachbemerkung zu *Mein Leben* erhellt diesen Punkt: Japan fasziniert das Ehepaar anfangs wegen der „herrlichen Landschaft, der Fremdheit eines nichtchristlichen Landes und der Gastlichkeit der Bewohner". Mit zunehmender Dauer des Aufenthalts schwand diese Faszination aber, weil die Löwiths als die einzigen Europäer neben Kurt Singer, der ja laut Karl Löwith unter einer „politischen Perversion litt",[92] unzufrieden mit der „völligen geistigen Isolation in Sendai" waren. Die intellektuelle Konstellation war also allzu statisch. Darüber hinaus versuchten seit der Formierung des Achsenbündnisses die nationalsozialistischen Diplomaten in Tōkyō eine Entlassung Löwiths herbeizuführen.[93] In Amerika angekommen, fallen Löwith im Vergleich zu Japan zwei Dinge besonders auf. Zum einen sei San Francisco sehr europäisch, denn es sei technisch viel fortschrittlicher als Japan. Zum anderen gäbe es in Amerika eine „zivile Ordnung, ohne militärische Korrektheit".[94]

Um Löwiths Einschätzungswandel bezüglich ‚Japans' nachzuvollziehen, kann eine Analyse des *Nachworts an den japanischen Leser* zum Text *Der Europäische Nihilismus* (1940) beitragen. Dabei ist zuerst erklärungsbedürftig, warum er ein Nachwort speziell an diese Leserschaft richtet. Diese Frage beantwortet er recht früh in seinem Text. Er will einem möglichen Missverständnis des Textes durch japanische Leser abhelfen. Da alle Japaner „Patrioten" seien,[95] könne der Aufsatz, der den Zerfall der alteuropäischen Werte und das Auseinanderbrechen Europas aufzeige, das japanische Selbstbewusstsein über Gebühr steigern. Er will den Aufsatz zum europäischen Nihilismus aber ausdrücklich nicht als Abkehr von Europa und Zuwendung zum Orient, sondern als eine „*Rechtfertigung der europäischen Selbstkritik und eine Kritik der japanischen Selbstliebe*"[96] verstanden wissen. Seinen japanischen Lesern tritt er als Pädagoge des „europäischen Denkens" gegenüber, der sie besonders die Kritik, die „die Europäer" kennzeichne, lehren möchte.

---

[92] Löwith. *Mein Leben*, S. 24.
[93] Löwith. *Mein Leben*, S. 194.
[94] Löwith. *Von Rom nach Sendai*, S. 105.
[95] Auch hier greift Löwith zur Generalisierung, denn er schreibt einer großen Anzahl an Menschen eine Einstellung zu, ohne ausreichend empirische Belege dafür anzuführen. Trotzdem scheint Löwith ein feines Gespür für den immer stärker werdenden Ultranationalismus in Japan zu haben, der immer weniger Kritik duldet.
[96] Löwith. *Der Europäische Nihilismus*, S. 533 (Hervorhebungen im Original).

Das Nachwort beginnt mit der Feststellung, dass Peter der Große der Vorreiter der Europäisierung Russlands gewesen sei und nun, hundert Jahre später, der ganze Orient im Begriff sei sich, zu europäisieren.[97] Gerade Japaner hätten ein ambivalentes Verhältnis zum Westen; sie würden seine eigenen Produkte, Technik und Wissenschaft gegen ihn wenden wollen. Die Uneinigkeit Europas, die sich im Weltkrieg gezeigt habe, habe diese Tendenz noch einmal verstärkt.[98]

Die japanische Strategie im Umgang mit der westlichen Kultur habe sich in den letzten Jahrzehnten verändert. Nachdem Japaner ab der zweiten Hälfte des 19. Jahrhunderts die westliche Technik und Wissenschaft in einem rasend schnellen Tempo adaptiert hätten, seien sie an dem Punkt angekommen, dass sie, vor dem Hintergrund der Krise Europas, sich wieder verstärkt auf ihre eigenen Werte besinnen würden. Die Haltung zum Westen sei „ambivalent" geworden: Einerseits priesen „die meisten Japaner" ihn für die „Fortschritte", die man von ihm übernommen habe; andererseits würden sie ihn im Gegensatz zur „idealistischen" eigenen Kultur als „materialistisch" brandmarken. Das Paradoxe daran sei, dass die Rückbesinnung auf die eigenen Werte ebenfalls eine vom Westen empfohlene Strategie sei.[99] Japan könne also gar nicht anders, als sich mit dem Westen auf irgendeine Weise auseinanderzusetzen. Der Weg zurück zu einem Japan ohne westliche Einflüsse sei für immer versperrt, „die Verwestlichung ist eine unwiderrufliche Tatsache".[100]

Löwith ist der Meinung, dass sich Russland in der Mitte des 19. Jahrhunderts kritisch mit Europa beschäftigt habe, während Japan „naiv und kritiklos"[101] die europäische Kultur adaptiert. Europäische Intellektuelle wie Charles Baudelaire (1821–1867) und Friedrich Nietzsche (1844–1900) hätten sich von dieser Kultur abgestoßen gefühlt, weil sie die Fortschrittslüge schon damals durchschauten. Diese europäische Selbstkritik nehme Japan aber bis heute noch nicht zur Kenntnis: „Nur in Amerika, Rußland und Japan glaubt man auch heute noch an die Ideen des Fortschritts – im alten Europa hat man schon längst an ihnen zu zweifeln begonnen."[102] Die Japaner hätten die ungelösten europäischen Probleme importiert, und auch sie seien nicht im Stande, sie zu lösen. Da *dieses* Problem immer noch

---

[97] Löwith. Der Europäische Nihilismus, S. 532.
[98] Löwith. Der Europäische Nihilismus, S. 532.
[99] Löwith. Der Europäische Nihilismus, S. 532–533.
[100] Löwith. Der Europäische Nihilismus, S. 534.
[101] Löwith. Der Europäische Nihilismus, S. 534.
[102] Löwith. Der Europäische Nihilismus, S. 534.

nach einer Lösung verlange, träfen auch die älteren Aussagen von Europäern über Japan, die erstmals über dieses Problem nachdachten, von „O. Lowell, B.H. Chamberlain und H. Bätz", „immer noch zu."[103]

Japan habe vom Westen zuvorderst die „materielle Zivilisation" adaptiert und nicht, wie bei der Rezeption der chinesischen Kultur, die „religiöse, gelehrte und moralische Grundlage".[104] Mit „materieller Zivilisation" meint Löwith „[m]oderne Industrie und Technik, Kapitalismus, bürgerliches Recht, Heeresorganisation und die wissenschaftlichen Arbeitsmethoden, die all das ermöglichen".[105]

Löwith denkt hier in einem Bild des *Innen* und *Außen*: In Japan hat man nur die „Äußerlichkeiten" der westlichen Kultur übernommen. Aber das Innere, der geschichtlich so und nicht anders gewordene „europäische Geist", der die Grundlage der westlichen Kultur darstelle, könne nicht von Japanern übernommen werden, außer durch eine „Aneignung, welche ihn intensiv umwandelt".[106] Eine solche Umwandlung habe aber nicht stattgefunden, denn „der Osten übernahm das bloße Produkt wie ein fertiges Resultat". Das Äußere, das „bloße Produkt", das Japan vom Westen übernommen habe, wirke aber auf das Innere, die geistigen Grundlagen Japans, zurück. „Das bloße Produkt" könne beispielsweise in Form von Industrie und Technik für die Kriegsführung verwendet werden und führe zur „Zersetzung der alten religiösen moralischen und sozialen Fundamente".[107]

Der Begriff „modernes Japan" ist laut Löwith „für den Europäer" widersprüchlich, da „das westlich Moderne nicht japanisch und das echt Japanische uralt ist". Nur in „vereinzelten Fällen" sei eine Synthese oder ein „Kompromiss" gelungen,

---

[103] Mit „O. Lowell" meint Löwith wohl den amerikanischen Mathematiker Percival Lowell (1855–1916), der für eine längere Zeit in Japan lebte. Lowell verfasste mehrere Bücher über die japanische Kultur wie *The Soul of the Far East*. Basil Hall Chamberlain (1850–1935) war ein britischer Japanologe, der an der Kaiserlichen Universität Tōkyō lehrte. Er übersetzte als erster das *Kojiki* ins Englische, eine der ältesten japanischen Sammlungen von Mythen, und schrieb u. a. in *Things Japanese* über Japan. „H.Bätz", der dritte der genannten Wissenschaftler, die über Japan gegen Ende des 19. Jahrhunderts geschrieben haben, könnte der deutsche Arzt Erwin Bälz (1849–1913) sein. Bälz brachte die europäische moderne Medizin nach Japan. Von ihm existiert die Sammlung *Erwin Bälz: Das Leben eines deutschen Arztes im erwachenden Japan. Tagebücher, Briefe, Berichte*. Löwith waren einige Schriften aus dem 19. Jahrhundert über Japan bekannt.
[104] Löwith. Der Europäische Nihilismus, S. 534.
[105] Löwith. Der Europäische Nihilismus, S. 534.
[106] Löwith. Der Europäische Nihilismus, S. 534.
[107] Löwith. Der Europäische Nihilismus, S. 535.

der „ästhetisch und moralisch für Europa annehmbar ist".[108] Beispiele für eine gelungene Synthese gibt er jedoch in diesem Text noch nicht. Löwith ist sich durchaus seiner eurozentrischen Position bewusst, sonst hätte er nicht davon geschrieben, dass diese Widersprüchlichkeit „für den Europäer" vorhanden sei. Die von ihm essenzialistisch verstandene „wahre japanische Kultur" wirke im heutigen Japan als Überbleibsel der Vergangenheit, die noch nicht durch den Westen geprägt war, gekennzeichnet durch „vornehme Einfachheit, Gesittung und Schönheit".[109]

Dagegen würden viele Japaner wie R. Mori[110] die Fähigkeit ihrer eigenen Kultur betonen, das „Beste" aus anderen Kulturen hinzuzufügen, um daraus etwas noch Besseres zu erschaffen. Diese „Bereitschaft zur Übernahme des Besten" würden die Japaner als „Weitherzigkeit" auslegen. Löwith gefällt, dass die Japaner im „bürgerlichen Leben" bescheiden seien. Ihr Selbstlob für die „Weitherzigkeit" hält er jedoch für oft anmaßend bis eitel, denn die Synthese gelänge nicht. Stattdessen seien ihre materiellen und geistigen Adaptionen des Westens oft schlechter als das Original. Der Grund für ihre Anmaßungen in diesem Bereich sei „die japanische Selbstliebe", ihr Patriotismus.[111] Genau diese „oft unausstehlichen Selbstliebe und daher Empfindlichkeit"[112] ist auch einer der Gründe, die Löwith in seinem *Reisetagebuch* anführt, um das unsentimentale Abschütteln aller japanischen Erinnerungen auf dem Schiff nach San Francisco zu erklären.

Höchst interessant ist Löwiths Erläuterung, warum Japan die Synthese zwischen europäischer und japanischer Kultur nicht gelinge. Löwith kommt auf Georg F. W. Hegels (1770–1831) Theorie der Aneignung zu sprechen, die jener in der „Analyse der theoretischen Bildung, Kap. 16" entworfen habe: „Die geistige Arbeit der Aneignung muß eine Verarbeitung sein, bei welcher der fremde Gegenstand unserer Arbeit als solcher verschwindet."[113]

Für Hegel ist Griechenland das beste Beispiel für eine gelungene Aneignung. Griechen hätten sich aus asiatischen und nordafrikanischen Ländern zahlreiche Kulturelemente angeeignet, aber diese Elemente derart „umgewandelt", dass sie nicht mehr als das ursprünglich *Andere* erkennbar, sondern als ihr *Eigenes*

---

[108] Löwith. Der Europäische Nihilismus, S. 535.
[109] Löwith. Der Europäische Nihilismus, S. 535.
[110] Löwith meint hier wohl Mori Rintaro (1862–1922), besser bekannt unter seinem Künstlernamen Mori Ōgai. Mori studierte bei Erwin Bälz Medizin und ist einer der bekanntesten japanischen Schriftsteller der Moderne.
[111] Löwith. Der Europäische Nihilismus, S. 536.
[112] Löwith. *Von Rom nach Sendai*, S. 100–101.
[113] Löwith. Der Europäische Nihilismus, S. 536.

anzusehen seien. In Japan hingegen habe man nicht diesen „Charakter der freien Aneignung".[114] Das akribische Studium der europäischen Wissenschaft führe hier zu keiner Selbstreflexion und habe keine „Konsequenzen" für das „japanische Selbst". Der fremde Kontext der europäischen Begriffe werde nicht reflektiert und mit eigenen Begriffen abgeglichen, was zu Stagnation statt wirklicher Weiterentwicklung führe. Die Möglichkeit zur freien Aneignung sei aufgrund der geografischen und kulturellen Nähe zurzeit in erster Linie in „der Auseinandersetzung mit China" möglich.[115] Durch den Inselcharakter habe sich Japan lange von anderen Einflüssen abschotten können, was den europäischen Nationen nicht möglich war, weil sie von anderen Nationen unmittelbar umgeben waren. Diese mussten früher ihr ‚Selbst' durch die Differenzbildung zu ihrem Anderen konstruieren.

Die zentrale Metapher Löwiths in Bezug auf das Verhältnis zwischen japanischer und europäischer Kultur im modernen Japan ist die der „zwei Stockwerke", die er in diesem *Nachwort an den japanischen Leser* erstmals verwendet. Die Metapher taucht auch in den späteren Texten Löwiths zum Thema Japan auf. Japaner würden wie in einem Haus mit zwei Stockwerken leben. Im unteren, „fundamentalen" Stockwerk befinde sich die japanische Art des Fühlens und Denkens und oben lagerten die gesamten Bücher der „europäischen Wissenschaften". Laut Löwith sind diese zwei Stockwerke *nicht* miteinander verbunden, deshalb kann auch kein Austausch zwischen ihnen stattfinden.

Diese Metapher hat eine strukturelle Ähnlichkeit zu Platons Höhlengleichnis, das das philosophische Ausgangsmodell des Redens über Erkenntnis in räumlichen Ebenen ist. Auch andere Akteure im intellektuellen Feld, die Teil von Löwiths Konstellation sind, beschäftigten sich in den 1930er und 1940er Jahren mit dieser Art, über Erkenntnis zu reden. Es ist gut möglich, dass Löwith beim Verfassen des Nachworts diese Diskussion zumindest in Teilen bekannt ist.

Leo Strauss (1899–1973), der Platons Höhlenkonzept schon 1931 weiterentwickelte und seit dem 15.11.1932 u. a. einen regen Briefwechsel mit Löwith führte, beteiligte sich an ihr. In einem Brief vom 20.08.1946[116] erhebt Strauss Löwith gegenüber den Vorwurf, dass er „platonisch gesprochen, Philosophie zur Beschreibung der Innendekoration der jeweiligen Höhle, der Höhle (=geschichtliche Existenz), die dann nicht mehr *als* Höhle gesehen werden kann, reduziere".[117] Außerdem

---

[114] Löwith. Der Europäische Nihilismus, S. 537.
[115] Löwith. Der Europäische Nihilismus, S. 536–537.
[116] Strauss, Leo. 2001. *Gesammelte Schriften, Bd. 3. Hobbes politische Wissenschaft und zugehörige Schriften.* Stuttgart: Metzler, S. 666–670.
[117] Strauss. *Gesammelte Schriften*, S. 666.

hält Löwiths Lehrer Martin Heidegger 1941 eine Vorlesung über das *Wesen der Wahrheit*,[118] in der auch er sich mit der Höhlenmetapher Platons und dem Wahrheitsbegriff auseinandersetzt.

Auffällig ist auch eine gewisse Ähnlichkeit von Löwiths Stockwerkmetapher zu seiner Sicht auf das „moderne Geschichtsdenken", die er in *Weltgeschichte und Heilsgeschehen* (1949) beschreibt. Diesem gelänge nämlich ebenfalls *nicht* eine Synthese zweier Elemente, wobei beim Geschichtsdenken die zwei widerstreitenden Elemente das christliche und das antike Geschichtsdenken sind, während es bei der Stockwerkmetapher der traditionelle japanische Geist und der europäische Geist sind.

Das moderne Geschichtsbild ist für Löwith aufgrund seiner Widersprüchlichkeit defizitärer als das der Antike und des Christentums: „Es [das moderne Geschichtsdenken] entfernt aus seinem fortschrittlichen Denken die christlichen Elemente der Schöpfung und Vollendung, während es sich aus der antiken Weltschau die Idee einer endlosen und kontinuierlichen Bewegung aneignet, ohne ihre Kreisstruktur zu übernehmen. Der neuzeitliche Geist ist unentschieden, ob er christlich denken soll. Er sieht die Welt mit zwei verschiedenen Augen: mit dem des Glaubens und mit dem der Vernunft. Daher ist seines Sicht notwendigerweise trübe, verglichen mit dem entweder griechischen oder biblischen Denken."[119]

Es ist also nach Löwiths Ansicht nicht möglich, dass eine gelungene Synthese der beiden Elemente im modernen Geschichtsdenken überhaupt gelingen könnte. In Bezug auf das moderne *Japan* gibt Löwith jedoch, wie ich weiter unten zeigen werde, in späteren Schriften Beispiele für eine seiner Meinung nach gelungene Synthese des japanischen Geistes mit dem europäischen Geist.

Löwith behauptet im Nachwort außerdem, dass Japaner unschuldig (denn „sie haben noch nicht vom (christlichen!) Baum der Erkenntnis gegessen") und in sich selbst verliebt seien.[120] Jetzt wird noch klarer, warum Löwith in seinem Reisetagebuch 1941 in Bezug auf Japaner von „oft unausstehlicher Selbstliebe und daher Empfindlichkeit"[121] spricht. Er zitiert Basil Hall Chamberlain, der behauptet, dass „die Japaner" extrem empfindsam seien. Der negative Aspekt dieser Empfindsamkeit sei die „Empfindlichkeit", die vor der rücksichtslosen Wahrheit fliehe.

---

[118] Heidegger, Martin. 1997. *Vom Wesen der Wahrheit*. Frankfurt am Main: Klostermann.
[119] Löwith, Karl. 2004. *Weltgeschichte und Heilsgeschehen. Die theologischen Voraussetzungen der Geschichtsphilosophie*. Stuttgart: J.B. Metzler, S. 222.
[120] Löwith. Der Europäische Nihilismus, S. 537.
[121] Löwith. *Von Rom nach Sendai*, S. 100–101.

Darauf bezieht sich Löwith, wenn er daran zweifelt, ob *Japaner* existieren, die ihr Land so scharf kritisieren, wie *Europa* von „Baudelaire, Flaubert [1821–1880], Proudhon [1809–1865] und Sorel [1847–1922], Wagner [1813–1883] und Nietzsche" kritisiert worden sei.[122]

Die Unfähigkeit der Japaner, Kritik zu üben und mit Kritik von außen umzugehen, führt Löwith in der Folge weiter aus. Kritik sei ein wesentlicher Bestandteil des „europäischen Geistes", denn durch sie entstehe der „europäische Fortschritt". Sie stelle Traditionen in Frage und treibe dadurch Bestehendes voran.[123] Die Kritik ist Löwith zufolge mit anderen elementaren Charakteristika der europäischen Kultur verbunden: „das Sichfortbewegen durch beständige Krisen, der wissenschaftliche Geist, das entschiedene Denken und Handeln, das direkte Aussprechen auch des Unangenehmen, das Vor-Konsequenzen-Stellen und selbst Konsequenzen-Ziehen und vor allem: die sich schlechthin unterscheidende Individualität."[124] Durch seine Individualität, seine Unteilbarkeit, könne sich ein Mensch erst „scharf und bestimmt" von anderen Menschen, der Umwelt, dem Staat oder der Nation unterscheiden.

Unterschiede und „Grenzen verwischen", die gefühlte Einheit von Mensch und Natur, eine starke Bindung innerhalb der Familie und ein ausgeprägtes Kompromiss- und Schlichtungswesen;[125] all das sei das Gegenteil des europäischen Geistes und in Japan anzutreffen. Das für sich selbst redende Individuum verschwinde als Konsequenz daraus.[126] Hiermit entwirft Löwith Japan gewissermaßen als das *ganz Andere* zu seinem Eigenen, seiner vertrauten geistigen Heimat, Europa. Er folgt Hegel, der die Betonung der „Individualität" des europäischen Geistes als das entscheidende Unterscheidungsmerkmal gegenüber dem asiatischen Geist sieht. Genauer gesagt müsse von „europäischen Geistern" die Rede sein, denn die *Vielfalt* sei das Prinzip Europas, während der asiatische Geist die „Einheit und Einförmigkeit" betone.[127] Weiterhin führt Löwith Jacob Burckhardt (1818–1899) an.

---

[122] Löwith. Der Europäische Nihilismus, S. 537–538.
[123] Löwith. Der Europäische Nihilismus, S. 538.
[124] Löwith. Der Europäische Nihilismus, S. 538.
[125] Erwähnenswert ist hierbei, dass Löwith Passagen des Buches *Japan-Europa* des Ökonomen Emil Lederer zum japanischen Schlichtungswesen als Quelle heranzieht. Lederer lehrte in der *Taishō-Zeit* (1912–1926) in Japan und auch in dessen Denkbewegung spielt „Japan" eine nicht zu unterschätzende Rolle (vgl. *Lederer, Emil, und Lederer-Seidler, Emy. 1929. Japan–Europa. Wandlungen im fernen Osten. Frankfurt am Main: Frankfurter Societäts-Druckerei*).
[126] Löwith. Der Europäische Nihilismus, S. 538–539.
[127] Löwith. Der Europäische Nihilismus, S. 538.

Dieser betone, dass „nivellierende" Strömungen, die versuchen, die Geistesvielfalt einzuebnen, Gift für Europa seien und auf Gegenwehr der Europäer stoßen würden. Im Orient hingegen sei die Hingabe an „Weltmonarchien und Theokratien" die Regel.[128]

Löwith beschließt dieses Nachwort mit der Idee, dass die Weltgeschichte entgegen Hegelscher Prognosen nun schon „seit einem Jahrhundert" wieder vom Westen zum Osten zurückkehre. Denn die europäische Art von „Fortschritt" habe Russland und den Orient zu seiner Übernahme „gezwungen". Dieses neue, technisch-zerstörerische Europa hält Löwith aber nicht für verteidigenswert, sondern nur die *alte* europäische Idee, die Intellektuelle wie Homer, Vergil (70-19 v. Chr.), Dante (1265–1321), Shakespeare (1564–1616), Goethe (1749–1832) und Hegel vertreten haben. Viele Anhänger habe sie aber nicht mehr: Nietzsche sei der letzte „deutsche Philosoph", der sich zu alteuropäischen Ideen bekenne; aber auch „er steht schon an der Grenze des Übergangs zwischen dem alten und neuen Europa".[129]

An dieser Stelle möchte ich genauer auf die Konstellation zwischen Löwith und Hegel eingehen, weil die Auseinandersetzung mit Hegels Denken Löwiths Gebrauch des Mythologems Japan entscheidend prägt. Dazu passt auch, dass die Studie *Von Hegel zu Nietzsche*, eines der bekanntesten Werke von Löwith, in Japan entstanden ist. Wie oben schon gezeigt wurde, übernimmt Löwith insbesondere die Theorie der *Aneignung* von Hegel. Aber auch in der Beschäftigung mit der Geschichtsphilosophie spielt Hegel eine zentrale Rolle für Löwith. Hier kommt jedoch Löwiths Gegnerschaft zu Hegels Fortschrittsdenken zum Vorschein. Diese Gegnerschaft ist schon in *Von Hegel zu Nietzsche* (1941) ersichtlich, wird aber in *Weltgeschichte und Heilsgeschehen* (1949) noch deutlicher.

Löwith kritisiert Hegels Vermischung der Philosophie mit dem christlich-protestantischen Glauben. Diese geschehe, indem Hegel die menschliche Geschichte als eine dialektisch fortschreitende Geschichte des Geistes ansieht, die einem eschatologischen Endzustand *notwendig* entgegenstrebt. Hegel „verlegt die christliche Erwartung des Endes der Weltzeit in das Geschehen der *Welt* und das Absolute des christlichen Glaubens in die Vernunft der *Geschichte*".[130] Seine Nachfolger, insbesondere Karl Marx (1818–1883) und die Junghegelianer, würden glauben, dass sie Hegels Denken von seinen theologischen Grundannahmen „reinigen"

---

[128] Löwith. Der Europäische Nihilismus, S. 539. Löwith hat sich eingehend mit Jakob Burckhardt beschäftigt, u. a. in *Jacob Burckhardt. Der Mensch inmitten der Geschichte* (1936).

[129] Löwith. Der Europäische Nihilismus, S. 540.

[130] Löwith, Karl. 1969. *Von Hegel zu Nietzsche. Der revolutionäre Bruch im Denken des neunzehnten Jahrhunderts.* Frankfurt am Main: Fischer, S. 48.

können, indem sie Gott aus ihren Denkbewegungen streichen. Das Hegelsche Fortschrittsdenken, das letzten Endes laut Löwith auf dem christlichen Glauben gründet, behalten sie jedoch bei, weshalb ihr Denken paradoxerweise auch auf dem Fundament des christlichen Glaubens gründet. Aus dem Glauben an das Reich Gottes werde bei den Junghegelianern der Glauben an den unaufhaltbaren Fortschritt der Geschichte.[131]

Bei der rein empirischen Betrachtung der Geschichte erkennt Löwith im Gegensatz zu Hegel kein universales Prinzip, das der Geschichte einen Sinn gibt. Löwith steht dem antiken griechisch-römischen Denken näher. Dieses richtet sich nach dem natürlichen Kreislauf des Kosmos: „Die Griechen waren bescheidener. Sie maßten sich nicht an, den letzten Sinn der Weltgeschichte zu ergründen. Sie waren von der sichtbaren [sic!] Ordnung und Schönheit des natürlichen Kosmos ergriffen und das kosmische Gesetz des Werdens und Vergehens war auch das Vorbild ihres Geschichtsverständnisses."[132]

Jürgen Habermas meint hierzu, dass Löwith sich aus dem historischen Bewusstsein zurückziehen will, indem er eine Rekonstitution stoischen Denkens vornimmt: „Nicht zufällig knüpft Löwith an die Stoa an, zumal an die stoische Klage über den Verlust einer selbstverständlichen Ansicht vom Kosmos [...]."[133] Und weiter: „Er möchte den griechischen Anblick des Kosmos als eines anfangs- und endlosen, ewigen Ganzen, er möchte die Erfahrung der Physis als des Einen und Ganzen von Natur aus Seienden wieder zur Geltung bringen."[134]

Laut Habermas ist aber Löwiths Rückzug zum Scheitern verurteilt. Denn auch seine Argumentation selbst ist *innerhalb* des historischen Bewusstseins entstanden. Die Stoa als „Ursprung", zu dem Löwith wieder zurück möchte, ist willkürlich gesetzt: „*Ein* Anfang vermag nämlich den anderen zu überbieten: die Kosmologie die Logik, der Mythos die Kosmologie, die Magie den Mythos und so fort. Deshalb muß der Anfang, der als der erste gelten soll, auch dann noch aus der Kontinuität der geschichtlichen Entwicklung deklariert und am Ende durch die bloße Aura einer unvordenklichen Ursprünglichkeit legitimiert werden, wenn er als das anfangsund endlose, aber begrenzte Kreisen eines immerwährenden Wachsens und Vergehens, eben im griechischen Sinne der Physis gedacht- und in der griechischen Philosophie festgemacht werden soll."[135] Löwiths „[s]toischer Rückzug aus dem historischen Bewusstsein" endet also laut Habermas in einem problematischen

---

[131] Löwith. *Von Hegel zu Nietzsche*, S. 78–137.
[132] Löwith. *Weltgeschichte und Heilsgeschehen*, S. 14.
[133] Habermas. Karl Löwiths stoischer Rückzug, S. 118.
[134] Habermas. Karl Löwiths stoischer Rückzug, S. 119.
[135] Habermas. Karl Löwiths stoischer Rückzug, S. 123–124.

Essenzialismus und in einem rigiden Ursprungsdenken, das nicht in der Lage ist, sich den aktuellen geschichtlichen Problemen zu stellen.

Bei aller Ablehnung der Hegelschen Geschichtsphilosophie wendet Löwith jedoch Hegels Theorie der Aneignung an, um die seiner Meinung nach oberflächliche Auseinandersetzung Japans mit westlichen Gedanken zu kritisieren. Die Japaner haben sich laut Löwith die westliche Kultur, wie weiter oben ausgeführt, nur oberflächlich angeeignet. Bei genauerem Ansehen von Hegels Theorie der Aneignung kann man mit Bernhard Waldenfels davon sprechen, dass eine Aneignung des Fremden letzten Endes das vollständige Verstehen des Fremden und damit sein Verschwinden zur Konsequenz hat. Dies bleibt aber eine Unmöglichkeit, denn das Fremde kann nie vollständig begriffen werden.

Mit der Theorie der Aneignung wird des Weiteren angenommen, dass es eine universelle Vernunft gibt, die kulturübergreifend existiert. Deshalb benötigt Löwiths Argument eine bestimmte Art der Zentrierung; einen „*Logozentrismus*, der auf ein Eigenes und Fremdes übergreifendes Allgemeines setzt". Löwiths Pochen auf einen angeblich allgemeingültigen Maßstab der „gelungenen Aneignung" des Fremden verdeckt nur auf den ersten Blick seinen Eurozentrismus: „Im Hintergrund steht eine spezifische Form des *Eurozentrismus*, der das Wunder bewerkstelligt, im Eigenen das Allgemeine und im Allgemeinen des Eigene wiederzufinden."[136]

3 Japan als Feind

Im US-amerikanischen Exil verfasste Löwith in recht kurzem Abstand zwei Texte, in denen das zentrale Thema „Japan" ist: *Japans Verwestlichung und moralische Grundlage* (1942–1943) und *Der japanische Geist* (1943). Viele der wichtigsten Denkfiguren dieser Texte sind schon in dem oben analysierten *Nachwort an die japanischen Leser* zu finden. Deshalb verstehe ich diesen Text als Grundlagentext, auf dem Löwiths weitere Denkbewegung um das Mythologem Japan basiert. Manche Argumente der beiden in Amerika verfassten Texte sind jedoch mit weiteren Beispielen versehen und es wurden ein paar neue Argumentationsstränge hinzugefügt. Untereinander ähneln sich die Sequenzen recht stark; teilweise sind die gleichen Formulierungen in beiden Texten oder nur in geringfügig veränderter Form zu finden. Ein Grund hierfür könnte sein, dass die US-amerikanische

---

[136] Waldenfels, Bernhard. 2016. *Topographie des Fremden. Studien zur Phänomenologie des Fremden 1*. Frankfurt am Main: Suhrkamp, S. 49.

Wissenschafts-Community[137] der Hauptadressat der Texte ist, denn beide sind in amerikanischen Wissenschaftsmagazinen publiziert worden.

Der Eintritt Japans in den Zweiten Weltkrieg war der zeitgeschichtliche Hintergrund, vor dem Löwith diese Texte verfasste. Als er 1936 nach Japan kam, war Japan schon in die Mandschurei einmarschiert und hatte dort den Marionettenstaat Mandschukuo eingerichtet.[138] Außerdem war Japan bereits aus dem Völkerbund ausgetreten. Die imperialistischen Tendenzen des japanischen Kaiserreichs und der große Einfluss des Militärs traten immer mehr zu Tage. Der zweite Sino-Japanische Krieg[139] begann im Jahre 1937, und 1940 wurde der Dreimächtepakt mit Italien und Nazideutschland geschlossen. Nach diesem Pakt wurde es für den von den Nazis zum Juden qua Geburt gemachten Löwith immer schwieriger, seine Stellung an der Universität Sendai zu halten, denn die nationalsozialistischen Kulturfunktionäre übten Druck auf den japanischen Staat aus, jüdische Lehrkräfte zu entlassen. Am 7. Dezember 1941 griff Japan den Luftwaffenstützpunkt Pearl Harbor an, woraufhin die USA Japan den Krieg erklärten und damit in den Zweiten Weltkrieg eintraten. Japan hingegen versuchte, teilweise sehr erfolgreich, die europäischen Kolonien in Asien unter seine Kontrolle zu bringen. Japan war politisch endgültig zum *Feind* der europäischen Demokratien und der USA geworden.[140]

Der in der amerikanischen Zeitschrift *Fortune* erstmals unter dem Titel *The Japanese Mind* erschienene Aufsatz *Der japanische Geist* hat Kapitelüberschriften, die den Text gliedern. Die erste Überschrift kennzeichnet das Gesamtprogramm des Textes: „Ein Porträt der Mentalität, die wir verstehen müssen, wenn wir siegreich sein wollen". Um den Kriegsgegner Japan besiegen zu können, müssen „wir" den Geist der Japaner verstehen.

Auf welche Gruppe genau mit „wir" verwiesen wird, bleibt zunächst offen. Wahrscheinlich sollen mit „wir" alle diejenigen angesprochen werden, die zusammen mit Löwith in Opposition zum derzeitigen Kurs des japanischen Kaiserreiches stehen. Ganz egal, ob „wir" Europäer, Amerikaner oder geflüchtete Japaner sind. Schon die Überschrift, die „Japan" klar als „Feind" benennt, zeigt, dass Löwith

---

[137] In den USA suchten Anfang und Mitte der 1940er-Jahre sehr viele Intellektuelle aus Europa Zuflucht. Zum Beispiel lehrten außer Karl Löwith auch Emil Lederer (1882–1939), Alfred Schütz (1899–1959) und Leo Strauss (1899–1973) an der New Yorker *New School for Social Research*.

[138] Zöllner, Reinhard. 2013. *Geschichte Japans. Von 1800 bis zur Gegenwart*. Paderborn: Schöningh, S. 354–357.

[139] Zöllner. *Geschichte Japans*, S. 365–368. Die anti-chinesische Stimmung der Japaner beschreibt Löwith an mehreren Stellen seiner Werke (beispielsweise Löwith. *Von Rom nach Sendai*, S. 77).

[140] Zöllner. *Geschichte Japans*, S. 377–384.

sich mit Hilfe des Textes auch politisch positioniert. Da er ein Deutscher ist, der zuerst ins faschistische Italien flüchtete und dann auch noch fünf Jahre in Japan war, hätten von Seiten amerikanischer Intellektueller Zweifel an Löwiths politischer Positionierung aufkommen können.[141] Mit diesem Text beweist Löwith vor seiner amerikanischen Leserschaft, dass er weder Sympathien für den europäischen Faschismus noch für den japanischen autoritären Staat hegt, sondern sich an die Seite des „Westens" stellt. Durch diese Freund-Feind-Unterscheidung wurde der Text auch für den Adressatenkreis der politischen Handlungsträger in Amerika potenziell interessant. Diese Art der Einmischung in politische Sachverhalte war sonst eher unüblich für Löwith, denn in seinen Veröffentlichungen davor und danach äußert sich Löwith, bis auf in *Mein Leben*, nicht zu aktuellen politischen Themen. Dies ist ein Teil seines intellektuellen Habitus, der gut zu einem Versuch der Rekonstitution der Stoa passt.

Ausgehend von der Beobachtung, dass „Japaner" zu bestimmten Anlässen westliche Kleidungsstücke und zu anderen Anlässen ihre traditionelle Kleidung tragen, benutzt Löwith auch in diesem Text die Metapher der zwei nicht miteinander verbundenen Stockwerke, um die fehlende Synthese zwischen Ost und West in der japanischen Kultur zu verdeutlichen.[142] Japaner haben laut Löwith mit einem doppelten Scheitern umzugehen: Zum einen konnten sie Teile der westliche Kultur adaptieren, zum anderen entfernten sie sich teilweise von ihrer eigenen traditionellen Kultur. Darum würden sie die westlichen Ideen verändern und sie auf ihre eigene traditionelle Kultur anwenden, „wobei sie unsere philosophischen Methoden gebrauchten und auch missbrauchten, um ihre eigene Tradition zu interpretieren".[143] Dabei kommen Löwith zufolge missglückte Versuche der Synthese zustande, wie zum Beispiel der Versuch, mit der Dialektik Hegels japanische Mythen verstehen zu wollen, oder die „politische Weisheit" Hitlers mit der von Konfuzius zu vergleichen.[144]

---

[141] Kurt Singer beispielsweise wurde über ein Jahr in Australien in einem Lager festgehalten, weil er als ein aus Japan geflohener deutscher Wissenschaftler politisch verdächtig war (Schönhärl, Korinna. 2009. *Wissen und Visionen. Theorie und Politik der Ökonomen im Stefan George-Kreis*. Berlin: Akademie Verlag, S. 104–105).

[142] Löwith. Der japanische Geist, S. 22–23.

[143] Löwith. Der japanische Geist, S. 26.

[144] Löwith. Der japanische Geist, S. 27. Den Vergleich Hitlers mit Konfuzius beschreibt Löwith auch an einer Stelle in *Mein Leben*. Auf einer Tagung des *Nationalsozialistischen Lehrerbundes* in Karuizawa hielten u. a. die beiden „japanischen Nationalisten Fujisawa und Kanokogi" Vorträge. Damit meint Löwith Fujisawa Chikao (1893–1962) und Kanokogi Kazunobu (1884–1949). Sie sprachen sich für die Achsenfreundschaft mit dem angeblich geistig verwandten Deutschland und für eine „panasiatische Politik" aus, d. h. eine Politik, in der

Neu in diesem Text ist die Anmerkung Löwiths, dass die Einstellung der Japaner zu China konträr zu der Ablehnung der „materialistischen" westlichen Kultur stehe. Die Japaner seien stolz darauf, sich die chinesischen Kulturelemente angeeignet zu haben. Dennoch würden sie sich den Chinesen gegenüber nicht überlegen fühlen. Im Gegenteil: Sie „bedauern" es, dass China ihnen kein Partner sei in ihrem Vorhaben, eine „großasiatische Wohlstandssphäre" zu errichten. In dem von Japanern besetzten „Mandschukuo" verachten die Chinesen gar die Japaner, was jene zusätzlich kränke.[145]

Um dieses Argument zu verstehen, muss man wissen, dass Japaner die chinesischen Schriftzeichen (japanisch: Kanji) adaptiert und auch andere geistige Kulturleistungen wie den Konfuzianismus aus China rezipiert haben.[146] Die Schaffung einer „großostasiatischen Wohlstandssphäre"[147] war das zentrale imperialistische Projekt Japans im Zweiten Weltkrieg. Das Ziel dabei war, vormals vom Westen kolonialisierte und/oder eigenständige asiatische Gebiete unter Japans Kontrolle zu bringen. Das bekannteste Beispiel hierfür war die gewaltsame Errichtung des Marionettenstaats „Mandschukuo" in der chinesischen Mandschurei. Die Propaganda pries die Eroberungen als antiimperialistische Taten gegen die westlichen Kolonialherren, um ihre Pläne bei den anderen asiatischen Staaten zu legitimieren.[148]

Welche Charakteristika werden nun aber in diesem Text dem „japanischen Geist" zugeschrieben, und wie unterscheiden sie sich von denen westlichen Denkens? Löwith behauptet, die japanische Denkweise und Ästhetik, die durch einen „direkten intuitiven Zugriff, der sich in paradoxen Bildern ausdrückt",[149] gekennzeichnet sei, sei zu einem großen Teil vom Zen-Buddhismus geprägt. Der Zen-Buddhismus

---

Japan die Führung über ganz Asien übernehmen sollte. Sie zitierten Löwith zufolge auf der Tagung „Hitler, [...] Rosenberg und Krieck" und interpretierten Hitler mit Konfuzius und umgekehrt (Löwith. *Mein Leben*, S. 117–118). Wahrscheinlich spielt Löwith in *Der japanische Geist* auf dieses Ereignis an. Zu Kanokogi existiert ein aufschlussreicher Aufsatz von Christopher W.A. Szpilman (Szpilman, Christopher W.A. 2013. Kanokogi Kazunobu: Pioneer of Platonic Fascism and Imperial Pan-Asianism. In *Monumenta Nipponica* Volume 68, Number 2, S. 233–280).

[145] Löwith. Der japanische Geist, S. 23.
[146] Zum Konfuzianismus siehe Watanabe, Hiroshi. 2012. *A History of Japanese Political Thought, 1600–1901*. Tōkyō: LTCB International Library Trust/International House of Japan, S. 77–101.
[147] Löwith spricht im Text von der „großasiatischen Wohlstandssphäre". Es ist aber offensichtlich, dass er damit die „groß*ost*asiatische Wohlstandssphäre" meint. Zur „großostasiatischen Wohlstandssphäre/Wohstandszone" siehe auch: Zöllner. *Geschichte Japans*, S. 373–374.
[148] Zöllner. *Geschichte Japans*, S. 378–380.
[149] Löwith. Der japanische Geist, S. 28.

stamme ursprünglich aus China und basiere auf der „Blumenpredigt Buddhas". Im 13. Jahrhundert hätten die Japaner *Zen* zu einer Meditationspraxis weiterentwickelt, deren Ziel Selbstbeherrschung sei. Paradoxe Fragestellungen würden im *Zen* benutzt, um den eigenen Verstand zu schulen. Die *Zen*-Mönche in Japan hätten laut Löwith auch *Shintō* und den Konfuzianismus rezipiert.[150]

Als herausragende Beispiele für vom *Zen*-Buddhismus beeinflusste Denker in Japan erwähnt Löwith neben Suzuki Daisetsu (1870–1966) und Harada[151] den Philosophen Nishida Kitarō (1870–1945), auf den er im fast 20 Jahre später veröffentlichten Text *Bemerkungen zum Unterschied zwischen Unterschied Orient und Okzident* zurückkommen wird.[152] Nishida sei momentan der „einzige originelle Denker" in Japan. Damit spricht Löwith fast allen zu seiner Zeit lebenden japanischen Denkern Originalität ab, ohne die allermeisten ihrer Werke gelesen haben zu können (der Sprachbarriere wegen).

Nishida habe durch seine Bildung im *Zen*-Buddhismus „einen eigenen, östlichen Bezugspunkt" und war noch nie in Europa. Paradoxerweise ist das für Löwith ein möglicher Grund, warum Nishida ein größeres Verständnis der westlichen Philosophie hat. Ein Grund für diese Behauptung könnte Löwiths Meinung sein, dass Japaner, die nach Europa kommen, die gerade in Mode geratene Philosophie kritiklos rezipieren, ohne ihr etwas Eigenes hinzuzufügen. Nishida adaptiere die westliche Logik, um den Buddhismus und „den Begriff des Nichts" zu erklären.[153]

Das Nichts (die Leere) ist das wesentliche Konzept, das Löwith von Nishida übernimmt, um den „japanischen Geist" zu beschreiben. Nishida kritisiere das westliche Verständnis des Nichts, weil es das Nichts nur verstehe, indem es als „Etwas" „betrachte[t] würde". Für ihn ist das Nichts der „Hintergrund jedes Phänomens" und „die Grundlage jeglicher Existenz in Natur und Geschichte".[154] Löwith ist der Meinung, dass Nishida ihm auf die Frage, ob das japanische Denken überhaupt ein Prinzip habe, antworten würde, dass das Fundament „Empfindsamkeit und Gefühl", also nicht-rationale Phänomene, seien. Laut Löwith stehe auch die Kaisertreue der Japaner auf einer „emotionalen Basis". Der Kaiser sei nicht gleichzusetzen mit einer Person oder einem Gott, sondern sei ein „emotionales

---

[150] Löwith. Der japanische Geist, S. 35–36.

[151] Damit meint er wahrscheinlich den *Zen*-Mönch Harada Daiun Sogaku, der von 1871–1961 lebte.

[152] Zu Nishida und der von ihm begründeten Philosophie der Kyōto-Schule siehe auch: Ōhashi, Ryōsuke. 2011. *Die Philosophie der Kyōto-Schule: Texte und Einführung*. Freiburg: Karl Alber.

[153] Löwith. Der japanische Geist, S. 28.

[154] Löwith. Der japanische Geist, S. 29.

Konzept".[155] Auf die Treue zum Kaiser wird Löwith in *Japans Verwestlichung* noch genauer zu sprechen kommen.

Durch einen künstlerischen oder philosophischen Ausdruck würden Japaner das Wesen des Ganzen, des „Universums" auszudrücken versuchen. Jeder Augenblick sei von Wichtigkeit, und „die Jetztgebundenheit ist typisch für ihre Weltsicht." Wie aus der Ontologie bekannt ist, umfasst der Begriff des „Seins" als Ganzheit alles auf der Welt Vorkommende und ist damit sehr unbestimmt. Diesen „Widerhall von etwas höchst Unbestimmten" spürt Löwith auch bei der Betrachtung japanischer Kunst.[156] Alle japanischen Kunstformen seien durch den *Zen* beeinflusst. Die Form des *Zen*-Ausdrucks sei „der reine Hinweis". Das Erfassen der Wahrheit benötige „Zeiger", und durch das Folgen der Zeiger sei es möglich, „die gesamte Wahrheit durch Intuition zu erfassen." Für westlich geprägte Menschen sei dies „rätselhaft".[157]

Löwith beschreibt den Weg der *Zen*-Meditation mit einem Ausspruch eines unbekannten *Zen*-Meisters wie folgt: Zunächst seien Dinge wie Berge für einen Menschen nur die Dinge selbst, wenn man weiter über sie nachdenke, werden sie aber mehr als das. Durch das vollständige Hineinversetzen in die Dinge und ihre absolute Leere könne man jedoch zu „Wahrheit und Seelenfrieden" gelangen, und die Berge werden wieder zu den Bergen selbst: „In dieser Bestätigung des So-Seins besteht der letzte Schritt der Zen-Meditation." Somit hat dieser „letzte Schritt" der Erkenntnis eine Ähnlichkeit mit der unmittelbaren sinnlichen Wahrnehmung, aber die „unabänderliche Endgültigkeit ist ganz anders" als diese. Denn dann habe jedes Ereignis im Universum den gleichen Wert.[158] Die Leere kann dann als Antrieb für Handlungen dienen, weil im Zustand der Leere alles „den Geist durchdringen" könne.[159]

Laut Löwith könne man in der betriebsamen und hektischen Lebensweise des Westens eine derartige „völlige Gelassenheit und Ruhe" nicht finden. Für aus dem Westen kommende Menschen sei die Leere „Abwesenheit von Inhalt", für den Japaner die vorherrschende Geisteshaltung.[160] Ein „Zen Gelehrter" meine, dass die östliche Kultur die „Stille des Donners" sei. Stille sei in allem Östlichen, sie dürfe aber nicht mit „Tod und Verfall [...] verwechselt" werden, denn aus ihr

---

[155] Löwith. Der japanische Geist, S. 30–31.
[156] Löwith. Der japanische Geist, S. 31.
[157] Löwith. Der japanische Geist, S. 36.
[158] Löwith. Der japanische Geist, S. 38 und 39.
[159] Löwith. Der japanische Geist, S. 40.
[160] Löwith. Der japanische Geist, S. 39–40.

könne immer eine „gewaltige Aktivität" entstehen. Das ist es wohl, was „die Japaner" für Löwith und „den Westen" auch als Kriegsgegner so unberechenbar macht.[161]

Im letzten Kapitel von *Der Japanische Geist* kommt Löwith auf die politische Ordnung und die sozialen Strukturen Japans zu sprechen, deren Grundlagen der Ahnenkult des *Shintō* und der Buddhismus seien. Die „Verwestlichung" Japans sei vom *Meiji*-Kaiser im Jahre 1868 verordnet worden, und die Japaner hätten ihm gehorcht, weil die „Kaisertreue" einen zentralen Wert für sie darstelle.[162] Sie seien Patrioten, und Japan stelle für sie „das Land ihrer Ahnen" dar. Die Ahnen seien als Geister immer noch präsent, was man an den Ahnenschreinen in den Häusern sehe. „Familie" sei nicht wie im Westen eine nach außen abgrenzbare Gruppe, sondern „das Zentrum von Staat und Gesellschaft". Der Ursprung aller Familie sei die Kaiserfamilie, die für Japaner ein Abkömmling der „Sonnenkönigin" sei.[163] Sie würden ihr Vaterland, das Land ihrer Ahnen, und die Kaiserfamilie gleichsetzen. Dadurch sei der japanische Nationalismus „viel tiefer und umfassender als in totalitären Staaten". Mit dem *Shintō* habe Japan „als einziger moderner Staat" eine „echte Staatsreligion", die sich nicht gegen, sondern für das geltende politische System einsetze.[164] Eine so starke Verbindung von politischem und religiösem System sei nur in einem Land ohne christliche Tradition möglich. Das japanische Volk sei nicht „emanzipiert", denn es könne sich nicht „für eine religiöse und politische Richtung entscheiden". Japan sei eine „Nation von Familien" und kenne keine Individuen. Letzten Endes könne man es nicht mit den westlichen „totalitären Staaten" vergleichen, denn diese wollen die bürgerliche Gesellschaft zerstören und üben Gewalt aus, um den Gehorsam des Volkes zu erzwingen. In Japan sei so etwas nicht nötig, weil das Land keine „moderne bürgerliche Gesellschaft, sondern eine uralte historische Gemeinschaft" sei.[165] Auch der „militärische Bushidō-Kodex" wirke nach, insofern ein „ehrenvoller Tod" dem Leben gegebenenfalls vorgezogen werde.[166]

Aus den genannten Aspekten leitet Löwith die „wichtigsten japanischen Werte" ab, die er den westlichen Werten gegenüber stellt. Im Westen seien die Werte der

---

[161] Löwith. Der japanische Geist, S. 47.
[162] Löwith. Der japanische Geist, S. 42–43.
[163] Löwith. Der japanische Geist, S. 43. Damit meint Löwith wohl die Sonnengöttin Amaterasu-ō-mi-kami, von der laut Mythos alle Japaner abstammen sollen.
[164] Zum Staats-*Shintō* siehe Lokowandt, Ernst. 2001. *Shinto. Eine Einführung.* München: Iudicium, Kap. 2 *Shintō und Staat.*
[165] Löwith. Der japanische Geist, S. 44–45.
[166] Löwith. Der japanische Geist, S. 46.

amerikanischen Verfassung ausschlaggebend: „Leben, Freiheit und das Streben nach Glück." Die „japanischen" Werte hingegen seien „Treue", die sich aus dem Verhältnis zur Familie (und damit gleichzeitig dem Kaiser als „Familienoberhaupt") ergebe, „Geringschätzung des Lebens und ein ehrenvoller Tod". Die letzten beiden Werte würden aus dem Buddhismus stammen und schlügen sich in hoher Opferbereitschaft nieder. Die Grundhaltung sei Hingebung ans Schicksal, ein „gewisser Fatalismus".[167]

Der Aufsatz *Japans Verwestlichung und moralische Grundlage* beginnt mit der Feststellung, dass „unsere" Begriffe (damit meint Löwith die westlichen Begriffe) nicht aus ihrem kulturellen Zusammenhang entliehen werden könnten, um mit ihrer Hilfe die japanische Realität zu erklären. Stattdessen schlägt Löwith eine „Nationalpsychologie" vor, „die sich im Privatleben und in der Religion des japanischen Volkes zeigt"; Politik und Wirtschaft will er außer Acht lassen.[168]

Die Möglichkeit einer ‚Nationalpsychologie' wird heute in der Regel kritisch gesehen. Ihre Fragwürdigkeit liegt darin, dass eine Nation keine ontologische Substanz hat, sondern aus Individuen besteht, deren Zusammensetzung einem ständigen Wandel unterliegt und die Sozialität beständig neu konstituieren. Eine Nation ist demnach eine imaginierte Gemeinschaft. Deren potenzielle Angehörige können sich und andere als Teil einer Nation identifizieren, aber es besteht keine tiefere Notwendigkeit dafür.[169]

Löwith zeichnet in diesem Aufsatz das Bild einer für den „westlichen" Leser verkehrten Welt in Japan. Hierfür führt er mehrere Beispiele an, die zeigen sollen, dass die „meisten japanischen Bräuche, Handlungen und Reaktionen […] das direkte Gegenteil von unseren [sind]",[170] d. h. den Topos Japans als des *ganz* Anderen bewähren: das Schreiben von rechts nach links, schwarz nicht Farbe der Trauer, usw. „Die Japaner" pflegten eine „Kultur des Fühlens", seien aber zugleich allzu „selbstbeherrscht" und humorlos.[171] Diese „Humorlosigkeit" erklärt

---

[167] Löwith. Der japanische Geist, S. 45–46.

[168] Löwith. Japans Verwestlichung, S. 46.

[169] Zur Nation als imaginierte Gemeinschaft siehe Balibar, Etienne, und Wallerstein, Immanuel. 2014. *Rasse, Klasse, Nation. Ambivalente Identitäten*. Hamburg: Argument Verlag mit Ariadne, v. a. S. 107–130. Zum kulturellen Gedächtnis als einer der Grundlagen für die Konstruktion kollektiver Identität siehe Assmann. *Das kulturelle Gedächtnis*, v. a. S. 34–66 und 131–160.

[170] Löwith. Japans Verwestlichung, S. 46.

[171] Interessanterweise kommt der Soziologe Sugimoto Yoshio zu folgendem Schluss: „The Institute of Statistical Mathematics survey results […] suggests that the Japanese regard themselves, more or less unchangingly over the last five decades, as industrious, well-man-

Löwith mit einer fehlenden Selbstdistanz.[172] Japaner würden Fragen nie direkt, sondern immer über Umwege beantworten. Die Ungeduld, mit der westliche Menschen auf diese Praxis reagierten, könne wegen der ausgeprägten Sensibilität von Japanern leicht „persönliche Beziehungen für immer zerstören."[173] Dieser Sensibilität korrespondiere eine ausgeprägte Höflichkeit, die der Schonung der eigenen und der Gefühle Anderer gelte und sich in ritualisierten (nicht spontanen) Beziehungsformen niederschlage. Eine direkte Entscheidung zwischen ‚wahr' und ‚falsch' werde vermieden. Kompromisse, oft erzielt durch eine Vermittlung von Außenstehenden, würden gesucht, um das Gesicht zu wahren.

Wie wir an Löwiths privaten Notizen gesehen haben, waren gerade die Formen der Höflichkeit ein Grund für seine zunehmende Reserviertheit gegenüber Japan. Seine Darstellung *coram publico* gibt dagegen einer abwägenden Haltung Ausdruck. Er zitiert Goethes Spruch: „Im Deutschen lügt man, wenn man höflich ist", um zu dokumentieren, dass nicht allein die japanische Höflichkeit, sondern auch das Misstrauen ihr gegenüber einer kulturellen Prägung folgt. Löwith zweifelt daran, ob die eher direkten ‚deutschen' Beziehungsformen wirklich „die beste[n]" seien. Japaner sprächen nie die „nackte Wahrheit" aus; ihre Höflichkeit könne keine Lüge sein, denn sie selbst sei für Japaner „das Kriterium für die Wahrheit".[174] Die westliche Wahrheitsvorstellung komme ursprünglich aus der „christlichen Ethik". Ihr zufolge bemesse Gott die „Aufrichtigkeit" eines jeden Einzelnen. Dies führe zu einem Zwiespalt, denn „durch dieses Gebot klagt man die Aufrichtigkeit desto lauter ein, je weniger sie vorhanden ist". Japaner hingegen nähmen einen relativistischen Standpunkt ein: Sie sähen Wahrheit als etwas Kontextabhängiges und der Situation Anpassbares an. Damit ihre zum Schutz der individuellen Gefühle erdachten Höflichkeitskonventionen funktionieren, müssen die „Spielregeln" eingehalten werden.[175] Jeder einzelne Teilnehmer des Spiels muss also über ein Wissen über dessen implizite Regeln verfügen.

---

nered, generous and patient while being uncreative and cheerless." (Sugimoto, Yoshio. 2010. *An Introduction to Japanese Society*. Cambridge: Cambridge University Press, S. 15) Die Daten, auf die sich Sugimoto bezieht, sind Erhebungen aus den Jahren 1958 bis 2008 und sagen leider nichts über die Selbsteinschätzung der Japaner in den 1930er und 1940er Jahren aus. Trotzdem ist es auffällig, dass sich die Mehrheit der Japaner als höflich, fleißig/selbstbeherrscht und freudlos sehen. Diese Sicht korrespondiert größtenteils mit den Einschätzungen Löwiths.

[172] Löwith. Japans Verwestlichung, S. 49.
[173] Löwith. Japans Verwestlichung, S. 49–50.
[174] Löwith. Japans Verwestlichung, S. 50–51.
[175] Löwith. Japans Verwestlichung, S. 51.

Auf diese Reflexionen folgt im Text das uns bereits bekannte Motiv der Widersprüchlichkeit des „modernen Japan", das in „atemberaubender" Schnelligkeit die westliche Kultur „nachzuahmen" versuche.[176] Eine Zeit lang seien die meisten traditionellen Werte Japans in Frage gestellt worden; nie aber habe man Kritik an der japanischen Nation geübt, dieser großen Familie mit dem Kaiser als Oberhaupt.[177] Löwith identifiziert die „wahre japanische Kultur" mit den Traditionen: „edle Einfachheit, gepflegte Manieren, feine Bräuche, erlesener Geschmack, hohe ethische Maßstäbe, extreme Selbstkontrolle, Selbstverneinung und Treue". Diese Traditionen bildeten einen „Zweck an sich", während die Verwestlichung nur „Mittel zum japanischen Zweck" sei.[178] Der Lebensstandard sei viel niedriger als in Amerika, aber höher als in anderen asiatischen Ländern; zugleich seien Japaner „viel weniger materialistisch eingestellt", als die Menschen des Westens.[179] Von seinen japanischen Studenten berichtet Löwith, sie seien extrem diszipliniert, „hochintelligent" und fleißig in der Rezeption westlichen Denkens gewesen, aber ihr alltägliches Denken sei davon nicht beeinflusst worden. Auch viele der Professoren, die sich beruflich mit dem westlichen Denken beschäftigten, würden sich privat lieber mit der ursprünglichen japanischen Kultur befassen.[180]

Die Treue zu Kaiser und Vaterland führt Löwith zufolge zu einer hohen individuellen Opferbereitschaft für die Gemeinschaft. Diese Kriegermoral werde durch den Staatsshintō noch verstärkt. Schon 1904 habe Lafcadio Hearn[181] beobachtet, dass japanische Soldaten gar nicht gesund nach Japan zurückkehren wollten, sondern einen ehrenvollen Tod im Kampfe vorzögen, um dann im *Yasukuni*-Schrein verehrt zu werden.[182] Auch über 30 Jahre später sei dies noch immer so; der Umgang mit dem Tod sei ein grundsätzlich anderer als im Westen. Der Rektor der

---

[176] Löwith. Japans Verwestlichung, S. 53.
[177] Löwith. Japans Verwestlichung, S. 54.
[178] Löwith. Japans Verwestlichung, S. 55.
[179] Löwith. Japans Verwestlichung, S. 56.
[180] Löwith. Japans Verwestlichung, S. 57–58.
[181] Patrick Lafcadio Hearn (1850–1904) war ein irisch-griechischer Schriftsteller, der von 1890 bis 1904 in Japan lebte und mit seinen Büchern über japanische Legenden das Japanbild vieler Europäer entscheidend prägte.
[182] Löwith. Japans Verwestlichung, S. 67. Der Besuch des *Yasukuni*-Schreins von japanischen Politikern wird auch heute noch insbesondere von Chinesen und Koreanern heftig kritisiert, weil im *Yasukuni*-Schrein auch die Seelen verurteilter Kriegsverbrecher verehrt werden. Siehe Lokowandt. *Shinto*, S. 60–64.

Universität von Sendai, berichtet Löwith, habe ihm gegenüber geäußert, dass Europäer aufgrund ihres vom Christentum stammenden Individualismus „zu sehr am Leben hängen würden".[183]

Im Zusammenhang verweist er auf Ausführungen eines „japanischen Gelehrten" zur Symbolik der Blumen; die Einfachheit der Kirschblüte, die kurz aufblüht und dann schnell vom Winde verweht wird, sei das Symbol der nach japanischer Einschätzung „richtigen Art zu sterben", während Japaner die Rose, die einen schweren Duft verströme und Widerstand gegen ihr Vergehen zeige, nicht als schön empfänden.[184] Es ist sehr wahrscheinlich, dass es sich bei diesem „japanischen Gelehrten" um Nitobe Inazō handelt; Löwith übernimmt hier fast wörtlich eine Textstelle aus Nitobes Buch *Bushido: The Soul of Japan* (1900).[185] Diese Schrift hat den Begriff Bushidō, der eine angeblich überall in „Japan" akzeptierte Samurai-Moral bezeichnet, im Westen bekannt gemacht. Nitobe hatte sie auf Englisch verfasst, sodass sie ‚westlichen' Intellektuellen (wie Löwith) leicht zugänglich war. Auf die erfundene Tradition des Bushidō werde ich weiter unten noch genauer eingehen.

Der „japanische Charakter" ist laut Löwith alles in Allem paradox. Japaner seien im Alltag „sensibel", „höflich" und „zurückhaltend", gleichzeitig aber befänden sie sich im Krieg gegen mehrere andere Nationen. Einer seiner Studenten habe die Behauptung aufgestellt, dass Japaner im Krieg geradezu zu „anderen Menschen" würden, die „stille Energien, eine ungewöhnliche Zähigkeit und einen wilden Mut entwickeln". Er selbst habe so eine „Verwandlung" noch nicht beobachtet, aber im *Kabuki*-Theater und bei japanischen Kampfsportarten einen bemerkenswerten Wechsel zwischen „Ruhe und Selbstbeherrschung" und „dramatischen Gefühlsausbrüchen"[186] beobachtet.

Löwith positioniert sich gegen andere Intellektuelle, die die „Produktion" als Hauptbeweggrund für die „unerwartete Gewalt", die Japan entwickle, sehen. Er beklagt den Ökonomismus von „verantwortungslosen Reportern, Schaulustigen und Experten", die die „Geschichte" als durch die Produktionsverhältnisse, nicht „durch Treue und Leidenschaft, Ideen und Moral" geprägt verstünden.[187] Es finden sich keine Anhaltspunkte, wen genau Löwith hier im Blick hat; mit Blick auf seine kritische Wendung gegen einen „Vulgärmarxismus" in *Von Hegel zu Nietzsche* ist die Annahme plausibel, dass es ihm ohnehin nicht um konkrete Personen, sondern

---

[183] Löwith. Japans Verwestlichung, S. 72.
[184] Löwith. Japans Verwestlichung, S. 73.
[185] Nitobe, Inazō. 2013. *Bushido: The Soul of Japan*. North Charleston: CreateSpace Independent Publishing Platform, S. 110.
[186] Löwith. Japans Verwestlichung, S. 68–69.
[187] Löwith. Japans Verwestlichung, S. 69 und 70.

um eine allgemeine, von Popularisierungsversuchen Engels' herrührende Tendenz der Vereinfachung des „Zusammenhang[s] der Theorie mit der Praxis" in Form eines schlichten Basis-Überbau-Modells geht.[188] Gewaltausbrüche von Japanern, so Löwith, würden vielmehr das „grundsätzlich Primitive ihrer Kultiviertheit" offenbaren; an japanischer Kultur zeige sich, da dies „das primitivste unter den zivilisierten Völkern" sei, eine „barbarische Grundlage".[189]

4 Über *Bushidō* als erfundene Tradition oder Japanisches Geschichtsdenken

In den Texten *Japans Verwestlichung und moralische Grundlage* und *Der Japanische Geist* spielt, wie oben beschrieben, die Vorstellung eine Rolle, dass die japanische Nation besonders durch bestimmte allgemein akzeptierte moralische Verhaltensweisen der Samurai-Schicht, den „militärischen Bushidō-Kodex", geprägt wurde und wird. Wir können uns deswegen anhand dieses Motivs erschließen, was Löwith meint, wenn er vom ‚grundsätzlich Primitiven japanischer Kultiviertheit' spricht.

Die Vorstellung eines *Bushidō*, also eines ‚Wegs des Samurai', ist eine erfundene Tradition, die auf die späten 1880er Jahren zurückgeht und bis heute, trotz ihrer historiografisch nachgewiesenen Inkonsistenz, im Selbstbild mancher Japaner und für das Bild, das viele Fremde von Japan haben, eine Rolle spielt. Es gibt zwar einzelne ältere Schriften, z. B. *Shidō* und *Bukyō Shōgaku* von dem konfuzianischen Gelehrten Yamaga Sōkō (1622–1685) oder das *Hagakure* von Yamamoto Tsunetomo (1659–1719), die Verhaltensregeln für Samurai zu fixieren versuchten. Diese waren aber keineswegs allgemein akzeptiert, und es ist fraglich, inwiefern sie den Verhaltensweisen praktizierender Samurai korrespondierten.[190] Oleg Benesch, der *Bushidō* als erfundene Tradition analysiert hat, stellt fest, dass „all modern *bushidō* theories are later constructs with no direct continuity from pre-Meiji history, while it is precisely the claims to such continuity that make *bushidō* an invented *tradition*."[191]

---

[188] Löwith. *Von Hegel zu Nietzsche*, S. 111.
[189] Löwith. Japans Verwestlichung, S. 70.
[190] Benesch, Oleg. 2014. *Inventing the Way of the Samurai. Nationalism, Internationalism, and Bushidō in Modern Japan*. Oxford: Oxford University Press, S. 5.
[191] Benesch. *Inventing the Way*, S. 8. Bei meinen Ausführungen über die Figur des *Bushidō* als erfundene Tradition beziehe ich mich vor allem auf die umfangreiche Studie von Oleg Benesch über den „Bushidō-Diskurs" in Japan: *Inventing the Way of the Samurai. Nationalism, Internationalism, and Bushidō*. Diese stellt meines Wissens nach die einzige englisch-

Die Samurais hatten seit der vergleichsweise friedlichen Edo-Zeit (1603–1868) mehr und mehr die Aufgabe von Verwaltern übernommen. 1876 wurde ihnen das Tragen von Schwertern untersagt, ihre Privilegien abgeschafft und eine moderne Armee gegründet. Interessanterweise gab es zu der Zeit, in der der Politiker Ozaki Yukio (1858–1954) das erste Mal den Begriff *Bushidō* verwendet, eine breite Diskussion über die Figur des *Gentleman* in Europa, auf die sich Ozaki bezieht. Einige Intellektuelle behaupteten, dass das vorbildhafte Verhalten des *Gentleman* von den Idealen der mittelalterlichen Ritter abstamme und England seinen Erfolg als Imperium auch seinen lebendig gebliebenen Rittertugenden verdanke.[192]

Auch Nitobe Inazō wird erst durch seinen Kontakt mit einem belgischen Juristen namens M. De Laveleye dazu gebracht, die Existenz einer hauptsächlich mündlich überlieferten Kriegermoral zu behaupten, die noch Ende des 19. Jahrhunderts die moderne japanische Gesellschaft durchwebe. Im Vorwort zu *Bushido: The Soul of Japan* findet er, ein Christ, auf die Frage Laveleyes, wie in Japan denn überhaupt moralisches Verhalten gefördert werde, wenn es keinen Religionsunterricht in der Schule gäbe, eine Antwort in der Form einer Art japanischer Genesis: „[N]ot until I began to analyze the different elements that formed my notions of right and wrong, did I find that it was Bushido that breathed them into my nostrils."[193]

Nitobe verfasst sein Buch, das Löwith rezipiert hat, in englischer Sprache; als weltweiter Bestseller hat es die Rezeption des *Bushidō* im Westen stark beeinflusst.[194] Durch das gesamte Buch ziehen sich Vergleiche zwischen japanischer und europäischer Kultur, die beide ein Ideal der Ritterlichkeit kennen würden; mit ihrer Hilfe versucht Nitobe, Gefühle der Fremdartigkeit und Unverständlichkeit zu mildern. *Bushidō* habe sich von der Moral einer bestimmten Klasse zum allumfassenden japanischen „Volksgeist", dem *Yamato Damashii*, entwickelt:

> „In manifold ways has Bushido filtered down from the social class where it originated, and acted as leaven among the masses, furnishing a moral standard for the whole people. The Precepts of Knighthood, begun at first as the glory of the elite, nation at large; and though the populace could not attain the moral height of those loftier souls,

---

sprachige Monographie zum Thema dar.
[192] Benesch. *Inventing the Way*, S. 49–50.
[193] Nitobe. *Bushido*, S. 2.
[194] Benesch. *Inventing the Way*, S. 91. Bemerkenswert ist, dass Nitobe in Japan vor dem Zweiten Weltkrieg wenig rezipiert und teilweise harsch kritisiert wurde (Benesch. *Inventing the Way*, S. 96). Erst in den 1980er Jahren gewann Nitobes *Bushidō*-Konzeption (auch als Reaktion auf den Beschluss der Bank von Japan im Jahre 1984 Nitobes Portrait auf den neuen 5000 Yen-Schein zu drucken) wieder mehr an Einfluss (Benesch. *Inventing the Way*, S. 228–233.).

yet *Yamato Damashii*, the Soul of Japan, ultimately came to express the *Volksgeist* of the Island Realm."[195]

Während viele japanische Intellektuelle in der späten *Meiji*-Zeit beim Gedanken der Parallelen zwischen den europäischen Rittertugenden und *Bushidō* bleiben, entwickelt sich die Diskussion in den 1930er Jahren und bis zum Ende des Zweiten Weltkriegs in Richtung eines Ultranationalismus. Einer der Hauptverantwortlichen für diese Richtungsänderung ist der Philosoph Inoue Tetsujirō (1856–1944), der als der einflussreichste Vertreter der von Benesch *Imperial Bushidō* getauften Spielart des *Bushidō*-Mythos gilt.

Inoue erlebt Japan als dem Westen unterlegen und will es deswegen mit einem einzigartigen „japanischen Geist" stärken, dessen zentraler Bestandteil *Bushidō* sein soll. Er verbindet *Bushidō* mit den japanischen Götter-Ursprungsmythen des Shintōismus: *Bushidō*, ein Geschenk der Götter, habe es schon in den frühesten Anfängen Japans gegeben; es sei so spezifisch japanisch, dass sich jeder Vergleich zwischen dem europäischen Ritterideal und ihm verbiete. Die zentrale Gedankenfigur, um die Inoues *Bushidō*-Denken kreist, ist die absolute Loyalität gegenüber dem Kaiser. Sie fehlt bei den meisten Intellektuellen, die sich vor ihm mit *Bushidō* beschäftigt haben. Inoues Ideen finden weite Verbreitung; seine Bücher verkaufen sich millionenfach.[196] Auch in der „Moralerziehung" im Bereich der militärischen und der zivilen Bildung (z. B. in Schulbüchern) ist der *Bushidō*-Mythos seit den 1910er Jahren fest verankert, wobei Inoues Interpretation die vorherrschende ist.[197]

Die Vorstellung von Japan als einer Gemeinschaft von Familien, die, wie wir gesehen haben, Löwith übernimmt, wird von Inoue populär gemacht und Teil der Staatsdoktrin: „National Morality was constructed around a desire to redefine Japanese society in terms of a ‚national family' with the emperor at its head as the benevolent father figure. Individual families were incorporated into the larger national family so as to combine the two traditionally competing elements of loyalty and filial piety."[198] Im Zuge der totalen Mobilmachung während des Kriegs spielt der *Bushidō*-Mythos eine wichtige Rolle bei der Militarisierung des gesamten öffentlichen Lebens.[199]

---

[195] Nitobe. *Bushido*, S. 109.

[196] Benesch. *Inventing the Way*, S. 97–103.

[197] Benesch. *Inventing the Way*, S. 118–124.

[198] Benesch. *Inventing the Way*, S. 215. Zur ideologischen Konzeption von Japan als K*azoku Kokka* (Familienstaat) siehe auch Gluck. *Japan's Modern Myths*, S. 187–189.

[199] Benesch. *Inventing the Way*, S. 181–187.

Bei Löwith spielt überdies das Thema der Nutzbarmachung von Praktiken des *Zen*-Buddhismus für eine militärisch ausgerichtete *Bushidō*-Moral eine Rolle. Er hebt beispielsweise hervor, dass Tokugawa Ieyasu (1543–1616)[200] in seinem Testament den Glauben daran bekräftigt habe, sein Erfolg im Kampf rühre von der *Zen*-Meditation her. Seele und Körper könne man mit ihrer Hilfe auf einen „Nullpunkt" konzentrieren.[201] Auch der scheinbar „friedliebende" Buddhismus kann demzufolge, gerade durch die „Gelassenheit" und „Geringschätzung des irdischen Lebens", die er lehre, zu Kaisertreue und Nationalismus beitragen.[202]

Eine solche Verbindung zwischen *Zen*-Buddhismus und *Bushidō*-Moral wurde seinerzeit von einigen Vertretern des *Zen* forciert, um ihren von manchen Ultranationalisten in Frage gestellten Patriotismus[203] zu demonstrieren. Insbesondere Suzuki Daisetsu (1870–1966), dessen Werke auch ins Englische übersetzt wurden, vertritt energisch die Vereinigung von *Zen* und *Bushidō*. Löwiths Einschätzung des *Zen*-Buddhismus ist durch Lektüren Nishida Kitarōs und Suzuki Daisetsus beeinflusst.

Mit dem *Bushidō* und der Vorstellung eines *Yamato Damashii*, eines spezifisch japanischen Geists, übernimmt Löwith in *Japans Verwestlichung* und *Der japanische Geist* zwei Elemente der zeitgenössischen japanischen Nationalmythologie,[204] die seit der späten *Meiji*-Zeit (ca. 1880–1912) dank staatlicher Förderung eine Art kultureller Hegemonie erlangte.[205] Das zunehmend industriell geprägte Japan, in dem Löwith lebte, stimmte mit der Welt dieser Mythen bereits nicht mehr überein;

---

[200] Tokugawa Ieyasu war der Gründer des Tokugawa-Shōgunats und sein erster *Shōgun*, der Militärregierung des Japans der Edo-Zeit (1603–1868). Er ist wohl einer der bekanntesten Personen der japanischen Geschichte.

[201] Löwith. Der japanische Geist, S. 41.

[202] Löwith. Japans Verwestlichung, S. 65.

[203] Der Buddhismus wurde von manchen japanischen Nationalisten als eine vom Ausland importierte Religion als minderwertig im Vergleich zum „genuin japanischen" Shintōismus angesehen.

[204] Ein anderer japanischer nationalistischer Mythos ist der des *Kokutai* (deutsch: Staatskörper), ein sehr vieldeutig gebrauchter Begriff, der die die Einzigartigkeit des japanischen Staates beschreiben sollte. Um ihn gab es zahlreiche Kontroversen. In der Zeit von Löwiths japanischem Exil stand der Versuch einer Änderung dieses japanischen „Volkskörpers" unter Strafe (Gluck. *Japan's Modern Myths*, S. 144–146, 241–242 und 282–283).

[205] Die Historikerin und Japanologin Carol Gluck beschreibt, die Maßnahmen, die zur „Stärkung der Moral der japanischen Bürger" in dieser Zeit angewandt wurden, ausführlich in *Japan's Modern Myths* (Gluck. *Japan's Modern Myths*, S. 102–156).

Stoisches Exil und unvollendete Synthese 217

deswegen wurden vermehrt Gewalt und Zensur eingesetzt, um Konformität zu erzwingen.[206]

Auch die Verbindung des Symbols der Kirschblüte mit der Vorstellung der Opferung für die Nation, die Löwith beschreibt, war Bestandteil der totalitären Ideologie Japans seit den 1930er-Jahren. Mit ihrer Hilfe versuchte die Propaganda, den Militarismus zu ästhetisieren.[207] In der Zeit von Löwiths Aufenthalt war *Bushidō* in der *Imperial Bushidō*-Variante Teil der offiziellen Staatsdoktrin; in das Bild Japans, das Löwith zu Kriegszeiten für sein amerikanisches Publikum entwickelte, hat er diese erfundene Tradition bemerkenswert unkritisch eingeschrieben.

Ein Grund für die Bedeutung des *Bushidō* für Löwiths Japan-Bild ergibt sich aus der Bekanntschaft mit Kuki Shūzō, dem u. a. Löwith seine Anstellung in Japan zu verdanken hat. Benesch zufolge vertritt Kuki, namentlich in seinem Werk *Iki no kōzō* (*Die Struktur von ‚Iki'*), einen ästhetischen Exzeptionalismus: Nur Japaner könnten die Ästhetik des *Iki* richtig begreifen und anwenden. Dieses Konzept verbindet Kuki mit *Bushidō*:

> „*Bushidō* was a cornerstone of Kuki's thought even during his time in Europe, and he described it as ‚the moral ideal of Japan' that developed in response to the challenges posed by Buddhism. [...] While celebrating Edo commoner culture [mit seinem Konzept des *Iki*, B.S.], Kuki also described *iki* as inseparable from *bushidō*, drawing parallels between commoner extravagance and samurai frugality."[208]

Kuki war in den späten 1930er Jahren ein Unterstützer des japanischen Imperialismus und Ultranationalismus, die auf absoluter Loyalität zum *Tennō* gründeten. Die Behauptung einer *stoischen* Haltung der Samurai zum Tod und Löwiths Vorliebe für die Stoa spielen womöglich ebenfalls eine Rolle.[209]

---

[206] Gluck. *Japan's Modern Myths*, S. 281–282.

[207] Zur Verbindung zwischen Militarismus, Kolonialismus und Nationalismus und dem Symbol der Kirschblüte siehe Ohnuki-Tierney, Emiko. 2002. *Kamikaze, Cherry Blossoms, And Nationalism. The Militarization of Aesthetics in Japanese History*. Chicago: The University of Chicago Press, insbesondere S. 102–124. Die *Tokkōtai*-Piloten (im Westen besser als „Kamikaze-Piloten" bekannt) wurden beispielsweise vor ihren Missionen mit Kirschblütenzweigen geschmückt und auf ihren Flugzeugen waren Kirschblüten aufgemalt (Ohnuki-Tierney. *Kamikaze*, S. 160–161).

[208] Benesch. *Inventing the Way*, S. 192.

[209] An dieser Stelle wäre es auch aufgrund der Wichtigkeit Kukis für die Ermöglichung von Löwiths Gastprofessur in Japan womöglich sehr aufschlussreich sich die Konstellation zwischen Kuki und Löwith noch genauer anzusehen. Gibt es einen Briefwechsel zwischen den beiden oder hat Kuki auf Japanisch über Löwith geschrieben? Leider übersteigt das den Umfang dieses Aufsatzes.

Mit der Verwendung des *Bushidō*-Mythos war Löwith im Einklang mit der Mehrheit der Beobachter Japans im intellektuellen Feld: „*Bushidō* discourse in other countries was given considerable coverage in Japan reflecting national pride and a desire for international recognition for what was increasingly perceived as the ‚soul of Japan'".[210] Löwith knüpft mit seinen beiden in den USA veröffentlichten Texten also an die Mythologie an, an der seine Adressaten sich orientieren.

Das Mythologem Japan spielt auch im Rahmen von Löwiths Überlegungen zur Entstehung der Geschichtsphilosophie eine Rolle. Das bekannteste Werk in diesem Zusammenhang ist *Weltgeschichte und Heilsgeschehen*, das zuerst 1949 auf Englisch erschien und 1953 in einer deutschen Übersetzung veröffentlicht wurde. Vor dem Erscheinen dieser Übersetzung befasste sich Löwith in zwei Aufsätzen mit dem Denken über Geschichte und der widersprüchlichen Form, die es in der Moderne angenommen habe. Der Aufsatz *Weltgeschichte und Heilsgeschehen* wurde 1950 in *Anteile*, einer *Festschrift für Martin Heidegger zum 60. Geburtstag* publiziert und enthält den „zusammengefassten und verschärften Leitgedanken"[211] der Monografie gleichen Namens. Der kürzere Aufsatz *Natur und Geschichte* enthält eine Passage über japanisches sowie chinesisches Denken über Geschichte.

Um das Problem der „geschichtliche[n] Relativität" zum Ausdruck zu bringen, beschreibt Löwith die Sicht des „Ostens" auf Geschichte.[212] Er bedient sich wiederum des Topos vom Osten als einer „zunächst verkehrten Welt" und macht anhand eigener Erfahrungen in Japan auf Unterschiede zwischen westlichen und östlichen Gebräuchen und Werten aufmerksam. Auffallend ist, dass Löwith konstatiert, „Veränderung" werde im Osten per se als negativ angesehen.[213] Er erwähnt wiederum die Philosophie der Leere von Nishida Kitarō, die auf traditionellen östlichen Gedanken aufbaue.[214]

Löwiths zentrale These zum japanischen Geschichtsdenken lautet, dass das „östliche Denken den Gegensatz von Natur und Geschichte nicht kennt".[215] Dies macht Löwith am Verhalten der Japaner gegenüber „[g]eschichtlichen Katastrophen" deutlich, denen wie Naturkatastrophen begegnet werde: „[S]ie sind weder sinnlos noch sinnvoll, sie haben keine transzendente Bedeutung, keinen moralischen Zweck und kein existenzielles Gewicht." Das *Welt*geschehen in „dieser

---

[210] Benesch. *Inventing the Way*, S. 148.
[211] Löwith. Weltgeschichte und Heilsgeschehen, S. 240.
[212] Löwith. Weltgeschichte und Heilsgeschehen, S. 241–242.
[213] Löwith. Weltgeschichte und Heilsgeschehen, S. 242.
[214] Löwith. Weltgeschichte und Heilsgeschehen, S. 242–243.
[215] Löwith. Weltgeschichte und Heilsgeschehen, S. 243.

einen Welt" (also einer Welt, in der Natur und Geschichte eins sind) bedeute darum im Osten „nichts", lasse sich nur in Paradoxien und Gleichnissen andeuten. Grundsätzliche Neuerungen oder eine Veränderung des Gangs der Welt seien nicht vorgesehen: „Die Welt ist nur im Vordergrund eine Welt des Geschehens und der Veränderung, im Grunde bleibt sie sich immer gleich und unbewegt wie der Meeresboden im Verhältnis zur oberflächlichen Wellenbewegung."[216]

Die Frage nach dem Sinn der Geschichte oder ihrem *Telos*, wie sie sich moderne westliche Denker stellen, kommt, so Löwith, im Osten nicht vor. Der Osten habe auch nicht die Idee einer „Seinsgeschichte"[217] entwickelt; ein Mensch „weiß sich weder geworfen, noch entwirft er sich selbst und die Welt".[218] „Geduld" und „lange Weile" seien im Osten auch nach der „Verwestlichung" der jüngeren Zeit wichtig geblieben: „Die Modernisierung des Ostens durch den Westen hat für uns den Abstand des Fühlens und Denkens nicht verringert, sondern verdeutlicht."[219] Im Gegensatz zum Denken des Ostens, einschließlich Amerika und Russland, die die Idee des Fortschritts aus Europa importiert haben, sei der Westen seit Hegel und Auguste Comte (1798–1857) vom Fortschrittsdenken bestimmt. Der Vergleich mit dem Denken des Ostens führt Löwith zu dem Schluss, dass „unser geschichtliches Wissen ein europäisch begrenztes" sei.

Wie Löwith im weiteren Verlauf des Aufsatzes andeutet und in *Weltgeschichte und Heilsgeschehen* ausführlich beschreibt, hat Europas „geschichtliches Wissen" seine Basis einerseits im zyklischen Geschichtsdenken Griechenlands, andererseits in jüdischer und christlicher Eschatologie. Ersteres sähe die Geschichte als einen endlosen Kreislauf des Werden und Vergehens an, während letztere ein Endziel annehme, ein Reich Gottes. Die Geschichtsphilosophie sei eschatologisch, auch wenn sie sich, wie z. B. im Fall von Marx, nicht mehr auf Gott stütze: „Es ist klar, nicht nur bei Hegel, sondern genau so bei Comte, Marx und den Geschichtstheorien der Aufklärung, daß dieser am Fortschritt zu einem Ziel orientierte Begriff der Geschichte nicht nur insofern ‚unserer' ist als er westlich ist, sondern christlich."[220]

Für den Text *Natur und Geschichte* lassen sich keine wesentlichen Veränderungen der Perspektive auf die japanische Geschichtsphilosophie feststellen. Der „Orient", dem auch Japan und China angehören, habe wie die „klassische Antike"

---

[216] Löwith. Weltgeschichte und Heilsgeschehen, S. 244.
[217] Die „Seinsgeschichte" ist ein Programm von Martin Heidegger, dem akademischen Lehrer von Löwith. Spannungsreich wird die Konstellation zwischen Löwith und Heidegger, als Heidegger eine Zeit lang den Nationalsozialismus offen unterstützt.
[218] Löwith. Weltgeschichte und Heilsgeschehen, S. 245.
[219] Löwith. Weltgeschichte und Heilsgeschehen, S. 245.
[220] Löwith. Weltgeschichte und Heilsgeschehen, S. 269.

keine „Frage nach dem Sinn der Weltgeschichte gestellt". „Natur und Geschichte" seien hier keine Gegensätze. Der Kaiser oder Regent herrsche gut, „wenn er den [universalen] Gesetzen des Himmels folgt".[221] Das zyklische Geschichtsbild des Ostens wie dasjenige Griechenlands seien „uns" (dem „Westen") heute fremd.[222]

In der *Monografie* mit dem Namen *Weltgeschichte und Heilsgeschehen* spielt das östliche Geschichtsdenken nur in einer kurzen Passage am Ende eine Rolle. In dieser schildert Löwith, dass der Westen Japans Öffnung erzwungen habe, und dass der Osten weder das Ideal der modernen wissenschaftlichen Naturbeherrschung noch eine „Fortschrittsidee" hervorgebracht habe. Außerdem fragt er sich, ob die christliche Eschatologie für den christlichen Missionsgedanken und damit auch für die „Kolonialpolitik" verantwortlich sei.[223]

Der Gebrauch des Mythologems Japan fügt Löwiths Perspektive auf das Denken über Geschichte eine ‚östliche' Perspektive hinzu. Durch es gewinnt also seine Darstellung von Zusammenhängen der Zeitlichkeit eine sozial-räumliche Ausdehnung; das Bild des auf christliche Eschatologie zurückverweisenden Fortschrittsgedankens der Moderne erhält vor diesem Hintergrund Kontur.

5 Die Wiederaufnahme des Mythologems in der Bundesrepublik

1952 wurde Löwith durch eine Empfehlung von Gadamer, den er noch aus seinem Studium in Freiburg kannte, nach Heidelberg berufen. 1958 besuchte Löwith Japan zum ersten Mal seit seiner Emigration 1941 wieder. Politisch veränderte sich in dieser recht kurzen Zeit in Japan durch die Niederlage des Landes im Zweiten Weltkrieg und die Okkupation durch das US-Militär viel. Kaiser Hirohito (1901–1989) wurde zwar in seinem Amt belassen, welches aber seither nur noch eine symbolische Funktion erfüllt. Japan wurde angewiesen, sein politisches System umfassend zu demokratisieren und sein Bildungswesen zu reformieren. Auch die vor dem Krieg Monopole innehabenden Familienunternehmen (im Japanischen *Zaibatsu* genannt) wurden in kleinere Einheiten aufgelöst.[224] Die japanische Wirtschaft war ab Mitte der 1950er-Jahre stark gewachsen, was zu einem höheren materiellen

---

[221] Löwith. Natur und Geschichte, S. 285. Der „Himmel" ist ein Begriff aus dem chinesischen Konfuzianismus, der auch die Naturgesetze umfasst (vgl. *A History of Japanese Political Thought*).
[222] Löwith. Natur und Geschichte, S. 286–287.
[223] Löwith. *Weltgeschichte und Heilsgeschehen*, S. 217–218.
[224] Zöllner. *Geschichte Japans*, S. 388–392.

Lebensstandard der Bevölkerung führte.[225] Einige seiner Eindrücke von seiner Reise ins veränderte Japan schildert Löwith in der Rede *Bemerkungen zum Unterschied von Orient und Okzident*, die er 1960 zu Gadamers 60. Geburtstag hält.

Löwith beginnt die Rede mit der Feststellung, dass Orient und Okzident in der Art des Verständnisses von „Gott, Welt und Mensch"[226] differieren. Diese drei Größen stünden in einem engen Verhältnis zueinander; wenn man ihre Bedeutung in der anderen Kultur mit der gewohnten Bedeutung in der eigenen Kultur verwechsle, könne man weder ihre Verbindung noch die einzelnen Elemente für sich richtig verstehen. Andererseits helfe, um von einem „abendländischen Denken" sprechen zu können, der Blick auf Anderes zu Zwecken der Abgrenzung. So bildeten das „unmittelbar Andere" Europas gegenwärtig Amerika und Russland, während sein *ganz* Anderes von jeher der Orient war. Löwith berichtet (so wie wir es bereits aus den amerikanischen Schriften kennen) von eigenen Erfahrungen mit diesem Anderen aus seiner Zeit an der Universität Sendai; sie bilden die Grundlage, um den ‚Orient' pars pro toto von ‚Japan' her zu deuten, wobei er sich der Mängel eines solches Schlussverfahrens bewusst ist. Solche Auseinandersetzungen auf begrenzter Grundlage mit dem „Orient", mit dessen „wesentliche[r] Verschiedenheit", habe aber Geschichte und Selbstverständnis Europas seit je geprägt. Am Anfang stehe der Kampf der „freien Bürger Griechenlands" mit den „despotischen" Persern.[227] Das Postulat der „Freiheit von Gleichen" gelte seither als Wesen des „europäischen Geistes", auch wenn die Wirklichkeit anders ausgesehen habe. Außerdem sei schon früh der Unterschied zwischen westlicher Philosophie und östlichen Weisheitslehren augenfällig gewesen. Während erstere ein Wissen um das „Wissenwollen" darstelle und durch Forschungsdrang getrieben sei, seien letztere durch Meditation geprägt. Diese Unterschiedlichkeit der Denkweisen habe sich bis heute erhalten.[228]

Als Ergebnis der ersten Kontakte zwischen den beiden Welten hält Löwith die „Hellenisierung" des Orients durch Alexander den Großen fest. Zu einer zweiten bedeutenden Auseinandersetzung mit dem Orient sei es ab 1453 mit der Abwehr des vorrückenden Islam gekommen. Das Christentum sei auf diese Weise „abendländisch" geworden. Ende des 18. Jahrhunderts habe der Westen begonnen, in Ostasien Handel zu treiben und sich Kolonien im Orient geschaffen. Japan ordnet Löwith in dieses Szenario ein, indem er die seinerzeit virulente Behauptung der

---

[225] Zöllner. *Geschichte Japans*, S. 401.
[226] Löwith. Bemerkungen zum Unterschied, S. 571.
[227] Löwith. Bemerkungen zum Unterschied, S. 572.
[228] Löwith. Bemerkungen zum Unterschied, S. 573.

durch die Vereinigten Staaten erzwungenen Öffnung Japans 1868 aufgreift, vor der nur einige Niederländer in Nagasaki Handel hätten treiben dürfen.[229]

Die Vereinigten Staaten haben nach Löwiths Darstellung seit dem Zweiten Weltkrieg auch in Europa die Vormacht, ja verträten derweil „den allgemeinen Begriff des ‚Westens'", „obwohl es [Amerika] selber kaum noch zum Abendland gerechnet werden kann".[230] So wenig *okzidental* die Vereinigten Staaten von Europa aus betrachtet erscheinen, so gering ist zugleich, nach Löwiths Eindrücken von seiner Japanreise 1958, der Grad der „[A]merikanisier[ung]" dort im *Orient*. Denn die „Auflösung" der traditionellen sozialen und moralischen Bindungen, die sich an der zunehmenden Auflösung der Großfamilie und dem Aufbau einer Konsumgesellschaft zeige, sei eine Entwicklung, die bereits vor dem Krieg begonnen habe. Insofern bilde Japan einen Gegensatz zu den schnellen und radikalen Umwälzungen der Chinesischen Revolution.[231]

Europa seinerseits, das einmal in sich christliche und antike Vorstellungen vereinigt habe, bilde derweil keine Einheit mehr, da moderne technikgläubige Vorstellungen die Oberhand über diese älteren Ideen gewönnen. Der Einfluss von Technik und Wissenschaft sei universal geworden, weshalb auch der Orient keine Einheit

---

[229] Löwith. Bemerkungen zum Unterschied, S. 575. Japanische und westliche Historiker verwendeten lange Zeit für die angebliche Abschottung Japans in der Edo-Zeit den Begriff *Sakoku* (deutsch: Landesabschließung). Der Mythos der hermetischen Abschließung des Landes – der natürlich allen westlichen Beobachtern in die Hände spielt, die Japan als ganz anders im Vergleich zum Westen darstellen wollen – wird heute von vielen Historikern bezweifelt. Japan hatte nämlich neben dem Handel mit Holland auch mit allen ostasiatischen Staaten (außer China, die das Angebot der Tokugawa-Regierung ablehnten) und zu Anfang der Edo-Zeit auch zu Spanien und Portugal Handelsbeziehungen. Wenn die Bedingungen der Japaner in die Nichteinmischung in die inneren Angelegenheiten und die Akzeptanz des Shōgunats erfüllt wurden, war es für jedes Land möglich, Handelsbeziehungen zu Japan zu unterhalten. Die Edikte der Tokugawa-Regierung richteten sich an die Japaner selbst, die das Land nicht verlassen durften, nicht an die Ausländer. Die Öffnung des Landes geschah nicht nur auf Druck der Amerikaner und Russen, sondern auch aufgrund des Willens vieler Japaner. (Zöllner 2013, S. 25–27) Der Historiker Ronald P. Toby kommt in seiner umfangreichen Studie über die Beziehungen der Tokugawa-Regierung zum Ausland u. a. zu diesem Schluss: „This book argues, indeed, that Japan was not a cowering, passively isolationist stance, as the term *sakoku* implies, but a positive, constructive one, one that sought actively to reconstitute Japanese relations with the international environment in ways that advanced both international and domestic goals." (Toby, Ronald P. 1991. *State and Diplomacy in Early Modern Japan. Asia in the Development of the Tokugawa Bakufu*. Stanford, California: Stanford University Press, S. XVI).

[230] Löwith. Bemerkungen zum Unterschied, S. 576.

[231] Löwith. Bemerkungen zum Unterschied, S. 577.

mehr sei. Die ohne weiteres voneinander abgrenzbaren Ideengebiete des alten „Orients" und des alten „Okzidents" (bzw. „Alteuropas") existierten nicht mehr.[232]

Trotzdem bleiben Unterschiede zwischen Orient und Okzident; ‚Japan' ist in Löwiths Heidelberger Szenario ein Topos, in dem sich alte Unterschiede und neue Ähnlichkeiten zwischen beiden manifestieren. So seien buddhistische Traditionen zwar nicht mehr der alles bestimmende Faktor des japanischen Alltags, aber ein westlicher Besucher Japans unternehme noch immer eine Reise in „eine ganz andere Welt mit fremden Sitten und schwer durchschaubaren Menschen".[233] So fehle ihm ein Begriff für die Autonomie der Schrift gegenüber der wörtlichen Bedeutung. Denn „begreifen" heiße „auf den Begriff bringen" und sei eine hegelianische, d. h. spezifisch okzidentale Gedankenfigur.[234]

Im zweiten Teil der Rede, der in der publizierten Fassung mit „Japanische Lebensphilosophie" überschrieben ist, wiederholt Löwith verschiedene der Denkfiguren, die wir bereits aus früheren Texten kennen. Neben der Fremdartigkeit japanischer Sitten, die vom Standpunkt des Europäers aus geradezu wie „verkehrte" Sitten wirkten, hebt er z. B. die Ähnlichkeit des griechischen Heidentums mit dem *Shintō* hervor. Er beschreibt die Kirschblüte (wie schon in *Japans Verwestlichung*) als zentrales Symbol „japanischen Geist[es]" und bringt sie wie seinerzeit mit Opferbereitschaft in Zusammenhang, die allerdings nun allgemeiner den „Mitmenschen" gilt, wo sie während des Kriegs der nationalen Großfamilie und dem Kaiser galt.[235] Die maßgebliche Referenz ist für Löwith wie vorher Nishida, dessen Schriften „uns japanisches Denken näher bringen können".[236]

Hatte Löwith in seinen amerikanischen Texten von japanischen Studenten berichtet, die in ihren Alltag wenig vom Studium des westlichen Denkens mitnähmen oder über stille kriegerische Energien Japans spekulierten, berichtet er nun, dass seine japanischen Studenten besonders Heideggers „Analyse der Befindlichkeit" in *Sein und Zeit* mochten, denn die Parallelen zur japanischen Philosophie, die „aus einer unbestimmten Grundstimmung lebt, die nur paradox aussprechbar ist", seien unübersehbar. Die enge Verbindung von Krieg und Kultur ist in der Heidelberger Rede in einer Geste sublimiert präsent: Nishida, berichtet Löwith, schenkte ihm zum Abschied aus Japan eine selbst gemalte Tuschezeichnung und

---

[232] Löwith. Bemerkungen zum Unterschied, S. 577–578.
[233] Löwith. Bemerkungen zum Unterschied, S. 578.
[234] Löwith. Bemerkungen zum Unterschied, S. 579.
[235] Löwith. Bemerkungen zum Unterschied, S. 579–581.
[236] Löwith. Bemerkungen zum Unterschied, S. 582.

zitierte ein Gedicht, in dem sich auf eine traditionelle Weise „Blüte" und „Schwert" vermischen: das „Zärteste mit dem Härtesten".[237]

Weiterhin betont Löwith die (*zen*-buddhistische) Leere als Quelle aller japanischen Aktivität und Ästhetik.[238] Er bezieht sich bei seiner Interpretation des *Zen*-Buddhismus, die seit den in den USA verfassten zwei Aufsätzen gleich geblieben ist, auf Suzuki Daisetsu (*Zen und die Kultur Japans*, 1958, und *Die große Befreiung*, 1939), auf den katholischen Theologen und Religionswissenschaftler Heinrich Dumoulin (1905–1995) (*Zen, Geschichte und Gestalt*, 1959) und auf das *Bi-yän-Lu* in der Übersetzung Wilhelm Gunderts (1960), eine Sammlung von *Kōan* (buddhistischen Anekdoten).

Löwith fragt sich nun, ob *Zen* im modernen Japan außer bei wenigen alten Japanern und einigen „europäischen Japanliebhabern" überhaupt noch eine Rolle spiele. Auf diese Frage gibt es keine einfache Antwort, weil der Orient (wie bereits beschrieben) nicht mehr „eindeutig er selbst ist". Löwith geht also von zwei ursprünglichen Größen Orient und Okzident aus, die sich in der jüngeren Zeit auf eigene Weisen von sich selbst entfremdet haben, was es keineswegs einfacher macht, einander zu verstehen. Dies relativiert die große Bedeutung, die er dem *Zen*-Buddhismus in seinen älteren Texten zugeschrieben hatte.[239]

Der „traditionelle Unterschied von Orient und Okzident" sei heute im Orient selbst „als ein Zwiespalt" ausfindig zu machen, der vor allem in Japan Bestand habe. Wie kann Japan die westliche Technik adaptieren, ohne sich „selber fremd zu werden", während der Westen selbst nicht weiß, wie er mit der zunehmenden Technisierung umgehen soll?[240] Das Hauptcharakteristikum des modernen Japan bilde dieser „Widerspruch": die ungelöste Frage der Möglichkeit, urjapanische Traditionen „in den Fortschritt einzubeziehen".[241] Löwith findet diese Traditionen vielfach „in Konventionen erstarrt"; die Technik habe die eigentliche Herrschaft übernommen.

In der Rede stellt Löwith zudem einige Überlegungen im Anschluss an Ereignisse und Entwicklungen der Nachkriegszeit an. Exemplarische Aussagekraft hat

---

[237] Löwith. Bemerkungen zum Unterschied, S. 583.

[238] Löwith schätzt übrigens die „hervorragende Beschreibung" (Löwith. Bemerkungen zum Unterschied, S. 585) *Zen in der Kunst des Bogenschießens* des deutschen Philosophen Eugen Herrigel (1884–1955), der auch nach Japan gereist war und dort eine Unterweisung in das meditative Bogenschießen erhielt.

[239] Löwith. Bemerkungen zum Unterschied, S. 588.

[240] Löwith. Bemerkungen zum Unterschied, S. 588.

[241] Löwith. Bemerkungen zum Unterschied, S. 588–589.

für ihn die für den Westen „befremdlich[e]" Figur und Verehrung des Kaisers,[242] was dazu geführt habe, dass die Vereinigten Staaten ihm nach dem Krieg im Namen der Aufklärung die Göttlichkeit absprachen. Allerdings „unterstellte" man lediglich, dass Japaner den Kaiser für göttlich hielten, während die enge Bindung an ihn tatsächlich daher rühre, dass er „Ursprung und Ziel des japanischen Familiensystems" sei, Japan als „Nation der Familien" die westliche Vorstellung des Individuums gar nicht kenne. Die Autorität des Kaisers habe deswegen nicht etwa gewaltsam durchgesetzt werden müssen, sondern bildete die „natürliche Grundlage und Spitze der Solidarität des Volkes". Dieses Motiv hatte Löwith, wie wir gesehen haben, bereits in *Der japanische Geist* verwendet, um seinem amerikanischen Publikum den Unterschied zwischen Japan und den europäischen Kriegsgegnern zu erklären. Nun in Heidelberg dient es ihm dazu, die Erschütterung der „Grundlage" des japanischen Selbstverständnisses, die die politische Entmachtung des Kaisers durch die Besatzer bedeute, und das Entstehen neuerer „synkretistische[r] Sekten" sowie die Hinwendung von Teilen der Jugend zum Marxismus zu erläutern.[243] Ungeachtet der mangelnden Kenntnisse der Besatzer über japanische Kultur hätten sie, wie Löwith mitteilt, „klug" agiert, als sie den Kaiser veranlassten, die Kapitulation des Landes zu befehlen. Denn nur über den Umweg der Loyalität zum Kaiser war die Bevölkerung für die Nachkriegsordnung zu gewinnen.[244]

Löwith findet in der Heidelberger Rede, obwohl er im Grundsatz der Linie seiner früheren Texte folgend argumentiert, dass die japanische Kultursynthese der Nachkriegszeit mehr Schein als Wirklichkeit sei,[245] erstmals Beispiele für eine gelungene Aneignung westlicher Kultur im modernen Japan jenseits der Philosophie Nishidas. Eine solche Synthese gelinge den Japanern dort, wo „das moderne technische Können mit einer althergebrachten Gesittung zusammen geht". Löwith gibt hierfür drei Beispiele: Auf dem Internationalen Kongress für Religionsgeschichte, der 1958 in Kyōto und Tōkyō abgehalten wurde, seien die Teilnehmer so liebevoll, höflich und zuvorkommend empfangen worden wie in keinem anderen Land. Die „modernen Expresszüge" seien genauso schnell und bequem wie die „modernsten Züge Europas oder Amerikas"; darüber hinaus böten sie eine ungewöhnlich freundliche Bedienung. Als drittes Beispiel nennt Löwith die „exquisite persönliche Bedienung" in japanischen Hotels, mit der vielsagenden Ausnahme von Hotels, in denen über längere Zeit Angehörige des amerikanischen Militärs gewohnt hätten. Dies führt Löwith darauf zurück, dass es sich bei diesen Gästen um „ungeduldige Barbaren"

---

[242] Löwith. Bemerkungen zum Unterschied, S. 589.
[243] Löwith. Bemerkungen zum Unterschied, S. 590.
[244] Löwith. Bemerkungen zum Unterschied, S. 590–591.
[245] Löwith. Bemerkungen zum Unterschied, S. 591.

gehandelt habe, die die „zeitraubende und umständliche Kunst japanischer Sorgfalt" nicht zu schätzen wüssten.[246] Wie erinnerlich hatte Löwith sein amerikanisches Publikum seinerzeit auf die „barbarische Grundlage" Japans, des „primitivste[n] unter den zivilisierten Völkern", hingewiesen.[247]

Löwith kommt zu dem Schluss, dass es „schwierig einzuschätzen sei, ob sich das japanische Denken, Fühlen und Leben durch die Adaption westlicher Kultur wirklich und nicht nur oberflächlich verändert [habe]". Heute würden die Japaner in zwei Welten leben.[248] In seinen amerikanischen Texten hatte Löwith sich sicher gezeigt, dass diese zwei Welten eigentlich zwei *Stockwerke* und diese Stockwerke *unverbunden* seien; ganz so sicher ist er sich 1960 nicht mehr, wenn auch skeptisch. Er identifiziert Konjunkturen der „Anziehung" und „Abstoßung" in Japans Beschäftigung mit dem Westen; ein Ergebnis dieser Vorgänge will er nicht prophezeien,[249] lobt aber den ernsten Willen der Japaner, sich mit „der Geschichte des europäischen Geistes" vertraut zu machen. Im Westen hingegen herrsche mit Ausnahme weniger Experten Unwissenheit und „Verständnislosigkeit für östliche Dinge". Löwith befürwortet eine Intensivierung der ost-westlichen Kontakte, weiß aber zugleich (wie schon in den früheren Texten) „phantastische Verirrungen" zu benennen, die im Zuge solcher Kontaktversuche auftreten können, z. B. Bemühungen japanischer Intellektueller, die eigene Mystik mit Hilfe Hegelscher Dialektik zu erklären.[250]

Hegel, mit dem Löwith sich bekanntlich auch in seinen japanischen Jahren eingehend beschäftigte, ist in der Folge sein Gewährsmann für die Probleme der Unterscheidung westlichen und östlichen Denkens und der wirklichen Aneignung fremden Denkens.[251] Er habe erkannt, dass in der östlichen Philosophie das „absolute Sein" mit dem „absoluten Nichts" identisch sei. Es sei aber keine Bewegung in ihr, denn „es fehlt der orientalischen Metaphysik die alles in Bewegung bringende negative Kraft des Verstandes und die selbstbewusste Vernunft". Anstatt, wie im „Abendland" der Fall, zwischen Subjekt und Umwelt zu unterscheiden, versenke der „orientalische Geist" sich unmittelbar in die Natur; er kenne kein emanzipationsfähiges Individuum. Löwith verweist auf Hegels Bemerkung in der Vorrede zur *Phänomenologie des Geistes*, der zufolge europäisches Denken

---

[246] Löwith. Bemerkungen zum Unterschied, S. 592–593.
[247] Löwith. Japans Verwestlichung, S. 70.
[248] Löwith. Bemerkungen zum Unterschied, S. 594.
[249] Löwith. Bemerkungen zum Unterschied, S. 596.
[250] Löwith. Bemerkungen zum Unterschied, S. 596–597.
[251] Löwith. Bemerkungen zum Unterschied, S. 597.

kennzeichne, dass es Dinge trenne, unterscheide, und durch Negation die Welt ändere.²⁵²

Hegel zeige, so Löwith, dass durch den „negativen [...] trennenden Verstand" der „europäische Geist" potenziell im Stande sei, sich alles zum Gegenüberstehenden (bzw. Anderen) zu machen. *Er* könne sich das Andere aneignen und werde dadurch frei. Mit dieser Freiheit meine Hegel denn auch ein „Beisichselbstsein im Anderssein". Die „Energie", die bei dieser Aneignungsleistung frei werde, werde dazu führen, dass sich die stagnierenden „östlichen Reiche" irgendwann den Europäern unterwerfen müssten.²⁵³ Japan aber, weiß Löwith zu berichten, habe sich, anders als von Hegel prophezeit, *nicht* dem Westen unterworfen, sondern einen anderen Weg verfolgt: Es habe den „westlichen Geist in sich aufgenommen und damit gegen den Westen gewendet – und gegen sich selbst."²⁵⁴

Der letzte Teil des Satzes unterstreicht noch einmal die traditionsauflösende Wirkung der europäischen Technik und Zivilisation, die Löwith bereits mehrfach angeführt hat. Wenn man die Frage des Verhältnisses von Orient und Okzident von diesem Gedanken her zusammenfasst, so ist das zentrale Problem, das Löwith seinen Zuhörern und Lesern vorlegt, dass jede Verstehensleistung zwischen Ost und West sich auf etwas richtet, das *so* bereits nicht mehr existiert. Traditionelle östliche Denkweisen, für die die „wahre Tätigkeit ein ‚Nicht-tun' [...] oder ein Seinlassen" darstellt, haben den technischen Energien wenig entgegenzusetzen. Der Fall von Gadamers und Löwiths gemeinsamem Lehrer Heidegger zeigt, dass Philosophie als die ausgezeichnete Denkweise des Westens ihrerseits bereits resigniert hat. Wenn Heidegger einen Wandel von einer Philosophie des „Sein-*können*" zu einer der „Gelassenheit" oder des „Sein-lassens" vollzogen hat, scheint die europäische Philosophie sich zwar dem östlichen Denken zu nähern, ist aber nicht mehr *diese* europäische Philosophie.

Die Tatsache selbst der Rede Löwiths über den Unterschied von Orient und Okzident spricht allerdings dafür, dass die traditionellen Denkweisen noch nicht vollständig verschwunden sind, so wenig die ‚Japans' wie diejenigen ‚Heidelbergs'. Deswegen ist Löwiths abschließende Einschätzung östlicher Weisheit, der zufolge deren Verzicht auf „rationale Bestimmtheit durch die negative Macht des Verstandes" nicht nur „Fehler", sondern auch „Vorzug" sei, vielsagend trotz ihrer scheinbaren Banalität. Es wäre zu prüfen, in welcher Weise der Holismus östlicher Weisheitslehren, den Löwith anführt, um deren Vorzug zu erläutern,²⁵⁵ dem

---

²⁵² Löwith. Bemerkungen zum Unterschied, S. 597–598.
²⁵³ Löwith. Bemerkungen zum Unterschied, S. 599.
²⁵⁴ Löwith. Bemerkungen zum Unterschied, S. 599.
²⁵⁵ Löwith. Bemerkungen zum Unterschied, S. 601.

Anspruch stoischer „Erfahrung der Physis als des Einen und Ganzen von Natur aus Seienden" korrespondiert.[256]

6 Resümee: Löwiths Einteilung der Welt

Der Mythos, zu dem das Mythologem Japan beiträgt, ist ohne Frage ein *topologischer* Mythos. In Löwiths Denkbewegung ist dieser topologische Mythos ein Element eines umfassenderen Vorgangs der Geltungsrealisierung, den z. B. Gadamer als eine Praxis der „Skepsis" beschreibt.[257] Mit seiner Hilfe zeichnet Löwith buchstäblich die ‚Welt' des Philosophierens. Von den Objekten der Skepsis Löwiths, die Gadamer identifiziert, spielt in den vorangegangenen Analysen seines Gebrauch des Mythologems Japan vor allen „die Geschichte" eine wichtige Rolle.[258] Der Position ‚Japans' auf einer *räumlichen* korrespondiert seine Position auf einer *zeitlichen* Achse.

Die Dimensionen von Löwiths ‚Welt' des Philosophierens ergeben sich aus den räumlichen Grenzen, die er annimmt. Das Gesamtgebilde diese Grenzziehungen können wir als Löwiths „Mental Map" verstehen.[259] Die Hauptgrenze, die die ‚Welt' des Philosophierens durchzieht, trennt die Denksysteme des ‚Westens' und des ‚Ostens'.[260] Auf der Seite des Westens stehen gegenwärtig Europa und die Vereinigten Staaten, historisch Griechenland und ‚Rom'; auf der des Ostens die gesamten asiatischen Länder und Russland, historisch z. B. Persien. Japan gehört für Löwith (wie China) zum „Fernen Osten".[261] Dies impliziert, dass es auch einen ‚Nahen Osten' gibt, den er allerdings in den untersuchten Texten nicht spezifiziert; vermutlich würde Löwith die in *Bemerkungen zum Unterschied zwischen Orient und Okzident* erwähnten ehemals zum Perserreich gehörenden arabischen Länder

---

[256] Habermas. Karl Löwiths stoischer Rückzug, S. 119.
[257] Gadamer, Hans Georg. 1977. *Philosophische Lehrjahre*. Frankfurt am Main: Klostermann, S. 236–239.
[258] Gadamer. *Philosophische Lehrjahre*, S. 238.
[259] Vgl. Kießling. *Die undeutschen Deutschen*, S. 185–186.
[260] Afrika, das neben Südamerika häufig als Teil des globalen Südens angesehen wird, wird in den von mir analysierten Texten von Karl Löwith nur in den *Bemerkungen zum Unterschied von Orient und Okzident* erwähnt. Afrika sei auch dabei, sich „westliches Können" anzueignen und gegen den Kolonialismus aufzubegehren (Löwith. Bemerkungen zum Unterschied, S. 578).
[261] Löwith. *Von Rom nach Sendai*, S. 89.

zum ‚Nahen Osten' zählen.[262] Neben der Einteilung in ‚Westen' und ‚Osten' verwendet er (vor allem im späten Text *Unterschied zwischen Orient-Okzident*, aber auch schon im *Reisetagebuch 1936*) die Kategorien ‚Okzident' (Abendland) und ‚Orient' (Morgenland), die nicht immer ganz deckungsgleich mit ‚Ost' und ‚West' sind. Der Unterschied zwischen ihnen zeigt sich insbesondere daran, dass Löwith Amerika zwar zum „Westen", aber „kaum noch zum Abendland" zählt.[263]

Löwith beschreibt die historische Entwicklung von Ost und West im Großen und Ganzen wie folgt. Am Anfang Europas stehen Griechen, denen es gelungen ist, sich Kulturelemente von anderen Völkern anzueignen, und die das Ideal des freien und gleichen Bürgers vertreten und von einem Forschungsdrang getrieben sind. Ihre Identität schärfen sie in Auseinandersetzung mit dem alten Orient, insbesondere mit dem Perserreich. Später tritt zur antiken Philosophie ein christliches Element. Christentum und antike Philosophie sind die beiden Komponenten eines ‚europäischen Geistes'.

Dem alten Orient schreibt Löwith eine despotische Ordnung und ein Streben nach Weisheit mittels Meditation zu, also mittels Versenkens in die Natur. Zwischen Natur und Geschichte sei kein Unterschied gemacht worden, weswegen das orientalische Geschichtsbild, ähnlich dem des antiken Griechenland, zyklisch sei. Teil dieses Altorients ist Japan, das durch (*Zen*-)Buddhismus, Verehrung der Ahnen und die *Bushidō*-Moral der Samurai geprägt sei.

Nachdem die moderne europäische Philosophie die christlichen Lehren in Zweifel zog, Industrialisierung, Technik und Naturwissenschaft in den Vordergrund traten, entstanden Denkweisen wie der Marxismus und der Positivismus. Diese würden gerade in ihrer Opposition zum Christentum eine Nähe zu ihm aufweisen. Denn der Marxismus vertrete eine Eschatologie ohne Gott und der Positivismus einen unbedingten Wissenschaftsglauben; beide seien vereint in ihrem Glauben an den Fortschritt der Geschichte. Dieser Fortschrittsglaube ist eine europäische Größe, die über Europa hinaustreibt (nach Westen und nach Osten). In Europa wird er durch den Nihilismus Nietzsches und später durch Krisenerfahrungen wie den Ersten Weltkrieg grundlegend erschüttert. Europas Einheit zerbricht, ein Prozess der Selbstentfremdung beginnt. Die Resignation Europas schlägt in einen aktiven Nihilismus um, der sich in den faschistischen Regimen ausgedrückt und den Zweiten Weltkrieg herbeigeführt habe. Nach dem Krieg übernimmt das ökonomisch mächtige Amerika, das noch über einen Glauben an Fortschritt verfügt, die Führung des ‚Westens', dem Europa eingemeindet wird.

---

[262] Löwith. Bemerkungen zum Unterschied, S. 572–573.
[263] Löwith. Bemerkungen zum Unterschied, S. 576. Warum dies von Löwith so gesehen wird, wäre erforschenswert, geht aber über die Zielsetzung des Aufsatzes heraus.

Der Altorient existiert Löwith zufolge nicht mehr; die ganze Welt hat die aus Europa bzw. dem Westen kommende Technik und Wissenschaft übernommen. Das alte Japan ist ab der *Meiji*-Restauration zu einem in sich widersprüchlichen modernen Japan geworden, als es auf Geheiß des *Meiji-Tennō* auf rasante, aber oberflächliche Weise westliches Denken zu rezipieren und die materielle Kultur des Westens zu übernehmen begann, nicht aber die geistig-moralischen Grundlagen des Westens. Technik und Wissenschaft lösen die alten japanischen Traditionen zusehends auf und setzen beizeiten destruktive, kriegerische Potenziale frei. Das alte Denken Japans ist aber (so wie die alte Philosophie) trotz allem noch präsent; so sind auch die Unterschiede zwischen Ost und West trotz beider Selbstentfremdung noch zu spüren.

Für Löwith ist Japan ein Land, das sich von Europa und dem Westen aufgrund seines uralten ‚Geistes' unterscheidet. Dieser ‚Geist', der insbesondere vom *Zen*-Buddhismus, dem Shintōismus und dem Bushido-Kodex der Samurai geprägt wurde, zeichnet sich durch den Vorrang der Gemeinschaft vor dem Individuum, Verneinung des Selbst und Treue zum Kaiser aus. Weitere wichtige Merkmale des ‚japanischen Geists' sind die höflichen Umgangsformen, eine ‚edle Einfachheit', die Diffusion von Grenzen, Kontemplation durch Naturversenkung statt Forcierung von Veränderung und Fortschritt. Japan habe nach seiner Öffnung in der *Meiji*-Zeit die materielle Zivilisation, die kapitalistische Wirtschaftsweise und Technik, übernommen. Eine Synthese dieser widerstrebenden Elemente ist bis auf weiteres nicht gelungen, auch wenn Löwith nach dem Krieg vage Ansätze in dieser Hinsicht bemerkt.

Löwiths topologischer Mythos, das Bild der ‚Welt' des Philosophierens, das er zeichnet, spiegelt die Umstände, unter denen es entstand. Dies verdeutlicht besonders sein Japan-Mythologem – nicht zuletzt in Form der Veränderungen, die Löwith an ihm, wie ich *en passant* meiner Analysen gezeigt habe, je nach dem Publikum, das er adressiert, vornimmt. Löwiths Mythologem dokumentiert, dass er als Exilant ohne nennenswerte Sprachkenntnisse über ‚Japan' nachzudenken begann und mit relativ wenigen Japanern in Kontakt kam; und dass ihm lediglich bestimmte Literaturen zugänglich waren, die das Produkt ihrer Zeit waren, weswegen nationalistischen Mythen, die im autoritären Staat der 1930er und 1940er Jahren verbreitet wurden, für Löwiths Bestimmung eines japanisches ‚Geistes' eine übergroße Bedeutung zukommt. Trotz solcher Mängel wäre es falsch, davon auszugehen, dass alles an Löwiths Japan-Bild ‚falsch' ist. So entspricht z. B. die übertriebene Selbstverliebtheit der japanischen Kultur, die er identifiziert, um sie u. a. im *Nachwort an den japanischen Leser* zum *Europäischen Nihilismus* zu kritisieren, einer Tendenz, die auf breiterer Quellenbasis der Kulturanthropologe Harumi Befu nachzeichnet. Demzufolge war das Selbstbild vieler Japaner, nachdem man sich in der frühen *Meiji*-Zeit (1868 bis Ende der 1880er-Jahre) dem Westen gegenüber als eher unterentwickelt wahrgenommen hatte, in der Zeit des Ultranationalismus, d. h. als Löwith in Japan weilte, von der Betonung der Einzigartigkeit, Homogenität und Überlegenheit im Vergleich mit dem Westen gekennzeichnet.[264]

Ein sicherer Indikator für die mythologische Qualität des Japan-Bilds Löwiths sind die häufigen Generalisierungen, die seine Darstellungen durchziehen – bis hin zur Vorstellung einer ‚Nationalpsychologie' Japans, die er im *Japanischen Geist* prätendiert. Seiner Topologie Japans fehlt jeder Begriff für die kulturellen Unterschiede zwischen einzelnen Regionen Japans, z. B. zwischen der Kinki-Region im Westen, in der Kyōto und Nara, die ehemaligen Hauptstädten Japans, sowie die Handelsstadt Ōsaka liegen, und der Kantō-Region im Osten mit den Städten Tōkyō und Yokohama. Auch auf die Situation der ethnischen Minderheit der Ainu in Hokkaidō und der Bewohner von Okinawa, deren Kultur sich in vielen Punkten vom Rest Japans abhebt, kommt Löwith nicht zu sprechen.[265] Er beruft sich auf Denkweisen wie den *Zen*-Buddhismus, den er vermittelt über den ihm persönlich bekannten Nishida Kitarō und eine geringe Anzahl übersetzter Werke kennt. Dies ist aber nur *eine* Richtung des Buddhismus in Japan; die anderen buddhistischen Schulen lässt Löwith vollständig außer Acht. Eine Opposition gegen die Regierung und das Militär gab es auch im Japan der 30er-Jahre, z. B. in Form der japanischen Arbeiterbewegung oder verschiedener liberaler Politiker, auch wenn diese Stimmen aufgrund von Parteienverboten, Anschlägen und starken Repressionen nicht besonders vernehmlich waren.[266] Für Löwiths Japan-Bild spielen sie keine Rolle; allgemein fällt auf, dass in Löwiths Schriften die gesamte japanische Bevölkerung der 1930er- und 1940er-Jahre wie ein monolithischer Block von ‚patriotischen' Unterstützern des propagandierten Imperialismus und Militarismus erscheint.

Löwith steht, indem er Differenzen und Konflikte innerhalb der japanischen Gesellschaft ausblendet, im intellektuellen Feld des 20. Jahrhunderts nicht allein. Wie die Soziologen Ross Mouer und Sugimoto Yoshio anhand von Texten japanischer und englischsprachiger Intellektueller zeigen, gibt es eine Tradition der Untersuchung Japans als einer einheitlichen und einzigartige Größe. Vertreter dieser Sichtweise behaupten, dass die japanische Gesellschaft durchgängig durch die Orientierung an

---

[264] Befu, Harumi. 2001. *Hegemony of Homogeneity*. Melbourne: Trans Pacific Press, S. 123–141.

[265] Zu den unterschiedlichen kulturellen Praktiken in verschiedenen Teilen Japans siehe Sugimoto. *An Introduction*, S. 61–72. Zu den ethnischen Minderheiten in Japan siehe Sugimoto. *An Introduction*, S. 191–216. Viele dieser von Sugimoto geschilderten Phänomene bestanden auch schon in der Zeit, in der sich Löwith zu Japan geäußert hat.

[266] Zöllner. *Geschichte Japans*, S. 303–308.

Gruppen und Konsens, nicht aber durch Individualismus oder soziale Konflikte geprägt sei. Diese intellektuelle Tradition wird als *Nihonjinron* (Abhandlungen über die Japaner) bezeichnet und hatte laut Mouer und Sugimoto vor allem nach dem Zweiten Weltkrieg und insbesondere in der englischsprachigen Forschung, aber auch unter japanischen Wissenschaftlern, eine hegemoniale Stellung.[267] *Nihonjinron* werden heute nicht zuletzt wegen ihrer defizitären Methodik kritisiert.[268]

So viel Wert Löwith auch darauf legt, die Komplexität der Prozesse gegenseitigen Verstehens zwischen Ost und West zu zeigen, bleibt doch die Frage, ob seine eigene Verständnisleistung nicht unter eurozentrischen Voraussetzungen steht – was angesichts der biografischen Umstände, unter denen er Japans Position in der ‚Welt' des Philosophierens zu bestimmen beginnt, durchaus naheliegt: Eine zentrale Funktion hat das Mythologem Japan als Element der Bearbeitung des eigenen Selbstverständnisses, die durch den im Land seiner Geburt grassierenden Antisemitismus und die erzwungene Emigration ausgelöst wurde. Um Löwiths Eurozentrismus genauer zu bestimmen, wäre eine alternative Erzählung zu entwerfen, die Japans Modernisierung unter anderen Gesichtspunkten verfolgt, als Löwith es tut, z. B. als eine Bewegung, die angesichts der wirtschaftlichen und militärischen Übermacht westlicher Akteure der Abwendung eines Kolonialstatus gilt und deswegen nicht mehr als eine ‚oberflächliche' Aneignung westlicher Kultur vollzieht. Man kann eine solche Erzählung verfolgen, ohne den Umbau Japans in einen autoritären Staat und den japanischen Imperialismus und Expansionismus für ihre notwendige Konsequenz zu halten.

Literatur

Allert, Tilman. 2000. Das gebrochene Pathos der Auserwähltheit. Zwischen Stefan George und Georg Simmel: Eine intellektuelle Biografie Kurt Singers. In *Saeculum* 51 (Part 1), S. 100–157.

Assmann, Jan. 2013. *Das kulturelle Gedächtnis. Schrift, Erinnerung und politische Identität in frühen Hochkulturen*. München: C.H. Beck.

Balibar, Etienne, und Wallerstein, Immanuel. 2014. *Rasse, Klasse, Nation. Ambivalente Identitäten*. Hamburg: Argument Verlag mit Ariadne.

Befu, Harumi. 2001. *Hegemony of Homogeneity*. Melbourne: Trans Pacific Press.

---

[267] Mouer, Ross, und Sugimoto, Yoshio. 1986. *Images of Japanese Society. A Study in the Social Construction of Reality*. London: Routledge & Kegan Paul, S. 21–56.

[268] Mouer und Sugimoto. *Images of Japanese Society*, S. 97–155; Befu. *Hegemony of Homogeneity*.

Benesch, Oleg. 2014. *Inventing the Way of the Samurai. Nationalism, Internationalism, and Bushidō in Modern Japan.* Oxford: Oxford University Press.
Blumenberg, Hans. 1984. *Arbeit am Mythos.* Frankfurt am Main: Suhrkamp.
Bourdieu, Pierre. 1992. *Die verborgenen Mechanismen der Macht. Schriften zu Politik & Kultur 1.* Hamburg: VSA-Verlag.
Dumoulin, Heinrich. 1959. *Zen, Geschichte und Gestalt.* Berlin: Francke Verlag.
Elias, Norbert. 1976. *Über den Prozeß der Zivilisation. Soziogenetische und psychogenetische Untersuchungen. Erster Band. Wandlungen des Verhaltens in den weltlichen Oberschichten des Abendlandes.* Frankfurt am Main: Suhrkamp.
Fürnkäs, Josef. 2011. Von Europa nach Amerika: Karl Löwith, ein philosophischer Skeptiker in Sendai. In *Flucht und Rettung. Exil im japanischen Herrschaftsbereich 1933–1945,* hrsg. Thomas Pekar. Berlin: Metropol Verlag, S. 192–217.
Gadamer, Hans Georg. 1977. *Philosophische Lehrjahre.* Frankfurt am Main: Klostermann.
Gluck, Carol. 1985. *Japan's Modern Myths. Ideology in the Late Meiji Period.* New Jersey: Princeton University Press.
Gostmann, Peter. 2016. *Einführung in die soziologische Konstellationsanalyse.* Wiesbaden: Springer VS.
Gundert, Wilhelm. 2005. *Bi-Yän-Lu. Niderschrift von der smaragdenen Felswand.* Wiesbaden: Verlagshaus Römerweg.
Kießling, Friedrich. 2012. *Die undeutschen Deutschen. Eine ideengeschichtliche Archäologie der alten Bundesrepublik 1945–1972.* Paderborn: Schöningh.
Habermas, Jürgen. 1963/1971. Karl Löwiths stoischer Rückzug vom historischen Bewußtsein. In *Philosophisch-politische Profile.* Frankfurt am Main: Suhrkamp, S. 116–140.
Heidegger, Martin. 1997. *Vom Wesen der Wahrheit.* Frankfurt am Main: Klostermann.
Herrigel, Eugen. 1991. *Zen in der Kunst des Bogenschießens.* München: Otto Wilhelm Barth.
Hosking, Richard. 1996. *A Dictionary of Japanese Food and Culture.* Tokyo: Tuttle Publishing.
Kondylis, Panayotis. 1991. *Der Niedergang der bürgerlichen Denk- und Lebensform: die liberale Moderne und die massendemokratische Postmoderne.* Weinheim: VCH Verlag.
Lederer, Emil, und Lederer-Seidler, Emy. 1929. *Japan–Europa. Wandlungen im fernen Osten.* Frankfurt am Main: Frankfurter Societäts-Druckerei.
Löwith, Karl. 1936. *Jacob Burckhardt. Der Mensch inmitten der Geschichte.* Luzern: Vita Nova.
Löwith, Karl. 1950. Weltgeschichte und Heilsgeschehen. In *Anteile. Festschrift für Martin Heidegger zum 60. Geburtstag.* Frankfurt/Main: Klostermann, S. 106–153.
Löwith, Karl. 1969. *Von Hegel zu Nietzsche. Der revolutionäre Bruch im Denken des neunzehnten Jahrhunderts.* Frankfurt am Main: Fischer.
Löwith, Karl. 1983a. Bemerkungen zum Unterschied zwischen Orient und Okzident. In *Sämtliche Schriften Bd. 2. Weltgeschichte und Heilsgeschehen.* Stuttgart: Metzlersche Verlagsbuchhandlung, S. 571–601.
Löwith, Karl. 1983b. Der Europäische Nihilismus. In *Sämtliche Schriften Bd. 2. Weltgeschichte und Heilsgeschehen.* Stuttgart: Metzlersche Verlagsbuchhandlung, S. 473–540.
Löwith, Karl. 1983c. Natur und Geschichte. In *Sämtliche Schriften Bd. 2. Weltgeschichte und Heilsgeschehen.* Stuttgart: Metzlersche Verlagsbuchhandlung, S. 280–295.
Löwith, Karl. 1983d. Weltgeschichte und Heilsgeschehen. In *Sämtliche Schriften Bd. 2. Weltgeschichte und Heilsgeschehen.* Stuttgart: Metzlersche Verlagsbuchhandlung, S. 240–279.
Löwith, Karl. 2001. *Von Rom nach Sendai. Von Japan nach Amerika. Reisetagebuch 1936 und 1941.* Marbach: Deutsche Schillergesellschaft Marbach.

Löwith, Karl. 2004. *Weltgeschichte und Heilsgeschehen. Die theologischen Voraussetzungen der Geschichtsphilosophie.* Stuttgart: J.B. Metzler.
Löwith, Karl. 2007a. Curriculum Vitae. In *Mein Leben in Deutschland vor und nach 1933.* Stuttgart: J.B. Metzler, S. 182–193.
Löwith, Karl. 2007b. *Mein Leben in Deutschland vor und nach 1933.* Stuttgart: J.B. Metzler.
Löwith, Karl. 2013a. Der japanische Geist. In *Der japanische Geist.* Berlin: Matthes & Seitz Berlin, S. 21–47.
Löwith, Karl. 2013b. Japans Verwestlichung und moralische Grundlage. In *Der japanische Geist.* Berlin: Matthes & Seitz Berlin, S. 48–74.
Lokowandt, Ernst. 2001. *Shinto. Eine Einführung.* München: Iudicium.
Mouer, Ross und Sugimoto, Yoshio. 1986. *Images of Japanese Society. A Study in the Social Construction of Reality.* London: Routledge & Kegan Paul.
Müller, Rudolf Wolfgang. 2002. Gestalt, Reich und Mythos. Zu Kurt Singers politischer Einstellung zwischen den Weltkriegen. In *Interkulturelle Singer-Studien. Zu Leben und Werk Kurt Singers* hrsg. Achim Eschbach, Viktoria Eschbach-Szabo und Nobuo Ikeda. München: Iudicium, S. 137–160.
Nitobe, Inazō. 2013. *Bushido: The Soul of Japan.* North Charleston: CreateSpace Independent Publishing Platform.
Ōhashi, Ryōsuke. 2011. *Die Philosophie der Kyōto-Schule: Texte und Einführung.* Freiburg: Karl Alber.
Ohnuki-Tierney, Emiko. 2002. *Kamikaze, Cherry Blossoms, And Nationalism. The Militarization of Aesthetics in Japanese History.* Chicago: The University of Chicago Press.
Pansa, Birgit. 1999. *Juden unter japanischer Herrschaft. Jüdische Exilerfahrungen und der Sonderfall Karl Löwith.* München: Iudicium.
Pekar, Thomas. 2010. Zwei Japan-Exilanten im Zweiten Weltkrieg als „unfreiwillige" kulturelle Übersetzer: Karl Löwith und Kurt Singer. In *Übersetzung: Transformation. Umformungsprozesse in/von Texten, Medien, Kulturen* hrsg. Hiroshi Yamamoto und Christine Ivanovic. Würzburg: Königshausen und Neumann, S. 151–161.
Pekar, Thomas. 2011. Kultur-Texte des japanischen Exils: Karl Löwith, Kurt Bauchwitz und Kurt Singer. In *Flucht und Rettung. Exil im japanischen Herrschaftsbereich 1933–1945,* hrsg. Thomas Pekar. Berlin: Metropol Verlag, S. 179–191.
Richie, Donald. 1985. *A Taste of Japan.* Tōkyō: Kodansha.
Ritter, Joachim, u. a. (Hrsg.). 1976. *Historisches Wörterbuch der Philosophie. Band 4: I-K.* Basel: Schwabe & Co.
Ritter, Joachim, u. a. (Hrsg.). 2004. *Historisches Wörterbuch der Philosophie. Band 12: W-Z.* Basel: Schwabe & Co.
Said, Edward. 2009. *Orientalismus.* Frankfurt am Main: S. Fischer Wissenschaft.
Schönhärl, Korinna. 2009. *Wissen und Visionen. Theorie und Politik der Ökonomen im Stefan George-Kreis.* Berlin: Akademie Verlag.
Schwentker, Wolfgang. 1994. Karl Löwith und Japan. In *Archiv für Kulturgeschichte* Band 76, H. 2, S. 415–449.
Serbulea, Mihaela und Payyappallimana, Unnikrishnan. 2012. Onsen (hot springs) in Japan – Transforming terrain into healing landscapes. In *Health and Place,* Volume 18, Issue 6, S. 1366–1373.
Simmel, Georg. 1908. *Soziologie. Untersuchung über die Formen der Vergesellschaftung.* Berlin: Duncker & Humblot.

Singer, Kurt. 1973. *Mirror, Sword and Jewel*. London: Croom Helm.
Singer, Kurt. 1991. *Spiegel, Schwert und Edelstein. Strukturen des japanischen Lebens.* Frankfurt am Main: Suhrkamp.
Strauss, Leo. 2001. *Gesammelte Schriften, Bd. 3. Hobbes politische Wissenschaft und zugehörige Schriften.* Stuttgart: Metzler.
Sugimoto, Yoshio. 2010. *An Introduction to Japanese Society.* Cambridge: Cambridge University Press.
Suzuki, Daisetsu Teitaro. 1958. *ZEN und die Kultur Japans.* Hamburg:Rowohlt.
Suzuki, Daisetsu Teitaro. 2003. *Die große Befreiung. Einführung in den Zen-Buddhismus.* München: Otto Wilhelm Barth.
Szpilman, Christopher W.A. 2013. Kanokogi Kazunobu: Pioneer of Platonic Fascism and Imperial Pan-Asianism. In *Monumenta Nipponica* Volume 68, Number 2, S. 233–280.
Toby, Ronald P. 1991. *State and Diplomacy in Early Modern Japan. Asia in the Development of the Tokugawa Bakufu.* Stanford, California: Stanford University Press.
Victoria, Brian Daizen. 2006. *Zen at War. Second Edition.* Lanham, Maryland: Rowman & Littlefield.
Watanabe, Hiroshi. 2012. *A History of Japanese Political Thought, 1600–1901.* Tōkyō: LTCB International Library Trust/International House of Japan.
Waldenfels, Bernhard. 2016. *Topographie des Fremden. Studien zur Phänomenologie des Fremden 1.* Frankfurt am Main: Suhrkamp.
Zöllner, Reinhard. 2013. *Geschichte Japans. Von 1800 bis zur Gegenwart.* Paderborn: Schöningh.

Intellektuelle Krisenbewältigungspraxis der Nachkriegsgesellschaft

Die epistemische Produktivität der „Krise" in Reinhart Kosellecks Studien zur Krise der Moderne

Frank Meyhöfer

Die Diagnose von Krisen, welche Teilbereiche oder die Gesellschaft in ihrer Gesamtheit zu erfassen drohen, gehört nicht ausschließlich zum Alltagsgeschehen parteipolitischer Agendensetzung und massenmedialer Berichterstattung. Darüber hinaus bildet die Krisendiagnostik einen festen Bestandteil sozialwissenschaftlicher Praxis, die sich im Unterschied zum Austausch von tagesaktuellen Meinungen über den gegenwärtigen Zustand politisch-sozialer Ordnungszusammenhänge als qualifizierter Erkenntnisakt ausweist. Näherhin sind der Begriff der „Krise" und krisendiagnostische Erkenntnisoperationen im Falle der Soziologie nicht erst seit jüngster Zeit virulent geworden,[1] sondern gehören – soll der

---

[1] Zur Illustration lässt sich mit Preunkert anführen, dass sich die Begriffsverwendung der „Krise" in den Titeln der im Social Science Citation Index verzeichneten sozialwissenschaftlichen Publikationen zwischen 2005 und 2010 verdreifachte, unter qualitativem Gesichtspunkt jedoch die „Krise" lediglich „als soziale Tatsache eingeführt [wurde], d. h. als eine empirische Beobachtung, die keiner weiteren Erläuterung und theoretischen Analyse bedarf", so Preunkert, Jenny. 2011. Die Krise in der Soziologie. In *Soziologie* 40 (4), S. 432–442, hier S. 438. Ergänzend dazu attestiert Cordero der „Krise", gegen Ende der 1980er- und mit Beginn der 1990er-Jahre ihren Status als fruchtbare Erkenntniskategorie für die Beschreibung der gegenwärtigen Verfasstheit politisch-sozialer Ordnungszusammenhänge im Medium soziologischer Theorie vordergründig verloren zu haben, obgleich

---

F. Meyhöfer (✉)
Zentrum für Lehren und Lernen, Universität Bielefeld, Bielefeld, Deutschland

© Springer Fachmedien Wiesbaden GmbH, ein Teil von Springer Nature 2019
P. Gostmann, A. Ivanova (Hrsg.), *Soziologie des Geistes*,
https://doi.org/10.1007/978-3-658-25722-4_8

gängigen Fachgeschichtsschreibung gefolgt werden – seit der Herausbildung der Soziologie an der Schwelle zur Moderne zum Repertoire der Vertreter*innen der fachdisziplinären Zunft.[2] Zwecks Vergewisserung über gegenwärtige Routinen soziologischer Krisendiagnostik erscheint deshalb der Blick nicht nur auf den besonderen Zusammenhang zwischen der historischen Herausbildung von Soziologie und Moderne sinnvoll zu sein, sondern auch eine Betrachtung des allgemeineren Zusammenhangs zwischen wissenschaftlicher Praxis und intellektueller Krisenbewältigung mag vor diesem Hintergrund zur innerfachlichen Reflexion beitragen.

Dass sich für die Bearbeitung dieses Problemkomplexes weiterhin eine genauere Betrachtung *nicht* genuin soziologisch, sondern *historisch* verfahrender Krisendiagnostik lohnen könnte, lässt sich am Beispiel des möglichst um *begriffliche* Präzision bemühten soziologischen Forschungsprozesses verdeutlichen: Jenen, die sich um (begriffs-)geschichtlich informierte Präzision ihrer Krisendiagnose bemühen möchten, ist Reinhart Kosellecks Artikel zur „Krise" innerhalb der *Geschichtlichen Grundbegriffe* schnell zuhanden.[3] Allerdings werden sie, sofern sie den Artikel nicht lediglich als „Steinbruch für Zitate"[4] verwenden, möglicherweise auf eine Irritation stoßen: Bei der „Krise" handelt es sich um nicht weniger als eine

---

die Verbannung der „Krise" aus theoretischen Debatten in das „intellectual exile" zur Genese von „replacement theories" innerhalb eben jener Debatten geführt habe (Cordero, Rodrigo. 2009. On the Elective Affinity of „Critique" and „Crisis" in Sociological Theory. In *Studies in Social and Political Thought* 16, S. 64–81, hier S. 65).

[2] Vgl. Bankston, Carl. 2008. Sociology and the Crisis of the Present (2007 Presential Adress). In *Sociological Spectrum* 28 (4), S. 319–337. Einen systematischen Überblick über Theorie- und Ideengeschichte der zumeist als Krisendiagnostik verfahrenden Zeit- und Gegenwartsdiagnostik als Bestandteil soziologischer Wissenschaftspraxis geben Schimank, Uwe. 2007. Soziologische Gegenwartsdiagnosen – Zur Einführung. In *Soziologische Gegenwartsdiagnosen I. Eine Bestandsaufnahme*. 2. Aufl. Wiesbaden: Springer VS, S. 9–22; Osrecki, Fran. 2011. *Die Diagnosegesellschaft. Zeitdiagnostik zwischen Soziologie und medialer Popularität*. Bielefeld: Transcript; Volkmann, Ute. 2015. Soziologische Zeitdiagnostik. Eine wissenssoziologische Ortsbestimmung. In *Soziologie* 44 (2), S. 139–152; Dimbath, Oliver. 2016. *Soziologische Zeitdiagnostik*. Stuttgart: UTB.

[3] Koselleck, Reinhart. 1982. Krise. In *Geschichtliche Grundbegriffe. Historisches Lexikon zur politisch-sozialen Sprache in Deutschland. Band 3*, hrsg. Otto Brunner, Werner Conze und Reinhart Koselleck. Stuttgart: Ernst Klett Verlag, S. 617–650. Siehe dazu auch Kosellecks wesentlich kürzeren Eintrag zur „Krise" in Koselleck, Reinhart. 1974. Krise. In *Historisches Wörterbuch der Philosophie. Band 4*, hrsg. Joachim Ritter, Karlfried Gründer und Gottfried Gabriel. Basel: Schwabe, S. 1235–1240.

[4] Mehring, Reinhard. 2011. Begriffsgeschichte mit Carl Schmitt. In *Begriffene Geschichte. Beiträge zum Werk Reinhart Kosellecks*, hrsg. Hans Joas und Peter Vogt. Berlin: Suhrkamp, S. 138–168, hier S. 168.

der Leitsemantiken der politisch-sozialen Sprache, die für die Herausbildung der Moderne eine konstitutive Rolle eingenommen haben und die für die Gegenwart noch immer Geltung beanspruchen können. Der allgemeine historische Zusammenhang zwischen soziologischer Krisendiagnostik und der Herausbildung der Moderne schreibt sich also – scheinbar notwendig – auf der Ebene der routinierten Wissenschaftspraxis derjenigen Soziolog*innen ein, denen es um die Selbstvergewisserung gegenüber ihrer als in der Krise befindlich erfahrenen Gegenwart geht. Anders formuliert: Die forschungspraktische Unterscheidbarkeit von Begriff, Phänomen, Diagnostik und Bewältigungsprozess ist im Falle der „Krise" diffus, wenn nicht sogar prekär.

Die folgende konstellationsanalytisch verfahrende *serielle Analyse* der Studien zur Krise der Moderne von Reinhart Koselleck soll in diesem Sinne zwei Ziele verfolgen: Einerseits soll der Beitrag, den der Begriff der „Krise" in wissenschaftlichen Objektivationsleistungen gegenüber vergangenen wie gegenwärtigen Zuständen politisch-sozialer Ordnungszusammenhänge potenziell leistet anhand eines konkreten Falles, d. h. am empirischen Material der von Koselleck veröffentlichten Schriften, nachvollzogen werden. Andererseits wird dabei, unter dem Gesichtspunkt der Soziologie des Geistes, das nicht nur im Falle Kosellecks und nicht ausschließlich für die geschichtswissenschaftliche Praxis geltende (trans-)historische Moment intellektueller Krisenbewältigungsprozesse sichtbar.

Zuerst sollen Kosellecks Studien zur Krise der Moderne konstellationsanalytisch eingeordnet und das Material der nachfolgenden seriellen Analyse qualifiziert werden (1.). Daraufhin werden ausgehend von einem Verweis Kosellecks auf die Möglichkeit einer geschichtlichen Krise (2.) zuerst die *„Krise" der Neuzeit* (3.) und danach die *„Krise" des 20. Jahrhunderts* (4.) als selbstgeltende Größen herausgearbeitet. Zuletzt soll daran anknüpfend an der Darstellungsform der geschichtlichen Krise plausibilisiert werden, dass Kosellecks Auseinandersetzung mit der Möglichkeit der geschichtlichen Krise sich als *intellektuelle Krisenbewältigungspraxis* im Medium der Historik beschreiben lässt, deren eigene Lehre einer (Wissenschafts-)Öffentlichkeit zugeeignet ist (5.).

1 Konstellationsanalytische Einordnung Kosellecks

Bevor mit der seriellen Analyse begonnen werden kann, soll das zu berücksichtigende Material als *Serie* qualifiziert werden. Dies erfordert zumindest kursorisch jene *Konstellationen* zu umreißen, in denen Koselleck sich bewegte, deren Einflüsse er eigensinnig verarbeitete, die er adressierte und von denen er adressiert wurde. Dabei soll kenntlich werden, inwiefern diese Serie als ein Fall *intellektueller*

Krisenbewältigung verstanden werden kann. Dies bedeutet der Systematik und Praxis der Soziologie des Geistes folgend, die seinerzeit virulenten Fragen des wissenschaftlichen *Verbands* sowie die allgemeineren Fragen der *politisch-sozialen Ordnung* in Konturen zu berücksichtigen, insofern diese in Korrespondenz mit Kosellecks Krisendiagnostik stehen.

Gegenstand der seriellen Analyse bilden all jene die (Wissenschafts-)Öffentlichkeit adressierenden Monografien, Aufsätze, Essays, Schriften, Vorträge und Miszellen Kosellecks, welche die erkenntnisleitende Funktion der Denkfigur der „Krise" für den Prozess der intellektuellen Krisenbewältigung nachvollziehen lassen.[5] Gegenüber bereits vorliegenden, materialreichen Einordnungen und Kontextualisierungen der verschiedenen Bestandteile sowie des Gesamtwerks Kosellecks,[6] beschränkt sich die folgende Argumentation also auf diejenigen *Sequenzen* der *Serie* Koselleck *coram publico academia*, welche den epistemologischen Status der „Krise" über heterogene Argumentationszusammenhänge, historiografische Beschreibungen und methodologische Überlegungen Kosellecks hinweg zu rekonstruieren erlauben. Es ist damit *nicht* der Anspruch der folgenden seriellen Ana-

---

[5] Diese Beschränkung des Materials liegt im Erkenntnisinteresse des vorliegenden Aufsatzes begründet, insofern es um intellektuelle Krisenbewältigung im Medium wissenschaftlicher Praxis gehen soll, d. h. um Verfahrensweisen, die sich als qualifizierte Erkenntnisakte im Horizont der vom wissenschaftlichen Verband geteilten Routinen, epistemischen Tugenden und editorischen Gepflogenheiten bewähren sollen. Ergänzend dazu wird immer wieder selektiv auf die aktuelle Diskussionslage bezüglich einzelner Argumentationsfiguren Kosellecks und deren werkgenetische Einordnungen eingegangen werden, um die hier entwickelten Lesarten zu plausibilisieren oder abzugrenzen.

[6] Kosellecks Gesamtwerk zeichnet sich gerade durch eine Vielfalt der in unterschiedlichen Veröffentlichungsformen diskutierten und miteinander in Beziehung gesetzten Problembezüge und Denkfiguren aus. So hat Koselleck zeitlebens keine abgeschlossene Publikation über sein wissenschaftstheoretisches Verständnis historiographischer Praxis und kein geschlossenes System über die Theorie der Geschichte, noch die Systematik seiner anthropologisch fundierten Theorie geschichtlicher Zeiten vorgelegt. Gleichwohl ist allen diesen disparat erscheinenden Publikationen gemeinsam, dass sie als Bestandteile einer umfassenden Reflexion über die Rolle von Geschichtlichkeit und Historik in der modernen Gesellschaft sowie als Elemente einer Diagnose der politischen Bedingungen seiner eigenen Gegenwart gelesen werden können – und im Sinne Kosellecks eigenen Überlegungen zur existenziellen Gegenwartsgebundenheit jedweder Geschichte und Historik von ihm so geschrieben worden sind. Für eine materialreiche Einordnung siehe besonders die zugleich als intellektuelle Biographien und systematischen Überblicke über das Gesamtwerk Kosellecks fungierenden Arbeiten von Olsen, Niklas. 2012. *History in the Plural. An Introduction to the Work of Reinhart Koselleck*. New York: Berghahn Books; Palonen, Kari. 2004. *Die Entzauberung der Begriffe. Das Umschreiben der politischen Begriffe bei Quentin Skinner und Reinhart Koselleck*. Münster: Lit.

lyse, eine ganzheitliche Darstellung von Kosellecks Gesamtwerk vorzulegen. Sondern die Sequenzen dieser Serie auf den epistemologischen Status der „Krise" hin zu befragen, lässt sich als Frage nach der *epistemischen Funktion* der „Krise" als – im Vokabular der Soziologie des Geistes – *transmittierender* oder *selbstgeltender Größe* fassen.[7]

Die für die Einbettung der Serie relevantesten Konstellationen lassen sich nach verschiedenen Orten und mit diesen Orten verbundenen Kreisen gliedern: Während seines von 1947 bis 1953 absolvierten Studiums der Geschichtswissenschaft, Philosophie, Staatslehre und Soziologie an der Universität Heidelberg wird Koselleck dort nach Annahme seiner Dissertation *Kritik und Krise*[8] 1955 Assistent seines Doktorvaters Johannes Kühn.[9] Nachdem 1957 Werner Conze die Nachfolge Kühns antritt, kommt es zu einer produktiven Auseinandersetzung zwischen der von Koselleck schon in seiner Dissertation angelegten begriffsgeschichtlichen und sozialhistorisch informierten Methode mit der von Conze Ende der 1950er- und 1960er-

---

[7] Eingedenk des anfangs umrissenen Zusammenhangs von (sozial-)wissenschaftlicher Krisendiagnostik, Moderne und Soziologie soll die *epistemische Funktion* der „Krise" terminologisch als Ermöglichung und sukzessive Herstellung von Erkenntnis(-möglichkeiten) in auf Erkenntnis gerichteten und schriftlich vorliegenden (Denk-)Handlungen gefasst werden. So lässt sich die epistemische Funktion im materialen Einzelfall rekonstruktiv beschreiben, indem die aktualisierten und möglichen Denkbewegungen im Verhältnis zur „Krise" als selbstgeltende oder transmittierende Größe betrachtet werden. Forschungspraktisch wird damit der Frage nachgegangen, welche Denkbewegungen auf welche Weise mit der „Krise" argumentativ in Verbindung stehen und zugleich inwiefern die „Krise" selbst als Objekt der Erkenntnis im sequentiellen Ablauf der Argumentationszüge modelliert wird. Inwiefern sich im Falle der Serie Koselleck *coram publico academia* nicht nur von der epistemischen Funktion, sondern von der *epistemischen Produktivität* – verstanden als erkenntniskritische Funktion einer selbstgeltenden Größe im Gesamtgefüge eines als Serie material vorliegenden Denkraums – sprechen lässt, wird im Zuge der sukzessiven Ausdeutung der einzelnen Sequenzen veranschaulicht.

[8] Koselleck, Reinhart. 2013a. *Kritik und Krise. Eine Studie zur Pathogenese der bürgerlichen Welt.* 12. Aufl. Frankfurt am Main: Suhrkamp.

[9] Die Kreise, mit denen Koselleck während seiner Studienjahre in Kontakt kam, können nach Lehrstühlen, intellektuellen Referenzfiguren und Studiengefährten unterschieden werden: So nahm Koselleck an Vorlesungen und Seminaren von Walter Jellinek, Ernst Forsthoff, Alfred Vogt, Franz-Josef Brecht, Fritz Ernst, Hans Schäfer, Walther Peter Fuchs, Hans Rothfels, Ernst Wahle und Alfred Weber teil. Unter den Lehrstuhlinhabern lassen sich dabei gesondert Johannes Kühn, Karl Löwith und Hans-Georg Gadamer, daneben Martin Heidegger und Carl Schmitt – letzterer in der Rolle des informellen Mentors – als intellektuelle Referenzfiguren Kosellecks ausmachen. Zum Kreis der Kosellecks intellektuellen Werdegang prägenden Studiengefährten lassen sich indessen Ivan Nagel, Nicolaus Sombart und Hanno Kesting zählen. Dazu ausführlich Olsen, *History in the Plural*, S. 9–39.

prominent vertretenen Sozialgeschichte: Koselleck nimmt Teil am von Conze 1957 gegründeten und bis heute bestehenden *Arbeitskreis für moderne Sozialgeschichte* und habilitiert sich 1965 unter Conze mit *Preußen zwischen Reform und Revolution*.[10] Es ist diese Konstellation, aus der ab 1965 und während der 1970er-Jahre unter zunehmend programmatischer Federführung Kosellecks und unter Miteinbezug von Otto Brunner das wissenschaftliche Großprojekt der *Geschichtlichen Grundbegriffe* hervorgeht.[11] Ergänzend zur historiografischen Praxis im Arbeitskreis für moderne Sozialgeschichte schließt Koselleck durch seine Mitgliedschaft in der Gruppe *Poetik und Hermeneutik* an die philosophisch-kulturwissenschaftlichen Stränge seiner Studienjahre wieder an und führt den Modus interdisziplinären Denkens und Austauschs über Geschichte und Historik 1973 als Inhaber des Lehrstuhls für Theorie der Geschichte an der Universität Bielefeld sowie als zeitweiliger Direktor des dortigen *Zentrums für interdisziplinäre Forschung* fort.

Inwiefern lässt sich aber nun bei dieser Serie, deren Sequenzen im Einflussradius mehrerer Konstellationen stehen, von einer *intellektuellen Krisenbewältigungspraxis* sprechen? Eine erste Orientierung für eine begriffliche Fassung intellektueller Krisenbewältigungspraxis, fernerhin das, was sich am Prozess intellektueller Krisenbewältigungspraxis an *soziologischer* Erkenntnis zeigen mag, lässt sich einer Suchbewegung Albert Salomons entlehnen: Angesichts der ihm fraglich gewordenen Moderne vollzieht Salomon gegenüber der Soziologie als *moderner* Wissenschaft einen Überprüfungsvorgang ihrer Erkenntnispraktiken. Im Zuge dieser Suchbewegung nach verschiedenen „Intellektuellen, die in Krisenzeiten leben",[12] wendet er sich unter anderem Alexis de Tocqueville zu. An Tocqueville, dessen „Bewusstsein historischen Schicksals und historischer Katastrophe" dazu führe, dass sein „Werk neben dem vollen Glanz seines leuchtenden Geistes auch die Anmut und den Schmelz der sprachlichen und geistigen *Kultur seiner Zeit*"[13] besitze, führt Salomon eine Verhältnisbestimmung zwischen

---

[10] Koselleck, Reinhart. 1967. *Preußen zwischen Reform und Revolution. Allgemeines Landrecht, Verwaltung und soziale Bewegung von 1791–1848*. Stuttgart: Clett-Kotta.

[11] Brunner, Otto, Conze, Werner, und Koselleck, Reinhart (Hrsg.). 1972. *Geschichtliche Grundbegriffe. Historisches Lexikon zur politisch-sozialen Sprache in Deutschland. Band 1*. Stuttgart: Ernst Klett Verlag.

[12] Salomon, Albert. 2008. Krise – Geschichte – Menschenbild. In Albert Salomon, *Werke. Band 2: Schriften 1934–1942*, hrsg. Peter Gostmann und Gerhard Wagner. Wiesbaden: Springer VS, S. 225–248, hier S. 226.

[13] Salomon, Albert. 2008. Tocqueville. In Albert Salomon, *Werke. Band 2: Schriften 1934–1942*, hrsg. Peter Gostmann und Gerhard Wagner. Wiesbaden: Springer VS, S. 35–49, hier S. 45; Herv. von mir, FM.

Intellektuellen und Krisenzeiten ein. Tocqueville kann als Intellektueller der Krisenzeit gelten, insofern er das „zentrale Erlebnis" der „Auflösung aller festen Ordnungen und ruhenden Bindungen"[14] aufweist. Dieses Erlebnis, andernorts von Salomon beschrieben als „grundlegende Erfahrung einer *politischen* und *sozialen* Krise, die zugleich zur Krise des Menschen wird",[15] stellt dem*der Intellektuellen „Fragen, die vom denkenden Geist eine Antwort verlangen".[16] Diese allgemeine Bestimmung des*der Intellektuellen in Krisenzeiten festgehalten, stellt sich für Tocqueville zur Zeit der Französischen Revolution die Frage des Verhältnisses von *Kontinuität* und *Diskontinuität* im Falle krisenhafter historischer Übergänge – eine Frage, die sich auch Intellektuellen der Nachkriegsgesellschaft stellt.

Diese Charakterisierung intellektueller Krisenbewältigung lässt sich für die Serie Koselleck *coram publica academia* – ohne die nachfolgende ausführliche Rekonstruktion der „Krise" vorwegzunehmen – an zwei episodenhaften Vignetten veranschaulichen. Sie thematisieren nicht nur die Fragen, die Koselleck sich selbst vorlegt, sondern skizzieren die allgemeineren Fragen des wissenschaftlichen Verbands sowie der politisch-sozialen Ordnung, innerhalb derer die Serie eingebettet werden kann.

Die erste „Krise" lässt sich mit Beginn der Nachkriegsjahre identifizieren und als sich zuspitzender Wendepunkt zwischen Kontinuität und Diskontinuität der Routinen des wissenschaftlichen Verbands deutscher Historiker fassen. Den Zweiten Weltkrieg erlebt Koselleck als doppelten Zusammenbruch: Jenen der Weimarer Republik, gefolgt vom Zusammenbruch des totalitären Systems des NS-Regimes.[17] Während Koselleck die Auseinandersetzungen zwischen kommunistischen und konservativen Positionen im Zuge des sich anbahnenden Zusammenbruchs der Weimarer Republik zur Schulzeit von der Seitenlinie her beobachtet – was er retrospektiv als Haltung des Historikers erkennt –, sind es vor allem seine Erfahrungen

---

[14] Salomon. Tocqueville, S. 38–39.

[15] Salomon, Albert. 2008. Tocquevilles Philosophie der Freiheit. In Albert Salomon, *Werke. Band 2: Schriften 1934–1942*, hrsg. Peter Gostmann und Gerhard Wagner. Wiesbaden: Springer VS, S. 173–205, hier S. 176; Herv. von mir, FM.

[16] Salomon. Tocqueville, S. 39.

[17] Vgl. Koselleck, Reinhart. 2006. Dankrede am 23. November 2004. In *Reinhart Koselleck (1923–2006). Reden zum 50. Jahrestag seiner Promotion in Heidelberg*, hrsg. Stefan Weinfurter. Heidelberg: Universitätsverlag Winter, S. 33–60, hier S. 58.

während des Zweiten Weltkriegs, die seine Reflexionen über Geschichte und Historik nachhaltig prägen.[18]

Vor diesem biografischen Erfahrungshintergrund, für dessen Bewältigung Koselleck sich nicht nur, aber auch dem Begriff der „Krise" zuwendet, lässt sich die Serie in den breiten generationalen Diskurs deutscher Intellektueller der Nachkriegsgesellschaft einordnen. In Form wissenschaftlicher Praxis setzt dieser intellektuelle Krisenbewältigungsprozess im Falle Kosellecks 1947 mit seinem Studienbeginn an der Universität Heidelberg ein. Trotz mehreren Orts- und Konstellationswechseln bildet Heidelberg eine über das Studium weit hinausreichende Konstante in Kosellecks akademischem Werdegang, zugleich einen Referenzpunkt seiner intellektuellen Krisenbewältigung.[19] Gerade wegen der Signifikanz, die der Universität Heidelberg für die Entwicklung von Kosellecks Denkbewegungen zugesprochen werden kann, lassen sich an ihr die allgemeineren Fragen veranschaulichen, die sich der wissenschaftliche Verband von Historiker*innen sowie die breitere Öffentlichkeit der Nachkriegsgesellschaft eindrücklich stellen. Diese Fragen lassen sich für beide Bereiche in der Figur der *Stunde Null* verdichten, die das Problem von historischer wie wissenschaftspraktischer Kontinuität und Diskontinuität im Horizont der Erklärungsbedürftigkeit des Zweiten Weltkriegs als Zäsur des 20. Jahrhunderts markiert.[20]

---

[18] Neben dem Verlust seines Bruders während eines Bombardements und der Ermordung seiner Tante durch die Euthanasie-Praktiken des NS-Regimes befindet sich Koselleck zwischen 1941 und 1946 in sowjetischer Kriegsgefangenschaft. Vgl. Koselleck, Reinhart. 2003. Formen der Bürgerlichkeit. Reinhart Koselleck im Gespräch mit Manfred Hettling und Bernd Ulrich. In: *Mittelweg 36* 12 (2), S. 62–82; Koselleck, Reinhart. 1992. Die Diskontinuität der Erinnerung. In *Deutsche Zeitschrift für Philosophie* 47 (2), S. 213–222; Koselleck, Reinhart. 1995. Vielerlei Abschied vom Krieg. In *Vom Vergessen vom Gedenken. Erinnerungen und Erwartungen in Europa zum 8. Mai 1945*, hrsg. Birgitte Sausay, Heinz Ludwig Arnold und Rudolf von Thadden. Göttingen: Wallstein, S. 19–25; Jeismann, Michael. 2009. Wer bleibt, der schreibt. Reinhart Koselleck, das Überleben und die Ethik des Historikers. In *Zeitschrift für Ideengeschichte* 3 (4), S. 69–81.

[19] So zieht bspw. Koselleck 1955, in Bristol verweilend und sich auf der Suche nach einer geeigneten Institution für die Arbeit an seiner Habilitation befindend, die Universität Heidelberg einem Stellenangebot an der Sozialforschungsstelle der Universität Münster in Dortmund bei Gunther Ipsen, Heinrich Popitz und Helmuth Schelsky vor. Und noch nach Antritt seiner Professur in Bielefeld lässt sich Heidelberg als intellektuelle Heimat Kosellecks bezeichnen, vgl. Hoffmann Stefan-Ludwig. 2006. Reinhart Koselleck (1923–2006): The Conceptual Historian. In *German History* 24 (3), S. 475–478, hier S. 478.

[20] Zum allgemeinen Überblick vgl. Hobuß, Steffi. 2015. Mythos „Stunde Null". In *Lexikon der „Vergangenheitsbewältigung" in Deutschland. Debatten- und Diskursgeschichte des Nationalsozialismus nach 1945*, hrsg. Torben Fischer, und Matthias N. Lorenz. 3. Aufl. Bielefeld: transcript, S. 44–45. Für eine Einordnung von *Kritik und Krise* als indirekten Beitrag zur Inbezugsetzung von Aufklärung und den Zäsuren des 20. Jahrhunderts in Form des

Dass sich die Frage einer Stunde Null an der Universität Heidelberg während der Nachkriegszeit nicht nur für die Belange der Öffentlichkeit, sondern auch für den wissenschaftlichen Verband der Historiker*innen stellt, wird pointiert 1946 von Alfred Weber verdeutlicht, der die Zäsur von 1945 als „Abschied von der bisherigen Geschichte" beschreibt.[21] Stellt sich damit auch die Frage nach einem möglichen Abschied von der bisherigen Geschichtswissenschaft?

Gilt für wissenschaftliche Verbände der Nachkriegsjahre das Problem der „Entflechtung von Wissenschaft und Wissenschaftlern aus ihren früheren kollaborativen Verhältnissen und ihre Neuverflechtung in andere politische Verhältnisse"[22] als Kennzeichen der seinerzeitigen Wissenschaftskultur, so besteht das mit der Stunde Null verbundene Moment der *Diskontinuität* vorwiegend in den nun nicht bruchlos fortführbaren (Wissenschafts-)Praktiken und Routinen bildungsbürgerlichen Mandarinentums.[23] Allerdings überwiegt die Kontinuität eingelebter

---

Ersten und Zweiten Weltkriegs seitens öffentlicher Intellektueller der Nachkriegszeit vgl. Edwards, Jason. 2006. Critique and Crisis Today: Koselleck, Enlightenment and the Concept of Politics. In *Contemporary Political Theory* 5, S. 428–446. Inwiefern Koselleck in *Kritik und Krise* eine Reaktualisierung philosophischer und politischer Problembeschreibungen der Zwischenkriegszeit der 1920er- und frühen 1930er-Jahre vornimmt, um die ihm während der 1950er-Jahre gegenwärtige Krise der Nachkriegsgesellschaft zu diagnostizieren, zeigt Olsen, *History in the Plural*, S. 69–75.

[21] Weber, Alfred. 1946. *Abschied von der bisherigen Geschichte. Mensch und Gesellschaft*. Bern: Francke, S. 11. Es waren die Seminare von Weber, in Zuge deren Besuch Koselleck nicht nur in Kontakt mit seinen Kommilitonen Hanno Kesting und Nicolaus Sombart, sondern auch mit seinem zeitweise informellen Mentor Carl Schmitt gekommen ist. Unter dem Gesichtspunkt Kosellecks wissenschaftlicher Praxis als Form intellektueller Krisenbewältigung lässt sich nun bereits für diese Konstellation seiner Heidelberger Studienjahre verzeichnen, dass es Kesting, Sombart und Koselleck in ihrer geplanten, Schmitt zuzueignenden Zeitschrift *Archiv für Weltbürgerkrieg und Raumordnung* dezidiert um eine Perspektivierung der gegenwärtigen Krise der Moderne als aus der Krise der Französischen Revolution geboren geht. Das beständige Anhalten der krisenhaften Bedingungen von Revolution und Bürgerkrieg seien als Chiffren der modernen Welt zu entziffern und mittels der Soziologie als Krisenwissenschaft zu verstehen – nicht zuletzt, um diese Krise zu beenden. Vgl. Sombart, Nicolaus. 2000. *Rendezvous mit dem Weltgeist. Heidelberger Reminiszenzen 1945–1951*. Frankfurt am Main: Fischer, hier S. 268–276; Olsen, *History in the Plural*, S. 26.

[22] Ash, Mitchell G. 1995. Verordnete Umbrüche, Konstruierte Kontinuitäten: Zur Entnazifizierung von Wissenschaftlern und Wissenschaften nach 1945. In *Zeitschrift für Geschichtswissenschaft* 43, S. 903–923, hier S. 904.

[23] Vgl. Weisbrod, Bernd. 2002. Dem wandelbaren Geist. Akademisches Ideal und wissenschaftliche Transformation in der Nachkriegszeit. In *Akademische Vergangenheitspolitik. Beiträge zur Wissenschaftskultur der Nachkriegszeit*, hrsg. Bernd Weisbrod. Göttingen: Wallstein, S. 11–35; Weisbrod, Bernd. 2004. Das Moratorium der Mandarine. Zur Selbstentnazifizierung der Wissenschaften in der Nachkriegszeit. In *Nationalsozialismus in den*

Tradition und traditionellen Personals, geben doch „die ‚*Krise*' und de[r] ‚Neuanfang' [...] zunächst *nicht* zu wesentlichen Veränderungen der historiographischen Praxis"[24] Anlass. Denn obgleich es in der Dekade ausgehend von der Stunde Null ein *Krisenbewusstsein* der deutschen Historiker in ihrer Auseinandersetzung mit der Soziologie, der Strukturgeschichte der französischen Annales-Schule und der Sozialgeschichte gibt, bleibt die eigene Forschungspraxis relativ invariant. Die Krise der Stunde Null zeitigte also keinen Bruch mit den bewährten Routinen, sondern wurde durch ein auf den Raum vertrauter Kollegialität beschränktes Ausloten potenzieller methodischer Grenzverschiebung kompensiert. In Heidelberg – wie andernorts – änderte sich zur Stunde Null und während der 1950er-Jahre inmitten eines allgemeinen Krisenbewusstseins sowohl für alte als auch neue Verbandsmitglieder wenig: „Das Reich zerfiel, doch es wurde verzweifelt studiert und promoviert".[25]

Auch Koselleck studierte und promovierte unter diesen Bedingungen. Dass nicht nur die Geschehnisse des Zweiten Weltkriegs und die sich in der Nachkriegszeit stellende „Krise" der Stunde Null Gegenstand seines intellektuellen

---

Kulturwissenschaften. Bd. 2: Leitbegriffe – Deutungsmuster – Paradigmenkämpfe. Erfahrungen und Transformationen im Exil, hrsg. Hartmut Lehmann und Otto Gerhard Oexle. Göttingen: Vandenhoeck und Ruprecht, S. 259–279.

[24] Etzemüller, Thomas. 2001. *Sozialgeschichte als politische Geschichte: Werner Conze und die Neuorientierung der westdeutschen Geschichtswissenschaft nach 1945*. München: Oldenbourg, S. 213, Herv. von mir, FM. Markant drückt diese Haltung Gerhard Ritter 1949 in seinem Eröffnungsvortrag zum 20. Deutschen Historikertag aus: Er „glaube nicht, das sie [die Geschichtswissenschaft] irgendwelchen Anlass hat, diese ihre Haltung heute grundsätzlich zu ändern" (Ritter, Gerhard. 1950. Gegenwärtige Lage und Zukunftsaufgaben deutscher Geschichtswissenschaft. Eröffnungsvortrag des 20. Deutschen Historikertags in München am 12. September 1949. In *Historische Zeitschrift* 170, S. 1–22, hier S. 8).

[25] Etzemüller, *Sozialgeschichte als politische Geschichte*, S. 213. Dass sich die wissenschaftlichen Verbände der Nachkriegszeit – zumindest in Heidelberg – gemäß ihres Selbstverständnisses als Verband und gemäß ihres Sendungsbewusstseins als Moment der Kontinuität inmitten der *Krise* begriffen, zeigt sich am Antrag auf Freigabe der beschlagnahmten Universitäts-Bibliothek im Juni 1945 vom Heidelberger Nachkriegsrektor Karl Heinrich Bauer: „Die historischen Führungsschichten Deutschlands haben 12 Jahre vom Hitlertum gelebt und sind am Hitlertum gestorben: Die Adelsschicht, die Militärkaste und die Wirtschaftsdespotie. Soviel auch an wertvollen Einzelmenschen für die Errettung aus dem Chaos zur Verfügung stehen mögen, an noch *intakten geschlossenen Organisationen* zum Wiederaufbau einer neuen Führungsschicht besitzt Deutschland nur die *Kirchen* und die *Universitäten*" (Bauer, Karl Heinrich. 1947. Schreiben des Rektors der Universität Heidelberg, Professor Dr. Karl Heinrich Bauer, vom 25. Juni 1945, an Colonel Winnig, Mannheim. In *Vom neuen Geist der Universität. Dokumente, Reden und Vorträge 1945/46*. Berlin/Heidelberg: Springer, S. 3, Herv. im Orig.).

Krisenbewältigungsprozesses bilden, zeigt der Blick auf eine weitere Krise des wissenschaftlichen Verbands während der 1960er- und 1970er-Jahre: Die *Krise des Historismus*. Bestimmte das Problem von Kontinuität und Diskontinuität zuerst die intellektuellen Debatten der Nachkriegszeit, lässt sich in der politisch-sozialen Sprache ein allmählicher Austausch der Unsicherheit und Wandel signalisierenden „Krise" durch andere, von Fortschritten in Wirtschaft, Demokratie und Wohlfahrt getragene Denkfiguren der neuen Kontinuität und hoffnungsvollen Stabilität der Institutionen verzeichnen.[26] Unter diesen Bedingungen verwundert es nicht, dass Kosellecks Krisendiagnostik der Nachkriegsjahre als Chiffre eines neuen Konservatismus der Gegenaufklärung gelesen werden konnte.[27]

Anders dagegen verhielt es sich *innerhalb* des wissenschaftlichen Verbands deutscher Historiker*innen: In den späten 1960er- und frühen 1970er-Jahren lässt sich eine disziplininterne wie -externe Infragestellung der Geltung der Geschichtswissenschaft verzeichnen, die als *Identitätskrise* des wissenschaftlichen Verbandes gefasst werden kann.[28] Einerseits macht sich die Identitätskrise bemerkbar in einer graduellen Erosion des traditionellen Profils und der routinierten epistemischen Praktiken durch den Niedergang des bislang als deren Referenzrahmen geltenden Historismus. Andererseits gerät die Geschichtswissenschaft zunehmend unter Legitimations- und Selbstbehauptungsdruck gegenüber der Expansion angrenzender Sozialwissenschaften. Nicht zuletzt kommt es vor dem Hintergrund dieser grundsätzlichen Infragestellung der Kontinuierbarkeit historistischer Verfahrensweisen zu einem erneuten Generationenwechsel im wissenschaftlichen Verband; eine Generation, die nicht mehr von den ‚alten' Vertretern der Zunft (wie Friedrich Meinecke oder Gerhard Ritter) ausgebildet wurde, sondern die von der – sich selbst als in Suchbewegungen befindlich gebenden – ‚mittleren' Generation (wie bspw. Werner Conze oder Theodor Schieder) gelernt hat, die Geltung des theoretischen und methodologischen Fundaments der Geschichtswissenschaft infrage zu stellen.[29]

---

[26] Vgl. Herbert, Ulrich. 2002. Liberalisierung als Lernprozess. Die Bundesrepublik in der deutschen Geschichte – eine Skizze. In *Wandlungsprozesse in Westdeutschland. Belastung, Integration, Liberalisierung 1945–1980*, hrsg. Ulrich Herbert. Göttingen: Wallstein, S. 7–49.

[27] Stellvertretend dafür Habermas, Jürgen. 1960. Verrufener Fortschritt – Verkanntes Jahrhundert. Zur Kritik an der Geschichtsphilosophie. In *Merkur* 14 (5), S. 468–477.

[28] Vgl. Sywottek, Arnold. 1974. *Geschichtswissenschaft in der Legitimationskrise: Ein Überblick über die Diskussion um Theorie und Didaktik der Geschichte in der Bundesrepublik Deutschland 1969–1973*. Bonn-Bad Godesberg: Verlag Neue Gesellschaft.

[29] Vgl. Olsen, *History in the Plural*, S. 206.

Diese verbandsinterne Identitätskrise steht dennoch in Korrespondenz mit den Fragen der politisch-sozialen Ordnung der 1960er und 1970er, insofern wirtschaftliche Rezession – welche das aus dem Wirtschaftswunder hervorgegangene Vertrauen in neue Stabilität konterkariert – und Veränderungen in der politischen Parteienlandschaft zur Reform des Bildungswesens und zur Umstrukturierung der Universität als Institution und Organisation führen. Die Öffentlichkeit und der wissenschaftliche Verband legen sich also gleichermaßen die Frage von Kontinuität und Diskontinuität bestehender Bildungs- und Wissenschaftspraxis vor. 1971 sieht Koselleck denn auch die „Krise des Historismus" sich zur „Krise der Historie" verschärfen; die Konsequenz für den wissenschaftlichen Verband benennt er plakativ: „Unsere Wissenschaft als solche wird in Frage gestellt."[30] Kosellecks eigener Bewältigungsversuch gegenüber der Krise des Historismus lässt sich als Oszillation zwischen Sozialgeschichte und (Geschichts-)Hermeneutik verstehen – eine Kombination, die aus Kosellecks Teilnahme an den Konstellationen des *Arbeitskreises für moderne Sozialgeschichte* und der Arbeitsgruppe *Poetik und Hermeneutik* hervorgeht.[31]

---

[30] Koselleck, Reinhart. 2014. Wozu noch Historie? In *Vom Sinn und Unsinn der Geschichte. Aufsätze und Vorträge aus vier Jahrzehnten*, hrsg. Reinhart Koselleck und Carsten Dutt. Berlin: Suhrkamp, S. 32–51, hier S. 32.

[31] In den 1967 veröffentlichten *Richtlinien* für die *Geschichtlichen Grundbegriffe* spiegelt sich der Einfluss der Heidelberger Konstellation von Kosellecks Studienjahren wie auch des Arbeitskreises für moderne Sozialgeschichte; vgl. Koselleck, Reinhart. 1967. Richtlinien für das Lexikon politisch-sozialer Begriffe der Neuzeit. In *Archiv für Begriffsgeschichte* 11 (1), S. 81–99. Die dort von Koselleck anvisierte Praxis eines „soliden Historismus" referiert indirekt einerseits auf den schon von Otto Brunner geforderten konsequenten Historismus und andererseits auf den vermeintlich radikalen Historismus aus Gadamers *Wahrheit und Methode*; vgl. Koselleck. Richtlinien, S. 91; Olsen, *History in the Plural*, S. 183; Gadamer, Hans-Georg. 1960. *Wahrheit und Methode*. Tübingen: Mohr. Etzemüllers Behauptung, die *Geschichtlichen Grundbegriffe* korrespondierten „im Grunde mit dem bildungsbürgerlichen Ideal des ‚Lernens' und der Suche nach der ‚Wahrheit'", lässt sich als dauernde Kontinuität zur bereits dargestellten Krise bildungsbürgerlichen Habitus' des wissenschaftlichen Verbands verzeichnen; Etzemüller, *Sozialgeschichte als politische Geschichte*, S. 175. In einer späteren Sequenz spricht Koselleck indessen von einem „reflexiven Historismus" (Koselleck, Reinhart. 1998. Begriffsgeschichte, Sozialgeschichte, begriffene Geschichte. Reinhart Koselleck im Gespräch mit Christof Dipper. In *Neue Politische Literatur* 43 (2), S. 187–205, hier S. 188). Die Arbeitsgruppe *Poetik und Hermeneutik* wurde in den frühen 1960er-Jahren gegründet und stellt ein Diskussionsforum für theologische, historische und philosophische Fragestellungen im Rahmen von Hermeneutik, Ästhetik und Literaturtheorie dar. Insofern die meisten Mitglieder zu Generationen gehörten, welche die 1930er- und 1940er-Jahre miterlebten, lässt sich *Poetik und Hermeneutik* auch als wissenschaftlicher Verband der Bewältigung jener Zeit im Medium gelehrter Diskussion trotz divergenter Fachkultursozialisationen begreifen. Zur wissenschaftsgeschichtlichen Einordnung des Problems des Historismus vgl. Oexle, Otto Gerhard. 1996. *Geschichtswissenschaft im Zeichen des Historismus. Studien zur Problemgeschichte der Moderne*. Göttingen: Vandenhoeck & Ruprecht.

Zugestanden also, dass sich an Koselleck die Praxis intellektueller Krisenbewältigung studieren lässt – wie damit beginnen? Wie jede Konstellationsanalyse setzt die serielle Analyse der Serie Koselleck *coram publico academia* an einer einzelnen Sequenz an, die in Form einer von ihr aufgeworfenen Irritation erklärungsbedürftig erscheint. Im Gegensatz zum offenkundigen Hinweis, dass sich ein solcher Einstiegspunkt möglicherweise nicht nur dem Namen nach in *Kritik und Krise* befinden könnte, soll erneut das eingangs verwendete forschungspraktische Beispiel bemüht werden. Es handelt sich um eine Irritation, die sich für um begriffliche Präzision bemühte Krisendiagnostiker*innen aus den letzten Passagen von Kosellecks Eintrag zur „Krise" in den *Geschichtlichen Grundbegriffen* ergeben mag.

2 Symptomatologie der Möglichkeit einer geschichtlichen Krise

Um Kosellecks eigenen Umgang mit der „Krise" nachvollziehen zu können, beginnt die nachfolgende serielle Analyse, so wie es dem Verfahren der Konstellationsanalyse entspricht, mit der Ausdeutung einer innerhalb *einer* Sequenz *einer* Serie sich stellenden Irritation, deren Auflösung sich der erste Ausdeutungsschritt widmen wird: So endet Kosellecks Artikel zur Geschichte des Begriffs, dem er sich bereits 28 Jahre zuvor in *Kritik und Krise* zuwandte und an den er drei Jahre später nochmals *einige Fragen*[32] stellen wird, mit einer im Horizont der geschichtlichen Krise stehenden Aufgabe an die zukünftige Gegenwart. Begonnen werden soll also mit der Betrachtung all jener Bestimmungen der *geschichtlichen Krise*, die Koselleck selbst am Ende des Artikels zur Begriffsgeschichte der „Krise" in den *Geschichtlichen Grundbegriffen*[33] vornimmt:

---

[32] Koselleck, Reinhart. 2006. Einige Fragen an die Begriffsgeschichte von „Krise". In Reinhart Koselleck: Begriffsgeschichten. Studien zur Semantik und Pragmatik der politischen und sozialen Sprache. Frankfurt am Main: Suhrkamp, S. 203–217.

[33] Für einen Überblick der Entstehungsgeschichte und Systematik der *Geschichtlichen Grundbegriffe* vgl. Müller, Ernst, und Schmieder, Falko. 2016. *Begriffsgeschichte und historische Semantik. Ein kritisches Kompendium*. Berlin: Suhrkamp, S. 905–928; Olsen. *History in the Plural*, S. 167–201; Dipper, Christof. 2011. Die „Geschichtlichen Grundbegriffe". Von der Begriffsgeschichte zur Theorie der historischen Zeiten. In *Begriffene Geschichte. Beiträge zum Werk Reinhart Kosellecks*, hrsg. Hans Joas und Peter Vogt. Berlin: Suhrkamp, S. 288–316; Palonen. *Die Entzauberung der Begriffe*, S. 227–239. Weiterhin zur Einordnung der *Geschichtlichen Grundbegriffe* in Kosellecks Arbeiten zur Begriffsgeschichte im Kontext seines Gesamtwerks vgl. Dutt, Carsten. 2013. Begriffsgeschichte als Historie der Moderne. Semantik und Pragmatik nach Koselleck. In *Zwischen Sprache und Geschichte. Zum Werk Reinhart Kosellecks*, hrsg. Carsten Dutt und Reinhard Laube. Göttingen: Wallstein, S. 65–80; Steinmetz, Willibald. 2011. Nachruf auf Reinhart Koselleck (1923–2006). In *Begriffene*

„Die alte Kraft des Begriffs, unüberholbare, harte und nicht austauschbare Alternativen zu setzen, hat sich in die Ungewissheit beliebiger Alternativen verflüchtigt. So mag denn dieser Wortgebrauch selbst als ein Symptom einer geschichtlichen ‚Krise' gedeutet werden, die sich einer exakten Bestimmung entzieht. Um so mehr sind die Wissenschaften herausgefordert, den Begriff auszumessen, bevor er terminologisch verwendet wird."[34]

Der geschichtlichen Krise, genommen als *selbstgeltende Größe*, kommt die Eigenschaft zu, als Ursache für den symptomatisch wahrnehmbaren Verlust der „alten Kraft" des Begriffs der „Krise" gedeutet zu werden.[35] Das *Etwas*, für das die geschichtliche Krise als Größe steht, ist damit Ergebnis einer Erkenntnisleistung des rückwärts gerichteten Blicks auf die Geschichte des *Begriffs* und seiner Verwendungsweisen im Kontrast zum gegenwärtigen Gebrauch des *Wortes*. Zugleich haben die Adressat*innen dieser von Koselleck mitgeteilten Erkenntnisleistung, da jene am Ende des Eintrags in den *Geschichtlichen Grundbegriffen* platziert ist, diese Leistung selbst bereits vollzogen, indem sie der Begriffsgeschichte der „Krise" gefolgt sind: Die Differenz zwischen den im Medium der Begriffsgeschichte dargestellten vergangenen und den heutigen, Koselleck und seinen Leser*innen unmittelbar gegenwärtigen Verwendungsweisen, bildet einen symptomatischen Erfahrungszusammenhang. Denn dem gegenwärtigen Wortgebrauch entspricht es, *keine* zueinander widersprüchlichen Alternativen für den weiteren Verlauf einer als „Krise" diagnostizierten Situation in Aussicht zu stellen. Vielmehr treten Ungewissheit und Beliebigkeit an die Stelle von Unüberholbarkeit, Härte und Nicht-Austauschbarkeit als neue Attribute in die Erkenntnispraxis von Identifikation und Beurteilung eines zeitlichen Wendepunktes samt dessen möglichen Folgeverläufen ein.

Sofern in diesem Sinne von einem symptomatischen Erfahrungszusammenhang der Insuffizienz des Begriffs der „Krise" im gegenwärtigen Wortgebrauch ausgegangen werden kann, lässt sich diese Insuffizienz weiterhin als *epistemische*, weil erkenntniskritische Insuffizienz bestimmen: Der „inflationäre Wortgebrauch" der „Krise", welcher „fast alle Lebensbereiche erfasst [hat]", verunmöglicht es, über diesen symptomatischen Erfahrungszusammenhang überhaupt eine Aussage zu treffen, denn „[w]enn der gehäufte Wortgebrauch ein hinreichendes Indiz für eine

---

Geschichte. Beiträge zum Werk Reinhart Kosellecks, hrsg. Hans Joas und Peter Vogt. Berlin: Suhrkamp, S. 57–83. Zur seinerzeitigen Rezensions-, Rezeptions- und Diskussionslage der *Geschichtlichen Grundbegriffe* siehe die zahlreichen Verweise in Müller/Schmieder. *Begriffsgeschichte und historische Semantik*, S. 905–928, hier insbes. S. 916 ff.

[34] Koselleck. Krise, S. 649–650.
[35] Koselleck. Krise, S. 649.

wirkliche Krise wäre, dann müssten wir in einer allumfassenden Krise leben. Aber dieser Rückschluss zeugt zunächst mehr von einer diffusen Redeweise, als dass er schon zur *Diagnose* unserer Lage beitrüge."[36]

Die der „alte[n] Kraft" des Begriffs und seiner potenziellen „Kraft der Argumente" gegenübergestellte gegenwärtige Verwendungsweise lässt sich als die Abkehr der Verwendung von „Krise" als *Begriff* hin zur Verwendung als *Wort* verstehen; eine historische Bewegung, die sich selbst wiederum als Symptom der geschichtlichen Krise diagnostizieren lässt.[37]

Respektive der von der Begriffsgeschichte vorgenommenen Bestimmung von Begriffen mittels ihrer Funktion für die politisch-soziale Sprache[38] lässt sich dieser

---

[36] Koselleck. Einige Fragen, S. 203; Herv. von mir, FM.

[37] Koselleck. Krise, S. 649; Koselleck. Einige Fragen, S. 203.

[38] Insofern der Artikel zur „Krise" sowie andere noch zu behandelnde Sequenzen nicht nur Sequenzen innerhalb der Serie *Koselleck coram publico academia*, sondern auch innerhalb des kollaborativen Wissenschaftsprojekts der *Geschichtlichen Grundbegriffe* und der Begriffsgeschichte darstellen, sei hier kurz der programmatische Status geschichtlicher Grundbegriffe im Verhältnis zur politisch-sozialen Sprache erläutert. Denn nicht nur den dezidiert den *Geschichtlichen Grundbegriffen* zugeordneten, sondern potentiell allen begriffsgeschichtlich verfahrenden Sequenzen liegen – nicht nur, aber auch – das forschungsprogrammatische Selbstverständnis zu Grunde: Als geschichtliche Grundbegriffe werden jene Leitbegriffe der geschichtlichen Bewegung bezeichnet, kraft derer Aussagen und Textauslegung vergangener oder gegenwärtiger Zeiten erfolgt sind. Die historisch unterschiedlich instanziierten Anwendungsweisen der geschichtlichen Grundbegriffe geben Aufschluss über historische Struktur- und Ereigniszusammenhänge in der Art und Weise, wie Zeitgenoss*innen sie aus ihrer jeweiligen Gegenwart heraus selbst begrifflich gefasst haben. Gegenstandsbereich der Begriffsgeschichte mit einem solchen Interesse an Wandel bzw. Kontinuität und Diskontinuität des Verhältnisses von Semantik, Ereignissen und (Sozial-)Strukturen ist die „politisch-soziale Sprache" bzw. die „Begriffsbildung der sozialen und der politischen Welt", in der jenes Verhältnis zugleich hervorgebracht und begrifflich beschrieben wird (Koselleck, Reinhart. 1972. Einleitung. In *Geschichtliche Grundbegriffe. Historisches Lexikon zur politisch-sozialen Sprache in Deutschland. Band 1*, hrsg. Otto Brunner, Werner Conze und Reinhart Koselleck. Stuttgart: Ernst Klett Verlag, S. XIII–XXVII; Koselleck. Richtlinien, S. 81). Die das vergangene politisch-soziale Geschehen beeinflussenden Handlungseinheiten (Einzelne wie kollektive Akteursgruppen) verwenden nicht nur jene Begriffe, sondern konstituieren sich als solche gerade durch die Verwendung der Begriffe. Gleichermaßen werden die politisch-sozialen Zusammenhänge nicht nur mittels der Begriffe erfasst, sondern mithilfe der Begriffe geprägt (vgl. Koselleck, Reinhart. 2015. Zur historisch-politischen Semantik asymmetrischer Gegenbegriffe. In *Vergangene Zukunft. Zur Semantik geschichtlicher Zeiten*. 9. Aufl. Frankfurt am Main: Suhrkamp, S. 211–259). Ob ein Begriff als Grundbegriff registriert werden kann, wird also gemäß seiner Funktion für die politisch-soziale Sprache entschieden: Grundbegriffe sind unverzichtbar für die Wahrnehmung und Deutung sozialer und politischer Wirklichkeit – seinerzeit und in der Rekonstruktion der Vergangenheit als vergangene Gegenwart –, da unterschiedliche politisch-soziale Handlungseinheiten zur

Gebrauchswechsel von Begriff zu Wort näher konkretisieren: Begriffe und Wörter haben es gemeinsam, mehrdeutig zu sein, worin „ihre gemeinsame *geschichtliche Qualität* enthalten [liegt]".[39] Die Mehrdeutigkeit und geschichtliche Qualität lassen sich an Worten und Begriffen je „verschieden [ab]lesen", da zuerst neben „[g]edankliche[n] und sachliche[n] Bedeutungen" sowohl der „gesprochen[e] und geschrieben[e] Kontext" als auch die „gesellschaftlich[e] Situation" in deren Verwendung eingehen.[40] Gegenüber dem Wort kennzeichnet sich der Begriff durch ein das Wort transzendierendes Surplus hinsichtlich des Begreifens des je der Verwendung gegenwärtigen Kontexts und der Situation, da das temporal vorgelagerte Wort genau dann zum Begriff wird, wenn die Verwendung des Wortes die politisch-soziale Situation selbst ‚auf den Begriff bringt':[41] Der Begriff ist die Form für den

---

Einklage und Verwirklichung ihrer Geltungsansprüche unterschiedliche Bedeutungsdimensionen desselben Grundbegriffs fokussieren. Auch wenn konfligierende, sich diametral entgegenstehende Ansprüche und Interessen mittels desselben Grundbegriffs in Geltung gesetzt werden sollen, dient der dafür jeweils anders verwendete Grundbegriff als – wenn auch kontestierter – vermittelnder semantischer Intermediär (vgl. Koselleck, Reinhart. 2015. Begriffsgeschichte und Sozialgeschichte. In *Vergangene Zukunft. Zur Semantik geschichtlicher Zeiten*. 9. Aufl. Frankfurt am Main: Suhrkamp, S. 107–129, hier S. 112–114; Koselleck, Reinhart. 2006. Stichwort: Begriffsgeschichte. In *Begriffsgeschichten. Studien zur Semantik und Pragmatik der politischen und sozialen Sprache*. Frankfurt am Main: Suhrkamp, S. 99–102, hier S. 99). Die *Begriffs*geschichte erfragt also die jeweilige Selbstauslegung der Vergangenheit als durch die Begriffe in actu erfasste Gegenwart und ist dabei insofern Begriffs*geschichte*, als dass diese vergangene Gegenwart nur durch Rekonstruktion der Begriffsverwendung verstanden werden kann. Sowohl Begriffsgeschichte eines spezifischen Begriffs als auch die Begriffsgeschichte als wissenschaftliche Disziplin stellt demnach die Frage nach der Konvergenz von Geschichte und Begriff und widmet sich der Darstellung ihres wechselseitigen Spannungsverhältnisses (vgl. Koselleck, Reinhart. 2006. Die Geschichte der Begriffe und Begriffe der Geschichte. In *Begriffsgeschichten. Studien zur Semantik und Pragmatik der politischen und sozialen Sprache*. Frankfurt am Main: Suhrkamp, S. 56–76; Koselleck. Richtlinien, S. 85; Koselleck. Begriffsgeschichte und Sozialgeschichte, S. 121 und 127; Koselleck, Reinhart, und Dutt, Carsten. 2006. Nachwort. Zu Einleitungsfragmenten Reinhart Kosellecks. In *Begriffsgeschichten. Studien zur Semantik und Pragmatik der politischen und sozialen Sprache*. Frankfurt am Main: Suhrkamp, S. 529–540, hier S. 532–533).

[39] Koselleck. Begriffsgeschichte und Sozialgeschichte, S. 119; Herv. von mir, FM.

[40] Koselleck. Begriffsgeschichte und Sozialgeschichte, S. 119.

[41] Dafür exemplarisch vgl. Koselleck, Reinhart. 2006. Zur anthropologischen und semantischen Struktur der Bildung. In *Begriffsgeschichten. Studien zur Semantik und Pragmatik der politischen und sozialen Sprache*. Frankfurt am Main: Suhrkamp, S. 105–154, hier S. 125; Koselleck, Reinhart. 2006. Begriffliche Innovationen der Aufklärungssprache. In *Begriffsgeschichten. Studien zur Semantik und Pragmatik der politischen und sozialen Sprache*. Frankfurt am Main: Suhrkamp, S. 309–339, hier S. 323.

Vollzug des Begreifens der „Fülle eines politisch-sozialen Bedeutungs- und Erfahrungszusammenhanges, in dem und für den ein Wort gebraucht wird".[42] Die „alte Kraft", die Mannigfaltigkeit des Erfahrungszusammenhanges zur begrifflichen Einheit zu bringen, ist als Funktion für die politisch-soziale Sprache gegenwärtig derselben abhandengekommen.[43] Die Unfähigkeit der gegenwärtigen Verwendung von „Krise", „auf einer Ebene begrifflicher Allgemeinheit" zu operieren, entspricht der im Wortgebrauch angezeigten Ungewissheit und Beliebigkeit der mit der „Krise" gesetzten Alternativen.[44]

Dieser erste Bestimmungsversuch der geschichtlichen Krise als Ursache für die Symptomatik des Gebrauchswechsels von „Krise" stellt die Frage nach der Zeit dieses Umschlags, seinem *Vorher* sowie – als noch gegenwärtig seiend attestierten – *Nachher*.[45] In Rücksicht auf die programmatische Ausrichtung der *Geschichtlichen Grundbegriffe* an der „Sattelzeit-Hypothese", d. h. der Annahme eines durch Begriffe geprägten und die Begriffe prägenden begriffsgeschichtlichen *und* sozialhistorischen Zäsurpunkts, erscheint der Übergang vom 18. in das 19. Jahrhundert als möglicher Lokalisierungspunkt.

Doch der „Krisen"-Eintrag in den *Geschichtlichen Grundbegriffen* als zuerst betrachtete Sequenz der Serie Koselleck *coram publico academia* enthält darüber hinaus auch selbst einen Hinweis, der zur *historischen* Einordnung dieses Gebrauchswechsels von „Krise" beiträgt: Um der Präzisierung der geschichtlichen Krise willen lässt sich genauer betrachten, in welcher schriftlichen Form die „Krise" innerhalb dieser Sequenz erscheint. Denn nur an zwei Stellen wird, im Unterschied zu allen anderen Erscheinungsformen, die entweder auf die begriffsgeschichtliche Darstellung der Verwendungsweisen des Begriffs oder auf die illustrierende Wiedergabe einzelner Positionen abstellen, die „Krise" von Koselleck in doppelte Anführungszeichen gesetzt.[46] Hervorgehoben wird so neben der

---

[42] Koselleck. Begriffsgeschichte und Sozialgeschichte, S. 119.
[43] Koselleck. Krise, S. 649.
[44] Koselleck. Begriffsgeschichte und Sozialgeschichte, S. 119.
[45] Vgl. dazu auch die Überlegungen von Motzkin zu Kosellecks Sattelzeit als Setzung einer historischen Diskontinuität, welche ein Vorher und Nachher dieser Setzung notwendig impliziert: Motzkin, Gabriel. 2011. Über den Begriff der geschichtlichen (Dis-)Kontinuität: Reinhart Kosellecks Konstruktion der „Sattelzeit". In *Begriffene Geschichte. Beiträge zum Werk Reinhart Kosellecks*, hrsg. Hans Joas und Peter Vogt. Berlin: Suhrkamp, S. 339–358.
[46] Diese schriftliche Differenzierung der „Krisen" fehlt gänzlich in der nach Kosellecks Tod erschienenen englischen Übersetzung des Krisen-Artikels aus den *Geschichtlichen Grundbegriffen* (vgl. Koselleck, Reinhart. 2006. Crisis. In: *Journal of the History of Ideas* 67 (2), S. 357–400). Obwohl Koselleck diese Übersetzung „read and approved" hat, gehen die folgenden Überlegungen davon aus, dass Koselleck seinen Artikel für die *Geschichtlichen*

„geschichtliche[n] ‚Krise'" eine „‚Krise'", welche aus der Warte der Begriffsgeschichte seit der zweiten Hälfte des 18. Jahrhunderts angesetzt werden kann: „Die verschiedenartige Verwendung des Krisenbegriffs *indiziert* gerade durch die Vielzahl gegenseitig sich ausschließender Alternativen, dass es sich *tatsächlich* um eine ‚*Krise*' gehandelt hat, *ohne* dass sie in den jeweils angebotenen Deutungen aufgegangen wäre".[47]

In Anschauung der perspektivischen Instanziierungen der „Krise" innerhalb der seinerzeitigen politisch-sozialen Sprache können die „Alternativen früherer Selbstdeutung" nicht als „der *geschichtlichen Wirklichkeit* angemessene Indikatoren festgeschrieben werden", gleichwohl seit der zweiten Hälfte des 18. Jahrhunderts die „Stimmungslage der Krisenerfahrung […] allgemein [wird]".[48] Parallel zur bereits angeführten Deutung Kosellecks der *gegenwärtigen* Verwendungsweisen der „Krise" indiziert der *vergangene* „parteipolitisch ambivalent[e]" Begriffsgebrauch *etwas*, das symptomatisch ist für eine tatsächliche Krise, die sich – mindestens für die vergangene Gegenwart, möglicherweise auch für die heutige – einer Bestimmung entzieht. Dieses *Etwas*, das als tatsächliche Krise gedeutet werden mag, ist *nicht* in der Summe der miteinander verschränkten einzelnen Begriffsverwendungen enthalten, sondern komplementär zur Krisen*erfahrung* in der *geschichtlichen Wirklichkeit* zu verorten. Diese Verortung beginnt damit, dass eine „*religiöse* Tönung […], die aber schon als posttheologisch, nämlich *geschichtsphilosophisch* bezeichnet werden muss", von der Begriffsgeschichte registriert wird.[49] Um das Verhältnis zwischen der geschichtlichen Krise und der tatsächlichen Krise des 18. Jahrhunderts zu bestimmen, muss demnach im Folgenden geklärt werden, wie sich der Übergang von der christlich-eschatologischen zur geschichtsphilosophisch-utopischen Bedeutungsdimension nicht nur auf den Begriff der „Krise" auswirkt, sondern auch inwiefern die als „Krise" verallgemeinerte neuzeitliche Erfahrung mit der tatsächlichen Krise der geschichtlichen Wirklichkeit korrespondiert.

Grundbegriffe seinerzeit einer mindestens ebenso genauen Prüfung unterzogen hat und es sich bei den dortigen Hervorhebungen *nicht* um einen Zufall oder lektorale Fahrlässigkeit, sondern es sich bei ihnen der konstellationsanalytisch verfahrenden Soziologie des Geistes gemäß um die materiale Ausdrucksgestalt denkender Selbsterkenntnis eines selbstgeltenden Subjekts handelt (Richter, Melvin, und Richter, Michaela W. 2006. Introduction: Translation of Reinhart Koselleck's „Krise" in Geschichtliche Grundbegriffe. In *Journal of the History of Ideas* 67 (2), S. 343–356, hier S. 343).

[47] Koselleck. Krise, S. 626 und 649; Herv. von mir, FM.
[48] Koselleck. Krise, S. 626; Herv. von mir, FM.
[49] Koselleck. Krise, S. 626; Herv. von mir, FM.

Die mit der „Sattelzeit-Hypothese" gekennzeichnete Anpassungs- und Übersetzungsleistung der Begriffe in der Neuzeit[50] ist begriffsgeschichtlich als semantische Verarbeitung der zu dieser Zeit virulenten Erfahrung der eigenen Zeit als genuin neue Zeit konzeptioniert.[51] Jedoch stehen *Begriff* und *Erfahrung* neuer Zeit – ebenso wenig wie „Krisen"-Begriff und Krisenerfahrung – nicht in einem schlichten Repräsentationsverhältnis, welches eine historisch auftauchende Inkongruenz beider Ebenen, einmal semantisch verarbeitet, aufhebt. Vielmehr ist der Erfahrungswandel des 18. Jahrhunderts ein historischer Wandel der Modalitäten der *Erfahrbarkeit* selbst.

Im folgenden Rückgriff auf den systematischen Bezug von Erfahrung und Erwartung lässt sich zeigen, dass der mit der Sattelzeit einsetzende Erfahrungswandel nicht nur seinerzeit als (Welt-)„Krise" erfahren, d. h. phänomenal erlebt und begrifflich verarbeitet wurde, sondern dass die Darstellungsweise dieses Erfahrungswandels innerhalb der Serie Koselleck *coram publico academia* der semantischen Logik der „Krise" folgt. Der Erfahrungswandel des 18. Jahrhunderts als Kern der „Sattelzeit-Hypothese" lässt sich, mit anderen Worten, als *„Krise" der Neuzeit* lesen.

3 „Krise" der Neuzeit

Der erste Deutungsschritt, der zur Klärung der anfänglichen Irritation bezüglich Kosellecks Hinweis auf die Möglichkeit einer geschichtlichen Krise unternommen wurde, führte zur Herausarbeitung der „Krise" der Neuzeit als einer selbstgeltenden Größe, die in Korrespondenz mit anderen Argumentationslinien und Gedankenfiguren Kosellecks steht und über sich hinaus auf andere Sequenzen verweist. Insofern

---

[50] Die folgende Argumentation geht von der Sattelzeit so aus, wie sie seinerzeit behandelt wurde: Als unter Bewährung stehende und Erkenntnisoperationen anleitende *Hypothese*. Dies soll ermöglichen, zusätzliche Sequenzen der Serie im Horizont der hier verfolgten Frage nach der epistemischen Funktion der „Krise" – darunter wissenschaftstheoretische und methodologische Denkbewegungen enthaltende Sequenzen, die sich zumindest nicht primär der Begriffsgeschichte selbst zuordnen – miteinander zu verbinden.
[51] Koselleck, Reinhart. 2015. Über die Theoriebedürftigkeit der Geschichtswissenschaft. In *Zeitschichten. Studien zur Historik*. 4. Aufl. Frankfurt am Main: Suhrkamp, S. 298–316, hier S. 302; Koselleck, Reinhart. 2006. Sprachwandel und sozialer Wandel im ausgehenden Ancien régime. In *Begriffsgeschichten. Studien zur Semantik und Pragmatik der politischen und sozialen Sprache*. Frankfurt am Main: Suhrkamp, S. 287–308, hier S. 297; Koselleck, Reinhart. 2015. „Neuzeit". Zur Semantik moderner Bewegungsbegriffe. In Vergangene Zukunft. Zur Semantik geschichtlicher Zeiten. 9. Aufl. Frankfurt am Main: Suhrkamp, S. 300–348.

die „Krise" der Neuzeit mit der Sattelzeit und dem durch sie markierten historischen Erfahrungswandel zusammenhängt, sollen nun weitere Sequenzen betrachtet werden, die dieses Verhältnis zu präzisieren helfen. In der Sequenz *Erfahrungsraum und Erwartungshorizont* widmet sich Koselleck 1976 der systematischen Erörterung der Beschreibbarkeit eines solchen Erfahrungswandels.[52] Zuerst also zur Systematik von Erfahrung und Erwartung als zugleich historische wie metahistorische Kategorien, entlang derer die „Krise" der Neuzeit und der durch sie signierte Erfahrungswandel *für* die Geschichte und *in* der Geschichte von Koselleck herausgearbeitet wird: Die verschiedenen Bezugsweisen von Erfahrungsraum und Erwartungshorizont zueinander sind als verschiedene Zuordnungsweisen von Vergangenheit und Zukunft im Medium geschichtlicher Zeit, d. h. als historisierte Formen phänomenaler Erlebnismodi von Zeit und Geschichte in der Geschichte, konzeptioniert.[53] Der Erfahrung, definiert als „gegenwärtige Vergangenheit, deren Ereignisse einverleibt worden sind und erinnert werden können", korrespondiert die Erwartung als „vergegenwärtigte Zukunft, sie zielt auf das Noch-Nicht, auf das nicht Erfahrene, auf das nur Erschließbare".[54]

Erfahrung und Erwartung sind – sowohl metahistorisch wie historisch positioniert[55] –verzeitlicht und ermöglichen gerade dadurch das Herausarbeiten ihrer

---

[52] Koselleck, Reinhart. 2015. „Erfahrungsraum" und „Erwartungshorizont" – zwei historische Kategorien. In *Vergangene Zukunft. Zur Semantik geschichtlicher Zeiten*. 9. Aufl. Frankfurt am Main: Suhrkamp, S. 349–375.

[53] An diesem Punkt wird systematisch die Begriffsgeschichte um das Programm der transzendentalen bzw. anthropologisch fundierten Historik ergänzt: Erstere arbeitet anhand der historischen Abfolge semantischer Verschiebungen und Neuprägungen der Grundbegriffe der politisch-sozialen Sprache die mit diesen Begriffen und ihrer Verwendung gesetzten Zuordnungsweisen von Erfahrung und Erwartung heraus. Letztere identifiziert die Bedingungen der Möglichkeit von Geschichte und ihrer Darstellung im Medium der Geschichtsschreibung anhand der Bestimmung anthropologischer Voraussetzung geschichtlicher Erfahrung. Begriffsgeschichte und die so anthropologisch fundierte Theorie geschichtlicher Zeiten visieren damit aus zwei unterschiedlichen forschungspraktischen wie theoriegesättigten Ebenen gleichermaßen die Thematisierung geschichtlicher Zeit an. Im Folgenden werden diesen Theorie- bzw. Forschungsrichtungen zugeordnete Sequenzen der Serie Koselleck *coram publico academia* systematisch miteinander in Beziehung gesetzt, um der epistemischen Funktion der „Krise" innerhalb dieser Serie nachzugehen.

[54] Koselleck. „Erfahrungsraum" und „Erwartungshorizont", S. 354–355.

[55] Erfahrung und Erwartung werden von Koselleck als formale Erkenntniskategorien angesetzt, da sie rekursiv aufeinander verweisend und ihre gegenseitige Negation ausschließend als Konstituenten anderer Erkenntniskategorien der Historik und der Geschichte fungieren. Als transzendentale Bedingung der Geschichte in Form einer „anthropologische[n] Vorgegebenheit" sind Erfahrung und Erwartung auf einem Abstraktionsniveau von „Allgemeinheit, aber auch Unabdingbarkeit" angesiedelt, um als Bedingungskategorien der Möglichkeit

historisch instanziierten Bestimmungsverhältnisse in der Geschichte: Erfahrung und Erwartung sind auf phänomenaler Ebene selbst wiederum unterschiedlich temporalisiert. Erfahrungen als gegenwärtige Vergangenheit bilden nur ein gleichzeitiges Ganzes, wenn je gegenwärtig aufgestellte Erwartungen in den Bestand gesammelter Erfahrungen zurückwirken.[56] Ebenso werden Erwartungen durch machbare Erfahrungen kontinuierlich neu ausgerichtet, da die Überraschung unerwarteter Erfahrungen den bis dahin gezogenen Erwartungshorizont übersteigt, was zur Neuordnung des Erwartungshorizonts führt. Die temporale Struktur des ko-konstitutiven und ko-affizierenden Verhältnisses von Erfahrungsraum und Erwartungsraum[57] zeigt die Dynamik der Geschichte als autokatalytischen Veränderungszusammenhang an, insofern die auf Basis gegenwärtiger Erfahrung extrapolierten Erwartungen selbst handlungsanleitend schon die Gegenwart verändern.

Durch diese formalen, metahistorisch angesetzten kategorialen Bestimmungen ist Koselleck in der Lage, aus der Warte der Begriffsgeschichte zu registrieren, wie sich das Relationsverhältnis von Erfahrung und Erwartung historisch ändert. Erfahrungsraum und Erwartungshorizont beginnen auseinanderzutreten, sich zunehmend voneinander zu entfernen, denn seit dem ausgehenden 18. Jahrhundert gibt es „zahlreiche Begriffe, die nicht mehr nur bündeln, was in der Erfahrung vorfindbar ist, die vielmehr Hoffnungen und Erwartungen artikulieren, die die bisherige Geschichte zu hegen noch nicht erlaubt hatte. Aus Begriffen werden Vorgriffe".[58]

---

sowohl wirklicher Geschichte als auch der geschichtlichen Erkenntnis zur Bestimmung des dem geschichtlichen Wandel immanenten Verhältnisses von Vergangenheit und Zukunft zu befähigen (Koselleck. „Erfahrungsraum" und „Erwartungshorizont", S. 352). In ihrer metahistorischen Formalität vermittelt das Kategorienpaar zwar keine geschichtliche Wirklichkeit, ermöglicht aber gerade dadurch die Erkenntnis des historischen Wandels der jeweiligen Verhältnisbestimmungen von Erfahrung und Erwartung im geschichtlichen Ablauf (vgl. Koselleck. „Erfahrungsraum" und „Erwartungshorizont", S. 350 und 353). Denn jene Geschichte, um deren Erkenntnis es der Historik geht, vollzieht sich selbst im „Medium von *bestimmten* Erfahrungen und von *bestimmten* Erwartungen"; als Formalkategorien – ohne geschichtliche Wirklichkeitssättigung – thematisieren sie wiederum die je historischen Relationsweisen von Erfahrungen und Erwartungen und damit die „Zeitlichkeit der Geschichte" selbst (Koselleck. „Erfahrungsraum" und „Erwartungshorizont", S. 353–354; Herv. von mir, FM).

[56] Koselleck. „Erfahrungsraum" und „Erwartungshorizont", S. 356.

[57] Als Aggregation bestimmt Koselleck Erfahrungen räumlich, weil sie sich „zu einer Ganzheit bündel[n], in der viele Schichten früherer Zeiten zugleich präsent sind, ohne über deren Vorher oder Nachher Auskunft zu geben". Erwartungen bilden demgegenüber einen Horizont, verstanden als „jene Linie, hinter der sich künftig ein neuer Erfahrungsraum eröffnet, der aber noch nicht eingesehen werden kann" (Koselleck. „Erfahrungsraum" und „Erwartungshorizont", S. 356).

[58] Koselleck. Sprachwandel und sozialer Wandel, S. 303.

Dieser Befund impliziert *nicht*, dass es zu einer Zeit vor der Sattelzeit ein Verhältnis reiner Deckungsgleichheit von Erfahrung und Erwartung gegeben hätte, da alle Begriffe der politisch-sozialen Sprache – weil sie als *Begriffe* und nicht als *Wörter* gehandhabt werden – aufgrund ihrer temporalen Binnenstruktur über die jeweilige Gegenwart ihrer Instanziierung voraus- oder zurückweisen.[59] Jedoch gewinnt die Zuordnungsweise von Erfahrung und Erwartung mit der Neuzeit eine neue Qualität, die sich als einen Prozess zunehmender Steigerung und Intensivierung ihrer Differenz beschreiben lässt. Denn wenn die temporale Binnenstruktur der Begriffe aus der Warte der Begriffsgeschichte in den Blick gerät, belehrt sie darüber, dass „seit dem 18. Jahrhundert die *Erfahrungsanteile und die Erwartungsanteile ihre Gewichte völlig verschieben*".[60] Bei dieser Verschiebung der historischen Verhältnisbestimmung zwischen Erfahrung und Erwartung in den Begriffen der politisch-sozialen Sprache vergrößert sich zunehmend die Distanz zwischen beiden. Das *Auseinandertreten* von Erfahrungsraum und Erwartungshorizont spiegelt sich im semantischen Transformationsprozess der Grundbegriffe der politisch-sozialen Sprache, ohne dass dieser Vorgang kausal (oder zeitlich: vorgängig) eindeutig auf die Ebene der Sprache oder phänomenaler Erfahrbarkeit der historischen Wirklichkeit zurückgerechnet werden kann.[61] Der mit der Neuzeit markierte historische Erfahrungswandel ist ein Wandel der Modalitäten der Erfahrbarkeit von Temporalität selbst, d. h. der Art und Weise, wie Vergangenheit und Zukunft in der jeweiligen Gegenwart aufeinander bezogen werden. Demgemäß lautet Kosellecks „historische These […] nun, dass sich in der *Neuzeit* die Differenz zwischen Erfahrung und Erwartung *zunehmend vergrößert* hat. Genauer gesagt, die Neuzeit

---

[59] Vgl. Koselleck, Reinhart. 2006. Hinweise auf die temporalen Strukturen begriffsgeschichtlichen Wandels. In *Begriffsgeschichten. Studien zur Semantik und Pragmatik der politischen und sozialen Sprache*. Frankfurt am Main: Suhrkamp, S. 86–98, hier S. 92–93; Koselleck. Stichwort: Begriffsgeschichte, S. 100.

[60] Koselleck, Reinhart. 2015. Moderne Sozialgeschichte und historische Zeiten. In *Zeitschichten. Studien zur Historik*. 4. Aufl. Frankfurt am Main: Suhrkamp, S. 317–335, hier S. 333; Herv. von mir, FM. Vgl. Koselleck, Reinhart. 2015. Vorwort. In *Vergangene Zukunft. Zur Semantik geschichtlicher Zeiten*. 9. Aufl. Frankfurt am Main: Suhrkamp, S. 9–14, hier S. 12.

[61] Vgl. Koselleck. Sprachwandel und sozialer Wandel, S. 305. Der hier sichtbar werdende metaphorische Sprachgebrauch Kosellecks – Verschiebung der Gewichte und (räumliches) Auseinandertreten – verweist schon an dieser Stelle der Argumentation auf das für Koselleck zentrale Problem der Anschauungslosigkeit der reinen Zeit. Dass dieses Problem aufs Engste mit der „Krise" verbunden ist, soll aber erst nach der Herausarbeitung der geschichtlichen Krise als selbstgeltende Größe diskutiert werden.

wurde erst als eine *neue Zeit* begriffen, seitdem sich die Erwartungen immer mehr von allen bis dahin gemachten Erfahrungen entfernt haben".[62]

Dieser Erfahrungswandel von Zeit und Historizität erschließt im Zuge der Neuzeit und seit dem 18. Jahrhundert nicht weniger als einen „*neuen Erwartungshorizont und einen neuen Erfahrungsraum*".[63] Das geschichtliche, sich intensivierende Auseinandertreten von Erfahrung und Erwartung markiert also einen *historischen Wendepunkt* der Modalitäten der Erfahrbarkeit von Zeit und Geschichte. Dieser historische Wendepunkt soll für die weitere Analyse – respektive Kosellecks Hinweis auf die vom semantischen Wandel des Begriffs der „Krise" in Aussicht gestellte Möglichkeit, dass es sich bei diesem Vorgang „tatsächlich um eine ‚Krise' gehandelt hat, ohne dass sie in den jeweils angebotenen Deutungen aufgegangen wäre" – als erste Bestimmung der „*Krise" der Neuzeit* als selbstgeltende Größe gefasst werden.[64]

Die Grundbegriffe der politisch-sozialen Sprache fungieren *vor* dem zeitlichen Wendepunkt der „Krise" der Neuzeit primär als „*Erfahrungsregistraturbegriff[e]* – ein Typus, der vom Hochmittelalter an bis zur Aufklärung" in der begrifflichen Thematisierung politisch-sozialer Ordnungszusammenhänge, nämlich in „der politischen, in der sozialen und in der Rechtsprache dominierte".[65] Mit der Sattelzeit beginnt sich die temporale Ausrichtung der Begriffe auf eine offene Zukunft hin zu verschieben, die Erfahrungsregistraturfunktion wird von einer Erfahrungsstiftungsfunktion der Begriffe ersetzt. Die Semantik der politisch-sozialen Sprache impliziert sukzessive einen normativen Anspruch auf zukünftige Verwirklichung der mit den Begriffen angezeigten Erfahrungsmöglichkeit.

Diese mit dem Auseinandertreten von Erfahrung und Erwartung einhergehende Ausrichtung der Begriffe auf die Zukunft kennzeichnet den mit der „Krise" der Neuzeit markierten historischen Wendepunkt: Der „semantische Kampf", der innerhalb der politisch-sozialen Sprache ausgetragen wird und zu semantischen Verschiebungen und Neuprägungen führt, „gehört zu *allen Krisenzeiten*, die wir durch Schriftquellen kennen".[66] Die „Krise" der Neuzeit findet sich zuerst eingereiht mit all jene historischen „Krisen", von denen entweder in der Materialform

---

[62] Koselleck. Moderne Sozialgeschichte und historische Zeiten, S. 333; Herv. von mir, FM.
[63] Koselleck, Reinhart. 2014. Fiktion und geschichtliche Wirklichkeit. In *Vom Sinn und Unsinn der Geschichte. Aufsätze und Vorträge aus vier Jahrzehnten*, hrsg. Reinhart Koselleck und Carsten Dutt. Berlin: Suhrkamp, S. 80–95, hier S. 84; Herv. von mir, FM.
[64] Koselleck. Krise, S. 626.
[65] Koselleck. Die Geschichte der Begriffe und Begriffe der Geschichte, S. 67.
[66] Koselleck. Begriffsgeschichte und Sozialgeschichte, S. 113; Herv. von mir, FM.

einer potenziellen Quelle für die Historik oder in den Darstellungsformen historischer Aussagen berichtet wird. Die „Krise" der Neuzeit unterscheidet sich jedoch hinsichtlich *ihres* semantischen Kampfes von allen anderen Krisenzeiten durch eine *historische Zäsur*, die eine Intensivierung dessen, was allen Krisenzeiten eignet, darstellt: „Seit der Französischen Revolution hat sich dieser Kampf *verschärft* und *strukturell verändert*: Begriffe dienen nicht mehr nur, Vorgegebenheiten so oder so zu erfassen, sie greifen aus in die Zukunft."[67] Komplementär zum Erfahrungswandel der neuen Zeit richten sich die Begriffe der politisch-sozialen Sprache auf eine offene, als durch Handeln beeinflussbar erfahrene und erwartete Zukunft aus. Dem Auseinandertreten von phänomenalen Erfahrungsraum und Erwartungshorizont, die „*immer weniger* zur Deckung [kommen]", korrespondiert ein *Riss* in den von den Begriffen selbst ausgehenden Zeitbestimmungen, da der „Erfahrungsgehalt" der Begriffe abnimmt, während der von ihnen und mithilfe ihrer formulierte „Anspruch auf Verwirklichung proportional dazu größer" wird.[68]

Wie bis hierhin ersichtlich geworden ist, folgt das Auseinandertreten von Erfahrung und Erwartung in der Darstellung Kosellecks der Form nach einer sich zuspitzenden „Krise" der Neuzeit. Der dadurch ausgelöste Erfahrungswandel wurde als Wandel der Modalitäten der Erfahrung von Zeit und Historizität eingeführt. Zur weiteren Klärung der „Krise" der Neuzeit als selbstgeltende Größe lassen sich beide Ebenen – einerseits die Ebene der phänomenalen Erfahrbarkeit von Zeit und andererseits die Ebene der Geschichte als Reflexionsform der ersteren – daraufhin befragen, wie sich die „Krise" der Neuzeit auf sie auswirkt. Erstere soll nun als phänomenale *Weltkrise* beschrieben werden, um dann auf die Verzeitlichung der Geschichte *als* „Krise" der Geschichte einzugehen.

3.1 Krise der Welten – Krise der Geschichte

Das Verhältnis von Erfahrungsraum und Erwartungshorizont *vor* der „Krise" der Neuzeit wird von Koselleck in den bereits behandelten Sequenzen mittels der *transmittierenden Größe* der *Welt* beschrieben. Die folgende Betrachtung der Sequenzen, die das Verhältnis zwischen der „Krise" der Neuzeit und der Welt als transmittierender Größe zu präzisieren erlauben, wird auch das Verhältnis der „Krise" zur Geschichte hervortreten lassen; die transmittierende Größe der Welt

---

[67] Koselleck. Begriffsgeschichte und Sozialgeschichte, S. 113; Herv. von mir, FM.
[68] Koselleck. Begriffsgeschichte und Sozialgeschichte, S. 113; Herv. von mir, FM.

verweist in diesem Zusammenhang also letztlich zurück auf die Ausgangsirritation, mit welcher der Einstieg in die Analyse begann.

In Rücksicht auf die bisher behandelten Sequenzen findet sich indes ein möglicher Einstieg in den nächsten Deutungsschritt erneut in der Sequenz von *Erfahrungsraum und Erwartungshorizont*: Dem Auseinandertreten von Erfahrung und Erwartung steht eine „bäuerlich-handwerklich[e] Welt" gegenüber, die durch ihre primäre Ausrichtung an naturalen Zeitrhythmiken, wie sie von der Agrarwirtschaft und der Tradierung durch Generationenfolge vorgegeben sind, eine Stetigkeit der relativ deckungsgleichen Veränderung von Erfahrungsraum und Erwartungshorizont gewährleistet.[69] In dieser Welt werden historische Neuheiten *nicht* als „lebensverändernde[r] *Einbruch*" erlebt, sondern sind noch durch Anpassungen zu bewältigen, „ohne dass der bisherige Erfahrungshaushalt in *Unordnung* geraten wäre".[70] Der Erfahrungswandel der „Krise" der Neuzeit wird demgegenüber phänomenal erlebt als „[…] Schübe der Veränderung, die den *gesamten Erfahrungshaushalt* der Bevölkerung in *Unruhe* versetzten".[71]

Auch wenn erste Divergenzen und „Ereignisschübe" in der „Welt der Politik" und der „Welt des Geistes" *vor* der „Krise" der Neuzeit zu registrieren sind, verändern sich die phänomenalen Gehalte, die tatsächlich und potenziell erfahren und erwartet werden – wenn überhaupt – „so langsam und so langfristig, dass der *Riss* zwischen bisheriger Erfahrung und einer neu zu erschließenden Erwartung nicht die überkommene *Lebenswelt aufsprengte*".[72] Wie auch immer die Welt *nach* dem als „Krise" der Neuzeit markierten Wendepunkt sich darstellen mag, das Auseinandertreten von Erfahrung und Erwartung in ihr wird *ex negativo* als in die Lebenswelt einschneidende Disruption erlebt worden sein.

Aber auch die „politischen Ereignisse griffen so tief ein in die überkommenen Strukturen, dass sich eine neue Zeiterfahrung abzeichnete".[73] Phänomene der *politischen Welt*, wie Verfassungswandel oder Machtverschiebungen, stehen damit für die politische Evidenz der „Krise" der Neuzeit als einer Übergangszeit zwischen einem Vorher und Nachher. Denn neue Verfassungsformen sind nunmehr am Erwartungshorizont einer offenen Zukunft ausgerichtet und – in Abgrenzung zur antiken Vorstellung des ewigen Verfassungswandels im Rahmen erwartbarer,

---

[69] Koselleck. „Erfahrungsraum" und „Erwartungshorizont", S. 360.
[70] Koselleck. „Erfahrungsraum" und „Erwartungshorizont", S. 360; Herv. von mir, FM.
[71] Koselleck, Reinhart. 2014. Das 19. Jahrhundert – eine Übergangszeit. In *Vom Sinn und Unsinn der Geschichte. Aufsätze und Vorträge aus vier Jahrzehnten*, hrsg. Reinhart Koselleck und Carsten Dutt. Berlin: Suhrkamp, S. 131–150, hier S. 133; Herv. von mir, FM.
[72] Koselleck. „Erfahrungsraum" und „Erwartungshorizont", S. 360–361; Herv. von mir, FM.
[73] Koselleck. Das 19. Jahrhundert, S. 137.

zyklisch sich ablösenden und begrenzten Verfassungsformen – können nicht mehr aus der Erfahrung erschlossen werden: „*Politisch* gesprochen hat also der Begriff der Übergangszeit epochale Evidenz gewonnen. Seine Eigentümlichkeit bestand darin, dass aus der vergangenen Verfassungsordnung *kein Halt mehr für die kommende Zeit* gewonnen werden konnte. Es wurde eine *offene Zukunft* erschlossen, für deren Verfassungsform an keine Erfahrung mehr *bruchlos* angeknüpft werden konnte".[74]

Als Konsequenz des unsicheren, weil nicht aus vergangener Erfahrung ableitbaren Verfassungswandels innerhalb der *politischen Welt* ergeben sich Veränderungen in den Modalitäten der alltäglichen Erfahrbarkeit der Veränderungen der politisch-sozialen Ordnungszusammenhänge. Die zeitliche Dimension staatlich angeleiteter politisch-wirtschaftlicher Vorausplanung, „für die es in der bisherigen Geschichte kein Beispiel und keine Erfahrungsgrundsätze gab", erzwingt – beispielhaft in der Konsequenz von Reformgesetzgebung für die Agrarwirtschaft – „einen *Bruch* in der *Alltagswelt*, der *alle bisherigen Erfahrung von allem zu Erwartendem trennte*".[75]

Die „Krise" der Neuzeit lässt sich also zusammenfassend als phänomenale „Krise" der *Welt(en)* lesen. An der Welt als *transmittierender Größe* wird, anders formuliert, die bereits in der Begriffsgeschichte der „Krise" aufgezeigte Tendenz zum Übergriff auf das *Ganze* nun auf der Ebene der Rekonstruktion vergangener Lebenspraxis sichtbar, insofern die „Krise" Teile *und* das Ganze der verschiedenen Welten politisch-sozialer Ordnungszusammenhänge zu kontaminieren scheint. Die phänomenal erfahrenen Krisen greifen ausgehend der Welten über zur „Krise" *der* Welt als Ganzes. Dass jedoch weder die transmittierende Größe der Welt, noch die epistemische Funktion der „Krise" sich in den bisher behandelten Argumentationsfiguren erschöpfen, soll nun an einer Vielzahl anderer, nicht in erster Linie der „Krise" gewidmeten Sequenzen gezeigt werden.

Die Begriffsgeschichte und das Projekt einer über die Theorie geschichtlicher Zeiten eingeleitete Reflexion auf die Bedingungen möglicher Geschichte nimmt ihren Ausgangspunkt am Konvergenzpunkt von Geschichte und Historik.[76] Die

---

[74] Koselleck. Das 19. Jahrhundert, S. 139, Herv. von mir, FM. Vgl. Koselleck, Reinhart. 2015. Historische Kriterien des neuzeitlichen Revolutionsbegriffs. In *Vergangene Zukunft. Zur Semantik geschichtlicher Zeiten*. 9. Aufl. Frankfurt am Main: Suhrkamp, S. 67–86, hier S. 70–72; Koselleck, Reinhart. 2015. Zeitverkürzung und Beschleunigung. Eine Studie zur Säkularisation. In *Zeitschichten. Studien zur Historik*. 4. Aufl. Frankfurt am Main: Suhrkamp, S. 177–202, hier S. 196–197.

[75] Koselleck. Das 19. Jahrhundert, S. 142; Herv. von mir, FM.

[76] Vgl. dazu grundlegend Koselleck, Reinhart. 2015. Historik und Hermeneutik. In *Zeitschichten. Studien zur Historik*. 4. Aufl. Frankfurt am Main: Suhrkamp, S. 97–118.

mit der „Krise" der Neuzeit einsetzende Verzeitlichung der Geschichte bildet einen solchen – historisch instanziierten – Konvergenzpunkt; näherhin einen historisch *einmaligen Wendepunkt* der Veränderung der Erfahrbarkeit geschichtlicher Zeit, der sich an den Konsequenzen der Herausbildung des Kollektivsingulars „Geschichte" ablesen lässt.[77] Mit dem Auseinandertreten von Erfahrung und Erwartung der „Krise" der Neuzeit verändert sich das Verhältnis von Erfahrung und Erwartung zur Erfahrbarkeit *geschichtlicher Zeit*: So ist es bereits eine „Grundhypothese des Lexikons *Geschichtliche Grundbegriffe*, dass die Erfahrung der Neuzeit zugleich die Erfahrung einer neuen Zeit ist. Das Verhältnis der handelnden und leidenden Menschen zur *geschichtlichen Zeit* hat sich sowohl in der Theorie wie in der Empirie *immer tiefer greifend* verändert".[78]

Ähnlich wie sich die „Krise" der Neuzeit von „allen Krisenzeiten"[79] durch eine besondere, ihr eigene Qualität abhebt, gewinnt die *Spannung* zwischen Erfahrung und Erwartung als Medium geschichtlicher Zeit mit der „Krise" der Neuzeit eine neue, sich verschärfende Intensität: Trotz ihrer temporalen Gegenwartsbezogenheit handelt es sich bei Erfahrung und Erwartung nicht um symmetrische Zuordnungen von Vergangenheit und Zukunft, sondern die unaufhebbare Differenz der jeweiligen Präsenzen markiert „unterscheidbare Seinsweisen".[80] Erfahrung und Erwartung „indizieren vielmehr ungleiche Seinsweisen, aus deren *Spannung* sich so etwas wie *geschichtliche Zeit* ableiten lässt".[81] Durch die Theorie geschichtlicher Zeit informierte Historiker*innen erfragen demnach historische Zuordnungen von Vergangenheit und Zukunft. Durchwegs wird diese in verschiedenen Quellen

---

[77] Vgl. Koselleck. „Neuzeit", S. 321–339; Koselleck, Reinhart. 2015. Geschichte, Geschichten und formale Zeitstrukturen. In *Vergangene Zukunft. Zur Semantik geschichtlicher Zeiten*. 9. Aufl. Frankfurt am Main: Suhrkamp, S. 130–143, hier S. 142–143; Koselleck, Reinhart. 2014. Vom Sinn und Unsinn der Geschichte. In *Vom Sinn und Unsinn der Geschichte. Aufsätze und Vorträge aus vier Jahrzehnten*, hrsg. Reinhart Koselleck und Carsten Dutt. Berlin: Suhrkamp, S. 9–31, hier S. 20–28.

[78] Koselleck, Reinhart. 2006. Die Verzeitlichung der Begriffe. In *Begriffsgeschichten. Studien zur Semantik und Pragmatik der politischen und sozialen Sprache*. Frankfurt am Main: Suhrkamp, S. 77–85, hier S. 77; Herv. von mir, FM.

[79] Koselleck. Begriffsgeschichte und Sozialgeschichte, S. 113.

[80] Koselleck. „Erfahrungsraum" und „Erwartungshorizont", S. 335.

[81] Koselleck. „Erfahrungsraum" und „Erwartungshorizont", S. 357; Herv. von mir, FM. In diesem Zusammenhang für die Verzeitlichung der Geschichte programmatisch: Koselleck, Reinhart. 2015. Vergangene Zukunft der frühen Neuzeit. In *Vergangene Zukunft. Zur Semantik geschichtlicher Zeiten*. 9. Aufl. Frankfurt am Main: Suhrkamp, S. 17–37.

implizit oder explizit zum Ausdruck kommende Spannung – aus der jeweiligen vergangenen Gegenwart heraus – rekonstruiert.[82]

Dem historischen Abschnitt, der mit der „Krise" der Neuzeit signiert wurde, ist jedoch im Unterschied zu allen anderen Ausprägungen dieser Spannung eigen, dass „im Maße als die eigene Zeit als eine immer neue Zeit, als „Neuzeit" erfahren wurde, die Herausforderung der Zukunft immer größer geworden ist".[83] Dieser historisch einmalige Vorgang, der mit der „Kategorie der Verzeitlichung" systematisch gefasst werden soll, ähnelt der Gewichtsverschiebung zwischen Erfahrung und Erwartung, insofern eine „zeitliche Perspektive" in die Geschichte eintritt, „in der Vergangenheit und Zukunft *seitdem stets aufs neue* aufeinander zugeordnet werden müssen".[84] Mit der „Krise" der Neuzeit ändern sich durch die Verzeitlichung die Modalitäten der Erfahrung von Geschichte und Historizität *in* der Geschichte. Wird die Verzeitlichung hypothetisch aus der Warte der Begriffsgeschichte angenommen, ist das

---

[82] Koselleck bestimmt das Vorgehen jener, die an der Erkenntnis der Geschichte interessiert sind, als die Verwandlung von „Überreste[n]" in von dieser Geschichte zeugende Quellen. Dabei agieren jene an der Erkenntnis der Geschichte Interessierten entweder als Untersuchende von vergangenen Sachverhalten, die bereits in sprachlich artikulierter Form vorliegen, oder als Rekonstrukteure vergangener Sachverhalte, „die früher sprachlich noch nicht artikuliert worden sind, die er [der Rekonstrukteur, FM] aber mit Hilfe von Hypothesen und Methoden aus den Relikten *herausschält*" (Koselleck. „Erfahrungsraum" und „Erwartungshorizont", S. 349–350, Herv. von mir, FM). Vom Standpunkt des Rekonstrukteurs aus erlaubt die Theorie geschichtlicher Zeiten es somit, „mögliche geschichtliche Ablaufformen und Ablaufbeschreibungen unbeschadet ihrer ehedem mythischen oder theologischen Deutung *herauszuschälen* zu können" (Koselleck. Wozu noch Historie?, S. 51, Herv. von mir, FM). Diese Denkbewegung, die im Kontext der Beantwortung der Frage, wozu 1971 überhaupt noch Historie betrieben werden könnte und sollte, steht, vollzieht Koselleck erneut angesichts der ihm 1985 gegenwärtigen Situation des „inflationäre[n] Wortgebrauch[s]" der „Krise" in der politisch-sozialen Sprache, wenn er im Rahmen seiner *Fragen an die Begriffsgeschichte von „Krise"* versucht, „im Medium der Begriffsgeschichte einige strukturelle Merkmale des Begriffs *herauszuschälen*, die dazu beitragen mögen, die *Kraft* der Argumente zu verstärken" (Koselleck. Einige Fragen, S. 203, Herv. von mir, FM). Der in der vorliegenden seriellen Analyse entwickelten Perspektive folgend dient *dieser* Zusammenhang als Hinweis dafür, dass eine präzise Bestimmung der *Größe ‚geschichtliche Krise'* nicht umhinkommt, all das, was in die *Praxis des Herausschälens* als dessen Denkvoraussetzung mit Blick auf die „alte Kraft" des Begriffs der „Krise" eingehen könnte, zu berücksichtigen (Koselleck. Krise, S. 649). Dies ist namentlich die Theorie geschichtlicher Zeiten und damit jene Problematik, von der wiederum sie sich als deren Bewältigung ausnimmt.

[83] Koselleck. Vorwort, S. 12.

[84] Koselleck. Vorwort, S. 13; Herv. von mir, FM.

„Überraschende [...], dass das gesamte politisch-soziale Vokabular von Bewegungs- und Veränderungskoeffizienten zeugt. Alle politisch-sozialen Begriffe *geraten in eine zeitliche Spannung, die Vergangenheit und Zukunft auf neue Weise einander zuordnet*. [...] Die Erwartungen werden *nicht mehr zur Gänze* aus der bisherigen Erfahrung abgeleitet. Erfahrungen – der Vergangenheit – und Erwartung – für die Zukunft – treten auseinander."[85]

Der Riss zwischen Erfahrung und Erwartung durchzieht nicht nur die Alltagswelt und die ihr korrespondierende politische Welt; vielmehr bildet sich die neuzeitliche Erfahrung als eine neue Erfahrungsform von Geschichte heraus. Die Verzeitlichung, die das Verhältnis von Erfahrungsraum und Erwartungshorizont nicht nur aufsprengt, sondern vor allem auch historisiert, rückt das *Ganze* der Welt, des Lebens und der politisch-sozialen Ordnungszusammenhänge in eine wesentlich *geschichtliche* Perspektive ein.[86] Diese geschichtliche Perspektive, die „eine *moderne Erfahrung* und mehr noch eine *moderne Erwartung* [indiziert]", ist von der Vorstellung geprägt, die offene Zukunft aktiv gestalten zu können, Geschichte machen zu können.[87] Bedingung der die moderne Erfahrung und Erwartung anzeigenden Vorstellung von der Machbarkeit der Geschichte ist die Herausbildung des Kollektivsingulars „Geschichte",[88] da die Geschichte – einmal in ihre transhistorische, zugleich transzendentale wie immanente Doppelstellung gebracht – als „Bedingung möglicher Erfahrung und möglicher Erwartung gesetzt wurde".[89] Im Unterschied zu bisherigen Veränderungen und Verschiebungen der *Spannung* zwischen Erfahrung und Erwartung, indiziert die „Geschichte" als Einheit ihrer Wirklichkeit und

---

[85] Koselleck. Die Verzeitlichung der Begriffe, S. 81; Herv. von mir, FM.
[86] Koselleck, Reinhart. 2015. Einleitung. In *Zeitschichten. Studien zur Historik*. 4. Aufl. Frankfurt am Main: Suhrkamp, S. 9–16, hier S. 10; Koselleck, Reinhart. 2015. Zeitschichten. In *Zeitschichten. Studien zur Historik*. 4. Aufl. Frankfurt am Main: Suhrkamp, S. 19–26, hier S. 19.
[87] Koselleck, Reinhart. 2015. Über die Verfügbarkeit der Geschichte. In *Vergangene Zukunft. Zur Semantik geschichtlicher Zeiten*. 9. Aufl. Frankfurt am Main: Suhrkamp, S. 260–277, hier S. 262; Herv. von mir, FM. Vgl. Koselleck, Reinhart. 2015. Historia Magistra Vitae. Über die Auflösung des Topos im Horizont neuzeitlich bewegter Geschichte. In *Vergangene Zukunft. Zur Semantik geschichtlicher Zeiten*. 9. Aufl. Frankfurt am Main: Suhrkamp, S. 38–66, hier S. 50–54.
[88] Für den Kollektivsingular „Geschichte" vgl. Koselleck, Reinhart. 1975. Geschichte, Historie. In *Geschichtliche Grundbegriffe. Historisches Lexikon zur politisch-sozialen Sprache in Deutschland. Band 2*, hrsg. Otto Brunner, Werner Conze und Reinhart Koselleck. Stuttgart: Klett-Cotta, S. 593–595 und S. 647–718.
[89] Koselleck. Über die Verfügbarkeit der Geschichte, S. 263.

Reflexion „einen neuen Erfahrungsraum und einen neuen Erwartungsraum", welche beide auf eine offene, durch die stete Inkommensurabilität von (Handlungs-) Planung und Vollzug gekennzeichnete Zukunft gerichtet sind.[90]

In Anbetracht von Kosellecks Hinweis auf die Möglichkeit einer „geschichtliche[n] ‚Krise'",[91] welche in einem Verhältnis zur „Krise" der Neuzeit steht, lässt sich am Beispiel der Lehrformel der *Historia Magistra Vitae* überprüfen, ob es sich dabei auch um eine „Krise" der Geschichte handelt. Dabei kann davon ausgegangen werden, dass eine *Begriffsgeschichte* dieser Formel der Lehrbarkeit der Geschichte die Koselleck gegenwärtigen Leser*innen möglicherweise selbst über *etwas* zu belehren vermag. Korrespondiert der Historisierung politisch-sozialer Ordnungszusammenhänge ein *modernes* Verhältnis von Erfahrung und Erwartung,[92] so gilt Koselleck die Semantik der *Historia Magistra Vitae* in der ihr 1967 gewidmeten Sequenz bis zum 18. Jahrhundert als „Indiz" für die Kongruenz von Erfahrungsraum und Erwartungshorizont.[93] Denn die Idee des Topos von der Lehrbarkeit der Geschichte für die Gegenwart beruht auf einem Verständnis von Geschichte als Kontinuum potenziell auf Dauer gestellter Ähnlichkeit und Wiederholbarkeit einmaliger Ereignisse: „Die Temporalstruktur der vergangenen Geschichte begrenzte einen *kontinuierlichen Raum möglicher Erfahrbarkeit.*"[94]

Die *Historia Magistra Vitae* ist, bezogen auf die durch sie artikulierte Form geschichtlicher Erfahrung, zugleich „*Bürge* und *Symptom*" für die Einheit von Erfahrung und Erwartung, insofern sie jene Kontinuität unterstellt, „die Vergangenheit und Zukunft zusammenschloss".[95] Die Zeit *vor* dem Wendepunkt der mit der „Krise" der Neuzeit einsetzenden Verzeitlichung stellt sich dar als eine Zeit, die sich selbst innerhalb einer übergeordneten Kontinuität begreift, in der die zukünftige Wiederholbarkeit gemachter Erfahrung ein Lernen aus der Geschichte ermöglicht. Wird der Satz von der Lehrbarkeit der Geschichte jedoch selbst begriffsgeschichtlich befragt, so stellt sich heraus, dass mit der „Krise" der Neuzeit „er infolge sich verschiebender Sinnbezüge *gebrochen* und *verfremdet* wird. Erst seitdem gewinnt der Topos seine eigene Geschichte: Sie ist zugleich jene Geschichte, die ihn um die ihm eigentümliche *Wahrheit* bringt."[96] Jene mit der „Krise"

---

[90] Koselleck. Über die Verfügbarkeit der Geschichte, S. 264.
[91] Koselleck. Krise, S. 650.
[92] Vgl. Koselleck. Über die Verfügbarkeit der Geschichte, S. 262.
[93] Koselleck. Historia Magistra Vitae, S. 40.
[94] Koselleck. Historia Magistra Vitae, S. 40; Herv. von mir, FM.
[95] Koselleck. Historia Magistra Vitae, S. 45; Herv. von mir, FM.
[96] Koselleck. Historia Magistra Vitae, S. 47; Herv. von mir, FM.

der Neuzeit verfremdete und gebrochene Wahrheit der *Historia Magistra Vitae* ist die misslingende Übersetzung dieser Formel in die Zeit der „Krise" der Neuzeit, innerhalb derer sich die Modalitäten der Erfahrbarkeit geschichtlicher Zeit tief greifend geändert haben.

Die „Krise" der Neuzeit stellt in Bezug auf die Reflexion der Historizität einen Wechsel von einer zur anderen möglichen *Alternative* geschichtlicher Perspektivierung, von langfristiger Wiederholbarkeit zu singulären Ereignissukzessionen dar,[97] insofern die vorher in langfristigen Wiederholungsstrukturen eingebettete Geschichte jetzt – vom Standpunkt der Gegenwart der „Krise" der Neuzeit aus – als *Ganzes* umgeschrieben wird: als chronologische Sequenz von einmaligen Ereignissen. Das Umschreiben korrespondiert in diesem Sinne mit der „*Einmaligkeitserfahrung*, die sich vor dem Horizont des technisch-industriellen Fortschritts und seines vehementen Wandlungsdrucks seit rund 1770 in Europa durchgesetzt hat".[98] Einzelne zeitliche Abläufe wie der Gang der gesamten Geschichte gleichermaßen werden seither – gebündelt unter dem Signum *der* „Geschichte" – entlang einer gegenwartsbezogenen Neu-Zuordnung von Vergangenheit und Zukunft eingereiht.

Die Stabilität des Bezugsverhältnisses von Erfahrungsraum und Erwartungshorizont *vor* der „Krise" der Neuzeit speist sich also einerseits durch die noch nicht verzeitlichte Selbstauslegung von Historizität und andererseits durch die relative Gleichförmigkeit machbarer, dann auf den Erwartungshorizont rückwirkender Erfahrungen der bäuerlich-handwerklichen Welt. Dieser Aspekt der „Krise" der Neuzeit – die Form einer zeitlichen Zielbestimmung der Geschichte – verschiebt sich im Zuge der „Krise" der Neuzeit hin zur Auslegung der historischen Gesamtbewegung als Fortschritt: Das *Begreifen der Geschichte als „Fortschritt"* bestimmt das Ziel der Geschichte als ein auf Dauer gestelltes Fortschreiten und fortwährende Entwicklung bzw. Vervollkommnung.[99]

---

[97] Für die diesem Argument zugrundeliegenden systematischen Definitionen von Einmaligkeit, Wiederholbarkeit und Dauer vgl. Koselleck, Reinhart. 2015. Erfahrungswandel und Methodenwechsel. Eine historisch-anthropologische Skizze. In *Zeitschichten. Studien zur Historik*. 4. Aufl. Frankfurt am Main: Suhrkamp, S. 27–77, hier S. 34–39.

[98] Koselleck, Reinhart. 2015. Raum und Geschichte. In *Zeitschichten. Studien zur Historik*. 4. Aufl. Frankfurt am Main: Suhrkamp, S. 78–96, hier S. 82; Herv. von mir, FM.

[99] Siehe dazu auch – die folgende Diskussion kondensiert vorwegnehmend – die von Koselleck in seiner Heidelberger Antrittsvorlesung vorgenommene Einordnung der „Philosophie des Fortschritts" als hervorgegangen aus einem „eigentümliche[n] Gemisch rationaler Zukunftsprognostik und heilsgewisser Erwartung", welche den „Fortschritt" am Wendepunkt zwischen zwei Modalitäten der Zukunftsaussagen – Prognose und Prophetie – platziert (Koselleck. Vergangene Zukunft der frühen Neuzeit, S. 33). Zur Selbstauslegung der eigenen Zeit als „Fortschritt" im Zusammenhang mit dem Wandel der Modalitäten geschichtlicher

Eine *solche* Lehre – die, so lässt sich vermuten, den Platz der oben dargestellten und um ihre Wahrheit gebrachten Lehrformel der *Historia Magistra Vitae* einnehmen wird – ist auf die geschichtliche Zukunft *dieser Welt* gerichtet: Sie „erlaubte, die *Lehre von den letzten Dingen* durch das Wagnis einer offenen Zukunft zu überholen" und damit dem Erwartungshorizont „seitdem einen mit der Zeit fortschreitenden Veränderungskoeffizienten" aufzuprägen, was diesem eine „geschichtlich neue, *utopisch* dauernd überziehbare, Qualität" verleiht.[100] Zugleich wird der Erfahrungsraum von geschichtlich neuen, den vorigen Rahmen machbarer Erfahrung gänzlich übersteigende Erfahrungen, von „Ereignisschübe[n]" durchfurcht.[101]

Die historische Alternative, die der semantischen Struktur der „Krise" folgend auch mit der „Krise" der Neuzeit als einem historischen Wendepunkt in Aussicht gestellt wird, lässt sich durch die vorangegangenen Erläuterungen jetzt schärfer fassen: Das *Nachher* dieses Wendepunkts stellt sich, auf dieser Ebene betrachtet, als das Ausagieren des historischen Vollzugs *einer* der von der „Krise" in Aussicht gestellten *Alternativen* dar, insofern die anthropologische Differenz von Erfahrung und Erwartung „auf den unumkehrbaren Fortschritt eingeengt und *einseitig ausgelegt* wurde".[102] Diese einseitige Auslegung impliziert eine *andere* Seite, die mit dem Wechsel der Lehre von den letzten Dingen hin zur Lehre des fortschreitenden Geschichtsverlaufs ersichtlich wird: Die „Krise" der Neuzeit ist der *Wendepunkt zwischen theologischer Eschatologie und geschichtsphilosophischer Utopie.*[103]

Erfahrbarkeit vgl. Meier, Christian, und Koselleck, Reinhart. 1975. Fortschritt. In *Geschichtliche Grundbegriffe. Historisches Lexikon zur politisch-sozialen Sprache in Deutschland.* Band 2, hrsg. Otto Brunner, Werner Conze und Reinhart Koselleck. Stuttgart: Klett-Cotta, S. 351–423; Koselleck, Reinhart. 2015. Standortbindung und Zeitlichkeit. Ein Beitrag zur historiographischen Erschließung der geschichtlichen Welt. In *Vergangene Zukunft. Zur Semantik geschichtlicher Zeiten.* 9. Aufl. Frankfurt am Main: Suhrkamp, S. 176–207, hier S. 188–195; Koselleck, Reinhart. 2006. „Fortschritt" und „Niedergang" – Nachtrag zur Geschichte zweier Begriffe. *Begriffsgeschichten. Studien zur Semantik und Pragmatik der politischen und sozialen Sprache.* Frankfurt am Main: Suhrkamp, S. 159–181.

[100] Koselleck. „Erfahrungsraum" und „Erwartungshorizont", S. 363; Herv. von mir, FM.

[101] Koselleck. „Erfahrungsraum" und „Erwartungshorizont", S. 361; vgl. Koselleck. Das 19. Jahrhundert, S. 133; Koselleck. Erfahrungswandel und Methodenwechsel, S. 63.

[102] Koselleck. „Erfahrungsraum" und „Erwartungshorizont", S. 366; Herv. von mir, FM.

[103] Vgl. hierzu statt vieler anderer die kritisch-kondensierten Darstellungen von Kosellecks Konzeption des Verhältnisses von Theologie und Geschichtsphilosophie bzw. der Umwidmung der eschatologischen Jenseitsvorstellung in innerweltliche Fortschrittlichkeit bei Bödeker, Hans Erich. 2013. Aufklärung über Aufklärung? Reinhart Kosellecks Interpretation der Aufklärung. In *Zwischen Sprache und Geschichte. Zum Werk Reinhart Kosellecks*, hrsg. Carsten Dutt und Reinhard Laube. Göttingen: Wallstein, S. 128–174 und Joas, Hans. 2011. Die Kontingenz der Säkularisierung. Überlegungen zum Problem der Säkularisierung im

In der bis hierhin geführten Argumentation kommt der „Krise" der Neuzeit also „ein weiteres Element [hinzu], dass nämlich die Zukunft *nicht mehr* von Gott allein vorgeplant, sondern machbar und produzierbar sei".[104] Zugleich wird auch *dieser* Wendepunkt zwischen Theologie und Geschichtsphilosophie, zwischen eschatologischer und utopischer Zielbestimmung der Geschichte werkssystematisch von Koselleck aus unterschiedlichen Blickwinkeln bzw. auf verschiedenen theoretisch-methodischen Ebenen bearbeitet. Ein Versuch der Aufschlüsselung dieses Übergangs ermöglicht es nicht nur, der „Krise" der Neuzeit als selbstgeltender Größe innerhalb von Kosellecks Denkraum weitere Aspekte hinzuzufügen; vielmehr sei erinnert an die oben vorgenommene Bestimmung von Kosellecks Hinweis auf die Möglichkeit einer geschichtlichen Krise als Ankündigung einer von verschiedenen Denkbewegungen anvisierten selbstgeltenden Größe. In einem nächsten Deutungsschritt lässt sich deswegen davon ausgehen, dass sich an jenen Sequenzen, die den Übergang von theologischer Eschatologie zur geschichtsphilosophischen Utopie thematisieren, auch etwas über die geschichtliche Krise zeigt.

3.2 Zwischen Endzeit und infinitem Progress – Der geschichtliche Kurzschluss der „Krise" der Neuzeit

Die Verschiebung der geschichtlichen Selbstdeutung, welche Koselleck als Verzeitlichung der Geschichte konzeptionell fasst, ist nicht *nur* eine Reaktion auf erfahrene Ereignisse der politisch-sozialen oder agrar-bäuerlichen Welt,[105] sondern wird maßgeblich befördert von einer Bewegung, die gemäß der bereits dargestellten *Welten*

Werk Reinhart Kosellecks. In *Begriffene Geschichte. Beiträge zum Werk Reinhart Kosellecks*, hrsg. Hans Joas und Peter Vogt. Berlin: Suhrkamp, S. 319–338. Im Unterschied dazu versucht die hier entwickelte Perspektive Kosellecks historischen Darstellungen orientiert an der Ausschärfung der „Krise" der Neuzeit im Verhältnis zur „Krise" des 20. Jahrhunderts zu folgen.

[104] Koselleck, Reinhart. 2006. Zur Begriffsgeschichte der Zeitutopie. In *Begriffsgeschichten. Studien zur Semantik und Pragmatik der politischen und sozialen Sprache*. Frankfurt am Main: Suhrkamp, S. 252–273, hier S. 261–262; Herv. von mir, FM.

[105] Die Verzeitlichung der Geschichte und der geschichtlichen Selbstauslegung verweist über hier verhandelte Welten bzw. die Welt als *transmittierende Größe* hinaus auf deren strukturellen Voraussetzungen: „Weil seitdem nicht nur die Ereignisse einander überholen, was sie schon immer getan haben, sondern die *Gesellschaftsformationen*, d. h. die *strukturellen Voraussetzungen der Ereignisse*, sich selber ändern, kann die Geschichte als eine einmalige Sequenz unter dem Vorrang der Chronologie behandelt werden" (Koselleck. Raum und Geschichte, S. 82; Herv. von mir, FM. Vgl. Koselleck. Erfahrungswandel und Methodenwechsel, S. 73).

der „Welt des Geistes"[106] zugeeignet werden kann: der Geschichtsphilosophie und ihrer mitunter utopischen Ausrichtung an einer offenen Zukunft.[107] Die geschichtsphilosophische Zeitauslegung verschiebt die Erfahrbarkeit geschichtlicher Zeit von einem „kreisläufige[n], naturhafte[n] Zeitbegriff" hin „zugunsten einer progressiven Zeit".[108] Die Verantwortlichen für diese Verschiebung innerhalb der Welt des Geistes sind dabei primär jene „Philosophen der Spätaufklärung", für die „die Vergangenheit grundsätzlich anders als die Gegenwart [war]" und deren „theoretische[s] Programm[m]" aus dem 18. Jahrhundert" es ist, „die Vergangenheit auf ihre Andersartigkeit hin zu untersuchen, in der Hoffnung, dass die Zukunft auch anders werde als die Gegenwart".[109]

Der Wendepunkt zwischen theologischer Eschatologie und geschichtsphilosophischer Utopie, dessen Übersteigung mit der Aufklärung beginnt und für den besonders jene Philosophen der Spätaufklärung Pate stehen sollen, verschärft und intensiviert die *Spannung* zwischen Erfahrung und Erwartung, welche bereits oben aus der Warte von Kosellecks Theorie geschichtlicher Zeiten diskutiert wurde: Vor Beginn der „Krise" der Neuzeit identifiziert Koselleck einen geschichtlichen Faktor, der trotz aller Vorzeichen von bis dahin registrierbaren Erfahrung und Erwartung übersteigenden Ereignissen die relative Invarianz von Erfahrungsraum und

---

[106] Koselleck. „Erfahrungsraum" und „Erwartungshorizont", S. 360.

[107] Die *geschichtsphilosophisch* beförderte Ausrichtung auf eine offene Zukunft ist systematisch kennzeichnend für die Verzeitlichung, was sich am Beispiel einer die Verzeitlichung der Utopie behandelnden Sequenz nachvollziehen lässt, insofern die Verzeitlichung einen „*Einbruch der Zukunft* in die Utopie" darstellt, „oder, anders gewendet: die Einverwandlung der Utopie in die *Geschichtsphilosophie*, die es im strengen Wortsinn erst seit der zweiten Hälfte des 18. Jahrhunderts gibt" (Koselleck. Zur Begriffsgeschichte der Zeitutopie, S. 252; Herv. von mir, FM. Vgl. die identischen Formulierungen in Koselleck, Reinhart. 2015. Die Verzeitlichung der Utopie. In *Zeitschichten. Studien zur Historik*. 4. Aufl. Frankfurt am Main: Suhrkamp, S. 131–149, hier S. 131–132). Am Beispiel der Utopie wird zudem kenntlich, inwiefern die mit der „Krise" der Neuzeit einsetzende Verzeitlichung der Geschichte einen historischen Wendepunkt zwischen zwei alternativen Geschichtsorientierungen darstellt: Komplementär zum Übergang von Wiederholbarkeit zur radikalen Einmaligkeit gegenwärtiger Erfahrungen lassen sich einige der direkt auf Erfahrung und Erwartung bezogenen „allgemeinen Kriterien" der Verzeitlichung der Utopie heranziehen, von denen erwartet werden kann, dass sie auch allgemeine Kriterien der Verzeitlichung von *etwas* sein können; darunter fällt „das *Erfahrungsschema des Noch-Nicht und Nicht-Mehr als Alternative*, mit der *alles* gedeutet wird", d. h. auch jene Erfahrungen von und in politisch-sozialen Ordnungszusammenhängen, die der politischen, der agrar-bäuerlichen und – wie noch zu zeigen sein wird – der technisch-industriellen Welt zugeordnet werden (Koselleck. Zur Begriffsgeschichte der Zeitutopie, S. 264; Herv. von mir, FM).

[108] Koselleck. Die Verzeitlichung der Begriffe, S. 78.

[109] Koselleck. Zur Begriffsgeschichte der Zeitutopie, S. 261.

Erwartungshorizont gewährleistet. Auch dieser Faktor steht im Verhältnis zur *Welt*, jedoch im Besonderen zur *theologischen* Welt: Bezogen auf Erfahrung und Erwartung ermöglicht es die christliche Heilslehre, die den Erfahrungsraum gänzlich übersteigenden Erwartungen in die *jenseitige Welt* hin zu projizieren, wodurch die „*Spannung* zwischen Erfahrung und Erwartung in einer Weise verschränkt [wurde], dass sie *nicht* auseinanderklaffen konnte. Sie richteten sich auf das sogenannte *Jenseits*, apokalyptisch angereichert auf das Ende *dieser Welt* insgesamt".[110]

Als geschichtliche Zielbestimmung ermöglicht die apokalyptisch-eschatologische Vorstellung des Weltendes die Bändigung von das Erfahrbare übersteigenden Erwartungen wie auch die Reintegration neuer Erfahrungen in den eschatologisch am Jüngsten Gericht fixierten Erwartungshorizont: Der Eintrittszeitpunkt des Weltendes ist unbekannt, seine Notwendigkeit jedoch gewiss und alle Erfahrungsgehalte können phänomenal als Vorzeichen des geschichtlichen Endes (um-)gedeutet werden.[111] Gegenüber der Inkommensurabilität und sich intensivierenden Spannung von Erfahrung und Erwartung ist die Theologie, um im von Koselleck in verschiedenen Sequenzen verwendeten Sprachbild des *Kurzschlusses* zu bleiben, die historische Impedanz. Die Voraussetzung dieser Immunisierungsfunktion der relativen Konstanz von Erfahrungsraum und Erwartungshorizont besteht gleichsam in der *lebensweltlichen* Invarianz des phänomenal Erfahrbaren, wie sie am Beispiel der bäuerlich-handwerklichen Welt erläutert wurde: „Die Eschatologie war demnach reproduzierbar im Maße und solange, wie sich der Erfahrungsraum auf *dieser Welt* nicht selber grundsätzlich änderte".[112]

---

[110] Koselleck. „Erfahrungsraum" und „Erwartungshorizont", S. 361; Herv. von mir, FM.

[111] Vgl. Koselleck, Reinhart. 2015. Gibt es eine Beschleunigung der Geschichte? In *Zeitschichten. Studien zur Historik*. 4. Aufl. Frankfurt am Main: Suhrkamp, S. 150–176, hier S. 169–171.

[112] Koselleck. „Erfahrungsraum" und „Erwartungshorizont", S. 362; Herv. von mir, FM. Die relative Konstanz von Erfahrungsraum und Erwartungsraum lässt sich aus anderer Perspektive auch an der historischen Instanziierung methodischer Kriterien für die Verarbeitung geschichtlicher Erfahrung im Medium historischer Darstellung veranschaulichen: Die Form der historischen Wirklichkeitserfassung bis zur „Krise" der Neuzeit fußt auf einem *Gegenwartsbezug* der geschichtlichen Erfahrung in Gestalt der Voraussetzung eines auf Dauer gestellten Akkumulationsprozesses vergangener Erfahrung in der Gegenwart, ohne eine grundsätzliche Änderungswahrscheinlichkeit der von da aus möglichen Erwartungen in Aussicht zu stellen. Die gegenwartsgebundene Geschichtsschreibung gibt sich dementsprechend selbst vor, auf die den vergangenen Ereignissen gegenwärtigen Augen- oder Ohrenzeugen angewiesen zu sein und deren Berichte möglichst unparteilich zusammenzutragen. Beide methodologischen Forderungen setzen ausgehend von der relativen Invarianz des möglich Erfahrbaren einen „*ungebrochenen* gegenwärtigen Erfahrungsraum" voraus (Koselleck. Standortbindung und Zeitlichkeit, S. 183; Herv. von mir, FM).

In Rücksicht auf die „Krise" der Neuzeit als Auseinandertreten von Erfahrung und Erwartung wurden die daraus resultierenden Konsequenzen für die verschiedenen Welten dargestellt. Der Wechsel von einer theologischen zur aufklärerisch-geschichtsphilosophischen Auslegung und Umdeutung des sich in *dieser Welt* anbahnenden Erfahrungswandels als „Fortschritt" ersetzt die Kontinuität gewährleistende *jenseitige Welt* durch die Vorstellung einer in der Zukunft sich realisierenden, fortschrittlichen *neuen Welt*, denn „[d]ie aus Erfahrung nicht ableitbare Zukunft gab gleichwohl die Gewissheit einer Erwartung frei, dass die wissenschaftlichen Erfindungen und Entdeckungen eine *neue Welt* herbeiführen würden".[113]

Es sind die durch den technisch-industriellen Fortschritt zwar je singulären, aber in ihrer Einmaligkeit wiederholt machbaren neuen Erfahrungen, die das einmal aufgerissene Spannungsverhältnis von Erfahrungsraum und Erwartungshorizont, *gestützt und befördert durch dessen geschichtsphilosophische Auslegung*, re-stabilisieren. Neben der „Hoffnung"[114] der Spätaufklärer auf eine von der Gegenwart sich unterscheidende Zukunft steht die „Gewissheit"[115] der durch Wissenschaft und Technik in Aussicht gestellten neuen Welt. Beide Momente beschreiben die geschichtsphilosophische Umwidmung theologischer Geschichtsbestimmung, welche – so könnte vermutet werden – Erfahrung und Erwartung wieder zur Deckung bringt.

Doch diese relative Stabilität des Verhältnisses von Erfahrungsraum und Erwartungshorizont *nach* dem Wendepunkt der „Krise" der Neuzeit basiert auf einer prekären, immer wieder neu zu ziehenden Differenz, die einen *defizitären Mangel* zu kompensieren hat: „Die *Kluft* zwischen Vergangenheit und Zukunft wird nicht nur größer, sondern die Differenz zwischen Erfahrung und Erwartung muss *dauernd neu*, und zwar auf *immer schnellere Weise* überbrückt werden, um leben und handeln zu können".[116]

Die Bewältigung des mit der „Krise" der Neuzeit einsetzenden Auseinandertretens unter Bedingungen der phänomenalen Fortschrittlichkeit des geschichtlichen Wandels erstreckt sich, Koselleck folgend, im Medium der politisch-sozialen Sprache: Jene Grundbegriffe der politisch-sozialen Sprache, die im Zuge der „Krise" der Neuzeit verzeitlicht werden und damit einen an ihnen ablesbaren „Bewegungskoeffizienten" erhalten, kompensieren die Disjunktion von Erfahrungsraum und Erwartungsraum durch einen von ihnen semantisch impliziertem

---

[113] Koselleck. „Erfahrungsraum" und „Erwartungshorizont", S. 368; Herv. von mir, FM.
[114] Koselleck. Zur Begriffsgeschichte der Zeitutopie, S. 261.
[115] Koselleck. „Erfahrungsraum" und „Erwartungshorizont", S. 368.
[116] Koselleck. „Erfahrungsraum" und „Erwartungshorizont", S. 369; Herv. von mir, FM.

Vor-Griff in die Zukunft.[117] Der neue geschichtsphilosophisch-utopische Zukunftsbezug der Begriffe enthält demzufolge einen Anspruch auf die Erwartbarkeit der zukünftigen Realisation gegenwärtig noch nicht machbarer Erfahrungen. Was aus der begriffsgeschichtlichen Perspektive als Verzeitlichung des gesamten politisch-sozialen Vokabulars registriert werden kann,[118] hat historisch tief greifende Konsequenzen für die *politische Welt*: Dort drängen die auf ihre eigene zukünftige Realisation eingestellten Grundbegriffe zum politischen Handeln, zur nicht durch Erfahrungen gesättigten revolutionären Aktion.[119] Das Auseinandertreten

---

[117] Koselleck. Die Verzeitlichung der Begriffe, S. 81. Dazu vgl. Koselleck. Begriffsgeschichte und Sozialgeschichte, S. 113; Koselleck. Die Geschichte der Begriffe und Begriffe der Geschichte, S. 69.

[118] Vgl. Koselleck. Die Verzeitlichung der Begriffe, S. 81.

[119] Vgl. Koselleck. „Erfahrungsraum" und „Erwartungshorizont", S. 372. Dies lässt sich an zwei Sequenzen veranschaulichen, in denen Koselleck sich explizit die (Zeit-)Utopien zum Gegenstand macht: So ist die Zukunftsutopie von Mercier als „eine Variante der Fortschrittsphilosophie" für Koselleck in einer Sequenz von 1982 – unter dem Gesichtspunkt der sich in ihr zeigenden Verhältnisbestimmung von Gegenwart und Zukunft als Fortschritt, d. h. „von seiner [Merciers, FM] Geschichtsphilosophie her gesehen" – „der *Hypokrisie der Spätaufklärung* erlegen". Am Beispiel Merciers lässt sich das schon 1953 in *Kritik und Krise* auftauchende Motiv der aufklärerischen Hypokrisie, welche einen Beitrag zur „Krise" der politisch-sozialen Ordnungszusammenhänge der Neuzeit leisten wird, näher ausleuchten: Insofern jene utopischen Zukunftsentwürfe Gegenwart und Zukunft im Horizont einer als Fortschritt ausgelegten Geschichte miteinander verbinden, werden „[e]schatologische Elemente [...] progressiv umgedeutet". In solchen Varianten einer „Antiapokalypse" wird die Geschichte, die sich noch zwischen Gegenwart und Verwirklichung der utopischen Zukunft abspielen mag, als linearer Fortschritt der Erfüllung moralischer Postulate, des Geistes und der Vernunft ausgelegt (Koselleck. Die Verzeitlichung der Utopie, S. 138–139; Herv. von mir, FM). Merciers Utopie liefert Koselleck, einmal auf ihre zeitliche Struktur hin befragt, „semantische Hintergrundinformationen, die wir als Nachgeborene zu deuten wissen", so Koselleck. Die Verzeitlichung der Utopie, S. 141. Diese Hintergrundinformationen können so gedeutet werden, dass die geschichtliche Gegenwartsauslegung der Aufklärer in Form einer „Einstufung mit Hilfe der Fortschrittsmesslatte" nicht nur für das „*Verschwinden des Jenseitsglaubens in der öffentlichen Meinungsbildung* bis hinunter zu den agrarischen Schichten" mitverantwortlich ist, was – getreu der Gesamtanlage von *Kritik und Krise* entsprechend – Konsequenzen in der *politischen* Welt zeitigt, die sich selbst als rein moralisch ausweisen: „Im Maße, als die Vorstellung des *Jüngsten Gerichts* schwindet, steigen jedenfalls die *moralischen Argumente*" (Koselleck. Zur Begriffsgeschichte der Zeitutopie, S. 263–264; Herv. von mir, FM). Die Hypokrisie der Spätaufklärer, einmal als *geschichtsphilosophische Verfremdung eschatologischer Zeitvorstellungen* in den Horizont einer offenen Zukunft hinein erkannt, ist hinsichtlich ihrer Konsequenzen für die *politische Welt* ein normativer, zur Umgestaltung politisch-sozialer Ordnungszusammenhänge drängender Zukunftsentwurf, welcher gegenüber dem von ihr beförderten Terror der Tugend der Französischen Revolution blind ist.

von Erfahrungsraum und Erwartungshorizont wird semantisch im Modus einer kontinuierlichen *Krisenbewältigung* kompensiert, ohne dabei das Ursprungsproblem lösen zu können. Die auf Verschärfung dieser Lage eingestellte Leitformel dafür lautet: „Je geringer der Erfahrungsgehalt, desto größer die Erwartung, die sich daran schließt".[120] Was mit der „Krise" der Neuzeit für alle neuzeitlichen Bewegungsbegriffe gilt, nämlich *„ein Defizit an Erfahrung, durch einen Zukunftsentwurf, der erst einzulösen sein wird* [zu kompensieren]", ist *nach* der „Krise" der Neuzeit kennzeichnend für die gesamte politisch-soziale Sprache.[121]

In Rückgriff auf die mit dem Projekt der *Geschichtlichen Grundbegriffe* in Form eines heuristischen Vorgriffs gesetzte „Sattelzeit-Hypothese" wird nun die Tragweite des „Janusgesicht[s]"[122] der Begriffe als Scheidepunkt zwischen dem Vorher und Nachher der „Krise" deutlich: Die neue Welt nach der „Krise" der Neuzeit stellt sich dar als andauernde semantische Krisenbewältigung des sich fortwährend intensivierenden Risses zwischen Erfahrung und Erwartung – als Dauerkompensation eines irreduziblen, durch den Übergang von Eschatologie zur Utopie beförderten defizitären Mangels. Diese Veränderung, die mit der „Krise" der Neuzeit einsetzt, ist für Koselleck nichts weniger als die *„zeitliche Struktur der Moderne"*, die sich seitdem selbst als Fortschritt auslegt.[123]

Diese „Krise" ist, den zeitlichen Implikationen ihrer Semantik folgend, mit der „Krise" der Neuzeit *auf Dauer gestellt*. Die Einsicht in den eine politische Eigendynamik gewinnenden „Selbstanspruch der Spätaufklärer", geschichtsphilosophisch-utopisch unterfütterte, normative Zukunftsentwürfe durch politisches, prognostisch-planendes Handeln in der Zukunft realisieren zu wollen, ermöglicht es, den *historischen Wendepunkt* der „Krise" der Neuzeit als *„geschichtliche[n] Kurzschluss"* im Spannungsverhältnis von Erfahrung und Erwartung aufzudecken.[124]

Der semantische Transformationsprozess der Sattelzeit, der alle Grundbegriffe der politisch-sozialen Sprache seitdem ein Janusgesicht tragen lässt, stellt sich vor dem Hintergrund einer Präzisierung der „Krise" der Neuzeit *nicht nur* als ein heuristischer Vorgriff dar: Das Janusgesicht markiert den mit der „Krise" der Neuzeit

---

[120] Koselleck. „Erfahrungsraum" und „Erwartungshorizont", S. 374.

[121] Koselleck. Die Verzeitlichung der Begriffe, S. 82; vgl. Koselleck. Die Geschichte der Begriffe und Begriffe der Geschichte, S. 84.

[122] Koselleck. Einleitung (*Gesch. Grund.*), S. XV.

[123] Koselleck. „Erfahrungsraum" und „Erwartungshorizont", S. 374; Herv. von mir, FM.

[124] Koselleck. Zur Begriffsgeschichte der Zeitutopie, S. 262. Für diese zentrale Argumentationsfigur Kosellecks vgl. darüber hinaus Koselleck. Vergangene Zukunft der frühen Neuzeit, S. 28–35; Koselleck. Über die Verfügbarkeit der Geschichte, S. 266–272; Koselleck. Sprachwandel und sozialer Wandel, S. 303–305.

Intellektuelle Krisenbewältigungspraxis der Nachkriegsgesellschaft

gesetzten, entscheidenden Wendepunkt, von dem aus – für Koselleck und die ihm Gegenwärtigen – die *Folgelasten*[125] einer immer noch anhaltenden *geschichtlichen Krise* erkennbar werden.[126]

4 Die „Krise" des 20. Jahrhunderts

Ersichtlich geworden ist, wie das *Vorher* der janusgesichtigen „Krise" der Neuzeit zu betrachten ist. Offen bleibt auf der Höhe der bisherigen Analyse jedoch noch, wie sich ein mögliches *Danach* zusammensetzen mag. Die Semantik der „Krise" stellt eine simple Form zweier Alternativen für den weiteren Verlauf in Aussicht:

---

[125] Die Folgen der „Krise" der Neuzeit bezeichnet Koselleck in unterschiedlichen Sequenzen als *Folgelasten*, was sich an zwei bereits angesprochenen Zusammenhängen beispielhaft zeigen lässt: Die in aporetische Unbestimmbarkeit und politische Unentscheidbarkeit abdriftende „Toleranzforderung der Aufklärer" stellt insofern ein „geschichtliche[s] Problem" dar, da der von diese Forderung ausgehende Konflikt nicht in der seinerzeitigen Gegenwart – „nie momentan oder situativ, sondern nur im Zuge der Zeit" – aufgelöst zu werden vermag. Dieses geschichtliche Problem, das nur im weiteren Verlauf der Geschichte sich wird auflösen können, ragt ausgehend der „Krise" der Neuzeit in die *Gegenwart* hinein: „So brachte auch der Paradigmenwechsel des 18. Jahrhunderts: der Wechsel von Streitfragen der religiösen Offenbarung zu den Postulaten gesellschaftlicher Neuordnung, *Folgelasten* mit sich, an denen wir *noch heute* zu tragen haben" (Koselleck, Reinhart. 2006. Aufklärung und die Grenzen ihrer Toleranz. In *Begriffsgeschichten. Studien zur Semantik und Pragmatik der politischen und sozialen Sprache*. Frankfurt am Main: Suhrkamp, S. 340–362, hier S. 344–345; Herv. von mir, FM). Analog dazu lassen sich in die Gegenwart reichende Folgelasten im Zuge einer begriffsgeschichtlichen Betrachtung der Utopie ausmachen: Nachdem die Utopie im 18. Jahrhundert zu einem „politische[n] Verhaltensbegriff von allgemeinem Anspruch" aufgerückt ist, identifiziert Koselleck als „Folgelasten" dieses Vorgangs für das 19. Jahrhundert eine Vorzeichenänderung der Utopie. Denn „Utopie ist in diesem Sinn des Wortes ein „Vorwurf": Vorgriff und Kritik". Jedoch verlängert sich die historische Reichweite dieser Zäsur potentiell bis in das 20. Jahrhundert, wenn von Koselleck nochmals „neue Differenzierungen" des Utopiebegriffsgebrauchs „rein theoretisch [ge]schilder[t]" werden, diesmal jedoch „ohne Zitate abzurufen" (Koselleck. Zur Begriffsgeschichte der Zeitutopie, S. 262–266).

[126] Das sprachliche Bild des Janusgesichts als Wendepunkt einer *geschichtlichen* Krise kann an Kosellecks Verwendung der (geschichtsphilosophischen) Verfremdung, wie sie oben im Zusammenhang mit dem misslingenden Übersetzungsvorgang des Lehrsatzes der *Historia Magistra Vitae* während der Zeit der „Krise" der Neuzeit diskutiert wurde, ausgeschärft werden: Die geschichtsphilosophische Verfremdung ist bei Koselleck nicht nur auf die Verzeitlichung *von* Geschichte *in* der Geschichte angesetzt, sondern veranschaulicht auch die Konsequenzen des Wendepunkts zwischen theologischer und geschichtsphilosophischer Geschichtsbetrachtung auf der Ebene methodologischer Selbstreflexion der Historik.

Das Auseinandertreten von Erfahrung und Erwartung wird entweder historisch wieder verschwinden oder als Dauerkrise auf unbestimmte Zeit hin fortbestehen. Da jede Krise nicht nur einen Wendepunkt, sondern auch einen Zeitraum der Zuspitzung, Intensivierung und Steigerung der ihr eigenen Momente impliziert, soll der „Krise" der Neuzeit die „Krise" des 20. Jahrhunderts – als Koselleck gegenwärtiger historischer Zeitpunkt – entgegengehalten und dahingehend geprüft werden, ob sie eine Verlängerung der vorangehenden „Krise" darstellt.

Um der Möglichkeit einer der „Krise" der Neuzeit gegenüberstehenden *selbstgeltenden Größe* der „Krise" des 20. Jahrhunderts nachzugehen, soll die werkschronologisch erste Sequenz der Serie Koselleck *coram publico academia* betrachtet werden. Dabei soll nicht nur gezeigt werden, dass sich die in der bisherigen Diskussion an anderen und werkchronologisch späteren Sequenzen herausgearbeiteten Bestimmungsmerkmale der „Krise" der Neuzeit bereits in *Kritik und Krise* finden lassen. Ein solcher Prüfvorgang soll erstens zusätzliche Bestimmungen der „Krise" des 20. Jahrhunderts freilegen gegenüber jenen, die Koselleck seine Leser*innen in einleitenden Passagen wissen lässt. Sofern angenommen werden kann, dass Koselleck zum Zeitpunkt dieser Sequenz sich nicht nur intensiv mit von ihm als krisenförmig wahrgenommenen Tendenzen der Wissenschaft und Politik auseinandersetzt, sondern darüber hinaus bereits eine das Gesamtwerk prägende Denkbewegung in Richtung einer krisentauglichen Auffassung von Geschichte *und* Historik vollzogen hatte,[127] lässt sich zweitens die später ausführlicher zu

---

[127] Die Vermutung, dass es sich bei Kosellecks Arbeit an *Kritik und Krise* nicht erst in der Retrospektive, sondern bereits seinerzeit um eine intellektuelle Krisenbewältigung handelt, lässt sich punktuell an Olsens Einordnung eines Briefs von Koselleck an Carl Schmitt vom 21.01.1953 zeigen: Das von Koselleck dort angesprochene Projekt einer anthropologisch fundierten Geschichtsontologie kann als situative Krisenbewältigungspraxis verstanden werden, insofern dieses Projekt „originated as an *answer* to a specific *situation*", namentlich des Problems des Historismus (Olsen. *History in the Plural*, S. 58, Herv. von mir, FM). Genau besehen entspricht diese Situation, auf die *Kritik und Krise* eine Antwort darstellt, der eingangs von Salomon entlehnten Verhältnisbestimmung zwischen Intellektuellen und Krisenzeiten. Denn das Problem des Historismus wurde innerhalb des wissenschaftlichen Verbands der deutschen Historik nicht nur bereits 1920 ausgehend von Troeltschs Begriffsprägung als „Krise" des Historismus verhandelt; vielmehr reagiert Koselleck neben einer wissenschaftlichen Problemstellung maßgeblich auf eine ihm gegenwärtige lebensweltlich-politische Krise: „What the letter thus illustrates is how Koselleck developed his anthropologically based categories as a *scientific answer* and *political cure* to what he conceived as the demands and dangers of historicism and modern historical philosophy. [...] What is important to understand about Koselleck's theoretical-methodological efforts at the beginning of the 1950s is that they were not only directed toward solving a *crisis within the historical discipline*. They were also directed toward solving a *specific political crisis*" (Olsen. *History in the Plural*, S. 68–69; Herv. von mir, FM).

behandelnde Krisenbewältigung Kosellecks auch in dieser Sequenz *in actu* beobachten. Dafür lässt sich zuerst vergleichen, was sich an dieser Sequenz *erneut* zeigt, um dann auszumessen, was sich *Neues* zeigt.

Koselleck beschreibt seine eigene Gegenwart in der 1953 angenommenen und 1959 veröffentlichten Dissertation *Kritik und Krise* als im „Zustand einer *permanenten Krise*" befindlich. Diese Koselleck „gegenwärtig[e] Weltkrise [...] ist – historisch gesehen – Ergebnis der europäischen Geschichte. [...] Wie schon die *erstmalige* Erfassung des gesamten Erdballs durch die bürgerliche Gesellschaft, so steht auch die *gegenwärtige Krise* im Horizont eines geschichtsphilosophischen, vorwiegend utopischen Selbstverständnisses".[128]

Die „Krise", welche 1953 gegenwärtig ist, wird in direkten Bezug mit der „Krise" der Neuzeit gesetzt: Innerhalb des historischen Blicks auf die Gegenwart erscheinen die auf eine Entscheidung zutreibende „politische Krise" und „die dieser Krise korrespondierenden Geschichtsphilosophien" als eine „einheitliche geschichtliche Erscheinung", deren „Wurzel [...] im achtzehnten Jahrhundert [liegt]".[129] In Rückgriff auf die bisherige Diskussion all jener Merkmale, die der „Krise" der Neuzeit zukommen können, steht im Mittelpunkt von *Kritik und Krise* der mit dieser Größe markierte historische Wendepunkt als Ereignis eines *geschichtlichen Kurzschlusses*; dessen Darstellungsform selbst folgt der semantischen Struktur der „Krise": „Das achtzehnte Jahrhundert ist der Vorraum des *gegenwärtigen Zeitabschnitts*, dessen *Spannung* sich seit der Französischen Revolution *zunehmend verschärft* hat, indem der revolutionäre Prozess extensiv die *ganze Welt* und intensiv *alle Menschen* ergriff".[130]

Die historische Zäsur wird auch in dieser Sequenz in Verbindung mit der *transmittierenden Größe* der *Welt* gebracht, wodurch die sich zuspitzende „Krise" totalisierend das *Ganze* der politisch-sozialen Ordnungszusammenhänge zu erfassen beginnt, sofern sich „[i]m achtzehnten Jahrhundert [...] die bürgerliche Gesellschaft [entfaltet], die sich als *neue Welt* verstand, indem sie die *ganze Welt* geistig beanspruchte und im gleichen Zuge die *alte Welt* negierte".[131]

Verantwortlich für den geschichtlichen Kurzschluss, der die geschichtliche Spannung seitdem für die Welt im Ganzen intensiviert, ist auch innerhalb dieser Sequenz der mit der „Krise" der Neuzeit markierte Wendepunkt zwischen theologischer Eschatologie und geschichtsphilosophischer Utopie, der zur Auslegung der eigenen Gegenwart und Zukunft der politisch-sozialen Ordnungszusammenhänge

---

[128] Koselleck. *Kritik und Krise*, S. 1; Herv. von mir, FM.
[129] Koselleck. *Kritik und Krise*, S. 1.
[130] Koselleck. *Kritik und Krise*, S. 2; Herv. von mir, FM.
[131] Koselleck. *Kritik und Krise*, S. 1.

als „Fortschritt" führt und den Riss zwischen Erwartung und Erfahrung in ein stets prekäres, immer wieder neu – und dadurch: mangelhaft – zu ziehendes Verhältnis setzt. Diese Konsequenz der „Krise" der Neuzeit gilt, unter dem Gesichtspunkt der 1953 gegenwärtigen *politischen* Lage, aber auch für die *politische* Welt der „Krise" des 20. Jahrhunderts: „Die geschichtsphilosophisch konzipierte *Einheit der Welt* erweist sich *heute* – und darin tritt ihr fiktiver Charakter zutage – als eine politisch gespaltene Einheit. […] Die utopische Einheit der Welt *reproduziert* ihre eigene *Spaltung*."[132]

Trotz inhaltlicher und methodischer Divergenzen zwischen *Kritik und Krise* und anderen Sequenzen der Serie Koselleck *coram publico academia* überwiegen die Gemeinsamkeiten hinsichtlich der Frage nach einer der „Krise" der Neuzeit korrespondierenden „Krise" des 20. Jahrhunderts: Obgleich die dezidiert *begriffsgeschichtliche* Abarbeitung an der „Krise" in *Kritik und Krise* nur in zwei längeren Fußnoten Platz findet,[133] welche die Herausarbeitung der zur Französischen Revolution führenden Dialektik von Kritik und Krise, von Moral und Politik im Zuge der Aufklärung ergänzen soll,[134] finden sich in jenen Fußnoten nicht nur die wesentlichen begriffsgeschichtlichen Zäsurpunkte, die den Artikel zur „Krise" in den *Geschichtlichen Grundbegriffen* gliedern werden. Vielmehr durchzieht der Nachweis des begriffsgeschichtlichen Zusammenhangs zwischen Kritik und Krise die Plausibilisierung des von Koselleck aufgezeigten historischen Zusammenhanges zwischen einer geschichtsphilosophisch zur Selbstübersteigerung motivierten moralischen Kritik innerhalb der sich herausbildenden Öffentlichkeit und ihrer Kehrseite, dem in seinen politischen Konsequenzen seinerzeit verdeckten, sich anbahnenden revolutionären Prozess: „In der Kritik liegt die Krise verborgen"; ein Sachverhalt, der – hier und wie bereits oben an anderen Sequenzen gezeigt – von einer geschichtsphilosophisch-utopischen Zeit- und Geschichtsauslegung der Philosophen der (Spät-)Aufklärung gestützt wird.[135]

Kennzeichnete unter diesem Gesichtspunkt in den bisherigen Erörterungen die „Krise" der Neuzeit den Wendepunkt zwischen einer theologisch-eschatologischen hin zu einer geschichtsphilosophisch-utopischen Perspektivierung der Geschichte und der politisch-sozialen Ordnungszusammenhänge, so lässt sich für die „Krise" des 20. Jahrhunderts behaupten, dass diese Disruption weiterhin im geschichtlichen Verlauf wirkt: Wenn das Ausagieren der Dialektik von Moral und Politik, dechiffriert als „politisch ungedeckte[r] Wechsel auf die Zukunft", historisch *„erstmals* in

---

[132] Koselleck. *Kritik und Krise*, S. 2; Herv. von mir, FM.
[133] Vgl. Koselleck. *Kritik und Krise*, S. 196–199.
[134] Vgl. Koselleck. *Kritik und Krise*, S. 5, 80–86, 146–147, 154–157.
[135] Koselleck. *Kritik und Krise*, S. 86, vgl. auch S. 128 und 146.

der Französischen Revolution [eingefordert]" wurde, ist zumindest die Möglichkeit der Wiederholbarkeit eines solchen historischen Ereignisses in Aussicht gestellt. Dieser Möglichkeit soll nun nachgegangen werden.[136]

Der konzeptuelle Rahmen, in den *Kritik und Krise* eingebettet ist, wird von Koselleck selbst als *Klärungsversuch* gegenüber der ihm gegenwärtigen „Krise" mit den Mitteln der historischen Reflexion beschrieben, insofern die „Einheit der doppelten Fragestellung" nach den politischen Implikationen der Geschichtsphilosophie einerseits und der Krise der absolutistischen Ordnung andererseits die eigene Gegenwart in neues Licht rückt.[137] Denn „[d]ie politische Struktur des absolutistischen Staates und die Entfaltung des Utopismus sind ein komplexer Vorgang, mit dem die politische *Krise der Gegenwart* anhebt".[138]

Vor diesem Hintergrund lässt sich durch die Betrachtung der Selbstverortung von *Kritik und Krise* von einer „Krise" des 20. Jahrhunderts sprechen, die aus dem Ereignis der „Krise" der Neuzeit hervorgeht. Sofern es sich bei der „Krise" des 20. Jahrhunderts um eine *selbstgeltende Größe* handelt, kann erneut davon ausgegangen werden, dass sie sich ähnlich der „Krise" der Neuzeit von allen anderen Krisenzeiten durch eine besondere, ihr eigene Qualität und verschärfende Intensität auszeichnet.

4.1 Temporale Folgelast als Ankündigung der „Krise" des 20. Jahrhunderts

Der Möglichkeit einer sich durch besondere Qualität und verschärfende Intensität auszeichnenden „Krise" des 20. Jahrhunderts als *selbstgeltender* Größe lässt sich erneut ausgehend von der der „Krise" der Neuzeit gewidmeten Dissertation nachgehen, sofern Kosellecks später vorgenommene eigene Einordnung berücksichtigt wird: Das ergänzende Vorwort, das Koselleck 1973 *Kritik und Krise* hinzufügt, um „manche Missverständnisse im Hinblick darauf, was mit dieser Arbeit eigentlich intendiert sei",[139] auszuräumen, stellt den Selbstvergewisserungsversuch über die „Krise" des 20. Jahrhunderts im Medium historischer Reflexion in den breiteren Kontext seiner Arbeiten zur Theorie geschichtlicher Zeiten. *Kritik und Krise* folgt 1953 einer Methode, welche „geistesgeschichtliche Analysen mit

---

[136] Koselleck. *Kritik und Krise*, S. 157; Herv. von mir, FM.
[137] Koselleck. *Kritik und Krise*, S. 7.
[138] Koselleck. *Kritik und Krise*, S. 9; Herv. von mir, FM.
[139] Koselleck. *Kritik und Krise*, S. IX.

soziologischen Bedingungsanalysen" verknüpfen soll, um den „politischen Akzent" an betrachteten „Gedankenbewegungen [...] sichtbar werden zu lassen" und die „politische Sinnfälligkeit der Ideen" aus den Entstehungssituationen dieser Gedanken „herauszupräparieren".[140] 1973 nun, angesichts der möglichen „Aktualität einer geschichtlichen Frage", die sich *Kritik und Krise* 1953 zum Anlass nahm, bestimmt Koselleck die Art und Weise, in der die ihm gegenwärtige Leserschaft etwas über die „Krise" des 20. Jahrhunderts aus *Kritik und Krise* zu lernen vermag: „Damit ist nicht gesagt, dass die folgenden Analysen einer naiven Beispielhaftigkeit der Historie, wie sie bis in das achtzehnte Jahrhundert hinein üblich war, erneut zum Leben verhelfen wollen. *Geschichtliche Lehren* lassen sich *heute* nicht mehr unmittelbar aus der Historie ableiten, sondern *nur über eine Theorie möglicher Geschichte vermitteln*".[141]

Durch die oben geführte Diskussion der misslingenden Übersetzung der *Historia Magistra Vitae* in die mit der „Krise" der Neuzeit veränderten Modalitäten der Erfahrbarkeit von Geschichte und geschichtlicher Zeit wird ersichtlich, dass es zur Klärung der „Krise" des 20. Jahrhunderts nicht alleinig ausreichen kann, in den „Vorraum des gegenwärtigen Zeitabschnitts [...]" mit der „vorliegenden Arbeit hinein[zuleuchten]".[142] Erst auf dem „bestimmten Niveau der Abstraktion" der Theorie geschichtlicher Zeiten wird an den von *Kritik und Krise* fokussierten Strukturen und dem zeitlichen Ablauf dieses geschichtlichen Vorraums ersichtlich, dass sie „ungeachtet ihrer *Einmaligkeit* [...] Momente der *Dauer* enthalten, die noch in *unsere Gegenwart* hineinreichen".[143] Ausgehend von Kosellecks eigener Inbezugsetzung von *Kritik und Krise* mit der Programmatik der Theorie geschichtlicher Zeiten lässt sich nun überprüfen, ob die letzterer zugeordneten Sequenzen der Serie Koselleck *coram publico academia* zu einer Präzisierung dessen beitragen, was sich als *einmaliges* Moment der „Krise" der Neuzeit identifizieren lässt, aber für die „Krise" des 20. Jahrhunderts noch – und zwar verschärft, auf eine Entscheidung unweigerlich

---

[140] Koselleck. *Kritik und Krise*, S. 4.
[141] Koselleck. *Kritik und Krise*, S. IX; Herv. von mir, FM.
[142] Koselleck. *Kritik und Krise*, S. 2.
[143] Koselleck. *Kritik und Krise*, S. IX; Herv. von mir, FM. Siehe auch die analoge Formulierung bezüglich des begriffsgeschichtlichen Befunds des semantischen Transformationsprozesses ausgehend des 18. Jahrhunderts, welche mithilfe der „anthropologische[n] Prämisse" (der Setzung von Erfahrungsraum und Erwartungsraum als metahistorische Bedingungen möglicher Geschichten) die politischen Folgelasten der „Krise" der Neuzeit „semantisch verifizier[t]": „[D]ie *zeitliche Spannung*, die *einmal* entstanden ist [am Wendepunkt der „Krise" der Neuzeit, FM], kennzeichnet auch *heute noch* unsere politischen und sozialen Sprachen" (Koselleck. Moderne Sozialgeschichte und historische Zeiten, S. 334; Herv. von mir, FM).

hindrängend – gilt.[144] In den mit der Theorie geschichtlicher Zeiten in Verbindung stehenden Sequenzen lässt sich, anders formuliert, die „Krise" des 20. Jahrhunderts näher bestimmen und zugleich Kosellecks intellektuelle Krisenbewältigung, wie sie 1953 material begann, weiterverfolgen.

Ein erster Hinweis zur Klärung der sich mit der „Krise" des 20. Jahrhunderts zuspitzenden Folgelasten der „Krise" der Neuzeit lässt sich Kosellecks Einbettung der „Frage nach der Beschleunigung [...] in die allgemeinere Frage nach dem, was geschichtliche Zeit sei" entnehmen.[145] So wie sich die „Krise" der Neuzeit von allen anderen Krisen unterscheidet, so markiert sie im Rahmen der Systematik der Theorie geschichtlicher Zeiten einen historischen Wendepunkt, der sich durch eine spezifische neue Zeiterfahrung von geschichtlicher Veränderbarkeit auszeichnet: „Veränderung, mutatio rerum, ist für *alle Geschichten* aussagbar. *Modern* dagegen ist jene Veränderung, die eine neue Zeiterfahrung hervorruft: dass sich nämlich alles *schneller* ändert, als man bisher erwarten konnte oder früher erfahren hatte".[146]

Dass die gegenwärtig erfahrenen Ereignisse immer schneller aufeinander folgend eintreten, als sich ausgehend von gemachter Erfahrung und dem daraus gebildeten Erwartungshorizont noch hätte erwarten lassen können, und sich die Zeit damit scheinbar selbst zu überholen beginnt, dieser „Satz von der *Beschleunigung*" beginnt „erst *seit* der Französischen und der industriellen Revolution [...] ein *allgemeiner Erfahrungssatz* zu werden".[147] Der Gebrauch dieses Erfahrungssatzes der

---

[144] Dem konstellationsanalytischen Vorgehen gemäß kommt es für die nun folgende Argumentationslinie in Bezug auf die Theorie geschichtlicher Zeiten als Bestandteil der Serie Koselleck *coram publico academia* nicht darauf an, ob es stimmt, dass „von einer solchen Theorie nicht wirklich die Rede sein kann", obgleich „von der oder einer Theorie der historischen Zeit(en) bei ihm [Koselleck, FM] und seinen Interpreten gesprochen wird" (Fisch, Jörg. 2013. Reinhart Koselleck und die Theorie historischer Zeiten. In *Zwischen Sprache und Geschichte. Zum Werk Reinhart Kosellecks*, hrsg. Carsten Dutt und Reinhard Laube. Göttingen: Wallstein, S. 48–64, hier S. 64). Entscheidend ist lediglich, *dass* die Theorie geschichtlicher Zeiten innerhalb verschiedener Sequenzen der Serie erscheint, näherhin als eine Bezugsgröße, mit der *Koselleck selbst* wesentliche Aspekte der „Krise" der Neuzeit und der „Krise" des 20. Jahrhunderts verbindet.

[145] Koselleck. Gibt es eine Beschleunigung der Geschichte?, S. 163.

[146] Koselleck. Gibt es eine Beschleunigung der Geschichte?, S. 164, Herv. von mir, FM.

[147] Koselleck. Gibt es eine Beschleunigung der Geschichte?, S. 160, Herv. von mir, FM. Zu den sich selbst überholenden Ereignissen, bzw. der sich selbst überholenden Zeit aufgrund der Beschleunigung vgl. Koselleck, Reinhart. 2015. Zeitverkürzung und Beschleunigung. Eine Studie zur Säkularisation. In *Zeitschichten. Studien zur Historik*. 4. Aufl. Frankfurt am Main: Suhrkamp, S. 177–202, hier S. 196; Koselleck. Das 19. Jahrhundert, S. 136–137; Koselleck, Reinhart. 2006. Revolution als Begriff und als Metapher. Zur Semantik eines einst emphatischen Worts. In *Begriffsgeschichten. Studien zur Semantik und Pragmatik der politischen und sozialen Sprache*. Frankfurt am Main: Suhrkamp, S. 240–251, hier S. 248–249; Koselleck. Erfahrungswandel und Methodenwechsel, S. 73.

Beschleunigung signiert zugleich den geschichtlichen Verlauf *nach* der „Krise" der Neuzeit, dessen „zunehmende Verwendung *seit* der Wende vom 18. zum 19. Jahrhundert [...] zunächst eine Veränderung im Zeitgefühl und Zeitbewusstsein [bezeugt]".[148]

Die Erfahrung der eigenen Zeit als beschleunigt nimmt das 19. Jahrhundert zum Anlass, sich selbst als im Übergang befindlich zu beschreiben. Eingedenk des oben behandelten Janusgesichts der „Krise" der Neuzeit gibt die historische Betrachtung dieser historisierenden Selbstverortung jedoch Anlass dazu, jenen Übergang noch nicht für beendet zu erklären: Auch wenn die *Übergangszeit* als formale Zeitkategorie keine geschichtliche Aussage zulassen mag, bezeugt die Begriffsprägung – aus der vergangenen Gegenwart des späten 18. Jahrhunderts und frühen 19. Jahrhunderts heraus für eine gesamtheitliche Betrachtung der Geschichte angewendet – eine „epochale Erfahrung, wie sie vergleichsweise in keiner früheren Epoche gemacht worden ist".[149] Dieser Erfahrungswandel, der für Historiker*innen in der chronologischen Einheit des 19. Jahrhunderts als von technischen Entwicklungen und von der Gleichzeitigkeit von ungleichzeitigen Erfahrungsbeständen verschiedener gleichzeitig zusammenlebender Generationen begleitet registriert werden kann, lässt sich historisch „als bisher *einmalig in der gesamten Geschichte* definier[en], als [...] Wandel, der *bis heute noch nicht beendet ist*".[150]

Der mit der „Krise" der Neuzeit einsetzende Erfahrungswandel lässt sich in Anbetracht dieser Sequenzen von 1976 und 1978 als Genese einer neuen Form der Zeiterfahrung, der Erfahrung von Zeit als Beschleunigung, beschreiben, da auf Grundlage des Auseinandertretens von Erfahrungsraum und Erwartungshorizont sich Veränderungen nicht mehr aus dem früheren Deckungsverhältnis ableiten lassen. Die geschichtliche Veränderbarkeit selbst wird seitdem als beschleunigter Ablauf, als „stets sich überholende Zeit"[151] erfahren; die Beschleunigung „gehört seit dem ausgehenden 18. Jahrhundert zur Grunderfahrung".[152] Die mit der „Krise" der Neuzeit ansetzende Beschleunigung kennzeichnet also gegenüber anderen oder früheren solchen Erfahrungsformen eine neue *Qualität*, die – phänomenal gewendet – als gesteigerte *Intensität* erlebt wird.

---

[148] Koselleck. Gibt es eine Beschleunigung der Geschichte?, S. 163; Herv. von mir, FM.

[149] Koselleck. Das 19. Jahrhundert, S. 132. Vgl. Koselleck. „Neuzeit". Zur Semantik moderner Bewegungsbegriffe, S. 328–331.

[150] Koselleck. Das 19. Jahrhundert, S. 133; Herv. von mir, FM.

[151] Koselleck. Gibt es eine Beschleunigung der Geschichte?, S. 165.

[152] Koselleck. Das 19. Jahrhundert, S. 136.

Da in der bisherigen Diskussion die mit der „Krise" der Neuzeit signierte „*zeitliche* Struktur der Moderne"[153] im Wesentlichen am Übergang der historisierenden Selbstauslegung von einem theologisch-eschatologischen hin zu einem geschichtsphilosophisch-utopischen Geschichts- und Weltverständnis festgemacht wurde, lässt sich der damit fokussierte *geschichtliche Kurzschluss* nun unter dem Gesichtspunkt der Beschleunigung betrachten: Ähnlich der Verwendung von Erfahrung und Erwartung als zugleich metahistorische wie historische Erkenntniskategorien für die Geschichte und Historik gleichermaßen positioniert Koselleck den Begriff der Beschleunigung, jedoch in einem umgekehrten Verhältnis. Als *in* der Geschichte machbare *Erfahrung*, d. h. als historisierte Kategorie, stellt die Beschleunigung komplementär zur Denaturalisierung der Zeiterfahrung einen Indikator für die Herausbildung eines neuzeitlichen Verständnisses von Historizität und der damit einhergehenden Transformation der Modalitäten der geschichtlichen Erfahrbarkeit dar.[154]

Ein „geistesgeschichtlicher Rückgriff" kann jedoch zutage fördern, dass vor der Herausbildung der Beschleunigung als „erfahrungsgesättigte[r] Erfahrungsbegriff" die „Beschleunigung als geschichtliche Erwartungskategorie alt ist".[155] Anders formuliert: dass der modernen geschichtsphilosophisch beförderten „Beschleunigung im Horizont des Fortschritts" eine – wie aus dem Vorhergehenden ersichtlich geworden ist: theologisch-eschatologische – „Zeitverkürzung vor dem Ende der Welt" entgegensteht.[156] Aus der Warte einer durch die Theorie geschichtlicher Zeiten angeleiteten Analyse der mit beiden Geschichtsdeutungen implizierten zeitlichen Strukturen und geschichtlichen Zielbestimmungen wird so deutlich, dass „die von der Apokalyptik vorformulierte Zeitverkürzung [...] zu einer Metapher der

---

[153] Koselleck. „Erfahrungsraum" und „Erwartungshorizont", S. 374; Herv. von mir, FM.

[154] Die Denaturalisierung der Zeiterfahrung lässt sich konzeptionell als der Wechsel von natural-zyklischer und auf Wiederholbarkeit eingestellter Zeiterfahrung hin zu einer historisierten Selbstverortung der Gegenwart entlang linear-progressiver Abfolgen von Einmaligkeiten beschreiben (vgl. Koselleck. Die Verzeitlichung der Begriffe, S. 78; Koselleck. Raum und Geschichte, S. 82). Auch wenn sich schon vor der „Krise" der Neuzeit im Bereich technischer und wissenschaftlicher Innovation erste „Abstraktionsleistung[en]" von der natural-zyklischen Zeiterfahrung – hauptsächlich eingeleitet und befördert durch die Organisation von Handlungsabläufen entlang chronometrisch-standardisierter Zeitmessung und Einbindung von Maschinen in diese Handlungsabläufe – ankündigen, so handelt es sich noch dabei um eine „Anlaufzeit" hin zur „neue[n] Dimension der Zeiterfahrung" des ausgehenden 18. Jahrhunderts (Koselleck. Gibt es eine Beschleunigung der Geschichte?, S. 156–157).

[155] Koselleck. Gibt es eine Beschleunigung der Geschichte?, S. 153.

[156] Koselleck. Standortbindung und Zeitlichkeit, S. 178.

Beschleunigung [wird]".[157] In dieser Perspektive lässt sich die geschichtsphilosophische Umwidmung der theologischen Geschichtsbestimmung, die oben als Austausch der *jenseitigen Welt* durch eine *neue Welt* bereits verhandelt wurde, als geschichtsphilosophische Immanentisierung theologisch-transzendenter Heilserwartung in Form des als „Fortschritt" begriffenen Geschichtstelos aufschlüsseln: „Aus der *Hoffnung* wird ein *Erfahrungssatz*".[158]

Unter dem Gesichtspunkt ihrer „formale[n] Zeitstruktur"[159] lassen sich eschatologische und utopische Modalitäten von Zeiterfahrung und Historizität dahingehend vergleichen, als sie *beide* auf eine Endzielbestimmung[160] des geschichtlichen Verlaufs hin ausgelegt sind, sich jedoch dadurch unterscheiden, dass es sich bei der eschatologischen Variante um das apokalyptische Ende der Geschichte, bei der utopischen Zielbestimmung hingegen um die Realisation des geschichtlichen Ziels in der Geschichte selbst handelt. Aus der übergeschichtlichen Zeitverkürzung wird eine Beschleunigung der Geschichte; die „formale Analogie" zwischen Verkürzung und Beschleunigung verweist also darauf, dass ein in verkürzter oder beschleunigter Zeit zu erreichendes Ziel angegeben ist.[161] Der mit der „Krise" der Neuzeit markierte Wendepunkt des *geschichtlichen Kurzschlusses* lässt sich vor diesem Hintergrund erneut präzisieren als die Umwidmung theologisch-eschatologischer in geschichtsphilosophisch-utopische *Zielbestimmungen* der Gesamtgeschichte, bei der das transzendente Ende aller Geschichte schlechthin der Geschichte in Form ihres eigenen Fortschritts einverleibt wird.

Durch Kosellecks Verschränkung begriffsgeschichtlicher Historisierung mit einer durch die Theorie geschichtlicher Zeiten informierten Analyse kommt unter dem Gesichtspunkt der *Beschleunigung* eine Konstante zur janusgesichtigen „Krise" der Neuzeit hinzu, die diese überdauert: „Beide Male werden verkürzte Zeitspannen beschworen oder benannt" und „beide Male zehren die Argumentationen

---

[157] Koselleck. Gibt es eine Beschleunigung der Geschichte?, S. 153; vgl. Koselleck. Revolution als Begriff und als Metapher, S. 251; Koselleck. Einige Fragen, S. 214.

[158] Koselleck. Zeitverkürzung und Beschleunigung, S. 188; Herv. von mir, FM.

[159] Koselleck. Gibt es eine Beschleunigung der Geschichte?, S. 174.

[160] Im Folgenden soll für die den *geschichtlichen Kurzschluss* betreffende Umwidmung der theologisch-eschatologischen in die geschichtsphilosophisch-utopischen *Finalitätsvorstellungen* des historischen Verlaufs von *(End-)Zielbestimmungen* gesprochen werden. Wie noch zu zeigen sein wird, hebt dies einerseits den im Kern teleologischen Zukunftsbezug hervor und akzentuiert so Kontinuitäten innerhalb einer eigentlich diskontinuierlichen Umwidmung. Andererseits drückt sich dadurch der problematische Charakter der *als* und *mittels* des Fortschritts – d. h. als unendlicher Progress und gerade *deswegen* nur beschleunigt, aber niemals gänzlich – zu erreichenden Endzielbestimmung am markantesten aus.

[161] Koselleck. Gibt es eine Beschleunigung der Geschichte?, S. 174.

von *Zielbestimmungen*, von Teleologie, von einem Telos, das immer schneller erreicht werden soll".[162]

Auszulegen, inwiefern die Beschleunigung innerhalb der *neuen Welt* sinnvoll[163] als Begriff zur Beschreibung politisch-sozialer Zusammenhänge zu verwenden sei und innerhalb welcher „Erfahrungssektoren"[164] Beschleunigungen empirisch registriert werden können, ist dabei Aufgabe jener bereits behandelten, der Welt des Geistes zurechenbaren Philosophen der Aufklärung.[165] Dieser Aufgabe kommen

---

[162] Koselleck. Zeitverkürzung und Beschleunigung, S. 178 und 189; Herv. von mir, FM.

[163] Kosellecks *formaler* Vergleich der Zeitstrukturen von eschatologischer Verkürzung und utopischer Beschleunigung verdeutlicht die Verschränkung von begriffsgeschichtlicher Historisierung und der Verwendung von Erfahrung und Erwartung als metahistorische Erkenntniskategorien, wie sie oben bereits ausführlich diskutiert wurden: Denn wenn für den „geschichtsphilosophisch imprägnierten Begriff der Beschleunigung seit dem 18. Jahrhundert [gilt], dass er *sinnvoll* nur verwendet werden konnte", wenn ein erwartetes *Ziel* des Beschleunigungsprozesses bestimmt wurde, gilt ebenso für den Begriff der *Zeitverkürzung*, dass er „seinen Sinn […] aus der Erwartung [bezieht]", so Koselleck. Gibt es eine Beschleunigung der Geschichte?, S. 173 und 169; Herv. von mir, FM. Bzw. gilt für den Begriff der Beschleunigung, dass er „seinen *Sinn* aus der Heilserwartung bezieht" (Koselleck. Zeitverkürzung und Beschleunigung, S. 185; Herv. von mir, FM).

[164] Koselleck. Gibt es eine Beschleunigung der Geschichte?, S. 171.

[165] Vgl. Koselleck. Beschleunigung und Zeitverkürzung, S. 261; Koselleck. „Erfahrungsraum" und „Erwartungshorizont", S. 360. In diesem Zusammenhang lässt sich die von Koselleck aufgerufene Konstellation der Philosophen der Spätaufklärung, welche die Auslegung der Geschichte als Fortschritt geschichtsphilosophisch unterstützen, um weitere Elemente ergänzen: Koselleck identifiziert ein Spektrum zwischen der „marxistische[n] und der existenzialistischen Position der negativen Theologie", in deren Mitte sich die „liberale Position einschreiben" lässt; dazu noch namentlich „Kant, Hegel, Dilthey und Troeltsch" als gesonderte Prätendenten, die im Vergleich zu der vorherigen Reihe „[a]uf einem bestimmten Abstraktionsniveau angeordnet" werden können. Dieses Spektrum umfasst in Gänze „geschichtsphilosophisch[e] Optionen", die sich seit der in die Französische Revolution mündenden „Krise" der Neuzeit „*politisch* lokalisieren" und „im Spektrum vom Konservativismus bis zum Kommunismus jeweils bestimmten Parteilagern zuordnen [lassen]" (Koselleck. Zeitverkürzung und Beschleunigung, S. 183; Herv. von mir, FM). Die formale Angewiesenheit auf eine geschichtliche Endzielbestimmung unter Austausch der transzendenten durch eine immanente Verwirklichung dieses Ziels lässt sich dann auch an der in der Linie jener Philosophen der Aufklärung stehenden „französische[n] Schule der Positivisten" ablesen, namentlich an Saint Simon und Auguste Comte: Das innerweltliche Jüngste Gericht als *la Grande Crise Finale* nötigt zur Erkenntnis der Vergangenheit für eine ganzheitliche und rationale Zukunftsplanung der politisch-sozialen Ordnung im Medium soziologischer Theorie; mit dieser Formel wird „[d]as Endgericht […] – wie bei Schiller – in die Geschichte selbst hineingenommen" (Koselleck. Gibt es eine Beschleunigung der Geschichte?, S. 173–174). Friedrich Schiller besitzt wiederum neben allen anderen Elementen dieser Konstellation für Kosellecks Erläuterungen einen gar quasi-paradigmatischen Status für die Umwidmung

sie nach, indem sie an der geschichtlichen Zielbestimmung der Beschleunigung und dem Aufzeigen der mannigfachen Ausprägungen dieses Vorgangs in Natur und Gesellschaft, in der Entfaltung von Moral und Sitte und letztlich im Gesamtprogress der Geschichte selbst arbeiten und damit die Historizität – beschleunigt und fortschrittlich ausgelegt – als „Seinsweise des Menschen frei[legen]".[166]

Die Immanentisierung des ehemals transzendenten Ziels der Geschichte bleibt indes nicht ohne Folgewirkungen für die damit inaugurierte neue, diesseitige Welt, da die Realisation des geschichtlichen Endziels in der Geschichte selbst nur *zunehmend* beschleunigt erreicht werden kann. Bei der geschichtsphilosophisch-utopisch angereicherten Zielbestimmung der geschichtlichen Bewegung als „Fortschritt" handelt es sich nicht ausschließlich um eine *reine* Säkularisierung der theologisch-eschatologischen Vorstellung der verkürzten Dauer bis zum Weltende. Denn nach der „Krise" der Neuzeit bleibt der „Fortschritt" eingefärbt „von ehedem christlichen Erwartungen. […] Selbst wenn die eschatologisch oder apokalyptisch begrenzte Zukunft in eine offene Zukunft umgedeutet wurde, blieb immer ein *Überschuss* an christlichen Erwartungen in den naturwissenschaftlich verpackten Hoffnungen enthalten".[167]

Diese Formulierung scheint eine Inversion der vorher behandelten Rede vom „utopischen Überschusspotential" darzustellen.[168] Unter dem Gesichtspunkt der möglichen *Folgelasten* der „Krise" der Neuzeit wird an dieser Sequenz jedoch deutlich, dass der christliche Überschuss utopisch umgewidmet wird, nämlich in

---

geschichtlicher Zielbestimmungen: Am Schiller'schen Diktum, dass die Weltgeschichte das Weltgericht sei, kristallisieren sich nicht nur veränderte Bedingungen der Historiographie, sondern auch Übergänge von einer urteilenden Geschichtsschreibung zu einer eigenständig richtenden Geschichte an. Vgl. Koselleck. Moderne Sozialgeschichte und historische Zeiten, S. 328; Koselleck, Reinhart. 2015. Darstellung, Ereignis und Struktur. In *Vergangene Zukunft. Zur Semantik geschichtlicher Zeiten*. 9. Aufl. Frankfurt am Main: Suhrkamp, S. 144–157, hier S. 145 ff.; Koselleck. Historia Magistra Vitae, S. 60; Koselleck, Reinhart. 2015. Geschichte, Recht und Gerechtigkeit. In *Zeitschichten. Studien zur Historik*. 4. Aufl. Frankfurt am Main: Suhrkamp, S. 336–358, hier S. 345–357; Koselleck. Einige Fragen, S. 208–210. Im Schiller'schen Diktum findet sich also – gelesen als Ausdruck und Markierung der Folgelasten der Umwidmung eschatologischer Zeitverkürzung in utopische Beschleunigung – nicht nur die Dialektik von Moral und Politik, wie sie *Kritik und Krise* verfolgt, sondern auch die in den hier herangezogenen Sequenzen thematisierte „eigentümliche Art der Beschleunigung […], die unsere Moderne kennzeichnet" (Koselleck. Vergangene Zukunft der frühen Neuzeit, S. 19).

[166] Koselleck. Gibt es eine Beschleunigung der Geschichte?, S. 172.
[167] Koselleck. Zeitverkürzung und Beschleunigung, S. 190; Herv. von mir, FM.
[168] Koselleck. „Erfahrungsraum" und „Erwartungshorizont", S. 367. Vgl. Koselleck. Gibt es eine Beschleunigung der Geschichte?, S. 69.

Gestalt einer „Transformation der apokalyptischen Naherwartung in eine *akzelerierte Zukunftshoffnung*", deren Zielbestimmungen „in endlicher oder schließlich *unendlicher Progression* einzuholen seien".[169]

Der metahistorischen Bestimmung eines eschatologischen Weltendes steht der innerweltlich sich in die Unendlichkeit verlängernde „Fortschritt" entgegen. Die Umwidmung der einen Form geschichtlicher Endzielbestimmung in die andere verschärft dabei im Sinne des *geschichtlichen Kurzschlusses* der „Krise" der Neuzeit eine bereits in der eschatologischen Prophetie angelegte Problemstellung: Sofern die theologisch-eschatologische Zeitverkürzung als Deutungsmuster für konkrete politisch-historische Ereignisse angewendet wird, stellt sich ein „durch kein Dogma auflösbares Dauerproblem", da die Referenz der Zeitverkürzung auf singuläre Ereignisse im Rahmen ihrer dauerhaft in Aussicht gestellten Wiederholbarkeit ausgerichtet ist.[170] Die außer- bzw. metahistorische Endzielbestimmung ermöglicht dadurch sowohl Indifferenz der eschatologischen Vorhersage gegenüber möglichen Irrtümern als auch Beliebigkeit bei der Auswahl der empirischen Indikatoren für eine tatsächliche Verkürzung der Zeit, mit der die weltliche Geschichte endet. Die apokalyptische Voraussage des Weltendes kann deswegen durchwegs wiederholt werden, und Erwartungsenttäuschungen erhöhen nur die Gewissheit ihres letztendlichen Eintretens.[171] Daraus folgt, dass „[d]as Weltende […] nur so lange ein Integrationsfaktor [ist], als es in einem geschichtlich-politischen Sinne *unbestimmbar* bleibt".[172] In Form des *geschichtlichen Kurzschlusses* vollzieht die geschichtsphilosophisch-utopische Endzielbestimmung der Geschichte jedoch genau dies, insofern der „Fortschritt" ausschließlich über seine geschichtlich-politische Bestimmung ausgelegt und registriert werden kann.

Das Dauerproblem geschichtlicher Endzielbestimmungen wird mit der „Krise" der Neuzeit nicht gelöst, sondern qua Transposition von transzendenter Finalität in immanente unendliche Progression verschärft, da die historisch-politischen Ereignisse nicht nur entlang der Endzielbestimmung ausgelegt werden können, sondern vielmehr von ihr zunehmend motiviert werden: Hat sich der menschengemachte „Fortschritt" einmal *mit* und *nach* der „Krise" der Neuzeit als zentrales Deutungsschema für den historischen Ablauf der Geschichte als *Ganzes* wie den in ihr sich vollziehenden zeitlichen Änderungen innerhalb der politisch-sozialen Ordnung

---

[169] Koselleck. Zeitverkürzung und Beschleunigung, S. 190–191; Herv. von mir, FM.
[170] Koselleck. Zeitverkürzung und Beschleunigung, S. 186.
[171] Vgl. Koselleck. Gibt es eine Beschleunigung der Geschichte?, S. 170–171.
[172] Koselleck. Vergangene Zukunft der frühen Neuzeit, S. 22; Herv. von mir, FM.

etabliert, wird er „nunmehr als letzte Begründungsinstanz für politische Planungen und soziale Organisation beschworen und mobilisiert".[173] Ein solcher Fortschritt vereint als Wechselspiel von perspektivischer Deutungsmöglichkeit und programmatischer Handlungsmotivation – politisch als Wechselspiel von Revolution und Reaktion[174] – den in die offene Zukunft projizierten Telos eines Endes der Geschichte in der Form eines „endliche[n] ‚Noch-nicht' [...], das die formale Struktur eines *perennierenden Sollens* besitzt".[175]

Was ist also ersichtlich geworden an den behandelten, der Theorie geschichtlicher Zeiten zuzuordnenden Sequenzen hinsichtlich der „Krise" des 20. Jahrhunderts als selbstgeltender Größe, so wie sie im Kontrast zur „Krise" der Neuzeit in Erscheinung tritt? Der *geschichtliche Kurzschluss* der Umwidmung der eschatologischen in eine utopische Endzielbestimmung der Geschichte, der bisher am *Riss* zwischen Erfahrung und Erwartung für die „Krise" der Neuzeit herausgestellt wurde, folgt auch in diesem Zusammenhang seiner Darstellungsform nach der semantischen Struktur der „Krise", insofern diese eine temporale Differenz an einer fällig gewordenen, aber noch nicht gefallenen Entscheidung anzeigt.

In Bezug auf die Immanentisierung der Gerechtigkeitsvollstreckung vom eschatologischen Ende der Geschichte zum Schiller'schen Diktum der Weltgeschichte als Weltgericht lässt sich die Selbstauslegung der Geschichte *mit* und *nach* der „Krise" der Neuzeit in ihrer Rückwirkung auf die politisch-sozialen Ordnungszusammenhänge als *beschleunigter Fortschritt* in dem der semantischen Temporallogik der „Krise" folgenden „Vorgebot des *Immer-Schon* und *Noch-Nicht*" kondensieren.[176] Hier ist die *Folgelast* der „Krise" der Neuzeit lokalisiert, die sich bis zur „Krise" des 20. Jahrhunderts zunehmend verschärft. Denn der *Mangel* der defizitären Kompensationsversuche gegenüber dem *Riss* zwischen Erfahrung und Erwartung drängt, eingebettet in den geschichtlichen Horizont des unendlichen Progresses, selbst zu einer stetig intensivierten *Beschleunigung*: Gliedert der „Fortschritt" selbst Phänomene der politisch-sozialen Ordnungszusammenhänge entlang eines Spektrums von relativer Fortschrittlichkeit und Rückständigkeit, so „folgt zwingend, dass der Aufholbedarf nur *beschleunigt* gestillt werden kann. [...] Ferner

---

[173] Koselleck. Zeitverkürzung und Beschleunigung, S. 184.
[174] Zum Wechselspiel aus Revolution und Reaktion vgl. Koselleck. Historische Kriterien des neuzeitlichen Revolutionsbegriffs, S. 67 ff.; Koselleck. Revolution als Begriff und Metapher, S. 248–251; Koselleck. Historia Magistra Vitae, S. 35; Koselleck. Über die Theoriebedürftigkeit der Geschichtswissenschaft, S. 306.
[175] Koselleck. Vergangene Zukunft der frühen Neuzeit, S. 35; Herv. von mir, FM.
[176] Koselleck. Geschichte, Recht und Gerechtigkeit, S. 347; Herv. von mir, FM.

liegt darin eine Verschränkung von Erfahrung und Erwartung vor, deren *Differenz* dazu herausfordert, *beschleunigt überbrückt zu werden*".[177]

Wenn *nach* der „Krise" der Neuzeit die *Beschleunigung* sich als eigene geschichtliche Wirkmacht verselbstständigt,[178] dann sagen jene, welche die Revolution von 1789 voraussahen, nicht nur den damit eintretenden „Dauerzustand der Krise",[179] sondern möglicherweise auch die „Krise" des 20. Jahrhunderts im hier dargelegten Sinne voraus.

4.2 Entscheidende Alternativen: Grenzüberschreitung oder Verzögerung

Der Zeitraum *zwischen* der „Krise" der Neuzeit und jener des 20. Jahrhunderts stellt sich als intensivierte, auf einen Kulminationspunkt zutreibende Steigerung der Beschleunigung dar. Die Betrachtung des Verhältnisses beider „Krisen" unter Zuhilfenahme jener Sequenzen, in denen sich Koselleck nicht nur der Beschleunigung, sondern ihrer Alternative – der Verzögerung – historisch sowie systematisch widmet, wird zu einem genaueren Verständnis dieses Verhältnisses führen. Dabei lässt sich dann auch schärfer konturieren, unter welchen zeitlichen Bedingungen Koselleck seine eigene Krisenbewältigung im Medium der historischen Praxis vornimmt.

Der Einstieg in diese Reihe von Sequenzen erfolgt erneut über die transmittierende Größe der *Welt*: Während bereits ersichtlich geworden ist, inwiefern die *politische Welt* gemäß dem *perennierenden Sollen des Noch-Nicht* verpflichtet ist, unter den „Zwängen, eine veränderte und veränderbare Zukunft zu reflektieren",[180] (zukunfts-)programmatisch auf die Beschleunigung zu reagieren, spitzt sich dieser Sachverhalt zunehmend zu: Der Einbruch der Zukunftsplanung in politischsoziales Handeln wird durch Erfahrungen des technischen wie wissenschaftlichen Fortschritts verifiziert. Komplementär dazu findet die Beschleunigung Eingang in die alltägliche Lebenswelt durch die fortschreitende Industrialisierung und Intensivierung kapitalistischer Produktionsweisen, insofern die punktuelle Beschleunigung von Güter-, Menschen- und Informationszirkulationen insgesamt zu einer Beschleunigung der Latenzzeiten zwischen Ereignissen und Benachrichtigungen

---

[177] Koselleck. Gibt es eine Beschleunigung der Geschichte?, S. 175; Herv. von mir, FM.
[178] Vgl. Koselleck. Zeitverkürzung und Beschleunigung, S. 196; Koselleck. Gibt es eine Beschleunigung der Geschichte?, S. 160.
[179] Koselleck. Vergangene Zukunft der frühen Neuzeit, S. 35.
[180] Koselleck. Zur Begriffsgeschichte der Zeitutopie, S. 263.

über sie führt. Dieser Beschleunigungsvorgang, der aus der *technisch-industriellen Welt* in die allgemeine *Lebenswelt* einkehrt, führt zur zeitlichen Konvergenz von Ereignis und Berichterstattung[181] bzw. von Handlung und Reflexion,[182] was zum Strukturmerkmal politisch-sozialer Ordnungszusammenhänge *nach* der „Krise" der Neuzeit wird, denn „[d]amit verändert sich die gesamte politische und soziale Entscheidungsstruktur auf diesem Globus und ebenso die politische und soziale Organisationsfähigkeit".[183]

Wenn schon während der Neuzeit galt, dass die „technisch-industriell überformt[e] Welt [...] den Menschen *immer kürzere* Zeitspannen aufnötigt",[184] so scheint die verselbstständigte Beschleunigung des unendlichen Progresses auf eine nicht überschreitbare *Grenze* zuzulaufen, welche die „Krise" des 20. Jahrhunderts markiert: Die Beschleunigung *nach* der „Krise" der Neuzeit hebt mit einer Grenzüberschreitung gegenüber den naturalen Rahmenbedingungen möglicher Beschleunigung an, insofern „[d]ie einmal ausgelöste Beschleunigung im zwischenmenschlichen Verkehr [...] erst *weitergetrieben* werden [konnte], nachdem die darauf zielenden technischen Erfindungen die *natürlichen Schranken zu übersteigen erlaubten*".[185] Jedoch droht die Beschleunigung mit dieser Grenzüberschreitung aufgrund ihres Steigerungsimperativs ihre eigene Bedingung der Möglichkeit zu unterlaufen: „Die Verdichtung der Leistungssteigerungen durch Wissenschaft, Technik und Industrie ist zugleich die Voraussetzung dafür, dass die in geometrischer Reihe sich verdoppelnde Weltbevölkerung bisher *gerade noch* ihr Leben fristen kann. Unser Globus ist kraft der *Beschleunigung* selbst zu einem geschlossenen Raumschiff geworden".[186]

Angesichts des Sättigungsgrades und möglicher Grenzen der Beschleunigung seit der Moderne in Gestalt „naturale[r] Minimalbedingungen, die *nicht* überschritten oder gedehnt werden können",[187] stellt Koselleck innerhalb einer Beschleunigung *und* Verzögerung thematisierenden Sequenz die Frage nach der möglichen

---

[181] Vgl. Koselleck. Raum und Geschichte, S. 95; Koselleck. Zur Begriffsgeschichte der Zeitutopie, S. 216.
[182] Vgl. Koselleck. Zeitverkürzung und Beschleunigung, S. 199.
[183] Koselleck. Zeitverkürzung und Beschleunigung, S. 198–199. Vgl. Koselleck, Reinhart. 2013. Geschichte(n) und Historik. In *Erfahrene Geschichte. Zwei Gespräche*, hrsg. Reinhart Koselleck und Carsten Dutt. Heidelberg: Universitätsverlag Winter, S. 45–67, hier S. 66–67.
[184] Koselleck. Vorwort, S. 12; Herv. von mir, FM.
[185] Koselleck. Gibt es eine Beschleunigung der Geschichte, S. 160; Herv. von mir, FM.
[186] Koselleck. Zeitverkürzung und Beschleunigung, S. 199; Herv. von mir, FM.
[187] Koselleck. Zeitverkürzung und Beschleunigung, S. 199; Herv. von mir, FM.

Kontinuierbarkeit der Beschleunigungserfahrung, was als Hinweis auf die „Krise" des 20. Jahrhunderts verzeichnet werden kann: Nicht nur „zeichnet sich *heute* ab, dass bestimmte Beschleunigungsvorgänge in unserer ausdifferenzierten Gesellschaft ihren Sättigungsgrad erreicht haben"[188] – vielmehr verweist die exponentielle Steigerung der Beschleunigung darauf, dass „eine *absolut tödliche Endlinie dauerhaft gegenwärtig* [bleibt]. Denn auch das Vernichtungspotenzial hat sich in einer exponentiellen Kurve gesteigert. Es ist zugleich Antriebskraft wie die Kehrseite des technisch-industriellen Fortschritts".[189]

In der Auseinandersetzung mit dem Verhältnis von theologisch-eschatologischer Zeitverkürzung und geschichtsphilosophisch-utopischer Beschleunigung scheint sich also mit Blick auf die Gegenwart die „Krise" des 20. Jahrhunderts zu zeigen. Die von der „Krise" des 20. Jahrhunderts gesetzten Alternativen bezeichnen – konträr zu dem Koselleck gegenwärtigen Gebrauch der „Krise" als *Wort*, das keine harten Alternativen mehr zu setzen vermag – schlicht das Entweder-Oder jeglicher weiteren Existenz, d. h. Fortsetzung oder Unmöglichkeit weiterer Geschichte: „Während die apokalyptische Zeitverkürzung immer noch eine Schleuse, einen Durchgang zum ewigen Heil darstellte, zeichnet sich im Bereich der geschichtszeitlichen Beschleunigung die Möglichkeit ab, dass der Mensch selber die überkommenen, kulturell und industriell angereicherten Bedingungen seiner Existenz vernichtet".[190]

Der Möglichkeit, aus der *historischen* Betrachtung der bisher zu verzeichnenden Beschleunigungserfahrung „geschichtsimmanent langfristige Prognosen abzuleiten", bescheinigt Koselleck ähnlich der Unmöglichkeit einer *modernen Historia Magistra Vitae* keine Aussicht auf Erfolg.[191] Jedoch vermag – komparabel mit der 1973 aktualisierten Rahmung der in *Kritik und Krise* dargestellten Nachzeichnung der Dialektik von Moral und Politik, die zur „Krise" der Neuzeit führt – eine von der Frage nach der Kontinuierbarkeit der Gegenwart ausgehende historische Betrachtung *etwas* zu lehren: Denn auch wenn *seit* der „Krise" der Neuzeit, d. h. zum *gegenwärtigen* Zeitpunkt einer nahenden „Krise" des 20. Jahrhunderts, die „zum Erfahrungsmuster gewordene" Beschleunigung „als eine spezifisch geschichtszeitliche Kategorie" keine Prognose ermöglicht, so vermag sie „im Rückblick die *gesamte* Geschichte in eine Zeitfolge zunehmender Akzeleration" zu ordnen, um in

---

[188] Koselleck. Zeitverkürzung und Beschleunigung, S. 199; Herv. von mir, FM.
[189] Koselleck, Reinhart. 2014. Hinter der tödlichen Linie. Das Zeitalter des Totalen. In *Vom Sinn und Unsinn der Geschichte. Aufsätze und Vorträge aus vier Jahrzehnten*, hrsg. Reinhart Koselleck und Carsten Dutt. Berlin: Suhrkamp, S. 228–240, hier S. 235; Herv. von mir, FM.
[190] Koselleck. Zeitverkürzung und Beschleunigung, S. 200.
[191] Koselleck. Zeitverkürzung und Beschleunigung, S. 200.

der Form dreier exponentieller Zeitkurven „retrospektiv sich überlagernd die *gesamte* Menschheitsgeschichte *aufzuschlüsseln*".[192] Was *diese* Geschichte dann zu lehren vermag, so kann angesichts der bisherigen Ausdeutung festgehalten werden, ist die Diagnose der „Krise" des 20. Jahrhunderts, mit der die „Frage nach *weiterer* Beschleunigung zur Frage *unserer Zukunft schlechthin* geworden ist".[193] Die Frage nach der möglichen Kontinuität der Beschleunigung stellt sich im Lichte der „Krise" des 20. Jahrhunderts als Frage nach der immanenten, *empirischen* Möglichkeit der Selbstüberbietung ehemals eschatologisch-apokalyptischer Prophezeiung des Weltendes durch akzeleratives Selbstvernichtungspotenzial dar. Jedoch wartet am Ende der Geschichte der „Krise" des 20. Jahrhunderts nicht mehr die Erlösung des Jüngsten Gerichts, sondern der Untergang der Menschheit.

Die „Krise" des 20. Jahrhunderts tritt, genommen als *selbstgeltende Größe*, zusammenfassend als eine sich zuspitzende, auf absolute *Grenzüberschreitung* hin drängende Beschleunigung in Erscheinung. Die historische Verselbstständigung der Beschleunigung ist dabei zugleich die Folgelast der „Krise" der Neuzeit; an ihrem Wendepunkt und mit all den ihr bis hierhin zukommenden Attributen lässt sich die komplexe Freisetzung der Beschleunigung historisch lokalisieren.

Wie im Folgenden gezeigt werden soll, fördert die aus der Gegenwart der „Krise" des 20. Jahrhunderts getroffene Frage nach der „Krise" der Neuzeit nicht nur die Umwidmung der theologisch-eschatologischen in die geschichtsphilosophisch-utopische Endzielbestimmung der Geschichte schlechthin zu Tage. Sondern der ausleuchtende Blick in den „Vorraum des gegenwärtigen Zeitabschnitts",[194] von dem *Kritik und Krise* sich ausnimmt, illuminiert durch die Theorie geschichtlicher Zeiten, dass mit dieser Umwidmung etwas in der geschichtlichen Selbstauslegung verloren ging, was die freigesetzte Beschleunigung eventuell bändigen könnte: die *Verzögerung*.

Wie bereits dargestellt, operiert die Theorie geschichtlicher Zeiten sowohl mit der metahistorisch angesetzten, aber historisierbaren Differenz zwischen Erfahrung und Erwartung als auch mit Einmaligkeit, Wiederholbarkeit und Langfristigkeit als Bedingungen der Möglichkeit geschichtlicher Erfahrung und damit jedweder Geschichte und Historik.[195]

---

[192] Koselleck. Zeitverkürzung und Beschleunigung, S. 200; Herv. von mir, FM.
[193] Koselleck. Zeitverkürzung und Beschleunigung, S. 201; Herv. von mir, FM.
[194] Koselleck. *Kritik und Krise*, S. 2.
[195] Systematisch dazu vgl. Koselleck. Darstellung, Ereignis und Struktur; Koselleck, Reinhart. 2014. Wiederholungsstrukturen in Sprache und Geschichte. In *Vom Sinn und Unsinn der Geschichte. Aufsätze und Vorträge aus vier Jahrzehnten*, hrsg. Reinhart Koselleck und Carsten Dutt. Berlin: Suhrkamp, S. 96–114.

Intellektuelle Krisenbewältigungspraxis der Nachkriegsgesellschaft 293

Von diesem theoretischen Abstraktionsniveau ausgehend wird eine formale Definition von *Beschleunigung* und *Verzögerung* im Rahmen eines Spektrums von radikaler Einmaligkeit und Wiederholbarkeit ermöglicht: Durch ein „Gedankenexperiment", welches durch das Aufstellen eines heuristischen Spektrums zwischen „stetiger Wiederholbarkeit" und „ständiger Innovation" darauf zielt, „alle nur denkbaren Einzelereignisse möglicher Geschichten theoretisch so einzukreisen, dass sie mit Hilfe der genannten Kategorien temporal aufgeschlüsselt werden", und damit auch „die länger währenden Voraussetzungen aufzufinden", bestimmt Koselleck in einer der werkchronologisch spätesten Sequenzen historische Instanziierungen von Verzögerungs- und Beschleunigungsvorgängen: „*Beschleunigung* läge dann vor, wenn sich in einer Vergleichsreihe immer weniger wiederholen würde als zuvor, dafür immer mehr Neuerungen einträten, die die alten Vorgaben verabschieden. *Verzögerungen* ergäben sich dann, wenn sich überkommene Wiederholungen einschleifen oder so verfestigen, dass jede Änderung gebremst oder gar unmöglich würde".[196]

Vor dem Hintergrund einer solchen Dechiffrierung der Geschichte in Verzögerungs- und Beschleunigungsprozesse lassen sich nicht nur die „Krise" der Neuzeit, sondern auch die „Krise" des 20. Jahrhunderts als *Beschleunigungsfriktionen* zwischen den Zeitschichten fassen. Stellt erstere eine Veränderung der Modalitäten historischer Erfahrbarkeit dar, erscheint letztere als das potenzielle Ende aller Geschichte: Ausgehend von den die Wiederholbarkeit garantierenden repetitiven Strukturen, d. h. den strukturellen Bedingungen, von denen aus der an der Abfolge einmaliger Ereignisse ablesbare Wandel registriert werden kann, lassen sich Veränderungen auf ihre Veränderungs*geschwindigkeit* hin befragen. Aus der Perspektive dieser Frage „gibt [es] *Beschleunigung* und *Verzögerungen* in unterschiedlichen Tempi, die aufeinanderprallen und *Friktionen*, ja *Brüche* zwischen den beiden Zeitschichten der einmaligen Ereignisse einerseits und der repetitiven Strukturen andererseits erzeugen können".[197]

Aus dem Bruch der „Krise" der Neuzeit heraus kündigt sich die „Krise" des 20. Jahrhunderts an, welche die Geschichte vor die Herausforderung stellt, dass *nach* ihr die akzelerierte Abfolge einmaliger Ereignisse jegliche repetitiven Strukturen zerstören könnte. Eine der mit der „Krise" des 20. Jahrhundert gesetzte Alternative wäre dann, dass es nach ihr keine Geschichte mehr gibt – und nicht mehr geben

---

[196] Koselleck. Wiederholungsstrukturen in Sprache und Geschichte, S. 98; Herv. von mir, FM.
[197] Koselleck. Die Geschichte der Begriffe und Begriffe der Geschichte, S. 60; Herv. von mir, FM.

kann.[198] Die formale Architektur der Theorie geschichtlicher Zeiten sowie die Auseinandersetzung mit der theologisch-eschatologischen Endzielbestimmung des geschichtlichen Gesamtverlaufs sensibilisiert jedoch für das der Beschleunigung gegenüberstehende Moment der *Verzögerung* als andere Alternative der „Krise" des 20. Jahrhunderts: Während der „Fortschritt" durch die Auslegung der Geschichte als innerweltlich-unendlicher Progress die Möglichkeit einer dem geschichtlichen Endziel dienlichen Verzögerung der Abläufe und Entwicklungen formal-kategorisch wie normativ ausschließt, ist eine solche Verzögerung aus der Sicht der eschatologischen Heilserwartung „ebenso ein Indiz für Gottes Gnade wie die verkündigte Zeitverkürzung".[199] Was an Verzögerungen *vor* der „Krise" der Neuzeit noch Teil des Plans Gottes war, ist *nach* ihr nur noch als Hindernis der Fortschrittlichkeit zu bewerten. Die aus der „Krise" der Neuzeit hervorgehende beschleunigte Selbstübersteigung des „Fortschritts" lässt zwar eine Differenzierung der „Krise" des 20. Jahrhunderts von allen anderen Krisenzeiten zu, ordnet aber *beiden* eine Ähnlichkeitsbeziehung innerhalb der theologisch-eschatologischen formalen Zeitstruktur zu: „Ein Zerstörungspotential wurde entwickelt, das *erstmals* die gesamte Menschheit und alle Menschen einzeln in eine *apokalyptisch* zu nennende Drohung einrückt. Es ist nicht mehr das gläubig erwartete Weltgericht,

---

[198] Dass die Möglichkeit der Frage nach der *Grenze* der Beschleunigung als Grenze jedweder Geschichte systematisch in der Theorie geschichtlicher Zeiten angelegt ist, wird darüber hinaus ersichtlich, wenn eine nicht in erster Linie mit dem hier verhandelten Zusammenhang verbundene Sequenz von 1986 berücksichtigt wird. Koselleck schlussfolgert dort in der Auseinandersetzung mit den Kategorien von *Raum und Geschichte*, dass die Differenz von metahistorischen und historischen Bedingungen der Geschichten wissenschaftstheoretisch für *jede* Form von Historik essentiell sei: „Der Umschlag metahistorischer Lagen […] in geschichtliche Räume, gehört zur Fragestellung einer Historik. Ihre implizite oder explizite Verwendung ist in jeder Historiographie sichtbar" (Koselleck. Raum und Geschichte, S. 87). Als metahistorische Bedingungen möglicher Geschichten definiert Koselleck dabei jene Bedingungen, die dem Verfügungs- bzw. Handlungsmöglichkeitenraum entzogen sind und gerade dadurch diesen begrenzend bedingen. Diese metahistorischen Bedingungen sind insofern zugleich „als Bedingungen unseres Handelns […] Herausforderung menschlicher Aktion" (Koselleck. Raum und Geschichte, S. 84). Sie sind jedoch nicht atemporal und unveränderbar fixiert – und daran wird ihr Charakter als *Grenze* deutlich –, sondern es lässt sich ein historischer Wandel der Differenz zwischen metahistorischen und historischen Bedingungen als Grenze menschlicher Verfügbarkeit über diese Bedingungen diachron beobachten. Die Grenzüberschreitung der naturalen Rahmenbedingungen der Beschleunigung mit der „Krise" der Neuzeit stellt in diesem Sinne eine solche Grenzverschiebung zwischen metahistorischen und historischen Bedingungen von Geschichten dar; die Beschleunigung der „Krise" des 20. Jahrhunderts droht demgegenüber jegliche metahistorischen Minimalbedingungen zu überschreiten.

[199] Koselleck. Gibt es eine Beschleunigung der Geschichte, S. 169.

das sich von Prophetie zu Prophetie *hinausschieben* ließ, vielmehr besteht seit dem Kriegsende täglich und stündlich die Möglichkeit, die gesamte Menschheit durch atomare Strahlung zu vernichten".[200]

War *vor* der „Krise" des 20. Jahrhunderts noch gegenüber politisch signifikanten Ereignissen, die eine solche Entscheidung herbeizwingen könnten, „Verdrängung und Verzögerung in der Wahrnehmung"[201] möglich, so gilt dies für die globalisierte Gegenwart der „Krise" des 20. Jahrhunderts nicht mehr. Die bisherige Rekonstruktion von direkt und indirekt auf eine Klärung des Verhältnisses von Beschleunigung und Verzögerung abstellenden Sequenzen ermöglicht es nun, Koselleck präziser verstehen zu können, wenn er 1985 neuerlich die Begriffsgeschichte von „Krise" befragt. Denn nur vor diesem Hintergrund wird ersichtlich, wieso es neben einer „historisch und politisch" formulierbaren Frage nach den Möglichkeiten der Abwendung der „Krise" des 20. Jahrhunderts auch eine theologische geben kann: „So stellt sich die Frage, ob unser semantisches Modell der Krise als einer Letztentscheidung nicht mehr Chancen der Verwirklichung hat als jemals zuvor. Wenn dem so ist, käme alles darauf an, alle Kräfte darauf zu richten, den Untergang zu verhindern. Das *Katechon* ist *auch* eine theologische Antwort auf die Krisis."[202]

---

[200] Koselleck. Hinter tödlichen Linien, S. 235; Herv. von mir, FM.

[201] Koselleck. Raum und Geschichte, S. 96.

[202] Koselleck. Einige Fragen, S. 216–217; Herv. von mir, FM. Die folgende Argumentation geht davon aus, dass Koselleck die Argumentationsfigur des Katechon im zitierten vorletzten Absatz seiner *Fragen an die Begriffsgeschichte von „Krise"* primär im *zeitlichen* Sinne der *Verzögerung* als Element des Prozessvollzugs der „Krise" verwendet. Dies sei hier kurz erläutert: Wenn der Kosellecks Vortrag einleitende begriffsgeschichtliche Überblick zur Schlussfolgerung verleitet, der Begriff „Krise" besitze wesentlich eine zeitliche Dimension, dann ist diese zeitliche Dimension auch in der „Krise" als „Frage an die christliche Tradition" enthalten (Koselleck. Einige Fragen, S. 213). Denn *diese* Frage ist es, auf die hin Koselleck im vorletzten Absatz das Katechon als theologische Antwort identifiziert. Dass es auf das zeitliche Strukturmoment des Katechon ankommt, zeigt sich denn auch an den aus der „langen *Dauer* der bisherigen Menschheitsgeschichte" abgeleiteten „Stabilisatoren", die sich nicht nur historisch und politisch, sondern eben auch theologisch erfragen lassen (Koselleck. Einige Fragen, S. 217; Herv. von mir, FM). Die Verbindung zwischen Katechon und solchen Stabilisatoren wird ausgehend des Status des Katechon im auf den Apostel Paulus zurückgehenden theologischen Kontext ersichtlich: Hier findet sich das Katechon als Aufschub der Manifestation des Bösen in der Person des Antichristen, was zur Verzögerung der dem Jüngsten Gericht als endgültige Entscheidung vorhergehenden Scheidung zwischen Wahrheit und Lüge, Gut und Böse führt (vgl. Betz, Otto. 1963. Der Katechon. In: *New Testament Studies* 9 (3), S. 276–291). *Das Katechon ist dabei eine dämpfende und niederhaltende Gegenkraft gegenüber dem noch nicht offen ausgebrochenen, der Struktur des Geheimnisses folgenden Bösen. Der Katechon ist indes die Verkörperung dieser Gegenkraft in*

Der Zusammenhang beider „Krisen" besteht aus dieser Perspektive in der Lokalisation ihrer potenziellen Verhinderung durch Verzögerung im Horizont der (Überlebens-)Grenze politisch-sozialer Ordnungen: Denn während die „Problematik" der „Krise" der Neuzeit „darin [besteht], an eine Grenze zu kommen, die als *politische Grenze* erkannt sein will, wenn sie *sinnvoll überschritten* werden soll",[203] so kommt es für Koselleck angesichts der „Krise" des 20. Jahrhunderts „*[p]olitisch* gesprochen [...] darauf an zu wissen, wer wen oder was, wo und warum beschleunigt – *oder verzögert*".[204] Das Gemeinsame der „Krise" der Neuzeit und der des 20. Jahrhunderts ist die Aporie des „Fortschritts", sich qua notwendiger Ausschließung der Verzögerung selbst zu übersteigen und in dieser Bewegung sich blind die eigene Bedingung der Möglichkeit des Kontinuierens zu entziehen. So zeigt sich für Koselleck in einer historischen Reihe, welche mit „den Progressisten seit dem 17. Jahrhundert" beginnt, Hobbes und Kant ausdrücklich beinhaltet, und bis in die politisch-soziale Sprache des 19. Jahrhundert reicht:

---

einer konkreten Person. Koselleck verwendet nun offenkundig die Figur des Katechon nicht im personalen Bezug. Im Hinblick auf die aus der Menschheitsgeschichte ableitbaren Stabilisatoren lässt sich aber vermuten, dass die zeitliche Dimension am prägnantesten im Verbum Katechon angelegt ist, insofern es kein singuläres Ereignis, sondern den *dauernde* Einsatz der Gegenkraft als ständiges „[H]inhalten, [A]ufhalten, [H]indern" sowie „[F]esthalten, [N]iederhalten und [B]eherrschen" bezeichnet (Betz. Der Katechon, S. 279). Dass Kosellecks Referenz auf die Figur des Katechon ohne weitere Erläuterung in diesem Sinne verstanden werden könnte, ist denn auch aus der sozialen Situation der Sequenz ableitbar, innerhalb der er seine *Fragen* vorträgt: Denn Koselleck richtet seinen während der Castelgandolfo-Gespräche im August 1985 gehaltenen Vortrag nicht nur an theologisch mitunter umfänglich gebildete Adressat*innen, sondern auch an den während dieser Zusammenkunft anwesenden seinerzeitigen Papst Johannes Paul II (vgl. Michalski, Krzysztof. 1986. Vorwort. In *Über die Krise. Castelgandolfo-Gespräche 1985*. Stuttgart: Klett-Cotta, S. 7–10, hier S. 7–8). Das so mit dem Katechon markierte Element der Verzögerung als sinnvoller – streng genommen für die göttliche Ordo der Endzeit: notwendiger – Bestandteil der Erfahrungsweise einer sich beschleunigenden „Krise" soll für die weitere Argumentation festgehalten werden. Ob und zu welchem Grade Kosellecks Verwendung des Katechon als argumentative Figur *zusätzlich* eine implizite oder explizite Referenz auf die Begriffsverwendung Carl Schmitts zukommt, kann hier nicht entschieden werden. Zum Stellenwert des Katechon innerhalb Schmitts politischer Theologie vgl. Rasch, William. 2003. Messias oder Katechon? Carl Schmitts Stellung zur politischen Theologie. In *Politische Theologie. Formen und Funktionen im 20. Jahrhundert*, hrsg. Jürgen Brokoff und Jürgen Fohrmann. Paderborn: Ferdinand Schöningh, S. 39–54. Darüber hinaus zur Verbindung von Koselleck und Schmitt erneut vgl. Mehring. Begriffsgeschichte mit Carl Schmitt; Missfelder, Jan-Friedrich. 2006. Die Gegenkraft und ihre Geschichte. Carl Schmitt, Reinhart Koselleck und der Bürgerkrieg. In *Zeitschrift für Religions- und Geistesgeschichte* 58 (4), S. 310–336.

[203] Koselleck. *Kritik und Krise*, S. X; Herv. von mir, FM.

[204] Koselleck. Zeitverkürzung und Beschleunigung, S. 202; Herv. von mir, FM.

„Auch im 19. Jahrhundert war die Beteuerung üblich, dass Technik und Industrie in geometrischer Reihe *forteilen*, die Moral aber in arithmetischer Reihe *nachhinke*. Es ist diese Differenz, die offenbar seit Anbeginn zum Fortschritt gehört und seine Aporie ausmacht, dass *er selber nicht einholen kann, was er ausgelöst hat*, oder anders gewendet, dass die Planung des Fortschritts nie jene Richtung einhalten kann, in der sich der ‚Fortschritt selber' über die Köpfe der Beteiligten vollzieht."[205]

Die in *Kritik und Krise* herausgearbeitete, für die „Krise" der Neuzeit konstitutive Dialektik von Moral und Politik gilt in invertierter Form – der Dialektik von einer dem Fortschritt dienlichen Technik und Politik gegenüber einer stets zu späten Moral – für die Gegenwart der „Krise" des 20. Jahrhunderts. Gleich bleibt dabei über die Sequenzen hinweg die Art und Weise des Aufzeigens dieser aporetischen Struktur des „Fortschritts", nämlich die historisierende Betrachtung der historisch instanziierten Selbstbeschreibungssemantiken und ihrer geschichtsimmanenten Wirkmächtigkeit; *neu* gegenüber der in *Kritik und Krise* entwickelten Dialektik von Moral und Politik ist jedoch die Einbettung historischer Erfahrungsweisen des „Fortschritts" in eine Dynamik von *Beschleunigung* und *Verzögerung* mittels der Theorie geschichtlicher Zeiten. Jene Dynamik lässt sich somit als dem „Fortschritt" immanente, sich selbst beschleunigende und dabei Momente der Verzögerung ausblendende Dialektik eines *vorauseilenden* technisch-industriellen Fortschritt einerseits und der *nachhinkenden* moralischen Kompensationshaltung gegenüber den daraus resultierenden unintendierten Nebenfolgen andererseits beschreiben. Dabei handelt es sich um eine Präzisierung jener Nebenfolgen der Selbstauslegung der eigenen Zeit als „Fortschritt", die bereits in *Kritik und Krise* als „Heterogonie der Zwecke" gefasst wurde, welche als *„zeitliche Bestimmung des Politischen [...] von keiner Utopie überholt werden kann"*.[206]

Diese Einsicht, gewonnen aus der historischen Relativierung der Fortschrittssemantik im Medium der Begriffsgeschichte wie der Theorie geschichtlicher Zeiten, legt – angesichts des bisherigen Deutungsgangs ganz im Sinne eines *Nachtrags* zu dem bereits von Koselleck in *Kritik und Krise* herausgearbeiteten Verdeckungszusammenhangs – frei, „dass der Fortschritt der Neuzeit – trotz seines universellen Anspruchs – nur eine partielle Erfahrung wiedergibt, die in sich stimmig bleibt, aber *andere Erfahrungsweisen aus begreiflichen Gründen überschichtet oder verdunkelt hat*".[207]

---

[205] Koselleck. „Fortschritt" und „Niedergang", S. 181; Herv. von mir, FM.
[206] Koselleck. *Kritik und Krise*, S. X; Herv. von mir, FM. Vgl. Koselleck. „Erfahrungsraum" und „Erwartungshorizont", S. 357.
[207] Koselleck. „Fortschritt" und „Niedergang", S. 180; Herv. von mir, FM.

Die bisher betrachteten Sequenzen legen nahe, dass diese durch den „Fortschritt" invisibilisierte Erfahrungsweise die Verzögerung als einen sinnvollen, d. h. zur Beschreibung des *Ganzen* der Historizität der politisch-sozialen Ordnung beitragenden Bestandteil der geschichtlichen Selbstauslegung sowie der Erfahrungsmodalitäten historischer Zeit darstellt. Was im Zuge der zur „Krise" der Neuzeit führenden Dialektik von Moral und Politik verdeckt wird, ist nicht nur, aber auch die Verzögerung als Erfahrungsweise von geschichtlichen Abläufen. Der Erkenntnis *dieser* Aporie des „Fortschritts", welche die selbstgeltenden Größen der „Krise" der Neuzeit sowie – in graduell verschärfter Form – die „Krise" des 20. Jahrhunderts umspannt, liegt der Bestimmungsversuch gegenüber der sich „einer exakten Bestimmung entzieh[enden]" und nur symptomatologisch zu diagnostizierenden „geschichtliche[n] ‚Krise'" zugrunde.[208]

5 Kosellecks Bestimmung der geschichtlichen Krise als Form intellektueller Krisenbewältigungspraxis

Die bis hierhin erfolgte Diskussion nahm den von Koselleck am Ende seines Artikels zur „Krise" in den *Geschichtlichen Grundbegriffen* platzierten Hinweis auf die Möglichkeit einer solchen geschichtlichen Krise als Anlass, über diverse Sequenzen der Serie Koselleck *coram publico academia* hinweg die „Krise" der Neuzeit und die „Krise" des 20. Jahrhunderts als zentrale Motive seines in einer Vielzahl materialer Sequenzen vorliegenden Denkraums herauszuarbeiten. Dabei wurde die *epistemische Funktion* beider „Krisen" durch Präzisierung ihres Status als selbstgeltende Größen innerhalb seiner sowohl begriffsgeschichtlichen als auch theoretisch-methodologischen Arbeiten herausgearbeitet. In einem abschließenden Schritt soll nun plausibiliziert werden, dass die „Krise" ihre *epistemische Funktion* einerseits genau am Ausgangspunkt der von Koselleck gesetzten Bedingungen jeder – und damit vor allem auch: seiner – (Begriffs-)Geschichte und geschichtswissenschaftlichen Praxis entfaltet. Andererseits soll dadurch zugleich gezeigt werden, dass die aus der Serie Koselleck *coram publico academia* ableitbare *Lehre* als Lehre über die geschichtliche Krise verstanden werden kann. Beides zusammen lässt sich letztlich als Momente Kosellecks eigener, in Form verschiedener Sequenzen derselben Serie sich vollziehender intellektueller Krisenbewältigung beschreiben.

Zuerst soll dafür der „Krise" als *historischer* wie *systematischer* Erkenntniskategorie innerhalb Kosellecks Denkbewegung nachgegangen werden. Dafür wird entlang des von Koselleck für die Geschichtswissenschaft als elementar

---

[208] Koselleck. Krise, S. 650.

herausgehobenen epistemologischen Problems der Anschauungslosigkeit der reinen Zeit aufgezeigt, dass seine Verwendung der „Krise" als iterativer Periodisierungsbegriff ihm die systematische wie historische Bestimmung der *geschichtlichen Krise als Einheit beider „Krisen"* ermöglicht. Diese Begriffsverwendung Kosellecks der „Krise" als systematische und historische Erkenntniskategorie soll dann in einem zweiten Schritt auf der Ebene der *Darstellungsform* bereits betrachteter sowie neuer Sequenzen behandelt werden. Denn an der Darstellungsform lässt sich abschließend ablesen, dass es sich bei Kosellecks Bestimmung der geschichtlichen Krise um eine Diagnose in prognostischer Absicht handelt, die sich im Modus des Umschreibens der Geschichte(n) als intellektuelle Krisenbewältigungspraxis vollzieht.

5.1 Historizität und Systematik der „Krise"

Um den Ort, den die geschichtliche Krise als Einheit der „Krise" der Neuzeit sowie der des 20. Jahrhunderts im Denkraum Kosellecks einnimmt, genauer zu lokalisieren, soll überprüft werden, was sie von allen anderen Krisenzeiten unterscheidet. Jener Deutungsschritt, mithilfe dessen bereits die beiden anderen „Krisen" als selbstgeltende Größen aufgezeigt wurden, soll nun erneut für die geschichtliche Krise vollzogen werden.

Lässt sich, angeleitet durch die vorstehende Argumentation und den Doppelsinn des Kollektivsingulars „Geschichte", diese *geschichtliche* Krise auch als eine *historische* Krise verstehen? Denn die Tatsache, dass die „Krise" der Neuzeit sich während ihrer Herausbildung *nicht* mit diesem Namen beschrieb, sie auf der Höhe der „Krise" des 20. Jahrhundert jedoch so beschrieben werden kann, weist auf die Differenz beider „Krise" hinsichtlich ihrer geschichtlichen Ereignishaftigkeit und ihrer historischen Darstellung hin: „Gerade dass dem achtzehnten Jahrhundert der Zusammenhang der ausgeübten Kritik und der heraufkommenden Krise entging – *ein wörtliches Zeugnis für das Bewusstsein des Zusammenhanges ließ sich nicht finden* – führte zu der vorliegenden These: der kritische Prozess der Aufklärung hat die Krise im gleichen Maße heraufbeschworen, wie ihr der politische Sinn dieser Krise verdeckt blieb".[209]

---

[209] Koselleck. *Kritik und Krise*, S. 5; Herv. von mir, FM. Siehe dazu Kosellecks begriffsgeschichtlichen Befund, dass „[d]er Ausdruck der ‚Krise'" im Gegensatz zur Kritik „im achtzehnten Jahrhundert höchst selten verwandt worden und in keiner Hinsicht ein für damals zentraler Begriff [ist]. Dieser Tatbestand ist keineswegs von statistischer Zufälligkeit, sondern steht mit der Vorherrschaft der Kritik in einem spezifischen Zusammenhang"

Die Inkommensurabilität von Geschichte und Historik, die auf dem konstitutiven Differenzverhältnis zwischen Geschichte und Sprache fußt,[210] lässt sich als ein Problem beschreiben, welches Koselleck durch eine transzendental angesetzte Theorie von Geschichte und Historik[211] zu lösen gedenkt: Bei diesem Problem handelt es sich um die Historizität geschichtlicher Erfahrungsweisen und historischer Erkenntnisgewinn gleichermaßen, deren wechselseitige Beziehung zueinander ein epistemologisches Problem für die Geschichtswissenschaft bildet. Die Lösung liegt dann in einer Theorie der Geschichte, die Relationsverhältnisse beider Seiten systematisch miteinbeziehen kann, *ohne* selbst historisierbar zu sein – oder anders formuliert: ohne „von selbst in die Diachronie hineingezwungen" zu werden.[212] Deswegen benötigt die Theorie der Geschichte ein Fundament bestehend aus der systematischen Klärung „geschichtlich-anthropologische[r] Voraussetzungen" möglicher Ge-

---

(Koselleck. *Kritik und Krise*, S. 196). Die „Krise" der Neuzeit zeichnet sich der Argumentationslinie von *Kritik und Krise* folgend gerade dadurch aus, dass die bisher diskutierten Attribute der „Krise" der Neuzeit als einer selbstgeltenden Größe ihr selbst verdeckt blieben und diese Verdeckung einen entscheidenden Teil ihres geschichtlichen Eintritts bildeten: „Das Jahrhundert der Kritik und des moralischen Fortschritts hat die ‚Krise' als zentralen Begriff nicht gekannt. Und infolge der dem antithetischen Denken innewohnenden Dialektik, die mit dieser Denkstruktur intendierte Entscheidung zu verbergen, ist dies auch begreiflich" (Koselleck. *Kritik und Krise*, S. 132).

[210] Vgl. Koselleck. Erfahrungswandel und Methodenwechsel, S. 48; ferner Koselleck. Fiktion und geschichtliche Wirklichkeit; Koselleck, Reinhart. 2006. Sozialgeschichte und Begriffsgeschichte. In *Begriffsgeschichten. Studien zur Semantik und Pragmatik der politischen und sozialen Sprache*. Frankfurt am Main: Suhrkamp, S. 9–31.

[211] Dieser mehrere Sequenzen umspannende Teil der Serie Koselleck *coram publico academia* lässt sich als transzendental angesetzt bezeichnen, insofern Koselleck die außer- und vorsprachlichen Bedingungen möglicher Geschichte und Geschichten anvisiert. Dabei geht es einerseits um den Bestimmungsversuch formal-anthropologischer Kategorien, die als Bedingung der Möglichkeit historische Ereignisverläufe konstituieren (vgl. Koselleck, Reinhart. 2006. Sprachwandel und Ereignisgeschichte. In *Begriffsgeschichten. Studien zur Semantik und Pragmatik der politischen und sozialen Sprache*. Frankfurt am Main: Suhrkamp, S. 32–55; Koselleck. Sozialgeschichte und Begriffsgeschichte, S. 15–17; Koselleck. Wozu noch Historie?, S. 47–50). Und andererseits um eine wissenschaftstheoretische Behandlung der Historik in ihrer „Doppelseitigkeit [...] – sowohl Ereigniszusammenhänge wie deren Darstellung zu meinen" (Koselleck. Historik und Hermeneutik, S. 99; vgl. Koselleck. Vom Sinn und Unsinn der Geschichte, S. 19–20). Für die hier verfolgte argumentative Linie werden die der transzendentalen Historik bzw. historischen Anthropologie zugeeigneten Sequenzen nur soweit berücksichtigt, wie sie oder die in ihrem Zusammenhang stehenden einzelnen Denkbewegungen zur Beantwortung der Frage nach Kosellecks *intellektueller Krisenbewältigungspraxis* angesichts der geschichtlichen Krise beitragen.

[212] Koselleck. Erfahrungswandel und Methodenwechsel, S. 33.

Intellektuelle Krisenbewältigungspraxis der Nachkriegsgesellschaft 301

schichten, die darüber hinaus in alle Formen der historischen Darstellung Eingang finden.²¹³ Gegenüber geschichtlichen Ereignissequenzen und deren historischen Darstellungen etabliert Koselleck also 1988 in Gestalt einer *historisch-anthropologischen Skizze* eine metahistorische Position, wie er sie bereits 1976 für die Erkenntniskategorien Erfahrung und Erwartung reklamierte.

Eine solche „Metahistorie" untersucht „nicht die Bewegung, sondern die Beweglichkeit [...], nicht die Veränderung im konkreten Sinne, sondern die Veränderlichkeit".²¹⁴ Neben den „naturalen Vorbedingungen, die unabhängig vom Menschen dessen Leben ermöglichen", bestimmt Koselleck kategorial „drei formale Grundbestimmungen: Oben-Unten, Innen-Außen und Früher-Später, die alle menschlichen Geschichten in Bewegung setzen und somit die Zeitigung der Ereignisse hervortreiben".²¹⁵

Relevant für die hier verfolgte Frage nach der Historizität der *geschichtlichen Krise* ist nun nicht eine Detailrekonstruktion dieser anthropologisch fundierten Grunddifferenzen geschichtlicher Abläufe, sondern vielmehr der einer anderen Sequenz entnommene Ausblick darauf, dass die „Liste solcher Kategorien [u. a. innen/außen, oben/unten und früher/später, FM] [...] sich verlängern [ließe]", solange die Kategorien auf „jene Endlichkeit [verweisen], die Geschichte sozusagen in Bewegung versetzt, ohne dass der Inhalt oder die Richtung solcher Bewegungen damit irgendwie erfasst würde".²¹⁶ Zumindest der theoretischen Möglichkeit nach lässt sich folglich überprüfen, ob es sich bei der „Krise" in ihrem *geschichtlich-historischen* Sinne um eine solche formale Kategorie handeln könnte. Um rechtmäßig Teil der Liste von „Grundfiguren, auf die alle Geschichten rückführbar sind, auch wenn sie sich inhaltlich ins Unendliche differenzieren", zu sein, müsste die „Krise" also als „formalisiert[e] Kategori[e] [...] es ermöglichen, konkrete Geschichten zu *rekonstruieren* und vor allem *vergleichbar* zu machen".²¹⁷

Dies soll als Hinweis für die *Systematik* der „Krise" für die Aufarbeitung der und Abarbeitung an der *Historizität* der „Krise" der Neuzeit und der des 20. Jahrhunderts genommen werden, um die Reflexivität der Verwendung historisierbarer Begriffe als formale Erkenntniskategorien, die Typisierung und Vergleichbarkeit in

---

²¹³ Koselleck. Erfahrungswandel und Methodenwechsel, S. 33.
²¹⁴ Koselleck. Über die Theoriebedürftigkeit der Geschichtswissenschaft, S. 299–300.
²¹⁵ Koselleck. Wiederholungsstrukturen in Sprache und Geschichte, S. 101–103.
²¹⁶ Koselleck. Über die Theoriebedürftigkeit der Geschichtswissenschaft, S. 300.
²¹⁷ Koselleck. Einleitung (*Zeitschichten*), S. 16; Herv. von mir, FM.

der historischen Darstellung ermöglichen, zu berücksichtigen.[218] Denn wenn sich die „Krise" der Neuzeit und die des 20. Jahrhunderts als selbstgeltende Größen von allen anderen Krisenzeiten unterscheiden lassen müssen, dann gilt für den Begriff der „Krise" als Erkenntniskategorie die Notwendigkeit des Umgangs mit der Aporie der Konvergenz von Erkenntniskategorie und ihrer Eigenhistorizität, d. h. der Unmöglichkeit der simultanen Verwendung derselben Kategorie als metahistorische und historische Kategorie:[219]

> „Es ist unmöglich, derartige *erkenntnisträchtige* Kategorien *während ihrer wissenschaftlichen Verwendung selbst wieder zu historisieren.* Das freilich schließt nicht aus, dass *alle* Kategorien der wissenschaftlichen und methodisch eingefassten Erkenntnis ihrerseits in den Strom des Sprachwandels getaucht werden können, um ihre eigene situationsbedingte Relativität zu durchschauen. Aber es bleibt eine *Aporie*, dass *Kategorien der Erkenntnisfindung im Zuge ihrer Handhabung nicht selber begriffsgeschichtlich befragt werden dürfen.* Beides ist möglich, *nur nicht zur gleichen Zeit.*"[220]

Vor diesem Hintergrund lässt sich nun die Aporie der Historizität von Erkenntniskategorien in der programmatischen Anlage von *Kritik und Krise* betrachten, wenn zugestanden sein soll, dass es sich bei der Herausarbeitung der Historizität der „Krise" der Neuzeit auch um einen vorläufigen Klärungsversuch gegenüber der „Krise" des 20. Jahrhunderts handelt. In Bezug auf die *Pathogenese*, jenes Sprachbild, das die in der „Krise" der Neuzeit mündende Dialektik von Moral und Politik nur im vordergründigen Sinne als einen Krankheitsverlauf beschreibt, vergewissert Koselleck seinen Leser*innen, „[d]ass der Untertitel einer Pathogenese unserer Moderne seine Evidenz *nicht* aus der biologischen Metaphorik bezieht, sondern

---

[218] Der folgende Argumentationsgang, welcher sich als Deutungsversuch der Systematik *und* Historizität der „Krise" innerhalb Kosellecks Denkraum versteht, geht damit von Kosellecks *eigener* Frage nach einer Theorie geschichtlicher Zeiten aus, insofern eine solche Frage das Verhältnis von metahistorischen und historischen Kategorien auf eine mögliche Konvergenz hin verdichten soll und damit „*systematischen* wie auch *geschichtlichen* Charakter" hat (Koselleck. Über die Theoriebedürftigkeit der Geschichtswissenschaft, S. 302; Herv. von mir, FM).

[219] Dass sich das Problem der aporetischen Konvergenz nicht nur für systematische, d. h. mit der wissenschaftstheoretischen Selbstvergewisserung gegenüber den epistemischen Praktiken der Geschichtswissenschaft beschäftigte Abhandlungen, sondern für jede historische Darstellung stellt, liegt für Koselleck in der Beschaffenheit des spezifisch historischen Forschungsprozesses beschlossen: „Alle metahistorischen Kategorien schlagen im Zuge der Forschung um in historische Aussagen. Diesen Umschlag zu reflektieren gehört zu den Forschungsaufgaben speziell einer historischen Anthropologie, generell *jeder Historie"* (Koselleck. Über die Theoriebedürftigkeit der Geschichtswissenschaft, S. 301; Herv. von mir, FM).

[220] Koselleck und Dutt. Nachwort, S. 534–535; Herv. von mir, FM.

aus dem Leiden, das zu *diagnostizieren neue Kategorien fordert*, bedarf keiner weiteren Erläuterung".[221]

Was keiner weiteren Erläuterung bedarf, und somit zumindest für die gesamte, der Erörterung dieser Pathogenese gewidmeten Sequenz Geltung beanspruchen darf, ist die Tatsache, dass der medizinische Sinn der Pathogenese *nicht* die Bezugsgröße für den damit beschriebenen historischen Vollzug sein soll.[222] Eingedenk der Qualität der „Krise" der Neuzeit als zugleich Krise der politisch-sozialen Ordnungszusammenhänge wie auch der Modalitäten historischer Erfahrbarkeit und geschichtlicher Selbstauslegung handelt es sich bei *dieser* Pathogenese um eine *temporale* Bestimmung der Dialektik von Moral und Politik. Denn nur eine für die Temporalität des dialektischen Prozesses sensible historische Darstellung ist in der Lage, die „Krise" der Neuzeit im Horizont der „Krise" des 20. Jahrhunderts – d. h. im Horizont des „Verhältnis[ses] von Dauer und Ereignis" – zu perspektivieren: Das Problem der Darstellung und Deutung der Historizität der „Krise" der Neuzeit, ferner das Problem jeder historischen „Deutung *geschichtlicher Konflikte*", liegt in der Herausarbeitung der den Konflikten „innewohnenden Zeitqualitäten", ohne diese an substanzialisierte historische Subjekte rückbinden zu müssen. Dies ermöglicht eine rein *temporale* Beschreibung verzeitlichter intersubjektiver Zusammenhänge entlang *zeitlicher Differenzen*, wie „Brechungen oder Spannungen", welche die „Tendenz zu einem *neuen Realitätsgefüge*

---

[221] Koselleck. *Kritik und Krise*, S. XI.

[222] Zu dieser von Koselleck 1973 ergänzten Präzisierung über die *Pathogenese* siehe auch Imbrianos systematische Einordnung, der trotz des hier nun zu besprechenden Hinweises Kosellecks über „den Sinn der Verwendung eines biologischen Begriffs in der Beschreibung der Entstehung der modernen Welt" dennoch das „Risiko einer Naturalisierung" einer solchen, sich aus der medizinischen Bedeutungsdimension speisenden Beschreibung der „Krise" als Krankheitsverlaufs attestiert (Imbriano, Gennaro. 2013. „Krise" und „Pathogenese" in Reinhart Kosellecks Diagnose über die moderne Welt. In *Forum Interdisziplinäre Begriffsgeschichte* 2 (1), S. 38–48, hier S. 41). Entgegen Imbrianos Einordnung der Verwendung des Begriffs der „Krise" innerhalb von *Kritik und Krise* als einer „Übertragung der medizinischen Kategorie von Krise", um „eine Kritik am fortschrittlichen Bild der Moderne" zu ermöglichen, die der Fortschrittsutopie „das Bild der biologischen Dialektik zwischen Wachstum und Verfall entgegen[stellt]", so Imbriano. „Krise" und „Pathogenese", S. 42, soll Kosellecks Hinweis systematisch über die Serie Koselleck *coram publico academia* hinweg überprüft werden. Es soll dabei gezeigt werden, dass *nicht* der medizinische Sinn, sondern die *zeitliche* Bedeutungsdimension der „Krise" zur Beschreibung der „Krise" der Neuzeit als einer Pathogenese genommen wird. Dass es bei Kosellecks Hinweis *nicht* nur „einfach um eine Metapher, die aber keinen Biologismus impliziert" (Imbriano. „Krise" und „Pathogenese", S. 41), gehe, sondern vielmehr als Hinweis für die *epistemische Funktion* der „Krise" betrachtet werden kann, soll an Kosellecks Behandlung des epistemologischen Problems der Anschauungslosigkeit der reinen Zeit sowie an der Darstellungsform der Serie Koselleck *coram publico academia* als intellektuelle Krisenbewältigung im Modus des *Umschreibens* veranschaulicht werden.

ausdrücken können. Unversehens kommen so unterschiedliche Zeitverhältnisse, *Beschleunigungs-* und *Verzögerungs*faktoren ins Spiel".[223]

Mit anderen Worten benötigt die adäquate historische Darstellung der Historizität der „Krise" eine *Begriffsform*, welche die Temporalität des dargestellten Verlaufs auf metahistorischer Ebene erfasst und das beschriebene Phänomen in seiner Einmaligkeit, aber auch potenziellen Wiederholbarkeit einbettet, um die irreversible Ereignishaftigkeit der „Krise" in einen historischen Vergleichshorizont einzutragen. Dass es sich bei der Pathogenese nicht um eine medizinische, sondern um eine zeitliche Diagnose handelt, verweist auf die zeitliche Bedeutungsdimension der „Krise", so wie sie Koselleck selbst prägnant heraushebt: Denn dieser Begriff „war ein Begriff, der *immer* eine *zeitliche Dimension* mitsetzte, der, modern gesprochen, wenn man so will, eigentlich eine *Zeittheorie* implizierte".[224]

Wenn die Darstellung der Dialektik von Moral und Politik in ihrer historischen Eigenzeitlichkeit von Koselleck in *Kritik und Krise* mithilfe der „Krise" beschrieben wird, dann ist es genau diese der „Krise" immanente zeitliche Dimension bzw. Zeittheorie, die den historischen Aussagen die zeittheoretische Fundierung verleiht – eine Notwendigkeit, die für „*jede historische Aussage*, die von theoretischen Prämissen zur empirischen Forschung hinüberführt", gilt.[225] Und eine Notwendigkeit, die ebenso im Falle der in *Kritik und Krise* beschriebenen Geschichte der „Krise" der Neuzeit gilt: Die „Krise" und die durch sie ermöglichten temporalen Beschreibungskapazitäten[226] leiten eben jenen Übergang von theoretisch gesetzten

---

[223] Koselleck. Über die Theoriebedürftigkeit der Geschichtswissenschaft, S. 307–308; Herv. von mir, FM.

[224] Koselleck. Einige Fragen, S. 204; Herv. von mir, FM.

[225] Koselleck. Geschichte, Geschichten und formale Zeitstrukturen, S. 130–143, hier S. 133; Herv. von mir, FM. Vgl. Koselleck. Darstellung Ereignis und Struktur, S. 152.

[226] Allgemeine temporale Beschreibungsinstrumente, die eine adäquate Darstellung der Eigenzeitlichkeit historischer Phänomene ermöglichen, sind nach Koselleck formal aus einer kombinatorischen Typologie aus Einmaligkeit, Wiederholbarkeit und Gleichzeitigkeit des Ungleichzeitigen ableitbar: Der „Fortschritt, die Dekadenz, Beschleunigung oder Verzögerung, das Noch-Nicht und das Nicht-mehr, das Früher- oder Später-als, das Zufrüh oder Zuspät, die Situation und die Dauer" (Koselleck. Geschichte, Geschichten und formale Zeitstrukturen, S. 133). Die bisher erfolgte Rekonstruktion der Begriffsgeschichte sowie Kosellecks eigener Verwendung der „Krise" lassen die Vermutung plausibel erscheinen, dass all diese Temporalbestimmungen *auch* durch die im Begriff der „Krise" liegende zeitliche Dimension ausgedrückt werden können. Dass es sich dabei *nicht* um einen sprachlichen Zufall handelt, stellt Koselleck im Falle der – wie sich gezeigt hat: für die Bestimmung der *geschichtlichen Krise* entscheidenden – Beschleunigung selbst heraus: „Der gemeinsame Oberbegriff für die apokalyptische Zeitverkürzung, die dem Jüngsten Gericht vorausgehen, und für die geschichtliche Beschleunigung ist ‚Krise'. Sollte das *nur* ein sprachlicher Zufall sein?" (Koselleck. Einige Fragen, S. 215; Herv. von mir, FM).

Prämissen zur empirischen Forschung in Form des „*heuristischen Zugriff[s]*", um den Zusammenhang zwischen der utopischen Geschichtsphilosophie und der seit 1789 entfesselten Revolution zu klären", der „in dem *vorausgesetzten Zusammenhang* zwischen der Kritik und der Krise [liegt]".[227]

Dies für die Sequenz von *Kritik und Krise* zugestanden, und mit Blick auf die geschichtliche Krise als Einheit der „Krise" der Neuzeit und der des 20. Jahrhunderts, lässt sich in einem weiteren Deutungsschritt überprüfen, ob die zeitliche Dimension der „Krise" nicht auch als mögliche Lösung für mit der Aporie metahistorischer und historischer Erkenntniskategorien verbundene Probleme der Geschichte und ihrer historischen Darstellung Geltung beanspruchen kann. Anders formuliert: Am epistemologischen Problem der Darstellbarkeit von Temporalität selbst – *Zeit*[228] – lässt sich die Frage nach der *Systematik* der „Krise" unter Hinzunahme weiterer Sequenzen präziser beantworten.

---

[227] Koselleck. *Kritik und Krise*, S. 5; Herv. von mir, FM.

[228] Wie Palonen. *Die Entzauberung der Begriffe*, S. 285 anmerkt, hat Koselleck zu Lebzeiten an einem Artikel zu ‚Zeit/Zeitalter' für die *Geschichtlichen Grundbegriffe* gearbeitet, der trotz seiner Nicht-Fertigstellung in den Horizont der in Aufsätzen und Vorträgen entwickelten Theorie geschichtlicher Zeiten gestellt werden kann. Vielleicht hätte Koselleck in diesem Artikel das hier nun behandelte Problem der Anschauungslosigkeit der reinen Zeit versucht zu lösen – zumindest hätte er es wohl thematisiert. Palonen jedenfalls identifiziert zwei verschiedene Ansätze Kosellecks, die konzeptionell in der Lage wären, das Problem der Anschauungslosigkeit der reinen Zeit dergestalt aufzulösen, als dass sie den „Sinnbezirk Zeit" (Palonen. *Die Entzauberung der Begriffe*, S. 284) zu thematisieren erlauben: Gegenüber den Zeitschichten einerseits, deren geologisch-räumliche Metaphorik trotz aller Abstraktionsleistung der zeittheoretischen Begriffsbildung noch ganz im Bann der Notwendigkeit einer metaphorischen Kompensationsbeschreibung zu stehen scheint, schlägt Koselleck andererseits in Form eines „Gedankenexperiments" vor, die drei Zeitdimensionen von Gegenwart, Vergangenheit und Zukunft in Bezug auf ihre Gegenwartsbezogenheit analog zur kategorialen Definition von Erfahrung und Erwartung jeweils relativ zueinander zu verdreifachen. In diesem Sinne hat die Vergangenheit als vergangene Gegenwart ebenso eine (vom Standpunkt der gegenwärtigen Gegenwart aus gesehen) vergangene Vergangenheit wie eine vergangene Zukunft; gleichermaßen besitzt die Zukunft als zukünftige Gegenwart eine zukünftige Vergangenheit wie zukünftige Zukunft. Während offenkundig bleibt, dass die Zeitschichten – zumindest ihrem Wortlaut nach – der Räumlichkeit von Zeitbeschreibungen nicht entkommen, muss der Vorschlag der Vervielfältigung der Zeitdimensionen innerhalb seines Kontexts betrachtet werden: genauer der gedankenexperimentellen Lösung des Problems des Verhältnisses von Geschichte und Zeitgeschichte unter Bedingungen kontinuierlich fortschreitender Zeit. Das fundamentale epistemologische Problem der Anschauungslosigkeit der *reinen* Zeit wird damit jedoch *nicht* thematisiert, obgleich diese Problematik „in das *Zentrum* der methodischen Schwierigkeiten [führt], über eine Theorie geschichtlicher Zeiten überhaupt sinnvolle Aussagen machen zu können" (Koselleck. Über die Theoriebedürftigkeit der Geschichtswissenschaft, S. 305; Herv. von mir, FM. Vgl. Koselleck. Wozu noch Historie?, S. 49; Fisch. Reinhart Koselleck und die Theorie historischer Zeiten). Kosellecks *eigener*

Gemäß Kosellecks in unterschiedlichen Sequenzen angefertigter Problembeschreibung lässt sich Zeit aufgrund ihrer konstitutiven Anschauungslosigkeit nur über die Beschreibung der Bewegung in Raumeinheiten metaphorisch anschaulich machen. Geschichte konstituiert sich in diesem Sinne als ein geschichtlicher Raum kraft der Zeit, die es zu seiner Durchmessung benötigt. Geschichtliche Räume sind somit immer auch Handlungsspielräume, die in der Form von sich in ihnen vollziehender Ereignissequenzen wie in der Form ihrer historischen Darstellung von simultanen synchronen wie diachronen Referenzen der (sich ereignenden oder dargestellten) Ereignisse durchzogen sind. Die in diesem Sinne verstandene Zeit ist, so Koselleck, nur metaphorisch zugänglich:

> *„Wer über Zeit spricht, ist auf Metaphern angewiesen.* Denn Zeit ist nur über *Bewegung* in bestimmten Raumeinheiten anschaulich zu machen. Der Weg, der von hier nach dort zurückgelegt wird, das Fortschreiten, auch der Fortschritt selber oder die Entwicklung enthalten *veranschaulichende Bilder, aus denen sich zeitliche Einsichten gewinnen lassen.* Der Historiker, der es mit Geschichten zu tun hat, kommt gar nicht umhin, sich solcher Metaphern, die der räumlichen Vorstellung entlehnt sind, zu bedienen, wenn er seine auf verschiedenen Zeiten bezogenen *Fragen* sachgerecht behandeln will."[229]

Solche metaphorischen Bilder, mittels derer sich überhaupt erst zeitliche Einsichten gewinnen lassen, besitzen ihrer räumlichen Konnotation zum Trotz eine temporale Bedeutung und übersetzen – verwendet als *historische* Kategorien – die Anschauungslosigkeit der reinen Zeit in eine an die „sinnlichen Substrate der natürlichen Anschauung" angelehnte Darstellungsweise.[230]

Darstellung zufolge berührt auch die Programmatik einer transzendentalen bzw. anthropologischen Historik das Problem der Anschauungslosigkeit der reinen Zeit *nicht*, insofern deren Formalkategorien die „anschauungsfreien Zeitbestimmungen" auf der Ebene der Historiographie bzw. der Rekonstruktion „konkrete[r] Geschichten" fundieren (Koselleck. Einleitung (*Zeitschichten*), S. 16). Die Formalkategorien operieren insofern auf der Ebene notwendiger anthropologischer Wiederholungsstrukturen von Zeiterfahrbarkeit, nicht auf der Ebene der kategorialen Thematisierung von Artikulationsformen der reinen Zeit. Siehe dazu aber die im Kontext einer Verbindung Kosellecks anthropologischer Historik mit der Theorie geschichtlicher Zeiten stehenden, aber das Thema Zeit, Zeitlichkeit und geschichtliche Zeit innerhalb Kosellecks Gesamtwerk analytisch dekomponierenden Überlegungen von Escudier, Alexandre. 2013. Von Kosellecks Anthropologie zu einer vergleichenden Topik der politischen Moderne. Ein Vorschlag. In *Zwischen Sprache und Geschichte. Zum Werk Reinhart Kosellecks*, hrsg. Carsten Dutt und Reinhard Laube. Göttingen: Wallstein, S. 196–235.
[229] Koselleck. Einleitung (*Zeitschichten*), S. 9; Herv. von mir, FM.
[230] Koselleck. Über die Theoriebedürftigkeit der Geschichtswissenschaft, S. 305.

Wie bereits gezeigt wurde, handelt es sich beim „Fortschritt" – analysiert hin auf die damit implizierte Temporallogik – um eine Zeitsemantik, die sich selbst als Kollektivsingular mit der „Krise" der Neuzeit herausbildet und dementsprechend – auch im Hinblick auf die politisch-soziale Ordnung – als metahistorisch angesetzte Erkenntniskategorie die historische (Selbst-)Auslegung als Vollzug(-smoment) des Fortschritts ermöglicht. Als Erkenntniskategorie für historische Aussagen verwendet, folgt der aus der räumlichen Metaphorik entlehnte „Fortschritt" im Sinne des oben bereits beschriebenen *geschichtlichen Kurzschlusses* der Chronologie unendlicher Progression im Horizont geschichtsphilosophisch-utopischer Endzielbestimmung. In diesem Sinne handelt es sich beim „Fortschritt" um eine für die Darstellung der Historizität der geschichtlichen Krise *defizitäre* historische Erkenntniskategorie, denn die „Krise" der Neuzeit kulminiert selbst in der Herausbildung des „Fortschritts", deren Folgelasten zur „Krise" des 20. Jahrhunderts führen. Eine adäquate historische Darstellung der Historizität der „Krise" benötigt demgegenüber eine Begriffsform, deren zeitliche Differenzierungsmöglichkeiten die Temporalität des dargestellten Verlaufs im Spektrum zwischen Einmaligkeit, Wiederholbarkeit und Dauer zu erfassen vermag. Dass zumindest die „Krise" auf der Ebene der *historischen* Aussagen eine valide Erkenntniskategorie für die Darstellung historischer Ereignissequenzen in ihrer geschichtlichen Eigentemporalität sein kann, lässt sich aus einer der Erörterung der Relation von Ereignis und Struktur innerhalb der Anlage der Theorie geschichtlicher Zeiten gewidmeten Sequenz entnehmen:

> „Um eine geschichtliche Chronologie – auch für Ereignisse – zu eruieren, bedarf es ihrer ‚Strukturierung'. Deshalb lässt sich zunächst, was heute unüblich ist, von einer diachronen Struktur sprechen. Es gibt diachrone Strukturen, die dem Verlauf von Ereignissen innewohnen. *Jede Geschichte* zeugt davon, die ihre Anlaufzeit hat, ihre Höhepunkte, Peripetien oder *Krisen* und deren Ende für die beteiligten Handlungsträger einsichtig ist."[231]

Die „Krise" erscheint in dieser Sequenz zumindest als ein *möglicher* Teil der Strukturierung chronologischer Ereignisgeschichten; sie kann zugleich angesichts der mit dem Begriff einhergehenden Zeitdimension verallgemeinert werden (und damit den Status des Beispiels verlieren), da die „Krise" selbst als Zeitform Anlaufzeiten, Höhepunkte und ein allen Beteiligten einsichtiges Ende des bisherigen Verlaufs (als Aktualisierung einer von möglichen anderen Alternativen) beschreibt.

Mehr noch, die „Krise" mit ihren Beschreibungskapazitäten für die Verschränkung von Diachronie und Synchronie innerhalb von historischen Ereignissequenzen

---

[231] Koselleck. Darstellung, Ereignis und Struktur, S. 146.

scheint – den Rang historischer Aussagen übersteigend – es zu erlauben, den „Fortschritt" als *metahistorische* Kategorie zu relativieren: Der zeitlichen Dimension nach lässt sich die „Krise" als iterativer Periodisierungsbegriff[232] verwenden, um einmalige und eigendynamisch sich zuspitzende historische Ereignissequenzen zu beschreiben, die in einer neuen Ausgangslage enden werden. Ihrer zeitlichen Verlaufsform nach sind die einmaligen Ereignissequenzen jedoch potenziell wiederholbar, weswegen diese zeitliche Form der „Krise" dazu verwendet werden kann, ähnliche historische Vollzüge hinsichtlich ihrer Ereignissukzession als krisenförmig zu periodisieren. Von *dieser* „semantischen Option her" stellt Koselleck denn auch die Frage, „ob ‚Fortschritt' der Leitbegriff für ‚Krise' ist oder ob der *iterative Periodenbegriff* von Krise der *wahre Leitbegriff* ist, unter dem auch ‚Fortschritt' zu subsumieren ist. Wenn ‚Krise' als iterativer Periodenbegriff eine *größere Erklärungskraft* beanspruchen darf, dann könnte der Fortschritt, den es unbestreitbar gibt, in sein *relatives Recht* eingewiesen werden".[233]

Werden Kosellecks eigene, aus unterschiedlichen Sequenzen herausgearbeiteten – gar von ihm stellenweise selbst thematisierten – Begriffsverwendungen der „Krise" zusammengenommen, ergibt sich ein nun klares Bild: Angesichts der

---

[232] Im Zuge seiner *Fragen an die Begriffsgeschichte von „Krise"* arbeitet Koselleck drei semantische Optionen der Begriffsverwendung heraus, bei denen es sich unter dem Gesichtspunkt der zeitlichen Dimensionierung der „Krise" und ihrer zeittheoretischen Implikationen um drei Typen der Beschreibung der Temporalität der „Krise" begriffenen Ereignissequenzen handelt. Neben der „Krise" als iterativen Periodisierungsbegriff unterscheidet dabei Koselleck noch die Verwendungsweisen als Prozessbegriff und als reinen Zukunftsbegriff: Die Verwendung der „Krise" als *Prozessbegriff* beschreibt die Interpretation des gesamten geschichtlichen Vollzugs als „Dauerkrise", insofern jede historische Situation strukturlogisch unter demselben Zwang der Wahl zwischen den von der „Krise" in Aussicht gestellten Alternativen steht (Koselleck. Einige Fragen, S. 207; vgl. Koselleck. Gibt es eine Beschleunigung der Geschichte?, S. 210). Die semantisch-temporalen „Folgelasten" (Koselleck. Einige Fragen, S. 209) des zum „Motto für die Neuzeit" aufgerückten Schiller'schen Diktums (Koselleck. Gibt es eine Beschleunigung der Geschichte?, S. 208) bestehen unter *formalen* Gesichtspunkten in der „Verzeitlichung des Jüngsten Gerichtes, das sich immer und ständig vollstreckt. Jeder Tag ist der Jüngste", (Koselleck. Einige Fragen, S. 209). Die Geschichte als Dauerkrise perspektiviert den Vollzug historischer Ereignissequenzen als (göttliche oder moralische, individuelle oder kollektive) Urteilsvollstreckung; die Geschichte selbst wird damit zugleich zur Urteilsinstanz wie zum Legitimationshintergrund weltlichen Handelns. Daneben kann die „Krise" als *reiner Zukunftsbegriff* verwendet werden, insofern die damit bezeichnete „Krise" auf „eine Letztentscheidung [zielt]", welche die Entscheidung über Fortgang oder Ende der bisherigen Geschichte darstellt; die Krise der Gegenwart entscheidet somit über die Möglichkeit der Zukunft (Koselleck. Einige Fragen, S. 208).

[233] Koselleck. Einige Fragen, S. 212; Herv. von mir, FM.

bereits erfolgten Argumentation lässt sich Kosellecks eigene Beschreibung der mit der „Krise" der Neuzeit einsetzenden geschichtlichen Selbstauslegung mittels des „Fortschritts" als Verwendung der „Krise" als Prozessbegriff fassen, insofern die sich selbst übersteigende Hypokrisie der Dialektik von Moral und Politik zeitlich gesehen die politischen Entscheidungen jederzeit der moralischen Kritikmöglichkeit – und damit: Begründungspflicht – aussetzt. Der Temporalität der „Krise" des 20. Jahrhunderts entspricht in Kosellecks Darstellung demgegenüber das semantische Modell der „Krise" als Letztentscheidung, insofern der Ausgang der „Krise" des 20. Jahrhunderts über die Möglichkeit weiterer Geschichte(n) überhaupt entscheiden wird: „Während gemessen am bisherigen Gang unserer Geschichte dieses Modell [die „Krise" als Letztentscheidung der Geschichte, FM] als utopisch bezeichnet werden muss, lässt sich nicht mehr ausschließen, dass es in Anbetracht der gegenwärtigen Selbstzerstörungsmittel alle Chancen hat, verwirklicht zu werden".[234]

Die „Krise" als iterativer Periodisierungsbegriff schließlich ermöglicht Koselleck die *systematische* wie *historische* Bestimmung der geschichtlichen Krise als Einheit beider „Krisen" durch die Herstellung von Vergleichbarkeit zwischen ihnen im Horizont der zeitlichen Verläufe möglicher (Krisen-)Geschichten. Vor diesem Hintergrund wird ersichtlich, wieso im Hinblick auf die geschichtliche Krise gerade der „Krise" gegenüber dem „Fortschritt" größere Erklärungskraft zugesprochen werden kann und warum der „Fortschritt" dadurch in sein relatives Recht eingewiesen wird: Die „Krise" in ihrer Verwendung als iterativer Periodisierungsbegriff umgeht gegenüber dem „Fortschritt" die Notwendigkeit der Perspektivierung historischer Ereignissequenzen entlang der geschichtlichen Endzielbestimmung als unendlicher, sich beschleunigender Progression. Zwar erliegt *jede* geschichtliche Darstellung nach Koselleck dem „stillschweigenden Vorgebot der Teleologie", das sich aus der Verschränkung der Standortgebundenheit und Perspektivität jeder Historik ergibt und zu einer notwendigen Setzung von Teleologien als Letztbegründungen für die Erklärung historischer Ereignisse führt.[235] Während jedoch der „Fortschritt" historische Aussagen über Ereignissequenzen innerhalb der durch ihn selbst gesetzten geschichtlichen Teleologie nur als Vollzugssequenzen seiner selbst zu treffen erlaubt, bietet die „Krise" als zeitlicher Wendepunkt zwischen zwei alternativen Möglichkeiten einen souveräneren Umgang mit diesem Grundproblem historischer Darstellung, das im Falle der „Krise" der Neuzeit und der des 20. Jahrhunderts selbst zu einem immanent geschichtlichen

---

[234] Koselleck. Einige Fragen, S. 208.
[235] Koselleck. Über die Theoriebedürftigkeit der Geschichtswissenschaft, S. 309.

Problem geworden ist. Der „Fortschritt" *verdeckt* die Möglichkeit *historischer Erkenntnis* der „Krise" des 20. Jahrhunderts als Letztentscheidung ebenso, wie er seinerzeit die historische Erkenntnis der „Krise" der Neuzeit verdeckte, nämlich aus der Dialektik von Moral und Politik hervorgetrieben zu sein.

Dieser Verdeckungszusammenhang einer *geschichtlichen Krise* wird durch die temporale Binnendifferenzierung mittels der Beschreibung historischer Ereigniszusammenhänge *als* „Krise" freigelegt. Denn auch wenn sich dem Vorgebot der Teleologie „nicht entraten" lässt, so „kann man aus dem Schema kausaler Addition und erzählender Beliebigkeit ausbrechen, indem man *Hypothesen* einführt, die *vergangene Möglichkeiten* ins Spiel bringen".[236] Die Rekonstruktion vergangener Ereigniszusammenhänge als vergangene Gegenwart einer „Krise" eignet sich dann dafür, alternative Handlungsverläufe, eben jene vergangenen Möglichkeiten, welche aus der Perspektive des „Fortschritts" nur additive Eigenmomente seiner selbst sein können, forschungspraktisch sichtbar zu machen und auf der Ebene der historischen Darstellung narrativ einzubinden. Anders formuliert, tritt die von Koselleck in den *Geschichtlichen Grundbegriffen* angedeutete geschichtliche Krise nicht nur als Ausgangspunkt von *Kritik und Krise* in Erscheinung, sondern die „Krise" operiert zugleich auf historischer und systematischer Ebene seines über die gesamte Serie von Sequenzen sich entfaltenden Denkraums.

5.2 Diagnose in prognostischer Absicht als Krisenbewältigungspraxis

All jene Sequenzen der Serie Koselleck *coram publico academia*, die zur symptomatologischen Bestimmung der geschichtlichen Krise als Einheit der „Krise" der Neuzeit und der des 20. Jahrhunderts beitragen, lassen sich ihrer *Darstellungsform* nach als eine mit der Diagnose der Pathogenese der bürgerlichen Welt beginnende und auf die Prognose der Möglichkeit der „Krise" des 20. Jahrhunderts als einer geschichtlichen Letztentscheidung zielende historische Erkenntnisgewinnung lesen. Zusammenfassend tritt dabei die Erkenntnis der „Krise" des 20. Jahrhunderts im Rückgriff auf die Historizität der „Krise" der Neuzeit über die Bestimmung der geschichtlichen Krise mithilfe der zeitlichen Differenzierungsmöglichkeiten der „Krise" in Erscheinung. Denn die „Krise" als iterativer Periodisierungsbegriff zur Verortung der „Krise" der Neuzeit und der des 20.

---

[236] Koselleck. Über die Theoriebedürftigkeit der Geschichtswissenschaft, S. 311; Herv. von mir, FM.

Jahrhunderts fungiert innerhalb der auf die Bestimmung der geschichtlichen Krise gerichteten Denkbewegung Kosellecks analog jener epistemologischen „Formalkategorien" von zugleich Geschichte und Historik, die dadurch die historische Erkenntnis konkreter Zusammenhänge gerade durch ihre strukturale Möglichkeit, das damit beschriebene Vergangene zu übersteigen, erlauben.[237] Diese spezifische Form historischer Praxis wird von Koselleck unmittelbar auf seine eigene Gegenwart bezogen, denn erst solche kategorial angesetzten Begriffe „mit dem Anspruch auf *Dauer, wiederholbare Anwendungsmöglichkeit* und *empirische Einlösbarkeit* [...] geben den Weg frei, wie eine ehemals ‚wirkliche' Geschichte *heute* überhaupt als möglich erscheinen und somit dargestellt werden kann".[238]

Die bisher vollzogene serielle Analyse legt nahe, dass es sich bei der „Krise" genau um einen solchen historischen Begriff handelt: Mit der „Krise" der Neuzeit bilden sich jene Strukturen und Folgelasten heraus, die gemäß der historischen Entwicklung *erneut* als „Krise", nämlich der des 20. Jahrhunderts, beschrieben werden können. Die empirische Einlösung findet sich faktisch erstmals in der Vergangenheit, während sie sich gegenwärtig – der semantischen Struktur der „Krise" als *Letztentscheidung* der Geschichte folgend – ankündigt.[239] Das Begreifen der Vergangenheit im Medium der historischen Darstellung weist über sie hinaus und führt zur historischen Erkenntnis der Gegenwart.

---

[237] Koselleck. Darstellung, Ereignis und Struktur, S. 154.

[238] Koselleck. Darstellung, Ereignis und Struktur, S. 154; Herv. von mir, FM.

[239] Da die „Krise" einen integraler Bestandteil der vergangenen *Erfahrung* der eigenen Historizität sowohl innerhalb der eschatologisch-apokalyptischen als auch geschichtsphilosophisch-utopischen Geschichtsauffassung darstellt, eignet sich die „Krise" auf der Ebene der Thematisierung zeitlicher Strukturen der Geschichte zur Relativierung des Selbstanspruchs der Fortschrittssemantik: Der Frage nach den zeitlichen Strukturen der Geschichte folgend, „und zwar wie sie innerhalb einer theologischen Geschichtserfahrung bereits formuliert worden sind", stellt Koselleck in einer anderen, aber im selben Jahr wie *Darstellung, Ereignis und Struktur* veröffentlichten Sequenz in Aussicht, dass „sich vielleicht auch ein *gemeinsamer Maßstab möglicher Utopiekritik* [...] finden [ließe], die sowohl die Empirie der *theologischen Eschatologie* wie die Empirie der *geschichtsphilosophischen Utopie* als *irreal* definieren ließen. Nicht dass damit die geschichtliche Wirksamkeit solcher Positionen geleugnet würde, aber die Frage, *wieweit sie einlösbar sind*, ließe sich besser beantworten", Koselleck. Geschichte, Geschichten und formale Zeitstrukturen, S. 142; Herv. von mir, FM. Gemäß der hier unternommenen seriellen Analyse lässt sich also unter diesem Gesichtspunkt eine Korrespondenz zwischen den hier behandelten Sequenzen von 1973 und der bereits oben behandelten, den Verdeckungszusammenhang der „Krise" thematisierenden Sequenz von 1980 feststellen; vgl. Koselleck. „Fortschritt" und „Niedergang".

Dies soll nun erneut ausgehend von Kosellecks Hinweis auf die sich einer exakten Bestimmung entziehenden geschichtlichen Krise überprüft werden, um abschließend in Kosellecks eigener Terminologie die hier behandelten Sequenzen der Serie Koselleck *coram publico academia* als Versuch des *Umschreibens* der Geschichte im Modus der Krisenbewältigung zu behandeln.

Eine Betrachtung der geschichtlichen Krise unter dem Gesichtspunkt ihrer Darstellungsform kann sogleich zur Präzisierung dessen beitragen, was unter dem Verlust der „alten Kraft des Begriffs" der „Krise" einerseits und Kosellecks eigenem Vorhaben, in Bezug auf die „Krise" die „Kraft der Argumente zu verstärken" andererseits, zu verstehen sei.[240] Die Ebene der Darstellungsform thematisiert die Differenz zwischen geschichtlichem Vollzug von Ereignissequenzen und deren historischer Darstellung, d. h. die Ebene der Relationsweisen von Geschichte und Sprache. Was sich in diesem Zusammenhang als historiografische Leistung für Koselleck am Beispiel Herodots zeigt, erlaubt das Verhältnis von Diagnostik und Prognostik in Sequenzen Kosellecks *eigener* Darstellung der geschichtlichen Krise schärfer zu fassen: Herodots *Histories apodexis* gilt Koselleck als „scharfsinnige Differenzbestimmung" der temporalen Strukturen von historischen Ereignissequenzen und sprachlichen Beschreibungsmöglichkeiten, insofern es allein die Sprache erlaubt, mögliche, d. h. alternative, Vollzüge der Geschichte zu thematisieren.[241] Durch Sprache lässt sich die Einmaligkeit einer historischen Situation hin zu ihrer Wiederholbarkeit übersteigen. Ihrer Form nach vollzieht sich diese Übersetzungsleistung als „*Diagnos[e]* in *prognostischer*, also auch in pragmatischer Absicht, um eine Zukunft zu beeinflussen, die im einzelnen *unbekannt*, in ihren *geschichtlichen Möglichkeiten* aber *erkennbar* ist".[242]

Zumindest für Herodot – vielleicht auch für Koselleck – stellt sich diese diagnostische Prognose als Diskussion einer „offenen *Entscheidungslage*" dar, innerhalb derer die „*Argumente* selbst [nicht] in der Situation auf[gehen], auf die sie bezogen sind. Damit werden sie *übertragbar und wiederholbar*".[243] Im Hinblick auf die bereits erfolgte Diskussion von Kosellecks Hinweis, dass es sich bei *Kritik und Krise* um eine historisch zu verstehende Diagnose der „Krise" der Neuzeit handelt, lässt sich hinsichtlich ihrer Darstellungsform von einer Formparallele zwischen Herodots historiografischer Leistung und *mindestens* einer Sequenz der

---

[240] Koselleck. Krise, S. 649; Koselleck. Einige Fragen, S. 203.
[241] Koselleck. Sprachwandel und Ereignisgeschichte, S. 36.
[242] Koselleck. Sprachwandel und Ereignisgeschichte, S. 39; Herv. von mir, FM.
[243] Koselleck. Sprachwandel und Ereignisgeschichte, S. 38; Herv. von mir, FM.

Serie Koselleck *coram publico academia* sprechen: In dieser Perspektive handelt es sich bei *Kritik und Krise* um die Thematisierung einer *vergangenen* offenen Entscheidungslage um – ganz der Semantik der „Krise" folgend – die *alte Kraft der Argumente* auf die „Krise" des 20. Jahrhunderts zu übertragen. Die geschichtliche Krise mag sich im *Einzelnen* entziehen, ihre *geschichtlichen Möglichkeiten* lassen sich jedoch durch Rückgriff in die Vergangenheit für die Gegenwart ganz im Sinne der Entscheidungsalternativen der „Krise" erkennen. Eine solche, der Form nach als eine Diagnose in prognostischer Absicht verfahrende historische Darstellung enthält einen unweigerlichen Gegenwartsbezug.[244]

Im Falle der „Krise", so lässt sich vermuten, geht der prognostische Charakter mit dem Versuch ihrer Bewältigung einher. Beide Momente, jener der Gegenwartsbezogenheit wie jener der Bewältigung, werden nun für Kosellecks Darstellungsweise der geschichtlichen Krise aufgezeigt, um der daran sichtbar werdenden Praxis intellektueller Krisenbewältigung auf die Spur zu kommen.

---

[244] Innerhalb der breiten Diskussion zu Kosellecks Darstellung der Aufklärung ausgehend von *Kritik und Krise* betont auch Missfelder deren wesentliche Gegenwartsbezogenheit, die sich auch nicht durch das von Koselleck als Antwort auf die anfängliche Rezeption seiner Dissertation hin ergänzte Vorwort gänzlich ausräumen lässt (Missfelder, Jan-Friedrich. 2013. Weltbürgerkrieg und Wiederholungsstruktur. Zum Zusammenhang zwischen Utopiekritik und Historik bei Reinhart Koselleck. In *Reinhart Koselleck – Sprache und Geschichte*, hrsg. Carsten Dutt und Reinhard Laube. Göttingen: Wallstein, S. 268–286, hier S. 268–271). Während Missfelder die werkgenetische Bedeutung des Weltbürgerkriegs als „historische Kategorie und als formale Wiederholungsstruktur" (Missfelder. Weltbürgerkrieg, S. 286) identifiziert, versucht die hier entwickelte Position der „Krise" zu folgen, um die Gegenwartsbezogenheit für verschiedene Sequenzen aufzuzeigen. Dabei wird, wie aus der bisherigen Argumentation entlang der „Krise" der Neuzeit und der des 20. Jahrhunderts ersichtlich geworden ist, ebenso eine Verbindungslinie „zwischen dem Interesse des frühen Koselleck an der Dekonstruktion der Aufklärung und dem des späteren Koselleck an der Analyse formaler Zeitstrukturen" ausgehend der in *Kritik und Krise* formulierten Programmatik unterstellt (Missfelder. Weltbürgerkrieg, S. 285–286). Trotz vieler Ähnlichkeiten geht es der hier vertretenen Argumentation nicht um die „*analytische Funktion* des Weltbürgerkriegsbegriffes für die historiographische Verknüpfung der Geschichte des 18. Jahrhunderts und der eigenen Gegenwart" (Missfelder. Weltbürgerkrieg, S. 279, Herv. von mir, FM) Kosellecks, sondern um die epistemische Funktion der „Krise" in Kosellecks Bestimmungsversuch gegenüber der Möglichkeit einer geschichtlichen Krise. Insofern lässt sich die folgende Argumentationslinie auch als Versuch der Ergänzung zu Missfelders prononcierter Herausarbeitung des *systematischen* und *historischen* Status der Kategorie des Weltbürgerkriegs innerhalb der inhaltlichen wie darstellungstechnischen Dimension der behandelten Sequenzen lesen, wenn das Problem der Denkfigur des Weltbürgerkriegs als Verbindung zwischen der „Krise" der Neuzeit und der „Krise" des 20. Jahrhunderts genommen werden kann, über das im Medium historischer Reflexion eine Lehre zu vermitteln sei.

5.3 Diagnostischer Gegenwartsbezug und prognostische Bewältigung

Wenn es stimmt, dass die Begriffe der politisch-sozialen Sprache eingedenk ihres Janusgesichts mit der „Krise" der Neuzeit in ihrer damaligen (Um-)Prägung uns *heute* unmittelbar noch verständlich sind,[245] dann lässt sich überprüfen, ob der zentrale (*Zeit*-)Begriff der „Krise" eine *geschichtsordnende* Funktion in Kosellecks Beschreibungen der Historie der Gegenwart haben kann. Dies lässt sich an der Behauptung festmachen, dass *jede* geschichtliche Darstellung – neben der Konditionierung historischer Aussagen durch Quellenexegese – auf die Verwendung *historischer Begriffe* angewiesen bleibt, „die sowohl die Fülle *vergangener* Ereigniszusammenhänge abdecken wie auch *heute*, von ihm [dem Historiker, FM] selber und seinen Lesern, verstanden werden müssen".[246] Solcherart qualifiziert-historische Begriffe dienen also, anders formuliert, der Übersetzung des Vergangenen in gegenwärtige Verständlichkeit. In Rückgriff auf solche historischen Begriffe folgt die von ihnen ausgehende geschichtliche Darstellung dem „strukturalen Anspruch" dieser Begriffsform, Ereignisse und Strukturen, Einmaligkeit, Wiederholbarkeit und Langfristigkeit gleichermaßen zur Sprache zu bringen und damit „die Vergangenheit ,*begreifen*' zu lassen".[247] Dieses Begreifen der Geschichte, was Koselleck an anderer Stelle als *rechtes Begreifen* bezeichnet,[248] enthält systematisch eine Andeutung der wesentlichen Gegenwartsbezogenheit der Historik, insofern

---

[245] Spätestens an dieser Stelle wird offensichtlich, dass die *janusgesichtige* Sattelzeit nicht nur zwei zeitliche Referenzpunkte impliziert, von denen aus jeweils das diesen Referenzpunkten zu- und abgewendete Gesicht sichtbar wird. Vielmehr legt das Janusgesicht nahe, dass es einen *transhistorischen* Blickpunkt benötigt, um es in seiner Gesamtheit zu sehen – vor allem dann, wenn die Gegenwart sich noch im privilegierten Blickvektor eines der beiden Gesichter im Medium unmittelbarer Verständlichkeit befindet (vgl. Koselleck. Einleitung (*Gesch. Grund.*), S. XV). Dieses Problem wird jedoch, wie im Folgenden dargestellt werden soll, von der radikalen Gegenwartsbezogenheit jeder Historik letztendlich unterlaufen. Dabei soll auch gezeigt werden, dass nicht nur das Janusgesicht der Sattelzeit – wie bereits herausgearbeitet – sich mit der „Krise" der Neuzeit identifizieren lässt, sondern dass die notwendig gegenwartsbezogene Geschichtsschreibung eng mit dem Prozess der Krisenbewältigung verbunden ist. Die Figur des Janusgesichts wird im Folgenden also ihrem theoretisch-systematischen Gehalt nach auf andere Sequenzen der Serie ausgeweitet.

[246] Koselleck. Darstellung, Ereignis und Struktur, S. 153; Herv. von mir, FM.

[247] Koselleck. Darstellung, Ereignis und Struktur, S. 153–154; Herv. von mir, FM.

[248] Koselleck. Über die Verfügbarkeit der Geschichte, S. 261 und 271.

jede historische „Begrifflichkeit *weiter* als die vergangene Singularität, die sie zu *begreifen* hilft", reicht.[249]

Dieser Zusammenhang lässt sich nun auf Kosellecks eigene historische Darstellung der von ihm behandelten „Krisen" übertragen: Eine über den Begriff der „Krise" laufende *Diagnose* der „Krise" der Neuzeit in der Absicht, eine *Prognose* der „Krise" des 20. Jahrhunderts als geschichtlicher Letztentscheidung aufzustellen, führt aus dieser Perspektive zum Begriff der geschichtlichen Krise.

Doch dieses Vorgehen, sofern es sich im Medium der historischen Darstellung – begriffsgeschichtlich und durch die Theorie der geschichtlichen Zeit informiert – vollzieht, ist selbst in dem Sinne historisch instanziiert, als sein Ausgangspunkt in der *Gegenwart* zu verorten ist. Angesichts der formalen Bestimmung der Modalitäten geschichtlicher Erfahrung entlang der zeitlichen Differenzierung von Einmaligkeit, Wiederholbarkeit und Langfristigkeit geschichtlicher Erfahrungen leitet Koselleck die Gegenwartsgebundenheit *jeder* Form von historischer Darstellung ab: Wenn die drei Temporalmodi „gleichursprünglich Geschichten ermöglichen", lässt sich ein gegenwärtiger „*Erfahrungsdruck*" zwar als zeitlich binnendifferenziert konzeptualisieren, als phänomenale Erfahrung bildet die Gegenwart jedoch den Ausgangspunkt jeder Historik.[250] Insofern sind „die Methoden, die ein Historiker verwendet, um geschichtliche Erfahrungen in Erzählungen und Wissenschaft zu transportieren, [...] immer gegenwärtig, *auf die gegenwärtige Erfahrung* bezogen, in ihr müssen sie sich bewähren, auch wenn der zu ermittelnde Sachverhalt zurückliegt".[251]

In Anbetracht solcher erfahrungsmäßigen Gegenwartsgebundenheit als notwendiger Voraussetzung jeder Historik lässt sich für Koselleck in einer anderen, der begriffsgeschichtlichen Perspektivierung der Zeitgeschichte gewidmeten Sequenz auf die Identität von Geschichte, Zeit- und Gegenwartsgeschichte schließen: „Jede Geschichte ist Zeitgeschichte, und jede Geschichte war, ist und wird sein: Gegenwartsgeschichte".[252] Denn die historische Darstellung operiert dabei in ihrem Gegenwartsbezug zugleich synchron und diachron. Einerseits

---

[249] Koselleck. Darstellung, Ereignis und Struktur, S. 154; Herv. von mir, FM.
[250] Koselleck. Erfahrungswandel und Methodenwechsel, S. 40–41; Herv. von mir, FM.
[251] Koselleck. Erfahrungswandel und Methodenwechsel, S. 41; Herv. von mir, FM.
[252] Koselleck, Reinhart. 2015. Stetigkeit und Wandel aller Zeitgeschichten. Begriffsgeschichtliche Anmerkungen. In *Zeitschichten. Studien zur Historik*. 4. Aufl. Frankfurt am Main: Suhrkamp, S. 246–264, hier S. 249.

besteht zwischen dem Ablauf von Ereignissequenzen, von denen die Zeitgeschichte sich ausnimmt, und deren methodisch kontrollierter Darstellung ein Verhältnis der Synchronie. Andererseits aber folgt jede zeitgeschichtliche Darstellung zugleich dem Gebot der Diachronie zwecks Ordnung verschiedener Zeitabfolgen. Aus dieser Perspektive gibt es aufgrund der Einheit von Synchronie und Diachronie als Fundament jeder Zeitgeschichte „keine *reine* Zeitgeschichte"; der zeitliche Bezug der gegenwartsbezogenen Zeitgeschichte verläuft dieser Logik folgend, bzw. „*lebensweltlich* gesprochen von *heute* aus *zurück* in die Vergangenheit, in der *schriftlichen Darbietung* aber von *früher* nach *heute*".[253]

Wenn Kosellecks eigene historische Darstellung ebenfalls eine solche gegenwartsbezogene, d. h. lebensweltlich motivierte und an der ihm gegenwärtigen „Krise" des 20. Jahrhunderts orientierte Darstellung ist, so folgt der historisierende Rückgriff auf die „Krise" der Neuzeit dem Zweck einer Klärung der Gegenwart. Und ebenso folgt die Darstellung der Zeitabfolge zwischen beiden „Krisen" als beschleunigter Prozess zwischen zwei sich voneinander, aber im Sinne der Möglichkeit einer geschichtlichen Krise verbundenen historischen Wendepunkten genau der Logik der Zeitgeschichte – die eine Logik *jeder* Geschichte ist: Denn ganz im Sinne der Zeitgeschichtsschreibung nähme sich diese historische Darstellung aus von einem „Ereignissch[ub]", der als „Höhepunk[t] aller bisherigen Geschichten erfahren [wird]", um die Geschichte dieses *gegenwärtigen* Höhepunkts im historischen Lichte eines *vergangenen*, als Höhepunkt erfahrenen Ereignisschubs zu schreiben.[254] Gerade die Theorie geschichtlicher Zeiten ermöglicht die zugleich historische wie zeitverhältnismäßige Verbindung beider höhepunktartigen Ereignisschübe – der „Krise" der Neuzeit sowie jener des 20. Jahrhunderts – ebenso, wie es Herodot seinerzeit der Zeitgeschichte ermöglicht hat, heterogene Zeitfolgen „in einen gemeinsamen zeitgeschichtlichen Horizont einzurücken".[255]

Die Gegenwartsgebundenheit sowie der von ihr ausgehende Erfahrungsdruck der historischen Darstellung, näherhin der als Diagnose in prognostischer Absicht unternommene Versuch, zu einem Begriff der geschichtlichen Krise zu gelangen, lässt sich in Anlehnung an Kosellecks eigene terminologische Prägung des *Umschreibens* als Modalität historischer Darstellungen weiter ausschärfen. Das Argument, dass es sich bei einem solchen, von einem gegenwärtigen Erfahrungsdruck ausgehenden Umschreiben um einen Bewältigungsakt im Medium der Historik handeln kann, soll dazu dienen, in einem letzten argumentativen Schritt ausmessen

---

[253] Koselleck. Stetigkeit und Wandel aller Zeitgeschichten, S. 253; Herv. von mir, FM.
[254] Koselleck. Stetigkeit und Wandel aller Zeitgeschichten, S. 251.
[255] Koselleck. Stetigkeit und Wandel aller Zeitgeschichten, S. 254.

zu können, welche *Lehre* sich aus der Serie Koselleck *coram publico academia* ziehen lässt, wenn sie als Versuch des Umschreibens der Geschichte im Modus der Krisenbewältigung gelesen wird.[256]

Als Anlass des *Umschreibens*[257] der Geschichte bestimmt Koselleck die Revisionsbedürftigkeit des früheren Begründungszusammenhangs, innerhalb dessen

---

[256] Palonen weist darauf hin, dass das im Folgenden behandelte *Umschreiben* der Geschichte zwar „von Koselleck nicht namentlich auf die Begriffsgeschichte bezogen wird", jedoch „[i]n einem gewissen Sinn [...] die begriffsgeschichtlichen Studien fast das Paradigma einer Perspektive auf die Geschichte [bilden], in dem die Umschreibung schon enthalten ist" (Palonen. *Die Entzauberung der Begriffe*, S. 307). Demnach bilden zumindest jene der Begriffsgeschichte zugeordneten Sequenzen nicht nur eine Form der Historisierung der politisch-sozialen Semantik, sondern können als Versuch des Umschreibens gelesen werden. Diese Überlegung rückt denn auch in invertierter Form erneut andere Sequenzen der Serie in Reichweite, insofern der durch Erfahrungswandel ausgelöste Kompensationsversuch des Umschreibens der Geschichte im Horizont einer Neuerfahrung – wie zu zeigen sein wird: im Sinne des Umschreibens als *intellektuelle Bewältigungspraxis* – „auch eine begriffsgeschichtliche Bedeutung als Infragestellung des Fortschritts- und Beschleunigungsparadigmas der Verzeitlichung hat" (Palonen. *Die Entzauberung der Begriffe*, S. 305). Diese über das Umschreiben in Verbindung zu setzenden Sequenzen der Serie versucht die folgende Argumentation auf der Ebene der Darstellungsform zu verhandeln.

[257] Hier sei daran zu erinnern, gegenüber welchen anderen Darstellungsformen der Historik Koselleck 1989 das Umschreiben qualifiziert und abgrenzt: Neben dem Umschreiben identifiziert Koselleck noch das Auf- und Fortschreiben als zwei komplementäre Modi der historischen Darstellung mit je zurechenbaren Erkenntnisleistungen, die zwecks Spezifikation des Umschreibens als Bewältigungspraxis kurz zusammengefasst werden sollen. Unter dem *Aufschreiben* versteht Koselleck den Moment der ersten schriftlichen Darstellung einer historischen Ereignissequenz. Dieser Moment der ersten sprachlichen Verarbeitung konstituiert deren Geschichte und überführt die „vergangene Wirklichkeit" in den „Status einer geschriebenen Geschichte" (Koselleck. Sprachwandel und Ereignisgeschichte, S. 50). Die Einmaligkeit und Irreversibilität von erfahrenen Ereignissen evoziert das Aufschreiben als Übersetzung der gemachten Erfahrung in historische Erkenntnis in Form einer historischen Frage nach vergangenen Ereignissen und deren Geworden-Sein aus der Perspektive der unmittelbaren Gegenwart. Eine einmalige Erfahrung wird so in die Gegenwart überdauernde Erkenntnis übersetzt; der methodische Fokus der historischen Darstellung liegt gleichsam auf der Ermittlung der konkreten Einmaligkeit des aufgeschriebenen Ereignisses unter Einordnung des einmaligen Ereignisses in den Horizont anderer geschichtlicher Möglichkeiten (vgl. Koselleck. Erfahrungswandel und Methodenwechsel, S. 42–43). Zugleich wird die Differenz zwischen Geschichte und ihrer Darstellung in die sich so konstituierte Geschichte eingeschrieben, insofern aus der Perspektive der Historiographie die sprachliche Darstellung gegenüber der vergangenen Wirklichkeit nach dem Akt des Aufschreibens einen epistemologischen Primat besetzt, denn die historische Darstellung übersteigt die Einmaligkeit der Ereignisabfolge durch Angaben von potentiell wiederholbaren Gründen, die zu diesen Ereignissequenzen geführt haben. Die Historik gewinnt so gegenüber der wirklichen Geschichte nicht nur ein zeitliches Surplus in Form potentieller Übertragbarkeit der Erklärungsversuche

Geschichten auf- und fortgeschrieben worden sind: „Geschichten werden erst dann umgeschrieben, wenn der bisher glaubwürdige Begründungszusammenhang unglaubwürdig, brüchig geworden ist".[258] Zwar lassen sich historische Vollzüge des Umschreibens im Sinne der Entwicklung der historisch-philologischen Methode als (geschichts-)wissenschaftlicher Fortschritt betrachten; fundiert werden Akte des Umschreibens der Geschichte aber durch das „[E]ntstehen *neue[r] Fragen*, die sich mit den tradierten Geschichten nicht mehr beantworten lassen. [...] So werden rückwirkend die überlieferten Geschichten in *neue Begründungszusammenhänge* eingerückt, um mit der eigenen, *neuen und veränderten Erfahrung kompatibel zu bleiben*".[259]

Ausgangspunkt des Umschreibens bildet damit der gegenwartsbezogene „*Druck eines Erfahrungswandels*".[260] Dies lässt sich nun auf unter anderem Gesichtspunkt bereits betrachtete Sequenzen beziehen: Die im obigen Sinne als Diagnose in prognostischer Absicht bestimmte Auseinandersetzung Kosellecks mit der geschichtlichen Krise erscheint unter dem Aspekt ihrer Gegenwartsbezogenheit ebenso als ein *Umschreiben* der Geschichte, das vom Erfahrungsdruck der heraufziehenden „Krise" des 20. Jahrhunderts ausgeht. Dabei ist es der sich mit der

---

auf ähnliche Situationen, sondern auch ein *sinnhaftes* Surplus: Jede Erklärung geschichtlicher Ereignisabfolgen ist angewiesen auf „implizite oder explizite Letztbegründungen, die einer Geschichte Konsistenz, vielleicht sogar *Sinn* verleihen. [...] Immer sind es die sprachlich fixierten Gründe, die den einmaligen Ereignisfolgen ihren relativ dauerhaften *Sinn* oder eine spezifische Bedeutung verleihen" (Koselleck. Sprachwandel und Ereignisgeschichte, S. 50; Herv. von mir, FM). Beim *Fortschreiben* der Geschichte handelt es sich dagegen um die Ergänzung der tradierten Geschichten um neue Geschichten unter Bedingungen der relativen Invarianz bzw. Stabilität der zur Erklärung geschichtlicher Ereignisse angeführten Begründungen und Deutungsschemata. Auch wenn einmalige Ereignisse überraschen mögen, können sie in den bestehenden, schriftlich fixierten explanativen Erfahrungshorizont integriert werden (vgl. Koselleck. Sprachwandel und Ereignisgeschichte, S. 50–51). Das Fortschreiben kann somit als Akkumulationsweise geschichtlicher Erfahrung beschrieben werden, da die diachrone Sukzession der Geschichte durch das Umschreiben qua Reflexion der den Ereignissequenzen inhärenten Zeitfristen systematisch geordnet wird. Die genuine Erkenntnisleistung des Fortschreibens besteht somit in der Aggregation disparater Geschichten zu einem geschichtlichen Gesamtzusammenhang, der zugleich offenlässt, einzelne Geschichten in ihrer Einmaligkeit vor dem Hintergrund dieses Gesamtzusammenhangs zu erkennen. Dies erlaubt Vergleichsmöglichkeiten zwischen synchronen und diachronen Verhältnissen zwischen Eigen- und Fremderfahrungen (vgl. Koselleck. Erfahrungswandel und Methodenwechsel, S. 47–49).

[258] Koselleck. Sprachwandel und Ereignisgeschichte, S. 51.

[259] Koselleck. Sprachwandel und Ereignisgeschichte, S. 52; Herv. von mir, FM.

[260] Koselleck. Sprachwandel und Ereignisgeschichte, S. 52; Herv. von mir, FM.

„Krise" der Neuzeit herausbildende „Fortschritt", dessen geschichtliche Selbstauslegung der eigenen Gegenwart nicht mehr mit diesem Erfahrungsdruck kompatibel erscheint. Die in der „Krise" des 20. Jahrhunderts mündende Selbstübersteigung des „Fortschritts" und dessen als geschichtlicher Kurzschluss behandelte Erfahrungsweise der Historizität der eigenen Gegenwart bilden einen *unglaubwürdig gewordenen Begründungszusammenhang*, gegenüber dem die verloren gegangene alte Kraft der von der „Krise" als Begriff ausgehenden Argumente es ermöglicht, die „Krise" des 20. Jahrhunderts in den neuen Begründungszusammenhang der geschichtlichen Krise einzurücken.

Hinsichtlich des Umschreibens lässt sich bezüglich der geschichtsordnenden Funktion der „Krise" für die Serie Kosellecks *coram publico academia* plausibel von der *epistemischen Funktion* der „Krise" sprechen. Jedoch besteht das Umschreiben als Prozess der langfristigen Neuordnung der Geschichte, ausgelöst durch einen gegenwärtigen Erfahrungsdruck, zugleich aus dem praktischen Moment der *Bewältigung* dieses Erfahrungsdrucks. Am Umschreiben als Bewältigungspraxis, wie sich an Kosellecks Beispiel der in Bezug auf das Umschreiben epistemisch privilegierten *Besiegten* zeigen lässt, wird unter Hinzunahme weiterer Sequenzen Kosellecks eigene intellektuelle Krisenbewältigung sichtbar.

In einer der hier schon behandelten, der systematischen Erörterung der Korrespondenz von *Erfahrungswandel und Methodenwechsel* gewidmeten Sequenz von 1988 bestimmt Koselleck das gegenwartsgebundene Umschreiben des geschichtlichen *Ganzen* seitens der Besiegten als Versuch einer *Krisenbewältigung*: Die Historik der Besiegten ist Koselleck zufolge orientiert an der Darstellung langfristiger Bedingungen, die zur Erklärung der gegenwärtigen Primärerfahrung der Erwartungsenttäuschung herangezogen werden. Das Umschreiben bildet so eine *intellektuelle Bewältigungspraxis* gegenüber der Erfahrung des Besiegtwerdens, deren eigene Erkenntnischance in der durch diese Verarbeitung ermöglichten Aufdeckung geschichtlicher Wahrheit liegt: „Die Erfahrung des Besiegtwerdens enthält *Erkenntnischancen*, die ihren Anlass überdauern, gerade wenn der Besiegte genötigt ist, wegen seiner eigenen auch die übergreifende Geschichte umzuschreiben".[261]

Der Status der *geschichtlichen Wahrheit*, die als Ergebnis des Umschreibens als Krisenbewältigungsstrategie wenn nicht dauerhafte, so doch langfristige *Geltung* beanspruchen kann, lässt sich als auf potenzielle Dauer gestellte Wiederholbarkeit

---

[261] Koselleck. Erfahrungswandel und Methodenwechsel, S. 69; Herv. von mir, FM.

der dargestellten historischen Erfahrung fassen.²⁶² Durch die *historische* Verarbeitung der Primärerfahrung im Modus des Umschreibens wird die Einmaligkeit der Erfahrung in den Horizont der Vergleichbarkeit ähnlicher Situationen eingebettet – der existenzielle, weil krisenhaft erwartungsenttäuschende „Erfahrungsgewinn" bleibt so „abrufbar in analogen Lagen, ohne an Aktualisierbarkeit – oder *Wahrheit* – zu verlieren".²⁶³

Der hier formulierte Deutungsvorschlag behauptet *nicht*, dass es sich bei Koselleck um einen modernen Besiegten oder von der Moderne besiegten Geschichtsschreiber handelt. Allerdings lässt sich der Schluss ziehen, dass sich die Serie Koselleck *coram publico academia* angesichts des Zusammenhangs der „Krise" der Neuzeit mit der des 20. Jahrhunderts in der geschichtlichen Krise als ein Umschreiben der Geschichte im bis hierhin erläuterten Sinne der *intellektuellen Krisenbewältigungsstrategie* lesen lässt. Denn seit der „Krise" der Neuzeit gibt es einen „neuen Typus von Besiegten"; denjenigen, „der sich von der Geschichte oder vom Fortschritt überholt sieht oder der es sich zur Aufgabe gesetzt hat, die Entwicklung einzuholen oder zu überholen".²⁶⁴ Die krisenhafte Primärerfahrung dieses Typus des Besiegten besteht in der sich mit der „Krise" der Neuzeit herausbildenden, „*unserer[r]* spezifisch moderne[n] Erfahrung" der Beschleunigung des sich selbst übersteigenden Fortschritts.²⁶⁵ Methodisch kennzeichnet sich das durch diese Primärerfahrung freigesetzte Umschreiben durch die Perspektivierung der Geschichte entlang „zeitliche[r] Differenzbestimmung[en]".²⁶⁶ Respektive der Kombination von Begriffsgeschichte und Theorie geschichtlicher Zeiten lässt sich behaupten, Koselleck setze an diese methodischen Erkenntnisleistungen der vom Fortschritt Besiegten an. Wenn die „Krise" des 20. Jahrhunderts sich am Zukunftshorizont seiner Gegenwart abbildet, mag es sich

---

²⁶² Bekanntlich fasst Koselleck die auf seinen eigenen Primärerfahrungen der Kriegsgefangenschaft hervorgehende Wahrheit in einer Sequenz von 1995 mit dem sprachlichen Bild der geronnenen Lava (vgl. Koselleck, Reinhart. 1995. Glühende Lava, zur Erinnerung geronnen. In *Frankfurter Allgemeine Zeitung*, 06.05.1995, Beilage Bilder und Zeiten, S. 0B4). Wenn die Beschreibung dieser Sequenz als „dem vielleicht persönlichsten seiner [Kosellecks, FM] Aufsätze" gefolgt werden soll, lässt sich in dieser Hinsicht von einer *biographischen* Wahrheit sprechen (vgl. Steinmetz, Willibald. 2007. Reinhart Koselleck (23. April 1923–3. Februar 2006) – eine persönliche Danksagung und Erinnerung. In *Reinhart Koselleck 1923–2006. Reden zur Gedenkfeier am 24. Mai 2006*, hrsg. Neithard Bulst und Willibald Steinmetz. Bielefeld: Bielefelder Universitätsgespräche und Vorträge, S. 51–60, hier S. 53).

²⁶³ Koselleck. Erfahrungswandel und Methodenwechsel, S. 71; Herv. von mir, FM.

²⁶⁴ Koselleck. Erfahrungswandel und Methodenwechsel, S. 73.

²⁶⁵ Koselleck. Erfahrungswandel und Methodenwechsel, S. 73; Herv. von mir, FM.

²⁶⁶ Koselleck. Erfahrungswandel und Methodenwechsel, S. 74.

inhaltlich auch für Koselleck um ein Umschreiben eben jener „,bürgerlich[en]' Geschichte im Horizont des primär erfahrenen Fortschritts samt seinen Folgelasten" handeln.[267]

5.4 Die Lehre der geschichtlichen Krise

Es lässt sich nun abschließend danach fragen, ob der Serie Koselleck *coram publico academia*, verstanden als eines ausgehend von der „Krise" als systematischer und historischer Erkenntniskategorie ansetzenden Bewältigungsversuchs gegenüber der Gegenwart im Modus des Umschreibens, ein Moment der *Lehre* eigen ist.[268] Diese Lehre wäre eine im Medium der Historik formulierte Lehre für jemanden und über etwas. Ebenso wie die „Krise" der Neuzeit mit der „Krise" des 20. Jahrhunderts innerhalb der geschichtlichen Krise in Verbindung steht, so lässt sich

---

[267] Koselleck. Erfahrungswandel und Methodenwechsel, S. 73. Das Umschreiben der Besiegten als intellektuelle Praxis der Krisenbewältigung lässt sich an der zeitlos geltenden historischen Wahrheit veranschaulichen, die sie zutage fördert. Denn bei der primären Erfahrung, von der das Umschreiben sich ausnimmt, handelt es sich um nicht weniger als „jene nicht austauschbare Urerfahrung aller Geschichten […], dass sie anders zu verlaufen pflegen, als von den Betroffenen intendiert. Diese je einmalige Erfahrung ist nicht wählbar und bleibt unwiederholbar. Aber sie lässt sich *verarbeiten*, durch die Suche nach Gründen, die mittel- oder langfristig währen, also wiederholbar sind" (Koselleck. Erfahrungswandel und Methodenwechsel, S. 77; Herv. von mir, FM). Vor dem Hintergrund der bereits aufgezeigten Möglichkeit, über die zeitliche Dimension der „Krise" andere, d. h. alternative Vollzüge von historischen Ereignissequenzen innerhalb historischer Darstellungen zu thematisieren, erscheint die „Krise" als fungibler Begriff, die Erfahrung des alternativen Verlaufs zu verarbeiten und in historische Erkenntnis zu übersetzen. Beispielhaft lässt sich dies an folgender Parallele zwischen der „Krise" der Neuzeit und der des 20. Jahrhunderts zeigen: Einerseits liegt der Dialektik von Kritik und Krise die Blindheit der Aufklärung und des utopischen Fortschrittsideals gegenüber der „Heterogonie der Zwecke" (Koselleck. *Kritik und Krise*, S. X), zugrunde, während andererseits in der offenen Entscheidungslage der nahenden „Krise" des 20. Jahrhunderts „[o]ffenbar […] Entscheidungen fällig [sind], die, wissenschaftlich oder nicht, gewollt oder ungewollt, darüber befinden, ob und wie das Überleben auf diesem Globus möglich ist oder nicht" (Koselleck. Einige Fragen, S. 215). Der basale historische Erkenntnisgewinn der Verarbeitung beider „Krisen" im Medium der Historik liegt in der Einsicht, *dass* sich eine Alternative am krisenhaften Wendepunkt der damit beschriebenen Geschichte abseits der Intention der Beteiligten vollziehen kann.

[268] An dieser Stelle der Argumentation wird nun die Einbettung der einzelnen Sequenzen der Serie in die breitere (*Wissenschafts-*)*Öffentlichkeit* stärker berücksichtigt. Im Folgenden wird im Einklang mit vorherigen Deutungsschritten schlicht davon ausgegangen, dass die von Koselleck als allgemein gültig dargestellten Produktionsroutinen geschichtswissenschaftlicher Erkenntnisprodukte auch für *seine* Erkenntnisprodukte gelten oder gelten sollten.

im Hinblick auf die mögliche Lehre der Serie analog eine vergangene mit einer gegenwärtigen „Krise" in Verbindung setzen; diesmal jedoch – zugespitzt formuliert – in Form einer Krise der Historik.

Im Zuge des allgemeinen Problems des Verhältnisses von Theorie und Praxis der Geschichtswissenschaft, näherhin der Tatsache, dass „*jede* Geschichtsschreibung eine Funktion in der *Öffentlichkeit* ausübt", unterscheidet Koselleck in der Sequenz *Über die Theoriebedürftigkeit der Geschichtswissenschaften* 1972 die politische Funktion, „die eine Wissenschaft jederzeit haben kann, aber nicht haben muss", von ihrer politischen Implikation, „die sie entweder hat oder nicht hat".[269] Für die Geschichtswissenschaft gilt ihm dabei, dass sie „*immer*, wenn auch eine wechselnde" politische Funktion ausübt; ihre politische Implikation hängt „von der *Fragestellung* ab, die eine Forschungsrichtung verfolgt".[270] Die politische Implikation jeder Geschichtsschreibung hängt also – einmal zugestanden, dass methodische Minimalgebote der Historik befolgt werden – primär von der an die Geschichte herangetragenen Fragestellung ab, inwiefern die zutage geförderten Geschichten politische Implikationen beinhalten. Dass sie überhaupt eine politische Implikation haben kann, bezeichnet Koselleck als die „*kritisch[e] Aufgabe*, die sie als Wissenschaft gerade für *politische Probleme* haben kann (aber nicht muss)".[271]

Sowohl die politische Funktion der Geschichtswissenschaft als auch ihre politische Implikation verweisen nicht nur auf die zur Beantwortung einer Fragestellung betriebene Form der Geschichtsschreibung, sondern auch auf die Art und Weise der Rezeption ihrer Ergebnisse: Verknüpft mit der *kritischen Aufgabe* der Geschichtswissenschaft für *politische* Probleme ist denn auch die *Frage* nach der Didaktik der Geschichtswissenschaft. Jedoch, so lässt sich Kosellecks Hinweis lesen, bewegt sich diese Frage nicht nur im Bereich der Lehrbarkeit dieser Wissenschaft, sondern auch im Rahmen der Frage nach der *Lehre*, die sie im Stande ist zu vermitteln: „Wenn wir uns dem Theoriezwang stellen, werden sich *didaktische Konsequenzen* aufdrängen, die die sogenannte *Didaktik selber gar nicht finden kann*".[272] Bewegt

---

[269] Koselleck. Über die Theoriebedürftigkeit der Geschichtswissenschaft, S. 314; Herv. von mir, FM.

[270] Koselleck. Über die Theoriebedürftigkeit der Geschichtswissenschaft, S. 314; Herv. von mir, FM.

[271] Koselleck. Über die Theoriebedürftigkeit der Geschichtswissenschaft, S. 314–315; Herv. FM. Siehe dazu ergänzend zu diesem kritischen Gestus die für die Begriffsgeschichte und Theorie geschichtlicher Zeiten reklamierte Komponente der qua Historisierung ermöglichten Ideologiekritik in Koselleck. Begriffsgeschichte und Sozialgeschichte, S. 121; vgl. Koselleck. „Erfahrungsraum" und „Erwartungshorizont", S. 366.

[272] Koselleck. Über die Theoriebedürftigkeit der Geschichtswissenschaft, S. 315; Herv. von mir, FM.

sich die Frage nach der Lehrbarkeit der Geschichtswissenschaft auf dem Gebiet des Erlernens und Verfeinerns des „philologisch-historische[n] Rüstzeug[s]", so beschreibt die Frage nach der Lehre „den Weg von den Quellen zurück an die Öffentlichkeit".[273] Eine Antwort auf *beide* Fragen liegt zuerst in der Anerkennung der Notwendigkeit, nur *verkürzte* Aussagen über die Vergangenheit treffen zu können, die jede historische Aussage nicht „res factae, sondern res fictae" formulieren lässt.[274] Verkürzte Aussagen zu treffen heißt nun – im Sinne des von Koselleck in diesem Zusammenhang beispielhaft angeführten Chladenius – „verjüngte Aussagen", d. h. *gegenwartsgebundene* Aussagen zu treffen.[275] Die politische Implikation, die jede Wissenschaft hat oder nicht hat, besteht nun im reflexiven Umgang mit der Gegenwartsbezogenheit jeder Historik. Denn nur „damit gewinnt auch die *Didaktik* ihren legitimen Ort im Bereich der historischen Wissenschaft. Wir müssen uns ständig fragen, was für *uns heute* Geschichte jeweils ist, sein kann und sein soll. [...] Es kommt darauf an, die *Aporie des Historismus* aufzulösen, der davon überzeugt war, dass man aus Geschichten nicht mehr lernen könne, gleichwohl die Geschichtswissenschaft zur Lehre zählte."[276]

Obgleich, wie bis hierhin gezeigt wurde, zu Kosellecks Gegenwart die Unmöglichkeit einer *modernen Historia Magistra Vitae* sich in Geltung befindet, ist mit der politischen Implikation als Möglichkeit jeder Historik ein doppeltes Moment der *Lehre* der Historik angesprochen. Unter dem Gesichtspunkt des Projekts einer Theorie geschichtlicher Zeiten bzw. einer Theorie der Möglichkeitenbedingungen von Geschichten erscheint die damit fundierte Geschichtswissenschaft als *gelehrte* (im doppelten Wortsinn) *Historia Magistra Vitae*. Während die Lehrbarkeit im institutionell selbstregulativen Rahmen der Fachgemeinschaft verhandelt wird, hängt die Lehre maßgeblich von den Rezipient*innen ab, die zwar *auch* Teil der Fachgemeinschaft sein können, darüber hinaus aber der *Öffentlichkeit* angehören mögen.

Worüber aber hätte *diese* Lehre der Geschichte ihrer doppelten Bedeutung nach zu belehren? Diese Frage lässt sich am Beispiel einer „Krise" beantworten: Jene Szenerie, mit der Koselleck seine systematische Erörterung über die *Theoriebedürftigkeit der Geschichtswissenschaft* 1972 beendet, um danach auf praktische

---

[273] Koselleck. Über die Theoriebedürftigkeit der Geschichtswissenschaft, S. 315.
[274] Koselleck. Über die Theoriebedürftigkeit der Geschichtswissenschaft, S. 316.
[275] Koselleck. Über die Theoriebedürftigkeit der Geschichtswissenschaft, S. 315; vgl. Koselleck, Reinhart. 2015. Die Zeiten der Geschichtsschreibung. In *Zeitschichten. Studien zur Historik*. 4. Aufl. Frankfurt am Main: Suhrkamp, S. 287–297, hier S. 289 ff.; Koselleck. Standortbindung und Zeitlichkeit, S. 184 ff.
[276] Koselleck. Über die Theoriebedürftigkeit der Geschichtswissenschaft, S. 316; Herv. von mir, FM.

Folgerungen im Horizont des Reformprogramms der Bielefelder Fakultät für Geschichtswissenschaften zu sprechen zu kommen, dient ihm ein Jahr zuvor als Anlass für die Frage, *Wozu noch Historie* überhaupt betrieben werden sollte.[277] Genau jenes soeben beschriebene doppelte Moment der *Lehre* der Geschichtswissenschaften im Spannungsgefüge zwischen Fachgemeinschaft und Öffentlichkeit führt Koselleck zufolge zu einem „Missbehagen", das der Frage nach Sinn und Zweck der Historie Ausdruck verleiht.[278] Dass es sich dabei um eine Koselleck gegenwärtige „Krise" seines Faches und dessen Aufgabe handelt, lässt sich in Anbetracht der Abhängigkeit von Historik und Historismus herausstellen. Denn mit der Äußerung der Frage, wozu überhaupt noch Historie betrieben werden sollte, „hat sich offenbar die Krise des Historismus [...] *verschärft*" hin zu einer „Krise der Historie als eines strengen Forschungszweigs".[279] Bestand die „Krise" des Historismus, so wie sie Koselleck in der Sequenz von 1972 charakterisiert, in der Gefahr eines infiniten Relativismus, gepaart mit der Möglichkeit der ebenso infiniten Historisierung der analysierten Phänomene, so besteht die 1971 ihm gegenwärtige „Krise" der Historik in dem irrtümlichen – weil unmöglich einlösbaren – Anspruch ihr gegenüber, „die Vergangenheit, unsere Vergangenheit, zu bewältigen".[280] Der Auftrag jedoch, der in Form einer „berechtigte[n] Herausforderung" an die Historie herangetragen werden kann, besteht in der Bewältigung der *Gegenwart*, indem „die Historie als Wissenschaft die Vergangenheit kritisch so zu sichten habe, dass wir für die Praxis *heute* und *morgen* eine schärfere Erkenntnis der Handlungsbedingungen gewinnen mögen".[281]

Die „Krise" der Historik besteht also im Fehlschluss, ihr ginge es um die gesamtumfängliche Bewältigung der Vergangenheit. Stattdessen besteht ihre rechte Aufgabe in der Bewältigung der Gegenwart qua Rückgriff auf die Vergangenheit – exakt im Modus des bereits beschriebenen gegenwartsgebundenen Umschreibens der Geschichte. Die *Lehre* der umgeschriebenen Geschichte besteht dann nicht in einer Totalität des Wissens über ‚die' Vergangenheit, sondern in eben jener „schärfere[n] Erkenntnis der Handlungsbedingungen", die für die „Praxis heute und morgen" dienlich sind.[282]

---

[277] Vgl. Koselleck. Über die Theoriebedürftigkeit der Geschichtswissenschaft; Koselleck. Wozu noch Historie?

[278] Koselleck. Wozu noch Historie?, S. 32.

[279] Koselleck. Wozu noch Historie?, S. 32; Herv. von mir, FM.

[280] Koselleck. Wozu noch Historie?, S. 32; Vgl. Koselleck. Über die Theoriebedürftigkeit der Geschichtswissenschaft, S. 299.

[281] Koselleck. Wozu noch Historie?, S. 32; Herv. von mir, FM.

[282] Koselleck. Wozu noch Historie?, S. 32.

Koselleck präzisiert die Aufgabe der Bewältigung der Gegenwart mittels historischer Erkenntnis der Handlungsbedingungen als Gewinn „*vermittelter* Nutzanweisungen historischer Erkenntnis".[283] Die Historie als Wissenschaft ist demnach *nicht* in der Lage, „*unmittelbare* Handlungsanweisungen für morgen" zu liefern.[284] Vermittelt sind die historischen Erkenntnisse unter dem Gesichtspunkt ihrer *Lehren* in dem Sinne, dass die Historik – für die Fachgemeinschaft wie für die Öffentlichkeit – „Bedingungsnetze möglichen Handelns" perspektiviert.[285] Eine rechtmäßige Historie, so lässt sich schlussfolgern, ermöglicht den *rechten* Begriff der Handlungsmöglichkeiten, denn *Begriffe* bündeln die Mannigfaltigkeit situativer Instanziierungen der mit der Begriffsform erfassten historischen Erfahrungszusammenhänge.

Um trotz der Unmöglichkeit einer modernen *Historia Magistra Vitae*, im Medium der historischen Darstellung vermittelt etwas über die *geschichtliche Krise* zu lehren, muss die „Krise" produktiv ihre epistemische Funktion *systematisch* wie *historisch* entfalten,[286] denn „die berechtigte Kritik an der voluntaristischen

---

[283] Koselleck. Wozu noch Historie?, S. 45; Herv. von mir, FM.

[284] Koselleck. Wozu noch Historie?, S. 44; Herv. von mir, FM.

[285] Koselleck. Wozu noch Historie?, S. 45.

[286] Neben dem bereits oben geführten Argument bezüglich der Verwendung der „Krise" als iterativen Periodisierungsbegriff erscheint die mit der Krisensemantik implizierte Zukunftsungewissheit historisch wie systematisch quasi-paradigmatischen Status für die Serie Koselleck *coram publico academia* hinsichtlich ihrer potentiellen Lehre zu besitzen: Denn wenn in jeder gegenwartsbezogenen Zeitgeschichte temporal verschieden gestaffelte Strukturen und Ereignisse vorkommen, „über deren Aktualität ein Zeithistoriker sich aus der Geschichte überhaupt informieren kann", dann gelte es zu „wissen, was sich jederzeit, wenn auch nicht immer auf einmal, wiederholen kann, [dann] können wir ausmessen, was an unserer Zeit wirklich neu ist. Vielleicht *weniger, als wir uns vorzustellen mögen. Auf dieses wenige kommt es dann an*" (Koselleck. Stetigkeit und Wandel aller Zeitgeschichten, S. 264; Herv. von mir, FM). Dieses Wenige, das wirklich neu ist, wäre dann, wenn die Ambitionen einer Theorie geschichtlicher Zeiten sowie das Umschreiben als Bewältigungsversuch gegenüber der „Krise" des 20. Jahrhunderts genommen werden, die Selbstübersteigung des Fortschritts als ‚geschichtliche Krise' bzw. als dem möglichen Ende aller Geschichte(n) ausgehend der in ihrer eigentlichen Insuffizienz verdeckten Selbstgewissheit der Zukunftsvorhersage freizulegen. Ein solches von der geschichtlichen Krise ausgehendes Umschreiben als Diagnose in prognostischer Absicht wiederholt einige Züge der zur „Krise" der Neuzeit im 18. Jahrhundert historisch instanziierten Diagnosen der eigenen Gegenwart als „Krise", fügt ihr aber etwas *Weniges* hinzu, auf das es ankommt: Denn disponierte die geschichtsphilosophisch-utopische Bedeutungsdimension der „Krise" bereits zur „Krise" der Neuzeit dazu, „den gesamten Geschichtsverlauf aus der eigenen Zeitdiagnose heraus deuten zu können" (Koselleck. Einige Fragen, S. 206), so leistet es Kosellecks Diagnose in prognostischer Absicht durch den reflexiven Umgang mit dem Umschlag von historischen in metahistorische Kategorien insofern umzugehen, als sie die Limitationen der mithilfe der „Krise" ermöglichten Prognostik erkennt und in sie selbst einzubauen vermag. Dabei handelt es sich zuvörderst um die Einsicht in die

Selbstgarantie utopischer Zukunftsplaner lässt sich nur leisten, wenn die Historie als magistra vitae ihre Lehren nicht nur aus der Geschichte ableitet, sondern ebenso aus den ‚Bewegungsstrukturen' unserer Geschichte".[287]

Diese Historie und ihre Lehre dürfe „nicht Selbstzweck sein", noch könne sie es bleiben: „*Historia magistrae vitae* – nicht *historia magistra historiae*".[288] Eine für das Leben lehrreiche Geschichte scheint im Besonderen jene angesichts der „Krise" des 20. Jahrhunderts geschriebene Diagnose in prognostischer Absicht zu sein, die von dem möglichen Ende aller Geschichte – und allen Lebens – vermittelt berichtet.

Literatur

Ash, Mitchell G. 1995. Verordnete Umbrüche, Konstruierte Kontinuitäten: Zur Entnazifizierung von Wissenschaftlern und Wissenschaften nach 1945. In *Zeitschrift für Geschichtswissenschaft* 43, S. 903–923.
Bankston, Carl. 2008. Sociology and the Crisis of the Present (2007 Presential Adress). In *Sociological Spectrum* 28 (4), S. 319–337.
Bauer, Karl Heinrich. 1947. Schreiben des Rektors der Universität Heidelberg, Professor Dr. Karl Heinrich Bauer, vom 25. Juni 1945, an Colonel Winnig, Mannheim. In *Vom neuen Geist der Universität. Dokumente, Reden und Vorträge 1945/46*. Berlin/Heidelberg: Springer, S. 3.
Betz, Otto. 1963. Der Katechon. In: *New Testament Studies* 9 (3), S. 276–291.
Bödeker, Hans Erich. 2013. Aufklärung über Aufklärung? Reinhart Kosellecks Interpretation der Aufklärung. In *Zwischen Sprache und Geschichte. Zum Werk Reinhart Kosellecks*, hrsg. Carsten Dutt und Reinhard Laube. Göttingen: Wallstein, S. 128–174.

Heterogonie der Zwecke als variablen Faktor jeder historischen Prognose, welche der durch geschichtsphilosophische Auslegung unterstützte, von der „Krise" der Neuzeit zur der des 20. Jahrhunderts führende „Fortschritt" seinerzeit und bisher verdeckte. Vgl. zur Charakterisierung Kosellecks *historischer* und *systematischer* Auseinandersetzung mit der *Historia Magistra Vitae* mit Blick auf ihre geschichtskulturpolitische Bedeutung auch Lübbes Einschätzung, dass die „Singularität der Leistung Kosellecks" darin bestehe, den „Zerfall der Lehrgeschichtentradition" historisch, d. h. in der Form „historiografische[r] Präsentation sprechenden Materials" und systematisch, d. h. mit Bezug zum „Sachgrund der historischen Selbsthistorisierung" herausgearbeitet zu haben (Lübbe, Hermann. 2013. Geschichte lernen oder aus der Geschichte lernen? Praktische Konsequenzen der Geschichtstheorie. In *Zwischen Sprache und Geschichte. Zum Werk Reinhart Kosellecks*, hrsg. Carsten Dutt und Reinhard Laube. Göttingen: Wallstein, S. 29–47, hier S. 43 und 46).

[287] Koselleck. Darstellung, Ereignis und Struktur, S. 157.
[288] Koselleck. Wozu noch Historie?, S. 44.

Brunner, Otto, Conze, Werner, und Koselleck, Reinhart (Hrsg.). 1972. *Geschichtliche Grundbegriffe. Historisches Lexikon zur politisch-sozialen Sprache in Deutschland. Band 1.* Stuttgart: Ernst Klett Verlag.
Cordero, Rodrigo. 2009. On the Elective Affinity of „Critique" and „Crisis" in Sociological Theory. In *Studies in Social and Political Thought* 16, S. 64–81.
Dimbath, Oliver. 2016. *Soziologische Zeitdiagnostik*. Stuttgart: UTB.
Dipper, Christof. 2011. Die „Geschichtlichen Grundbegriffe". Von der Begriffsgeschichte zur Theorie der historischen Zeiten. In *Begriffene Geschichte. Beiträge zum Werk Reinhart Kosellecks*, hrsg. Hans Joas und Peter Vogt. Berlin: Suhrkamp, S. 288–316.
Dutt, Carsten. 2013. Begriffsgeschichte als Historie der Moderne. Semantik und Pragmatik nach Koselleck. In *Zwischen Sprache und Geschichte. Zum Werk Reinhart Kosellecks*, hrsg. Carsten Dutt und Reinhard Laube. Göttingen: Wallstein, S. 65–80.
Edwards, Jason. 2006. Critique and Crisis Today: Koselleck, Enlightenment and the Concept of Politics. In *Contemporary Political Theory* 5, S. 428–446.
Escudier, Alexandre. 2013. Von Kosellecks Anthropologie zu einer vergleichenden Topik der politischen Moderne. Ein Vorschlag. In *Zwischen Sprache und Geschichte. Zum Werk Reinhart Kosellecks*, hrsg. Carsten Dutt und Reinhard Laube. Göttingen: Wallstein, S. 196–235.
Etzemüller, Thomas. 2001. *Sozialgeschichte als politische Geschichte: Werner Conze und die Neuorientierung der westdeutschen Geschichtswissenschaft nach 1945*. München: Oldenbourg.
Fisch, Jörg. 2013. Reinhart Koselleck und die Theorie historischer Zeiten. In *Zwischen Sprache und Geschichte. Zum Werk Reinhart Kosellecks*, hrsg. Carsten Dutt und Reinhard Laube. Göttingen: Wallstein, S. 48–64.
Gadamer, Hans-Georg. 1960. *Wahrheit und Methode*. Tübingen: Mohr.
Habermas, Jürgen. 1960. Verrufener Fortschritt – Verkanntes Jahrhundert. Zur Kritik an der Geschichtsphilosophie. In *Merkur* 14 (5), S. 468–477.
Herbert, Ulrich. 2002. Liberalisierung als Lernprozess. Die Bundesrepublik in der deutschen Geschichte – eine Skizze. In *Wandlungsprozesse in Westdeutschland. Belastung, Integration, Liberalisierung 1945–1980*, hrsg. Ulrich Herbert. Göttingen: Wallstein, S. 7–49.
Hobuß, Steffi. 2015. Mythos „Stunde Null". In *Lexikon der „Vergangenheitsbewältigung" in Deutschland. Debatten- und Diskursgeschichte des Nationalsozialismus nach 1945*, hrsg. Torben Fischer, und Matthias N. Lorenz. 3. Aufl. Bielefeld: transcript, S. 44–45.
Hoffmann Stefan-Ludwig. 2006. Reinhart Koselleck (1923–2006): The Conceptual Historian. In *German History* 24 (3), S. 475–478.
Imbriano, Gennaro. 2013. „Krise" und „Pathogenese" in Reinhart Kosellecks Diagnose über die moderne Welt. In *Forum Interdisziplinäre Begriffsgeschichte* 2 (1), S. 38–48.
Jeismann, Michael. 2009. Wer bleibt, der schreibt. Reinhart Koselleck, das Überleben und die Ethik des Historikers. In *Zeitschrift für Ideengeschichte* 3 (4), S. 69–81.
Joas, Hans. 2011. Die Kontingenz der Säkularisierung. Überlegungen zum Problem der Säkularisierung im Werk Reinhart Kosellecks. In *Begriffene Geschichte. Beiträge zum Werk Reinhart Kosellecks*, hrsg. Hans Joas und Peter Vogt. Berlin: Suhrkamp, S. 319–338.
Koselleck, Reinhart. 1967a. *Preußen zwischen Reform und Revolution. Allgemeines Landrecht, Verwaltung und soziale Bewegung von 1791–1848*. Stuttgart: Clett-Kotta.
Koselleck, Reinhart. 1967b. Richtlinien für das Lexikon politisch-sozialer Begriffe der Neuzeit. In *Archiv für Begriffsgeschichte* 11 (1), S. 81–99.

Koselleck, Reinhart. 1972. Einleitung. In *Geschichtliche Grundbegriffe. Historisches Lexikon zur politisch-sozialen Sprache in Deutschland. Band 1*, hrsg. Otto Brunner, Werner Conze und Reinhart Koselleck. Stuttgart: Ernst Klett Verlag, S. XIII–XXVII.
Koselleck, Reinhart. 1974. Krise. In *Historisches Wörterbuch der Philosophie. Band 4*, hrsg. Joachim Ritter, Karlfried Gründer und Gottfried Gabriel. Basel: Schwabe, S. 1235–1240.
Koselleck, Reinhart. 1975. Geschichte, Historie. In *Geschichtliche Grundbegriffe. Historisches Lexikon zur politisch-sozialen Sprache in Deutschland. Band 2*, hrsg. Otto Brunner, Werner Conze und Reinhart Koselleck. Stuttgart: Klett-Cotta, S. 593–595 und S. 647–718.
Koselleck, Reinhart. 1982. Krise. In *Geschichtliche Grundbegriffe. Historisches Lexikon zur politisch-sozialen Sprache in Deutschland. Band 3*, hrsg. Otto Brunner, Werner Conze und Reinhart Koselleck. Stuttgart: Ernst Klett Verlag, S. 617–650.
Koselleck, Reinhart. 1992. Die Diskontinuität der Erinnerung. In *Deutsche Zeitschrift für Philosophie* 47 (2), S. 213–222.
Koselleck, Reinhart. 1995a. Vielerlei Abschied vom Krieg. In *Vom Vergessen vom Gedenken. Erinnerungen und Erwartungen in Europa zum 8. Mai 1945*, hrsg. Birgitte Sausay, Heinz Ludwig Arnold und Rudolf von Thadden. Göttingen: Wallstein, S. 19–25.
Koselleck, Reinhart. 1995b. Glühende Lava, zur Erinnerung geronnen. In *Frankfurter Allgemeine Zeitung*, 06.05.1995, Beilage Bilder und Zeiten, S. 0B4.
Koselleck, Reinhart. 1998. Begriffsgeschichte, Sozialgeschichte, begriffene Geschichte. Reinhart Koselleck im Gespräch mit Christof Dipper. In *Neue Politische Literatur* 43 (2), S. 187–205.
Koselleck, Reinhart. 2003. Formen der Bürgerlichkeit. Reinhart Koselleck im Gespräch mit Manfred Hettling und Bernd Ulrich. In: *Mittelweg 36* 12 (2), S. 62–82.
Koselleck, Reinhart. 2006a. Dankrede am 23. November 2004. In *Reinhart Koselleck (1923–2006). Reden zum 50. Jahrestag seiner Promotion in Heidelberg*, hrsg. Stefan Weinfurter. Heidelberg: Universitätsverlag Winter, S. 33–60.
Koselleck, Reinhart. 2006b. Einige Fragen an die Begriffsgeschichte von „Krise". In: Reinhart Koselleck: Begriffsgeschichten. Studien zur Semantik und Pragmatik der politischen und sozialen Sprache. Frankfurt am Main: Suhrkamp, S. 203–217.
Koselleck, Reinhart. 2006c. Stichwort: Begriffsgeschichte. In *Begriffsgeschichten. Studien zur Semantik und Pragmatik der politischen und sozialen Sprache*. Frankfurt am Main: Suhrkamp, S. 99–102.
Koselleck, Reinhart. 2006d. Die Geschichte der Begriffe und Begriffe der Geschichte. In *Begriffsgeschichten. Studien zur Semantik und Pragmatik der politischen und sozialen Sprache*. Frankfurt am Main: Suhrkamp, S. 56–76.
Koselleck, Reinhart, und Dutt, Carsten. 2006e. Nachwort. Zu Einleitungsfragmenten Reinhart Kosellecks. In *Begriffsgeschichten. Studien zur Semantik und Pragmatik der politischen und sozialen Sprache*. Frankfurt am Main: Suhrkamp, S. 529–540.
Koselleck, Reinhart. 2006f. Zur anthropologischen und semantischen Struktur der Bildung. In *Begriffsgeschichten. Studien zur Semantik und Pragmatik der politischen und sozialen Sprache*. Frankfurt am Main: Suhrkamp, S. 105–154.
Koselleck, Reinhart. 2006g. Begriffliche Innovationen der Aufklärungssprache. In *Begriffsgeschichten. Studien zur Semantik und Pragmatik der politischen und sozialen Sprache*. Frankfurt am Main: Suhrkamp, S. 309–339.
Koselleck, Reinhart. 2006h. Crisis. In: *Journal of the History of Ideas* 67 (2), S. 357–400.
Koselleck, Reinhart. 2006i. Sprachwandel und sozialer Wandel im ausgehenden Ancien régime. In *Begriffsgeschichten. Studien zur Semantik und Pragmatik der politischen und sozialen Sprache*. Frankfurt am Main: Suhrkamp, S. 287–308.

Koselleck, Reinhart. 2006j. Hinweise auf die temporalen Strukturen begriffsgeschichtlichen Wandels. In *Begriffsgeschichten. Studien zur Semantik und Pragmatik der politischen und sozialen Sprache*. Frankfurt am Main: Suhrkamp, S. 86–98.

Koselleck, Reinhart. 2006k. Die Verzeitlichung der Begriffe. In *Begriffsgeschichten. Studien zur Semantik und Pragmatik der politischen und sozialen Sprache*. Frankfurt am Main: Suhrkamp, S. 77–85.

Koselleck, Reinhart. 2006l. „Fortschritt" und „Niedergang" – Nachtrag zur Geschichte zweier Begriffe. *Begriffsgeschichten. Studien zur Semantik und Pragmatik der politischen und sozialen Sprache*. Frankfurt am Main: Suhrkamp, S. 159–181.

Koselleck, Reinhart. 2006m. Zur Begriffsgeschichte der Zeitutopie. In *Begriffsgeschichten. Studien zur Semantik und Pragmatik der politischen und sozialen Sprache*. Frankfurt am Main: Suhrkamp, S. 252–273.

Koselleck, Reinhart. 2006n. Aufklärung und die Grenzen ihrer Toleranz. In *Begriffsgeschichten. Studien zur Semantik und Pragmatik der politischen und sozialen Sprache*. Frankfurt am Main: Suhrkamp, S. 340–362.

Koselleck, Reinhart. 2006o. Revolution als Begriff und als Metapher. Zur Semantik eines einst emphatischen Worts. In *Begriffsgeschichten. Studien zur Semantik und Pragmatik der politischen und sozialen Sprache*. Frankfurt am Main: Suhrkamp, S. 240–251.

Koselleck, Reinhart. 2006p. Sozialgeschichte und Begriffsgeschichte. In *Begriffsgeschichten. Studien zur Semantik und Pragmatik der politischen und sozialen Sprache*. Frankfurt am Main: Suhrkamp, S. 9–31.

Koselleck, Reinhart. 2006q. Sprachwandel und Ereignisgeschichte. In *Begriffsgeschichten. Studien zur Semantik und Pragmatik der politischen und sozialen Sprache*. Frankfurt am Main: Suhrkamp, S. 32–55.

Koselleck, Reinhart. 2013a. *Kritik und Krise. Eine Studie zur Pathogenese der bürgerlichen Welt*. 12. Aufl. Frankfurt am Main: Suhrkamp.

Koselleck, Reinhart. 2013b. Geschichte(n) und Historik. In *Erfahrene Geschichte. Zwei Gespräche*, hrsg. Reinhart Koselleck und Carsten Dutt. Heidelberg: Universitätsverlag Winter, S. 45–67.

Koselleck, Reinhart. 2014a. Wozu noch Historie? In *Vom Sinn und Unsinn der Geschichte. Aufsätze und Vorträge aus vier Jahrzehnten*, hrsg. Reinhart Koselleck und Carsten Dutt. Berlin: Suhrkamp, S. 32–51.

Koselleck, Reinhart. 2014b. Fiktion und geschichtliche Wirklichkeit. In *Vom Sinn und Unsinn der Geschichte. Aufsätze und Vorträge aus vier Jahrzehnten*, hrsg. Reinhart Koselleck und Carsten Dutt. Berlin: Suhrkamp, S. 80–95.

Koselleck, Reinhart. 2014c. Das 19. Jahrhundert – eine Übergangszeit. In *Vom Sinn und Unsinn der Geschichte. Aufsätze und Vorträge aus vier Jahrzehnten*, hrsg. Reinhart Koselleck und Carsten Dutt. Berlin: Suhrkamp, S. 131–150.

Koselleck, Reinhart. 2014d. Vom Sinn und Unsinn der Geschichte. In *Vom Sinn und Unsinn der Geschichte. Aufsätze und Vorträge aus vier Jahrzehnten*, hrsg. Reinhart Koselleck und Carsten Dutt. Berlin: Suhrkamp, S. 9–31.

Koselleck, Reinhart. 2014e. Hinter der tödlichen Linie. Das Zeitalter des Totalen. In *Vom Sinn und Unsinn der Geschichte. Aufsätze und Vorträge aus vier Jahrzehnten*, hrsg. Reinhart Koselleck und Carsten Dutt. Berlin: Suhrkamp, S. 228–240.

Koselleck, Reinhart. 2014f. Wiederholungsstrukturen in Sprache und Geschichte. In *Vom Sinn und Unsinn der Geschichte. Aufsätze und Vorträge aus vier Jahrzehnten*, hrsg. Reinhart Koselleck und Carsten Dutt. Berlin: Suhrkamp, S. 96–114.

Koselleck, Reinhart. 2015a. Zur historisch-politischen Semantik asymmetrischer Gegenbegriffe. In *Vergangene Zukunft. Zur Semantik geschichtlicher Zeiten.* 9. Aufl. Frankfurt am Main: Suhrkamp, S. 211–259.

Koselleck, Reinhart. 2015b. Begriffsgeschichte und Sozialgeschichte. In *Vergangene Zukunft. Zur Semantik geschichtlicher Zeiten.* 9. Aufl. Frankfurt am Main: Suhrkamp, S. 107–129.

Koselleck, Reinhart. 2015c. Über die Theoriebedürftigkeit der Geschichtswissenschaft. In *Zeitschichten. Studien zur Historik.* 4. Aufl. Frankfurt am Main: Suhrkamp, S. 298–316.

Koselleck, Reinhart. 2015d. „Neuzeit". Zur Semantik moderner Bewegungsbegriffe. In Vergangene Zukunft. Zur Semantik geschichtlicher Zeiten. 9. Aufl. Frankfurt am Main: Suhrkamp, S. 300–348.

Koselleck, Reinhart. 2015e. „Erfahrungsraum" und „Erwartungshorizont" – zwei historische Kategorien. In *Vergangene Zukunft. Zur Semantik geschichtlicher Zeiten.* 9. Aufl. Frankfurt am Main: Suhrkamp, S. 349–375.

Koselleck, Reinhart. 2015f. Moderne Sozialgeschichte und historische Zeiten. In *Zeitschichten. Studien zur Historik.* 4. Aufl. Frankfurt am Main: Suhrkamp, S. 317–335.

Koselleck, Reinhart. 2015g. Vorwort. In *Vergangene Zukunft. Zur Semantik geschichtlicher Zeiten.* 9. Aufl. Frankfurt am Main: Suhrkamp, S. 9–14.

Koselleck, Reinhart. 2015h. Historische Kriterien des neuzeitlichen Revolutionsbegriffs. In *Vergangene Zukunft. Zur Semantik geschichtlicher Zeiten.* 9. Aufl. Frankfurt am Main: Suhrkamp, S. 67–86.

Koselleck, Reinhart. 2015i. Zeitverkürzung und Beschleunigung. Eine Studie zur Säkularisation. In *Zeitschichten. Studien zur Historik.* 4. Aufl. Frankfurt am Main: Suhrkamp, S. 177–202.

Koselleck, Reinhart. 2015j. Historik und Hermeneutik. In *Zeitschichten. Studien zur Historik.* 4. Aufl. Frankfurt am Main: Suhrkamp, S. 97–118.

Koselleck, Reinhart. 2015k. Geschichte, Geschichten und formale Zeitstrukturen. In *Vergangene Zukunft. Zur Semantik geschichtlicher Zeiten.* 9. Aufl. Frankfurt am Main: Suhrkamp, S. 130–143.

Koselleck, Reinhart. 2015l. Vergangene Zukunft der frühen Neuzeit. In *Vergangene Zukunft. Zur Semantik geschichtlicher Zeiten.* 9. Aufl. Frankfurt am Main: Suhrkamp, S. 17–37.

Koselleck, Reinhart. 2015m. Einleitung. In *Zeitschichten. Studien zur Historik.* 4. Aufl. Frankfurt am Main: Suhrkamp, S. 9–16.

Koselleck, Reinhart. 2015n. Zeitschichten. In *Zeitschichten. Studien zur Historik.* 4. Aufl. Frankfurt am Main: Suhrkamp, S. 19–26.

Koselleck, Reinhart. 2015o. Über die Verfügbarkeit der Geschichte. In *Vergangene Zukunft. Zur Semantik geschichtlicher Zeiten.* 9. Aufl. Frankfurt am Main: Suhrkamp, S. 260–277.

Koselleck, Reinhart. 2015p. Historia Magistra Vitae. Über die Auflösung des Topos im Horizont neuzeitlich bewegter Geschichte. In *Vergangene Zukunft. Zur Semantik geschichtlicher Zeiten.* 9. Aufl. Frankfurt am Main: Suhrkamp, S. 38–66.

Koselleck, Reinhart. 2015q. Erfahrungswandel und Methodenwechsel. Eine historisch-anthropologische Skizze. In *Zeitschichten. Studien zur Historik.* 4. Aufl. Frankfurt am Main: Suhrkamp, S. 27–77.

Koselleck, Reinhart. 2015r. Raum und Geschichte. In *Zeitschichten. Studien zur Historik.* 4. Aufl. Frankfurt am Main: Suhrkamp, S. 78–96.

Koselleck, Reinhart. 2015s. Standortbindung und Zeitlichkeit. Ein Beitrag zur historiographischen Erschließung der geschichtlichen Welt. In *Vergangene Zukunft. Zur Semantik geschichtlicher Zeiten.* 9. Aufl. Frankfurt am Main: Suhrkamp, S. 176–207.

Koselleck, Reinhart. 2015t. Die Verzeitlichung der Utopie. In *Zeitschichten. Studien zur Historik*. 4. Aufl. Frankfurt am Main: Suhrkamp, S. 131–149.

Koselleck, Reinhart. 2015u. Gibt es eine Beschleunigung der Geschichte? In *Zeitschichten. Studien zur Historik*. 4. Aufl. Frankfurt am Main: Suhrkamp, S. 150–176.

Koselleck, Reinhart. 2015v. Zeitverkürzung und Beschleunigung. Eine Studie zur Säkularisation. In *Zeitschichten. Studien zur Historik*. 4. Aufl. Frankfurt am Main: Suhrkamp, S. 177–202.

Koselleck, Reinhart. 2015w. Darstellung, Ereignis und Struktur. In *Vergangene Zukunft. Zur Semantik geschichtlicher Zeiten*. 9. Aufl. Frankfurt am Main: Suhrkamp, S. 144–157.

Koselleck, Reinhart. 2015x. Geschichte, Recht und Gerechtigkeit. In *Zeitschichten. Studien zur Historik*. 4. Aufl. Frankfurt am Main: Suhrkamp, S. 336–358.

Koselleck, Reinhart. 2015y. Stetigkeit und Wandel aller Zeitgeschichten. Begriffsgeschichtliche Anmerkungen. In *Zeitschichten. Studien zur Historik*. 4. Aufl. Frankfurt am Main: Suhrkamp, S. 246–264.

Koselleck, Reinhart. 2015z. Die Zeiten der Geschichtsschreibung. In *Zeitschichten. Studien zur Historik*. 4. Aufl. Frankfurt am Main: Suhrkamp, S. 287–297.

Lübbe, Hermann. 2013. Geschichte lernen oder aus der Geschichte lernen? Praktische Konsequenzen der Geschichtstheorie. In *Zwischen Sprache und Geschichte. Zum Werk Reinhart Kosellecks*, hrsg. Carsten Dutt und Reinhard Laube. Göttingen: Wallstein, S. 29–47.

Mehring, Reinhard. 2011. Begriffsgeschichte mit Carl Schmitt. In *Begriffene Geschichte. Beiträge zum Werk Reinhart Kosellecks*, hrsg. Hans Joas und Peter Vogt. Berlin: Suhrkamp, S. 138–168.

Meier, Christian, und Koselleck, Reinhart. 1975. Fortschritt. In *Geschichtliche Grundbegriffe. Historisches Lexikon zur politisch-sozialen Sprache in Deutschland. Band 2*, hrsg. Otto Brunner, Werner Conze und Reinhart Koselleck. Stuttgart: Klett-Cotta, S. 351–423.

Michalski, Krzysztof. 1986. Vorwort. In *Über die Krise. Castelgandolfo-Gespräche 1985*. Stuttgart: Klett-Cotta, S. 7–10.

Missfelder, Jan-Friedrich. 2006. Die Gegenkraft und ihre Geschichte. Carl Schmitt, Reinhart Koselleck und der Bürgerkrieg. In *Zeitschrift für Religions- und Geistesgeschichte* 58 (4), S. 310–336.

Missfelder, Jan-Friedrich. 2013. Weltbürgerkrieg und Wiederholungsstruktur. Zum Zusammenhang zwischen Utopiekritik und Historik bei Reinhart Koselleck. In *Reinhart Koselleck – Sprache und Geschichte*, hrsg. Carsten Dutt und Reinhard Laube. Göttingen: Wallstein, S. 268–286.

Müller, Ernst, und Schmieder, Falko. 2016. *Begriffsgeschichte und historische Semantik. Ein kritisches Kompendium*. Berlin: Suhrkamp.

Motzkin, Gabriel. 2011. Über den Begriff der geschichtlichen (Dis-)Kontinuität: Reinhart Kosellecks Konstruktion der „Sattelzeit". In *Begriffene Geschichte. Beiträge zum Werk Reinhart Kosellecks*, hrsg. Hans Joas und Peter Vogt. Berlin: Suhrkamp, S. 339–358.

Oexle, Otto Gerhard. 1996. *Geschichtswissenschaft im Zeichen des Historismus. Studien zur Problemgeschichte der Moderne*. Göttingen: Vandenhoeck & Ruprecht.

Olsen, Niklas. 2012. *History in the Plural. An Introduction to the Work of Reinhart Koselleck*. New York: Berghahn Books.

Osrecki, Fran. 2011. *Die Diagnosegesellschaft. Zeitdiagnostik zwischen Soziologie und medialer Popularität*. Bielefeld: Transcript.

Palonen, Kari. 2004. *Die Entzauberung der Begriffe. Das Umschreiben der politischen Begriffe bei Quentin Skinner und Reinhart Koselleck*. Münster: Lit.

Preunkert, Jenny. 2011. Die Krise in der Soziologie. In *Soziologie* 40 (4), S. 432–442.
Rasch, William. 2003. Messias oder Katechon? Carl Schmitts Stellung zur politischen Theologie. In *Politische Theologie. Formen und Funktionen im 20. Jahrhundert*, hrsg. Jürgen Brokoff und Jürgen Fohrmann. Paderborn: Ferdinand Schöningh, S. 39–54.
Richter, Melvin, und Richter, Michaela W. 2006. Introduction: Translation of Reinhart Koselleck's „Krise" in Geschichtliche Grundbegriffe. In *Journal of the History of Ideas* 67 (2), S. 343–356.
Ritter, Gerhard. 1950. Gegenwärtige Lage und Zukunftsaufgaben deutscher Geschichtswissenschaft. Eröffnungsvortrag des 20. Deutschen Historikertags in München am 12. September 1949. In *Historische Zeitschrift* 170, S. 1–22.
Salomon, Albert. 2008a. Krise – Geschichte – Menschenbild. In Albert Salomon, *Werke. Band 2: Schriften 1934–1942*, hrsg. Peter Gostmann und Gerhard Wagner. Wiesbaden: Springer VS, S. 225–248.
Salomon, Albert. 2008b. Tocqueville. In Albert Salomon, *Werke. Band 2: Schriften 1934–1942*, hrsg. Peter Gostmann und Gerhard Wagner. Wiesbaden: Springer VS, S. 35–49.
Salomon, Albert. 2008c. Tocquevilles Philosophie der Freiheit. In Albert Salomon, *Werke. Band 2: Schriften 1934–1942*, hrsg. Peter Gostmann und Gerhard Wagner. Wiesbaden: Springer VS, S. 173–205.
Schimank, Uwe. 2007. Soziologische Gegenwartsdiagnosen – Zur Einführung. In *Soziologische Gegenwartsdiagnosen I. Eine Bestandsaufnahme*. 2. Aufl. Wiesbaden: Springer VS, S. 9–22.
Sombart, Nicolaus. 2000. *Rendezvous mit dem Weltgeist. Heidelberger Reminiszenzen 1945–1951*. Frankfurt am Main: Fischer.
Steinmetz, Willibald. 2007. Reinhart Koselleck (23. April 1923–3. Februar 2006) – eine persönliche Danksagung und Erinnerung. In *Reinhart Koselleck 1923–2006. Reden zur Gedenkfeier am 24. Mai 2006*, hrsg. Neithard Bulst und Willibald Steinmetz. Bielefeld: Bielefelder Universitätsgespräche und Vorträge, S. 51–60.
Steinmetz, Willibald. 2011. Nachruf auf Reinhart Koselleck (1923–2006). In *Begriffene Geschichte. Beiträge zum Werk Reinhart Kosellecks*, hrsg. Hans Joas und Peter Vogt. Berlin: Suhrkamp, S. 57–83.
Sywottek, Arnold. 1974. *Geschichtswissenschaft in der Legitimationskrise: Ein Überblick über die Diskussion um Theorie und Didaktik der Geschichte in der Bundesrepublik Deutschland 1969–1973*. Bonn-Bad Godesberg: Verlag Neue Gesellschaft.
Volkmann, Ute. 2015. Soziologische Zeitdiagnostik. Eine wissenssoziologische Ortsbestimmung. In *Soziologie* 44 (2), S. 139–152.
Weber, Alfred. 1946. *Abschied von der bisherigen Geschichte. Mensch und Gesellschaft*. Bern: Francke.
Weisbrod, Bernd. 2002. Dem wandelbaren Geist. Akademisches Ideal und wissenschaftliche Transformation in der Nachkriegszeit. In *Akademische Vergangenheitspolitik. Beiträge zur Wissenschaftskultur der Nachkriegszeit*, hrsg. Bernd Weisbrod. Göttingen: Wallstein, S. 11–35.
Weisbrod, Bernd. 2004. Das Moratorium der Mandarine. Zur Selbstentnazifizierung der Wissenschaften in der Nachkriegszeit. In *Nationalsozialismus in den Kulturwissenschaften. Bd. 2: Leitbegriffe – Deutungsmuster – Paradigmenkämpfe. Erfahrungen und Transformationen im Exil*, hrsg. Hartmut Lehmann und Otto Gerhard Oexle. Göttingen: Vandenhoeck und Ruprecht, S. 259–279.

Die Ordnung der Ordnungskrise

Die Konstellation Heidegger–Jünger–Schmitt zu Beginn der dreißiger Jahre

Andreas Schwarzferber

Martin Heidegger, Ernst Jünger und Carl Schmitt gelten heute als „Paradepferde des deutschen Rechtsintellektualismus der Zwischenkriegszeit".[1] Sucht man indessen nach einer präziseren Verortung des Denkens dieser drei Personen, so stößt man fast unvermeidlich auf den Begriff der „Konservativen Revolution". Innerhalb der Soziologie hatte unter anderem Pierre Bourdieu in einer Monografie das Denken Heideggers untersucht, und es innerhalb dieser Denkrichtung verortet.[2]

Jedoch ist der Begriff der „Konservativen Revolution" problematisch. Anfang der neunziger Jahre hatte Stefan Breuer in seiner Studie *Anatomie der Konservativen Revolution* gezeigt, dass dieses Etikett mehr Verwirrung als Klarheit stiftet. Es wird heute als Sammelbezeichnung für die politisch rechten Strömungen zwischen Deutschnationalen und Nationalsozialisten verwendet.[3] Darunter fallen sowohl

---

[1] Mehring, Reinhard. 2014. *Kriegstechniker des Begriffs. Biographische Studien zu Carl Schmitt.* Tübingen: Mohr Siebeck, S. 153.

[2] Vgl. Bourdieu, Pierre. 1988. *Die politische Ontologie Martin Heideggers.* Frankfurt a. M.: Suhrkamp, S. 41.

[3] Vgl. zum Folgenden Breuer, Stefan. 1995. *Anatomie der Konservativen Revolution.* Darmstadt: Wissenschaftliche Buchgesellschaft, S. 1 f.

A. Schwarzferber (✉)
Institut für Soziologie, Goethe-Universität Frankfurt am Main, Frankfurt am Main, Deutschland

Ideologen, Denker und Literaten als auch Parteien, Verbände und paramilitärische Gruppierungen. Jedoch hat dieser Begriff eine ambivalente Deutungsgeschichte. So werden je nach interpretativem Standpunkt unterschiedliche Bedeutungsebenen hervorgehoben. Verfolgt man diese Linie anhand der intellektuellen Protagonisten, so reicht sie von Martin Luther über Otto von Bismarck bis zu Oswald Spengler. Dabei gilt es festzuhalten, dass sich kein Kernbestand politischer, sozialer oder wirtschaftlicher Überzeugungen ausmachen lässt, der Autoren dieser Richtung eint.[4] Damit ist der Begriff unhaltbar geworden.

Dennoch gibt es auch heute noch Autoren, die in ihrer Beschäftigung mit Heidegger an dem Begriff festhalten. Zuletzt haben Daniel Morat[5] und Florian Grosser[6] wieder darauf zurückgegriffen. Dahingegen hat Stefan Breuer bei seiner kritischen Studie Heidegger ausgeklammert. Dies begründet er damit, dass Heideggers Texte erst im Jahr 1933 ein politisches Profil erreicht hätten. Vielmehr untersucht er die Texte von Autoren wie Oswald Spengler, Hans Freyer, Schmitt und Jünger, um das analytische Potenzial des Begriffs der „Konservativen Revolution" zu prüfen. Wenn man einen engen Kreis von zentralen Akteuren bestimmen will, so müsse man nach wie vor diese Personen berücksichtigen.[7]

Besonders interessant ist dabei, dass auch Bourdieu, Morat und Grosser nicht umhinkommen, einige dieser Protagonisten in ihre Analysen mit einzubeziehen. Dies betrifft vor allem den Schriftsteller Jünger und den Staatsrechtler Schmitt. Bourdieu hat in seiner Heidegger-Studie auf Jünger verwiesen, weil Heidegger dem Schriftsteller mehrfach höchste intellektuelle Achtung zollte.[8] Morat[9] erweitert die Beziehung Heidegger-Jünger, indem er den Bruder Jüngers, Friedrich Georg, in die Analyse mit einbezieht. Grosser[10] beachtet in seiner politischen Biografie Heideggers ebenfalls die Texte von Jünger, aber auch die von Schmitt.

Neben diesen diffusen Etikettierungen als „Rechtsintellektuelle" und „Konservative Revolutionäre" wurden Heidegger, Jünger und Schmitt auch schon als

---

[4] Vgl. Breuer. *Anatomie der Konservativen Revolution*, S. 181.
[5] Morat, Daniel. 2007. *Von der Tat zur Gelassenheit. Konservatives Denken bei Martin Heidegger, Ernst Jünger und Friedrich Georg Jünger 1920–1960*. Göttingen: Wallstein, S. 36 f.
[6] Grosser, Florian. 2011. *Revolution denken. Heidegger und das Politische 1919 bis 1969*. München: C.H. Beck, S. 283 f.
[7] Vgl. Breuer. *Anatomie der Konservativen Revolution*, S. 6 f.
[8] Bourdieu. *Die politische Ontologie Martin Heideggers*, S. 29.
[9] Morat. *Von der Tat zur Gelassenheit*, S. 13 f.
[10] Grosser. *Revolution denken*, S. 21 f.

„romantische ‚Dezisionisten' des Ernstfalls unter eine Kategorie gepackt".[11] Hier zeigt sich, dass es wissenschaftlichen Disziplinen offenbar schwerfällt, das Denken – und unter Umständen auch das Zusammenhandeln – dieser drei Personen auf einen Nenner zu bringen. Der Schmitt-Biograf Reinhard Mehring hat einen anderen Weg eingeschlagen. Er kommt zu dem Schluss, dass es zwischen Heidegger, Schmitt und Jünger manche Berührungen gab, aber sie doch in unterschiedlichen Welten und Kreisen verkehrten.[12]

Der vorliegende Text nimmt diese Einschätzung zum Anlass, einige dieser „Berührungen", vor dem Hintergrund einer Soziologie des Geistes, systematisch, en detail und in actu herauszuarbeiten. Wie Mehring bereits andeutet, ist es durchaus problematisch, die drei Denker in einem ideengeschichtlichen Begriffsschema zu verorten. Daher klammert die Arbeit Begriffe wie „Konservative Revolution", „Rechtsintellektualismus" oder „Dezisionismus" aus. Die Analyse der Konstellation Heidegger-Jünger-Schmitt verfolgt das Ziel, die Denkbewegungen und das Zusammenhandeln von Heidegger, Jünger und Schmitt in ihrem Vollzug zu rekonstruieren. Hierbei rückt die Analyse die Genese dieser Konstellation in den Vordergrund, da sich hier in actu zeigen lässt, welche Theoreme, Gedankenfiguren und Argumente den Ausgangspunkt für kommunikative Akte zwischen diesen Denkern bilden, und wie sie im weiteren Verlauf der wechselseitigen Beziehungsentwicklung modifiziert werden. Diese Dreiecksbeziehung ist besonders interessant, da sie zu Beginn der dreißiger Jahre des 20. Jahrhunderts entsteht. Der mit der Bildung des ersten Präsidialkabinetts im März 1930 eingeleitete Prozess der Umformung des politischen Systems eskalierte in dieser Zeit zu einer offenen Staatskrise.[13] Überdies begann nach dem Ausbruch der Weltwirtschaftskrise auch in Deutschland eine wirtschaftliche Talfahrt, in deren Konsequenz sich die ökonomischen Verteilungskämpfe verschärften.

---

[11] Mehring. *Kriegstechniker des Begriffs*, S. 153. Dabei bezieht sich Mehring auf die Monographie *Die Entscheidung. Eine Untersuchung über Ernst Jünger, Carl Schmitt, Martin Heidegger* (Krockow, Christian Graf von. 1990. *Die Entscheidung. Eine Untersuchung über Ernst Jünger, Carl Schmitt, Martin Heidegger.* Frankfurt a. M.: Campus). Diese Arbeit erscheint erstmals 1958 und musste sich den Vorwurf gefallen lassen, dass es „linke Ideologiekritik" (Bohrer, Karl Heinz. 1983. *Die Ästhetik des Schreckens. Die pessimistische Romantik und Ernst Jüngers Frühwerk.* Frankfurt a. M. u. a.: Ullstein, S. 369) sei. Darüber hinaus ist es auch in der methodischen Herangehensweise kritikwürdig, da der im Einzelnen geführte Nachweis belegbarer Abhängigkeiten und Beziehungen zu kurz kommt, und es daher zu reinen Analogieschlüssen kommt (vgl. Bohrer. *Die Ästhetik des Schreckens*, S. 549).

[12] Vgl. Mehring. *Kriegstechniker des Begriffs*, S. 153.

[13] Vgl. zum Folgenden Kolb, Eberhard, und Schumann, Dirk. 2013. *Die Weimarer Republik.* München: Oldenbourg Wissenschaftsverlag, S. 112.

Wie noch gezeigt werden wird, bildet die krisenhafte gesellschaftliche Situation der beginnenden dreißiger Jahre auch die Grundstimmung der Genesis der Konstellation Heidegger-Jünger-Schmitt. Hier äußert sich dann auch idealtypisch, dass intellektuelle Praxis einen „Bezug zu einem öffentlichen Thema"[14] hat. Die intellektuelle Tätigkeit beruht auf der Annahme, dass ein bestimmtes Thema für die Zukunft der Gemeinschaft von zentraler Bedeutung ist. Das Thema berührt die für eine Gemeinschaft „konstitutiven Werthaltungen und deren öffentliche Geltung".[15] Insofern hat die Praxis des Intellektuellen auch einen Bezug zu Krisen. Der Intellektuelle steht „auf der Seite der Krise".[16] Die Routinen sind ihm verdächtig. Ein strittiges Thema, auf das sich der Vollzug des Intellektuellen richtet, artikuliert eine Krise, die für die Gemeinschaft als Ganze zu bewältigen ist.[17] Somit ist die Tätigkeit des Intellektuellen in die Kategorie der Krisenbewältigung gestellt.

Die Analyse der Konstellation Heidegger-Jünger-Schmitt erfolgt in mehreren ineinandergreifenden Schritten. Zunächst (1.) wird die soziale Serie Jünger-Schmitt rekonstruiert; sie steht am Anfang, weil aufgrund der Materiallage die Konstitution der Beziehung von Jünger und Schmitt sich relativ genau rekonstruieren lässt. Der Beginn dieser sozialen Serie lässt sich auf das Jahr 1930 datieren. Danach (2.) rückt die soziale Serie Heidegger-Jünger in den Fokus der Analyse. Der Grund hierfür ist, dass ein Themengebiet der zuvor behandelten Serie Jünger-Schmitt für Heidegger von wesentlicher Bedeutung war. Es folgt (3.) die soziale Serie Heidegger-Schmitt. Sie bildet den Abschluss der Analyse. Die Genese dieser sozialen Beziehung fällt schon in die Zeit des Nationalsozialismus, womit sich Veränderungen im Konstellationsgefüge ergeben. Im Anschluss (4.) wird der Gebrauch des Begriffs des Bürgerkrieges in den Werken von Schmitt erläutert, weil sich an ihm exemplarisch die Semantiken zeigen lassen, die im Zuge der Bearbeitung des Problems der Krise der sozialen Ordnung zum Einsatz kommen. Schlussendlich (5.) werden dann die Ergebnisse der Analyse der einzelnen sozialen Serien zusammengeführt, und die wesentlichen thematischen Säulen der Konstellation Heidegger-Jünger-Schmitt vorgestellt.

---

[14] Franzmann, Andreas. 2004. *Der Intellektuelle als Protagonist der Öffentlichkeit. Krise und Räsonnement in der Affäre Dreyfus*. Frankfurt a. M.: Humanities Online, S. 15.

[15] Franzmann. *Der Intellektuelle als Protagonist der Öffentlichkeit*, S. 16.

[16] Oevermann, Ulrich. 2001. Der Intellektuelle – Soziologische Strukturbestimmung des Komplementärs von Öffentlichkeit. In *Die Macht des Geistes. Soziologische Fallanalysen zum Strukturtyp des Intellektuellen*, hrsg. Andreas Franzmann, Sascha Liebermann und Jörg Tykwer. Frankfurt a. M.: Humanities Online, S. 13–75, hier S. 48.

[17] Vgl. Oevermann. Der Intellektuelle, S. 21.

1 Die soziale Serie Jünger–Schmitt

1.1 Der gemeinsame Punkt: Don Quijote und Don Quixote

Jünger war im Jahr 1930 vor allem politischer Publizist. Dies war nicht immer so. Einen Namen machte er sich als „Historiograph und Exeget"[18] des vergangen Krieges. Er veröffentlichte zahlreiche Texte zu diesem Thema. Diese beruhten auf seinen eigenen Kriegserlebnissen. Er war von Oktober 1914 bis August 1923 Soldat, und damit auch Kriegsteilnehmer. Kampf und Krieg ist das zentrale Thema des Frühwerks.[19] Im Jahr 1923 begann seine politische Publizistik. Zum Zeitpunkt des Jahres 1930 hatte er bereits rund 60 Artikel in verschiedenen Zeitschriften der nationalen Rechten veröffentlicht.[20] Den Ausgangspunkt für die publizistischen Aktivitäten bildeten zwei Beweggründe: zum einen die Auseinandersetzung des noch immer jungen Kriegsveteranen mit den umfassenden politischen und gesellschaftlichen Veränderungen der zwanziger Jahre; zum anderen die Notwendigkeit, zunächst sich selbst bzw. nach der Hochzeit im Jahr 1925 die Familie zu ernähren. Mit dem Ausscheiden Jüngers aus der Reichswehr am 31. August 1923 entfiel die professionelle Pflicht zur Zurückhaltung bei politischen Meinungsäußerungen. Jünger. Am 23. September 1923, drei Wochen nach seinem Ausscheiden, veröffentlichte er den ersten Artikel. Dieser trug den Titel *Revolution und Idee*.[21]

Zum Treffen mit Schmitt kam es in Berlin im Jahr 1930. Jünger zog 1927 nach Berlin. Dafür gab es Helmuth Kiesel zufolge[22] zwei Gründe: Zum einen hatte er sein 1923 begonnenes Zoologiestudium in Leipzig 1926 abgebrochen, zum anderen hatte sich gezeigt, dass Berlin auch für nationalistische Kreise die Kommunikations- und Entscheidungszentrale war. Dort verkehrte er in einem Milieu häufig nationalistisch orientierter Intellektueller oder Schriftsteller mit politischen Interessen.[23] Darunter waren z. B. der anarchistische Schriftsteller Erich Mühsam, der Nationalbolschewist Ernst Niekisch und der Herausgeber von nationalistischen Zeitschriften Wilhelm Stapel. Über den Verleger Ernst Rowohlt hatte Jünger auch

---

[18] Kiesel, Helmuth. 2007. *Ernst Jünger. Die Biographie.* München: Siedler, S. 266.

[19] Vgl. Großheim, Michael. 2014. Kampf/Krieg. In *Ernst Jünger-Handbuch. Leben – Werk – Wirkung*, hrsg. Matthias Schöning u. a. Stuttgart u. a.: Metzler, S. 328–334, hier S. 328.

[20] Vgl. zum Folgenden Berggötz, Sven Olaf. 2014. Politische Publizistik 1923–1930. In *Ernst Jünger-Handbuch. Leben – Werk – Wirkung*, hrsg. Matthias Schöning u. a. Stuttgart u. a.: Metzler, S. 78–85, hier S. 78.

[21] Jünger, Ernst. 2001. *Politische Publizistik 1919–1933.* Stuttgart: Klett-Cotta, S. 33–37.

[22] Vgl. zum Folgenden Kiesel. *Ernst Jünger*, S. 317 f.

[23] Vgl. zum Folgenden Kiesel. *Ernst Jünger*, S. 323.

Kontakte zu linksorientierten Intellektuellen. Eine bedeutende Rolle dürfte für Jünger eine Arbeitsgemeinschaft gespielt haben, bei der sich die Teilnehmer mit der sowjetischen Planwirtschaft auseinandersetzten,[24] gegründet im Winter 1931, wo Jünger, Schmitt und Niekisch mit KP-Mitgliedern wie Georg Lukács und Karl-August Wittfogel zusammentrafen.

Wie Schmitt und Jünger aufeinander aufmerksam wurden, ist nicht eindeutig bestimmbar. Kiesel und Heimo Schwilk haben zuletzt umfangreiche Biografien Jüngers vorgelegt. Kiesel[25] behauptet, Jünger habe Schmitt 1929 über den Leipziger Philosophen Hugo Fischer kennengelernt, womit wohl eine Kenntnisnahme der Schriften Schmitts gemeint ist; er nennt aber keine weiteren Quellen. Schwilk[26] erwähnt ebenfalls Hugo Fischer, der Jünger mit Schriften von Schmitt in Kontakt gebracht habe. Wann und wie diese Vermittlung stattgefunden hat, ist nicht bekannt. Peter Trawny[27] verweist auf den ersten Brief von Carl Schmitt an Ernst Jünger am 14. Juli 1930. Dieser belegt die These, dass Hugo Fischer die entscheidende Mittlerrolle zukommt:

„Sehr geehrter Herr Jünger!
Herr Dr. Fischer in Leipzig teilte mir Ihre Adresse mit. Ich würde mich sehr freuen, wenn Sie mich einmal aufsuchen wollten, und möchte Sie nur bitten, mir rechtzeitig Nachricht zu geben, weil ich im Laufe der beiden kommenden Wochen öfters von Hause abwesend bin.
Mit besten Grüssen Carl Schmitt"[28]

Zu einem persönlichen Treffen kam es, nach Schmitts Tagebucheintrag vom 31. August 1930, wohl an diesem oder einem der vorangegangenen Tage.[29] Ab diesem Zeitpunkt taucht der Name Ernst Jünger in regelmäßigen Abständen in Schmitts Tagebüchern auf. Auch er hatte zu diesem Zeitpunkt bereits eine Vielzahl von Arbeiten veröffentlicht. Der Beginn seiner im engeren Sinne politischen Publizistik lässt sich ebenfalls auf das Jahr 1923 datieren. Damals war er Professor an der Universität Bonn,[30] wo er Staatsrecht, Verwaltungsrecht und Völkerrecht, Politik

---

[24] Vgl. zum Folgenden Kiesel. *Ernst Jünger*, S. 324.
[25] Vgl. Kiesel. *Ernst Jünger*, S. 331.
[26] Schwilk, Heimo. 2007. *Ernst Jünger. Ein Jahrhundertleben. Die Biographie*. München: Piper. S. 347 f.
[27] Trawny, Peter. 2009. *Die Autorität des Zeugen. Ernst Jüngers politisches Werk*. Berlin: Matthes und Seitz, S. 100.
[28] Jünger, Ernst, und Schmitt, Carl. 2012. *Briefe 1930–1983*. Stuttgart: Klett-Cotta, S. 5.
[29] Schmitt, Carl. 2010. *Tagebücher 1930–1934*. Berlin: Akademie Verlag, S. 45.
[30] Vgl. zum Folgenden Mehring, Reinhard. 2009. *Carl Schmitt. Aufstieg und Fall*. München: C.H. Beck, S. 140 f.

und politische Ideengeschichte las. Im Jahr 1928 wechselte er nach Berlin, wo er mit Kollegen wie Moritz Julius Bonn, Werner Sombart und Rudolf Smend Umgang pflegte;[31] er veröffentlichte seit diesem Jahr aber auch in nationalistischen Zeitschriften.[32] Über den Kontakt mit Jünger erhielt er Zugang zu weiteren nationalistischen Kreisen.

Am 02. August 1930 schreibt Jünger folgenden Brief an Schmitt:

„Sehr geehrter Herr Professor!
Ihre ‚Politische Romantik' erhielt ich mit bestem Dank. Ich habe die Lektüre dieses Buches heute beendet. Ich halte die Arbeit für ausgezeichnet.

Es ist mir nicht klar geworden, ob Ihre Kritik auf die Romantik in ihrem ganzen Umfange anwendbar ist, – Sie selbst beziehen sie in diesem Sinne ja auch nicht in Ihre Untersuchungen ein. Dies ist jedoch belanglos, – für mich liegt der Schwerpunkt Ihrer Ausführungen durchaus im Zukünftigen. Was Sie wollen, ist mir sehr klar geworden, obwohl mir das Material, so die Müller'schen Schriften zum grossen Teil fremd ist. Aus dem, was Sie über den Don Quixote sagen, sehe ich, daß es einen Punkt gibt, von dem aus wir uns über das Romantische durchaus verständigen können.

Ich bin Ihnen zu Dank verpflichtet, denn Sie haben mir den Blick für manche Dinge recht geschärft. Vor allem müssen wir uns entscheiden. Ihr Buch ist ein schönes Beispiel hierfür. Was mich an ihm vor allem berührt hat, das ist die Aufforderung zur Verantwortung, die überall hinter den Zeilen steht. Von hier aus, von der strengen Zucht des Geistes und des Gefühls wird eine neue deutsche Politik überhaupt erst möglich sein.

Ich sende Ihnen gleichzeitig ein anderes Buch von mir. Am Mittwoch reise ich an die Weser, um eine Woche mit Hans Grimm zu verbringen. Wenn Sie morgen, am Sonntag Nachmittag, Zeit für eine kurze Unterhaltung haben, bitte ich Sie, sich ohne alle Umstände bei mir einzufinden.

Mit den besten Grüssen Ernst Jünger"[33]

Die *Politische Romantik*[34] hält Jünger für „ausgezeichnet".[35] Obwohl er sich nicht sicher ist, ob die Epoche der Romantik in diesem Maße kritikwürdig ist, ist er doch der Ansicht, dass er weiß, was Schmitt beabsichtigt. Es wird sogar ein Punkt markiert, an dem man sich über „das Romantische durchaus verständigen" kann: die Äußerungen zum „Don Quixote".

---

[31] Vgl. Mehring. *Carl Schmitt*, S. 232.

[32] Vgl. Mehring. *Carl Schmitt*, S. 223.

[33] Jünger und Schmitt. *Briefe*, S. 6.

[34] Schmitt, Carl. 1925. *Politische Romantik*. München u. a.: Duncker und Humblot.

[35] Diese Monographie entstand in den letzten Kriegsjahren des Ersten Weltkriegs (vgl. Mehring. *Carl Schmitt*, S. 101). Sie erscheint 1919 zum ersten Mal. Es ist anzunehmen, dass Schmitt Jünger die zweite Auflage von 1925 zukommen lässt (vgl. Villinger, Ingeborg. 2014. Briefwechsel mit Carl Schmitt. In *Ernst Jünger-Handbuch. Leben – Werk – Wirkung*, hrsg. Matthias Schöning u. a. Stuttgart u. a.: Metzler, S. 293–297, hier S. 294).

Aber um was geht es in der *Politischen Romantik*? Und welche Rolle spielt der Don Quixote? In diesem Werk kritisiert Schmitt die politische Romantik fundamental. Insbesondere die Verknüpfung von romantischen Vorstellungen mit politischen Ideen erweise sich als fatal. Schmitt rekonstruiert anhand von historischen Persönlichkeiten, darunter der im Brief erwähnte Staatsrechtler Adam Müller, eine unheilvolle Allianz von Romantik und Politik. Der entscheidende Punkt ist für Schmitt, dass sich „das romantische Welt- und Lebensgefühl mit den verschiedensten politischen Zuständen und entgegengesetzten philosophischen Theorien zu verbinden vermag". Infolgedessen ist die politische Romantik für Schmitt „revolutionär", solange „die Revolution da ist"; aber mit der „Beendigung der Revolution wird sie konservativ, und in einer ausgesprochen reaktionären Restauration weiß sie auch solchen Zuständen die romantische Seite abzugewinnen". Für Schmitt steckt dahinter ein System, genauer: die politische Beliebigkeit sei Folge einer „occasionellen Haltung". Diese sei tief im Wesen des Romantischen, dessen „Kern Passivität" sei, begründet.[36] In diesem Sinne beruhe die romantische Art darauf, stets „occasionalistisch von einem Gebiet in das andre, zu dem fremden ‚höheren Dritten' zu entweichen und die Vorstellungen verschiedener Gebiete zu vermischen".[37] Dies hat auch für das politische Handeln gravierende Folgen, wie Schmitt gegen Ende des Textes nochmals hervorhebt:

> „Politische Aktivität ist so nicht möglich, wohl aber Kritik, die alles diskutieren und ideologisch auftreiben kann, die Revolution so gut wie die Restauration, Krieg und Frieden, Nationalismus und Internationalismus, den Imperialismus und den Verzicht darauf. Ihre Methode war auch hier das occasionalistische Abweichen von dem Gebiet, dem der streitige Gegensatz angehört, vom Politischen, ins Höhere, d. h. während der Restauration ins Religiöse; das Resultat: absoluter Gouvernementalismus, d. h. absolute Passivität; die Leistung: ein lyrisch-räsonnierendes Tremolieren von Gedanken, die dem Entschluß und der Verantwortung anderer entsprangen. Wo die politische Aktivität beginnt, hört die politische Romantik auf."[38]

Dies ist im Wesentlichen die Kritik, die Schmitt an der politischen Romantik äußert.[39] Sie endet mit dem Vorwurf der absoluten „Passivität". Allerdings gibt es einen Spezialfall, der offenbar auch Jüngers Interesse geweckt hatte, innerhalb dieser Kritik, an dem das antithetische Verhältnis von politischer Aktivität und romantischer Passivität in einem anderen Licht erscheint. Schmitt unterscheidet zwischen

---
[36] Schmitt. *Politische Romantik*, S. 160.
[37] Schmitt. *Politische Romantik*, S. 204.
[38] Schmitt. *Politische Romantik*, S. 224.
[39] Wie Karl Heinz Bohrer (vgl. Bohrer. *Die Ästhetik des Schreckens*, S. 285) gezeigt hat, ist Schmitts Kritik an der Romantik auch als expressionistische Stellungnahme gegen die moderne Subjekt-Philosophie zu verstehen.

der „politischen Romantik" und dem „romantischen Politiker".[40] So könne ein Mensch, der nicht wesentlich Romantiker sei, von romantisierten Vorstellungen motiviert werden. Als Beispiel nennt Schmitt die Ermordung von August von Kotzebue durch den Studenten Karl Ludwig Sand.[41] Dieser Fall folge einer romantischen Strukturierung, sei aber von politischer Romantik unterschieden, insofern die politische Energie auf ein Außen gerichtet sei.[42]

Der Vorgang ist für Schmitt occasionalistisch, „weil der Punkt auf den sich die politische Energie konzentriert occasionell gefunden wird".[43] Aber die Richtung ist der politischen Romantik entgegengesetzt, so dass ein Komplex starker politischer Kräften nicht imstande ist, sein Ziel zu finden und mit großer Wucht auf einen occasionellen Punkt trifft.[44] Dieser Sache wird klarer, sobald Schmitt den Don Quixote ins Spiel bringt. Er sei der „unsterbliche Typus dieser Politik der romantisch konstruierter Gelegenheiten"[45] – ein romantischer Politiker, kein politischer Romantiker. Damit wird die Analogie zum Fall Karl Ludwig Sand ersichtlich:

„Er war fähig, statt der höheren Harmonie den Unterschied von Recht und Unrecht zu sehn und sich für das, was im Recht schien, zu entscheiden, eine Fähigkeit, die dem politischen Romantiker so sehr fehlt, daß gerade der romantische Legitimismus Schlegels und Müllers aus ihrer Interesselosigkeit für das Recht erklärt werden muß. Wenn die Begeisterung für sein Ideal vom Rittertum und Empörung über vermeintliches Unrecht den armen Ritter auch zu einer tollen Mißachtung der äußeren Wirklichkeit hinrissen, so zog er sich doch nicht etwa, Klagen zur Kritik der Gegenwart stilisierend, ästhetisch in seine Subjektivität zurück. Sein ehrlicher Eifer brachte ihn in Situationen, in denen die romantische Überlegenheit unmöglich wurde, seine Kämpfe waren fantastisch sinnlos, aber doch Kämpfe, in denen er sich persönlichen Gefahren aussetzte, nicht Kämpfe höherer Art, wie der Adam Müllersche Kampf des Künstlers mit seinem Material oder des Schusters mit dem Leder."[46]

Es bleibt die Frage, welche Bedeutung diese Ausführungen für Jünger haben. Denn er behauptet ja, dass der Don Quixote für einen gemeinsamen Punkt stehe, von dem aus man sich über das Romantische verständigen könne. In diesem Sinne wäre die Markierung dieses Punktes für den weiteren Verlauf der Analyse von eminenter Bedeutung, da an ihm offenbar übereinstimmende Denkbewegungen vorliegen.

---

[40] Schmitt. *Politische Romantik*, S. 205.
[41] Vgl. Schmitt. *Politische Romantik*, S. 205.
[42] Vgl. Schmitt. *Politische Romantik*, S. 207.
[43] Schmitt. *Politische Romantik*, S. 207.
[44] Vgl. Schmitt. *Politische Romantik*, S. 207.
[45] Schmitt. *Politische Romantik*, S. 207.
[46] Schmitt. *Politische Romantik*, S. 207.

Jünger scheint eine theoretische Prämisse im Denken von Schmitt zu erkennen, von der aus ein weiteres Zusammenhandeln am Horizont erscheint. In diesem Zusammenhang ist es erforderlich, Jüngers eigene Schriften hinzuzuziehen.

Jünger hat kein theoretisches Werk zur Romantik vorgelegt. Aber er erwähnt den Don Quijote in seiner letzten größeren Schrift *Das abenteuerliche Herz. Aufzeichnungen bei Tag und Nacht*,[47] einer Sammlung aus Prosatexten, essayistischen Betrachtungen und biografischen Äußerungen nebst Lektüreeindrücken, Naturbeobachtungen und Traumbeschreibungen. Die erste Fassung erscheint im Jahr 1929. Der Don Quijote erscheint darin an zahlreichen Stellen.

Zunächst schildert Jünger rückblickend seine Lektüre des Werkes.[48] Für ihn konnte der Don Quijote nur von einem „alten Soldaten"[49] geschrieben worden sein. Jünger bemerkt, er hätte beim Lesen ein „wunderbares Gefühl"[50] gehabt. Er hätte gespürt, dass hier „noch etwas anderes unter der wilden und bunten Welt des Abenteuers lebendig war",[51] und fühlt sich dem Autor des Don Quijote zu Dank verpflichtet, denn er ahne, dass hinter dem Stoffe „noch ein tieferes und notwendigeres Gesetz regiert".[52] Das Werk war für Jünger kein klassischer Abenteuerroman; er las ihn mit einem „wirklichen spanischen Ernst".[53] Die Idee eines Universalismus der Vernunft hält er für eine Bedrohung der fantastischen Welten des Abenteuers:

> „Wohl dem, dem es gelang, den Götzendienern der Vernunft und den Scharlatanen der Wissenschaft zum Trotz den Glauben an die lebendige Fülle der Welt zu knüpfen und an das bunte, sinnvolle und schicksalhafte Spiel, das sie bewegt. Es ist ein tieferer Lohn, der sich hinter dem verheißungsvollen Glanze des Abenteuers verbirgt. Wer wie der Abenteurer an Schicksal und Sterne glaubt, folgt wenigstens den Spiegelbildern einer höheren Wirklichkeit; für ihn ist noch nicht jeder Pfad verstellt, der aus der Welt der Zwecke in die des Sinnes führt. Daher sind denn auch oft alte Soldaten, denen von je der Charakter, der sich unter dem Zugriff des Schicksals formt und im Ringkampf mit ihm, mehr galt als der bloße Verstand, der Gnade teilhaftig geworden […]. So sind denn auch zu Zeiten, in denen das Zweckmäßige regiert, die Herzen der Narren das einzig Unzweckmäßige und die Irrwege der jungen Leute das einzige Zeichen, daß noch ein Gefühl für andere Bahnen als die der Heerstraße besteht."[54]

---

[47] Jünger, Ernst. 1979. Das abenteuerliche Herz. Aufzeichnungen bei Tag und Nacht. In *Sämtliche Werke Bd. 9*. Stuttgart: Klett-Cotta, S. 31–176.
[48] Vgl. Jünger. Das abenteuerliche Herz, S. 54.
[49] Jünger. Das abenteuerliche Herz, S. 54.
[50] Jünger. Das abenteuerliche Herz, S. 54.
[51] Jünger. Das abenteuerliche Herz, S. 54.
[52] Jünger. Das abenteuerliche Herz, S. 54.
[53] Jünger. Das abenteuerliche Herz, S. 57.
[54] Jünger. Das abenteuerliche Herz, S. 57 f.

Dieses Zitat zeigt, dass Jünger im *Abenteuerlichen Herz* bisweilen das Genre der Zeitkritik streift. In der Gegenwart regiert für ihn „das Zweckmäßige". Der Abenteurer, der Don Quijote, liefere ein Beispiel für eine Position, die sich nicht auf die „Vernunft", sondern auf den „Glauben" beruft. Er könne auf diesem Wege einen Sinn finden, da er „wenigstens den Spiegelbildern einer höheren Wirklichkeit" folge. Jüngers Apotheose des Abenteurers wirkt wie der Ausdruck einer typisch romantischen Position. Mehr noch: Hier kommt offenbar eine okkasionelle Haltung zum Ausdruck. Ist die Romantisierung des Abenteuers nicht eine Flucht vor den herrschenden Institutionen, die seit der Epoche der Aufklärung entstanden sind? Das Ausweichen auf ein höheres Drittes? Die Antwort liegt auf der Hand: Jünger ist Romantiker.

Ferner sind Schmitts Don Quixote und Jüngers Don Quijote voneinander zu unterscheiden. Zwar missachten beide die äußere Wirklichkeit; doch während Don Quixotes Kämpfe sinnlos und keine Kämpfe höherer Art waren, finden die Abenteuer Don Quijotes ihren Sinn im Vordringen zu einer, wenn auch nur eingebildeten, anderen Sphäre. Ist Don Quijote somit ein Romantiker, ein politischer Romantiker oder ein romantischer Politiker? Was war der gemeinsame Punkt der Verständigung? Die Antworten darauf finden sich in Jüngers weiteren Ausführungen in besagtem Brief.

Wie gesehen, hatte Schmitt den Don Quixote als eine Figur beschrieben, die über die Fähigkeit zur Entscheidung verfügt. Jünger nimmt diesen Gedanken auf, indem er darauf verweist, dass man sich entscheiden müsse. Hier wird erneut ein zeitdiagnostischer Bezug deutlich. Dieser ist, im Hinblick auf die Entscheidungsfähigkeit, schon an anderer Stelle im *Abenteuerlichen Herz* vorgetragen worden:

„Daher kommt es, daß diese Zeit eine Tugend vor allen anderen verlangt: die der *Entschiedenheit*. Es kommt darauf an, wollen und glauben zu können, ganz abgesehen von den Inhalten, die sich dieses Wollen und Glauben gibt. [...] Dies ist, um offen zu sein, ein ausgesuchtes Mittel der Zerstörung, denn so wird jeder Kraft ihre Hülse heruntergerissen und jeder Anspruch angezweifelt, der sich auf eine Erscheinung und nicht unmittelbar auf eine Gewalt beruft. Aber alles was heute um Fahnen und Zeichen, um Gesetze und Dogmen, um Ordnungen und Systeme im Kampf liegt, treibt Spiegelfechterei. Schon dein Abscheu gegen diese Zänkereien unserer Väter mit unseren Großvätern und gegen jede mögliche Art ihrer Losung verrät, daß es nicht Antworten, sondern schärfere Fragestellungen, nicht Fahnen, sondern Kämpfer, nicht Ordnungen, sondern Aufstände, nicht Systeme, sondern Menschen sind, deren du bedürftig bist."[55]

---

[55] Jünger. Das abenteuerliche Herz, S. 130 f.

An dieser Stelle zeigen sich die ersten Konturen des gemeinsamen Punktes Schmitts und Jüngers: In der Gegenwart komme es darauf an, sich zu entscheiden. Allerdings fällt die Entscheidung nicht innerhalb der gegebenen Verhältnisse; dies wäre reine „Spiegelfechterei". Es soll sich um eine fundamentalere Entscheidung handeln. Entschieden sollten die herrschenden Ordnungen an sich angegriffen werden.

Von diesem Gedanken her kann auch Jüngers Don Quijote verstanden werden. Cervantes' Erzählung ist für Jünger ein Beispiel, wie sich ein Abenteuer den herrschenden rationalen Kriterien entzieht. Jünger romantisiert diesen Vorgang, bleibt dabei aber nicht stehen, sondern bezieht ihn auf die gegenwärtigen Verhältnisse. So wie er die Dinge sieht, ist eine aktive Zerstörung der epistemischen Strukturkategorien erforderlich; dies lässt sich nur erreichen, wenn alle bestehenden Ordnungen zerstört werden – was die Aufgabe der Don Quijotes der Gegenwart definiert.

Hier trifft sich Jünger mit Schmitt. Auch Schmitt bemerkt ja, dass der romantische Politiker noch innerhalb der romantischen Struktur verbleibt: Er hat sich zwar entschieden, aber innerhalb dieser Struktur, so dass der Punkt, an dem sich die politische Energie konzentriert, eine okkasionelle Größe ist. Beeindruckend sind an ihm für Schmitt Tatkraft und Entscheidungsfähigkeit, an denen sich bereits eine neue Zeit andeutet.[56] Jüngers Don Quijote war zwar eine romantische Projektionsfläche, aber nicht Ausdruck eines romantischen Politikverständnisses. Auch Schmitt wollte die romantische Struktur verlassen. Im Vorwort der zweiten Auflage der *Politischen Romantik* im Jahr 1925, sechs Jahre nach der Erstveröffentlichung, vermerkt er zwar die „Auflösung der überlieferten Bildung und Form", ungeachtet deren man aber immer noch die „Romantisierung fremder Formen" betreibe.[57] Jünger scheint diesen Gedanken aufzunehmen, wenn er darauf verweist, dass es „nicht Antworten, sondern schärfere Fragestellungen, nicht Fahnen, sondern Kämpfer, nicht Ordnungen, sondern Aufstände"[58] sind, auf die es ankommen werde. Man kann es auch so formulieren: Jünger und Schmitt geht es darum, den Übergang von romantischer Passivität zu einer politischen Aktivität zu vollziehen, die deutlich radikaler ausfallen soll, als die politischen Aktivitäten des landläufigen romantischen Politikers.

---

[56] Schmitt. *Politische Romantik*, S. 208.
[57] Schmitt. *Politische Romantik*, S. 18.
[58] Jünger. *Das abenteuerliche Herz*, S. 131.

1.2 Der gemeinsame Feind: Die liberale Ordnung

Der Brief von Jünger verrät allem Anschein nach nichts von dessen radikalen Ansichten. Vielmehr spricht Jünger von einer neuen deutschen Politik.[59] Aber was ist damit gemeint? Und welche Rolle spielt Schmitt dabei? Jünger liest die *Politische Romantik* als „Aufforderung zur Verantwortung".[60] Für beide scheint der Don Quijote/Don Quixote eine Schwellenfigur darzustellen. Die Elemente, aus denen sich diese Figur zusammensetzt, wie Tatkraft, Entscheidungsfähigkeit und Glaube, sind sowohl für Jünger ebenso wie für Schmitt von Bedeutung.

Weitere Pfeiler des politischen Denkens Jüngers finden sich in seiner Publizistik, vor allem in dem programmatischen Aufsatz *Der neue Nationalismus*,[61] der im Jahr 1927 erscheint. Dort spricht er sich für einen revolutionären Weg aus,[62] fragt aber, wo die „Kräfte sind, die für solche Aufgabe in Frage kommen".[63] Der Weg über die Parteien erscheint ihm unangemessen. Ein Umsturz, der von einer der großen nationalistischen Parteien herbeigeführt würde, würde nicht „das Deutsche ans Ruder bringen, sondern lediglich die Interessen einer bestimmten Schicht".[64] Jünger schlägt einen anderen Weg vor: Die Bildung eines revolutionären Zentrums könne nur über die „*Gestalt eines Führers* oder in Form einer Arbeitsgemeinschaft führender Persönlichkeiten" gelingen.[65]

Vor dem Hintergrund kann wohl auch der Brief von Jünger an Schmitt gelesen werden. Es scheint plausibel, dass Jünger seinen Adressaten als einen möglichen Mitstreiter in einer solchen „Arbeitsgemeinschaft führender Persönlichkeiten" im Blick hatte. Dafür spricht der am Ende des Briefs ausgesprochene Wunsch auf Intensivierung der Beziehung. Er lädt Schmitt zu einem persönlichen Treffen ein. Ob dieses Treffen seinerzeit stattgefunden hat, lässt sich nicht belegen; wie bereits erwähnt, vermerkt Schmitt ein Treffen am 31. August 1930, über dessen Inhalt er nichts mitteilt. Die nächste Sequenz der Serie Schmitt-Jünger stellt ein Brief vom 14. Oktober 1930 dar. Jünger schreibt Folgendes:

---

[59] Vgl. Jünger und Schmitt. *Briefe*, S. 6.
[60] Jünger und Schmitt. *Briefe*, S. 6.
[61] Jünger. *Politische Publizistik*, S. 285 391.
[62] Jünger. *Politische Publizistik*, S. 288.
[63] Jünger. *Politische Publizistik*, S. 289.
[64] Jünger. *Politische Publizistik*, S. 289 f.
[65] Jünger. *Politische Publizistik*, S. 291.

"Sehr geehrter Herr Professor!
Ihrer Schrift ‚Der Begriff des Politischen' widme ich folgendes Epigramm:
‚*Videtur*: suprema laus'.
denn der Grad ihrer unmittelbaren Evidenz ist so stark, daß jede Stellungnahme überflüssig wird, und die Mitteilung, daß man Kenntnis genommen hat, dem Verfasser genügt.
Die Abfuhr, die allem leeren Geschwätz, das Europa erfüllt, auf diesen dreißig Seiten erteilt wird, ist so irreparabel, daß man zur Tagesordnung also, um mit Ihnen zu sprechen, zur Feststellung des konkreten Freund-Feind-Verhältnisses übergehen kann. Ich schätze das *Wort* zu sehr, um nicht die vollkommene Sicherheit, Kaltblütigkeit und Bösartigkeit Ihres Hiebes zu würdigen, der durch alle Paraden geht.
Der Rang eines Geistes wird heute durch sein Verhältnis zur Rüstung bestimmt. Ihnen ist eine besondere kriegstechnische Erfindung gelungen: Eine Mine, die lautlos explodiert. Man sieht wie durch Zauberei die Trümmer zusammensinken; und die Zerstörung ist bereits geschehen, ehe sie ruchbar wird.
Was mich betrifft, so fühle ich mich durch diese substantielle Mahlzeit recht gestärkt. Ich gedenke, Ihnen einige jener Leser zuzuführen, die heute ebenso selten wie *Bücher* sind.
Mit *Hoch*achtung Ernst Jünger".[66]

Wiederum lobt Jünger ein Werk von Schmitt. Diesmal ist der Ton noch euphorischer als im vorangegangenen Brief. Die Schrift Schmitts ermögliche ihm die „Feststellung des konkreten Freund-Feind-Verhältnisses", wobei er bei der Feindbestimmung vage bleibt. Gerade eine solche ist aber in Hinblick auf die Konstitution einer wie auch immer gearteten Zusammenarbeit für beide von erheblicher Bedeutung.

Schmitts Text ist in mehreren Fassungen – im Folgenden wird mit den Fassungen aus dem Jahr 1927, 1932 und 1933 gearbeitet – überliefert,[67] da er von Schmitt mehrmals überarbeitet wurde.[68] Da Jüngers Brief auf den 14. Oktober 1930 datiert ist, handelt es sich hier um die erste Fassung aus dem Jahr 1927. In dem Text gibt Schmitt eine Begriffsbestimmung des Politischen, mit der er sich ausdrücklich vom herkömmlichen Verständnis abgrenzt. Das Politische werde in den meisten Fällen mit dem Staat gleichgesetzt, oder man beziehe das Politische wenigstens auf

---

[66] Jünger und Schmitt. *Briefe*, S. 7.
[67] Vgl. Mehring. *Carl Schmitt*, S. 207.
[68] Im Allgemeinen wird zwischen drei Fassungen, die sich inhaltlich unterscheiden, differenziert (vgl. Meier, Heinrich. 1998. *Carl Schmitt, Leo Strauss und „Der Begriff des Politischen". Zu einem Dialog unter Abwesenden*. Stuttgart u. a.: Metzler, S. 14). Inzwischen ist eine Synopse publiziert worden (vgl. Schmitt, Carl. 2018. *Der Begriff des Politischen. Synoptische Darstellung der Texte*. Berlin: Duncker und Humblot). Im Folgenden zitiere ich die *erste* Fassung nach dem Titel der Textsammlung, in deren Rahmen sie 2005 neu veröffentlicht worden ist (*Frieden oder Pazifismus?*); die *zweite* Fassung nach der Neuauflage von 1963, indem ich dem Titel jeweils in Klammern den Zusatz „1932/1963" beigebe; die *dritte* Fassung, indem ich dem Titel jeweils in Klammern den Zusatz „1933" beigebe.

den Staat. Schmitt zufolge setzt aber der „Begriff des Staates" den „Begriff des Politischen"[69] voraus.

Was ist nun das Politische? Zunächst einmal behauptet Schmitt, das Politische stehe „selbstständig als eigenes Gebiet neben andern, relativ selbständigen Gebieten menschlichen Denken und Handelns". So stehe es neben dem „Moralischen", dem „Ästhetischen" und dem „Ökonomischen". Von daher, müsse das Politische seine „eigenen, relativ selbständigen, relativ letzten Unterscheidungen haben".[70] Auf diese könne jedes politisches Handeln zurückgeführt werden:

> „Die spezifisch politische Unterscheidung, auf welche sich die politischen Handlungen und Motive zurückführen lassen, ist die Unterscheidung von *Freund* und *Feind*. Sie entspricht für das Gebiet des Politischen den relativ selbständigen Gegensätzen anderer Gebiete: Gut und Böse im Moralischen; Schön und Häßlich im Ästhetischen, usw. Sie ist selbständig, d. h. nicht etwa aus einem dieser anderen Gegensätze oder mehreren von ihnen abgeleitet oder auf sie zurückführbar."[71]

Auf diese Bestimmung scheint Jünger anzuspielen, wenn er bemerkt, man könne nun zur „Feststellung des konkreten Freund-Feind-Verhältnisses" übergehen. Um seiner Feindbestimmung auf die Spur zu kommen, können wir zunächst eine Rezension eines Buches von Ernst von Salomon konsultieren,[72] die im Sommer 1930 erscheint. Jünger beteuert darin, dass „heute jede Auseinandersetzung [...] im Zeichen der Politik" stehe. Es gehe um die „Stellung jedes einzelnen zur Rüstung", da die „Art dieser Stellung heute vielleicht das positivste Kennzeichen für die Art eines Geistes" sei. Dies erkläre unter anderem „die sonst ganz unerklärliche Stärke des Interesses für die Kriegsliteratur",[73] womit einerseits der große zwischenstaatliche Krieg der jüngeren Vergangenheit gemeint ist, darüber hinaus aber auch eine Form des Kriegs, die bis in die Gegenwart hineinreicht:

> „Noch enger mit dem Politischen verknüpft ist der ‚*Nachkriegsroman*', der sich auf die andere Seite eines seit langem permanenten Kriegszustandes bezieht, nämlich auf den Bürgerkrieg. Deutschland befindet sich seit fünfzehn Jahren im Zustande einer ununterbrochenen Revolution – und revolutionären Rang besitzen daher die literarischen Manifeste, die sich auf den deutschen Zustand während dieser Jahre beziehen."[74]

---

[69] Schmitt, Carl. 2005. *Frieden oder Pazifismus? Arbeiten zum Völkerrecht und zur internationalen Politik 1924–1978*. Berlin: Duncker und Humblot, S. 194.

[70] Schmitt. *Frieden oder Pazifismus?*, S. 196.

[71] Schmitt. *Frieden oder Pazifismus?*, S. 196.

[72] Jünger. *Politische Publizistik*, S. 584–587.

[73] Jünger. *Politische Publizistik*, S. 584.

[74] Jünger. *Politische Publizistik*, S. 584.

Wie die obigen Ausführungen bereits angedeutet haben, definiert Jünger seine Haltung als „neuen Nationalismus". Die Radikalität dieses neuen Nationalismus kommt besonders an seiner Rezension des zweiten Teils von Salomons Buch zum Ausdruck, wo er dessen enge Verbindung zum Verbrechen herausstellt:

> „Der Landsknecht, der Versprengte, der ewige Soldat, der solange es ging, dem Krieg nachzog, um die Verbindung mit der Gefahr nicht zu verlieren, hat sich nun ein entschieden politisches Vorzeichen gegeben und bereitet sich, da es innerhalb der liberalistischen Ordnung für ihn nicht möglich ist, außerhalb dieser Ordnung zum Handeln vor. Weil er diese Ordnung verachtet, ist er bereit, die dunklen Mächte des Chaos zu beschwören, und er will Verbrecher lieber als der Befolger verräterischer Gesetze sein."[75]

Hier erscheint abermals eine Argumentationsfigur, die uns bereits bekannt ist: Schon die Ausführungen zum Don Quijote verwiesen auf Vorstellungen von der Auseinandersetzung mit der Ordnung. Darüber hinaus liefert das Zitat einen ersten Hinweis auf die Identifikation des Feindes. Jünger spricht von der „*liberalistischen Ordnung*". In mehreren Artikeln seiner politischen Publizistik sagte er dieser Ordnung den Kampf an. Schon in dem erwähnten programmatischen Aufsatz *Der neue Nationalismus* erklärt er den liberalen Staat zum Todfeind der nationalen Kraft.[76] Hier wird der Staat als Teil der liberalen Ordnung identifiziert. Aber auch eine generelle Kritik am ‚Wesen' des Liberalismus wird deutlich. In dem Artikel *Die liberalistische Phrase*, aus dem gleichen Jahr, nennt Jünger den Liberalismus ein „Geschwätz". Dagegen sieht er selbst sich auf der Seite der Aktion, wobei er eine Tendenz der Zeit konstatiert, der zufolge „zwar noch geschwatzt", aber „auch schon gerüstet" werde.[77] Und in dem Aufsatz „*Nationalismus*" *und Nationalismus* aus dem Jahr 1929 weist Jünger nochmals auf diesen Gegensatz hin: Während sich der Liberalismus auf den Kampf mit geistigen Waffen beschränke, kämpfe der Nationalismus mit materiellen Waffen.[78] Die Feindbestimmung wird nun radikal zugespitzt: „*Die Ordnung ist der gemeinsame Feind*".[79]

Diese Ausführungen werfen noch mal weiteres Licht auf den Brief vom 14. Oktober 1930 an Schmitt. Jünger hatte von dem „leeren Geschwätz"[80] gesprochen, dem mit Schmitts Text eine „Abfuhr" erteilt werde – also in den Begriffen, die er auch in seiner Kritik des Liberalismus verwendet.

---

[75] Jünger. *Politische Publizistik*, S. 585 f.
[76] Vgl. Jünger. *Politische Publizistik*, S. 290; Hervorhebung von mir/AS.
[77] Jünger. *Politische Publizistik*, S. 339.
[78] Vgl. Jünger. *Politische Publizistik*, S. 503.
[79] Jünger. *Politische Publizistik*, S. 506.
[80] Jünger und Schmitt. *Briefe*, S. 7.

Eine ähnliche Adresse an den Liberalismus findet sich auch im *Begriff des Politischen*. Allerdings fällt Schmitts Auseinandersetzung subtiler aus und systematischer angelegt. Seiner Ansicht nach sind durch den „Liberalismus des letzten Jahrhunderts [...] alle staatlichen und politischen Vorstellungen in einer eigenartigen und systematischen Weise verändert und denaturiert worden". Unter Gesichtspunkten der „historisch-politische[n] Wirklichkeit" sei zwar zu konstatieren, dass auch Liberale Politik betrieben.[81] Jedoch lasse sich aus dem „reinen und konsequenten Begriff des individualistischen Liberalismus" keine „spezifisch politische Idee" gewinnen, da eine „Negation des Politischen" niemals zu einer „positiven Theorie von Staat und Politik"[82] führen könne. Stattdessen bewege sich das liberale Denken zwischen Ethik und Wirtschaft; es sublimiere den „politische[n] Begriff des *Kampfes*" auf der „wirtschaftlichen Seite zur *Konkurrenz*", auf der „,geistigen' Seite zur *Diskussion*", so dass an die Stelle einer „klaren Unterscheidung" zwischen Krieg und Frieden ein „Dauerzustand *ewiger* Konkurrenz und *ewiger* Diskussion" träte.[83] Schlussendlich werde aber auch der Liberalismus dem Politischen nicht entgehen, denn auch unter der Oberfläche dieses „unpolitische[n] und sogar antipolitische[n] System" blieben bestimmte alte Feindbestimmungen bestehen bzw. entständen „neue Gruppierungen nach Freund und Feind".[84]

Schon in der *Politischen Romantik* ist Schmitts Auseinandersetzung mit dem liberalen Denken angelegt. Hier war die romantische Verklärung des Gesprächs die Zielscheibe seiner Kritik. In der Vorstellung, dass die Regierung mit der Opposition ein Gespräch führt, offenbare sich die liberale Herkunft dieser Romantik.[85] Dies war der Auftakt für weitere kritische Stellungnahmen; einen bemerkenswerten Platz nimmt dabei die *Politische Theologie*[86] ein. Teile dieser Schrift erschienen zuerst im Jahr 1922; diese erste Fassung wurde später um ein Kapitel erweitert,[87] welches Schmitt im Sommer 1922 verfasste.

In diesem Kapitel beschäftigt sich Schmitt mit der Staatsphilosophie der Gegenrevolution. Man kann es als offenes Bekenntnis zu einer interventionistischen

---

[81] Vgl. Schmitt. *Frieden oder Pazifismus?*, S. 214.
[82] Schmitt, *Frieden oder Pazifismus?*, S. 214 f.
[83] Schmitt. *Frieden oder Pazifismus?*, S. 215 f.; Hervorhebung von mir/AS.
[84] Schmitt. *Frieden oder Pazifismus?*, S. 219.
[85] Vgl. Schmitt. *Politische Romantik*, S. 192.
[86] Schmitt, Carl. 1996. *Politische Theologie. Vier Kapitel zur Lehre von der Souveränität.* Berlin: Duncker und Humblot.
[87] Vgl. Mehring. *Carl Schmitt*, S. 124.

Politischen Theologie lesen;[88] jedenfalls ist es eine Mischung aus Analyse und politischem Plädoyer. Abermals rechnet Schmitt mit den deutschen Romantikern ab. Wiederum zielt die Kritik auf das „ewige Gespräch". Im Gegensatz dazu hätte die „gegenrevolutionäre Staatsphilosophie" des 19. Jahrhunderts gestanden. Was sie auszeichnete, war, nach Schmitt, das „Bewußtsein, daß die Zeit eine Entscheidung"[89] verlangen würde. In analoger Weise überträgt Schmitt die Kritik der Gegenrevolution auf den Liberalismus. So läge es im „Wesen des bürgerlichen Liberalismus" sich „nicht entscheiden" zu können. Stattdessen versuche er, eine „Diskussion"[90] zu führen.

Schmitt aktualisiert also fortwährend seine Kritik an einer bestimmten liberalen Tradition. Zugleich betreibt er Gegenwartskritik. Sehr deutlich wird dies in seiner Schrift *Die geistesgeschichtliche Lage des heutigen Parlamentarismus*,[91] die im Jahr 1926 erscheint. Hier beschreibt er, was er für die Grundannahmen des liberalen Prinzips hält, wobei bereits das Thema der Sphären von Ethik und Wirtschaft auftaucht. Er hält es für „notwendig, den Liberalismus als konsequentes, umfassendes, metaphysisches System zu sehen".[92] Schmitt verzichtet dabei auf Differenzierungen. Im Gegenteil: So sei es durchaus dasselbe, dass „aus dem freien Kampf der Meinungen die Wahrheit" entstünde, wie auch „aus dem Wettbewerb" eine „Harmonie"[93] entstehen würde. Daraus lasse sich das Wesen des Liberalismus ableiten:

> „Hier liegt auch der geistige Kern dieses Denkens überhaupt, sein spezifisches Verhältnis zur Wahrheit, die zu einer bloßen Funktion eines ewigen Wettbewerbs der Meinungen wird. Der Wahrheit gegenüber bedeutet es den Verzicht auf ein definitives Resultat. Deutschem Denken ist diese ewige Diskussion in der romantischen Vorstellung des ewigen Gesprächs zugänglicher gewesen, und es darf hier beiläufig bemerkt werden, daß sich die ganze ideengeschichtliche Unklarheit der üblichen Auffassungen über die deutsche politische Romantik, die als konservativ und antiliberal bezeichnet wird, schon in diesem Zusammenhang verrät. Redefreiheit, Preßfreiheit, Versammlungsfreiheit, Diskussionsfreiheit sind also nicht nur nützliche und zweckmäßige Dinge, sondern eigentliche Lebensfragen des Liberalismus."[94]

---

[88] Mehring. *Carl Schmitt*, S. 146. Wie Mehring (vgl. Mehring. *Carl Schmitt*, S. 140) andeutet, können Schmitts politische Interventionen auch als Reaktionen auf die Krisenlage der Weimarer Republik, in den frühen zwanziger Jahren, betrachtet werden.
[89] Schmitt. *Politische Theologie*, S. 59.
[90] Schmitt. *Politische Theologie*, S. 63.
[91] Schmitt, Carl. 1961. *Die geistesgeschichtliche Lage des heutigen Parlamentarismus*. Berlin: Duncker und Humblot.
[92] Schmitt. *Die geistesgeschichtliche Lage*, S. 45.
[93] Schmitt. *Die geistesgeschichtliche Lage*, S. 45 f.
[94] Schmitt. *Die geistesgeschichtliche Lage*, S. 46.

Die strukturelle Analogie von politischer Romantik und Liberalismus zieht sich also wie ein roter Faden durch die untersuchten Werke.[95] Schmitt hält augenscheinlich beide Denkansätze für äußerst kritikwürdig. Wie ersichtlich wurde, ist auch Jünger ein radikaler Kritiker des Liberalismus. Die gegenwärtige Lage erfordert beider Meinung nach ein erhöhtes Maß aktivistischer Bereitschaft. Die soziale Ordnung befände sich in einer Krise, der die aktuellen politischen Akteure hilflos gegenüber stünden.

1.3 Die Zukunft: „Arbeit" und „Technik"?

Nachdem Jünger und Schmitt offenkundig gemeinsame Denklinien entdeckt hatten, wurden auch die persönlichen Treffen häufiger. Dies lässt sich gut an den Tagebüchern von Schmitt[96] ablesen. Zwar berichtet er nicht ausführlich von den erörterten Themen, aber die zentralen Aspekte der Gespräche lassen sich bestimmen. Ein Begriff, der besonders oft ins Zentrum rückt, ist der des Arbeiters.

Am 08. November 1930 schreibt Schmitt, dass er sich „sehr schön" mit Jünger „über den Begriff des Arbeiters" unterhalten habe.[97] Allerdings scheint er doch nicht ganz überzeugt von Jüngers Ausführungen. Am 26. November 1930 findet sich folgender Eintrag im Tagebuch: „Mittags ausgeruht, um 6 kam Ernst Jünger, wir plauderten nett über seinen Begriff des Arbeiters, hatte aber doch den Eindruck von Dilettantismus; er blieb zum Essen, ich trank allein eine Flasche Okfener, sie schmeckte herrlich, Jünger war rührend, ich habe große Sympathie für ihn".[98] Trotz dieser Sympathiebekundungen bleibt Schmitt offenbar skeptisch gegenüber Jüngers inhaltlichen Bestimmungen.

Auch im Briefwechsel ist die Ambivalenz von Dilettantismusverdacht und Sympathiebekundung erkennbar. Am 27. November 1930 schreibt Schmitt:

---

[95] Darauf hat schon Karl Heinz Bohrer (vgl. Bohrer. *Die Ästhetik des Schreckens*) hingewiesen. Schmitt benutzt die „politische Romantik als geistesgeschichtliche Präfiguration des zeitgenössischen Liberalismus, dem seine aktuelle Feindschaft gilt, weil er hier die Folgen eines dem ‚Realitäts'-Zwang sich entziehenden subjektivistischen Denkens vermutet" (vgl. Bohrer. *Die Ästhetik des Schreckens*, S. 301 f.). Insofern verfolgt Schmitt das Unterfangen, den Liberalismus vermittels einer Kritik der Romantik zu treffen (vgl. Pauly, Walter. 2014. Carl Schmitts Kritik der romantischen Freiheit. In *Romantik und Freiheit. Wechselspiele zwischen Ästhetik und Politik*, hrsg. Michael Dreyer und Klaus Ries. Heidelberg: Universitätsverlag Winter, S. 261–280, hier S. 261).

[96] Vgl. Schmitt, Carl. 2010. *Tagebücher 1930–1934*. Berlin: Akademie Verlag.

[97] Schmitt. *Tagebücher*, S. 54.

[98] Schmitt. *Tagebücher*, S. 61.

„Sehr geehrter Herr Jünger, ad vocem ‚Arbeiter' bemerke ich gerade in H. Fischers Nietzsche-Buch, S. 273 unten, eine Stelle, die Sie wahrscheinlich interessiert. Dieses ganze System:
Glauben des Glaubens wegen (ohne Inhalt, ohne Werke),
Moral der Moral wegen (*reine* Pflicht, kategorischer Imperativ)
l'art pour l'art,
Arbeit der Arbeit wegen;
mit seinem Ergebnis der Gegenstandslosigkeit:
Methode ohne Resultat,
Religionslehre ohne Religion,
Psychologie ohne Psyche,
Rechtswissenschaft ohne Recht,
Staatslehre ohne Staat,
Methodologie ohne Methode,
Methode ohne etc. etc.
möchte ich nicht so schnell mit Ihrem Arbeiter-Begriff zusammenbringen, wie es diese Stelle bei Fischer nahelegen könnte. (Dieser Teil des F. Buches ist übrigens vortrefflich.)
Mit besten Grüßen Ihr Carl Schmitt"[99]

Jünger antwortet am 30. November:

„Sehr geehrter Herr Professor!
Jeder Einwand ist mir sehr wertvoll. Die Betrachtung: Arbeit um der Arbeit wegen oder um einer anderen Sache wegen spielt in der Aufgabe, wie ich sie mir gestellt habe, keine Rolle. Ebenso wie Sie, wenn Sie Politik als die Kunst, Freund und Feind zu unterscheiden, untersuchen, ganz davon absehen können, ob Politik gut oder böse ist, sehe ich davon ab, ob und welcher Region gegenüber Arbeit verpflichtet ist, Sinn zu besitzen oder nicht. Was ich zu sehen habe, das ist der Vorgang und seine Gesetzmäßigkeit. Wenn ich etwa das Universum auf die Eigenschaft eines riesenhaften Arbeitsvorganges hin betrachte, so kommt es mir während dieser Einstellung des Blickes nur darauf an, inwieweit hier Arbeit sichtbar wird, nicht aber, ob der Auf- und Untergang der Gestirne um seiner selbst willen oder nicht um seiner willen geschieht. Was ich beabsichtige, ist jedes Ethos aus dem Arbeitsbegriff herauszubringen, – Arbeit um der Arbeit wegen würde jedoch nur der Ausdruck eines nicht einmal neuen und dabei sehr unschmackhaften Ethos sein. Was ist, das soll man nicht begründen, – ich weiß, daß Sie diesem Satze zustimmen werden.
Mit den besten Empfehlungen
Ihr Ernst Jünger"[100]

In diesen beiden Briefen werden Ambiguitäten bezüglich des Begriffs des Arbeiters zwischen Jünger und Schmitt ersichtlich. Schmitt spricht in dem Brief, im

---

[99] Jünger und Schmitt. *Briefe*, S. 9. In dem Brief Schmitts sind überdies zwei Pfeile eingetragen. Der erste Pfeil befindet sich nach der Zeile „Methode ohne etc. etc." und verweist, verlängert durch einen zweiten Pfeil, zurück auf die Zeile „Methode ohne Resultat". Offenbar wollte Schmitt hier eine zirkuläre Interdependenz zwischen den beiden Aussagen andeuten.
[100] Jünger und Schmitt. *Briefe*, S. 10.

Gegensatz zu seinen persönlichen Aufzeichnungen, nicht von „Dilettantismus". Vielmehr äußert er sich unsicher. Er findet in dem Buch von Hugo Fischer eine Stelle zum „Arbeiter-Begriff", möchte aber dessen Ausführungen nicht „so schnell" mit Jüngers Überlegungen zusammenbringen.

Um klären zu können, was Schmitt für „Dilettantismus" hält, müssen wir zunächst Jüngers Begriff des Arbeiters erörtern. Im Zentrum der Diskussion steht vermutlich die Vorarbeit zu Jüngers Großessay *Der Arbeiter. Herrschaft und Gestalt*.[101] Dieses Werk erscheint im Oktober 1932.[102] Peter Trawny[103] hat anhand des Nachlasses von Jünger im Deutschen Literaturarchiv in Marbach seine Entstehungsbedingungen rekonstruiert. Demnach begann die Arbeit an der Urfassung am 18. Oktober 1930 und endete am 11. August 1932. Jünger schrieb also, während er mit Schmitt korrespondierte, an diesem Werk. Es finden sich allerdings auch schon frühere Überlegungen zum Begriff des Arbeiters. So hatte er bereits im März 1928 einen Artikel mit dem Titel *Arbeiter und Soldaten des 20. Jahrhunderts*[104] veröffentlicht. Hier finden sich abermals Passagen, die Jüngers Kritik an „liberalistischen Ideen" verdeutlichen, deren Schwäche sich nicht zuletzt im Weltkrieg gezeigt habe:

> „Die Heere dieses Krieges zogen in den Formen des 19. Jahrhunderts in den Kampf, mit seinen Gedanken, seinen Ideen und seiner Organisation. Die gewaltigen Leistungen die das Blut *trotzdem* verrichtete, dürfen nicht darüber täuschen, daß es durch die Ziele, die ihm gesteckt wurden und die Formen, in denen es angesetzt wurde, eher Hinderung als Förderung erfuhr. Dadurch gewann der Krieg, dieser natürlichste aller Vorgänge etwas Aufgeblähtes, das Blut zu Eiter Zersetzendes, dessen eigentümliches, schwer zu beschreibendes Wesen die Erinnerung an die großen Materialschlachten am besten zu vermitteln mag."[105]

Die Ideen des Liberalismus stellen für Jünger also ein Hemmnis für eine Entwicklung dar, die sich im Krieg bereits angedeutet hat. Der umfangreiche Einsatz

---

[101] Jünger, Ernst. 1981. Der Arbeiter. Herrschaft und Gestalt. In *Sämtliche Werke Bd. 8*. Stuttgart: Klett-Cotta, S. 9–317.

[102] Dieser Essay vereinigte mehrere diskursive Stränge von Jüngers bisherigem Werk. Seit der Veröffentlichung hat *Der Arbeiter* ein starkes publizistisches Echo und eine intensive intellektuelle Rezeption innerhalb und außerhalb der Wissenschaft erfahren (vgl. Brokoff, Jürgen. 2014. Der Arbeiter. Herrschaft und Gestalt (1932). In *Ernst Jünger-Handbuch. Leben – Werk – Wirkung*, hrsg. Matthias Schöning u. a. Stuttgart u. a.: Metzler). Die Beschäftigung mit diesem Werk ist nach wie vor eine Herausforderung: „Wer seine Entstehung und seine unmittelbare Wirkung rekonstruieren und beurteilen will, muss das keineswegs auf den ersten und zweiten Blick klare Gewebe aus Briefen, Aufsätzen, Rezensionen und ganzen Büchern, die für und gegen den *Arbeiter* geschrieben wurden, entwirren und lesen" (Trawny. *Die Autorität des Zeugen*, S. 10).

[103] Vgl. zum Folgenden Trawny. *Die Autorität des Zeugen*, S. 26.

[104] Jünger. *Politische Publizistik*, S. 425–434.

[105] Jünger. *Politische Publizistik*, S. 430.

technischer Innovationen habe zum Entstehen eines neuen „Kriegertums" geführt, das nicht mehr dem Wesen der „bewaffneten Bourgeoisie"[106] entspräche. Gleiches gelte für das „*Arbeitertum*".[107] Dieses stehe unter der „Führung der marxistischen Intelligenz",[108] die jedoch zum Untergang verurteilt sei, da sie, genauso wie die Bourgeoisie, in veralteten Formen denke. Ein „neues Arbeitertum" werde „die Nation vertreten".[109] Auch der Krieger suche nun die Verbindung zum Arbeiter, da erst auf „Grundlage eines neuen Arbeitertums" die „Formen und Möglichkeiten eines neuen Kriegertums" erwachsen würden.[110]

Bereits In diesem Artikel wird deutlich, dass Jünger dem Arbeiter eine Schlüsselrolle in der Zukunft zugesteht. Es dauert jedoch mehr als zwei Jahre, bis er den Begriff des Arbeiters in einem größeren Werk detaillierter bearbeiten wird.

Ein weiteres Werk Jüngers auf seinem Weg zu dem Großessay über den *Arbeiter* ist im Zusammenhang von Bedeutung: *Die Totale Mobilmachung*,[111] erschienen 1930.[112] Jünger nimmt hier wiederum Bezug auf den Weltkrieg, in dem sich der „Genius des Krieges" mit dem „Geiste des Fortschrittes"[113] verbunden habe. Es sei ein gigantischer Mobilmachungsprozess sichtbar geworden.[114] Dessen Zielpunkt sei „noch nicht erreicht", aber dass „das Bild des kriegerischen Vorganges" sei „schon in die Ordnung des friedlichen Zustandes vorgezeichnet":

> „Die totale Mobilmachung wird weit weniger vollzogen, als sie sich selbst vollzieht, sie ist in Krieg und Frieden der Ausdruck des geheimnisvollen und zwingenden Anspruches, dem dieses Leben im Zeitalter der Massen und Maschinen uns unterwirft. So kommt es, daß jedes einzelne Leben immer eindeutiger zum Leben eines Arbeiters wird, und so kommt es, daß auf die Kriege der Ritter, der Könige und Bürger die Kriege der *Arbeiter* folgen, – Kriege, von deren rationeller Struktur und deren hohem Grade von Unbarmherzigkeit uns bereits die erste große Auseinandersetzung des 20. Jahrhunderts eine Ahnung gegeben hat."[115]

---

[106] Jünger. *Politische Publizistik*, S. 431.

[107] Jünger. *Politische Publizistik*, S. 431.

[108] Jünger. *Politische Publizistik*, S. 432.

[109] Jünger. *Politische Publizistik*, S. 433.

[110] Jünger. *Politische Publizistik*, S. 433.

[111] Jünger. *Politische Publizistik*, S. 558–582.

[112] Jünger erwähnt diesen Aufsatz später auch im *Arbeiter* (vgl. Jünger. Der Arbeiter, S. 39). Es besteht in jedem Fall eine große Nähe zwischen den beiden Werken (vgl. Bröckling, Ulrich. 2014. Die totale Mobilmachung (1930). In *Ernst Jünger-Handbuch. Leben – Werk – Wirkung*, hrsg. Matthias Schöning u. a. Stuttgart u. a.: Metzler, S. 100–104, hier S. 100).

[113] Jünger. *Politische Publizistik*, S. 559.

[114] Vgl. Jünger. *Politische Publizistik*, S. 563.

[115] Jünger. *Politische Publizistik*, S. 563 f.

Abermals weist Jünger dem Arbeiter eine zentrale Stellung in der zukünftigen Entwicklung zu; er bleibt aber auch diesmal wortkarg, wenn es um weitere Bestimmungen des Begriffs geht. Er deutet an, dass nicht ausschließlich die technische Seite betrachtet werden dürfe. Im Mittelpunkt müsse das Nationale stehen, da es um eine „Mobilmachung des Deutschen"[116] gehen würde. Man dürfe nicht die gleichen Fehler wie im vergangenen Weltkrieg machen, denn dort habe es an „glaubensmächtigen Kräften"[117] gemangelt.

Erst im Großessay des Jahres 1932 bestimmt Jünger den Begriff des Arbeiters deutlicher. Schon in dem Artikel von 1928 wurde deutlich, dass Jünger einer marxistischen Konzeption des Arbeiters fernstand, er aber auch keine „bürgerlichen" Kategorien verwenden wollte. Daran knüpft er nun an: Seit dem 19. Jahrhundert habe man den Arbeiter als ein „Organ der Wirtschaft gedeutet", womit ihm eine „Scheinstellung" innerhalb der bürgerlichen Ordnung zugewiesen worden sei, während tatsächlich das bürgerliche Denken nicht in der Lage sei, die „machtpolitische Veränderung" zu begreifen, die in der „Gestalt des Arbeiters" ihre schärfste Ausprägung finde.[118] Denn der Arbeiter stünde in einem „unerbittlichen Gegensatz zu allen bürgerlichen Wertungen".[119] Jünger nähert sich dem Arbeiter über den Begriff der Gestalt:

> „In der Gestalt ruht das Ganze, das mehr als die Summe seiner Teile umfaßt und das einem anatomischen Zeitalter unerreichbar war. Es ist das Kennzeichen einer heraufziehenden Zeit, daß man in ihr wieder unter dem Banne von Gestalten sehen, fühlen und handeln wird. Über den Rang eines Geistes, den Wert eines Auges entscheidet der Grad, in dem ihnen der Einfluß von Gestalten sichtbar wird. Schon liegen die ersten, bedeutsamen Bemühungen vor; sie sind weder in der Kunst noch in der Wissenschaft noch im Glauben zu übersehen. Auch in der Politik hängt alles davon ab, daß man Gestalten und nicht etwa Begriffe, Ideen oder bloße Erscheinungen zum Kampfe bringt."[120]

Es gibt also für Jünger ein allumfassendes Bewegungsprinzip, das den weiteren Verlauf der Geschichte vorbereitet[121] und vom bürgerlichem Zeitalter aus, dem ein

---

[116] Jünger. *Politische Publizistik*, S. 582.
[117] Jünger. *Politische Publizistik*, S. 575.
[118] Jünger. Der Arbeiter, S. 36–37.
[119] Jünger. Der Arbeiter, S. 20.
[120] Jünger. Der Arbeiter, S. 38.
[121] Der Begriff „Gestalt" ist ein holistisches Konzept und ein Schlüsselbegriff, der in der Ästhetik und Naturtheorie des 18. Jahrhunderts gleichermaßen impulsgebend wirkte (vgl. zum Folgenden Simonis, Annette. 2014. Gestalt. In *Ernst Jünger-Handbuch. Leben – Werk – Wirkung*, hrsg. Matthias Schöning u. a. Stuttgart u. a.: Metzler). Um und nach 1900 erlebt der Gestaltbegriff eine Hochkonjunktur in neuen wissenschaftlichen Disziplinen, wie in der Gestaltpsychologie und den Kulturwissenschaften, aber auch in der modernen Literatur, Ästhetik und Poetik. Dabei hat die Gestaltkonzeption eine besondere Dignität durch ihre Verwendung und

„echtes Verhältnis zur Welt der Gestalten" fehle, nicht zu erkennen ist.[122] Auf die Wirksamkeit dieses Prinzips habe schon der Weltkrieg hingedeutet, denn hier habe man den „Deutschen im Aufstande gegen diese Welt"[123] gesehen, namentlich der deutsche Frontsoldat sich als der „Träger einer echten Gestalt" erwiesen. Dies aber stelle nur ein „Vorspiel" für die Konstituierung der Gestalt des Arbeiters dar;[124] der Krieg habe den „breiten, roten Schlußstrich" unter die vorangegangene Epoche gesetzt.[125] Seither bereite sich die Gestalt des Arbeiters auf die Herrschaft vor, die mit einem gewandelten Verständnis von Arbeit einhergehen werde:

> „Man muß wissen, daß in einem Zeitalter des Arbeiters, wenn es seinen Namen zu Recht trägt und nicht etwa so, wie sich alle heutigen Parteien als Arbeiterparteien bezeichnen, es nichts geben kann, was nicht als Arbeit begriffen wird. Arbeit ist das Tempo der Faust, der Gedanken, des Herzens, das Leben bei Tage und Nacht, die Wissenschaft, die Liebe, die Kunst, der Glaube, der Kultus, der Krieg; Arbeit ist die Schwingung des Atoms und die Kraft, die Sterne und Sonnensysteme bewegt."[126]

Für Jünger scheint „Arbeit" jedwede Bewegung des Universums zu sein; der Begriff erhält eine universelle Bedeutung. Eine außerordentliche Rolle fällt dabei der Technik zu, die für Jünger „die Art und Weise" ist, „in der die Gestalt des Arbeiters die Welt mobilisiert".[127]

Die Beziehung von Technik und Mensch ist ein zentrales Thema Jüngers. Ob der Mensch von der Technik „nicht zerstört sondern gefördert" werde, hänge davon ab, in welchem Grade er die „Gestalt des Arbeiters"[128] repräsentieren werde. Die Technik sei das „wirksamste, das unbestreitbarste Mittel der totalen Revolution", sie bringe ein „neues Menschentum" zur Herrschaft.[129] Der Vorgang finde in einer „organischen Konstruktion"[130] seine letzte Verwirklichung. Noch sei dieser Prozess

---

Nobilitierung in den Schriften der Weimarer Klassiker Goethe und Schiller erfahren. Jüngers Gestaltbegriff ähnelt dem von Goethe. Es bestehen aber auch Unterschiede (vgl. Figal, Günter. 2011. Gestalt und Gestaltwandel. Morphologie bei Ernst Jünger und Goethe. In *Natur. Jünger-Studien. Bd. 5.*, hrsg. Günter Figal und Georg Knapp. Tübingen: Attempto Verlag, S. 8–20).

[122] Vgl. Jünger. Der Arbeiter, S. 42.
[123] Jünger. Der Arbeiter, S. 42 f.
[124] Jünger. Der Arbeiter, S. 43.
[125] Jünger. Der Arbeiter, S. 59.
[126] Jünger. Der Arbeiter, S. 72.
[127] Jünger. Der Arbeiter, S. 160.
[128] Jünger. Der Arbeiter, S. 160.
[129] Jünger. Der Arbeiter, S. 173.
[130] Jünger. Der Arbeiter, S. 181.

nicht vollzogen, aber die gegenwärtigen gesellschaftlichen Verhältnisse offenbarten bereits einen Willen zur Gestaltung, „der das Leben in seiner Totalität zu erfassen und in Form zu bringen sucht".[131]

Im November 1930 stand Jünger erst am Beginn seiner Bestimmung des Arbeiters, wobei Schmitt einer seiner Gesprächspartner war. In dem Brief vom 27. November ist, wie gesehen, eine Unsicherheit von Seiten Schmitts hinsichtlich des Verhältnisses beider bemerkbar.

Das Buch, auf das Schmitt zu Beginn des Briefes Bezug nimmt, ist Hugo Fischers Monografie *Nietzsche Apostata oder Die Philosophie des Ärgernisses*.[132] Wie bereits erwähnt, hatte Fischer, seit 1925 Privatdozent für Philosophie in Leipzig,[133] den Kontakt zwischen Schmitt und Jünger, der seinerseits in Leipzig Zoologie und Philosophie gehört hatte, hergestellt. Fischer und Jünger hatten gemeinsame Interessen und trafen sich häufig zu Gesprächen.[134] In Fischers Nietzsche-Buch findet Schmitt eine Stelle, an der dessen Verhältnis zum Begriff des Arbeiters deutlich wird. Es handelt sich um einen Teil des Kapitels, in dem Fischer den modernen Gelehrten als komplexen Dekadenztypus darstellt.[135] Die moderne Wissenschaft, so Fischers Gedanke, habe zu einem asketischen Ideal geführt. Es bestehe aber kein echter Trieb zur Wahrheit mehr. Das Objektivitätsideal, das der Wissenschaftler für sich in Anspruch nehme, habe ihn zum Spielball der Mächte werden lassen, während seine asketische Lebensmoral eine Vorbildfunktion in der bürgerlichen Gesellschaft gewonnen habe. In diesem Zusammenhang wird die Verbindung zum Arbeiter hergestellt:

> „[D]er Gelehrte ist der *reinste* Typus des Arbeiters. Er arbeitet nicht um des Profits, sondern um der Arbeit willen. Seine Existenz ist restlos auf Arbeit gestellt, er sucht seinen Halt nur in der Arbeit; er blickt auf nichts Fremdes hin. Er nimmt das Schicksal, das Kreuz der Zeit auf sich, und er nimmt den anderen die Erfahrung ab, was es heißt, nur der Arbeit zu leben. [...] Der Wert liegt im Arbeitsprozeß selbst. Der Arbeitsprozeß aber ist ein religiöser Kult: die nihilistische Verzweiflung wird gebannt."[136]

---

[131] Jünger. Der Arbeiter, S. 223.

[132] Fischer, Hugo. 1931. *Nietzsche Apostata oder Die Philosophie des Ärgernisses*. Erfurt: Stenger.

[133] Vgl. zum Folgenden Christians, Heiko. 2014. Hugo Fischer. In *Ernst Jünger-Handbuch. Leben – Werk – Wirkung*, hrsg. Matthias Schöning u. a. Stuttgart u. a.: Metzler, S. 358–367, hier S. 360 ff.

[134] Vgl. Schwilk. *Ernst Jünger*, S. 272.

[135] Vgl. zum Folgenden Fischer. *Nietzsche Apostata*, S. 270–272.

[136] Fischer. *Nietzsche Apostata*, S. 273.

Schmitt nimmt diese Beschreibungen als Ausgangspunkt für weitere Anschlüsse. Er setzt den Arbeitsbegriff in Bezug zu den Sphären des Glaubens, der Moral und der Kunst, um zu verdeutlichen, dass sich die Ausführungen Fischers auch auf andere Bereiche applizieren lassen. Im Endeffekt führe diese Strukturierung zu einer „Gegenstandslosigkeit".[137] Schmitt scheint hier, mit Fischer als Gewährsmann, die Position Jüngers ergründen zu wollen. Jünger macht in seiner Antwort vom 30. November klar, dass er Schmitts Vorstellungen nicht teilt. Er möchte jedes „Ethos"[138] aus dem Arbeitsbegriff fernhalten, d. h. begibt sich nicht auf Fischers Terrain. Jünger behauptet von sich, was er verfolge, dass sei der „Vorgang und seine Gesetzmäßigkeit".[139] Es komme ihm einzig darauf an, inwieweit „Arbeit sichtbar" werde. Dies möchte er offenbar auch anderen zeigen:

> „Der Plan dieses Buches besteht darin, die Gestalt des Arbeiters sichtbar zu machen jenseits der Theorien, jenseits der Parteiungen, jenseits der Vorurteile als eine wirkende Größe, die bereits mächtig in die Geschichte eingegriffen hat und die Formen einer veränderten Welt gebieterisch bestimmt. Da es sich hier weniger um neue Gedanken oder ein neues System handelt als um eine neue Wirklichkeit, kommt alles auf die Schärfe der Beschreibung an, die Augen voraussetzt, denen die volle und unbefangene Sehkraft gegeben ist."[140]

Bei Schmitt existiert keine Gestaltlehre im Sinne Jüngers. Aus dessen Sicht hatte Schmitt wohl nicht solche Augen, denen eine „volle und unbefangene Sehkraft gegeben ist".

Nachdem der Begriff des Arbeiters nicht mehr Gegenstand der Diskussion ist, rückt ein anderes Thema in den Mittelpunkt der Auseinandersetzung. Am 03. Juni 1931 berichtet Schmitt in seinem Tagebuch von einem Treffen mit Jünger, in dem es um die Frage der Technik gegangen sei.[141] Nach wie vor ist er unsicher, was er von Jüngers Ansichten zum Begriff des Arbeiters halten soll. Nun scheint er über den Begriff der Technik, der, wie gezeigt, eng mit dem des Arbeiters verschränkt

---

[137] Jünger und Schmitt. *Briefe*, S. 9.
[138] Jünger und Schmitt. *Briefe*, S. 10.
[139] Jünger und Schmitt. *Briefe*, S. 10.
[140] Jünger. Der Arbeiter, S. 13.
[141] Vgl. Schmitt. *Tagebücher*, S. 113.

ist, diese Ansichten ergründen zu wollen.[142] Dies war der Beginn von weiteren Gesprächen zu diesem Thema, z. B. am 02. August 1931.[143]

Schmitt hatte bereits zur Frage der Technik publiziert; er ist mit Blick auf sie in der Lage, seine Position mit der Jüngers abzugleichen, ohne Fischer oder sonst wen als Mittelsmann aufzurufen. Wenn er, wie gesehen, im Brief vom 27. November 1930 eine Stufenfolge der Kulturgeschichte entwarf, die beim Begriff der Arbeit stehenblieb, so reproduzierte er damit eine Geschichtsphilosophie von der Art, die er bereits im Aufsatz *Die europäische Kultur in Zwischenstadien der Neutralisierung* entwickelt hatte.[144]

In diesem Text spricht Schmitt davon, dass sich der europäische Geist in den letzten vier Jahrhunderten in einer Stufenfolge von vier großen, einfachen, säkularen Schritten entwickelt habe.[145] Diese entsprächen den „vier Jahrhunderten" und würden „vom Theologischen zum Metaphysischen, von dort zum Humanitär-Moralischen und schließlich zum Ökonomischen"[146] gehen. Dabei ist zu beachten, dass die vergangenen Kulturstufen nicht einfach verschwänden; vielmehr bestehe ein „pluralistisches Nebeneinander verschiedener Kulturstufen".[147] Der springende Punkt ist, dass sich immer ein „Zentralgebiet" herauskristallisiere, von dem aus die „Probleme anderer Gebiete" gelöst würden.[148]

Die Stufenfolge der Kultur vollziehe sich „im Rahmen einer allgemeinen Tendenz zu einem kulturellen Neutralismus".[149] Immer schon habe die europäische Menschheit nach einem neutralen Gebiet gesucht, in dem Streitigkeiten beigelegt werden könnten.[150] So werde ein Zentralgebiet dadurch neutralisiert, dass es aufhöre Zentralgebiet zu sein, und auf dem Boden des neuen Zentralgebiets hoffe man, ein „Minimum an Übereinstimmung und gemeinsamen Prämissen zu finden,

---

[142] Schmitt. *Tagebücher*, S. 113.
[143] Vgl. Schmitt. *Tagebücher*, S. 129.
[144] Schmitt, Carl. 1929. Die europäische Kultur in Zwischenstadien der Neutralisierung. In *Europäische Revue* 5. Jahrgang (Heft 8), S. 517–530.
[145] Vgl. Schmitt. Die europäische Kultur, S. 518.
[146] Schmitt. Die europäische Kultur, S. 518.
[147] Schmitt. Die europäische Kultur, S. 519.
[148] Schmitt. Die europäische Kultur, S. 522.
[149] Schmitt. Die europäische Kultur, S. 524.
[150] Vgl. Schmitt. Die europäische Kultur, S. 524.

das Sicherheit, Evidenz, Verständigung und Frieden"[151] ermöglicht. Allerdings ist dies für Schmitt nur die eine Seite der Entwicklung. Erst wenn die politischen Machtverhältnisse hinzugezogen werden, erhält man das ganze Bild:

> „Aber es gehört zur Dialektik der kulturellen Entwicklung, daß man gerade durch die Verlagerung des Zentralgebiets immer ein neues Kampfgebiet schafft. Auf dem neuen für neutral gehaltenen Felde entfaltet sich sofort mit neuer Intensität der Gegensatz von Menschen und Interessen, und zwar umso stärker, je fester man das neue Zentrum des Kulturlebens in Besitz nimmt. Immer wandert die europäische Menschheit aus einem Kampfgebiet in neutrales Gebiet, immer wird das neu gewonnene neutrale Gebiet sofort wieder Kampfgebiet und wird es notwendig, neutrale Sphären zu suchen."[152]

Für Schmitt steht fest, was das neue Zentralgebiet ist: Das 20. Jahrhundert ist das Zeitalter der Technik.[153] Noch stehe das „Technische [...] in engster Verbindung dem Ökonomischen",[154] aber der technische Fortschritt zeige bereits seine Potenziale. Schon im 19. Jahrhundert habe dies zu einer Änderung der sozialen und wirtschaftlichen Situation geführt, woraufhin auch alle moralischen, politischen, sozialen und ökonomischen Probleme von der Dynamik der technischen Entwicklung ergriffen worden seien.[155] Wer aber glaube, dass man in der Technik den absolut und endgültig neutralen Boden gefunden habe, unterliegt Schmitt zufolge einer Fehleinschätzung, denn „die Neutralität der Technik ist etwas anderes als die Neutralität aller bisherigen Gebiete".[156] Die Technik ist, laut Schmitt, „Instrument und Waffe, und eben weil sie jedem dient, ist sie nicht neutral".[157] Zweifel an der Macht der Technik sei in Wirklichkeit „Zweifel an der eigenen Kraft, das große Instrumentarium der neuen Technik in seinen Dienst zu stellen". Zu dieser Indienststellung bedürfe es einer neuen Elite, die sich durch Askese und freiwillige (oder gegebenenfalls unfreiwillige) Armut auszeichne, wobei Schmitt unter Armut vor allem den „Verzicht auf die Sekurität des *status quo*" versteht.[158] Zusammenfassend lässt sich sagen, dass sich, laut Schmitt, der endgültige Sinn der Technik erst dann ergeben wird, wenn sich zeigt, welche Kultur stark genug ist, sich der

---

[151] Schmitt. Die europäische Kultur, S. 525.
[152] Schmitt. Die europäische Kultur, S. 525.
[153] Vgl. Schmitt. Die europäische Kultur, S. 521.
[154] Schmitt. Die europäische Kultur, S. 520.
[155] Vgl. Schmitt. Die europäische Kultur, S. 521.
[156] Schmitt. Die europäische Kultur, S. 525.
[157] Schmitt. Die europäische Kultur, S. 526.
[158] Schmitt. Die europäische Kultur, S. 528.

neuen Technik anzueignen, und welches die eigentlichen Freund- und Feindgruppierungen sind, die auf dem neuen Boden erwachsen.[159]

Bei Jünger tauchen bemerkenswerteweise ähnliche Formulierungen auf. Auch er ist der Ansicht, dass ein falsches Bild der Technik vorherrscht. So erscheine sie als „ein allgemeingültiges, ein neutrales Gebiet, das jeder beliebigen Kraft Zutritt gewährt".[160] Gegen dieses Bild spricht, dass die Technik in der jüngeren Vergangenheit bereits ihre „zerstörerische Seite" offenbart habe. Neben dieser will Jünger überdies eine „positive Seite" des technischen Fortschritts festhalten:

„Seine positive Seite liegt darin, daß die Technik selbst kultischen Ursprungs ist, daß sie über eigentümliche Symbole verfügt und daß hinter ihren Prozessen ein Kampf zwischen Gestalten sich verbirgt. Ihr Wesen scheint deshalb nihilistischer Natur, weil ihr Angriff sich auf die Summe der Verhältnisse erstreckt und weil kein Wert ihr Widerstand zu leisten vermag. Diese Tatsache aber ist es gerade, die stutzig machen muß und die verrät, daß sie, obgleich selbst ohne Wert und scheinbar neutral, in Diensten steht."[161]

Dieses Zitat verdeutlicht sowohl Unterschiede als auch Gemeinsamkeiten zwischen Jüngers und Schmitts Konzeption. Wie oben ersichtlich wurde, hatte Schmitt andere Vorstellungen von der kulturgeschichtlichen Entwicklung; insbesondere spielt die Kategorie der Gestalt für ihn keine Rolle. Schmitt und Jünger stimmen aber überein, dass die Technik keine neutrale Macht sei. Sie sei ein „Instrumentarium", das schon immer „in Dienst" gestellt worden sei. Allerdings scheint die Technik noch in den falschen Händen zu liegen; ihren Horizont bildet noch immer die bürgerliche Gesellschaft. Schmitt begründet diesen Befund mit Hinweis auf die enge Verbindung mit der Ökonomie. Auch Jüngers Arbeiter bekämpft die Wertsetzungen der bürgerlichen Moderne. Jedoch sei die Herrschaft des Arbeiters noch nicht verwirklicht, und damit stehe auch „die Technik noch nicht in einem unzweifelhaften Dienstverhältnis".[162] Schmitt setzt auf eine politische Avantgarde, die sich der Technik bemächtigt. Bei Jünger gibt es Stellen, die auf ein vergleichbares Elitenprinzip hindeuten. Er fordert „ein starkes Selbstbewußtsein, das in einer jungen und rücksichtslosen Führerschicht verkörpert ist".[163] Interessant ist in diesem Zusammenhang zudem, dass Jünger zur Verdeutlichung seines Gedankens Anleihen bei christlichen Bewegungen macht – denn Schmitt

---

[159] Vgl. Schmitt. Die europäische Kultur, S. 529.
[160] Jünger. Der Arbeiter, S. 79.
[161] Jünger. Der Arbeiter, S. 172.
[162] Jünger. Der Arbeiter, S. 194.
[163] Jünger. Der Arbeiter, S. 217.

hatte seinerseits in der *Europäischen Kultur*, um das Motiv der Armut als „Verzicht auf die Sekurität des status *quo*" zu erläutern, christliche Bewegungen ins Feld geführt.[164] Jünger illustriert mit Blick auf sie seine Vorstellung der künftigen Führungsschicht:

> „Wie es ein gutes Bild ist, die freien Wüstenstämme zu sehen, die Lumpen auf dem Leibe tragen und deren einziger Reichtum in ihren Pferden und wertvollen Waffen besteht, so wäre es auch ein gutes Bild, zu sehen, wie das gewaltige und kostbare Arsenal der Zivilisation durch ein in mönchischer und soldatischer Armut lebendes Personal bedient und geleitet wird. Dies ist ein Schauspiel, wie es Männern Freude macht und wie es sich immer wiederholt, wenn hohe Anstrengungen zu leisten und auf große Ziele zu richten sind. Erscheinungen wie der deutsche Ritterorden, die preußische Armee, die Societas Jesu sind Vorbilder, und es ist zu beachten, daß Soldaten, Priestern, Gelehrten und Künstlern zur Armut ein natürliches Verhältnis gegeben ist. Dieses Verhältnis ist nicht nur möglich, sondern sogar naheliegend inmitten einer Werkstättenlandschaft, in der die Gestalt des Arbeiters die Welt mobilisiert. Man kennt bei uns sehr wohl das Glück, das darin liegt, innerhalb der Organisationen zu stehen, deren Technik jedem Einzelnen in Fleisch und Blut lebendig ist."[165]

Es bestehen also Analogien in den Vorstellungen Schmitts und Jüngers mit Blick auf die Struktur der neuen Elite. Da Schmitts Einlassungen älteren Datums ist, spricht einiges für ihn als Ideengeber. Für Jüngers Vorstellungen von der Gestaltlehre gilt dies allerdings, wie gesehen, nicht.

2 Die soziale Serie Heidegger–Jünger

2.1 Die Transformation: Von der „Sorge" zur „Arbeit"

Im Folgenden steht die soziale Serie Heidegger–Jünger im Vordergrund. Dieser Schritt bietet sich an, da Heidegger sich vor allem mit dem Arbeiter-Essay von Jünger auseinandersetzte, mit dem wir uns bereits beschäftigt haben. Zunächst ist festzustellen, dass Heidegger während der Weimarer Republik nicht als politischer Aktivist hervorgetreten war;[166] deswegen lassen seine intellektuellen Produktionen sich nicht ohne weiteres mit denjenigen von Jünger und Schmitt in Beziehung setzen. Auch befand er sich zu Beginn der dreißiger Jahre nicht in

---

[164] Schmitt. Die europäische Kultur, S. 528 f.
[165] Jünger. Der Arbeiter, S. 215.
[166] Vgl. Morat. *Von der Tat zur Gelassenheit*, S. 105.

Berlin, sondern in Freiburg.[167] Dort besetzte er seit 1928 als Nachfolger Edmund Husserls einen Lehrstuhl für Philosophie. Heidegger hatte sich zu dieser Zeit schon einen Ruf innerhalb der akademischen Philosophie erworben;[168] seine Vorträge galten als Attraktionen, sein 1927 vorgelegtes Hauptwerk *Sein und Zeit*[169] als bedeutsam. Heidegger versuchte innerhalb seiner Profession eine doppelte Revolutionierung:[170] Zum einen eine des Geistes, zum anderen eine der Universität. Den Ausgangspunkt bildete die Wahrnehmung einer krisenhaften Gegenwart, die durch ein falsches philosophisches Bewusstsein gekennzeichnet sei. Dieses könne nur durch eine radikale Destruktion und die Wiedererlangung eines echten philosophischen Fragens überwunden werden. Dazu genügten aber nicht die abstrakten Erörterungen freischwebender Intellektueller, sondern erforderlich sei die tätige Verwandlung des gesamten Daseins mittels geistiger Führung und Erziehung.

Den Beginn der Beziehung mit Jünger datiert Heidegger auf das Erscheinen der *Mobilmachungs*-Schrift und des *Arbeiter*-Buches.[171] Hierbei handelt es sich allerdings um eine retrospektive Aussage aus dem Jahr 1945. Jünger behauptet in einem Interview aus dem Jahr 1995, er habe mit Heidegger am Beginn der dreißiger Jahre brieflichen Kontakt gehabt.[172] Dies lässt sich jedoch nicht verifizieren. Auf der Grundlage des vorhandenen Materials findet sich ein erster eindeutiger Verweis Heideggers auf Jünger in einer Rede an Studierende,[173] die in die Zeit seines nationalsozialistischen Engagements fällt. Heidegger war am 1. Mai 1933 in die NSDAP eingetreten[174] und seit dem 27. Mai Rektor der Freiburger Universität.

---

[167] Vgl. zum Folgenden Safranski, Rüdiger. 2001. *Ein Meister aus Deutschland. Heidegger und seine Zeit*. Frankfurt a.M.: Fischer, S. 217.

[168] Einen umfangreichen Überblick über Heideggers Denkbewegung bietet Otto Pöggelers Werk *Der Denkweg Martin Heideggers* (Pöggeler, Otto. 1990. *Der Denkweg Martin Heideggers*. Pfullingen: Neske). Allerdings hatte Pöggeler noch keinen Zugang zu den „Schwarzen Heften".

[169] Heidegger, Martin. 2006. *Sein und Zeit*. Tübingen: Niemeyer.

[170] Vgl. zum Folgenden Morat. *Von der Tat zur Gelassenheit*, S. 107 f.

[171] Vgl. Heidegger, Martin. 2000. *Reden und andere Zeugnisse eines Lebensweges 1910–1976*. Frankfurt a.M.: Klostermann, S. 375.

[172] Vgl. Gnoli, Antonio, Volpi, Franco, und Jünger, Ernst. 2002. *Die kommenden Titanen*. Wien u. a.: Karolinger, S. 57.

[173] Heidegger. *Reden und andere Zeugnisse*, S. 198–208.

[174] Vgl. Safranski, *Ein Meister aus Deutschland*, S. 273.

Am 25. November 1933 hält er die besagte Rede mit dem Titel *Der deutsche Student als Arbeiter*. Das Publikum bildeten Studierende, die immatrikuliert werden sollten; überdies wurde die Rede (nicht die erste Heideggers) im Südwestdeutschen Rundfunk übertragen.[175] Heidegger wirft in ihr die Frage nach den Auswirkungen der „neuen deutschen Wirklichkeit" auf,[176] von der die Studenten betroffen seien, da sie nun nicht mehr akademische Bürger darstellten.[177] Der neue Student werde zum „*Arbeiter*", während sich im Zuge der neuen deutschen Wirklichkeit „*auch* und gerade das *Wesen der Arbeit und des Arbeiters gewandelt*" habe.[178] Der Begriff der Arbeit könne nicht mehr wirtschaftlich, als Gütererzeugung und als Gelegenheit des Lohnerwerbs, verstanden werden. Es handle sich weder um einen „ständische[n] Begriff" noch einen „Kulturbegriff". Vielmehr sei das Wort Arbeit zweideutig, da es zum einen den „Vollzug eines Verhaltens", und zum anderen das Herstellen eines Erzeugnisses, als „Erfolg jenes Vollzugs", ausdrücke. So sei jedes menschliche Verhalten „*Arbeit* und *Sorge*", wobei das „Wesentliche des Wesens der Arbeit" weder im Vollzug noch im Ergebnis liege, sondern in dem, was „*eigentlich*" geschehe, nämlich eine „Auseinandersetzung mit dem Seienden im Ganzen".[179] Im Anschluss an diese Ausführungen bringt Heidegger Jünger ins Gespräch:

> „Das so verstandene Wesen der Arbeit bestimmt jetzt *von Grund aus* das *Dasein* des Menschen. Unser Dasein beginnt, sich in eine andere Seinsart zu verlagern, deren Charakter ich vor Jahren als die *Sorge* herausstellte, was die Fachphilosophie allerdings einmütig abgelehnt hat. *Ernst Jünger* hat neuerdings aus einem schöpferischen Verständnis Nietzsches heraus und auf Grund der Erfahrung der Materialschlacht im Weltkrieg die heraufkommende Seinsart des Menschen des nächsten Zeitalters *durch* die *Gestalt* des Arbeiters schlechthin gedeutet."[180]

Heidegger verbindet also seine Überlegungen mit denen Jüngers, dem er zugesteht, die „neue deutsche Wirklichkeit", die auch der Siegeszug des Nationalsozialismus anzeigt, antizipiert zu haben. Dieser Antizipation entspricht eine eigene Antizipationsleistung Heideggers, die der Begriff der „Sorge" trägt. Dieser war in *Sein und Zeit* von zentraler Bedeutung. Er bezeichnet dort die „formal existenziale Ganzheit

---

[175] Vgl. Trawny. *Die Autorität des Zeugen*, S. 131 f.
[176] Heidegger. *Reden und andere Zeugnisse*, S. 199.
[177] Vgl. Heidegger. *Reden und andere Zeugnisse*, S. 199.
[178] Heidegger. *Reden und andere Zeugnisse*, S. 204.
[179] Heidegger. *Reden und andere Zeugnisse*, S. 205.
[180] Heidegger. *Reden und andere Zeugnisse*, S. 205.

des ontologischen Strukturganzen des Daseins"; hier sei das „Sein des Daseins" verortet. Dabei ist für Heidegger, im Zusammenhang mit dem Begriff der „Arbeit", vor allem die „Auseinandersetzung mit dem Seienden" interessant. Die Sorgestruktur besagt, dass das „Dasein" wesenhaft als „Sein-bei (innerweltlich begegnendem Seienden)"[181] aufgefasst werden müsse. Die Sorge ist in diesem Sinne ein sehr weiter, aber grundlegender Begriff. So könne das „Sein", laut Heidegger, bei dem „Zuhandenen als *Besorgen*" und das „Sein mit dem innerweltlich begegnenden Mitdasein Anderer als *Fürsorge*"[182] gefasst werden.

Heidegger erweitert diese Struktur mit der Einführung des Arbeitsbegriffs. Der Begriff wird ex negativo bestimmt. Dies bedeutet, dass Heidegger sagt, was *nicht* als „Arbeit" aufgefasst werden darf, weil es nicht mehr im Einklang mit einer veränderten Wirklichkeit ist. Es steht bis jetzt nur fest, *dass* durch Arbeit eine „Auseinandersetzung mit dem Seienden im Ganzen" geschieht; dies verweist auf die Sorgestruktur. Aber mit dem Begriff der Sorge allein lässt sich noch nichts Genaueres sagen. Dafür ist er zu allgemein gefasst.

An dieser Stelle empfiehlt sich ein Seitenblick in Heideggers[183] Handexemplar von Jüngers Arbeiter-Buch,[184] das zahlreiche Unterstreichungen und Anmerkungen enthält. Wie bereits erwähnt, hatte Jünger[185] davon gesprochen, dass es im Zeitalter des Arbeiters nichts geben könne, was nicht als Arbeit begriffen werden könne. Diese Aussage nimmt Heidegger zum Anlass für einige Überlegungen. Er stimmt zu, dass Arbeit alles sei.[186] Allerdings erweitert er Jüngers

---

[181] Heidegger. *Sein und Zeit*, S. 192.

[182] Heidegger. *Sein und Zeit*, S. 193.

[183] Vgl. Heidegger, Martin. 2004. *Zu Ernst Jünger*. Frankfurt a.M.: Klostermann.

[184] Laut Figal bleibt Heideggers Auseinandersetzung mit Jünger bis zur Mitte der fünfziger Jahre im Verborgenen (vgl. zum Folgenden Figal, Günter. 2012. Am Rande der Philosophie. Martin Heidegger liest Ernst Jünger. In *Heidegger und die Literatur*, hrsg. Günter Figal und Ulrich Raulff. Frankfurt a.M.: Klostermann, S. 93–105, hier S. 94). Die zahlreichen Anstreichungen und Randnotizen zu Heideggers Handexemplar des Arbeiter-Essays zeigen eine intensive Lektüre. Dahingegen ist die Mitteilung der Lektüreergebnisse auf kleine Gesprächskreise beschränkt. Allerdings weist Figal nicht darauf hin, dass Heidegger in seiner Rede vom 25. November 1933 Jünger ausdrücklich erwähnt. Dies ist umso bedeutender, da diese Rede vom Rundfunk übertragen wurde. Des Weiteren ist zu erwähnen, dass sich Heideggers Anmerkungen in seinem Handexemplar nicht exakt datieren lassen. Im Kontext der hier dargelegten konstellationsanalytischen Ausdeutung ist dies aber zweitrangig, da die letztgenannte Rede wesentliche Gedanken Heideggers zu Jüngers Werk offenlegt. Diese bilden gleichsam Wegweiser für die weitere Exegese.

[185] Vgl. Jünger. Der Arbeiter, S. 72.

[186] Vgl. Heidegger. *Zu Ernst Jünger*, S. 340.

Betrachtung um eine zentrale Prämisse: „Diesem Satz muß aber zugrunde liegen: daß, sofern es das *Sein* zu begreifen gilt, dies zum mindesten in der Weise der ‚Gestalt' – gedacht u. begriffen werden muß".[187] Es fällt auf, dass Heidegger eine Übersetzungsleistung vornimmt, wie zuvor bereits im Zeichen der *Sorge* getan. Nun wird das „Sein" mithilfe der „Gestalt" gedacht, und auch aus ihr begriffen. Diese neue Gestalt ist der Arbeiter; mit ihrem Auftreten ändere sich (wie uns bereits die Rede vom 25. November 1933 gezeigt hat) auch die „Seinsart des Menschen".[188]

Jünger hatte davon gesprochen, dass sich die Gestalt des Arbeiters in einem besonderen Menschentum zum Ausdruck bringe.[189] Die „Meisterung der Welt" geschähe durch das „Auftreten eines neuen Prinzips", das als „*Arbeit*" bezeichnet werden müsse.[190] Dieses Prinzip würde die „einzig möglichen Formen der Auseinandersetzung"[191] bestimmen. Heidegger unterstreicht das Wort „Auseinandersetzung", und fügt nach dem Wort „Prinzip" das Wort „Repräsentation" ein,[192] versteht also ebenso wie Jünger das Verhältnis von Gestalt und Arbeit als Repräsentationsverhältnis. Eine vollständige Repräsentation ist dann gegeben, wenn ein „neues Menschentum" die „Auseinandersetzung mit dem Seienden" als Arbeit vollzieht.

In der Rede vom 25. November gibt Heidegger einen ersten Hinweis auf den Charakter dieser Auseinandersetzung mit dem Seienden. Er sagt, In der Auseinandersetzung des arbeitenden Menschen mit dem „Seienden im Ganzen" geschähe eine „Ermächtigung, Durchsetzung, Fügung und Bändigung" von „erdgestaltenden" Mächten.[193] Deutlicher wird er in einer Vorlesung im Wintersemester 1933/34. Dort gibt er eine Definition vom „Wesen der Arbeit: was den Vollzug der Weltbemächtigung im Kleinsten und Größten als Ermächtigung unseres Daseins durchwaltet".[194]

Setzt man diese Wesensbestimmung mit den Überlegungen Jüngers in Beziehung, so fällt auf, dass Heidegger sie mit einem Grundgedanken Friedrich

---

[187] Heidegger. *Zu Ernst Jünger*, S. 340 f.
[188] Heidegger. *Reden und andere Zeugnisse*, S. 205.
[189] Vgl. Jünger. Der Arbeiter, S. 93.
[190] Jünger. Der Arbeiter, S. 93.
[191] Jünger. Der Arbeiter, S. 93.
[192] Heidegger. *Zu Ernst Jünger*, S. 356.
[193] Heidegger. *Reden und andere Zeugnisse*, S. 205.
[194] Heidegger, Martin. 2001. *Sein und Wahrheit*. Frankfurt a.M.: Klostermann, S. 86.

Nietzsches in Einklang zu bringen versucht. Er betrachtet den „Willen zur Macht" als Grundlage für den gesamten Arbeiter-Essay.[195] Allerdings geht es nicht darum, Jünger das Verdienst zuzuschreiben, ein Zeitalter heraufzubeschwören, das vom Nihilismus bestimmt wird. Schon in seiner Rede vom 25. November betont Heidegger bekanntlich, dass Jünger ein „schöpferische[s] Verständnis Nietzsches" pflege.[196]

Heidegger bestimmt die „heraufkommende Seinsart des Menschen des nächsten Zeitalters" im Zeichen von Arbeit und Sorge, was auch Folgen für die Studenten hat, die er mit seiner Rede adressiert. Denn auch der „neue deutsche Student" ist Heidegger zufolge „*Arbeiter*". Heidegger ist der Auffassung, dass dieser „neue Student" sich daran erkennen lässt, dass er in die „neue Ordnung des staatlichen Daseins und seines völkischen Wissens" einrückt. Genauer gilt, dass ein Student, um erst ein solcher „*neue[r]* Student" zu werden, diese „neue Ordnung mitgestalten muß".[197] In seiner Eigenschaft als Rektor der Universität ist Heidegger selbst Gestaltgeber der „neuen Ordnung", in die einzurücken, er seiner studentischen Zuhörerschaft empfiehlt.

2.2 Die neue Ordnung: Arbeitsstaat oder Ständeordnung?

Heidegger spricht wie erinnerlich im Wintersemester 1933/34 von der „Ermächtigung unseres Daseins".[198] Damit meinte er das „Volk".[199] Ihm geht es an dieser Stelle also nicht unmittelbar um den Zusammenhang von Arbeit und individueller Existenz. Dies gilt auch für Rede vom 25. November 1933: „Die Arbeit versetzt und fügt das Volk in das Wirkungsfeld aller wesentlichen Mächte des Seins. Das *in* der Arbeit und *als* Arbeit sich gestaltende Gefüge des völkischen Daseins ist der *Staat*. Der nationalsozialistische Staat ist der Arbeitsstaat".[200]

---

[195] Vgl. Heidegger. *Zu Ernst Jünger*, S. 303.

[196] Heidegger. *Reden und andere Zeugnisse*, S. 205.

[197] Heidegger. *Reden und andere Zeugnisse*, S. 205 f.; Hervorhebung von mir/AS.

[198] Heidegger. *Sein und Wahrheit*, S. 86.

[199] Heidegger. *Sein und Wahrheit*, S. 86. Schon in *Sein und Zeit* hat Heidegger diesen Begriff eingeführt (vgl. Heidegger, *Sein und Zeit*, S. 384). Allerdings blieb er dort eine Marginalie. Einen aktuellen Überblick zum Begriff des „Volkes" bei Heidegger liefert Grosser. *Revolution denken*, S. 99–103.

[200] Heidegger. *Reden und andere Zeugnisse*, S. 205 f.

Das Wort vom „Arbeitsstaat" deutet auf eine weitere Anleihe bei Jünger hin, der es ebenfalls verwendet.[201] Für Jünger verbindet sich die Gestalt des Arbeiters mit einer kollektiven Planungseinheit; es gäbe keine andere Größe, die berufener wäre, die „umfassendste Repräsentation der Gestalt" zu leisten, als den „Staat".[202] In ihm komme erst die wirkliche Herrschaft des Arbeiters zur Geltung. Dieses Herrschaftsverhältnis ist offenbar durch eine strikte hierarchische Struktur gekennzeichnet. Jünger zufolge besteht eine solche wirkliche Herrschaft nur da, wo von „Ordnung und Unterordnung, von Befehl und Gehorsam"[203] die Rede sein kann. Er denkt offenbar an eine Herrschaftsstruktur, die dem Militär entlehnt ist. Zu Beginn des Arbeiter-Essays schreibt er:

> „Man wird eine Eigenschaft, die man vor allen anderen für das Kennzeichen des Deutschen hält, nämlich die Ordnung, immer zu gering einschätzen, wenn man nicht in ihr das stählerne Spiegelbild der Freiheit zu erkennen vermag. Gehorsam, das ist die Kunst zu hören, und die Ordnung ist die Bereitschaft für das Wort, die Bereitschaft für den Befehl, der wie ein Blitzstrahl vom Gipfel bis in die Wurzeln fährt. Jeder und jedes steht in der Lebensordnung, und der Führer wird daran erkannt, daß er der erste Diener, der erste Soldat, der erste Arbeiter ist. Daher beziehen sich sowohl Freiheit wie Ordnung nicht auf die Gesellschaft, sondern auf den Staat, und das Muster jeder Gliederung ist die Heeresgliederung, nicht aber der Gesellschaftsvertrag. Daher ist der Zustand unserer äußersten Stärke erreicht, wenn über Führung und Gefolgschaft kein Zweifel besteht."[204]

„Befehl" und „Gehorsam" stehen im Mittelpunkt des Modells. Jüngers Zielsetzung besteht im Wesentlichen in der Verwirklichung von Herrschaft in einem fundamentalen Sinn. Der Aufbau des Staates selbst wird, abgesehen von der Adaption des militärischen Vorbildes, nicht näher erläutert. Die endgültige Struktur des Arbeitsstaates soll wohl erst mit seiner Verwirklichung hervortreten: „Wir stehen im Gefecht und haben uns mit Maßnahmen zu beschäftigen, die sich auf Herrschaft richten, das heißt: auf die Schaffung einer Rangordnung, deren Gesetze erst zu entwickeln sind".[205] Der künftige Zustand muss also erst noch erkämpft werden; Jüngers letzte Worte im Arbeiter-Essay sind denn auch ein Appell an alle, die sich

---

[201] Jünger. Der Arbeiter, S. 250.
[202] Jünger. Der Arbeiter, S. 299.
[203] Jünger. Der Arbeiter, S. 250.
[204] Jünger. Der Arbeiter, S. 19 f.
[205] Jünger. Der Arbeiter, S. 222.

als Mitstreiter angesprochen fühlen: „Hier Anteil und Dienst nehmen: das ist die Aufgabe, die von uns erwartet wird".[206]

Ein ähnlicher Appell findet sich bei Heidegger. In einer Rede am 22. Januar 1934 spricht er anlässlich einer Eröffnung von Schulungskursen der Stadt Freiburg an der Universität vor Arbeitern, wobei er naheliegender Weise die Frage der Arbeit in den Mittelpunkt stellt: „‚Arbeit' *ist uns der Titel für jedes wissentlich geregelte Tun und Handeln, das von der Verantwortung des Einzelnen der Gruppe und des Staates getragen wird und so dem Volk dienstbar ist*".[207]

Auch hier ist die Verbundenheit von Arbeit und Staat eine der Kernaussagen; die Ausführungen zur Qualität dieser Verbindung bleiben ebenfalls an der Oberfläche. Deutlicher wird Heidegger in zwei Vorträgen, die er am 15. und 16. August 1934 an der Freiburger Universität hält. Auch hier bezeichnet er Arbeit als „jedes wissentliche Tun und Handeln aus der Sorge für das Volk in der Bereitschaft zum Staatswillen", um anschließend konkrete Strukturelemente aufzuzählen: „Vielmehr stehen Bauern und Handwerker, Bergleute und Ingenieure, Gelehrte und Soldaten durch ihren Arbeitskreis je in einem eigenen Rang und Stand. Und alle Stände sind in ihrer Arbeit getragen und geführt von der Sorge um die geschichtliche Bestimmung des Volkes".[208]

Heideggers Wort vom „Rang" hat, wie wir wissen, eine Entsprechung in Jüngers Arbeiter-Essay. Er verwendet es ebenfalls anlässlich einer Ansprache zum Klassentreffen seines Abiturjahrgangs in Konstanz am 26./27. Mai 1934: „Der deutsche Sozialismus ist der Kampf um die Maßstäbe und Gesetze der unserem Volk wesensgemäßen Ordnungen; der deutsche Sozialismus will *Rangordnung* nach innerer Bewährung und Leistung; er will die *Unbedingtheit des Dienstes* und die *unantastbare Ehre* jeder *Arbeit*. Das heißt uns *Freiheit des Volkes*".[209] Wie Jünger bindet Heidegger spezifische Ordnungsvorstellungen an Wesenszüge des deutschen Volkes. Darüber hinaus ist ein Freiheitsbegriff im Spiel, der eng mit eindeutigen Strukturdeterminanten verknüpft ist.

Auffällig ist hier allerdings der Begriff des Dienstes, der für Heidegger eine andere Bedeutung hat als für Jünger. In der Rektoratsrede *Die Selbstbehauptung*

---

[206] Jünger. Der Arbeiter, S. 311.
[207] Heidegger. *Reden und andere Zeugnisse*, S. 236.
[208] Heidegger. *Reden und andere Zeugnisse*, S. 303.
[209] Heidegger. *Reden und andere Zeugnisse*, S. 281 f.

der deutschen Universität[210] spricht Heidegger von drei Diensten, neben dem „*Arbeitsdienst*" noch dem „*Wehrdienst*" und dem „*Wissensdienst*". Dieser Dienst sei an die „Volksgemeinschaft" gebunden, und eine solche Bindung verpflichte zum „mittragenden und mithandelnden Teilhaben am Mühen, Trachten und Können aller Stände und Glieder des Volkes".[211] Mit dem Begriff des *Standes*, der, wie wir gesehen, im August desselben Jahrs neben dem *Rang* auftritt, ruft Heidegger eine Ordnungsvorstellung auf, die für Jünger[212] eine Größe der Auflösung ist. Heidegger ist hier weniger eindeutig; im Mittelpunkt seiner Aufmerksamkeit ist das Problem des Dienstes.

3 Die soziale Serie Heidegger–Schmitt

3.1 Das Wesentliche: Der Krieg und das Politische

Im Folgenden wird die soziale Serie Heidegger–Schmitt in den Mittelpunkt der Analyse rücken, die in der Zeit des NS-Regimes situiert ist. Heidegger suchte zu Beginn der dreißiger Jahre nicht nur die Auseinandersetzung mit Jünger, sondern auch den Kontakt mit Schmitt. Wie er auf Schmitt aufmerksam wurde, lässt sich nicht belegen. Wie umgekehrt Schmitt auf Heidegger aufmerksam wurde, ist ebenfalls nur schwer nachzuweisen. Der Schmitt-Forscher Piet Tommissen[213] hat einige Belege für eine frühe Kenntnisnahme gesammelt. Demnach hatte Schmitts Freund Georg Eisler ihm vom Besuch einer Vorlesung Heideggers im November 1920 berichtet. Schmitt, so Tommissen, habe mehrere Exemplare von Heideggers

---

[210] Heidegger. *Reden und andere Zeugnisse*, S. 107–117. Die Rektoratsrede vom 27. Mai 1933 konnte nicht nur das Auditorium verfolgen (vgl. zum Folgenden Safranski. *Ein Meister aus Deutschland*, S. 281). Sie erlebte als Einzeldruck während der nationalsozialistischen Zeit zwei Auflagen und wurde in der Parteipresse rühmend erwähnt. Dabei waren die unmittelbaren Reaktionen noch enthusiastischer. Die Rede wurde von der Lokalpresse und den überregionalen Zeitungen als großes, bahnbrechendes Ereignis dargestellt.
[211] Heidegger. *Reden und andere Zeugnisse*, S. 113.
[212] Vgl. Jünger. Der Arbeiter, S. 107.
[213] Vgl. zum Folgenden Tommissen, Piet. 1996. Neue Bausteine zu einer wissenschaftlichen Biographie Carl Schmitts. In *Schmittiana. Beiträge zu Leben und Werk Carl Schmitts. Bd. V.* Berlin: Duncker und Humblot, S. 151–223, hier S. 204 f.

Rektoratsrede besessen.[214] Unser Ausgangsmaterial ist ein Brief von Heidegger an Schmitt, datiert auf den 22. August 1933:

„Sehr verehrter Herr Schmitt!
Ich danke Ihnen für die Übersendung Ihrer Schrift, die ich in der zweiten Auflage schon kenne und die einen Ansatz von der größten Tragweite enthält.
Ich wünsche sehr, mit Ihnen darüber einmal mündlich sprechen zu können.
An Ihrem Zitat von Heraklit hat mich ganz besonders gefreut, daß Sie den βασιλεύς nicht vergessen haben, der dem ganzen Spruch erst seinen vollen Gehalt gibt, wenn man ihn ganz auslegt. Seit Jahren habe ich eine solche Auslegung mit Bezug auf den Wahrheitsbegriff bereit liegen – das ἔδειξε und ἐποίησε, die im Fragment 53 vorkommen.
Aber nun stehe ich selbst mitten im πόλεμος und Literarisches muß zurücktreten.
Heute möchte ich Ihnen nur sagen, daß ich sehr auf Ihre entscheidende Mitarbeit hoffe, wenn es gilt, die juristische Fakultät im Ganzen nach ihrer wissenschaftlichen und erzieherischen Ausrichtung von Innen her neu aufzubauen.
Hier ist es leider sehr trostlos. Die Sammlung der geistigen Kräfte, die das Kommende heraufführen sollen, wird immer dringender. Für heute schließe ich mit freundlichen Grüßen.
Heil Hitler!
Ihr Heidegger"[215]

Der Brief ist nicht die erste Sequenz der Serie Heidegger–Schmitt. Mehring[216] hat die Korrespondenzfolge anhand des Nachlasses von Schmitt rekonstruiert. Demnach hatte Heidegger im Juli seine Rektoratsrede an Schmitt gesandt. Schmitt schickte daraufhin seine gerade erschienene Neufassung des *Begriffs des Politischen* (1933). Danach schrieb Heidegger den zitierten Brief. Über seine Motive, Schmitts „Mitarbeit" zu suchen, lässt sich wenig sagen.

---

[214] Auch in Schmitts Tagebüchern aus den dreißiger Jahren findet sich der Name „Heidegger" nur an wenigen Stellen. Am 30. Januar 1931 trifft er im großen Kreis Hans-Georg Gadamer, einen Schüler von Heidegger (vgl. Schmitt. *Tagebücher*, S. 85). Am 05. März 1931 trifft er Elisabeth Feist, die in Marburg promoviert und von Heidegger schwärmt (vgl. Schmitt. *Tagebücher*, S. 95). Am 04. Dezember 1931 trifft er einen Bekannten, dessen Sohn, Heinrich Wiegand Petzet, der ein Schüler von Heidegger ist (vgl. Schmitt. *Tagebücher*, S. 152). Danach finden sich bis zum Jahr 1934 keine Eintragungen mehr zu Heidegger.
[215] Heidegger. *Reden und andere Zeugnisse*, S. 156.
[216] Vgl. zum Folgenden Mehring. *Kriegstechniker des Begriffs*, S. 101 f.

Einige Hinweise enthalten die Denktagebücher Heideggers.[217] Wenn wir der Hinweis Heideggers glauben, dass er den *Begriff des Politischen* bereits von der zweiten Auflage her kennt,[218] stoßen wir auf Eintragungen aus dem Jahr 1932, in deren Zusammenhang der Name Schmitts nicht fällt, aber Schmitts Thema als Heideggers eigenes auftritt: „Man sagt, es sei neue Wirklichkeit da; das politische Wollen der Jungen. Was ist ‚das Politische'? […]. In jedem Fall liegt hier etwas Wesentliches".[219]

Die „neue Wirklichkeit" (die wie wir gesehen haben, Jünger im *Arbeiter* avisiert), ist für Heidegger dann im Jahr 1933 eine beschlossene Sache. Eine der ersten Notizen nach der Ernennung zum Rektor der Universität Freiburg lautet: „Die große Erfahrung und Beglückung, daß der Führer eine neue Wirklichkeit erweckt hat, die unserem Denken die rechte Bahn und Stoßkraft gibt", weswegen nun auch eine „neue Universität"[220] anstehe. Allerdings will er mit der Möglichkeit rechnen, am „alltäglichen Getriebe zu scheitern";[221] die nationalsozialistische Bewegung darf seiner Ansicht nach nicht beim Erreichten verweilen, denn wenn „das Gegenwärtige schon das Erreichte und Gewollte wäre, dann [bleibe] nur ein Grauen vor dem Verfall übrig".[222] Das Politische hat für das Weiter-Wollen eine exponierte Stellung; Heidegger spricht vom „*Ende der ‚Philosophie* '" und von der Vorbereitung einer „Metapolitik". Infolgedessen müsse es auch einen „*Wandel der Wissenschaft*" geben; um nicht weniger als die „Erziehung eines neuen Geschlechts" gehe es.[223] Dies scheint aber zu misslingen. Um die Mitte des Jahres 1933 schreibt Heidegger: „Nach allem, was die Studentenschaft jetzt zu Anfang dieses Sommersemesters bietet, muß geschlossen werden, daß sie auf der ganzen Linie versagt – nicht erst beim Neubau, sondern schon bei der Revolution innerhalb der Hochschule".[224]

Aus dem Gesagten lässt sich erklären, warum Heidegger im Juli 1933 seine Rektoratsrede an Schmitt sandte. Denn sowohl Heideggers forcierte Auseinandersetzung mit dem Politischen wie auch die Frage der Umgestaltung der Universität im Sinne der Erziehung eines neuen Geschlechts tauchen auch im Brief vom 22.

---

[217] Vgl. Heidegger, Martin. 2014. *Überlegungen II–VI (Schwarze Hefte 1931–1938)*. Frankfurt a. M.: Klostermann.
[218] Hierbei handelt es sich um die zweite Fassung von 1932.
[219] Heidegger. *Überlegungen II–VI*, S. 58.
[220] Heidegger. *Überlegungen II–VI*, S. 111.
[221] Heidegger. *Überlegungen II–VI*, S. 112.
[222] Heidegger. *Überlegungen II–VI*, S. 114.
[223] Heidegger. *Überlegungen II–VI*, S. 115.
[224] Heidegger. *Überlegungen II–VI*, S. 116.

August 1933 auf: im ausdrücklichen Lob des *Begriffs des Politischen* und dem Wunsch auf Schmitts Mitarbeit beim inneren Neuaufbau der Wissenschaft, den er aus der Qualität des Buchs ableitet. Mit der Klage über die Freiburger Trostlosigkeit hat der Brief zudem eine intimere Ebene, die die Gedankenlage in den Denktagebüchern dieser Zeit spiegelt.

Dieser relativen Intimität in der Beschreibung der äußeren Freiburger Lage korrespondiert eine Verklausulierung auf der inhaltlichen Ebene. Heidegger bezieht sich auf eine Erwähnung des griechischen Philosophen Heraklit.[225] Schmitt zitiert Heraklit aber nicht direkt, weder in der zweiten Fassung des *Begriffs des Politischen* noch in der dritten. Allerdings gibt es eine indirekte Stellungnahme Schmitts zu Heraklit in einer Fußnote in der dritten Fassung. Schmitt erwähnt, dass Alfred Baeumler Nietzsches und Heraklits Kampfbegriff ganz ins Agonale deute.[226] Dies betont er, um seine eigene Position herauszuarbeiten. Schmitt zufolge beruht das Politische bekanntlich auf der Unterscheidung von Freund und Feind. Gleichsam ist für Schmitt der Feind „nicht der Konkurrent oder der Gegner im Allgemeinen. Feind ist auch nicht der Gegenspieler, der ‚Antagonist' im blutigen Wettkampf des ‚Agon'. […] Feind ist nur eine wenigstens eventuell, d. h. der realen Möglichkeit nach, um ihre Existenz kämpfende Gesamtheit von Menschen, die einer ebensolchen Gesamtheit gegenübersteht".[227] Damit grenzt er sich von einem agonalen Kampfbegriff ab. In der erwähnten Fußnote wird er noch deutlicher:

> „Der große metaphysische Gegensatz agonalen und politischen Denkens tritt in jeder tieferen Erörterung des Krieges zutage. Aus neuester Zeit möchte ich hier das großartige Streitgespräch zwischen Ernst Jünger und Paul Adams (Deutschland-Sender, 1. Februar 1933) nennen, das hoffentlich bald auch gedruckt zu lesen ist. Hier vertrat Ernst Jünger das agonale Prinzip (‚der Mensch ist nicht auf den Frieden angelegt'), während Paul Adams den Sinn des Krieges in der Herbeiführung von Herrschaft, Ordnung und Frieden sah."[228]

---

[225] In dem Brief vom 22. August 1933 bezieht sich Heidegger auf das Fragment 53 von Heraklit. Dieses lautet in deutscher Übersetzung: „Krieg ist aller Dinge Vater, aller Dinge König. Die einen erweist er als Götter, die andern als Menschen, – die einen läßt er Sklaven werden, die anderen Freie" (Heraklit. 1995. *Fragmente. Griechisch und Deutsch*. Zürich: Artemis, S. 19). Heidegger zitiert einige Begriffe aus dem altgriechischen Originalfragment. Dabei steht „βασιλεύς" für „König", „ἔδειξε" für „erweist", „ἐποίησε" für „lässt" und „πόλεμος" für „Krieg" (Übersetzung von mir/AS).

[226] Vgl. Schmitt, Carl. 1933. *Der Begriff des Politischen*. Hamburg: Hanseatische Verlagsanstalt, S. 10.

[227] Schmitt. *Der Begriff des Politischen* (1933), S. 10.

[228] Schmitt. *Der Begriff des Politischen* (1933), S. 10.

Auf diese Stelle scheint Heidegger Bezug zu nehmen. Indessen führt er in seinem Brief noch einige Begriffe Heraklits ein, die sich nicht bei Schmitt finden. Auch die subtile Kritik Schmitt an Jüngers Kriegsbegriff ist ihm keine Zeile wert.[229] Es ist denkbar, dass sich Heidegger gegebenenfalls im anvisierten mündlichen Gespräch über diese Dinge mit Schmitt austauschen wollte; einstweilen wählte er die Heraklit-Ebene, um das Gespräch mit Schmitt zu eröffnen.

Schmitt wohnte zu diesem Zeitpunkt in Köln, wohin er im August 1932 einen Ruf erhalten hatte.[230] Seine Ernennungsurkunde ist auf den 06. Dezember 1932 datiert;[231] im Wintersemester 1932/33 lehrte er noch an der Handelshochschule in Berlin. Mit Wirkung vom 1. Mai 1933 trat er in die NSDAP ein.[232] Seine Umarbeitung des *Begriffs des Politischen* erschien nun in einem anderen Verlag, der Hanseatischen Verlagsanstalt, in der auch Ernst Jünger, Wilhelm Stapel, Moeller van den Bruck und andere nationalistische Autoren publizierten.[233] Am 16. Juni hielt er in Köln seine Antrittsvorlesung; diese schickte er im August 1933 in Reaktion auf Heideggers Brief.[234]

Mehring[235] hat anhand von stenografischen Marginalien Schmitts rekonstruiert, dass er Heidegger auf der Heraklit-Ebene antwortete. So hat Schmitt offenbar Heidegger den Kampf-Begriff seiner Antrittsvorlesung empfohlen. Darüber hinaus bekundet er seinen Willen zur Mitarbeit und lobt die Rektoratsrede. In der Kölner Antrittsvorlesung *Reich-Staat-Bund*[236] findet sich eine Bezugnahme auf Heraklit, diesmal im Zusammenhang mit Schmitts Verständnis von Wissenschaft. Gegen Ende kommt er auf den Kampf zu sprechen:

---

[229] Schmitt deutet also einen metaphysischen Gegensatz zu Jünger an. Dabei ist es interessant, dass Schmitt sich mit Jünger, Adams und anderen Personen unmittelbar nach dem Rundfunkgespräch getroffen hat. So schreibt er in seinem Tagebuch am 01. Februar 1933: „Wir hörten noch das Gespräch von Adams und Jünger. Die beiden kamen nachher zu uns. […] Jünger war sehr sympathisch" (Schmitt. *Tagebücher*, S. 258). Die Aufnahme des Streitgesprächs zwischen Ernst Jünger und Paul Adams gilt im Übrigen als verschollen (vgl. Tielke, Martin. 2007. *Der stille Bürgerkrieg. Ernst Jünger und Carl Schmitt im dritten Reich*. Berlin: Landt Verlag, S. 124).

[230] Vgl. Mehring. *Carl Schmitt*, S. 287.
[231] Vgl. Mehring. *Carl Schmitt*, S. 296.
[232] Vgl. Mehring. *Carl Schmitt*, S. 309.
[233] Vgl. Mehring. *Carl Schmitt*, S. 322.
[234] Vgl. Mehring. *Kriegstechniker des Begriffs*, S. 103.
[235] Vgl. zum Folgenden Mehring. *Kriegstechniker des Begriffs*, S. 103.
[236] Schmitt, Carl. 1940. *Positionen und Begriffe im Kampf mit Weimar-Genf-Versailles 1923–1939*. Hamburg: Hanseatische Verlagsanstalt, S. 190–198.

„Es ist die Sache der Wissenschaft, diese Wirklichkeit sachlich zu erkennen und mit sicherem Auge zu sehen. Erfüllt sie ihre Pflicht zur wissenschaftlichen Wahrheit, so gilt auch für den wissenschaftlichen Kampf, was Heraklit vom Krieg gesagt hat: daß er der Vater und König von allem ist. Dann gilt aber auch die weniger häufig zitierte, aber nicht weniger bedeutungsvolle Fortsetzung jenes viel zitieren Satzes vom Krieg als dem Vater aller Dinge. Dann wird der wissenschaftliche Kampf seine innere Wahrheit und Gerechtigkeit in sich haben und etwas bewirken, was auf andere Weise mit menschlichen Mitteln nicht zu bewirken ist. Dann nämlich erweist er, wie Heraklit fortfährt: die einen als Götter, die anderen als Menschen, die einen macht er zu Freien, die anderen zu Sklaven. Das ist der höchste Ruhm der Wissenschaft. Sie macht uns frei, wenn wir den Kampf bestehen."[237]

Hier nimmt Schmitt direkt Bezug auf das Fragment 53 Heraklits. Er verbindet es mit der gegenwärtigen Lage der Wissenschaft. Auch Heidegger begnügt sich nicht mit einer verkürzten Auslegung des Heraklit-Fragments, wie wir seinem Brief an Schmitt bereits entnommen haben. Er wählt in seiner Rektoratsrede eine ähnliche Stoßrichtung, wobei er sich zwar nicht auf Heraklit bezieht, dem Kampf aber ebenfalls eine hervorgehobene Stellung im Rahmen der Wissenschaft gibt:

„Der Wesenswille der Lehrerschaft muß zur Einfachheit und Weite des Wissens um das Wesen der Wissenschaft erwachen und erstarken. Der Wesenswille der Schülerschaft muß sich in die höchste Klarheit und Zucht des Wissens hinaufzwingen und die Mitwissenschaft um das Volk und seinen Staat das Wesen der Wissenschaft fordernd und bestimmend hineinstellen. Alle wissentlichen und denkerischen Vermögen, alle Kräfte des Herzens und alle Fähigkeiten des Leibes müssen *durch* Kampf entfaltet, *im* Kampf gesteigert und *als* Kampf bewahrt bleiben."[238]

Heidegger spricht wie Schmitt von einem wissenschaftlichen Kampf, der sich von dem bisherigen Selbstverständnis der Wissenschaft absetzt. Er begibt sich aber nicht auf die Spur Heraklits, sondern – in eigenwilliger Übersetzung – Platons: „Alles Große steht im Sturm". Diese „alte griechische Weisheit" soll den Studierenden „die Größe dieses Aufbruchs"[239] verdeutlichen.

Der Austausch mit Schmitt auf der Heraklit-Ebene blieb nicht ohne Wirkung, wie wir sehen, wenn wir eine Vorlesung Heideggers im Wintersemester 1933/34 in die Analyse einbeziehen. Heidegger hatte in dem Brief vom 22. August 1933 davon gesprochen, dass er seit Jahren eine Auslegung des Heraklit-Fragments vorliegen habe, auf sie aber solange nicht zurückkommen könne, wie er mitten im „πόλεμος"

---

[237] Schmitt. *Positionen und Begriffe*, S. 198.

[238] Heidegger. *Reden und andere Zeugnisse*, S. 116.

[239] Heidegger. *Reden und andere Zeugnisse*, S. 117.

stehe. In der Vorlesung *Vom Wesen der Wahrheit*[240] kommt er darauf zurück, wiederum anhand besagten Spruchs des Heraklit. Laut Heidegger gibt er die „erste und entscheidende große Antwort auf die Frage", worin das „Wesen des Seienden"[241] besteht. Im Folgenden seziert er die einzelnen Elemente des Spruchs. Schon bei der Untersuchung des Wortes „πόλεμος" zeigt sich ein Bezug zum Austausch mit Schmitt:

> „Groß und einfach steht am Beginn des Spruches: πόλεμος, Krieg. Gemeint ist dabei nicht das äußere Vorkommnis und die Voranstellung des ‚Militärischen', sondern das Entscheidende: das Stehen gegen den Feind. Wir haben mit ‚Kampf' übersetzt, um das Wesentliche festzuhalten; aber andererseits ist wichtig zu bedenken: es heißt nicht ἀγών, Wettkampf, in dem zwei freundliche Gegner ihre Kräfte messen, sondern Kampf des πόλεμος, d. h. es gilt Ernst in dem Kampf, der Gegner ist nicht ein Partner, sondern Feind. Der Kampf als Stehen gegen den Feind, deutlicher: das Durchstehen in der Auseinandersetzung."[242]

Es kann kein Zweifel bestehen, dass sich Heidegger in seiner Auslegung des Krieges auf die oben genannte Fußnote im *Begriff des Politischen* bezieht. Krieg dürfe nicht als „ἀγών" gedeutet werden, sondern als „πόλεμος". Wie oben dargelegt, hatte Schmitt diese Unterscheidung bereits eingeführt. Heidegger befindet sich damit auch in einem metaphysischen Gegensatz zu Ernst Jünger. Dies gilt aber nur für den Begriff des Krieges, nicht für den der Arbeit. Mit Blick auf die Serie Heidegger–Schmitt ist die Adaption von Schmitts politischem Denken durch Heidegger, seine vorbehaltlose Übernahme des Freund-Feind-Schemas wichtig. Sie wird noch deutlicher, wenn wir Heideggers weitere Ausführungen verfolgen:

> „Feind ist derjenige und jeder, von dem eine wesentliche Bedrohung des Daseins des Volkes und seiner Einzelnen ausgeht. Der Feind braucht nicht der äußere zu sein, und der äußere ist nicht einmal immer der gefährlichere. [...] Der Feind kann in der innersten Wurzel des Daseins eines Volkes sich festgesetzt haben und dessen eigenem Wesen sich entgegenstellen und zuwiderhandeln. Um so schärfer und härter und schwerer ist der Kampf, denn dieser besteht ja nur zum geringsten Teil im Gegeneinanderschlagen; oft schwieriger und langwieriger ist es, den Feind als solchen zu erspähen, ihn zur Entfaltung zu bringen, ihm gegenüber sich nichts vorzumachen, sich angriffsfertig zu halten, die ständige Bereitschaft zu pflegen und zu steigern und den Angriff auf weite Sicht mit dem Ziel der völligen Vernichtung anzusetzen."[243]

---

[240] Heidegger. *Sein und Wahrheit*, S. 81–264.
[241] Heidegger. *Sein und Wahrheit*, S. 89.
[242] Heidegger. *Sein und Wahrheit*, S. 90.
[243] Heidegger. *Sein und Wahrheit*, S. 91.

Wiederum zeigen sich eindeutige Parallelen zu Schmitt. Für Schmitt haben die Worte Freund und Feind einen „konkreten, existenziellen Sinn".[244] Im Rahmen dieser Bedeutung ist auch die Ebene des Konflikts anzusiedeln. In Schmitts Auffassung ist der Feind „in einem besonders intensiven Sinn existenziell ein Anderer und Fremder, mit dem im extremen Fall existenzielle Konflikte möglich sind".[245] Heidegger spricht von einer „Bedrohung des Daseins des Volkes" durch den Feind. Bei Schmitt findet sich eine ähnliche Formulierung. In einem konkret vorliegenden Konfliktfall könne das Anderssein des Fremden die „Negation der eigenen Art" von Existenz bedeuten. Sie müsse deshalb abgewehrt oder bekämpft werden, um die „eigene, seinsmäßige Art von Leben zu retten".[246] Des Weiteren erwähnt Heidegger die Möglichkeit der „völligen Vernichtung" des Feindes. Auch bei Schmitt ist dies die Konsequenz der Freund-Feind-Logik: „Die Begriffe Freund, Feind und Krieg erhalten ihren realen Sinn dadurch, daß sie insbesondere auf die reale Möglichkeit der physischen Tötung Bezug haben und behalten. Der Krieg folgt aus der Feindschaft, denn diese ist seinsmäßige Negierung eines anderen Seins".[247] Darüber hinaus kann sich der Feind für Heidegger in der „innersten Wurzel des Daseins eines Volkes" festsetzen. Es kann also auch ein Feind innerhalb der Kollektivität existieren. In Schmitts Terminologie drückt der Begriff „Bürgerkrieg" diesen Gedanken aus, der einen echten „Freund-Feind-Gegensatz", der zur Negation der politischen Einheit führen kann, bezeichnet.[248] Somit sei der Bürgerkrieg ein „bewaffneter Kampf innerhalb einer (dadurch aber problematisch werdenden) organisierten Einheit".[249] Wir sehen, dass sich Heidegger bei seiner Heraklit-Exegese an Überlegungen Schmitts anlehnt.

3.2 Die Einheit: Volk und Staat?

Heidegger erwähnt Schmitt noch zu einem weiteren Anlass, in einer Übung *Über Wesen und Begriff von Natur, Geschichte und Staat*[250] im Wintersemester 1933/34. Von dieser Übung sind allerdings nur Protokolle beteiligter Studierender erhalten. In der Übung weist Heidegger demnach daraufhin, dass „Natur, Geschichte und

---

[244] Schmitt. *Der Begriff des Politischen* (1933), S. 9.

[245] Schmitt. *Der Begriff des Politischen* (1933), S. 8.

[246] Schmitt. *Der Begriff des Politischen* (1933), S. 8.

[247] Schmitt. *Der Begriff des Politischen* (1933), S. 15.

[248] Vgl. Schmitt. *Der Begriff des Politischen* (1933), S. 12.

[249] Schmitt. *Der Begriff des Politischen* (1933), S. 15.

[250] Heidegger, Martin. 2009. Über Wesen und Begriff von Natur, Geschichte und Staat. In *Heidegger-Jahrbuch* 4. Freiburg u. a.: Karl Alber, S. 53–88.

Staat in unseren Daseinsbereich gehören und sie wesentliche Bezirke"[251] seien. Für Heidegger ist der Staat eng mit dem Politischen verknüpft, da das Politische die Grundlage für die Konstitution des Staates bildet:

> „Das Politische als Grundmöglichkeit und ausgezeichnete Seinsweise des Menschen ist [...] der Grund, auf dem der Staat ist. Das Sein des Staates liegt verankert im politischen Sein der Menschen, die als Volk diesen Staat tragen, die sich für ihn entscheiden. Zu dieser politischen, d. h. geschichtlich schicksalhaften Entscheidung bedarf es der Klärung des ursprünglichen Wesenszusammenhangs von Volk und Staat."[252]

Das Politische ist für Heidegger insofern eine anthropologische Konstante, als es „Grundmöglichkeit und ausgezeichnete Seinsweise des Menschen" sei. Des Weiteren geht es für ihn um die Klärung des Zusammenhangs von Volk und Staat. Aufgrund der Bedeutung des Politischen als konstitutiver Bedingung für diese Sphären fragt Heidegger erneut, was das Politische sei. Hier kommt er auf Schmitts Definition zu sprechen:

> „Wir müssen darum mit besonderer Bereitschaft versuchen, das Wesen von Volk und Staat weiterhin zu klären. Wiederum gehen wir dabei von der Klärung des Politischen als Seinsart des Menschen und Ermöglichung des Staates aus. Dieser Auffassung stehen noch andere Begriffe des Politischen entgegen, z. B. der Begriff des Freund-Feindverhältnisses, der auf Carl Schmitt zurückgeht. Dieser Begriff von Politik als Freund-Feindverhältnis ist gegründet in der Anschauung, daß Kampf, d. h. die reale Möglichkeit des Krieges, Voraussetzung des politischen Verhaltens sei, daß eben die Möglichkeit des Entscheidungskampfes, der auch ohne militärische Mittel ausgefochten werden kann, vorhandene Gegensätze, sie seien moralische, konfessionelle oder wirtschaftliche, verschärft bis zur radikalen Einheit als Freund und Feind. In der Einheit und Totalität dieses Gegensatzes von Freund-Feind ruht alle politische Existenz. Entscheidend für diese Anschauung ist aber, daß die politische Einheit nicht identisch sein muß mit Staat und Volk."[253]

Auch wenn Heidegger nicht alle Termini von Schmitt exakt verwendet, bezieht er sich doch *at large* auf Schmitts Definition. Wenn er von der Verschärfung der „Gegensätze" spricht, nimmt er augenscheinlich Bezug auf Schmitts Aussage, dass das Politische „den *Intensitätsgrad* einer Verbindung oder Unterscheidung von Menschen" bezeichne. Dabei können die Motive der Menschen „konfessioneller, nationaler (im ethnischen oder geschichtlichen Sinne), wirtschaftlicher

---

[251] Heidegger. Über Wesen und Begriff, S. 55.
[252] Heidegger. Über Wesen und Begriff, S. 73.
[253] Heidegger. Über Wesen und Begriff, S. 74.

oder anderer Art sein", und zu „verschiedenen Zeiten verschiedene Verbindungen und Trennungen bewirken".[254]

Hingegen nimmt Heidegger mit Blick auf „Volk" und „Staat" eine andere Perspektive als Schmitt ein. Zu Beginn hatte er davon gesprochen, dass das „Sein des Staates" im „politischen Sein der Menschen" verankert sei. Dabei würden die Menschen „als Volk diesen Staat tragen".[255] Die „Anschauung" Schmitts, dass die politische Einheit *nicht* mit Staat und Volk identisch sein müsse, ist also nicht dieselbe Anschauung, um die es in einer philosophischen Übung, die sich diesen Worten widmet, geht. Dabei war Heidegger sicherlich mit Schmitt auf einer Linie, wenn es um die außerordentliche Bedeutung des Politischen für die Analyse von Staatlichkeit geht. Denn wie gesehen spricht Heidegger davon, dass das Politische der „Grund" sei, „auf dem der Staat ist". Ebenso ist Schmitt[256] der Ansicht, dass der Begriff des Staates den Begriff des Politischen voraussetzt.

Heidegger gibt Schmitt richtig wieder, wenn er ihm den Gedanken zuschreibt, dass die politische Einheit nicht identisch sein muss mit Staat und Volk. Besonders illustrieren dies Fälle einer „religiöse[n] Gemeinschaft, die als solche Kriege führt, sei es gegen die Angehörigen anderer religiöser Gemeinschaften, seien es sonstige Kriege", und deswegen über „die religiöse Gemeinschaft hinaus eine politische Einheit" darstelle.[257] Für Schmitt ist das Freund-Feind-Kriterium maßgeblich, und die Identität der politischen Einheit richtet sich nach dem Sachgebiet, aus dem der politische Gegensatz entspringt.

Mehring[258] hat anlässlich seiner Deutung der Beziehung von Heidegger und Schmitt bereits darauf hingewiesen, dass Heidegger in seiner Übung aus dem Wintersemester 1933/34 Schmitts Ausführungen genau analysiert hat. Demnach hat Heidegger erkannt, dass der Ansatz der Feindunterscheidung sich für verschiedene Subjekte fruchtbar machen lässt; sein Ausgangspunkt ist das Volk. Damit bewegt er sich auf der Ebene von Schmitts frühere Textproduktion, wofür Mehring Schmitts *Verfassungslehre* von 1928 anführt. Diese Deutung ist mit unserer Analyse kompatibel;

---

[254] Schmitt. *Der Begriff des Politischen* (1933), S. 21.

[255] Heidegger. Über Wesen und Begriff, S. 73. Abermals zeigt sich, wie wichtig die Kategorie des Volkes für Heidegger ist. Schon in der Auseinandersetzung mit Jünger wurde deutlich, dass das „Volk" eine herausragende Position in Heideggers Denkbewegung einnimmt.

[256] Vgl. Schmitt, Carl. 1932/1963. *Der Begriff des Politischen*. Berlin: Duncker und Humblot, S. 20.

[257] Schmitt. *Der Begriff des Politischen* (1933), S. 20.

[258] Vgl. zum Folgenden Mehring. *Kriegstechniker des Begriffs*, S. 106 f.

der Verweis auf Schmitts *Verfassungslehre*[259] bietet Anschlussmöglichkeiten für weitere Interpretationen.

In diesem Werk hatte Schmitt Staat als „bestimmte[n] Status eines Volkes" bzw. einen seiner möglichen „Zust[ä]nd[e]" bezeichnet: den „Status politischer Einheit", und die unterschiedlichen „Staatsform[en]" als „besondere Art[en] der Gestaltung dieser Einheit".[260] Schmitt argumentiert mit einem Modell der „Identität", das auf der Verbindung von Staat und Volk beruht; Identität ist dann gegeben, wenn ein Staatsvolk existiert, das kraft eigenen politischen Bewusstseins und eines nationalen Willens die Fähigkeit hat, Freund und Feind zu unterscheiden.[261] Dabei sind Volk und Nation unterschieden. Ein Volk, das nicht als Nation existiere, sei nur eine ethnisch oder kulturell irgendwie zusammengehörige, aber nicht *politisch* existierende Verbindung von Menschen. Andererseits gilt das Volk als „Urgrund alles politischen Geschehens".[262] Heidegger ist auf einer Linie mit der Argumentation in der *Verfassungslehre*.

Dagegen verweigert er sich maßgeblichen späteren Ausführungen Schmitts. Heidegger lehnt den Gedanken ab, dass die Identität der politischen Einheit sich nach einem Sachgebiet, aus dem der politische Gegensatz entspringe, richtet. Für ihn muss ein Staat, der Bestand haben und reifen kann, im Sein eines Volkes gegründet sein. Im Gedanken der *Möglichkeit*, politische Einheit als *staatliche* Einheit zu denken, sind Heidegger und Schmitt aber beieinander. Dies zeigt sich an ihren Vorstellungen staatlicher Ordnung. Heidegger äußert sich folgendermaßen:

> „Die Ordnung des Staates äußert sich im abgegrenzten Aufgabengebiet der einzelnen Menschen und Menschengruppen. [...] Sie gründet im Herrschafts- und Dienstverhältnis der Menschen zueinander. Wie die mittelalterliche Lebensordnung, so ist auch heute die Ordnung des Staates getragen von dem freien, reinen Willen zur Gefolgschaft und Führerschaft, d. h. zu Kampf und Treue. [...] Wir erfahren vielmehr, daß Herrschaft, Autorität und Dienst, Unterordnung in einer gemeinsamen Aufgabe gründen."[263]

Diese Ausführungen erinnern an seine Beschreibungen des Arbeitsstaates und einige Bemerkungen in der Rektoratsrede. Wiederum orientiert er sich an Herrschaftsverhältnissen, bei denen eindeutige Hierarchien gegeben sind. Bei Schmitt

---

[259] Schmitt, Carl. 1965. *Verfassungslehre*. Berlin: Duncker und Humblot.
[260] Schmitt. *Verfassungslehre*, S. 205.
[261] Schmitt. *Verfassungslehre*, S. 214.
[262] Schmitt. *Verfassungslehre*, S. 79.
[263] Heidegger. Über Wesen und Begriff, S. 77.

ist die Stoßrichtung ähnlich. Der Staat ist für ihn ein Ordnungsfaktor, der „alle politische Entscheidungen bei sich zu konzentrieren und dadurch die innerstaatliche Befriedung herbeizuführen"[264] sucht. Diese Zielsetzung hatte er bereits 1930 in dem Aufsatz *Staatsethik und pluralistischer Staat*[265] kenntlich gemacht. Dort schreibt er:

> „Die politische Einheit ist höchste Einheit, nicht, weil sie allmächtig diktiert oder alle anderen Einheiten nivelliert, sondern weil sie entscheidet und innerhalb ihrer selbst alle anderen gegensätzlichen Gruppierungen daran hindern kann, sich zur extremen Feindschaft (d. h. bis zum Bürgerkrieg) zu dissoziieren. Da wo sie ist, können die sozialen Konflikte entschieden werden, so daß eine Ordnung, d. h. eine normale Situation besteht. [...] Weil das Politische keine eigene Substanz hat, kann der Punkt des Politischen von jedem Gebiet aus gewonnen werden, und jede soziale Gruppe, Kirche, Gewerkschaft, Konzern, Nation wird politisch und damit staatlich, wenn sie sich in diesem Punkt der höchsten Intensität nähert. [...] Alles menschliche Leben, auch das der höchsten geistigen Sphären, hat in seiner geschichtlichen Realisierung wenigstens potentiell einen Staat über sich, der aus solchen Inhalten und Substanzen stark und mächtig wird, wie der mythische Adler des Zeus, der sich aus den Eingeweiden des Prometheus nährt."[266]

Der Staat als die Form der politischen Einheit ist für ihn also (jedenfalls einstweilen) der Garant für die Ordnung. Wie sich die staatliche Ordnung im Konkreten denkt, wird z. B. in Schmitts Kölner Antrittsrede deutlich. Für Schmitt ist nämlich „unter der politischen Führung Adolf Hitlers"[267] ein neuer Staat entstanden: der „Staat der nationalen Revolution". Dieser ruht Schmitt zufolge auf drei Säulen, dem staatlichen Behördenapparat, der staatstragenden Parteiorganisation und einer ständischen Sozialordnung.[268] Auch Heidegger orientiert sich bei seiner Staatskonzeption, wie wir gesehen haben, an einer Ständeordnung, wobei allerdings seine drei *Dienst*formen nicht Schmitts Säulen entsprechen. Dieser betont eher die organisationale Struktur, während Heidegger Wissen, Arbeit und Wehrhaftigkeit in den Vordergrund stellt.

Abgesehen von diesem Unterschied denken Heidegger und Schmitt beide soziale Ordnung als eine staatliche Ordnung, die nicht einem liberal-demokratischen Modell folgt, sondern auf einer klaren vertikalen Hierarchie beruht. Aufgrund

---

[264] Schmitt. *Der Begriff des Politischen* (1933), S. 11.
[265] Schmitt. *Positionen und Begriffe*, S. 133–145.
[266] Schmitt. *Positionen und Begriffe*, S. 141.
[267] Schmitt. *Positionen und Begriffe*, S. 197.
[268] Vgl. Schmitt. *Positionen und Begriffe*, S. 197.

dieser Gemeinsamkeit und aufgrund der Bereitschaft zum Engagement im nationalsozialistischen Staat ist die Grundlage für eine Zusammenarbeit gegeben. Mit der Heraklit-Ebene hat die Serie Heidegger–Schmitt zudem eine weitere, gleichsam ‚arcane' Perspektive. Ob es in der Folge zu einem persönlichen Treffen kam, lässt sich nicht genau sagen. Für Mehring[269] deutet vieles darauf hin, denn im Sommer 1933 waren beide als nationalsozialistische Aktivisten für einen Ruf an die Berliner Universität im Gespräch. Heidegger hatte seinen Ruf am 04. September 1933 erhalten, Schmitt, der dann im Wintersemester 1933/34 tatsächlich von Köln nach Berlin wechselte, seinen schon Mitte Juli. Der gealterte Schmitt berichtete später im Bekanntenkreis, er habe Heidegger im Berliner Luxushotel Kaiserhof gesprochen. Diese Begegnung müsste im September stattgefunden haben. Über das Ergebnis des Treffens weiß man nichts. Mehrings Vermutungen zum Inhalt des Gesprächs sind folgende:

> „Seit dem Juli 1933 war Schmitt ein preußischer ‚Staatsrat'; er gehörte damit offiziell zum offiziellen Beraterkreis Hermann Görings, wirkte an Gesetzgebungsentwürfen mit und hatte persönlichen Umgang mit anderen nationalsozialistischen Spitzenpolitikern wie Hans Frank und Wilhelm Frick. Schon im Gespräch mit Schmitt musste Heidegger damals klar werden, dass er als Philosoph nicht in die erste Führungsriege der nationalsozialistischen Wissenschaft gehörte. Universitätsphilosophie war für den Nationalsozialismus funktional und ideologisch nicht sonderlich interessant."[270]

Heidegger lehnte den Ruf an die Berliner Universität ab.[271] Nach dem Treffen kam es wohl zu keiner weiteren Korrespondenz zwischen Heidegger und Schmitt. Heidegger setzte sich aber mit Schmitt, wie wir gesehen haben, weiter auseinander.[272] Für Schmitts Verhältnis zu Heidegger lässt sich Gleiches nicht sagen.

---

[269] Vgl. zum Folgenden Mehring. *Kriegstechniker des Begriffs*, S. 104.
[270] Mehring. *Kriegstechniker des Begriffs*, S. 106.
[271] Vgl. Mehring. *Kriegstechniker des Begriffs*, S. 106.
[272] Mehring spricht im Zusammenhang von Heideggers Auseinandersetzung mit Schmitt, nach der gescheiterten Kooperation, von einer „polemischen Reaktion" (Mehring. *Kriegstechniker des Begriffs*, S. 106). Dieser Einschätzung kann nur teilweise zugestimmt werden. Es ist richtig, dass sich Heidegger in der Übung *Über Wesen und Begriff von Natur, Geschichte und Staat* gegen bestimmte Vorstellungen von Schmitt wendet. Jedoch ist sein Bezug zu Schmitt in der zeitgleich stattfindenden Vorlesung *Vom Wesen der Wahrheit* (Heidegger. *Sein und Wahrheit*, S. 81–264) doch auch wesentlich affirmativ. Diese Vorlesung erwähnt Mehring nicht.

4 Carl Schmitt und der „Bürgerkrieg"

4.1 Die Ausgangslage: Intensive Auseinandersetzungen

Zum Thema des Bürgerkriegs sind einige Anmerkungen erforderlich. Dieser Terminus taucht sowohl in der Serie Jünger–Schmitt als auch in der Serie Heidegger–Schmitt auf. De facto gab es in der Weimarer Republik in den frühen dreißiger Jahren keinen Bürgerkrieg,[273] wenn auch politische Morde und Straßenschlachten. Dirk Blasius spricht von einem „Bürgerkrieg der Worte, Taten und Ideologien",[274] der in Teilen der Öffentlichkeit zu einer „Bürgerkriegshysterie"[275] und in der Folge zu einer „*Bürgerkriegspolitik*"[276] geführt habe. Heidegger, Jünger und Schmitt sind treibende Elemente dieses Vorgangs.

Besonders vielsagend ist dabei der Fall Schmitt, vor allem die Karriere seiner Schrift *Der Begriff des Politischen*, die uns bereits beschäftigt hat. In der ersten Fassung, aus dem Jahr 1927, fehlt der „Bürgerkrieg" noch. Erst in der zweiten Fassung,[277] aus dem Jahr 1932, wird er eingeführt. Heinrich Meier erklärt hierzu: „Die Gebiets-Konzeption wird durch ein Intensitätsmodell ersetzt".[278]

Schmitt hat „das Politische" zunächst als eigenständiges Gebiet neben anderen definiert. Er schreibt in der ersten Fassung:

> „Das Politische steht nämlich selbständig als eigenes Gebiet neben andern, relativ selbstständigen Gebieten menschlichen Denkens und Handelns, neben dem Moralischen, Ästhetischen, Ökonomischen usw., deren erschöpfende Aufzählung hier nicht notwendig ist. Das Politische muß deshalb seine eigenen, relativ selbständigen, relativ letzten Unterscheidungen haben, auf die alles im spezifischen Sinne politische Handeln zurückgeführt werden kann."[279]

Diese Unterscheidung ist, wie bereits deutlich wurde, diejenige von Freund und Feind. Die „Gebiets-Konzeption" gibt Schmitt dann in der zweiten Auflage auf:

---

[273] Vgl. Blasius, Dirk. 2008. *Weimars Ende. Bürgerkrieg und Politik 1930–1933*. Frankfurt a. M.: Fischer, S. 13; Schumann, Dirk. 2001. *Politische Gewalt in der Weimarer Republik 1918–1933. Kampf um die Straße und Furcht vor dem Bürgerkrieg*. Essen: Klartext Verlag, S. 359.

[274] Blasius. *Weimars Ende*, S. 11 f.

[275] Vgl. Blasius. *Weimars Ende*, S. 13.

[276] Blasius. *Weimars Ende*, S. 20.

[277] Schmitt. *Der Begriff des Politischen* (1932/1963).

[278] Meier. *Carl Schmitt, Leo Strauss und „Der Begriff des Politischen"*, S. 30.

[279] Schmitt. *Frieden oder Pazifismus?*, S. 196.

„Das Politische kann seine Kraft aus den verschiedensten Bereichen menschlichen Lebens ziehen, aus religiösen, ökonomischen, moralischen und anderen Gegensätzen; es bezeichnet kein eigenes Sachgebiet, sondern nur den *Intensitätsgrad* einer Assoziation oder Dissoziation von Menschen, deren Motive religiöser, nationaler (im ethnischen oder kulturellen Sinne), wirtschaftlicher oder anderer Art sein können und zu verschiedenen Zeiten verschiedene Verbindungen und Trennungen bewirken."[280]

Ohne die „Gebiets-Konzeption" hat Schmitt die Möglichkeit, den Kreis der Phänomene, die er erfasst, zu erweitern. Laut Meier[281] erreicht er auf diese Weise, dass er den Bürgerkrieg und die Revolution in seine Analyse einbeziehen kann. Es ist ihm, vor dem Hintergrund der politischen Situation der Republik, möglich, „Krieg" und „Bürgerkrieg" in einem Atemzug nennen.[282] Für unser Thema ist diese Entwicklung von Bedeutung, da sie auch die soziale Serie Jünger–Schmitt betrifft. Schmitt spricht – in der Fassung von 1932 – davon, dass von jedem Sachgebiet aus der „Punkt des Politischen"[283] erreicht werden könne. In Jüngers Arbeiter-Essay findet sich eine ähnliche Formulierung. Er schreibt:

„Ein neues Bild der Welt deutet sich jedoch nicht dadurch an, daß Gegensätze verschwimmen, sondern dadurch, daß sie unversöhnlicher werden und daß jedes, auch das entfernteste, Gebiet einen politischen Charakter gewinnt. Daß hinter der Fülle der Auseinandersetzungen sich der Umriß einer werdenden Gestalt verbirgt, ist nicht daran zu erkennen, daß die Partner sich vereinen, sondern daran, daß ihre Ziele sich sehr ähnlich werden, so daß es immer eindeutiger nur eine Richtung gibt, in der überhaupt gewollt werden kann. Dies bedeutet für jeden, der sich nicht mit der reinen Betrachtung zu begnügen gedenkt, keine Auflösung, sondern eine Verschärfung des Konflikts."[284]

Hier scheint sich Jünger an Schmitt anzulehnen.[285] Auch er vertritt offensichtlich ein Intensitätsmodell. Dies ist bemerkenswert, weil er den *Begriff des Politischen* nur in der ersten Fassung kennt. Die Überarbeitungsphase von Schmitts *Begriff des Politischen* (zur zweiten Fassung), die mit Jüngers Arbeit am *Arbeiter* zusammenfällt,

---

[280] Schmitt. *Der Begriff des Politischen* (1932/1963), S. 38 f.
[281] Vgl. Meier. *Carl Schmitt, Leo Strauss und „Der Begriff des Politischen"*, S. 31.
[282] Meier. *Carl Schmitt, Leo Strauss und „Der Begriff des Politischen"*, S. 33.
[283] Schmitt. *Der Begriff des Politischen* (1932/1963) S. 62.
[284] Jünger. Der Arbeiter, S. 85.
[285] Auch Heidegger erkannte in diesen Ausführungen Jüngers einen Gedankengang von Schmitt. Jünger schreibt: „Ein neues Bild der Welt deutet sich jedoch nicht dadurch an, daß Gegensätze verschwimmen, sondern dadurch, daß sie unversöhnlicher werden und daß jedes, auch das entfernteste, Gebiet einen politischen Charakter gewinnt" (Jünger. Der Arbeiter, S. 85). In seinem Handexemplar des Arbeiteressays schreibt Heidegger neben die betreffende Zeile: „Freund – Feind! Carl Schmitt!" (Heidegger. *Zu Ernst Jünger*, S. 352).

führt also hier wie dort zu ähnlichen Formen des Fortdenkens, wobei Schmitt der Vordenker bleibt; er legt schon im Zusammenhang des Vortrags *Staatsethik und pluralistischer Staat* ein „Intensitätsmodell" vor.[286] Demnach „kann der Punkt des Politischen von jedem Gebiet aus gewonnen werden, und jede soziale Gruppe, Kirche, Gewerkschaft, Konzern, Nation wird politisch und damit staatlich, wenn sie sich in diesem Punkt der höchsten Intensität nähert".[287] Schmitt hält den Vortrag am 22. Mai 1929; in gedruckter Form erscheint er 1930, und im Juli des Jahres schickt Schmitt ihn an Jünger.[288] Es lässt sich also die These vertreten, dass Jünger seine Überlegungen zu einem Intensitätsmodell von Schmitt entliehen hat. Allerdings ziehen Jünger und Schmitt unterschiedliche Konsequenzen aus der konstatierten Bürgerkriegslage.

Jünger äußert 1930 in einer Buchrezension die Einschätzung, Deutschland befinde sich seit fünfzehn Jahren im Zustand einer „ununterbrochenen Revolution" bzw. einem „permanenten Kriegszustand", was gleichzusetzen sei mit einem „Bürgerkrieg".[289] In seinem am 28. März des Jahres erschienenen Artikel *Der heroische Realismus*[290] findet sich im Zusammenhang des Auftretens dieses Begriffs interessanterweise ein indirekter Bezug auf Heraklits Fragment 53: „Man sagt, daß der Krieg Vater aller Dinge sei,– aber der beste Vater des Krieges ist der Bürgerkrieg. Darauf aber, daß Entscheidungen geschlagen werden, daß sie mit allen Mittel ausgetragen werden, kommt es in weit höherem Maße an als auf die Formulierungen, unter denen der Aufmarsch geschieht".[291]

Fragment 53 ist, wie wir gesehen haben, auch ein Element der Auseinandersetzung zwischen Heidegger und Schmitt. Sowohl Jünger als auch Heidegger und Schmitt betrachten den Krieg als fundamentales Bewegungsprinzip der Geschichte. Im Angesicht der Ordnungskrise der dreißiger Jahre rückt allerdings der *Bürgerkrieg* in den Fokus. Jünger zieht gedanklich die radikalste Konsequenz. Seiner Ansicht nach müssen „Entscheidungen geschlagen werden". Jedes Mittel ist dabei recht. Schon in dem erwähnten Aufsatz *Der neue Nationalismus*[292] von 1927 hatte er deutlich gemacht, dass das erste Ziel der Weg der Revolution ist: „*Eine so gewaltige Änderung jedoch, wie sie der Übergang vom Staate des liberalistischen*

---

[286] Schmitt. *Positionen und Begriffe*, S. 133–145.
[287] Schmitt. *Positionen und Begriffe*, S. 141.
[288] Jünger und Schmitt. *Briefe*, S. 5.
[289] Jünger. *Politische Publizistik*, S. 584.
[290] Jünger. *Politische Publizistik*, S. 553–557.
[291] Jünger. *Politische Publizistik*, S. 556.
[292] Jünger. *Politische Publizistik*, S. 285–291.

Bürgertums zum Staate des nationalistischen Arbeitertums darstellt, kann nur auf revolutionärem Wege zu erreichen sein".[293]
Schmitt zog andere Schlüsse. Schon in *Staatsethik und pluralistischer Staat*[294] Anfang 1930 ist, wie wir gesehen haben, „Bürgerkrieg" als die „extreme" Form der „[D]issozi[ation]" lediglich das Bild für einen (temporären) Zustand, der sich gegenüber *dem* Zustand, um den ‚es' geht, maximal kontrastiv verhält: „[d]ie politische Einheit", die „entscheidet", die Dissoziation „alle[r] anderen [...] Gruppierungen [...] hinder[t]" und „wenigstens potentiell" ein „Staat" ist („aus [...] Inhalten und Substanzen stark und mächtig [...] wie der mythische Adler des Zeus, der sich aus den Eingeweiden des Prometheus nährt").[295] Im April 1930 verdeutlicht er in dem Aufsatz *Hugo Preuss. Sein Staatsbegriff und seine Stellung in der deutschen Staatslehre*[296] sein Verständnis des Verhältnisses von Staat und Bürgerkrieg:

> „Die Leistung eines normalen Staates besteht darin, die gegensätzlichen Gruppierungen innerhalb seiner selbst zu relativieren und ihre letzte Konsequenz, den Krieg, zu verhindern. Ist ein Staat zu dieser Leistung nicht mehr imstande, so verlegt sich das Schwergewicht der Politik von außen nach innen. Die innerpolitischen Gegensätze werden dann zu den maßgebenden Freund- und Feindgruppierungen, und das bedeutet eben latenten oder akuten Bürgerkrieg."[297]

Eine „latente" Bürgerkriegslage scheint für Schmitt zu Beginn der dreißiger Jahre vorzuliegen;[298] tatsächlich ist eine Zunahme gewaltsamer politischer Auseinandersetzungen seit der Jahreswende 1929/30 dokumentiert.[299] Dabei waren die

---

[293] Jünger. *Politische Publizistik*, S. 288.
[294] Schmitt. *Positionen und Begriffe*, S. 133–145.
[295] Schmitt. *Positionen und Begriffe*, S. 141.
[296] Schmitt, Carl. 1930. *Hugo Preuss. Sein Staatsbegriff und seine Stellung in der deutschen Staatslehre*. Tübingen: Mohr.
[297] Schmitt. *Hugo Preuss*, S. 26.
[298] Bei Heidegger gibt es einzelne Bemerkungen zur gesellschaftlichen Krisensituation. Dies verdeutlicht eine Aussage in einer Vorlesung im Wintersemester 1929/30: „[Ü]berall gibt es Erschütterungen, Krisen, Katastrophen, Nöte: das heutige soziale Elend, die politische Wirrnis, die Ohnmacht der Wissenschaft, die Aushöhlung der Kunst, die Bodenlosigkeit der Philosophie, die Unkraft der Religion" (Heidegger, Martin. 1992. *Die Grundbegriffe der Metaphysik. Welt–Endlichkeit–Einsamkeit*. Frankfurt a. M.: Klostermann, S. 243). Jedoch sind diese „Nöte" für Heidegger randständig, da es ihm um die „Not im Ganzen" (Heidegger. *Die Grundbegriffe der Metaphysik*, S. 243) geht. Diese sei durch das „*Ausbleiben einer wesenhaften Bedrängnis unseres Daseins im Ganzen*" (Heidegger. *Die Grundbegriffe der Metaphysik*, S. 244) gekennzeichnet.
[299] Vgl. Schumann. *Politische Gewalt*, S. 306 f.

Hauptkontrahenten, mit denen sich die Polizei auseinandersetzte, Gruppierungen in NSDAP und KPD. In seinem Tagebuch äußert Schmitt am 09. Februar 1930 „Entsetzen vor der Lage Deutschlands";[300] auch am 16. Februar zeigt er sich erschreckt vor den politischen Zuständen.[301] Nachdem er Kontakt zu Jünger gefunden hat, verändert sich seine Lageeinschätzung deutlich. Nun wird über die „Revolution"[302] diskutiert. Schmitt fühlt am 18. November 1930 „Angst; dann wieder Stolz und Ruhe".[303] Auch mit anderen Personen spricht er dieser Tage über den „kommenden Bürgerkrieg".[304] Die veränderte Lageeinschätzung schlägt sich auch coram publico nieder; Schmitt erweitert seine Staatskonzeption.

Deutlich wird dies in dem Aufsatz *Die Wendung zum totalen Staat*,[305] der im Dezember 1931 erscheint. Hier äußert Schmitt[306] erneut das Verdikt, nur der Staat sei in der Lage, dem Bürgerkrieg entgegenzutreten. Der gegenwärtige Staat verhalte sich „gegenüber der Gesellschaft und der Wirtschaft neutral"; bei diesem „neutrale[n] Staat" handle es sich um einen Staat im „liberalen, nichtinterventionistischen Sinne".[307] Jedoch gibt es Schmitt zufolge Anzeichen für einen Wandel der Staatsform; er vermerkt einen Verlust an „Spannung" (der „dualistische[n] Konstruktion von Staat und Gesellschaft, Regierung und Volk") und eine „[V]ollend[ung]" des „Gesetzgebungsstaat[s]":

> „Organisiert sich die Gesellschaft selbst zum Staat, sollen Staat und Gesellschaft grundsätzlich identisch sein, so werden alle sozialen und wirtschaftlichen Probleme unmittelbar staatliche Probleme und man kann nicht mehr zwischen staatlich-politischen und gesellschaftlich-unpolitischen Sachgebieten unterscheiden."[308]

Es gibt in dieser neuen Lage „nichts, was nicht wenigstens potenziell staatlich und politisch wäre". In diesem Zusammenhang verweist Schmitt auf Jünger, der den „erstaunlichen Vorgang", in dem ein „neue[r] Staat alle Gebiete" erfasst, „prägnant" eine „totale Mobilmachung" genannt habe. Er will sich Jüngers Überlegungen allerdings nicht „im einzelnen" zu eigen machen, sondern spricht von einer „in

---

[300] Schmitt. *Tagebücher*, S. 16.
[301] Vgl. Schmitt. *Tagebücher*, S. 20.
[302] Schmitt. *Tagebücher*, S. 57.
[303] Schmitt. *Tagebücher*, S. 57.
[304] Schmitt. *Tagebücher*, S. 59.
[305] Schmitt. *Positionen und Begriffe*, S. 146–157.
[306] Vgl. Schmitt. *Positionen und Begriffe*, S. 148.
[307] Schmitt. *Positionen und Begriffe*, S. 151.
[308] Schmitt. *Positionen und Begriffe*, S. 151.

ihnen enthaltene[n], sehr bedeutende[n] Erkenntnis", die man „beachten und verwerten" müsse. Diese bedeutende Erkenntnis kulminiert im Gedanken des „potentiell totalen Staat[s]", in den gerade die Gesellschaft „überzugehen" im Begriff sei.[309] Schmitt arbeitet zu dieser Zeit, wie ein Tagebucheintrag vom 18. September 1931 zeigt, auch an der zweiten Fassung des *Begriffs des Politischen*.[310] Dort fasst er seine Überlegungen wie folgt zusammen:

> „Dagegen wird die Gleichung Staatlich = Politisch in demselben Maße unrichtig und irreführend, in welchem Staat und Gesellschaft sich durchdringen, alle bisher nur staatlichen Angelegenheiten gesellschaftliche und umgekehrt alle bisher ‚nur' gesellschaftlichen Angelegenheiten staatlich werden, wie das in einem demokratischen organisierten Gemeinwesen notwendigerweise eintritt. Dann hören die bisher ‚neutralen' Gebiete – Religion, Kultur, Bildung, Wirtschaft – auf, ‚neutral' im Sinne von nicht-staatlich und nicht-politisch zu sein. Als polemischer Gegenbegriff gegen solche Neutralisierungen und Entpolitisierungen wichtiger Sachgebiete erscheint der gegenüber keinem Sachgebiet desinteressierte, potentiell jedes Gebiet ergreifende *totale* Staat der Identität von Staat und Gesellschaft. In ihm ist infolgedessen *alles* wenigstens der Möglichkeit nach politisch, und die Bezugnahme auf den Staat ist nicht mehr imstande, ein spezifisches Unterscheidungsmerkmal des ‚Politischen' zu begründen."[311]

Hier lässt sich gut die Substitution der „Gebiets-Konzeption" durch ein „Intensitätsmodell"[312] ablesen. Wie erwähnt, kann Schmitt mit ihm auch den Bürgerkrieg abbilden:

> „Die Gleichung: politisch = parteipolitisch ist möglich, wenn der Gedanke einer umfassenden, alle innerpolitischen Parteien und ihre Gegensätzlichkeiten relativierenden politischen Einheit (des ‚Staates') seine Kraft verliert und infolgedessen die innerstaatlichen Gegensätze eine stärkere Intensität erhalten als der gemeinsame außenpolitische Gegensatz gegen einen anderen Staat. Wenn innerhalb eines Staates die parteipolitischen Gegensätze restlos ‚die' politischen Gegensätze geworden sind, so ist der äußere Grad der ‚innerpolitischen' Reihe erreicht, d. h. die innerstaatlichen, nicht die außenpolitischen Freund- und Feindgruppierungen sind für die bewaffnete Auseinandersetzung maßgebend. Die reale Möglichkeit des Kampfes, die immer vorhanden sein muß, damit von Politik gesprochen werden kann, bezieht sich bei einem derartigen ‚Primat der Innenpolitik' konsequenterweise nicht mehr auf den Krieg zwischen organisierten Völkereinheiten (Staaten oder Imperien), sondern auf den *Bürgerkrieg*."[313]

---

[309] Schmitt. *Positionen und Begriffe*, S. 152.
[310] Schmitt. *Tagebücher*, S. 136.
[311] Schmitt. *Der Begriff des Politischen* (1932/63), S. 24.
[312] Meier. *Carl Schmitt, Leo Strauss und „Der Begriff des Politischen"*, S. 30.
[313] Schmitt. *Der Begriff des Politischen* (1932/1963), S. 32.

Schmitt ergänzt also die ursprüngliche Fassung des *Begriffs des Politischen*, indem er Argumentationsfiguren hinzufügt, die es ihm ermöglichen, sein Erlebnis der politischen Situation Weimars, das er im Gespräch u. a. mit Jünger gedanklich abgeklärt hat, mitabzubilden. Neben dem „Bürgerkrieg" bekommt auch der „totale Staat" seinen Platz.

4.2 Der Ausweg: Der „totale Staat"

Im Jahr 1932 wird, so Blasius, das Wort „Bürgerkrieg" zum „politischen Schlagwort des Jahres".[314] Mit dem Wechsel der Präsidialkabinette war ein Wechsel der Präventionspolitiken verbunden. Nach Heinrich Brüning wurde Franz von Papen Reichskanzler. Papen hob das Verbot von SA und SS, welches die vorhergehende Reichsregierung ausgesprochen hatte, wieder auf,[315] was eine weitere Eskalation der Gewalt nach sich zog. Schmitt rückte im Zusammenhang des sogenannten „Preußenschlags" ins Zentrum der politisch-juridischen Konstellation.[316] Reichspräsident Hindenburg hatte die nach der Wahl vom 24. April 1932 nur noch geschäftsführende Regierung Otto Braun (SPD) abgesetzt und Papen zum Reichskommissar für Preußen ernannt. Der Reichskommissar erklärte den Ausnahmezustand, wofür er das Szenario eines Bürgerkriegs zeichnete,[317] eine drohende Konfrontation zwischen preußischer Polizei und Reichswehr. Die alte Regierung reichte deswegen eine Verfassungsklage ein. Schmitt war an der Ausarbeitung der Verteidigungsstrategie des Reiches für den Prozess, der am 10. Oktober 1932 begann, beteiligt.[318] Nach Urteil vom 25. Oktober verblieben die Machtbefugnisse des preußischen Staatsministeriums und der preußischen Ressortminister beim Reichskanzler als Reichskommissar, was aber die politische Situation nicht entschärfte. Nach Entlassung Papens wurde Kurt von Schleicher Reichskanzler, der seinerseits Pläne für die Ausrufung eines Staatsnotstands verfolgte.[319] Dagegen entschied sich Hindenburg, ein Präsidialkabinett Hitler einzusetzen, in der Erwartung, dass es sich zu einem Mehrheitskabinett entwickeln würde.[320]

---

[314] Blasius. *Weimars Ende*, S. 35.
[315] Vgl. zum Folgenden Schumann. *Politische Gewalt*, S. 324.
[316] Vgl. zum Folgenden Mehring. *Carl Schmitt*, S. 288–290.
[317] Vgl. Blasius. *Weimars Ende*, S. 69.
[318] Vgl. Mehring. *Carl Schmitt*, S. 289. Vgl. zum Folgenden Blasius. *Weimars Ende*, S. 109–117.
[319] Vgl. Blasius. *Weimars Ende*, S. 157.
[320] Vgl. Blasius. *Weimars Ende*, S. 168.

Im Februar 1933 erscheint Schmitts Artikel *Weiterentwicklung des totalen Staates in Deutschland*.[321] Schmitt schreibt zu Beginn des Textes, was er unter dieser Weiterentwicklung versteht:

> „Jeder Staat ist bestrebt, sich der Machtmittel zu bemächtigen, die er zu seiner politischen Herrschaft braucht. Es ist sogar das sichere Kennzeichen des wirklichen Staates, daß er das tut. Auch stehen wir alle unter dem Eindruck der gewaltigen Machtsteigerung, die heute jeder Staat durch die Steigerung der Technik, namentlich der militärischen Machtmittel, erfährt. [...] Jede politische Macht ist gezwungen, die neuen Waffen in die Hand zu nehmen. Hat sie dazu nicht die Kraft und den Mut, so wird sich eine andere Macht oder Organisation finden, und das ist dann eben wieder die politische Macht, d. h. der Staat."[322]

Die Betonung der „Technik" als „Machtmittel" verweist uns abermals auf die Beziehung zwischen Schmitt und Jünger. Wie bereits herausgearbeitet wurde, ist Schmitts Begriff des totalen Staates eng mit Jüngers „totaler Mobilmachung" verknüpft. Auch wenn Schmitt, wie wir gesehen haben, nicht alle Einzelheiten der Gedankenwelt Jüngers akzeptiert, liegt eine Übereinstimmung mit Blick auf die Beurteilung der allgemeinen Lage der Dinge in der Gegenwart vor. Schmitt ist im Jahr 1931 der Auffassung, dass „alle staatlichen und wirtschaftlichen Probleme unmittelbar staatliche Probleme" werden, weswegen „man nicht mehr zwischen staatlich-politischen und gesellschaftlich-unpolitischen Sachgebieten unterscheiden"[323] könne.

Schmitts totaler Staat erhält Anfang des Jahres 1933, indem seine technische Seite in den Vordergrund rückt, weitere Kontur. Er erwähnt hier nicht mehr die „totale Mobilmachung", ist sich aber andererseits mit Jünger in der Bewertung der Technik als Machtmittel einig. Schmitt hatte seine Vorstellungen 1929 im Aufsatz *Die europäische Kultur in Zwischenstadien der Neutralisierung*[324] dargelegt, den er, in leicht überarbeiteter Form, in die zweite Fassung des *Begriffs des Politischen*, die 1932 erschien, übernahm. Er behauptet dort:

> „Der Prozeß fortwährender Neutralisierung der verschiedenen Gebiete des kulturellen Lebens ist an seinem Ende angelangt, weil er bei der Technik angelangt ist. Die Technik ist nicht mehr neutraler Boden im Sinne jenes Neutralisierungsprozesses, und jede starke Politik wird sich ihrer bedienen. [...] Der endgültige Sinn der Technik ergibt sich erst, wenn sich zeigt, welche Art von Politik stark genug ist, sich der neuen Technik zu bemächtigen, und welches die eigentlichen Freund- und Feindgruppierungen sind, die auf dem neuen Boden erwachsen."[325]

---

[321] Schmitt. *Positionen und Begriffe*, S. 185–190.
[322] Schmitt. *Positionen und Begriffe*, S. 185 f.
[323] Schmitt. *Positionen und Begriffe*, S. 151.
[324] Schmitt. Die europäische Kultur.
[325] Schmitt. *Der Begriff des Politischen* (1932/1963), S. 94.

Wenn Schmitt im Jahr 1933 bemerkt, dass „wir alle unter dem Eindruck der gewaltigen Machtsteigerung, die heute jeder Staat durch die Steigerung der Technik [...] erfährt", ständen,[326] ist er sich offenkundig sicher, dass der totale Staat kommen wird; es verbleibt die Frage nach der „politischen Macht".[327] In dieser Hinsicht ist eine Spezifikation, die Schmitt vornimmt, von Bedeutung. Er spricht von einem totalen Staat im „Sinne der Qualität",[328] den er folgendermaßen charakterisiert:

> „Ein solcher Staat läßt in seinem Inneren keinerlei staatsfeindliche, staatshemmende oder staatszerspaltende Kräfte aufkommen. Er denkt nicht daran, die neuen Machtmittel seinen eigenen Feinden und Zerstörern zu überliefern und seine Macht unter irgendwelchen Stichworten, Liberalismus, Rechtsstaat oder wie man es nennen will, untergraben zu lassen. Ein solcher Staat kann Freund und Feind unterscheiden. [S]eit langem wissen die Staatstheoretiker, daß das Politische das Totale ist, und das Neue sind nur die neuen technischen Mittel, über deren politische Wirkungen man sich klar sein muß."[329]

Wir können sagen, dass dieser „totale Staat" Schmitts Antwort auf das Problem des Bürgerkriegs ist. Durch den Gebrauch der technischen Mittel verfügt dieser Staat über die Machtfülle, die ihn zum idealen Garanten für den Erhalt der inneren Ordnung macht.

Allerdings macht Schmitt eine weitere Unterscheidung. Seiner Ansicht nach gibt es noch „eine andere Bedeutung des Wortes vom totalen Staat, und das ist leider diejenige, die für die Zustände des heutigen Deutschland zutrifft". Nach Schmitt ist diese Art Staat „total in einem rein quantitativen Sinne, im Sinne des bloßen Volumens, nicht der Intensität und der politischen Energie". Er sei, so wie er sei, unfähig, auf die innenpolitischen Zustände zu reagieren:

> „Der heutige deutsche Staat ist total aus Schwäche und Widerstandslosigkeit, aus der Unfähigkeit heraus, dem Ansturm der Parteien und der organisierten Interessen standzuhalten. Er muß jedem nachgeben, jeden zufriedenstellen, jeden subventionieren und den widersprechendsten Interessen gleichzeitig zu gefallen sein. Seine Expansion ist die Folge, [...] nicht seiner Stärke, sondern seiner Schwäche".[330]

Vor allem Schmitts Rede von den „Parteien" ist hier hervorzuheben, denn er ergänzt, dass es „heute in Deutschland überhaupt keinen totalen Staat" gebe, „sondern eine Mehrzahl totaler Parteien, die jede in sich die Totalität zu verwirklichen

---

[326] Schmitt. *Positionen und Begriffe*, S. 185 f.
[327] Schmitt. *Positionen und Begriffe*, S. 185 f.
[328] Schmitt. *Positionen und Begriffe*, S. 186.
[329] Schmitt. *Positionen und Begriffe*, S. 186.
[330] Schmitt. *Positionen und Begriffe*, S. 187.

suchen", indem sie und ihren „Anhängern die richtige Weltanschauung, die richtige Staatsform, das richtige Wirtschaftssystem, die richtige Geselligkeit von Partei wegen"[331] liefern. Damit müsste nach wie vor gelten, was Schmitt 1930 im Aufsatz über *Hugo Preuss* schrieb: dass ein „latente[r] [...] Bürgerkrieg" herrscht.[332] Zwar verwendet Schmitt den Begriff selbst in *Weiterentwicklung des totalen Staates in Deutschland* nicht; aber spricht er davon, dass sich die „totalen Parteien" in einem „feindlichen Nebeneinander"[333] befänden – was uns auf Schmitts Definition des Bürgerkriegs in der zweiten Fassung des *Begriffs des Politischen* verweist, die bekanntlich die gesteigerte „Intensität" der „Gegensätze" zwischen „innerpolitischen Parteien" in den Mittelpunkt rückt.[334] Ein solcher Zustand ist für Schmitt zur Anfang 1933 anscheinend immer noch gegeben; erst das Auftreten des totalen Staates im „Sinne der Qualität", der „in seinem Inneren keinerlei staatsfeindliche, staatshemmende oder staatszerspaltende Kräfte"[335] aufkommen lässt, wird ihn beenden. In diesem Sinne kann man Schmitt den Träger eines „Projekt[s] einer etatistischen Rundumpolitisierung der Gesellschaft" nennen.[336] Er setzt bis auf weiteres auf die staatstragenden Machtbefugnisse des Reichspräsidenten, wie der letzte Satz der *Weiterentwicklung des totalen Staates in Deutschland* zeigt, dem zufolge ohne den „Reichspräsident[en] und seine aus vorpluralistischen Zeiten stammende Autorität" („die eine letzte Säule der Weimarer Verfassungsordnung") nicht einmal „der Schein der Ordnung" geblieben wäre.[337] Selbst ein Schein von Ordnung ist demnach Schmitt zufolge dem „akuten Bürgerkrieg", denn er schon seit 1930 befürchtete,[338] vorzuziehen, so lange diesem Schein eine „echte" Autorität zugrunde liegt. In diesem Sinne ist festzuhalten, dass Schmitt alle Kanzler des Präsidialsystems unterstützte.[339]

---

[331] Schmitt. *Positionen und Begriffe*, S. 187.
[332] Schmitt. *Hugo Preuss*, S. 26.
[333] Schmitt. *Positionen und Begriffe*, S. 189.
[334] Schmitt. *Der Begriff des Politischen* (1932/1963), S. 32.
[335] Schmitt. *Positionen und Begriffe*, S. 186.
[336] Schönberger, Christoph. 2003. „Staatlich und Politisch" (20–26). Der Begriff des Staats im *Begriff des Politischen*. In *Carl Schmitt. Der Begriff des Politischen. Ein kooperativer Kommentar*, hrsg. Reinhard Mehring. Berlin: Akademie Verlag, S. 21–44, hier S. 41.
[337] Schmitt. *Positionen und Begriffe*, S. 190.
[338] Schmitt. *Hugo Preuss*, S. 26.
[339] Er optierte sogar für die Pläne des Kanzlers Schleicher, in der Krisenlage von 1932 den Staatsnotstand auszurufen (vgl. Mehring. *Carl Schmitt*, S. 301).

Es gilt heute als weitgehend gesichert, dass Schmitt eine Machtübergabe an Hitler ablehnte.[340] Dennoch wurde er einer der führenden Juristen des nationalsozialistischen Regimes. Er plädierte für eine autoritäre Reform des Reiches, wobei auch seine Konzeption des totalen Staates eine Rolle spielte:

> „Er unterscheidet einen ‚quantitativ' und einen ‚qualitativ' totalen Staat: eine negative und eine positive Politisierung, die Unterscheidungen setzt und Strukturen schafft. Die Lage von 1933 betrachtet er als einen solchen offenen Wendepunkt, der vor die Aufgabe stellt, neue Strukturen und Unterscheidungen zu finden. Die Arbeit am Reichstatthaltergesetz führt ihn dann in den Nationalsozialismus."[341]

Unter den weiteren Gründen, die Mehring für Schmitts Eingemeindung in den Nationalsozialismus anführt, ist auch die Hinderung des Bürgerkriegs,[342] wobei auffällt, dass die NSDAP eine der „totalen Parteien" war, deren falschen Ansatz er gerade noch vermerkt hatte. Bei seiner Entscheidung für den Nationalsozialismus trotz dieses falschen Ansatzes spielte nicht zuletzt der geteilte Antisemitismus eine Rolle.[343]

In die Zeit, als Schmitt sich nach seinem Ruf nach Köln „der politischen Führung Adolf Hitlers"[344] andient, fällt auch die Umarbeitung des *Begriffs des Politischen* zur dritten Fassung, die noch 1933 erscheint. Nun fällt die Rede über das Zeitalter der Neutralisierungen und Entpolitisierungen weg; der Grund könnte sein, dass für Schmitt mit der Konstitution der nationalsozialistischen Herrschaft der Prozess der fortwährenden Neutralisierung beendet ist.

In der zweiten Fassung hatte Schmitt davon gesprochen, dass „die politische Einheit […], wenn sie überhaupt vorhanden ist, die maßgebende Einheit und ‚souverän'"[345] sei. In der dritten Fassung wird diese Formulierung ergänzt. Nun ist die politische Einheit „*total* und souverän", wobei der neu hinzutretende Begriff anzeigen soll, dass „erstens jede Angelegenheit potenziell politisch sein und deshalb von der politischen Entscheidung betroffen werden kann; und zweitens der Mensch in der politischen Teilnahme ganz und existenziell erfasst wird", was zusammengefasst besage: „Die Politik ist das Schicksal".[346]

---

[340] Vgl. Mehring. *Carl Schmitt*, S. 301.
[341] Mehring. *Carl Schmitt*, S. 319.
[342] Mehring. *Carl Schmitt*, S. 311.
[343] Vgl. Mehring. *Carl Schmitt*, S. 313.
[344] Schmitt. *Positionen und Begriffe*, S. 197.
[345] Schmitt. *Der Begriff des Politischen* (1932/1963), S. 39.
[346] Schmitt. *Der Begriff des Politischen* (1933), S. 21; Hervorhebung von mir/AS.

Wie wir wissen, ist Schmitts Verwendung des Begriffs „total" eng mit dem Namen Ernst Jünger verknüpft.[347] Schmitts Umarbeitung des *Begriffs des Politischen* zur dritten Fassung ist überdies mit Blick auf die Serie Heidegger–Schmitt interessant. Mehring[348] hat darauf hingewiesen, dass die dritte Fassung ein Pathos des Aufbruchs kennzeichnet, das eine Entsprechung in Heideggers Rektoratsrede hat. Dies kann bestätigt werden. Eine Analogie bildet dabei die Verwendung des Begriffs „Schicksal". Heidegger bringt ihn in Zusammenhang mit dem Begriff des „Volk[es]", von dem er sagt, es „wirk[e] an seinem Schicksal, indem es seine Geschichte in die Offenbarkeit der Übermacht aller weltbildende Mächte des menschlichen Daseins hineinstellt und sich seine geistige Welt immer neu erkämpft".[349] Schmitt, der wie gesehen nun eine Identität von „Politik" und „Schicksal" behauptet,[350] geht es allgemeiner um „politische Einheit", die mit einem „Volk" zusammenfallen kann, aber nicht muss. Wenn Heidegger in der Rektoratsrede auf das „volklich-staatliche Dasein" setzt,[351] entspricht seine Vorstellung vom Staat nicht derjenigen Schmitts von einem *totalen* Staat. Dies zeigt sich auch anhand der Denktagebücher, wo er Ende 1932 festhält, dass „weder die Unmittelbarkeit zum ‚totalen' Staat, noch die Erweckung des Volkes und die Erneuerung der Nation, erst recht nicht die Rettung der ‚Kultur' als Nachtrag zu Volk und Staat […] im Ersten und Letzten bestimmend sein"[352] könnten.

---

[347] Bentin (vgl. zum Folgenden Bentin, Lutz-Arwed. 1972. *Johannes Popitz und Carl Schmitt. Zur wirtschaftlichen Theorie des totalen Staates.* München: C. H. Beck, S. 105 f.) weist darauf hin, dass der Begriff des totalen Staates wohl zuerst von Mussolini gebraucht worden war. In Deutschland wurde die Formel mit dem Ende der parlamentarischen Demokratie und den autoritären Versuchen der Präsidialkabinette populär und wirksam. Schmitt spielte dabei eine wesentliche Rolle. Auch ist Bentin (vgl. Bentin. *Johannes Popitz und Carl Schmitt*, S. 105 f.) der Ansicht, dass Jüngers Mobilmachungsschrift für Schmitts Konzeptualisierung des totalen Staates in hohem Maße bedeutsam war – allerdings ohne systematische Nachweise zu liefern. Hingegen behauptet der Schmitt-Biograph Andreas Koenen (*vgl. Der Fall Carl Schmitt*, S. 121), dass der Einfluss von Jünger relativiert werden muss, da Schmitt auch dem katholisch-konservativen Milieu, in dem der Begriff Totalität in spezifischer Weise gebraucht wurde, nahestand. Im Rahmen der vorliegenden Arbeit wird dem Einfluss Jüngers maßgebliche Bedeutung eingeräumt. Auch in neuerer Forschungsliteratur wird auf die große Bedeutung von Jüngers Mobilmachungsschrift für Schmitt verwiesen (vgl. Bröckling. Die totale Mobilmachung, S. 103 f.).

[348] Vgl. zum Folgenden Mehring. *Carl Schmitt*, S. 323.

[349] Heidegger. *Reden und andere Zeugnisse*, S. 113.

[350] Schmitt. *Der Begriff des Politischen* (1933), S. 21.

[351] Heidegger. *Reden und andere Zeugnisse*, S. 114.

[352] Heidegger. *Überlegungen II–VI*, S. 92.

5 Schlussbetrachtung

5.1 Untergang oder neue Ordnung?

Jünger veröffentlicht im März 1933 einen seiner letzten dezidiert politischen Artikel. Der Aufsatz rückt die programmatische Frage *Untergang oder neue Ordnung?* in den Mittelpunkt.[353] Zeitdiagnostische Aussagen finden sich darin allerdings nicht. Jünger spricht zwar allgemein davon, dass die Gegenwart eine „*Umwälzung*" kennzeichne;[354] aber dieser Gedanke unterliegt der Einschränkung, dass derlei sich von allen Zeiten sagen lasse.[355] Interessanter findet Jünger die Beobachtung, dass der „Verfall einer alten und das Wachstum einer neuen Ordnung [...] in so engen Beziehungen zueinander" stünden, „daß zu ein und derselben Zeit auf der einen Seite die Symptome des Untergangs mit wissenschaftlicher Genauigkeit beschrieben werden, während auf der anderen der starke Glaube an ein neues Leben besteht".[356]

Um die Antwort auf die Frage, ob die eine oder die andere Sichtweise zutreffend ist, vorzubereiten, gibt Jünger zunächst ein Bild der Veränderungen, die die gegenwärtige Epoche kennzeichnen, wofür er neben auf der ganzen Welt geführten „Kriege[n] und Bürgerkriege[n]" auch „eine Fülle von Umwandlungen" anführt, die auf den „Gebieten der privaten Lebensführung, der Wirtschaft, der Technik und der Wissenschaft" sich vollzögen.[357] Dann entwirft er einen Katalog von „drei große[n] Vorbedingungen", die erfüllt sein müssten, damit es zur „Verwirklichung einer neuen Ordnung" kommen könne:

> „Es muß *erstens* ein neues Prinzip oder eine neue Gesetzmäßigkeit vorhanden sein, die die innere Einheit der werdenden Ordnung garantiert und ihr Maßstäbe schafft. Es muß *zweitens* ein neuer Mensch zu erkennen sein, der dieses Prinzip Durchführung bringt und es zum herrschenden erhebt. *Drittens* müssen sich neue und überlegene Formen andeuten, in denen die Tätigkeit dieses Menschenschlages zum Ausdruck kommt."[358]

---

[353] Jünger. *Politische Publizistik*, S. 642–650.
[354] Jünger. *Politische Publizistik*, S. 643.
[355] Vgl. Jünger. *Politische Publizistik*, S. 642.
[356] Jünger. *Politische Publizistik*, S. 642.
[357] Jünger. *Politische Publizistik*, S. 643 f.
[358] Jünger. *Politische Publizistik*, S. 644 f.

Diese drei Vorbedingungen expliziert Jünger in der Folge am Beispiel der französischen Revolution,[359] um dann mit Blick auf die eigene Zeit festzustellen, dass das „große und umwälzende Prinzip der Gegenwart" die „*Arbeit*" darstelle, die in „allen Einzelgebieten des Lebens"[360] nachweisbar sei. In der Figur des „*Arbeiter*[s]", da dies keine „rein wirtschaftliche, rein soziale oder auch keine rein politische Erscheinung" sei, sondern es um den „Träger eines neuen Lebensgefühls und einer neuen Lebensart" gehe, „die er auf allen Gebieten seiner Welt zum Durchbruch zu bringen sucht",[361] zeigt sich zudem ein neuer Mensch. Mit Blick auf die dritte Vorbedingung ist Jünger skeptischer; die Frage nach den neuen Formen sei weniger eindeutig zu beantworten. Jünger setzt hier auf den Staat, die „eigentliche Form aller Formen";[362] nur der Staat ist für ihn in der Lage, eine umfassende Neuordnung zu verwirklichen. Erste Anzeichen für Veränderungen in dieser Hinsicht erfasst er in Begriffen eines „Arbeitsplans":

> „Die Notwendigkeit einer autoritären Durchbildung des Staates geht schon aus der Tatsache hervor, daß jetzt auch in Deutschland der Gedanke des Arbeitsplanes das politische Denken zu beherrschen beginnt. Die Durchführung jedes großzügigen Arbeitsplanes aber setzt eine Art der staatlichen Initiative voraus, die der individuellen oder auch der gesellschaftlichen Initiative übergeordnet ist. Sie setzt also Eingriffe in jene politischen, wirtschaftlichen und sozialen Ordnungen voraus, die in einen Zustand eingemündet sind, den man als die Krise zu bezeichnen pflegt."[363]

Der Staat ist für Jünger also die Form, mit der die „Krise" der Ordnung behoben werden kann. Allerdings hält er diesen Vorgang für noch nicht abgeschlossen; dafür gelte es erst einer „Arbeitsbeschaffung in großem Stile", einer „neuartige[n] Heeresorganisation" und eines „Arbeitsdienst[es]", einer Vereinheitlichung und Steigerung der „politischen, wirtschaftlichen und technischen Systeme" und nicht zuletzt der „Ertüchtigung und Ausbildung der Jugend in einem neuen Sinne". Erst an der „[L]ös[ung]" dieser „Aufgaben" werde sich letztendlich „entscheiden, ob die große Umwälzung, in der wir uns seit langem befinden, in der Geschichte als ein Untergang oder als der Beginn einer neuen Ordnung, eines neuen Aufstiegs verzeichnet werden wird."[364]

---

[359] Vgl. Jünger. *Politische Publizistik*, S. 645.
[360] Jünger. *Politische Publizistik*, S. 646.
[361] Jünger. *Politische Publizistik*, S. 648.
[362] Jünger. *Politische Publizistik*, S. 649.
[363] Jünger. *Politische Publizistik*, S. 649.
[364] Jünger. *Politische Publizistik*, S. 650.

Gerade wegen dieses Bilds einer noch offenen Zukunft ist Jüngers Artikel als öffentliches Plädoyer zu verstehen; es geht Jünger weniger um die Klärung der Frage im Titel, als um die Wiederholung der eigenen Vorstellungen. Gegenüber den aufkommenden Nationalsozialisten bleibt er damit passiv und beobachtend.[365] Er bemühte sich auch in der Folge nicht um Kontakte mit den neuen Machthabern und stand z. B. Einladungen zu Vorträgen ablehnend gegenüber. In der Korrespondenz mit Schmitt findet sich so gut wie nichts zur neuen Lage.

Jüngers Aufsatz *Untergang oder neue Ordnung?* versammelt Leitmotive der Konstellation Heidegger–Jünger–Schmitt. Für Heidegger stellt sich das neue Regime als „neue Wirklichkeit" dar, erweckt durch den „Führer".[366] Für Schmitt ist unter der „politischen Führung Adolf Hitlers" ein „Staat der nationalen Revolution"[367] entstanden. Beide erachteten die Gegenwart weit mehr als Jünger als umfassende Neuordnung. Bemerkenswert ist in diesem Sinne der Zusammenhang von Erkenntnis und Handeln, denn „man denkt ja nicht nur anders, sondern man *handelt* auch anders, je nachdem ob man eine neue Ordnung zu erkennen glaubt oder nicht".[368] Alle drei Protagonisten nahmen die bestehende Ordnung als krisenhaft wahr und versuchten sich an einer umfassende Kritik der Verhältnisse. Den Horizont bildete dabei das Begehren, die Verfasstheit der Welt durch eigenes Handeln ändern zu können. Heideggers und Schmitts aktive Beteiligung am nationalsozialistischen Regime in den privilegierten Positionen des Rektors und des Staatsrats ist dessen deutlichster Niederschlag.

5.2 Die Konstellation Heidegger–Jünger–Schmitt

Im Mittelpunkt unserer Analyse standen drei öffentliche Personen, für die wir ein Zusammenhandeln, aber keine Arbeitsgemeinschaft oder gar eine Schulbildung festgestellt haben. Es wurden kommunikative Verdichtungen sichtbar.

Jünger und Schmitt fanden recht umstandslos einen gemeinsamen Punkt, die Ablehnung der politischen Romantik. Beide waren sich einig, dass es in ihrer Gegenwart auf politische Aktivität ankommt, im Wesentlichen zum Zweck der der Überwindung der bestehenden Ordnung, die sie als Ausdruck einer Ordnungskrise konturierten. Die liberale Demokratie wurde als Feind bestimmt. Unstimmigkeiten

---

[365] Vgl. zum Folgenden Kiesel. *Ernst Jünger*, S. 408.
[366] Heidegger. *Überlegungen II–VI*, S. 111.
[367] Schmitt. *Positionen und Begriffe*, S. 197.
[368] Jünger. *Politische Publizistik*, S. 644.

zeigten sich vor allem an beider Auseinandersetzung um Jüngers Begriff des Arbeiters. Allerdings vermuteten beide in der Technik einen Bereich, der von eminenter Bedeutung für eine künftige Ordnung sei.

Zwischen Heidegger und Jünger kam es im untersuchten Zeitraum zu keinem Austausch, der dem zwischen Jünger und Schmitt dem Umfang nach vergleichbar wäre. Aber Heidegger bezog sich äußerst affirmativ auf Jüngers Arbeiter-Essay und fand Möglichkeiten, Jüngers Überlegungen mit seinen eigenen zu verknüpfen. In diesem Sinn verstand er auch den nationalsozialistischen Staat als Arbeitsstaat. Allerdings übernahm er nur teilweise Jüngers Vorstellungen eines militärisch durchorganisierten Staatswesens, sondern orientierte sich am Gedanken einer Ständeordnung.

Die Beziehung von Heidegger und Schmitt war vom Engagement für den Nationalsozialismus geprägt. Heidegger fand in Schmitts Überlegungen zum Politischen, mit dessen Freund-Feind-Unterscheidung, eine Möglichkeit, seine eigenen Gedanken zu ordnen. In seinen Ausführungen zum Begriff des Krieges übernahm er Schmitts anti-agonale Vorstellung und grenzte sich damit auch von Jünger ab. Im Sinne dieser Politisierungstendenzen bemühte er sich um eine Kooperation im Rahmen des nationalsozialistischen Regimes. Allerdings bemerkte er beizeiten, dass seine Vorstellungen von Staatlichkeit, insbesondere der Bedeutung der Größe Volk in diesem Zusammenhang, eine Grenze zwischen seiner und Schmitts Positionen darstellte.

Bei allen Unterschieden im Detail bildete die Suche nach und das Begehren der Konstitution von eindeutigen Herrschaftsverhältnissen das Leitmotiv der Konstellation. Der Staat galt Heidegger, Jünger und Schmitt als die grundlegende Struktureinheit. In ihrer Vorstellung war dies kein liberal-demokratischer Staat, im Gegenteil: Es ging um eine Form der Staatlichkeit, die sich durch eine radikale Reduktion von Kontingenz auszeichnete. Der gewünschte Staat sollte die Grundbedingung für die Ermöglichung strikter Hierarchien schaffen, um auf diese Weise einen neuen Menschen entstehen zu lassen.

Heidegger, Jünger und Schmitt waren, ihrem jeweiligen Selbstverständnis nach, privilegierte Personen. Sie glaubten über eine Wissenskompetenz zu verfügen, die es ihnen erlaubte, die Ordnung der Ordnungskrise beschreiben zu können. In ihren Schriften hoben sie immer wieder Anzeichen für neue Ordnungen hervor. Die Deutung dieser Zeichen bestimmte ihr Handeln und Zusammenhandeln. Insofern verstanden sie sich nicht nur als eine erkenntnisfähige Elite, sondern als aufgrund ihrer jeweiligen Wissensqualitäten legitimiert, darüber zu entscheiden, wie die neue Ordnung zu gestalten sei.

Die vorliegende Untersuchung hat nicht den Anspruch einer vollständigen Aufarbeitung des Verhältnisses von Heidegger, Jünger und Schmitt. Wie deutlich geworden ist, gab es zwischen dem Philosophen, dem Stoßtruppführer und dem Staatsrechtslehrer manche Berührungspunkte; sie nahmen sich, ihre Schriften und Tätigkeiten gegenseitig wahr, und adaptierten wechselseitig Gedankenfiguren, Theoreme und Kategorien. Aus dieser Beobachtung lässt sich aber noch kein gemeinsames politisches Projekt extrapolieren, wie es beispielsweise der Begriff der Konservativen Revolution suggeriert. Dazu waren die Denkräume Heideggers, Jüngers und Schmitts zu heterogen aufgebaut, und auch die Beziehungen untereinander allzu ambivalent.

Das Beziehungsgefüge lässt sich wohl am ehesten als eine Art Kameradschaft in der Naherwartung einer kommenden Ordnung bezeichnen. Ein kooperatives Handeln im Rahmen organisationaler Strukturen wurde lediglich im Fall von Heidegger und Schmitt anvisiert; zur Realisierung kam es auch in diesem Fall nicht. Vollkommen einig war man sich dagegen in dem Bestreben, die Lage der Gegenwart bzw. deren Protagonisten intellektuell zu diskreditieren und nach neuen Ordnungsgebilden Ausschau zu halten, zu deren Protagonisten man seinerseits gehören würde.

Abschließend ist festzustellen, dass die vorliegende Untersuchung nicht mehr als ein Element einer ausstehenden umfassenden Analyse der Konstellation Heidegger–Jünger–Schmitt sein kann. So bietet der Briefwechsel zwischen Jünger und Schmitt einen umfangreichen Materialkorpus, der nach wie vor analytisch nicht ausgeschöpft ist. Gleiches gilt für die (Denk-)Tagebücher Schmitts und Heideggers. Auch liegt es nahe, den interseriellen Rahmen zu erweitern. Des Weiteren wäre der weitere Verlauf der Beziehungen im Nationalsozialismus und später in der Bundesrepublik zu untersuchen.

Literatur

Bentin, Lutz-Arwed. 1972. *Johannes Popitz und Carl Schmitt. Zur wirtschaftlichen Theorie des totalen Staates*. München: C. H. Beck.
Berggötz, Sven Olaf. 2014. Politische Publizistik 1923–1930. In *Ernst Jünger-Handbuch. Leben – Werk – Wirkung*, hrsg. Matthias Schöning u. a. Stuttgart u. a.: Metzler, S. 78–85.
Blasius, Dirk. 2008. *Weimars Ende. Bürgerkrieg und Politik 1930–1933*. Frankfurt a.M.: Fischer.
Bohrer, Karl Heinz. 1983. *Die Ästhetik des Schreckens. Die pessimistische Romantik und Ernst Jüngers Frühwerk*. Frankfurt a.M. u. a.: Ullstein.
Bohrer, Karl Heinz. 1989. *Die Kritik der Romantik. Der Verdacht der Philosophie gegen die literarische Moderne*. Frankfurt a.M.: Suhrkamp.
Bourdieu, Pierre. 1988. *Die politische Ontologie Martin Heideggers*. Frankfurt a.M.: Suhrkamp.
Breuer, Stefan. 1995. *Anatomie der Konservativen Revolution*. Darmstadt: Wissenschaftliche Buchgesellschaft.

Bröckling, Ulrich. 2014. Die totale Mobilmachung (1930). In *Ernst Jünger-Handbuch. Leben – Werk – Wirkung*, hrsg. Matthias Schöning u. a. Stuttgart u. a.: Metzler, S. 100–104.
Brokoff, Jürgen. 2014. Der Arbeiter. Herrschaft und Gestalt (1932). In *Ernst Jünger-Handbuch. Leben – Werk – Wirkung*, hrsg. Matthias Schöning u. a. Stuttgart u. a.: Metzler, S. 105–116.
Christians, Heiko. 2014. Hugo Fischer. In *Ernst Jünger-Handbuch. Leben – Werk – Wirkung*, hrsg. Matthias Schöning u. a. Stuttgart u. a.: Metzler, S. 358–367.
Franzmann, Andreas. 2004. *Der Intellektuelle als Protagonist der Öffentlichkeit. Krise und Räsonnement in der Affäre Dreyfus*. Frankfurt a.M.: Humanities Online.
Fischer, Hugo. 1931. *Nietzsche Apostata oder Die Philosophie des Ärgernisses*. Erfurt: Stenger.
Figal, Günter. 2011. Gestalt und Gestaltwandel. Morphologie bei Ernst Jünger und Goethe. In *Natur. Jünger-Studien. Bd. 5.*, hrsg. Günter Figal und Georg Knapp. Tübingen: Attempto Verlag, S. 8–20.
Figal, Günter. 2012. Am Rande der Philosophie. Martin Heidegger liest Ernst Jünger. In *Heidegger und die Literatur*, hrsg. Günter Figal und Ulrich Raulff. Frankfurt a.M.: Klostermann, S. 93–105.
Gnoli, Antonio, Volpi, Franco, und Jünger, Ernst. 2002. *Die kommenden Titanen*. Wien u. a.: Karolinger.
Grosser, Florian. 2011. *Revolution denken. Heidegger und das Politische 1919 bis 1969.* München: C.H. Beck.
Großheim, Michael. 2014. Kampf/Krieg. In *Ernst Jünger-Handbuch. Leben – Werk – Wirkung*, hrsg. Matthias Schöning u. a. Stuttgart u. a.: Metzler, S. 328–334.
Heidegger, Martin. 1992. *Die Grundbegriffe der Metaphysik. Welt–Endlichkeit–Einsamkeit*. Frankfurt a.M.: Klostermann.
Heidegger, Martin. 2000. *Reden und andere Zeugnisse eines Lebensweges 1910–1976*. Frankfurt a.M.: Klostermann.
Heidegger, Martin. 2001. *Sein und Wahrheit*. Frankfurt a.M.: Klostermann.
Heidegger, Martin. 2004. *Zu Ernst Jünger*. Frankfurt a.M.: Klostermann.
Heidegger, Martin. 2006. *Sein und Zeit*. Tübingen: Niemeyer.
Heidegger, Martin. 2009. Über Wesen und Begriff von Natur, Geschichte und Staat. In *Heidegger-Jahrbuch* 4. Freiburg u. a.: Karl Alber, S. 53–88.
Heidegger, Martin. 2014. *Überlegungen II–VI (Schwarze Hefte 1931–1938)*. Frankfurt a.M.: Klostermann.
Heraklit. 1995. *Fragmente. Griechisch und Deutsch*. Zürich: Artemis.
Jünger, Ernst. 1979. Das abenteuerliche Herz. Aufzeichnungen bei Tag und Nacht. In *Sämtliche Werke Bd. 9*. Stuttgart: Klett-Cotta, S. 31–176.
Jünger, Ernst. 1981. Der Arbeiter. Herrschaft und Gestalt. In *Sämtliche Werke Bd. 8*. Stuttgart: Klett-Cotta, S. 9–317.
Jünger, Ernst. 2001. *Politische Publizistik 1919–1933*. Stuttgart: Klett-Cotta.
Jünger, Ernst, und Schmitt, Carl. 2012. *Briefe 1930–1983*. Stuttgart: Klett-Cotta.
Kiesel, Helmuth. 2007. *Ernst Jünger. Die Biographie*. München: Siedler.
Koenen, Andreas. 1995. *Der Fall Carl Schmitt. Sein Aufstieg zum „Kronjuristen des Dritten Reiches"*. Darmstadt: Wissenschaftliche Buchgesellschaft.
Kolb, Eberhard, und Schumann, Dirk. 2013. *Die Weimarer Republik*. München: Oldenbourg Wissenschaftsverlag.

Krockow, Christian Graf von. 1990. *Die Entscheidung. Eine Untersuchung über Ernst Jünger, Carl Schmitt, Martin Heidegger.* Frankfurt a.M.: Campus.
Mehring, Reinhard. 2009. *Carl Schmitt. Aufstieg und Fall.* München: C.H. Beck.
Mehring, Reinhard. 2014. *Kriegstechniker des Begriffs. Biographische Studien zu Carl Schmitt.* Tübingen: Mohr Siebeck.
Meier, Heinrich. 1998. *Carl Schmitt, Leo Strauss und „Der Begriff des Politischen". Zu einem Dialog unter Abwesenden.* Stuttgart u. a.: Metzler.
Morat, Daniel. 2007. *Von der Tat zur Gelassenheit. Konservatives Denken bei Martin Heidegger, Ernst Jünger und Friedrich Georg Jünger 1920–1960.* Göttingen: Wallstein.
Oevermann, Ulrich. 2001. Der Intellektuelle – Soziologische Strukturbestimmung des Komplementär von Öffentlichkeit. In *Die Macht des Geistes. Soziologische Fallanalysen zum Strukturtyp des Intellektuellen,* hrsg. Andreas Franzmann, Sascha Liebermann und Jörg Tykwer. Frankfurt a.M.: Humanities Online, S. 13–75.
Pauly, Walter. 2014. Carl Schmitts Kritik der romantischen Freiheit. In *Romantik und Freiheit. Wechselspiele zwischen Ästhetik und Politik,* hrsg. Michael Dreyer und Klaus Ries. Heidelberg: Universitätsverlag Winter, S. 261–280.
Pöggeler, Otto. 1990. *Der Denkweg Martin Heideggers.* Pfullingen: Neske.
Quaritsch, Helmut. 1995. *Positionen und Begriffe Carl Schmitts.* Berlin: Duncker und Humblot.
Safranski, Rüdiger. 2001. *Ein Meister aus Deutschland. Heidegger und seine Zeit.* Frankfurt a.M.: Fischer.
Schönberger, Christoph. 2003. „Staatlich und Politisch" (20–26). Der Begriff des Staats im *Begriff des Politischen.* In *Carl Schmitt. Der Begriff des Politischen. Ein kooperativer Kommentar,* hrsg. Reinhard Mehring. Berlin: Akademie Verlag, S. 21–44.
Schmitt, Carl. 1925. *Politische Romantik.* München u. a.: Duncker und Humblot.
Schmitt, Carl. 1929. Die europäische Kultur in Zwischenstadien der Neutralisierung. In *Europäische Revue* 5. Jahrgang (Heft 8), S. 517–530.
Schmitt, Carl. 1930. *Hugo Preuss. Sein Staatsbegriff und seine Stellung in der deutschen Staatslehre.* Tübingen: Mohr.
Schmitt, Carl. 1932/1963. *Der Begriff des Politischen.* Berlin: Duncker und Humblot.
Schmitt, Carl. 1933. *Der Begriff des Politischen.* Hamburg: Hanseatische Verlagsanstalt.
Schmitt, Carl. 1940. *Positionen und Begriffe im Kampf mit Weimar-Genf-Versailles 1923–1939.* Hamburg: Hanseatische Verlagsanstalt.
Schmitt, Carl. 1961. *Die geistesgeschichtliche Lage des heutigen Parlamentarismus.* Berlin: Duncker und Humblot.
Schmitt, Carl. 1965. *Verfassungslehre.* Berlin: Duncker und Humblot.
Schmitt, Carl. 1996. *Politische Theologie. Vier Kapitel zur Lehre von der Souveränität.* Berlin: Duncker und Humblot.
Schmitt, Carl. 2005. *Frieden oder Pazifismus? Arbeiten zum Völkerrecht und zur internationalen Politik 1924–1978.* Berlin: Duncker und Humblot.
Schmitt, Carl. 2010. *Tagebücher 1930–1934.* Berlin: Akademie Verlag.
Schmitt, Carl. 2018. *Der Begriff des Politischen. Synoptische Darstellung der Texte.* Berlin: Duncker und Humblot.
Schumann, Dirk. 2001. *Politische Gewalt in der Weimarer Republik 1918–1933. Kampf um die Straße und Furcht vor dem Bürgerkrieg.* Essen: Klartext Verlag.
Schwilk, Heimo. 2007. *Ernst Jünger. Ein Jahrhundertleben. Die Biographie.* München: Piper.

Simonis, Annette. 2014. Gestalt. In *Ernst Jünger-Handbuch. Leben – Werk – Wirkung*, hrsg. Matthias Schöning u. a. Stuttgart u. a.: Metzler, S. 325–327.
Tielke, Martin. 2007. *Der stille Bürgerkrieg. Ernst Jünger und Carl Schmitt im dritten Reich.* Berlin: Landt Verlag.
Tommissen, Piet. 1996. Neue Bausteine zu einer wissenschaftlichen Biographie Carl Schmitts. In *Schmittiana. Beiträge zu Leben und Werk Carl Schmitts. Bd. V.* Berlin: Duncker und Humblot, S. 151–223.
Trawny, Peter. 2009. *Die Autorität des Zeugen. Ernst Jüngers politisches Werk.* Berlin: Matthes und Seitz.
Villinger, Ingeborg. 2014. Briefwechsel mit Carl Schmitt. In *Ernst Jünger-Handbuch. Leben – Werk – Wirkung*, hrsg. Matthias Schöning u. a. Stuttgart u. a.: Metzler, S. 293–297.

‚Welten' des Staates

Zur Systematik der Rechtfertigungsmuster von Staatlichkeit im 20. Jahrhundert

Jan Winkelhaus

1 Einleitung

Diese Untersuchung beabsichtigt eine *soziologische* Perspektive auf den Gegenstand der *Staatlichkeit* zu entwickeln. Ich möchte zeigen, dass sich ein soziologischer Zugang zur Staatlichkeit über die Gedankenfigur des *Rechtfertigungsmusters* organisieren lässt und die Möglichkeit der Identifizierung einer *Systematik von Rechtfertigungsmustern* mittels einer *transseriellen Konstellationsanalyse* das Projekt einer *Soziologie des Geistes* stützt. Ziel der transseriellen Analyse liegt im *Vergleich* des Sinngehalts unterschiedlicher kommunikativer Serien, die hier unter Gesichtspunkten ihrer politisch-philosophischen Qualität geprüft werden. Dies werde ich exemplarisch für einige Denkbewegungen von Staatsrechtslehrern des *20. Jahrhunderts* ausarbeiten.

Zu Systematisierungszwecken kann auf die Theorie der Rechtfertigung zurückgegriffen werden, wie sie von Luc Boltanski und Laurent Thévenot in *De la justification* (im frz. Original erstmals 1991) entwickelt wurde. Die Autoren gehen davon aus, dass sich im Austausch über das Gemeinwesen ein Vorgang

J. Winkelhaus (✉)
Institut für Soziologie, Goethe-Universität Frankfurt am Main,
Frankfurt am Main, Deutschland

vollzieht, der wesentlich durch Einigung und Kritik geprägt,[1] dessen Gelingen jedoch von besonderer Bedeutung ist.[2] Die Figur der Rechtfertigung bestimmt sich aus diesem Anliegen. In einer Hermeneutik klassischer Texte der politischen Philosophie zeigen Boltanski und Thévenot, dass sich eine Theorie des Gemeinwesens anhand einer konstanten axiomatischen Struktur rekonstruieren lässt.[3] In dieser axiomatischen Struktur finden sie ein universales Muster der Rechtfertigung kondensiert. So stellen sie weiterhin dar, dass sich ein minimaler innerer Zusammenhang dieser Axiome konstituiere, will die Rechtfertigung *sozialen* Legitimitätskriterien Genüge tragen, was die Grundvoraussetzung ihrer *Geltung* darstellt.[4] Erst durch ein Mindestmaß an Kohärenz werden Rechtfertigungen zu „selbst genügenden [...] Konstellationen" von Axiomen.[5] Nicht nur aus diesem Grund sprechen sie von ‚Welten' der Rechtfertigung. So verdeutlicht der Begriff zum einen den *systematischen* Charakter eines Rechtfertigungs*musters;* andererseits, und hier übersteigt der Bedeutungsgehalt des Begriffes der ‚Welt' denjenigen des ‚Musters' oder der ‚Ordnung', verweist er auf dieses wesentliche, soziale Moment, das sich in der Charakteristik des *potenziell Teilbaren* einer ‚Welt' mit anderen Mitgliedern der verbandlichen Ordnung bestimmt und das im Begriff der *Geltung* impliziert ist:[6] Austausch inbegriffen und setzt voraus die Möglichkeit zur Einigung.[7] Für die Soziologie des Geistes wurde diese potenzielle Teilbarkeit einer ‚Welt' in dem Begriff der *korrespondierenden Größen* markiert, die sich wiederum zu *Denkräumen* verdichten lassen, dergestalt sich auch die Konstellationsanalyse *mittelbar* mit Ordnungen beschäftigt. Dabei geht es der Soziologie des Geistes vor allem darum, Übergänge und Brüche von Ordnungen kenntlich zu machen.[8]

In diesem Band wurde die axiomatische Struktur der Rechtfertigung eines Gemeinwesens, wie sie Boltanski und Thévenot ausführen, bereits dargestellt und ebenso ausgeführt, inwiefern sich ihr Anliegen mit demjenigen der Soziologie des

---

[1] Vgl. Boltanski, Luc, und Thévenot, Laurent. 2007. *Über die Rechtfertigung. Eine Soziologie der kritischen Urteilskraft.* Hamburg: Hamburger Edition, S. 53.
[2] Vgl. Boltanski und Thévenot. *Über die Rechtfertigung*, S. 60.
[3] Vgl. Boltanski und Thévenot. *Über die Rechtfertigung*, S. 108 ff.
[4] Vgl. Boltanski und Thévenot. *Über die Rechtfertigung*, S. 182 ff. und 65 ff.
[5] Vgl. Boltanski und Thévenot. *Über die Rechtfertigung*, S. 65 und 106.
[6] Vgl. Boltanski und Thévenot. *Über die Rechtfertigung*, S. 64 und 182 ff.
[7] Vgl. Boltanski und Thévenot. *Über die Rechtfertigung*, S. 54.
[8] Vgl. Gostmann, Peter, und Ivanova, Alexandra. 2019. Glossar zur Soziologie des Geistes. In diesem Band. S. 461 f.

Geistes unter methodologischen Gesichtspunkten vermitteln lässt.[9] Da das Modell von Boltanski und Thévenot jedoch folgend zu Zwecken der Systematisierung des politisch-philosophischen Gehaltes der Materialien und im Dienste ihres Vergleichs im Rahmen einer transseriellen Analyse eine zentrale Rolle spielt, soll es noch einmal in seiner basalsten Form abgebildet und für alles Weitere aus Gründen der Sparsamkeit auf die entsprechenden Ausführungen in diesem Band verwiesen werden. Boltanski und Thévenot haben sechs Axiome identifiziert, die sich zu einer ‚Welt' verdichten lassen:[10]

Axiom 1 (a1). Politische Metaphysik (Äquivalenzrelation): Identifikation aller Personen, die imstande sind, sich zu einigen (Mitglieder des Gemeinwesens).

Axiom 2 (a2). Politische Repräsentation (Relation der Verschiedenheit): Organisation der zulässigen Formen der *Rechtfertigung* von Handlungen und von *Prüfverfahren* (Bestimmung der für das Gemeinwesen repräsentativen Merkmalszustände).

Axiom 3 (a3). Soziale Dynamik: Nivellierung der Zugangschancen zu allen repräsentativen Merkmalszuständen (gemeinsame Würde der Mitglieder des Gemeinwesens).

Axiom 4 (a4). Politische Hierarchisierung: Begründung einer Werteskala der Güter (Rangordnung der repräsentativen Merkmalszustände).

Axiom 5 (a5). Gerichtete (politisch-ökonomische) Dynamik: Definition des *Investitionsmodus* (Bestimmung der Korrespondenzen zwischen *Rängen* und *Verzichtsleistungen*).

Axiom 6 (a6). Politische Metaphysik II (übergeordnetes gemeinsames Prinzip): Identifizierung der *Güter* und *Vorteile* als Elemente *eines* Gemeinwohls (Bild eines allen Mitgliedern des Gemeinwesens eigenen Vermögens, das persönliche Verhalten auf das Gemeinwohl hin auszurichten).

Fallauswahl. Da der Blick auf die deutschsprachige Öffentlichkeit für das 20. Jahrhundert fokussiert werden soll, möchte ich den Begriff des Gemeinwesens von Boltanski und Thévenot durch denjenigen des ‚Staates' ersetzen und über diesen

---

[9] Vgl. Gostmann, Peter, und Winkelhaus, Jan. 2019. Die Frage der Rechtfertigung (am Beispiel der Theokratie). Das Boltanski-Thévenot-Modell und die Soziologie des Geistes. In diesem Band.

[10] In meiner Untersuchung werde ich aus Gründen der Übersichtlichkeit nur mit den Axiomen (a1 bis a6) arbeiten und auf die zusätzliche Ausweisung der logischen Ebenen (H1 bis H4) verzichten, wie sie an anderer Stelle in diesem Band aus Gründen der Veranschaulichung dargestellt wurden (vgl. Gostmann und Winkelhaus. Die Frage der Rechtfertigung, S. 69–74). Gleichwohl werde ich die dahinterstehende Idee einer stufenförmigen Komplexierung einer ‚Welt' berücksichtigen.

Begriff die Verbundenheit des Materials in semantischer Hinsicht gewährleisten.[11] Weiterhin gehe ich davon aus – dabei an den Argumentationsgang von Boltanski und Thévenot anschließend[12] –, dass einige Mitglieder des Gemeinwesens eine höhere Komplexität in der Erkenntnis zum Wesen der sie umgebenden Wirklichkeit ersuchen. Das heißt, es wird erwartet, dass sich *einige* Antworten auf das Problem der Ordnung des Gemeinwesens komplexer gestalten als andere. So gehe ich auch davon aus, dass die ‚Welten' der Rechtfertigung (von Staatlichkeit) idealtypisch für bestimmte Denkräume explizit gemacht werden können; auch, da aufgrund der inneren Konstitution des Gegenstandes der Antworten nicht unzählige, wenn auch vielfältige zu erwarten sind.[13] Die getroffene Fallauswahl zielt in ihrer Zusammenstellung daher auf die Abbildung möglichst origineller ‚Welten'. Sie orientierte sich dabei an den Maßgaben der Zusammenstellung, wie sie die Grounded Theory postuliert; vor allem am Prinzip maximaler Kontrastierung.[14] Grundsätzlich wurde angenommen, dass als erstes Sichtungsmaterial solche Fälle in Betracht gezogen werden durften, die heute noch als Theorien staatlicher Ordnung von herausragender Bedeutung tradiert sind. Die ‚Überlieferung' bürgt für den minimalen Grad der Bedeutsamkeit in Hinsicht auf ihre entfaltende Gestaltungsmacht.[15] Mit Boltanski/ Thévenot kann etwa davon ausgegangen werden, „dass die abstrakten und systematischen Lösungen [des Problems der Ordnungskonstruktion, Anm. J.W.]" dieser tradierten Denker „eine Entsprechung in den Alltagslösungen […] haben".[16] Die zu behandelnden Autoren lauten in der Reihenfolge der Darstellung, in der sie auftreten werden: Otto von Gierke, Hans Kelsen, Carl Schmitt sowie Ernst-Wolfgang Böckenförde. Dass sie allesamt dem intellektuellen Feld der Staatsrechtslehrer zuzuordnen sind, wurde zuvor nicht als Auswahlkriterium gesetzt (mag jedoch Aussagen treffen über die besondere Konstitution dieses Feldes in der ersten Hälfte des 20. Jahrhunderts).

Das folgend herangezogene Untersuchungsmaterial ist aus diesem Umstand heraus bereits Gegenstand ausgiebiger Forschung gewesen. Auch um die Reproduktion

---

[11] Vgl. Gostmann, Peter. 2016. *Einführung in die soziologische Konstellationsanalyse*. Wiesbaden: Springer VS, S. 49.

[12] Vgl. Boltanski und Thévenot. *Über die Rechtfertigung*, S. 95 f.

[13] Vgl. Oevermann, Ulrich. 2016. „Krise und Routine" als analytisches Paradigma in den Sozialwissenschaften. In *Die Methodenschule der Objektiven Hermeneutik*, hrsg. Roland Becker-Lenz et al. Wiesbaden: Springer VS, S. 43–114, hier S. 66 f.

[14] Vgl. ausführlich Glaser, Barney, und Strauss, Anselm. 2005. Grounded Theory. Strategien qualitativer Forschung. Bern: Huber, S. 111 ff.

[15] Vgl. Gostmann. *Einführung in die soziologische Konstellationsanalyse*, S. 6 f.

[16] Boltanski und Thévenot. *Über die Rechtfertigung*, S. 95.

der im Laufe der Zeit sedimentierten, daher mitunter verkürzten, Ansichten zu bestimmten Denkräumen zu vermeiden, ist es notwendig, sich nicht auf die Deutungen der Sekundärliteratur zu verlassen, sondern eine eigene hermeneutische Analyse zentraler Texte zu unternehmen. Auf der Grundlage des von Boltanski und Thévenot erarbeiteten Modells können die unterschiedlichen Antworten auf das Problem der Staatlichkeit hin systematisiert werden, wodurch sie dem Vergleich zugänglich werden. In den ersten Textdeutungen soll zum besseren Verständnis von Methode und Methodologie anteilig stärker ‚moderiert' werden. So sich im Fortlaufen ein intuitiveres Verständnis der Vorgehensweise und auch der inhaltlichen Gedankenfiguren beim Leser einstellt, wird auf solche ‚Moderationsarbeit' verzichtet werden.

2 Otto von Gierke: Die ‚Welt' der Verbände und ihre Rechtfertigung

Ich möchte meine Untersuchung mit Otto von Gierke beginnen. Gierke wurde 1841 geboren, wobei sich sein akademisches Wirken in das 20. Jahrhundert hinein erstreckt.[17] Er habilitierte sich im Jahre 1867 bei Georg Beseler, einem ehemaligen Mitglied der Nationalversammlung in der Paulskirche. Hierauf folgte er Rufen nach Breslau, Heidelberg und Berlin, wo er ab 1902 die Stellung des Rektors innehielt. In Berlin tritt Gierke mit Äußerungen vor die breitere Öffentlichkeit. Seine Auftritte *coram publico* gruppieren sich dabei vornehmlich, thematisch wie zeitlich, um zwei Ereignisse: Seiner Ernennung zum Rektor der Berliner Universität sowie der Veröffentlichung des ersten Entwurfs zum Bürgerlichen Gesetzbuch (BGB).

Der Entwurf des BGB geht auf die Regierungszeit des Reichskanzlers Hohenlohe-Schillingsfürst zurück, in dessen Amtszeit sich darum bemüht wurde, das regionale Recht auf Reichsebene zu vereinheitlichen. Es wurde die Erarbeitung eines umfassenden Gesetzbuches für das Privatrecht angestrebt. Die Kommission wurde mit den Professoren Bernhard Windscheid und Paul von Roth besetzt. Gierke, der damals als einer der führenden Zivilrechtswissenschaftler zählte,

---

[17] So zählt zu seinen bedeutendsten Schülern Hugo Preuß, der als maßgebend für die Weimarer Reichsverfassung gilt (vgl. Oexle, Otto Gerhard. 1988. Otto von Gierkes ‚Rechtsgeschichte der deutschen Genossenschaft'. In *Deutsche Geschichtswissenschaft um 1900*, hrsg. Notker Hammerstein. Stuttgart: Franz Steiner Verlag, S. 193–217, hier S. 209; Kleinheyer, Gerd, und Schröder, Jan. 1989. *Deutsche Juristen aus fünf Jahrhunderten. Eine biographische Einführung in die Geschichte der Rechtswissenschaften*. Heidelberg: C.F. Müller, S. 212).

wirkte selbst nicht an der Kodifizierung mit.[18] 1889 legt er jedoch eine umfassende Studie zum deutschen Privatrecht vor und kommentiert hier auch den Entwurf des BGB:

> „Wird dieser Entwurf nicht in diesem oder jenem wohlgelungenen Detail, sondern als Ganzes betrachtet, wird er auf Herz und Nieren geprüft und nach dem Geiste befragt, der in ihm lebt, so mag er manche lobenswerte Eigenschaft offenbaren. Nur ist er nicht deutsch, nur ist er nicht volkstümlich, nur ist er nicht schöpferisch – und der sittliche und sociale Beruf einer neuen Privatrechtsordnung scheint in seinen Horizont überhaupt nicht eingetreten zu sein! [...] Der eine Neuordnung des Privatrechts unternimmt, ohne zu begreifen, daß er hiermit eine sociale That vollziehen, daß er ein gutes Stück der Verantwortung für die künftige Gestaltung der sittlichen und wirtschaftlichen Zustände auf sich laden soll – und dies in einem Zeitalter, in welchem den gesellschaftlichen Körper eine innere Bewegung durchhebt, deren Fortgang über Sein oder Nichtsein unserer Kultur entscheiden mag!"[19]

Dieser Auszug gibt bereits umfassenden Aufschluss über Gierkes Ordnungsdenken. Hierzu möchte ich eine hermeneutische Deutung unternehmen. Aus Darstellungsgründen beginne ich mit einer, wie ich zeigen möchte, zentralen Gedankenfigur Gierkes.

Gierke spricht im letzten Satz vom „gesellschaftliche[n] Körper". Diese Formulierung nimmt eine Schlüsselstellung ein, verdichtet sich hierin doch das ganze Denkbild, das Gierkes Kritik anleitet. Der „Körper" ist grundsätzlich eine biologische Kategorie. Ein „Körper" ist ein komplexes Ganzes und äußerlich eine Einheit. Assoziativ zum Begriff des „Körper[s]" fügen sich die im ersten Satz des Auszuges verwendeten Begrifflichkeiten „Herz" und „Nieren". Obgleich der Ausspruch „auf Herz und Nieren prüfen" keine Neuschöpfung Gierkes ist, sondern als Redewendung schon in der Bibel auftaucht (Psalm 7, 10), ist die Referenz zum „Körper" offensichtlich; sie ergänzen die Metaphorik. Sie benennen zwei Elemente, Organe, die als Teile des Körpers identifizierbar sind. Die Organe attribuieren den Körper und definieren ihn als ein *organisches* Gebilde. Wenngleich mit „Körper" grundsätzlich noch mehr bezeichnet sein könnte, besteht zu diesem Zeitpunkt jedoch kein Anlass, ihn als etwas anderes zu deuten, als ein solches organisches Gebilde.

Von Interesse ist ein genauerer Blick auf die bezeichneten Organe. Das „Herz" nimmt eine zentrale Rolle im Körper ein. Es ist mitunter Symbol für das ‚Leben' schlechthin. Ein Herz ist singulär. Ein Herz übernimmt die Versorgungsfunktion

---

[18] Vgl. Schlosser, Hans. 2012. *Neuere Europäische Rechtsgeschichte. Privat- und Strafrecht vom Mittelalter bis zur Moderne*. München: C.H. Beck, S. 284.

[19] Gierke, Otto von. 1889. *Der Entwurf eines bürgerlichen Gesetzbuchs und das deutsche Recht*. Leipzig: Duncker & Humblot, S. 2 ff.

für die restlichen Organe, indem es Blut durch den Körper führt. Es ist ein rhythmisch arbeitender Muskel. Ohne Herz wäre kein Körper. Die „Nieren" sind im Wesentlichen für die Ausscheidung von Endprodukten des Stoffwechsels verantwortlich bzw. für die Reabsorption von Nährstoffen. „Nieren" existieren zweifach im Körper. In der Regel teilen sie ihre Ausführung. Insofern kommt ihnen eine Balancierungsfunktion für den Körper zu, die sich auch im Bild der Zweigliedrigkeit wiederfindet. Die grundlegende Feststellung ist also die: Im obigen Auszug kann der Körper als ein organischer Zusammenhang gedeutet werden. Dann ist mit dem Körper ein Ganzes bezeichnet, dessen Teile für das Ganze eine Funktion übernehmen. Das Ganze könnte nicht ohne die Teile sein, doch auch die Teile erhalten ihren Sinn nur hinsichtlich ihrer Funktion für das Ganze. Teile und Ganzes sind nur in der Vermittlung begreifbar. Mit der Referenz auf „Herz" und „Nieren" als Teile des Körpers werden mittelbar die Nährstoffversorgungsfunktion sowie die Ausscheidungsfunktion hervorgehoben und damit auf die Eigenschaften der ‚Lebendigkeit' und der ‚Reinheit' verwiesen.

Stehen diese Begrifflichkeiten in einem semantischen Zusammenhang organischer Terminologie, so sind sie jedoch in grammatikalischer Hinsicht voneinander getrennt und formulieren je eigene Sinnzusammenhänge. Der Körper wurde als „gesellschaftliche[r] Körper" spezifiziert, was bislang unbeachtet blieb. Die Wendung „auf Herz und Nieren geprüft" bezieht sich dagegen auf den Entwurf des BGB. Auf diese Weise wird auch das „[G]esellschaftliche" mit dem BGB-Entwurf über die Körpermetapher vermittelt. Dabei ist der Bezug des „auf Herz und Nieren prüf[en]" auf das BGB offensichtlicher. Die beiden Begriffe, „Herz" und „Nieren", die Lebendigkeit und Reinheit signieren, sind über das Verb ‚prüfen' auf das BGB gerichtet. Das BGB steht in einer passivischen Konstruktion. „Herz" und „Nieren" sind so als Kriterien oder Indikatoren eines Prüfvorganges operationalisiert, hinsichtlich derer eine Bewertung stattfinden kann, und verweisen das BGB mittelbar auf den Körper. Dieser Zusammenhang kann jedoch noch nicht differenzierter dargestellt werden.

Es soll also zunächst dem Hinweis auf den „gesellschaftlichen Körper" nachgegangen werden. Der „Körper" evoziert ein präzises Bild von der ‚Gesellschaft', das so nicht aus ihrem Begriff selbst herzuleiten ist. Der Begriff der ‚Gesellschaft' markiert zuvorderst eine Vielheit. Die implizite Heterogenität operationalisiert sie lediglich in der Einheit des Begriffes, ohne dass diese Einheit stofflich würde. Der „Körper" gibt der Gesellschaft jedoch eine Gestalt. Der Begriff hält dazu an, im Sinne der bereits ausgedeuteten organischen Funktionsweise, die abstrakte Vielheit in ein konkretes Ordnungsgefüge zu übertragen. Wendet man also die Körpermetapher, wie sie gedeutet wurde, auf den Begriff der Gesellschaft an, so formiert sich diese „Gesellschaft" als ein Ganzes, das durch die miteinander verbundenen Teile entsteht. Die einzelnen Teile der Gesellschaft sind verschieden. Es wurde weiterhin festgestellt, dass die Elemente eine bestimmte Funktion für das Ganze übernehmen, und dass sie entsprechend ihrer Funktion auf das Ganze zugeordnet sind. Wichtiger noch ist, dass die einzelnen Teile nur aufgrund des Ganzen sinnhaft werden. Auch dies stellt eine Konkretisierung gegenüber dem diffusen Gesellschaftsbegriff dar.

Auffällig ist auch, dass das Gesellschaftliche begrifflich auf den Körper bezogen ist. Es ist nicht etwa von einer körperlichen Gesellschaft die Rede, sondern von einem „gesellschaftlichen Körper". Der Körper hat den Vorrang vor dem ihn attributierenden Gesellschaftlichen. Zu beachten ist die strukturelle Verschiedenheit der Begriffe ‚Gesellschaft' und ‚Körper'. Beide signieren prinzipiell ein Ganzes. Die Gesellschaft markiert dieses Ganze jedoch durch Referenz auf die reine Vielheit, der Körper ordnet die Teile zugunsten des Ganzen und beschreibt damit eine Einheit, die als Gegenteil der Vielheit zu verstehen ist. Durch die Reihenfolge der Begrifflichkeiten wird das durch die Vielheit definierte Ganze, Gesellschaft, zu den durch die Einheit konstituierten Teilen, folglich: dem Körper, umgedeutet.

Neben dieser Prädisposition des Gierkeschen Ordnungsdenkens durch die Gedankenfigur des „gesellschaftlichen Körpers" markiert diese zugleich einen spezifischen sozial-historischen Kontext. Die ‚Soziologie' als Wissenschaft vom Gesellschaftlichen existiert 1889 in Deutschland nicht als in Hochschulen institutionalisierte Disziplin. Insofern ist beim Verweis auf das Gesellschaftliche aufzumerken. Belegt ist, dass Gierke ein erster Rezipient Diltheys war.[20] Dabei ist nicht relevant, ob und

---

[20] Vgl. Dilcher, Gerhard. 1986. Zur Geschichte und Aufgabe des Begriffs Genossenschaft. In *Recht, Gericht, Genossenschaft und Policey. Studien zu Grundbegriffen der germanistischen Rechtstheorie. Symposion für Adalbert Erler*, hrsg. Gerhard Dilcher und Bernhard Diestelkamp. Berlin: Erich Schmidt, S. 114–123, hier S. 117 ff. 1884 erscheint bereits eine Rezension zu Diltheys „Einleitung in die Geisteswissenschaften". Sie ist forthin in der Dilthey-Forschung präsent (vgl. Hebeisen, Michael Walter. 2004. *Recht und Staat als Objektivationen des Geistes. Eine Grundlegung von Jurisprudenz und Staatslehre als Geisteswissenschaft, Teilband 3*. Biel und Bienne: Schweizerischer Wissenschafts- und Universitätsverlag, S. 420). Gierke hatte zudem schon zu Beginn der 1870er-Jahre einige Gedankenfiguren des „Historismus" ausgearbeitet, die bei Dilthey dann jedoch pointierter auftauchen, wie Janssen zeigt (vgl. Janssen, Albert. 1974. *Otto von Gierkes Methode der geschichtlichen Rechtswissenschaft. Studien zu den Wegen und Formen seines juristischen Denkens*. Göttingen: Muster-Schmidt, S. 270 ff.). Die gegenseitige Auseinandersetzung hat sich darüber hinaus seit dem Jahre 1872 auch persönlich vertieft; ein „häufiger Umgang" zwischen Gierke und Dilthey an der Breslauer Universität sei bezeugt (Janssen. *Otto von Gierkes Methode*, S. 31). Zudem rezipiert auch Dilthey in seiner „Einleitung" mehrmals Gierkes Genossenschaftslehre (vgl. Dilthey, Wilhelm. 1883. *Einleitung in die Geisteswissenschaften. Versuch einer Grundlegung für das Studium der Gesellschaft und der Geschichte. Bd. 1*. Leipzig: Duncker & Humblot, S. 115, 462 und 466), was diese These stützt.

welche Gedankenfiguren von Dilthey bei Gierke auftauchen. Der Umstand ist deshalb interessant, als dass er andeutet, dass Gierke die wissenschaftstheoretischen und -politischen Debatten seiner Zeit wahrnimmt. Vor diesem Hintergrund muss die Begriffsverwendung des „[G]esellschaftlichen" ernst genommen werden. Die Rede vom „[G]esellschaftlichen" weist über die Grenzen des damaligen rechtswissenschaftlichen Denkraumes hinaus. Sie deutet Gierkes Denkposition an, die in zweierlei Hinsicht skizziert werden muss: Einmal kann sie räumlich als ‚Absetzen' oder ‚Abgrenzen' aus einem Feld des ‚Etablierten' gefasst werden. Zum anderen distinguiert sich Gierke damit, ‚auf der Höhe der Zeit' zu sein. Dass sich Gierke diese Position des ‚Wissenden' selbst einräumt, kann am Material belegt werden.

Von Bedeutung ist in diesem Zusammenhang die Konstitution der Zeit, oder genauer: der Geschichtlichkeit im Zitat. Dies ist im Wesentlichen im Begriff des „Zeitalters" operationalisiert. Es heißt dort vollständig: „und dies in einem Zeitalter, in welchem den gesellschaftlichen Körper eine innere Bewegung durchhebt". Es bleibt zu fragen, was genau der Begriff des „Zeitalter[s]" signiert. Zeit kann nach bestimmten Merkmalen gruppiert werden. Ein Zeitalter ist zunächst als eine bestimmte Spanne von Zeit zu denken oder auch als ein Zeit*raum*. Impliziert ist in beiden Fällen der Umstand qualitativer Umbrüche der Merkmale, die Zeitspannen oder Zeiträume voneinander trennen. Nah an den Begrifflichkeiten kann auch gesagt werden, dass bestimmte Merkmale das ‚Alter' einer Zeit charakterisieren. Dass die Zeit ‚altert', evoziert Assoziationen eines Fortschreitens zwischen Entstehen und Niedergang. Im Übrigen stellt sich auch hier ein innerer Zusammenhang zur Körpermetapher her. Üblicherweise wird ein ‚Alter' mit Referenz auf die Äußerlichkeit von Dingen ausgewiesen, an denen es sichtbar wird – gerade am ‚Körper' eines Lebewesens. Der Begriff des ‚Alters' ist, wenn nicht gar die Zeit als solches, rein phänomenologisch zugänglich und steht auf diese Weise in Referenz zur ‚Lebendigkeit'. Somit ist es plausibel, im Sinne Gierkes auch die Zeit als organisch verfasst zu denken. Im Begriff des Zeitalters ist ein Geschichtsverlauf charakterisiert, der eine zyklische Entwicklung impliziert, wobei das jeweils vorherige in veränderter Weise in dem ihm nachfolgenden enthalten ist. Gerade deshalb ist der Prozess des Alterns *wahrnehmbar*. So wird auch das „Zeitalter", in welchem Gierke sich verortet, von daher bestimmt, als dass der „gesellschaftliche Körper" von einer „inneren Bewegung durchhebt" wird. Die Zeit wird nur in Referenz auf den Körper wahrnehmbar – das ‚Zeitalter' bestimmt sich nach dem Körper. Gierke muss sich in einer Position denken, die es erlaubt, das Zeit-Alter zu bestimmen. Dass das Zeitalter von der „inneren Bewegung" her definiert ist, die den Körper „durchhebt", lässt nur den Schluss zu, dass sich Gierke selbst als Teil dieses Körpers begreift. Die Erkenntnis des Zeitalters ist damit nicht als Deduktionsvorgang skizziert – als Teil des Körpers kann Gierke *fühlen*, was an der Zeit ist.

Was genau diesen Körper „durchhebt", wird seitens Gierke nicht weiter ausbuchstabiert. Jedoch „mag [...] deren Fortgang [der inneren Bewegung, J.W.] über Sein oder Nichtsein unserer Kultur entscheiden". Was über die Existenz der Kultur – ihr „Sein" und „Nichtsein" – bestimmt, ist also diese „innere Bewegung", die noch andauert. Zwischen dem „Sein" und dem „Nichtsein" existieren nach Gierke folglich keine Abstufungen. Es ist eine Entweder-Oder-Entscheidung. Hier entsteht demnach eine Paradoxie zwischen den Zeitbeschreibungen. Während die „innere Bewegung" einen Verlauf darstellt, was durch den Begriff des ‚Fortgangs' angezeigt wird, ist die Entscheidung über die Kultur ereignishaft. Diese Paradoxie ist durch den Begriff des „[D]urchheb[ens]" entschärft. So ist ein Verlauf denkbar, der sich in seinem ‚Fortgang' „hebt" und schließlich in einer Entscheidung kulminiert. Das Vergehen der Zeit korreliert mit dem Ansteigen von irgendetwas, das nicht weiter benannt ist. Bezieht man diese Deutung zurück auf den Kontext der Privatrechtskodifizierung, so weist das Zitat gleichsam die Funktion der Publikation aus – die Abhandlung des „Privatrechts" versteht sich selbst als Intervention im Verlaufe des Kodifizierungsprozesses.

So ist es auch zu verstehen, wenn Gierke verlautet: „Der eine Neuordnung des Privatrechts unternimmt, ohne zu begreifen, daß er hiermit eine sociale That vollziehen, daß er ein gutes Stück der Verantwortung [...] auf sich laden soll" usw. Die „Verantwortung" referiert vor diesem Hintergrund auf die existenzielle Entscheidung um das Fortbestehen der Kultur. Die „innere Bewegung", von welcher der „gesellschaftliche Körper" „durchhebt" wird, muss dann im Zusammenhang mit der „Neuordnung des Privatrechts" stehen. Unwahrscheinlich ist, dass die „Neuordnung" mit der „inneren Bewegung" gleichzusetzen ist. Es ist schließlich „ein gutes Stück" Verantwortung, die mit der Kodifizierung einhergeht, nicht jedoch das Ganze der Verantwortung. Dies bedeutet, dass neben dem Kodifizierungsprozess Weiteres „durchhhebt" wird, und noch andere in der „Verantwortung" stehen. Das Fortbestehen der „Kultur" kann also auch nur im organischen Zusammenhang der Teile der Gesellschaft gesichert werden. Insofern ist die Kodifizierung als eine „sociale That" zu verstehen: Als organischer Teil des gesellschaftlichen Körpers eine Funktion erfüllen, die das Fortbestehen der Kultur sichert. Auf diese Weise ist schließlich der zeitliche Verlauf näherhin bestimmt, so wie die Vermittlung des Bildes des Körpers mit dem BGB aufgelöst ist. Als offene Frage verbleibt die genauere Beschaffenheit der „inneren Bewegung".

Es ist also noch einmal anzusetzen: Was die „innere Bewegung" ist, muss sich aus dem Unterschied zwischen Gierke und den Kodifizierern ableiten lassen, sofern sie bloß dem einen zugänglich ist. Was ist der Unterschied, der Gierke begreifen lässt? Gierke stellt fest, dass die für den ersten Entwurf des BGB verantwortlichen Rechtswissenschaftler ihre ‚wirkliche' Verantwortung nicht „begrif[f]en" hätten. Gierkes ‚Begreifen' war selbst ein Produkt des ‚Fühlens' der „inneren Bewegung". Ermöglichungsbedingung des ‚Fühlens' war es, Teil des „gesellschaftlichen Körpers" zu sein. Im Umkehrschluss sind die Verantwortlichen für Gierke nicht Teil des gesellschaftlichen Körpers, denn sonst hätten auch sie „begrif[f]en". Hieraus kann nun antizipiert werden, was die „innere Bewegung" charakterisiert. Alles, was nicht bereits Teil des organischen Ganzen ist, ist außerstande die Verantwortung zu erkennen und so die richtige Funktion auszuführen. Was jedoch keine Funktion für den Körper übernimmt, verliert seinen Sinn. Die „innere Bewegung" kann so als ein Reinigungsprozess – der „Nieren" – verstanden werden, bei dem alles, was nicht zu der historischen Form des organischen Gesellschaftskörpers passt, ausgeschieden wird. Dies bedeutet gleichzeitig, dass die für den BGB-Entwurf Verantwortlichen außerhalb des „Zeitalters" stehen, dessen Gierke sich gewahr weiß. Denn das „Zeitalter" ist gebunden an die Gestalt des Körpers. Elemente, die nicht Teile des „Körpers" sind, sind keine Elemente des „Zeitalters", sogar außerhalb der Zeit als solcher. Sie sind etwa ‚aus der Zeit gefallen'.

Es ergeben sich schlussendlich drei Implikationen. Für das BGB: Dass der Entwurf auf „Herz und Nieren" seitens Gierke „geprüft" werden soll, impliziert, dass auch ein BGB in der organischen Logik stehen soll, das heißt Aussonderungsfunktionen vorsehen muss, für alles, was nicht Organ ist, also eine Funktion für das Ganze übernimmt. Für die Kultur: Dass mit der Kodifizierung eine „Verantwortung" für das „Sein oder Nicht-Sein" ihrer einhergeht, bedeutet, dass auch nur in der organischen Logik die Kultur konserviert werden kann. Für die Geschichte: Dass das Recht noch nicht organisch ist, jetzt organisch werden soll, bedeutet, dass die organische Form noch nicht zur Gänze ausgebildet ist. Die „innere Bewegung" ist danach zu entschlüsseln als die organische Form selbst, die zu ihrer Vollendung strebt.

Weiteren Aufschluss über dieses organische Zeitalter geben die Begriffe, in welchen Gierke die wesentlichen Mängel des Entwurfs charakterisiert. Denn jede Eigenschaft, die dem Entwurf vermeintlich fehlt, Gierke jedoch als wichtig erachtet, charakterisiert im Umkehrschluss das Wesen des Organischen, ferner das BGB für ihn der organischen Logik folgen soll.

Der Entwurf, so Gierke, sei nicht „volkstümlich", „deutsch" und „schöpferisch". Zwei Deutungen sind denkbar: Einmal erschienen die Adjektive durch die Wiederholung des Satzbaus – „nur ist er nicht [...], nur ist er nicht [...], nur ist er nicht [...]" – synonyme Funktionen einzunehmen. Das heißt „volkstümlich" ist gleich „deutsch" ist gleich „schöpferisch". Somit wären alle drei Adjektive nähere Charakterisierungen des Organischen. Allerdings ist vor dem Hintergrund der bemerkten Kontinuität der Gedankenfigur eines Organischen unwahrscheinlich, dass sie in dieser losen Verbindung stehen. Dabei lassen die Begrifflichkeiten auch inhaltlich zu, dass sie entsprechend der organischen Logik gedeutet werden.

Sodann ergibt sich eine Steigerung von „volkstümlich" über „deutsch" bis hin zum „schöpferischen", wobei die jeweilig vorgängige Qualität in der ihr nachfolgend genannten entsprechend enthalten ist. Es scheint die Annahme plausibel, dass die Adjektive gleichsam historische Stufen der Entwicklung beschreiben. Die Urform des Organischen ist demnach das „[V]olkstümlich[e]", wonach sich das „[D]eutsch[e]" entwickelt haben muss und sodann das „[S]chöpferisch[e]". Eine Erinnerung an das Jahr der Veröffentlichung – 1889 – gibt zu vermuten, dass Gierke sich auf der Stufe des „[D]eutsch[en]" denken mag, da die Reichsgründung gerade 19 Jahre zurückliegt. Dass der Endpunkt der Entwicklung, im Sinne Gierkes, noch nicht erreicht ist, wurde bereits festgestellt – die Entscheidung um das „Sein [...] der Kultur" steht noch aus. In der Konsequenz steht auch die Verwirklichung der Stufe des „[S]chöpferisch[en]" noch aus. Die Einführung einer organischen Logik im Privatrecht ist bei Gierke „ein gutes Stück" auf dem Weg zur Verwirklichung des organischen Zeitalters. Der Begriff des „[S]chöpferisch[en]" wahrt die Kohärenz mit der organischen Terminologie. Das Organische signiert die ‚Schöpfung' des ‚Lebens'.

Welcher Begriff im obenstehenden Zitat sich zunächst nicht intuitiv in die organische Terminologie fügt, ist der des „Geiste[s]". Gierke kündigt an, dass der Entwurf auch „nach seinem Geiste befragt" werde. Dass der Entwurf in der Umkehr auch „Geist" besitzen soll, passt dabei nicht in die Körpermetapher und könnte eine andere Lesart evozieren. Jedoch existieren ansonsten keine anderen Hinweise darauf, dass der Begriff des „Geiste[s]" eine neue Denkfigur markiert, die dem Organischen entgegensteht oder es ergänzt. Auch wenn man der biblischen Herkunft des Sprichwortes „auf Herz und Nieren prüfen" nachgeht, entsteht keine plausible Verbindung zwischen dem Geistbegriff bei Gierke und etwa einer theologischen Gedankenfigur. Naheliegender ist die Erklärung, dass Gierke den Begriff „Geist" in Anlehnung an Friedrich Carl von Savigny nutzt. Savigny gilt als Begründer der „Historischen Rechtsschule", die sich später, u. a. unter Mitwirkung Beselers, in die Lager der „Romanisten" und der „Germanisten" spaltet.[21] Diese ‚Schulenzuordnung' sei an dieser Stelle aus Gründen der Komplexitätsreduktion zulässig. Gierke weist sich selbst als der germanistischen Rechtsschule zugehörig aus.[22] Savigny referierte mit „Geist" vor allem auf den „Volksgeist", mit dem er wiederum „Sprache, Sitte, Verfassung" kenntlich machen wollte und das Recht mit dem Volke ebenso als „organische" Einheit, den Juristen bzw. die

---

[21] Vgl. Schlosser. *Neuere Europäische Rechtsgeschichte*, S. 264.
[22] Vgl. Gierke, Otto von. 1903. *Die historische Rechtsschule und die Germanisten. Rede zur Gedächtnisfeier des Stifters der Berliner Universität König Friedrich Wilhelm III in der Aula derselben am 3. August 1903*. Berlin: Schade.

Gesetzgeber als Organe, das heißt Repräsentanten des Volkes, ansah.[23] Den Begriff des „[S]ittlichen" nutzte Gierke auch im obenstehenden Zitat, wonach die „Neuordnung des Privatrechts" die „künftige Gestalt" der „sittlichen" Ordnung mitbestimme. Insofern stützt der Begriff des „Geiste[s]" schließlich die bisher ausgedeutete Fallstrukturhypothese.

Dies sind erste Überlegungen zur Erschließung der Gierkeschen Ordnungsvorstellungen. Es konnte mit dem Organischen eine starke Gedankenfigur ausgemacht werden, die sein Denken hierüber bestimmt. Im Folgenden will ich also Gierkes Ordnungsvorstellung stärker auf die Figur des Staates hin beziehen. In diesem Zuge soll dann auch die Systematik von Boltanski und Thévenot zum Einsatz kommen. Fortfahren möchte ich daher mit seiner Berliner Rektoratsrede des Jahres 1902. Mit ihr liegt folglich in idealtypischer Weise eine Äußerung *coram publico* vor.

Gierke beabsichtigt in seiner Rede darzulegen, „was sie [...] [die Rechtswissenschaft, J.W.] zu gewähren vermag".[24] Er kündigt mit dieser Eröffnung also an, über den Mehrwert seiner Disziplin sprechen zu wollen. „[S]o wird sie [die Rede, J.W.] unweigerlich den obersten Fragen zugedrängt, um deren Lösung sie [die Wissenschaft, J.W.] ringt."[25] Gierke deutet selbst an, inwiefern die Antrittsrede eines Universitätsrektorats als eigenständiges Format unter soziologischen Gesichtspunkten betrachtet werden kann. Sie ist eine Rede, die sich an eine bestimmte Teilöffentlichkeit richtet und die sich an damit verbundenen Erwartungen und Anforderungen zu orientieren gehalten ist. Die Ansprüche sind wissenschaftlicher Natur, trotzdem sollte sie alle Disziplinen gleichermaßen einbinden oder ansprechen. Als *Antritts*rede lädt sie dazu ein, *grundlegende* Einsichten des Redners preiszugeben. Zugleich ist es die Gelegenheit, Gehör auch bei Personen mit politischer Entscheidungskompetenz zu finden. Welche Personen tatsächlich im Publikum saßen, lässt sich nicht mehr rekonstruieren. Jedoch ist der gesellschaftliche Kontext, in welchen ihn die neue Position einstellt, noch prinzipiell nachvollziehbar. Als Beispiel ist zu nennen, dass Gierke 1909 eine „Rede zur Feier des Geburtstages Seiner Majestät des Kaisers und Königs" in der Aula der Universität – in Anwesenheit Wilhelms II. – hält. Dies zeigt an, dass die Aula der Universität durchaus Treffpunkt politischer Eliten der Zeit sein konnte und Gierke über seine Stellung Zugang zum genannten Personenkreis hatte.

---

[23] Vgl. Gierke. *Die historische Rechtsschule und die Germanisten*, S. 240.
[24] Gierke, Otto von. 1954. *Das Wesen der menschlichen Verbände*. Darmstadt: Wissenschaftliche Buchgemeinschaft, S. 5.
[25] Gierke. *Das Wesen der menschlichen Verbände*, S. 5.

Um darzustellen, was die Rechtswissenschaft „zu gewähren vermag", möchte Gierke „fragend sein Haupt" „erheben" und zur „Tiefe aller Geisteswissenschaft" „herabsteigen", ohne die „Berührung der Naturwissenschaft" zu scheuen.[26] In dieser Formulierung spezifiziert sich Gierkes Verortung in der akademischen Landschaft, die oben nur kurz mit dem Verweis auf Dilthey und den Begriff des Gesellschaftlichen umrissen wurde. Die Formulierung „Tiefe aller Geisteswissenschaft" impliziert nämlich zweierlei. Die Begriffe der „Tiefe" und des „[H]erabsteigen[s]" markieren eine Bewegung hin zu den letzten Fragen. Die Tiefe kann auch auf eine Dunkelheit referieren, die es zu beleuchten gilt. Gierke sieht sich dennoch imstande, diese letzten Fragen zu adressieren, die zugleich die obersten Fragen sind. Somit werden in dem Sinne zwei vertikale Skalen skizziert, die nur scheinbar im Widerspruch stehen. In der Sphäre der Wissenschaft ist es die „Tiefe", nach welcher gestrebt wird – als Gegensatz zum Oberen, Offensichtlichen, oder auch Oberflächlichen. In der Sphäre der Öffentlichkeit, wo er „fragend sein Haupt" zu „erheben" beabsichtigt, und den „obersten Fragen" zugedrängt wird, markieren also zwei Wendungen das Obere als erstrebenswert. Das, was in der Wissenschaft in der Tiefe liegt, ist für die Öffentlichkeit das „[O]berste". Gierke weist weiterhin aus, er wolle die „Berührung der Naturwissenschaft" nicht scheuen. Hiermit bedeutet er dem Publikum, welches sich aus Vertretern aller Disziplinen zusammengesetzt haben dürfte, dass er die Naturwissenschaften berücksichtigen wird und das Thema so Relevanz für das gesamte Publikum zeigt. Er weist damit aus, dass er in diesem Feld nicht zur Tiefe vorzudringen vermag oder es beabsichtigt. Auf diese Weise enthält er sich der Angriffsfläche für die Naturwissenschaften. Zugleich nimmt Gierke im obigen Zitat die offensichtliche, aber nicht banale Zuordnung seiner Person, und damit auch der Rechtswissenschaft, zur Geisteswissenschaft vor. Dies wird auch an der Ausweisung der inhaltlichen Ausrichtung des Vortrags deutlich.

Das ganze Problem der Rechtswissenschaft, so Gierke, liege in einem einzigen Problem begründet, das selbst außerhalb des Rechts stehe: „Es ist das Problem der menschlichen Verbandseinheit."[27] Dass er das Problem der Rechtswissenschaft außerhalb der Rechtswissenschaft begründet sieht, unterstreicht die Bedeutung dessen, dass er nicht von den Rechtswissenschaften spricht, sondern nur von den Geistes- und Naturwissenschaften. Es ist also kein juristisches Problem, zu dem er sprechen will, wenngleich alle rechtswissenschaftlichen Fragestellungen letztlich auf dieses referieren. Gierke weist sich somit erneut als jemand aus, der jenseits seines disziplinären Rahmens denken kann und daher mehr sieht, als etwa die Verantwortlichen für den BGB-Entwurf.

---

[26] Gierke. *Das Wesen der menschlichen Verbände*, S. 5.
[27] Gierke. *Das Wesen der menschlichen Verbände*, S. 6.

Es ist des Weiteren aufschlussreich, dass Gierke markiert, es sei *ein einziges* Problem, auf das letztlich alles zulaufe. Für die Rechtswissenschaft existiere einzig das Problem der „menschlichen Verbandseinheit". Dieses Problem, so Gierke, referiere auf das Problem des „menschlichen Gemeinwesens überhaupt".[28] Aufgabe des Rechts sei es, das „Gemeinschaftsleben" zu ordnen:[29] „Die Rechtsordnung umfaßt ja nicht nur die äußeren Beziehungen des Einzellebens, sondern sie regelt auch das Leben des Staates, der Kirche, der Gemeinden und der Genossenschaften."[30] Es ist nun von besonderem Interesse, welches Verhältnis von Gemeinschaft, Verband und Ordnung hier begründet liegt.

Der Verband steht primär in einem Verhältnis zum Gemeinwesen. Das Recht ist auf das Gemeinschaftsleben gerichtet. „[D]as Leben des Staates, der Kirche, der Gemeinden und der Genossenschaften" wird von der Rechtsordnung zum einen „umfaßt", zum anderen von ihr „[ge]regelt". Die Rechtsordnung „umfaßt" zudem „die äußeren Beziehungen des Einzellebens". Diese sind jedoch durch die Satzkonstruktion von „Staat", „Kirche" usw. getrennt und möglicherweise also von anderer Qualität. Impliziert ist in jedem Fall, dass die Rechtsordnung mehr „umfaßt", als dass sie „regelt". Die Frage ist, inwiefern die „Beziehungen der Einzelleben" Teil der Ordnung sein können, ohne direkt geregelt zu werden. Dass die Einzelleben nicht vom Recht geregelt werden, aber gleichsam Teil der Ordnung sind, ist durch die Beachtung des Zusatzes der „äußeren Beziehungen" aufzulösen. Einzelleben sind nur insofern in der Rechtsordnung, als dass sie in Beziehung treten. Zu vermuten ist, dass diese Beziehungen in den Gebilden „Staat", „Kirche", „Gemeinde" usw. aufgehen und als solche auch geregelt sind. Sofern sie nicht in „äußere Beziehung" zueinander treten, sind sie nicht Teil des „Gemeinschaftslebens" und nicht Teil der „Rechtsordnung". Denkbar ist, dass die Einzelleben zum Teil des Gemeinschaftslebens werden, sobald sie in „äußere Beziehungen" treten, die wiederum über das „Leben von Staat", „Kirche" usw. vermittelt sind. „Staat", „Kirche" usw. wären damit durch die „äußeren Beziehungen der Einzelleben" konstituiert und vom Recht „[ge]regelt". Unter Vorbehalt sind sie als Verbände zu bezeichnen.

Zu beachten ist überdies der Begriff des „Lebens", der erneut auf die organische Gedankenfigur verweist. Er markiert, dass jede der Einheiten – „Staat", „Kirche" usw. – ein eigenes „Leben" sei. Jede Einheit besitzt eine innere Ordnung durch Regeln, sind jedoch als solche gleichsam Teile einer größeren Ordnung. Das Einzige, was nicht unmittelbar geregelt ist, sind die Einzelleben, die als unverfügbare Größen jenseits der Rechtsordnung stehen. Dieses Verhältnis buchstabiert Gierke

---

[28] Gierke. *Das Wesen der menschlichen Verbände*, S. 6.

[29] Gierke. *Das Wesen der menschlichen Verbände*, S. 6.

[30] Gierke. *Das Wesen der menschlichen Verbände*, S. 6.

in Abgrenzung von gegenläufigen Theorien weiter aus: Eine „heute noch von den grundsätzlichen Anhängern einer individualistischen Gesellschaftsauffassung festgehaltene Meinung geht dahin, daß die juristische Person eine vom Recht für bestimmte Zwecke aufgestellte Fiktion sei".[31] Gängige Meinung sei es, dass „Verbände als solche [...] nicht wollen und nicht handeln"[32] könnten. „So die Wirklichkeit. Aber seltsam!"[33] Denn gibt „es keine wahren Personen außer Individuen, so kann auch der Staat als solcher, falls er Person ist, nur eine fingierte Person sein".[34] – „Sind vielleicht die menschlichen Verbände reale Einheiten, die mit der Anerkennung ihrer Persönlichkeit durch das Recht nur das empfangen, was ihrer wirklichen Beschaffenheit entspricht?"[35] – „Mit vielen antworte ich: Ja!"[36] Gierke argumentiert, dass der „Staat" „Verbandsperson" ist, was zugleich den Charakter von „Kirche", „Gemeinde", „Genossenschaft" offenbart. Sind diese Einheiten gleichsam Verbandspersonen und durch das Recht geregelt, agieren sie als Vermittlungsinstanzen zwischen Staat und den „Einzelleben".

Zum Zweck der Systematisierung des Materials und fortan zur Gewährleistung der Vergleichbarkeit der Autoren möchte ich nun auf das Modell der Rechtfertigung von Boltanski und Thévenot verweisen. An dieser Stelle bietet es sich an, die Darstellung auf den Begriff des Staates zuzuspitzen, auch vor dem Hintergrund, dass die Lesart und Relevanz der organischen Gedankenfigur nun ausreichend begründet ist. Dass der Staat als der höchste Verband im Sinne Gierkes zur Geltung gebracht wird, ist auch an anderer Stelle seiner Rede zu belegen, wo er ihn als „durch seine souveräne Machtvollkommenheit über alle erhöht"[37] markiert.

In der *Theorie der Rechtfertigung* wird zunächst auf ein erstes „Äquivalenzprinzip" verwiesen, das den Ausgangspunkt der Logik bildet. Das „Äquivalenzprinzip" soll herausstellen, inwiefern sich die Mitglieder eines Gemeinwesens auch als solche Mitglieder denken können. Es konnte dargestellt werden, dass Gierkes Gedanke der Einheit des Gemeinwesens in der Figur des Verbandes fußt, wobei die Beschaffenheit dieses Verbandes bereits näherhin charakterisiert wurde. So kann der Struktur von Boltanski und Thévenot nach für Gierke formuliert werden: *Alle sind gleich/eins im Staat, insofern er als reale Verbandseinheit einen Gesamtorganismus bildet (a1).* Dieser Anleitung folgend will ich auch in den

---

[31] Gierke. *Das Wesen der menschlichen Verbände*, S. 8.
[32] Gierke. *Das Wesen der menschlichen Verbände*, S. 8.
[33] Gierke. *Das Wesen der menschlichen Verbände*, S. 8.
[34] Gierke. *Das Wesen der menschlichen Verbände*, S. 9.
[35] Gierke. *Das Wesen der menschlichen Verbände*, S. 13.
[36] Gierke. *Das Wesen der menschlichen Verbände*, S. 13.
[37] Gierke. *Das Wesen der menschlichen Verbände*, S. 33.

nächsten Schritten den Staat als die zu definierende Grundkategorie der Axiomatik ausweisen, deren Beschreibung sich im Fortlauf logisch, und zwar in dem Grade sie um eine weitere axiomatische Stufe ergänzt wird, komplexiert.

Insofern der Staat bei Gierke also reale Verbandseinheit ist, die einen Gesamtorganismus darstellt, sind die Mitglieder des Gemeinwesens als *eine* Menschheit ausgewiesen. „Und mir scheint, dass jeder so antworten muß, der [...] das menschliche Gemeinleben als ein Leben höherer Ordnung betrachtet, dem sich das Einzelleben eingliedert."[38] Dieses erste „Äquivalenzprinzip" strukturiert nun den Möglichkeitsraum der weiteren Anschlüsse. So verbirgt sich auch in der schon aufgeworfenen Differenzierung von „Einzelleben" und „Verbandseinheit" bereits das, was Boltanski und Thévenot als „Differenzierungsprinzip" einführen. Wie kann es sein, dass alle Mitglieder *eines* Gemeinwesens sind und dabei doch verschieden? Diese Verschiedenheit bedarf der politischen Repräsentation. Während a1 also den Punkt benennt, in dessen Flucht alle gleich sind, wird versucht in a2 die Paradoxie aufzulösen, dass sie trotz dieser Einheit als Elemente unterscheidbar bleiben. Im Sinne Gierkes kann als zweites Axiom entsprechend formuliert werden: *Jedes Mitglied des Staates ist ein Einzelorganismus (a2)*. Die Einzelorganismen unterscheiden sich voneinander gemäß ihren Zugehörigkeiten zu verschiedenen (eigengesetzlich funktionierenden) Organismen (Verbänden), die innerhalb des Gesamtorganismus Staat zusammenwirken. Demgemäß ist jeder Einzelorganismus Teil eines Verbandes, wobei sich Einzelorganismus und Verband *strukturell* voneinander unterscheiden: „Die organische Theorie betrachtet den Staat und die anderen Verbände als soziale Organismen. Sie behauptet also das Dasein von Gesamtorganismen, deren Teile die Menschen sind, über den Einzelorganismus."[39]

Als drittes Axiom ist das bereits ausbuchstabierte „Äquivalenzprinzip" um eine Komplexitätsstufe zu erhöhen. Es ist an dieser Stelle insoweit ‚differenzierter' zu fassen, als dass nach Boltanski und Thévenot in ihm die grundlegende Erklärung unterschiedlicher Merkmalszustände der Mitglieder des Gemeinwesens gefasst ist. Während a2 also die grundsätzliche Differenzierbarkeit des Ganzen in einzelne Elemente gewährleistet, formuliert a3 die Möglichkeit unterschiedlicher Merkmalszustände innerhalb des Ganzen. Es sollte demnach verständlich machen, *wonach* sich die unterschiedlichen Eigenschaften herstellen, die die Teile im Ganzen voneinander differenzieren. Bei Gierke wurde gesehen: Die Einzelorganismen wechseln ihre Merkmalszustände, indem sie sich im Rahmen ihrer organismischen Zugehörigkeiten (das heißt innerhalb und zwischen den Verbänden)

---

[38] Gierke. *Das Wesen der menschlichen Verbände*, S. 33.
[39] Gierke. *Das Wesen der menschlichen Verbände*, S. 15.

‚ausleben'. Es kann also formuliert werden: *Alle Einzelorganismen sind gleich/ eins im Staat in Hinsicht auf ihre Verbundenheit mit anderen Einzelorganismen zu einem für den Gesamtorganismus Staat Wirkkräfte entfaltenden Verband (a3).*

Axiom vier soll dann die Umsetzung des „Differenzierungsprinzips" auf Grundlage des differenzierten „Äquivalenzprinzips" operationalisieren. Hiermit ist gewissermaßen auf eine Verräumlichung der Merkmalszustände abgezielt, im dem Sinne, dass die Abstände und Anordnung der Mitglieder des Gemeinwesens innerhalb der Einheit geregelt werden. Bei Gierke entfaltet im Staat jeder Einzelorganismus und jede Verbandseinheit unterschiedliche Wirkung. Das heißt, die Stellung eines Individuums wird durch seine Stellung im Verband bestimmt sowie durch die Stellung des Verbandes im Gesamtorganismus. Hieraus begründet sich, im Sinne Boltanskis und Thévenots, wie den Mitgliedern des Staates unterschiedliche Merkmalszustände zugewiesen werden können, ohne dass die Einheit zerfällt. Die Einzelorganismen gliedern sich innerhalb des Gesamtorganismus Staat hierarchisch, insofern der Stand, den ihre ‚Entfaltung' im Rahmen der Verbände des Staats zu einem gegebenen Zeitpunkt erreicht hat, der Bedeutung der Verbände im Staat folgt. Dies impliziert die Differenzierbarkeit der Elemente im Ganzen. *Alle Einzelorganismen sind gleich/eins im Staat in Hinsicht auf ihre Verbundenheit mit anderen Einzelorganismen zu einem für den Gesamtorganismus Staat Wirkkräfte entfaltenden Verband (a3), auch wenn mancher Einzelorganismus für den Gesamtorganismus von größerer Bedeutung ist (a4).*

Diese Merkmalszuweisung bedarf nach Boltanski und Thévenot schließlich einer Erklärung. Ein sogenanntes „Investitionsprinzip" muss die jeweilige Position im Gemeinwesen legitimieren: „Die Formel, nach der sich dieses Opfer [gemeint ist die ‚Investition', J.W.] [...] bestimmt", sorgt „für die Aufhebung des Spannungsverhältnisses zwischen dem gemeinsamen Menschsein und der Rangordnung zwischen den Merkmalszuständen".[40] Die hierarchische Stellung der Einzelorganismen im Gesamtorganismus Staat zeugt bei Gierke davon, wie sehr ihre Lebendigkeit und die Lebendigkeit des Verbands, in dem sie sich entfalten, mit der Organologie des Gesamtorganismus kongruent sind. *Alle Einzelorganismen sind gleich/eins im Staat in Hinsicht auf ihre Verbundenheit mit anderen Einzelorganismen zu einem für den Gesamtorganismus Staat Wirkkräfte entfaltenden Verband (a3), auch wenn mancher Einzelorganismus für den Gesamtorganismus von größerer Bedeutung ist (a4), da er seine Lebendigkeit auf den Gesamtorganismus richtet (a5).*

„Und dies hat nur dann einen Sinn, wenn das Ganze ein Höheres ist, wenn das Gemeinwesen mehr als ein Mittel für die Zwecke der einzelnen bedeutet und,

---

[40] Boltanski und Thévenot. *Über die Rechtfertigung*, S. 111.

wenn nicht für leere Namen lebt und stirbt, wer für die Ehre und das Wohl, für die Freiheit und das Recht seines Volkes und Staates wirkt und kämpft."[41] Wer die Einsicht in die Höherwertigkeit des Verbandes hat und darum seine ganze Person dem Verband hingibt, steht laut Gierke auch in der Rangfolge höher. Denn die Lebendigkeit des Staates ist die Ermöglichungsbedingung seiner Teile, die ihrerseits durch die lebendige Verbundenheit zu ihrem Staate, das heißt durch ihr Engagement im Verband, die Existenz des Gesamtorganismus sichern. Hierin ist schlussendlich auch das sogenannte „Kontextualisierungsprinzip" bzw. die „politische Metaphysik" zu finden, welche die so differenzierte und hierarchisierte Menschheit doch wieder als *eine* ausweist und das Sein dieser Einheit als ‚richtiges' Sein einsetzt. Die politische Metaphysik beschließt die axiomatische Konstellation als sich selbst genügende ‚Welt'. Damit ist das Kontextualisierungsprinzip auch als eine Art versuchter Letztbegründung des Ganzen zu denken. Im Falle Gierkes kann sie wie folgt gefasst werden: *Weil der Staat eine organische Lebenseinheit ist, bedarf er lebendiger Glieder (a6).* Wenn die Lebenseinheiten des Staates organisch zusammenwirken, ist dies zum Besten aller seiner Glieder, da sie „lebendig" sind, wenn der Verband es ist.

Es ist darauf hinzudeuten, dass im Sinne Gierkes der Staat nicht das letzte Prinzip menschlicher Ordnung darstellen muss. Auf Grundlage des bereits ausgedeuteten Materials kann davon ausgegangen werden, dass der Staat selbst nur als historische Formation begriffen wird, der als Organismus Teil der Selbstverwirklichung des Prinzips des Organischen ist. Es wären Gesamtorganismen denkbar, die anstelle des Staates einen Gesamtorganismus signieren – etwa ein ‚Reich' oder eine ‚Polis'. Nichtsdestotrotz ist, im Sinne Gierkes, festzustellen, dass der Staat als größte zu denkende Einheit mit dem organischen Zeitalter zusammenfällt und gerade aufgrund dieser historischen Kongruenz seine Bedeutung erlangt – weil der Staat zu diesem Zeitpunkt in der Geschichte ist, muss er auch sein.

3 Hans Kelsen: Die ‚Welt' des reinen Rechts und ihre Rechtfertigung

Eine zweite ‚Welt' des Staates werde ich bei Hans Kelsen (1881–1971) verorten. Dessen akademisches Wirken schließt sich zeitlich an dasjenige Gierkes an. Mit der Habilitation im Jahre 1911 „beginnt für Kelsen die große Zeit universitärer und

---

[41] Gierke. *Das Wesen der menschlichen Verbände*, S. 36.

[…] außeruniversitärer, im weitesten Sinne öffentlicher Wirksamkeit".[42] 1914 gründete er eine eigene Zeitschrift für Öffentliches Recht.[43] Bereits 1913 wurde er zum außerordentlichen Professor für Verfassungs- und Verwaltungsrecht an der Universität Wien berufen, wo er zunächst Ernst Seidler vertrat. Seidler, erst Ackerbauminister, wurde 1917 von Kaiser Karl I. zum österreichischen Ministerpräsident ernannt.

Mit Kriegsende 1918 findet auch in Österreich ein Bruch in der politischen Ordnung statt und die dem Absolutismus nahestehenden Eliten werden abgelöst, so auch Seidler. Kelsen wird jedoch erneut auf eine Professur an die Universität Wien berufen. Er agiert „neben seinen Wiener Universitätsämtern […] als Verfassungsberater […] und gewinnt Einfluss auf Gestalt und Gehalt der neuen republikanischen Verfassung".[44] So trägt er maßgeblich zu der Kodifikation der österreichischen Bundesverfassung bei, die im Jahre 1920 in Kraft tritt.[45] Kelsens Texte nach 1920 sind entsprechend die Äußerungen desjenigen, der aktiv am Übergang in die neue Ordnung mitgearbeitet hat. Dagegen sind seine Äußerungen vor 1920 bzw. 1918 als diejenigen eines Emporkommenden zu verstehen, dessen akademische Sozialisation in die Zeit einer bedrohten politischen Ordnung fällt.

Beginnen möchte ich meine Auseinandersetzung mit dem 1923 erstmals publizierten Aufsatz *Gott und Staat*. Auf Grundlage dieser Lektüre ist zu verstehen, wie Kelsen 1925 in seiner *Allgemeinen Staatslehre* zu der Ansicht kommt, das „Dogma der Volkssouveränität", sei nichts als „Fiktion".[46] Interessant ist diese Pointierung, insofern sie mit Gierkes Position kontrastiert wird, wonach der Staat als die „oberste Wirklichkeit" erkannt werden müsse. Zu unterscheiden bleibt der Bezugsrahmen der beiden Äußerungen. Gierke bezieht sich auf den Staat als transhistorische Form des Gemeinwesens, Kelsen urteilt über die Interpretation einer konkreten Ordnung. Es bleibt in jedem Falle jedoch zu konstatieren, dass das Sprechen über Staatlichkeit zumindest in der gleich umfassenden Weise problematisch

---

[42] Jestaedt, Matthias. 2009. Von den „Hauptproblemen" zur Erstauflage der „Reinen Rechtslehre". In *Hans Kelsen: Leben – Werk – Wirksamkeit. Ergebnisse einer Internationalen Tagung, veranstaltet von der Kommission für Rechtsgeschichte Österreichs und dem Hans Kelsen-Institut (19.–21. April 2009)*, hrsg. Robert Walter, Werner Ogris und Thomas Olechowski. Wien: Manz Verlag, S. 113–136, hier S. 117.

[43] Vgl. Métall, Rudolf Aladár. 1969. *Hans Kelsen. Leben und Werk*. Wien: Franz Deuticke, S. 16.

[44] Jestaedt. Von den „Hauptproblemen", S. 118.

[45] Vgl. Jestaedt. Von den „Hauptproblemen", S. 479.

[46] Kelsen, Hans. 1925/2006. Allgemeine Staatslehre. In *Verteidigung der Demokratie*, hrsg. Matthias Jestaedt und Oliver Lepsius. Tübingen: Mohr Siebeck, S. 34–114, hier S. 42.

bleibt. Die Fragwürdigkeit des Wirklichen bestimmt so auch die folgenden Zeilen in *Gott und Staat*:

> „Und wenn die Absorption des supranaturalen Gottesbegriffes durch den Begriff der Natur die erst durch den Pantheismus geschaffene Voraussetzung für eine echte, von aller Metaphysik freie Naturwissenschaft war, so ist die Reduktion des überrechtlichen Staatsbegriffes auf den Begriff des Rechtes die unerläßliche Vorbedingung für die Entwicklung einer echten Rechtswissenschaft, als einer von allem Naturrecht gereinigten Wissenschaft vom positiven Recht. Auf sie zielt eine reine Rechtslehre, die zugleich die reine Staatslehre ist, weil alle Staatslehre nur als Staatsrechtslehre möglich, alles Recht aber Staatsrecht, weil jeder Staat Rechtsstaat ist."[47]

Diese Zeilen geben unmittelbaren Einblick in die Gedankenwelt Kelsens. Die Darstellung der Ausdeutung eröffne ich erneut mit der zentralen Figur: Kelsen möchte hiernach die „Staatsrechtslehre" als „reine Rechtslehre" verstanden wissen. Wenn der „Staat" also identisch dem Recht gesetzt wird, bleibt zu bestimmen, was „Recht" ist, um zu verstehen, was „Staat" ist. Dazu bleibt zu vermerken, dass „Recht" jedenfalls etwas ist, das durch die „Rechtswissenschaft" bestimmt wird.

Die „Rechtswissenschaft" entledigt sich nach Kelsen zuvor „allem Naturrecht", um das Recht und mithin den Staat bestimmen zu können; sie wird „Wissenschaft vom positiven Recht". Zu achten bleibt auf die nuancierte Verschiebung, dass die „reine" Rechtswissenschaft eine Wissenschaft vom „positiven Recht" ist. Die Wissenschaft verändert sich hier mit der Veränderung ihres Gegenstandes. ‚Reinheit' bestimmt sich nach dem Element des „[P]ositive[n]", wohingegen das ‚Unreine' wohl im „Naturrecht" zu verorten ist. Dem „Naturrecht" wird folglich nicht der Status eines potenziell wissenschaftlich zu verhandelnden Gegenstandes zugesprochen, da es mehr ist als positives Recht.

Den Übergang vom „Naturrecht" zum „positiven Recht" illustriert Kelsen mit der „Entwicklung" von einer „Metaphysik" zur „Naturwissenschaft" und mithin in Begriffen einer historischen Evolution des Wissens. Der „supranaturale Gottesbegriff" repräsentiert in diesem Vergleich das „Naturrecht", die „Naturwissenschaft" ist mit der „reinen" Rechtswissenschaft assoziiert. Beider Entwicklungen Endpunkte sind mit dem Begriff der „Wissenschaft" pointiert. Wenn sich nun bestimmen lässt, was der Differenz von „Naturwissenshaft" gegenüber der „Metaphysik" Eigenheit ist, dann ist hiermit auch der Unterschied zwischen „Naturrecht" und „positive[m] Recht" bedeutet.

---

[47] Kelsen, Hans. 1923/1986. Gott und Staat. In *Die Wiener Rechtstheoretische Schule. Zwei Bände*, hrsg. Hans Klecatsky, René Marcic und Herbert Schambeck. Wien und Salzburg: Europa-Verlag und Universitätsverlag Anton Pustet, S. 171–193, hier S. 193.

Die Begriffe „Metaphysik" und „supranatural" geben diesen Unterschied zu verstehen. Beide Begriffe enthalten ein gemeinsames Element, dessen Wiederholung seine Bedeutsamkeit markiert. Es steckt in den Vorsilben des „Meta" und des „supra" und bezeichnet eine Gedankenfigur des ‚Erhabenen' oder eines die „Natur" Übersteigenden. In jedem Fall implizieren diese Vorsilben etwas, dessen Sein durch ein außerhalb seiner selbst Liegendes konstituiert wird. Dieses Element definiert folglich *ex negativo*, was Kelsen unter „rein" und „positiv" verstanden wissen will und was eine „Wissenschaft" nach seinem Verständnis kennzeichnen müsste. Eine „echte" Wissenschaft konstituiert sich demzufolge nicht durch etwas, das außerhalb von ihr liegt. Eine „echte" Wissenschaft bestimmt ihren Gegenstand aus sich selbst heraus. In diesem Sinne strebt Kelsen danach, die „Rechtswissenschaft" zu einer „reinen" Wissenschaft zu machen. „[R]ein" würde dann bedeuten: *frei* von Elementen außerhalb des Gegenstandes. Der Begriff der „[R]ein[heit]" birgt damit die Auswahl der Elemente des Ganzen. Der Begriff der „[P]ositiv[ität]" bestimmt das Verhältnis der Elemente zueinander; dass nämlich nur die Elemente des Ganzen aufeinander referieren. ‚Reinheit', als Kriterium der Geschlossenheit des Ganzen, und ‚Positivität', als Kriterium der Kohärenz der Elemente untereinander, definieren Kelsens Wissenschaftsbegriff. Dieses Verständnis der Rechtswissenschaft ist erinnerlich von Interesse, da Kelsen auch die Größe „Staat" als wesentlich durch die Rechtswissenschaft bestimmt betrachtet, so er nicht mehr als „Recht" sei und „Recht" durch die „Rechtswissenschaft" bestimmt werde. Interessant ist, dass er hiermit die Vorzeichen Gierkes, wonach der Staat als Verband außerhalb der Rechtswissenschaft stehe und die Legitimität der Wissenschaft erst von der Frage des überwissenschaftlichen Wesens der Verbände herzuleiten wäre, genau umkehrt.[48] Vor dem Hintergrund

---

[48] Dieses Wissenschaftsverständnis Kelsens verweist offensichtlich auf eine populäre Strömung in der akademischen Landschaft seiner Zeit, die darum bei der Ausdeutung hier zu berücksichtigen ist. Diese Strömung ist gemeinhin mit dem Begriff des ‚Neukantianismus' signiert. Der Neukantianismus behauptet – einem verkürzten *dictum* folgend – den Vorrang der Methode vor dem Gegenstand. Letzterer konstituiere sich erst nach der Methode. Zu der Beziehung Kelsens zum Neukantianismus hat Stanley Paulson bereits einige Textarbeit geleistet, auf die im Weiteren aufgebaut werden kann. Paulson weist u. a. auf eine Bemerkung Kelsens hin, die sich in der Vorrede zur zweiten Auflage der *Hauptprobleme der Staatsrechtslehre* (vgl. Kelsen, Hans. 1923. Hauptprobleme der Staatsrechtslehre, 2. Aufl. Tübingen: Mohr Siebeck) findet. In dieser Vorrede dankt Kelsen Hermann Cohen, der als der Begründer der „Marburger Schule" des Neukantianismus gilt, ausdrücklich für seine Kant-Interpretation und gratuliert ihm für die „richtige Einstellung der Begriffe Staat und Recht" (Kelsen. *Hauptprobleme der Staatsrechtslehre*, 2. Aufl., S. xvii). Weiterhin konstatiert Paulson, dass Kelsen zu dieser Zeit Cohen gar nicht gelesen, sondern eher eine oberflächliche Parallelität zwischen jener und seiner Denkbewegung festgestellt haben dürfte (vgl. Paulson, Stanley. 1988. Zur neukantianischen Dimension der Reinen Rechtslehre.

dieser These, für die Gierke exemplarisch bürgt, ist Kelsens Feststellung zu verstehen, „daß die Lehre vom Staate, diesem vollendetsten aller sozialen Gebilde, dieser entwickeltsten Ideologien, ganz auffallende Übereinstimmungen mit der Lehre von Gott, der Theologie, aufweist".[49] Erneut zeichnet er eine historische Evolution des Wissens auf, angefangen bei den „Primitiven", denen eine „anthropomorphe Weltanschauung des Mythos"[50] zu eigen gewesen sei, über die Ausbildung monotheistischer Religionen hin zu deren Ablösung durch die vergöttlichte Nation.[51] Hier findet sich nach Kelsen dann eine Wendung, ein qualitativer Sprung in der Geschichte. Sieht er zunächst die Geschichte als Evolution einer Ideologie, kündigt er im Gegensatz hierzu *seinen* „erkenntniskritischen Standpunkt" an, welcher die „gereinigte Wissenschaft" ermögliche – die Historie ist mit Kelsen an einen Punkt gelangt, von wo aus sie sich selbst als Ideologie zu erkennen vermag. Alles, was vor der Wissenschaft liegt, ist Ideologie, die nun jedoch, aus der Perspektive der Wissenschaft, verstanden werden kann. Reduzierte man jene Ideologien, so Kelsen, auf ihre eigentliche Funktion, man stelle fest, dass „Gott" nichts anderes sei als die „Personifikation der Weltordnung", die dazu diene, Welt als „sinnvolles Ganzes" „begreif[bar]" zu machen.[52] So konstatiert er, dass folglich auch der Staat „wesentlich als Person"[53] zu denken notwendig gewesen sei, um ihn „als Personifikation einer Ordnung" vor der Existenz der „gereinigten Wissenschaft" – wenngleich in defizienter Weise – verstehbar zu machen. Der Staat als Personifikation sei damit

---

In *Die Rolle des Neukantianismus in der Reinen Rechtslehre. Eine Debatte zwischen Sander und Kelsen*. Aalen: Scientia Verlag, S. 7–22, hier S. 10). Diese Bemerkung bestätigt indirekt auch Kelsens Biograph Rudolf Aladár Métall, selbst längere Zeit Mitglied des Kreises um Kelsen: „Erst später, als Kelsen durch Oscar Ewalds Besprechung seiner ‚Hauptprobleme' auf die Parallele zu Hermann Cohens ‚Ethik des reinen Willens' hingewiesen worden war und durch einen Besuch bei Cohen in Freiburg unter dessen Einfluß kam, wurde Kelsen klar, daß es die Reinheit der Methode war, auf die er, mehr instinktmäßig als auf Grund systematischer Überlegung, abgezielt hatte; auf Cohens Terminologie ist es auch zurückzuführen, daß Kelsen später den Ausdruck ‚Reine Rechtslehre' gewählt hat" (Métall. *Hans Kelsen*, S. 8). Métalls Ausführungen plausibilisieren die These von einer nachträglichen Justierung der wissenschaftstheoretischen Ausrichtung. Die Formulierung von der „instinktmäßig[en]" Parallele ist dabei für diese Untersuchung aber von besonderem Interesse. Denn sie zeigt sehr bildhaft die Wirksamkeit der historisch-sozialen Konstellation an. Kelsen steht in dieser unter Gesichtspunkten der wissenschaftstheoretischen Debatte folglich eher als passives Element.

[49] Kelsen. Gott und Staat, S. 179.
[50] Kelsen. Gott und Staat, S. 173.
[51] Kelsen. Gott und Staat, S. 178.
[52] Kelsen. Gott und Staat, S. 179.
[53] Kelsen. Gott und Staat, S. 180.

bloß der „anthropomorphe Ausdruck" einer Einheit des Rechts und „hypostasiere" es zur „Scheinproblemlage [...], wie in der Theologie".[54]

„Welch andere Ordnung als gerade die Rechtsordnung aber könnte der Staat wohl sein, wenn von vornherein zugegeben werden muß, daß der Staat in irgendeinem Wesensbezug zum Recht steht, und wenn man ernstlich nicht annehmen kann, daß zwei Ordnungen: eine Staats- und eine von ihre verschiedene Rechtsordnung in Konkurrenz nebeneinander stehen? Der [...] Beweis dafür [...] erübrigt sich hier".[55] Aus dieser Kritik an der Position, die hier exemplarisch mit Gierke formuliert wurde,[56] entwickelt Kelsen seine eigene Theorie des Staates. Der Staat *ist*, und er ist es *durch* das Recht.[57] Im Gegensatz zu dieser *reinen Gegenwärtigkeit*, die für Kelsen den Staat bestimmt, ist für Gierke der Staat in seiner Gewordenheit von Interesse. Der Staat ist nicht problematisch, weil er *ist*, sondern weil er *wurde*. Die Funktion von Recht bestimmte sich bei Gierke in der wechselseitigen Abhängigkeit mit dem

---

[54] Kelsen. Gott und Staat, S. 181.

[55] Kelsen. Gott und Staat, S. 180.

[56] Kelsen warnt vor der Terminologie (Gierkes), die drohe, die „Macht des Staates [...] mit einer natürlichen Wirkungsquelle, einer physisch-psychischen Kraft zu verwechseln" (Kelsen. Gott und Staat, S. 182). Gierkes Staat war erinnerlich als „Rechtsperson" genuin mit dem Begriff der ‚Natürlichkeit' verknüpft. Auf diese Differenz zur „organischen" Staatstheorie weist Kelsen schließlich explizit hin: „Die Wesensgleichheit des Staates mit den ihn bildenden Individuen ist der – mehr oder weniger bewußte – Leitgedanke, der zur sogenannten organischen Staatstheorie führt, die, wenn sie den Staat als einen Makro-Anthropos zu begreifen sucht, nur darum fehl geht, weil sie den Staat in der Existenzsphäre des natürlichen Menschen, in der Welt der Natur statt in jener des Geistes sucht" (Kelsen. Gott und Staat, S. 191). Kelsen unterstellt der organischen Staatstheorie, den Staat in der Sphäre des „Geistes" zu suchen. Die Begriffe von „Natur" und „Geist" als dichotome Unterscheidung herauszustellen beschreibt selbst eine bestimmte Ausrichtung des Denkens, deren Anwendung auf Gierke, vor dem Hintergrund seiner Weltdeutung, eine unzulässige Verallgemeinerung darstellt. Die Kelsensche Dichotomisierung von „Geist" und „Natur" lässt sich nicht derart auf Gierkes Denken spiegeln. „Geist" und „Natur" stehen sich bei Gierke nicht antagonistisch gegenüber. Der „Geist" als „Volksgeist" bei Gierke war gleichsam ‚Natürlichkeit'. Gierke könnte für sich selbst demnach beanspruchen, das Recht in der Sphäre des Geistes angetroffen zu haben, ferner der „Geist" selbst Teil der „Natur" ist. In diesem Sinne könnte der Begriff der „Lebenseinheit" bei Gierke dem Personenbegriff bei Kelsen oder auch der des „Gesellschaftskörpers" dem „Sozialen" gegenübergestellt werden. Auf diese grundsätzliche Verschiebung im Verständnis von „Geist" und „Natur" referiert letztlich auch die Fehldarstellung Kelsens, wonach die organische Staatstheorie eine „Wesensgleichheit des Staates mit den ihn bildenden Individuen" behauptet. Für Gierke wurde hingegen gezeigt, dass der Staat und seine Teile als strukturell verschieden gedacht werden. Das Verständnis dieser erkenntnistheoretischen Differenz ist also auch für das Verständnis der Differenz der jeweiligen ‚Welten' des Staates relevant.

[57] Vgl. Kelsen. Gott und Staat, S. 187 ff.

Staat, aus welcher beide ihren Sinn bezogen. Kelsen hingegen löst diese Bezogenheit von Staat und Recht auf: „Das Problem des Staates erscheint als ein Zurechnungsproblem, der Staat als ein Zurechnungs-, ein spezifischer Beziehungspunkt, und die entscheidende Frage zielt auf das Zurechnungskriterium."[58] Das Recht autorisiert Einzelne, staatsrechtlich zu handeln. Der Staat ist nicht mehr als die Personen, die den Vorgaben des Rechts entsprechend handeln,[59] wobei das Recht sich in diesem besonderen Fall auf etwas zurechnet, das Staat genannt wird. Der Staat trete als „Erzeuger" auf der einen Seite, als „Träger" einer „Rechtsordnung" auf der anderen Seite auf, wobei jeder „Rechtssatz [...] letztlich in der Statuierung eines Zwangsaktes mündet".[60] So einzig der Staat also Erzeuger des Rechts ist bzw. Personen zur Rechtssetzung ermächtigt, könne man sich kein Recht außerhalb des Staates denken und ist auch der Staat „identisch mit dem Recht".[61]

An dieser Stelle bietet es sich bereits an, mit der Ausdeutung der Systematik von Boltanski und Thévenot zu beginnen. Die Mitgliedschaft kann sich nur noch über das Recht in Form eines Zwangsaktes bestimmen; Mitgliedschaft verknüpft daher zwei Tatbestände: den Staat und seine Bürger: *Alle sind gleich/eins im Staat, insofern er der Zurechnungspunkt geltenden Rechts ist (a1).*[62] Hiermit weist Kelsen den Zustand des gemeinsamen Menschseins aus.

Die „Rechtswissenschaft [muss] mit Nachdruck betonen, daß der Mensch für sie nicht als biologisch-psychologische Einheit, sondern als ‚Person', das heißt als Rechtssubjekt, als spezifisches Rechtswesen in Betracht kommt, und so schafft die Rechtswissenschaft ihren Menschen ebenso nach dem Ebenbilde des Staates, der Person des Rechts par excellence".[63] Während Gierke jedes Mitglied im Staate als einen Einzelorganismus definiert, der sich strukturell vom Gesamtorganismus des Staates unterscheidet, sind bei Kelsen der Staat als einheitlicher Zurechnungspunkt des Rechtes und die Individuen, die diesem zugerechnet werden, strukturell identisch: *Jedes Mitglied des Staates ist eine Rechtsperson (a2).* So ist jede Rechtsperson nach dem „Ebenbilde" des Staates geformt. Mag dies zunächst schwer vorstellbar erscheinen, plausibilisiert es sich doch vor dem Hintergrund, dass sowohl Staat

---

[58] Kelsen. Gott und Staat, S. 178.
[59] Vgl. Kelsen. Gott und Staat, S. 181.
[60] Kelsen. Gott und Staat, S. 181.
[61] Kelsen. Gott und Staat, S. 181.
[62] In der *Reinen Rechtslehre* wird Kelsen später ergänzen: „Aber nicht jede Rechtsordnung wird schon als Staat bezeichnet; [...] Staat heißt die Rechtsordnung, wenn sie einen gewissen Grad von Zentralisation erreicht hat" (Kelsen, Hans. 2008. *Reine Rechtslehre*. Tübingen: Mohr Siebeck, S. 128).
[63] Kelsen. Gott und Staat, S. 191.

als dann auch das Individuum substanzlos gedacht werden, „[d]a die moderne Wissenschaft alle Substanz in Funktion aufzulösen strebt".[64] Es ist diese Substanz, die Gierke den Verbänden zuschreibt und welche seinen Wirklichkeitsbegriff von demjenigen Kelsens scheidet.

Hieraus ergründet sich auch, warum Kelsen neben dem Dualismus von Staat und Recht, den er nochmals differenzierter in der *Reinen Rechtslehre* zurückweist,[65] auch jenen zwischen dem Öffentlichen Recht und dem Privatrecht als „Ideologie" der „traditionellen Rechtslehre"[66] auszuräumen erstrebt.[67] Für ihn geht alles auf das Prinzip der Einheit des Rechts zurück. So schreibt er in der *Rechtslehre*, „daß ebenso wie im obrigkeitlichen Befehl so auch im privaten Rechtsgeschäft nur die Individualisierung einer generellen Norm – dort eines Verwaltungsaktes, hier der des Bürgerlichen Gesetzbuches – vollzogen wird".[68] Und weiter: „[D]ann wird es keineswegs so paradox erschienen, daß die Reine Rechtslehre von ihrem universalistischen, immer auf das Ganze der Rechtsordnung als auf den sogenannten Willen des Staates gerichteten Standpunkt auch im privaten Rechtsgeschäft […] einen Akt des Staates, das heißt einen der Einheit der Rechtsordnung zurechenbaren Tatbestand der Rechtserzeugung erblickt."[69] Wenn die Individuen als Mitglieder des Staates den Rechtsnormen unterliegen, stellt sich selbiger in Funktion bloß als die Gesamtheit aller von der Rechtsnorm autorisierten Personen im Namen seiner zu handeln dar.

So sind das private Geschäft als auch die unmittelbare Handlung im Namen des Staates Akte der Anwendung des Rechts als Rechtserzeugung. Es sind jedoch zwei *unterschiedliche* Akte der Rechtserzeugung, aus dem sich die Identifikation *unterschiedlicher* Merkmalszustände bestimmt. Die Rechtssubjekte unterscheiden sich voneinander gemäß der Funktion, die sie im Vorgang der Rechtserzeugung einnehmen. Zur Ausformulierung des dritten Axioms ist diese Doppelstruktur der Rechtssubjekte genauer zu beachten. Dabei gilt einmal, dass das Recht substanzlos ist und es bloß in der Anwendung existiert. Zum anderen ist festzustellen, dass die Subjekte als Empfänger eines „zurechenbaren Tatbestande[es]" den Rechtsnormen unterliegen. Auf diese Weise werden die Rechtssubjekte einmal als unter das Recht subsumierte „Tatbest[ä]nde" gedacht, und gleichzeitig als Rechtserzeuger, insofern nur durch ihr Handeln Recht ist. Hierin findet sich schließlich ein differenziertes

---

[64] Vgl. Kelsen. Gott und Staat, S. 193.
[65] Vgl. Kelsen. *Reine Rechtslehre*, S. 125 ff.
[66] Kelsen. *Reine Rechtslehre*, S. 125 ff.
[67] Vgl. Kelsen. *Reine Rechtslehre*, S. 119 ff.
[68] Kelsen. *Reine Rechtslehre*, S. 121.
[69] Kelsen. *Reine Rechtslehre*, S. 121.

Äquivalenzprinzip, dass die Axiome eins und zwei miteinander in Beziehung setzt: *Alle Rechtspersonen sind gleich/eins in Hinsicht darauf, dass ihre Handlungen unter bestimmte Rechtsnormen subsumierbar sind und so der Praxis der Rechtserzeugung unterliegen (a3).* Die Rechtssubjekte wechseln folglich ihre Merkmalszustände, indem ihr Handeln innerhalb der Rechtsordnung subsumtiv klassifiziert wird.

Während im Aufsatz *Gott und Staat* von der Gedankenfigur der Rechtserzeugung keine Rede ist, nimmt sie in der *Rechtslehre* eine zentrale Stellung ein und kann durch einen Seitenblick noch einmal veranschaulicht werden. Kelsen betont, dass seine Rechtslehre sich eben hierdurch von der „statischen Theorie des Rechts" unterscheide. Auf diesem Grund will er auch die Universalität der „Reine[n] Rechtslehre" behaupten.

Wenn der Staat gleich dem Recht ist, so ist Recht niemals eine feste Ordnung, sondern ein „ständig sich erneuernder Prozeß der Selbsterzeugung".[70] Kelsen differenziert, zurückgeführt auf die Einheit des Rechts, zwei Modi des Rechtsaktes – Vollziehung und Erzeugung –, die erneut strukturell identisch gedacht werden: „Daß der Staat eine – bestimmt qualifizierte – Rechtsordnung ist (die sich von Rechtsordnungen anderer Art nur quantitativ und nicht qualitativ unterscheidet), das zeigt sich auch darin, daß jede Lebensäußerung des Staates, jeder Staatsakt, nicht anders denn als Rechtsakt, als Akt der Erzeugung oder Vollziehung von Rechtsnormen auftreten kann."[71] Diese Differenzierung zwischen „Vollziehung" und „Erzeugung" des Rechts bestimmt bei Kelsen jedoch nicht, wie vermutet werden könnte, eine Staffelung der Teile des Ganzen bzw. tut dies nur indirekt. Es ist in der Tat so, dass die Rechtspersonen nach ihrer „Funktion"[72] hinsichtlich der Rechtsordnung hierarchisiert werden, jedoch sind „Vollziehung" und „Erzeugung" zwei Seiten derselben Medaille. Eine „Rechtserzeugung" meint im Sinne Kelsens stets auch eine „Vollziehung", da nur Recht auf Grundlage bereits geltenden Rechts geschaffen wird. Die Hierarchisierung von Merkmalszuständen ist im Konkreten daher historischer Kontingenz überantwortet, die, wenngleich sie einer inneren Logik der Rechtsentwicklung folgt, sich letztlich am Grade der Qualität der praktischen Rechtserzeugung, das heißt ihrer Wirkung für das Rechtsganze, bemisst: „Sobald die Rechtsordnung das primitive Stadium völliger Dezentralisierung überwunden hat, sobald sich zur Erzeugung und Vollziehung der Rechtsnormen, insbesondere zur Vollziehung der Zwangsakte arbeitsteilig funktionierende Organe herausgebildet haben, hebt sich […] eine Gruppe von besonderen Individuen

---

[70] Kelsen. *Reine Rechtslehre*, S. 107.

[71] Kelsen. *Reine Rechtslehre*, S. 130.

[72] Kelsen. *Reine Rechtslehre*, S. 133.

besonders deutlich ab, die als Organe in spezifischer Weise qualifiziert sind."[73] Die Individuen werden hinsichtlich ihrer Stellung in der zentralisierten Rechtsordnung, die Staat heißt, differenziert in die „Normunterworfenen" sowie in eine „Gruppe von besonderen Individuen", die als Teil der „Organe" des Staates „in spezifischer Weise qualifiziert sind".[74] Später nennt Kelsen sie auch „Staatsbeamte".[75] So trete der „Begriff des Staatsorgans [...] dem Begriff des Untertanen als des Privaten gegenüber".[76]

Es ist zu berücksichtigen, dass Kelsen dies immer in Hinblick auf das Recht als ein dynamisches Gebilde, das nur im Vollzug existiert, denkt. Individuen werden demnach nicht exklusiv einer Gruppe zugerechnet, sondern können sowohl „Private" wie „Staatsorgane" sein, je nachdem, in welcher Beziehung sie zu einem bestimmten Zeitpunkt im Fluchtpunkt des Rechts stehen. Zudem dürfen „Private" nicht automatisch mit den „Normunterworfenen" gleichgesetzt werden. Gemäß der Doppelstellung des Individuums vor dem Recht ist auch der Private stets „Normunterworfene[r]" und „Rechtserzeuger". Dennoch stellt Kelsen eine Gruppe höher, nämlich jene, die als Mitglieder der staatlichen „Organe" „in spezifischer Weise qualifiziert sind". Der „Private", so lässt sich antizipieren, erzeugt zwar auch Recht und vollzieht es, jedoch in wesentlich eingeschränkterer Weise. Die „Staatsbeamte[n]" erzeugen und vollziehen Recht, was wiederum auf die „Erzeugung" und „Vollziehung" des Rechts anderer „Individuen" Einfluss hat. Ihre Praxis der Rechtserzeugung ist somit dem Grade nach allgemeiner, als die Rechtspraxis des „Privaten", die, wie im Falle eines Vertragsschlusses, bloß eine begrenzte Anzahl von Elementen bindet. Als viertes Axiom soll daher formuliert werden: *Alle Rechtspersonen sind gleich/eins in Hinsicht darauf, dass ihre Handlungen unter bestimmte Rechtsnormen subsumierbar sind und so der Praxis der Rechtserzeugung unterliegen (a3), auch wenn manche eine größere Bedeutung hinsichtlich des dynamischen Ganzen der Rechtserzeugung entfalten (a4).*

Interessant ist, dass Kelsen in seiner Beschreibung des Staates den Begriff des „Organ[s]" nutzt. Hierzu merkt er selbst an: „[D]er Sprachgebrauch ist keineswegs konsequent."[77] Der Begriff des Organs, so Kelsen, „ist ein sehr häufig verwendeter Begriff, der sich auch in der etwas naiven Vorstellung ausdrückt, derzufolge der Staat eine engere und festere Organisation innerhalb eines Staates im weiteren

---

[73] Kelsen. *Reine Rechtslehre*, S. 131.
[74] Kelsen. *Reine Rechtslehre*, S. 131.
[75] Kelsen. *Reine Rechtslehre*, S. 131.
[76] Kelsen. *Reine Rechtslehre*, S. 132.
[77] Kelsen. *Reine Rechtslehre*, S. 132.

Sinne bildet, der alle Untertanen umfaßt".[78] Er äußert die Absicht, den Begriff des Organs durch den Begriff des „Funktionärs"[79] ersetzt zu wissen: „Innerhalb des Tatbestandes der Organfunktion ist die besondere Qualifikation des die Funktion leistenden Menschen [...] eines der diesen Tatbestand bildenden Elemente."[80] Kelsen reduziert den Begriff des Organs damit auf ein mechanistisches Bild, wo Gierke eine emanistische Gedankenfigur setzte. Kelsens Hinweis zeigt jedoch die stete Präsenz des Problemhorizontes an, den die organische Staatstheorie aufgeworfen hat. Das für Kelsen identifizierte Staffelungsprinzip assoziiert sich schließlich mit der „Lehre des rechtlichen Stufenbaus". Die Rechtsordnung wird hiernach „als ein arbeitsteilig differenziertes, sich in ständiger Bewegung befindliches Zusammenwirken vielfältiger Arten von Normen und Rechtsakten dar[gestellt], die durch ein mehrstufiges Gefüge von Ermächtigungsbeziehungen zu einer Einheit zusammengehalten werden".[81] Die Kelsenschen Stufen stehen der organischen Logik Gierkes gleichsam konträr gegenüber. Während Gierkes organische Logik nach dem Prinzip eines gleichförmigen, aus sich selbst schöpfenden Ganzen funktioniert, ist in der Stufenmetapher eine Reihe oder Kette assoziiert, also ein Nacheinander statt eines Aus-sich-Selbst. Dieses Nacheinander ist nicht gleichförmig strukturiert, sondern gekennzeichnet durch qualitative Umschwünge, die auch in der Vertikalen differenziert sind. Dieses Nach- und Übereinander wird bei Kelsen durch eine Beziehung aufrechterhalten, die näherhin als ‚Ermächtigungsbeziehung' gekennzeichnet ist. Dies verdeutlicht zum einen das Übereinander – die nächst höhere Stufe ist so gesehen ‚mächtiger' –, zum anderen ist das Prinzip des Nebeneinanders konkretisiert. Das Nebeneinander ist zugleich ein Nebeneinander in einer Wirkrichtung.

Es ist also davon auszugehen, dass Kelsen auch die Mitglieder des Gemeinwesens stufenförmig denkt, sofern sie durch die Rechtsordnung autorisierte, differenzierte Funktionen im Gemeinwesen einnehmen. Der Beamte ist in funktioneller Hinsicht für die Rechtsordnung bedeutender als der „Normunterworfene". Hierbei gilt, dass der Großteil der Beamten, wie oben erwähnt, „insbesondere zur Vollziehung der Zwangsakte" berufen ist. So wäre in sinnlogischer Fortführung davon auszugehen, dass sich neben jenen Vollziehern unter den „Staatsbeamte[n]" noch eine kleinere Gruppe noch allgemeinerer Erzeuger anschließen lässt, die am höchsten in

---

[78] Kelsen. *Reine Rechtslehre*, S. 133.
[79] Kelsen. *Reine Rechtslehre*, S. 133.
[80] Kelsen. *Reine Rechtslehre*, S. 133.
[81] Koller, Peter. 2005. Zur Theorie des rechtlichen Stufenbaus. In *Hans Kelsen – Staatsrechtslehrer und Rechtstheoretiker des 20. Jahrhunderts*, hrsg. Stanley Paulson und Michael Stolleis. Tübingen: Mohr Siebeck, S. 106–121, hier S. 106.

der Rangordnung steht, so ihre Praxis in noch höherem Maße funktionale Wirkung für das Rechtsganze entfaltet. So kann das Axiom fünf wie folgt angeschlossen werden: *Alle Rechtspersonen sind gleich/eins in Hinsicht darauf, dass ihre Handlungen unter bestimmte Rechtsnormen subsumierbar sind und so der Praxis der Rechtserzeugung unterliegen (a3), auch wenn manche eine größere Bedeutung hinsichtlich des dynamischen Ganzen der Rechtserzeugung entfalten (a4), da sie vom Recht autorisiert sind, funktionaler für die Rechtserzeugung und -vollziehung zu sein (a5).*

An dieser Konstruktion wird nochmals deutlich, inwiefern das Recht sich als Recht selbst einsetzt und in dieser Hinsicht problematisch wird. Um dies aufzulösen führt Kelsen eine weitere Gedankenfigur ein. Schließlich spricht er von der „Grundnorm" als dem Urgrund allen Rechts. Hiermit markiert er einen imaginativen *Beginn* der Rechtsbildung. Sie ist jedoch nicht als der Beginn der Stufenfolge zu verstehen. Während die Stufenfolge das Beziehungsgefüge des Rechts zu einem *bestimmten* Zeitpunkt verbildlicht, markiert die „Grundnorm" eine entzeitlichte Verzeitlichung des Rechtsgedankens: „[D]ie Begründung der Geltung des positiven Rechts durch die „Grundnorm" als Selbstbegründung des Rechts."[82] Die Grundnorm muss „ebenso vorausgesetzt werden, wie vorausgesetzt werden muss, dass die geschriebene Verfassung den Charakter objektiv verbindlicher Norm hat. [...] Dann setzt die Grundnorm – als die Verfassung im rechtslogischen Sinne – [...] den Akt des Verfassungsgebers [...] ein".[83] Der Staat besitzt in diesem Sinne keine Rechtfertigung außer sich selbst als gegenwärtige Existenz – als normative Kraft des Faktischen: *Weil der Staat Zurechnungspunkt des Rechts ist, bedarf er steter Rechtserzeugung (a6).* Schließlich muss dies die Letztbegründung einer ‚Reinen Rechtslehre' sein. Und gerade daher rechtfertigt sich die Theorie der ‚Reine[n] Rechtslehre' in der Zurückweisung ihres Charakters als Rechtfertigung: „Und sie leugnet insbesondere, daß es die Aufgabe der Rechtswissenschaft sein kann, irgendetwas zu rechtfertigen. Rechtfertigung bedeutet Wertung; und Wertungen – stets subjektiven Charakter – sind Sache der Ethik und Politik, nicht aber der objektiven Erkenntnis."[84] Dass ausgerechnet der Staat als der Zurechnungspunkt des Rechtes erscheint, muss für Kelsen demnach kontingent sein. Genauso wie bei Gierke könnten andere Gemeinwesen – ein ‚Reich', eine ‚Polis' usw. – als Träger des Rechts auftreten.

---

[82] Kelsen, Hans. 1963/1986. Die Selbstbestimmung des Rechts. In *Die Wiener Rechtstheoretische Schule, Zwei Bände*, hrsg. Hans Klecatsky, René Marcic und Herbert Schambeck. Wien und Salzburg: Europa-Verlag und Universitätsverlag Anton Pustet, S. 1445–1453, hier S. 1452.

[83] Kelsen. *Reine Rechtslehre*, S. 229.

[84] Kelsen. *Reine Rechtslehre*, S. 137.

Schließlich lässt sich vor diesem Hintergrund auch die Rede vom „Dogma der Volkssouveränität" verstehen. „Souveränität" ist für Kelsen keine Eigenschaft des „Volk[e]s", sondern eine Ableitung des Rechts, das für ihn die oberste „Wirklichkeit" beschreibt. Insofern ist er viel eher ein Denker der ‚alten' Ordnung als ein Vordenker der ‚neuen'. Mit der ‚Welt' des reinen Rechts verschieben sich die Koordinaten zwischen Wissenschaft und Staat im 20. Jahrhundert jedoch bedeutend. Während bis dato die Staatsrechtslehrer als Akademiker Einfluss auf die Rechtsbildung hatten, da das Recht als etwas gesehen wurde, dessen Kern sich in der Auslegung historisch erweisen muss, geht der Einfluss der Wissenschaft mit Kelsen zurück, obwohl er der Rechtswissenschaft die Bestimmung dessen zusprach, was Staat sei. Die strukturelle Beziehung von Staat und Wissenschaft ändert sich jedoch vor dem Hintergrund der ‚Reinen Rechtslehre' dahingehend, als dass Politik und Verwaltung als Entscheidungsträger im Wesentlichen gestärkt werden. Sie erhalten unmittelbare Zugriffsmöglichkeiten auf das Recht. Dieses löst sich von jedem Traditionsbegriff und damit von jeder substanziellen Verankerung. Wie bereits gezeigt wurde: Staat wie Recht werden zur reinen Gegenwart. Die strikte Trennung von Sein und Sollen, die Kelsen vornimmt, holt ihn also wieder ein, weil nichts anderes ‚sollen' kann, als das, was ist.

4 Carl Schmitt: Die ‚Welt' der Volkseinheit und ihre Rechtfertigung

Carl Schmitt bemerkt im *Begriff des Politischen* 1932 zur „Reinen Rechtslehre": „Die schlimmste Verwirrung entsteht dann, wenn Begriffe wie Recht [...] in solcher Weise benutzt werden, um klares politisches Denken zu verhindern [...]."[85] Wenn mit „Recht" einzig die „bestehenden politischen positiven Gesetze und Gesetzgebungsmethoden bezeichnet [werden], die weiter gelten sollen; dann bedeutet die ‚Herrschaft des Rechts' nämlich nichts andere als die Legitimierung eines bestimmten *status quo*, an dessen Aufrechterhaltung selbstverständlich alle ein Interesse haben, deren politische Macht oder ökonomischer Vorteil sich in diesem Recht stabilisieren".[86] Einer solchen „Aufrechterhaltung" steht Carl Schmitt zeitlebens skeptisch gegenüber. In seinen Erinnerungen an seine frühen Jahre in Berlin, wo er ab 1907 Jura studiert, schreibt er: „Ich war ein obskurer junger Mann bescheidener Herkunft [...]. Weder die herrschende Schicht noch eine oppositionelle Richtung hatten mich erfasst. [...] Das bedeutete, daß ich ganz im Dunkeln

---

[85] Schmitt, Carl. 1932/1963. *Der Begriff des Politischen*. Berlin: Duncker & Humblot, S. 65.
[86] Schmitt. *Der Begriff des Politischen*, S. 66.

stehend, aus der Dunkelheit, in einen hell erleuchteten Raum hineinsah. [...]. Eine herrschende Schicht empfindet jeden als heterogen, der sich durch die Berührung mit ihr nicht beglückt, sondern betrübt zeigt. [...] Sie stellt ihn vor die Wahl, sich anzupassen oder sich zu entfernen."[87] In dieser Schilderung bildet Schmitt die Verquickung seines Denkweges mit einer biografischen Entwicklung ab. Es wird deutlich, dass er sich in beiderlei Hinsicht von einer „herrschende[n] Schicht" abgrenzt. Die Rolle des „im Dunkeln [S]tehend[en]" prägt rückwirkend seine Selbstwahrnehmung für diese Zeit. Diese Grundkonstellation ist zu berücksichtigen, wenn Schmitt über das „Politische" schreibt. Im Jahre 1907, als Schmitt sein Studium aufnimmt, ist Kelsen bereits promoviert. Als Schmitt promoviert, stellt Kelsen seine Habilitation fertig. Er agiert früh als öffentliche Person und ist für Schmitt stets sichtbar. Möglicherweise ordnet Schmitt Kelsen selbst in den „erleuchteten Raum" der „herrschende[n] Schicht".

Schmitt knüpft in den ersten Jahren methodologisch an die traditionelle Rechtswissenschaft an, wendet sich später jedoch von dieser ab. Otto von Gierkes Genossenschaftstheorie stellt er noch das Zeugnis von „lebendigem politischen Wollen und Fortschrittsbewusstsein" aus. Er kommt dennoch zu dem Schluss, Gierkes Ansatz führe letztlich zu einer „rein antiquarischen Geschichtsbetrachtung". Gleichsam bleibt in dieser Kritik die Möglichkeit des Denkens einer ‚nichtantiquarischen Geschichtsbetrachtung' implizit. Insofern bleibt Gierke ein Ansatzpunkt für Schmitt. Im Jahre 1930 widmet er sich auch dem Gierke-Schüler Hugo Preuß.[88] Man werde „von Preuß ausgehen müssen, wenn man sich einer Aufgabe unterzieht, der die deutsche Staatsrechtswissenschaft nicht länger ausweichen kann, nämlich zum konkreten geschichtlichen Bewußtsein der eigenen geistigen Situation zu gelangen".[89] Neben der „antiquarischen Geschichtsbetrachtung" gilt also die Möglichkeit des „konkreten geschichtlichen Bewußtsein[s]". Nimmt man die beiden Formulierungen ernst, so lassen sich bereits erste Differenzen des methodologischen Anspruchs identifizieren. Die „antiquarische" Methode kann verstanden werden als ein Sortiervorgang, ein Ablegen von Vergangenem, das als solches bestehen bleibt, jedoch als endgültig Vergangenes markiert wird. Das „konkrete [...] Bewußtsein" signiert dagegen die unmittelbare Präsenz und Aktualität des Geschichtlichen und hebt es damit in den Rang des unmittelbar

---

[87] Müller, Jan Werner. 2013. *Das demokratische Zeitalter. Eine politische Ideengeschichte des 20. Jahrhunderts*. Frankfurt a.M.: Suhrkamp, S. 29.
[88] Vgl. Schmitt, Carl. 1930. *Hugo Preuß: sein Staatsbegriff und seine Stellung in der deutschen Staatsrechtslehre*. Tübingen: Mohr Siebeck; hier auf S. 3 die Problematisierung der antiquarischen Geschichtsbetrachtung.
[89] Schmitt. *Hugo Preuß*, S. 3.

Bedeutenden. Diese Geschichte ist nicht abgelegt, sie ist Teil der Gegenwart, allerdings nicht zu verwechseln mit Kelsens Begriff ‚reiner' Gegenwärtigkeit.

Im Folgenden möchte ich den Fokus der Untersuchung vor allem auf Schmitts Schrift zum *Begriff des Politischen* legen, da sich hier das Verhältnis von Vergangenem und Gegenwärtigem im Denken Schmitts präzisieren lässt und zugleich innerhalb dieser Figur der Gegenstand des Staates hervortritt. Hierzu schreibt Schmitt: „Wir dürfen es dahingestellt sein lassen, was der Staat seinem Wesen nach ist, eine Maschine oder ein Organismus, eine Person oder eine Einrichtung [...] oder ein Bienenstock, oder vielleicht gar eine ‚Verfahrensgrundreihe'."[90] Schmitt weist sich als Kenner der staatsrechtlichen Bilderlehre aus, um sich zugleich von ihr abzuwenden: Weder ein „Organismus" im Sinne Gierkes, noch eine „Rechtsperson" im Sinne Kelsens soll der Staat sein. Schon im ersten Satz im *Begriff des Politischen* stellt er daher klar: „Der Begriff des Staates setzt den Begriff des Politischen voraus."[91] Das heißt, es ist aus Schmitts Sicht zu vernachlässigen, *was* der Staat ist, wenn zunächst erkannt werden muss, dass dieser Staat eine Voraussetzung hat, die ihn ermöglicht. Er wendet sich damit gegen das Argument der *Reinen Rechtslehre*.

„Staat ist seinem Wortsinn und seiner geschichtlichen Erscheinung nach ein besonders gearteter Zustand eines Volkes."[92] Neben der *Begrifflichkeit* des Staates eignet diesem folglich die Qualität einer „geschichtliche[n] Erscheinung". Auf diese Weise wird das „Volk" als eine transhistorische Größe ausgewiesen, welche den historisch wandelbaren Begriff des „Staates" auf einen festeren Grund stellt. Dessen „Zustand" bildet die wandelbare Unbekannte. So erschließt sich, was Schmitt mit dem „konkreten geschichtlichen Bewußtsein" formuliert. Es signiert das Wissen von den transhistorischen Größen, die in den wandelbaren Begriffen der Gegenwart – „Staat" – enthalten sind: *Alle sind gleich/eins im Staat, sofern der Staat die historische Form des Volkes ist (a1).*

Schmitt kritisiert weiterhin die gegenwärtig allgemeine Gleichsetzung von Staat und dem „Politischen" – „ein unbefriedigender Zirkel".[93] Diese Gleichsetzung erhalte ihre Wirklichkeit nur auf der Grundlage, dass „der Staat und die staatlichen Einrichtungen als etwas Selbstverständliches und Festes vorausgesetzt werden können"[94] und ihm, dem Staat, das „Monopol des Politischen"[95] inne sei. Mit der

---

[90] Schmitt. *Der Begriff des Politischen*, S. 20.
[91] Schmitt. *Der Begriff des Politischen*, S. 20.
[92] Schmitt. *Der Begriff des Politischen*, S. 20.
[93] Schmitt. *Der Begriff des Politischen*, S. 21.
[94] Schmitt. *Der Begriff des Politischen*, S. 23.
[95] Schmitt. *Der Begriff des Politischen*, S. 23.

„[A]nnerkenn[ung]" einer „Gesellschaft" jedoch werde die Gleichung „Staatlich = Politisch in demselben Maße unrichtig und irreführend, in welchem Staat und Gesellschaft sich gegenseitig durchdringen".[96] „Dann hören die bisher ‚neutralen' Gebiete – Religion, Kultur, Bildung, Wirtschaft – auf, ‚neutral' im Sinne von nicht-staatlich und nicht-politisch zu sein."[97]

Entsprechend setzt Schmitt voraus, dass die Größe „Gesellschaft" differenzierbare Teilbereiche aufweist, „Gebiete", die „neutral" sind. „[N]eutral[ität]" im Sinne Schmitts meint dann ihrer je eigenen Logik folgend. Das „Moralische" entscheide zwischen „Gut" und „Böse", das „Ästhetische" zwischen „Schön" und „Häßlich" usw.[98] Und auch das „Politische" spreche „in eigenen letzten Unterscheidungen".[99] Das heißt, die „Gebiete" sind als solche gekennzeichnet, insofern sie eigene „letzte Unterscheidungen" hervorbringen. Schmitts Zeitdiagnose zielt darauf, dass das vormals den Staat attributtierende „Politische" in dem Sinne unrichtig wird, als es seine bezeichnende Exklusivität einbüßt. Entsprechend hört das Merkmal Staatlichkeit auf, Indikator für das Politische zu sein. Das Politische greift in dieser Zeitdiagnose auf alle „Gebiete" über und wird „total".[100] So markiert Schmitt hiermit gleichsam eine spezifische Stellung seiner Person in der Geschichte: Es ist die historische Position, die es erlaubt festzustellen, dass das „Politische" mehr sein muss als das „Staatliche" und zum „konkreten [...] Bewußtsein" vorzudringen vermag.

„Die spezifisch politische Unterscheidung, auf welche sich die politischen Handlungen und Motive zurückführen lassen, ist die Unterscheidung von *Freund* und *Feind*."[101] Und diese Unterscheidung konstituiere eine vom Grundsatz her eigenständiges „Gebiet", abgelöst von den übrigen „relativ selbstständigen Sachgebieten":[102] „Der politische Feind braucht nicht moralisch böse, er braucht nicht ästhetisch häßlich zu sein; er muß nicht als wirtschaftlicher Konkurrent auftreten, und es kann vielleicht sogar vorteilhaft scheinen mit ihm Geschäfte zu machen. Er ist eben der andere, der Fremde, und es genügt zu seinem Wesen, daß er in einem besonders intensiven Sinne existenziell etwas anderes und Fremdes ist, so daß im extremen Fall Konflikte mit ihm möglich sind."[103] Letztendlich sind also, nach Schmitt, jegliche politischen Handlungen auf die Unterscheidung von „Freund und Feind"

---

[96] Schmitt. *Der Begriff des Politischen*, S. 24.
[97] Schmitt. *Der Begriff des Politischen*, S. 24.
[98] Schmitt. *Der Begriff des Politischen*, S. 26.
[99] Schmitt. *Der Begriff des Politischen*, S. 26.
[100] Schmitt. *Der Begriff des Politischen*, S. 24.
[101] Schmitt. *Der Begriff des Politischen*, S. 24.
[102] Schmitt. *Der Begriff des Politischen*, S. 24.
[103] Schmitt. *Der Begriff des Politischen*, S. 27.

zurückzuführen. Es braucht hierfür keinen Grund; die Unterscheidung als solche entzieht sich einer möglichen Prüfung. Die „letzten Unterscheidungen" werden rein als funktionale, dabei aufeinander verwiesene, Größen gedacht, welche die „Sachgebiete" konstituieren. Das Poltische *ist*, so Schmitts Analyse, solange der „Fremde" existiert, mit dem der „existenziell[e]" Extremfall des Konfliktes „möglich" ist. Entsprechend dieser Aussage entfalten die „letzten Unterscheidungen" bestimmte Wirkungen, die weiterhin das Wesen der „Sachgebiete" bestimmen.

Aus der Unterscheidung von „Freund und Feind" leitet sich der „Konflikt" ab: „Denn zum Begriff des Feindes gehört die im Bereich des Realen liegende Eventualität eines Kampfes."[104] Es ist also ferner zu schließen, dass die „Sachgebiete", derer das „Sachgebiet" des „Politischen" eines ist, „im Bereich des Realen" zu verorten sind. Diese „Real[ität]" wird, sofern sie *politische* „Real[ität]" ist, von der „Eventualität" her bestimmt. Schmitts Begriff der „Real[ität]" zielt nicht auf eine positive Gegenwart im Sinne Kelsens, sondern bestimmt sich von der in der positiven Gegenwart mitgegebenen Möglichkeit ihrer Andersartigkeit. Diese „Eventualität" wird näherhin als „Extremfall" kenntlich gemacht. Die „letzten Unterscheidungen" werden erst im „Konflikt" virulent. Entsprechend gründet Schmitts „Begriff des Politischen" auf einem spezifischen Bild der ‚Natur' des Menschen, wonach diese sich in zumindest einer Hinsicht als „[k]onflikt[haftig]" herausstellt. Der „Bereich des Realen" ist folglich bestimmt vom „Wesen" dieser menschlichen Grundkonstitution. Nur insofern kann das „Politische" als „Sachgebiet" „des Realen" aus dem „Konflikt" mit dem „Fremden" bestimmt werden. Und es gilt andersherum für Schmitt, dass der „Bereich des Realen" zu erkennen gibt, was das „Politische" ist: Eine solche, „den Kern der Dinge enthüllende Bedeutung", eignet Schmitt dem „Kriegsfall" zu, so „[a]uch heute noch [...] der Kriegsfall der ‚Ernstfall'"[105] sei. Der „Kriegsfall" als „Ernstfall" „enthüll[t]" „das Wesen" des „Politischen", was heißt, dass der „Krieg" ein „im Bereich des Realen" liegender „[F]all" der „letzten Unterscheidung von Freund und Feind" sein muss, in dem sich die „existenziell[e]" „[A]nders[artigkeit]" des „Fremden" zum Konflikt zuspitzt.

Folglich meint Schmitt: „Eine Welt, in der die Möglichkeit eines solchen Kampfes restlos beseitigt und verschwunden ist, ein endgültig pazifizierter Erdball, wäre eine Welt ohne die Unterscheidung von Freund und Feind und infolgedessen eine Welt ohne Politik."[106] Und er spekuliert: „Es könnte sehr interessante Gegensätze und Kontraste geben, Konkurrenzen und Intrigen aller Art, aber sinnvollerweise keinen Gegensatz, auf Grund dessen von Menschen das Opfer ihres Lebens verlangt werden

---

[104] Schmitt. *Der Begriff des Politischen*, S. 33.
[105] Schmitt. *Der Begriff des Politischen*, S. 35.
[106] Schmitt. *Der Begriff des Politischen*, S. 35.

könnte und Menschen ermächtigt werden, Blut zu vergießen und andere Menschen zu töten."[107] Mit dieser Spekulation möchte ich die Ausdeutung von Schmitts *Begriff des Politischen* in Hinsicht auf das Modell der Rechtfertigung zuspitzen. Denn an diesem Zitat offenbart sich noch einmal, dass der „Mensch" für Schmitt die basale Figur des Ausgangs seiner ‚Welt' ist. Sein „Wesen" konstituiert den „Bereich des Realen". Er muss nicht zwingend politisch sein, um im Staat leben zu können, der dann alles wäre, nur nicht politisch. So kann als ein erstes Differenzierungsaxiom hinsichtlich der Unterscheidung von Individuen in einem Gemeinwesen für Schmitt formuliert werden: *Jedes Mitglied des Staates ist Mensch (a2)*. Dass der „Staat" für Schmitt schließlich jedoch eine historische Form des „Politischen" ist, gründet sich in der Wirklichkeit des konflikthaften „Wesen[s]" des Menschen.

In erster Linie denkt Schmitt den Feind so außerhalb des *eigenen* Staates – der „Feind" ist der „existenziell" „Fremde". Der Krieg folge „aus der Feindschaft", die die „seinsmäßige Negierung eines anderen Seins"[108] sei. In diesem Kampf konstituiert sich die „Einheit des Volkes" im Staate: „Die Möglichkeit richtigen Erkennens und Verstehens und damit auch die Befugnis mitzusprechen und zu urteilen ist hier nämlich nur durch das existenzielle Teilhaben und Teilnehmen gegeben."[109] Das heißt aber auch, eine *politische* „Einheit" ist nur möglich, sofern ein „Feind" besteht. Entfällt der „Feind", wird auch die *politische* „Einheit" des Volkes fragwürdig. „[R]ichtige[s] Erkennen und Verstehen" zeichnet Schmitt mit der „Teilhabe" aus und andersherum meint „Teilhabe" an der „politischen Einheit" auch „richtiges Erkennen", wer „Feind" und wer „Freund" ist. Durch die Zuordnung einer Person als „Freund", das heißt durch prinzipielle „Opfer[bereitschaft]" des „Lebens" für das „Volk", generiert sich die „Befugnis" der „Teilhabe" am Gemeinwesen. So ist hier ein differenziertes Äquivalenzprinzip der Mitglieder eines Gemeinwesens bei Schmitt anzutreffen: *Alle Menschen sind gleich/eins im Staat, sofern sie potenziell die Feinde des Staates auch als ihre Feinde anerkennen (a3)*.

Problematisch wird diese Definition, ferner der „Ernstfall" nicht mehr auf den „Kriegsfall", das heißt den „Konflikt" zwischen „politischen Einheiten" beschränkt bleibt, sondern der Fall des „Konflikt[es]" auch „innerhalb einer organisierten Einheit"[110] auftritt. Anhand dieses Falls jedoch erweitert Schmitt seine Definition hinsichtlich eines dem „Politischen" innewohnenden Hierarchisierungsprinzips. Er verdeutlicht: „Würde die pazifistische Gegnerschaft gegen den Krieg so stark, daß sie die Pazifisten gegen die Nicht-Pazifisten in den Krieg treiben könnte, [...] so

---

[107] Schmitt. *Der Begriff des Politischen*, S. 35 f.
[108] Schmitt. *Der Begriff des Politischen*, S. 35 f.
[109] Schmitt. *Der Begriff des Politischen*, S. 27.
[110] Schmitt. *Der Begriff des Politischen*, S. 33.

wäre damit bewiesen, daß sie wirklich politische Kraft hat, weil sie stark genug ist, die Menschen nach Freund und Feind zu gruppieren."[111]

Von daher ist für Schmitt „immer die Gruppierung" „*politisch*", „die sich am Ernstfall orientiert".[112] „[S]ouverän" sei dann stets diese „maßgebende menschliche Gruppierung", die die „Entscheidung" über den „Ausnahmefall" fällen könne.[113] „Das genügt, um einen vernünftigen Begriff von Souveränität und Einheit zu begründen. Die politische Einheit [...] existiert oder sie existiert nicht. Wenn sie existiert, ist sie die höchste, das heißt im entscheidenden Fall bestimmende Einheit."[114] Hieraus ließe sich schlussendlich antizipieren: Unterschiedliche Merkmalszustände in Schmitts ‚Welt' des Staates werden dadurch differenziert, sowie die Individuen ihre Loyalität einer „maßgebenden" Gruppierung zusagen oder aber selbst „maßgeb[lich]" eine solche Freund-Feind-Unterscheidung erzwingen. Wer sich als „Feind" positioniert, schließt sich damit zugleich aus der politischen Einheit aus und begründet entweder eine eigene „Einheit" oder schließt sich einer anderen an. So gibt es also zwei Dimensionen der ‚Staffelung' bei Schmitt. Das entscheidende Kriterium für die Staffelung der Mitglieder innerhalb der Einheit ist mit dem Kriterium der „Maßgeblichkeit" in Hinsicht auf die Potenz des „Ernstfalls" zu benennen. Derjenige, der die Entscheidung erzwingt, steht als „[M]aßgeb[lichster]" an der Spitze, die ihm Folgenden konstituieren in zweiter Reihe die Einheit. *Alle Menschen sind gleich/eins im Staat, sofern sie potenziell die Feinde des Staates auch als ihre Feinde anerkennen (a3), auch wenn sich manche für die Konstitution der Einheit bedeutender zeigen (a4), da sie in Hinsicht auf das Politische maßgebender sind (a5).*

Gleichwie sich die Individuen staffeln, sind „politische Einheiten" hierarchisch zu denken: „Wenn ein Volk die Mühen und das Risiko der politischen Existenz fürchtet, so wird sich eben ein anderes Volk finden, das ihm diese Mühen abnimmt, indem es seinen ‚Schutz gegen äußere Feinde' und damit die politische Herrschaft übernimmt."[115] So wird ein „Volk" für ein anderes „maßgebend". Damit konstruiert Schmitt ein dynamisches Bild der Ordnung eines Gemeinwesens, insofern jede einmal konstituierte Ordnung einer Einheit potenziell durch eine andere bedroht wird. Entfällt die Bedrohung, entfällt das „Politische", so auch die Einheit zerfällt.

Schließlich ist aus Schmitts Beobachtungen im „Bereich des Realen" auch das letzte Prinzip der politischen Metaphysik zu explizieren. Schmitt konstatiert, der

---

[111] Schmitt. *Der Begriff des Politischen*, S. 37.
[112] Schmitt. *Der Begriff des Politischen*, S. 39.
[113] Schmitt. *Der Begriff des Politischen*, S. 39.
[114] Schmitt. *Der Begriff des Politischen*, S. 43.
[115] Schmitt. *Der Begriff des Politischen*, S. 53.

Staat habe „eine ungeheure Befugnis bei sich konzentriert: Die Möglichkeit Krieg zu führen und damit offen über das Leben von Menschen zu verfügen".[116] Das „[V]erfügen" über das Leben bestimmt sich in einer „doppelte[n] Möglichkeit", nämlich: „von Angehörigen des eigenen Volkes Todesbereitschaft und Tötungsbereitschaft zu verlangen".[117] Der Staat besitzt als maßgebende politische Einheit also nicht nur ein passives Recht über das Leben seiner „Freunde", sondern auch ein aktives. Diese „doppelte Möglichkeit" ist die Grundvoraussetzung für die Zweckerfüllung des Staates im Sinne Schmitts:

> „Die Leistung eines normalen Staates besteht aber vor allem darin, innerhalb des Staates und seines Territoriums eine vollständige Befriedung herbeizuführen, [...] und dadurch eine normale Situation zu schaffen, welche die Voraussetzung dafür ist, daß Rechtsnormen überhaupt gelten können, weil jede Norm eine normale Situation voraussetzt und keine Norm für eine ihr gegenüber völlig abnorme Situation Geltung haben kann."[118]

Schmitt schließt folglich damit, dass die „Eventualität" des „Ernstfalls" letztlich sein Gegenteil, den „Normalfall", konstituiert, in welcher „Rechtsnormen" „Geltung haben". So bekräftigt er, „vernünftige Legitimität oder Legalität" sei bloß zu denken „kraft des ewigen Zusammenhangs von Schutz und Gehorsam":[119] *Weil der Staat die politische Form des Volkes ist, bedarf er eindeutig sich bekennender Freunde kraft des Zusammenhanges von Schutz und Gehorsam (a6).*

Damit ist Schmitts ‚Welt' als eine direkte Antwort auf den Rechtspositivismus zu deuten und gibt ihm doch schließlich ein tieferes Fundament. Die ‚Welt' des reinen Rechts entzieht sich genau genommen der Widerlegung der ‚Welt' der Volkseinheit, weil letztere eine ‚Welt' des Normalfalls unangetastet lässt.

5 Ernst-Wolfgang Böckenförde: Die ‚Welt' der Bürger und ihre Rechtfertigung

Im Jahr der Gründung der Bundesrepublik legt Ernst-Wolfgang Böckenförde das Abitur ab und studiert im Anschluss Jura und Neuere Geschichte. Er wird 1964 in Münster habilitiert und wirkt dann auf Professuren in Heidelberg, Bielefeld und Freiburg. Im Jahre 1983 wird Böckenförde zum Richter des Zweiten Senats beim

---

[116] Schmitt. *Der Begriff des Politischen*, S. 46.
[117] Schmitt. *Der Begriff des Politischen*, S. 46.
[118] Schmitt. *Der Begriff des Politischen*, S. 46.
[119] Schmitt. *Der Begriff des Politischen*, S. 53.

Bundesverfassungsgericht ernannt. Allein diese Daten belegen eine ‚honorige' Karriere unter den Vorzeichen der neugewonnenen Sachlichkeit der Bundesrepublik.[120] Böckenförde ist jedoch auch derjenige, welcher die Herausgabe von Carl Schmitts Werken nach dem Krieg übernimmt.[121] Er besuchte, u. a. mit seinem Bruder Werner, Carl Schmitt in Plettenberg, wo dieser sich nach dem Krieg niederließ. Auch andere taten es ihnen gleich, so etwa Nicolaus Sombart, Hanno Kesting und Reinhard Koselleck. Diese Gruppe von Studenten – alle promovierten sich Mitte der fünfziger Jahre – begriff sich als „elitärer Kreis",[122] wie ein Brief von Sombart an Schmitt belegt: „Sollten wir nicht einen Band ‚Briefwechsel mit Carl Schmitt' herausgeben [...]? Ich glaube, unser Kreis würde sich damit vor der Geschichte als fruchtbarstes Zentrum deutschen Geisteslebens nach dem Kriege ausweisen."[123] Wenden sich einige später von Schmitt ab – Sombart attestiert ihm nach einigen Jahren eine „paranoide Grundstruktur" und „Krankheit"[124] –, bleibt er für Böckenförde zeitlebens präsent. Sowohl bei der Dissertation als auch bei seiner Habilitation wirkt Schmitt als Stichwortgeber und Förderer.[125] Im Vorwort zur Dissertation *Gesetz und gesetzgebende Gewalt*, eine Beschäftigung mit der Geschichte der Positivierung des Rechts in der Tradition von „Laband, Jellinek und Anschütz", dankt Böckenförde Carl Schmitt für dessen „verfassungsgeschichtliche[n] und verfassungstheoretische[n] Tiefblick" und „entscheidende Anregungen".[126]

Dennoch ist Böckenfördes Staatsauffassung von derjenigen Schmitts verschieden und beschreibt, wie ich zeigen möchte, eine eigenständige und für das 20. Jahrhundert originäre Form des Denkens über Ordnung. Im Zentrum der Untersuchung wird sein Aufsatz *Die Bedeutung der Unterscheidung von Staat und Gesellschaft im demokratischen Sozialstaat der Gegenwart* von 1972 stehen. Sinnvoll ergänzend kann dabei der 1985 erstmals publizierte Aufsatz *Freiheit und Recht, Freiheit und Staat* hinzugezogen werden. In diesem Text werden einige Begrifflichkeiten, die

---

[120] Vgl. Münkler, Herfried, und Hacke, Jens. 2009. Politische Mythisierungsprozesse in der Bundesrepublik: Entwicklungen und Tendenzen. In *Wege in die neue Bundesrepublik. Politische Mythen und kollektive Selbstbilder nach 1989*. Frankfurt und New York: Campus Verlag, S. 15–32, hier S. 23.

[121] Vgl. Mehring, Reinhard. 2009. *Carl Schmitt. Aufstieg und Fall*. München: C.H. Beck, S. 531.

[122] Mehring. *Carl Schmitt*, S. 513.

[123] 5.2.1957, zitiert nach Mehring. *Carl Schmitt*, S. 513.

[124] Zitiert nach Mehring. *Carl Schmitt*, S. 513.

[125] Mehring. *Carl Schmitt*, S. 514.

[126] Böckenförde, Ernst-Wolfgang. 1981. *Gesetz und gesetzgebende Gewalt. Von den Anfängen der deutschen Staatsrechtslehre bis zur Höhe des staatsrechtlichen Positivismus*. Berlin: Duncker & Humblot, S. 8.

Böckenförde schon 1972 nutzt, trennschärfer ausgearbeitet, was eine differenziertere Formulierung seiner Rechtfertigungsordnung von Staatlichkeit erlaubt.

Wie der Titel des 1972 erschienenen Aufsatzes zu vermuten gibt, wendet sich Böckenförde zunächst der „Unterscheidung von Staat und Gesellschaft" zu. Da diese nach „allgemeiner Meinung" „überholt sei",[127] will Böckenförde die „Frage der Berechtigung und möglichen Bedeutung der Unterscheidung"[128] stellen. Ausgangspunkt hierfür ist die Betrachtung der geschichtlichen Entstehung jener Differenzierung. Dabei markiert er das Zielobjekt seiner Methode in den Begrifflichkeiten einer „politisch-soziale[n] Wirklichkeit",[129] der sich genähert werden soll. Dies zeichnet bereits einen ersten Unterschied auf der Begriffsebene zur Schmittschen Betrachtung der transhistorischen Größen aus.

Das „Auseinandertreten von ‚Staat' und ‚Gesellschaft'", so Böckenförde, sei durch die Konzentration der „einheitlichen und umfassenden politischen Herrschaftsgewalt"[130] befördert worden – in dieser Diagnose trifft er sich mit Schmitt.[131] Wo Schmitt jedoch im „Liberalismus" die Identität von Staat und Gesellschaft diagnostiziert, hält Böckenförde an ihrer Differenz fest. Böckenförde stellt heraus, die Unterscheidung sei nicht zuletzt „verfassungsorganisatorisch"[132] fixiert. Dennoch zeugt auch seine Problemstellung – die Frage nach der Relevanz und Aktualität der Unterscheidung von „Staat" und „Gesellschaft" – davon, dass sie zumindest ihre Selbstverständlichkeit zu einem gewissen Grad eingebüßt haben muss:

> „An die Stelle einer strikten Trennung im Sinne des vielberufenen ‚Dualismus' von Staat und Gesellschaft trat eine verfahrensmäßig und institutionell ausgeformte Wechselbeziehung zwischen Staat und Gesellschaft auf einer Grundlage ihrer organisatorisch-institutionellen Unterscheidung. Welche konkrete Ausgestaltung diese Wechselbeziehung je nach der politischen und verfassungsrechtlichen Lage annehmen konnte und daß sie den Übergang zur demokratischen Staatsform keineswegs ausschloß, hat [...] bereits 1850 Lorenz von Stein in seiner *Geschichte der sozialen Bewegung in Frankreich*, in der er die allgemeine Entwicklung in Europa am paradigmatischen Beispiel Frankreichs vorausgreifend analysierte, dargetan."[133]

---

[127] Böckenförde, Ernst-Wolfgang. 1972/2006. Die Bedeutung der Unterscheidung von Staat und Gesellschaft im demokratischen Sozialstaat der Gegenwart. In *Recht, Staat, Freiheit. Studien zu Rechtsphilosophie, Staatstheorie und Verfassungsgeschichte*. Frankfurt a.M.: Suhrkamp, S. 209–243, hier S. 209.

[128] Böckenförde. Die Bedeutung der Unterscheidung, S. 210.

[129] Böckenförde. Die Bedeutung der Unterscheidung, S. 211.

[130] Böckenförde. Die Bedeutung der Unterscheidung, S. 212.

[131] Vgl. Schmitt. *Der Begriff des Politischen*, S. 23 f.

[132] Böckenförde. Die Bedeutung der Unterscheidung, S. 210.

[133] Böckenförde. Die Bedeutung der Unterscheidung, S. 218.

Der „Übergang" zur „demokratischen Staatsform", also auch der Übergang von Carl Schmitt zu Ernst-Wolfgang Böckenförde, moderiert sich für Letzteren in der spezifischen Konstitution der „institutionell ausgeformte[n] Wechselbeziehung" von „Staat" und „Gesellschaft". Der „Übergang" ist also auch ein Übergang in der Qualität des „Dualismus", wobei der „Dualismus" mit der der „politische[n] und verfassungsrechtliche[n] Lage" korrespondiert. Zu vermerken ist, dass die „politische [...] Lage" als gleichartig oder zumindest als gleichwertig zur „verfassungsrechtlichen Lage" gesetzt wird. So wendet Böckenförde sich nicht prinzipiell gegen die von Schmitt konstatierte ‚Vermischung' von „Staat" und „Gesellschaft", weist ihr jedoch einen Platz in der „politisch-historischen Wirklichkeit" der Vergangenheit zu, nicht ohne ihr eine historisch-„paradigmatische" Referenz mit „Lorenz von Stein" und der „soziale[n] Bewegung in Frankreich" entgegenzuhalten. Zu berücksichtigen bleibt: Während Schmitt die Durchdringung von „Staat" und „Gesellschaft" auf Grundlage des transzendental-gewendeten Politikbegriffs behauptet, der aus sich heraus schon einen ‚expansiven' Charakter ausweist, weil er nicht an eine positive Ordnung gebunden ist und einzig in der Potenz ist, bindet Böckenförde seinen Politikbegriff an eben jene positive Ordnung – die „verfassungsrechtliche Lage" – zurück. Mit der „demokratischen Staatsform" wird auch wieder ein positives Moment, das „[V]erfassungsrechtliche", denkbar. Dieser Begriff bleibt jedoch vom transzendentalen Begriff des Politischen durchdrungen, sofern ein verfassungsrechtlicher Wandel auch die Möglichkeit eines Wandels in der Bedeutung des „Politischen" einschließt.

Die konkrete Ausgestaltung des ‚Verfassungsrechtlichen' hat damit im Sinne Böckenfördes eine konstitutive Bedeutung für jegliche Transzendentalreflexion. Zu klären bleibt jedoch, ob die Erneuerung des „Dualismus" durch die Verfassung hervorgebracht wird oder die Verfassung und so die Erneuerung des „Dualismus" durch das „Politische" bestimmt wird. Festzuhalten bleibt: Nicht allein die ‚gesetzte' Ordnung wird als legitim, weil legal, behauptet, sondern sie muss sich in Hinsicht auf die praktische „Wechselbeziehung" von „Staat" und „Gesellschaft" auch als positive Ordnung ergänzen. Dieses Verständnis zeigt sich als unhintergehbare Voraussetzung, wenn er dann definiert: „Der Staat ist, wie andere politische Ordnungsgebilde auch, seinem Wesen nach keine substanzielle Einheit, auch ‚kein Gemeinwesen', [...] sondern eine Organisation, genauer: eine *organisierte Wirkeinheit*. [...] Das besagt, daß er seine Einheit und Realität nicht aus einem einheitlichen Willen [...] hat [...]. [...] Als organisierte Wirkeinheit entsteht und besteht der Staat dadurch, daß einzelmenschliches Wirken durch leitende Organe zusammengefaßt, einheitlich gelenkt [...] wird. Er kann also nicht unabhängig von menschlichen Personen gedacht werden, die im eigentlichen Sinne seine ‚Träger' sind."[134]

---

[134] Böckenförde. Die Bedeutung der Unterscheidung, S. 219.

Ähnelt der Sprachgestus auch demjenigen Schmitts, so grenzt sich Böckenförde inhaltlich mit dem Hinweis darauf, dass „seine Einheit [...] nicht aus einem einheitlichen Willen" entstehe, deutlich ab. Sein erstes Axiom, dass die Mitgliedschaft des Einzelnen zum Ganzen formuliert, lautet: *Alle sind gleich/eins im Staat, sofern er eine organisierte Wirkeinheit darstellt (a1).* Von besonderer Bedeutung ist diese verfassungsmäßige „[O]rganisiert[heit]" der Größe Staat und ebenso, dass sie gerade nicht aus einem „einheitlichen Willen" entstehe. Hiermit ist auch ein weiterer Hinweis auf das Verhältnis von Verfassung und dem „Politischen" gegeben. Indem der Staat nicht „einheitlich[er] Wille" ist, ist der Staat, sobald er eine Verfassung besitzt, ohne das „Politische". Das „Politische" wird also zu einer vorstaatlichen Größe herabgestuft. Der die Ordnung konstituierende „Ernstfall" wird in dieser Lesart von Böckenförde, zumindest für den staatsrechtlichen Diskurs, tabuisiert.

Auf den zweiten Blick offenbart sich dennoch eine strukturelle Ähnlichkeit von Böckenfördes und Schmitts „Äquivalenzprinzip". Denn wenn Schmitt schreibt, der Staat sei die „politische Form des Volkes", und Böckenförde behauptet, der Staat sei eine „organisierte Wirkeinheit", sind sich beide immerhin darin eins, dieser Staat sei ein historisch gewordenes, zutiefst konventionelles Gebilde.

Letztlich bleibt bei Böckenförde auch der Gedanke der „Einheit" erhalten – er ergänzt insofern, als dass bei ihm diese Einheit durch ihre „[O]rganisiert[heit]" politisch ist, also, wie gezeigt, einen von Schmitt verschiedenen Politikbegriff anlegt, der jedoch Schmitts Begriff nicht zur Gänze revidiert, sondern nur seine Inadäquanz hinsichtlich der „politisch-sozialen Wirklichkeit" behauptet.[135]

Hierin liegt dann auch begründet, warum das Verhältnis von Teil und Ganzem bei Böckenförde und Schmitt gleichartig ausgeformt ist. Bei Böckenförde sind die Menschen „Träger" der Ordnung, der Staat nichts „[S]ubstanzielle[s]", trotz allem eine „Wirklichkeit", die mehr ist als die Individuen. Böckenförde betont schließlich, dass der Staat „nicht unabhängig" sei; das heißt aber etwas Eigenes – „leitende Organe" „lenk[en]" die Menschen in ihrem Zusammenwirken. Staat und Individuum sind strukturell verschieden. Böckenförde ist, das deutet sich bereits an, kein Nachahmer von Schmitt. Aber er präsentiert ein in jedem Fall an Schmitt geschultes Denken.

---

[135] So ist der Begriff der Wirkeinheit auch viel eher eine direkte Entlehnung von Hermann Heller, der noch von „sozialer Wirkungseinheit" sprach. Strukturell jedoch verbindet die Welt von Böckenförde eher weniger mit dem Weimarer Staatsrechtslehrer, weshalb im Weiteren der Fokus auf einflussreichere Verbindungen gelegt werden wird.

Dies zeigt sich auch an der Einbettung der Schmittschen Terminologie von Mensch und Volk: „Nach dem demokratischen Prinzip, [...], muß sich alle staatliche Entscheidungsgewalt auf das Volk zurückführen"[136] – „[d]a aber das Volk, konkret betrachtet, nicht ‚neben', oder ‚vor' der Gesellschaft existiert, sondern insgesamt genommen (auch) die Gesellschaft ist, welchen Sinn und welche Notwendigkeit soll dann die Unterscheidung und Gegenüberstellung von Staat und Gesellschaft noch haben?"[137] Böckenförde fragt folglich, ob diese Differenzierung als Verschleierung nicht gerade zur Aufhebung des demokratischen Prinzips führe und antwortet: „Die Aufrechterhaltung der Unterscheidung und Gegenüberstellung von Staat und Gesellschaft im demokratischen Staat bedeutet nicht die Aufhebung des demokratischen Prinzips, wohl aber eine gewisse Begrenzung und Einbindung desselben zum Zwecke der Sicherung der individuellen und gesellschaftlichen Freiheit."[138]

Wenn Böckenförde die der Politik vorgängig gedachten Begriffe Schmitts wie „Volk" und „Mensch" aufnimmt, so fallen sie schlussendlich nicht in die Logik des „Politischen", sondern werden der Potenz des maßlosen Kampfes als begrenzendes Moment zur Seite gestellt. Für Böckenförde wird ein „Volk" erst durch die Differenzierung von „Staat" und „Gesellschaft" und ist damit eine historisch verortbare Größe, ganz im Gegenteil zu Carl Schmitts Volksbegriff. Wenn dann diese Differenz den Zweck „der Sicherung der individuellen und gesellschaftlichen Freiheit" besitzt, so ist ein „Volk" auch erst dann, wenn „individuelle und gesellschaftliche Freiheit" garantiert sind. Bei Schmitt gibt es kein freies „Volk", sondern nur freie Entscheidungen des Einzelnen. Indem Böckenförde das „Volk" erst durch „Freiheit" konstituiert sieht, schaltet er dies, was eigentlich Ergebnis der Demokratie sein soll, als ihre Grundbedingung – die Freiheit ist ihr Anfang und ihr Ende. Das „[I]ndividuelle" ist in dieser Ordnung nie im Singular, sondern immer nur im Plural der „Gesellschaft" enthalten.

In dem Aufsatz *Freiheit und Recht, Freiheit und Staat* differenziert Böckenförde diesen Begriff von Freiheit weiter aus. Freiheit werde notwendigerweise vom Recht bedingt, wie auch andersherum das Recht seine Bedingung in der Freiheit finde.[139] Freiheit könne nicht absolut gedacht werden, sondern nur als „[E]ntfalt[ung]" innerhalb einer „Ordnung".[140] Dabei erhalte sie ihren Charakter des „Vorausliegende[n],

---

[136] Böckenförde. Die Bedeutung der Unterscheidung, S. 225.

[137] Böckenförde. Die Bedeutung der Unterscheidung, S. 225.

[138] Böckenförde. Die Bedeutung der Unterscheidung, S. 225.

[139] Vgl. Böckenförde, Ernst-Wolfgang. 1985/2006. Freiheit und Recht, Freiheit und Staat. In *Freiheit. Studien zu Rechtsphilosophie, Staatstheorie und Verfassungsgeschichte*. Frankfurt a.M.: Suhrkamp, S. 42–57, hier S. 42 ff.

[140] Vgl. Böckenförde. Freiheit und Recht, S. 43.

über sich Hinausweisende[n] und Unverfügte[n]".[141] Freiheit ist demnach eine Kategorie, die nur innerhalb einer Ordnung erscheint, diese aber dabei stets transzendiert – und zwar in dreierlei Hinsicht: „[v]orausliegend", „[h]inausweisend", „[u]nverfügt". Das „Vorausliegende" signiert entweder eine dem Naturzustand gleichkommende natürliche Freiheit des Menschen, der außerhalb jeder Ordnung steht. Eine andere Lesart könnte hierin ein Moment deuten, das in der Zukunft liegt; also „[v]orausliegend" im Sinne eines *telos*, auf welches ein Handeln gerichtet ist. Das „Hinausweisende" könnte dabei auf die Unerreichbarkeit dieses „Vorausliegende[n]" hindeuten, da es ihm einen expansiven Charakter ausstellt. In dieser Verbindung wird das ‚Vorausliegen' der Freiheit im Sinne eines *telos* plausibler als der freiheitliche Naturzustand, der nur schwer mit dem ‚Hinausweisen' übereinzubringen ist. Die Freiheit als etwas über sich selbst ‚Hinausweisende[s]' könnte so als eine Figur des ‚Erhabenen', des sich stets selbst Übersteigenden, gedeutet werden. Dabei bleibt sie, selbst in ihrer „Form und Gestalt" als Freiheit in einer „Ordnung […] verwirklich[t]",[142] das „Unverfügte". Überträgt man diese Figur zurück auf das Recht, in welchem sich die Freiheit verwirklichen soll, dann ist dieses im Sinne eines ‚Geburtshelfers' zu denken, welche die Freiheit zu ihrer Verwirklichung entbindet. So bleibt die Freiheit strukturell gesehen immer auch außerhalb der Ordnung, wie ein größeres Ganzes, das sich um einen Kern von Ordnung füllt. Gestaltlos in diesem Außenraum erhält sie ihre Form erst mit dem Eintritt in die Ordnung – „Freiheit entfaltet sich in Ordnung hinein".[143] Sie wird nicht erst, wie es Kelsen behaupten würde, mit dem Gesetz geschaffen.

Für Böckenförde stellt sich sodann die Aufgabe danach, die „Freiheit als Ziel der Rechtsgestaltung" näher zu erläutern, das heißt den abstrakten Begriff für die Praxis in einem föderalen Bundesstaat zu operationalisieren. Böckenförde selbst nimmt also die Position des ‚Geburtshelfers' der Freiheit ein, indem er erläutert, auf welchem Wege das Recht ausgestaltet werden muss, damit die „Freiheit" eine Form bekommt, in welcher sie sich dann verwirklichen kann. Er entwickelt forthin eine Typologie der Freiheitsbegriffe. So stellt er die Begriffe von subjektiv-negativer und objektiver-positiver Freiheit gegenüber. Freiheit als Subjektives sei ein Frei-sein-von „physische[m] oder psychischem Zwang",[144] die objektive Freiheit dagegen „Freiheit *zur* Verwirklichung der eigenen Bestimmung",[145] wobei diese Bestimmung eine universale Bestimmung des Menschseins sei und der individuellen

---

[141] Böckenförde. Freiheit und Recht, S. 43.
[142] Böckenförde. Freiheit und Recht, S. 43.
[143] Böckenförde. Freiheit und Recht, S. 43.
[144] Böckenförde. Freiheit und Recht, S. 44.
[145] Böckenförde. Freiheit und Recht, S. 46.

Verfügung entgegenstehe.[146] Beide Begriffe seien jedoch mangelhaft, wie er konstatiert. Die subjektive Freiheit baue auf individueller Willkür, die objektive Freiheit sei anfällig für „ideologisch-rationalen" Missbrauch – denn wer definiert die Bestimmung des „Menschseins"?[147] Die kollektive Verwirklichung wie die individuelle „Willkür" sollen sich daher nach Böckenfördes Ansicht gegenseitig begrenzen. Eine Vermittlung beider Begriffe ermögliche einen Freiheitsbegriff, „deren Ziel und Inhalt das Bei-sich-selbst-sein-können des Menschen ist".[148] – „Die Vermittlung liegt darin und kann dadurch zustande kommen, daß die Freiheit Ausformungen in der Lebenswirklichkeit erfährt, und zwar durch bestimmte Gestalten und Ordnungen (Institutionen) der Freiheit, die ihrerseits vom allgemeinen (Selbst-)Bewußtsein der Freiheit getragen werden."[149]

Diese Form der Privatheit wird insofern ergänzt, als dass das „Bei-sich-selbst-sein-können" letztlich auch wieder nur in Form von „Beteiligung der einzelnen an der politischen Willensbildung und am staatlichen Handeln" dem Staate zukommt. Das „Bei-sich-selbst-sein in Freiheit" ist daher für Böckenförde die „Voraussetzung für das Gelingen solcher Vermittlung", sofern die Freiheit des Einzelnen die Bedingung dafür ist, dass er im freiheitlichen Geiste zum „Träger" dieser Ordnung wird und so zu deren Ausbau und Erhalt beitragen soll. Ordnung und Träger bestimmen sich demnach wechselseitig, denn dem Staat wiederum „obliegt die Sorge für äußere Freiheit und Sicherheit seiner Bürger" wie der „Realisierung [...] der inhaltlichen Orientierung der Freiheit".[150] Der „in Freiheit ‚bei-sich-selbst-seiende' Mensch ist für Böckenförde auf den Begriff des „Bürger[s]" gebracht. Dies zeigt sich auch im Folgenden: „In ihrer Entstehung war die Gesellschaft zunächst von der staatlichen Herrschaftsorganisation [...] streng gesondert. Der Staat setzte die Individuen und die Gesellschaft in die *bürgerliche* Freiheit."[151] An dieser Stelle differenziert Böckenförde das Verhältnis von „Staat" und „Gesellschaft", das bislang abstrakt als „Wechselbeziehung" ausbuchstabiert war, noch einmal genauer aus: Der „Staat" setzt die „Freiheit" ein. Hierzu bildet sich der „Staat" als „organisierte Wirkeinheit", die in ihrer „Tätigkeit funktional auf die Gesellschaft bezogen ist".[152] Die Größe „Staat" wird damit nicht als die Grundbedingung der „Gesellschaft" schlechthin ausgezeichnet, jedoch als die

---

[146] Böckenförde. Freiheit und Recht, S. 46.
[147] Böckenförde. Freiheit und Recht, S. 46.
[148] Böckenförde. Freiheit und Recht, S. 47.
[149] Böckenförde. Freiheit und Recht, S. 48.
[150] Böckenförde. Freiheit und Recht, S. 53 f.
[151] Böckenförde. Die Bedeutung der Unterscheidung, S. 217.
[152] Böckenförde. Die Bedeutung der Unterscheidung, S. 220.

Vorbedingung der „Freiheit" in der „Gesellschaft". Der Mensch in der „Gesellschaft" ist erst durch den Staat „Bürger": *Jedes Mitglied des Staates ist ein Bürger (a2)*. In der institutionellen Verschränkung von „Staat" und „Gesellschaft" ist der Bürger *qua definitionem* wiederum auf den Staat gerichtet, da auch seine Einzeltätigkeit in der „Gesellschaft", als „Träger einer Ordnung", Wirkung auf den Staat entfaltet.

„Der Weg dazu [zur Verwirklichung der Freiheit, Anm. J.W.] ist eine gegliederte und differenzierte Teilnahme [...] der Bürger am staatlichen Leben."[153] Der „Staat" als „organisierte Wirkeinheit" setzt sich demnach ähnlich Kelsens Vorstellung in einer „gegliederte[n] und differenzierte[n] Teilnahme" um. Der Begriff der „Teilnahme" hingegen signiert eine verschiedene Wirkrichtung zwischen dem Ganzen und seinen Teilen. So ist nun davon auszugehen, dass der Begriff der „Teilnahme" das Moment der „Freiheit" einschließt, so die „Teilnahme" „Teilnahme [...] der Bürger" ist, die als politische Subjekte durch die „Freiheit" konstituiert werden. Während bei Kelsen der Staat als Recht seine Teile autorisiert im Namen seiner zu handeln, also das Ganze einseitig auf die Teile wirkt, konstituiert sich der Staat bei Böckenförde durch die freiheitliche Entscheidung des „Bürgers" zur „Teilnahme" am Ganzen.

Dabei geht Böckenförde jedoch nicht soweit, als dass er exklusiv den Teilnehmenden den Status des „Bürgers" zuspricht. Hiermit spräche er den Nicht-Teilnehmenden zugleich den Status der „Freiheit" ab. Diese Problematik ist bei Böckenförde über den Begriff der „Erwerbsgesellschaft" gelöst, in welchem die „Wechselseitigkeit" von „Staat" und „Gesellschaft" bereits mitgedacht ist. Denn „[w]ill der Staat diese [auf die Freiheit gerichteten, J.W.] Ziele [...] erreichen, so ist [...] [er] notwendigerweise in hohem Maße an der Wirtschaft interessiert und mit ihr identifiziert".[154] Der Staat setzt sich folglich in eins mit der Wirtschaft, da sie wiederum das Handeln des Staates ermöglicht. Das heißt nicht, dass die Wirtschaft dabei dem Staat vorgängig gedacht wird – der Staat bleibt als Vorbedingung der Freiheit als oberstes Ganzes bestehen –, jedoch wird die Wirtschaft als notwendiges Bedingungselement der Verwirklichung der „Ziele" herausgestellt. Dann nimmt jeder, der an der Wirtschaft partizipiert bzw. in die Erwerbsgesellschaft eingemeindet ist, am Staat teil. *Alle Bürger sind gleich/eins in der organisierten Wirkeinheit Staat in Hinsicht auf ihre durch die ökonomisch-gesellschaftliche Zugehörigkeit vermittelte Teilnahme an ihm (a3)*.

Interessant ist, dass dieses dritte Axiom nun einen Gleichklang mit demjenigen Otto von Gierkes findet. Für diesen wurde erinnerlich formuliert: „Alle

---

[153] Böckenförde. Freiheit und Recht, S. 53 f.
[154] Böckenförde. Die Bedeutung der Unterscheidung, S. 238.

Einzelorganismen sind gleich/eins im Gesamtorganismus Staat in Hinsicht auf ihre Verbundenheit mit anderen Einzelorganismen zu einem für den Gesamtorganismus Staat Wirkkräfte entfaltenden Verband". Beide definitorischen Identifikationen der Mitgliedschaft des Gemeinwesens sind sich durch die Konstruktion einer ‚Übersetzungslogik' bzw. ‚Vermittlung' von Wirkungen zwischen dem Staat als Ganzes und seinen Teilen gleich. Setzt Otto von Gierke die ‚Lebendigkeit' als oberstes Prinzip, so hebt Böckenförde die „Freiheit" an diese Stelle. Bei beiden emergiert das Ganze dennoch aus der ‚Teilnahme' seiner Teile: Die Teile ‚nehmen' sich in das Ganze auf.

Es bleibt zu klären, inwiefern Böckenförde ein Staffelungsprinzip denkt, wenn er zuvor formuliert, die „Bürger" seien „Bürger" *qua* ihrer gesellschaftlich vermittelten „Teilnahme" am „Staat". Böckenförde setzt auch hier ähnlich Gierke an, der die Staffelung der Teile im Ganzen aus dem Prinzip der ‚Lebendigkeit' herleitet: „Sie [die Verwirklichung der Freiheit, Anm. J.W.] wird dadurch bewirkt, daß die jeweiligen Träger der staatlichen Entscheidungspositionen, die selbst in gesellschaftlichen Bezügen stehen bzw. aus ihnen kommen, sich in die Zweckausrichtung und Verantwortlichkeit staatlicher Ämter und Befugnisse hineinstellen, und daß ihr davon getragenes Handeln bei den einzelnen und in der Gesellschaft Widerhall findet in einem lebendigen Engagement für die allgemeinen, das heißt allen gemeinsam Angelegenheiten."[155]

Die Teile des Ganzen entfalten in dem Maße Bedeutung für die Ordnung, als dass sie als „Träger" „sich in die Zweckausrichtung und Verantwortlichkeit staatlicher Ämter und Befugnisse hineinstellen". Haben die „Bürger" sich in Freiheit zur „Teilnahme" am „Staate entschlossen", sind sie, wie bei Kelsen, an einem „Zweck" ausgerichtet. Das „[A]mt" bestimmt die „Befugnisse" und mit ihr die „Verantwortlichkeit". Diese „Verantwortlichkeit" zeigt sich im „Handeln" und dem „Widerhall" dieses „Handeln[s]" bei „den [E]inzelnen" und „in der Gesellschaft". Das „Handeln" der „Träger" des „Staates" ist somit nicht direkt auf die „allen gemeinsamen Angelegenheiten" gerichtet, sondern wird noch einmal vermittelt. Ein solches „Handeln" ist zunächst nur auf „die [E]inzelnen" und die „Gesellschaft" gerichtet, welche sich dann selbst in das „lebendige Engagement für die allgemeinen […] Angelegenheiten" begeben. Dies ist in der Figur des „Widerhall[s]" des „Handelns" kondensiert. So verwirklicht der Staat nicht das „Engagement" für die allgemeinen Angelegenheiten, sondern ist nur ‚Tongeber', der auf den „Widerhall" angewiesen bleibt.

Es wird folglich ein zweistufiges Ableitungsverhältnis der „Träger[schaft]" der staatlichen Ordnung eröffnet. Diejenigen, die sich in „Ämter und Befugnisse

---

[155] Böckenförde. Die Bedeutung der Unterscheidung, S. 223.

hineinstellen", formieren sich als direkte Träger der Ordnung – ohne ihre „gesellschaftlichen Bezüge" zu verlieren. Die übrigen „Bürger" sind nicht von dem „Engagement für die allgemeinen [...] Angelegenheiten" entbunden, sie sind jedoch durch die Figur des „Widerhall[s]" näher charakterisiert. Grundkonstante der Staffelung bleibt das Freiheitsprinzip. Ungleich ob „Entscheidungsposition" oder „Widerhall" findet das „lebendige Engagement" sein Fundament in der „Freiheit". Die Axiome vier und fünf lassen sich dann wie folgt formulieren: *Alle Bürger sind gleich/eins in der organisierten Wirkeinheit Staat in Hinsicht auf ihre durch die ökonomisch-gesellschaftliche Zugehörigkeit vermittelte Teilnahme an ihm (a3), auch wenn manche für die Entfaltung der Freiheit von größerer Bedeutung sind (a4), da sich diese engagierter für ihre Verwirklichung zeigen (a5).* Auch hier ist das Strukturprinzip Böckenfördes demjenigen Gierkes gleich. Letztlich staffeln sich die Teile im Ganzen anhand ihrer Wirkung auf den Staat. Daher gilt auch: *Weil der Staat eine auf die Realisierung der Freiheit hin organisierte Wirkeinheit ist, bedarf er engagierter Bürger (a6).*

Der „Bürger" stellt als die lebensförmige Umsetzung des transzendenten Freiheitsbegriffs eine eindeutige Vermittlung der ‚Welt' der Verbände, der ‚Welt' des Rechts und der ‚Welt' der Einheit dar.

6 Systematik der ‚Welten' der Rechtfertigung

In Tab. 1 ist die Axiomatik der ausgedeuteten ‚Welten' der Rechtfertigung abschließend zusammengestellt. Ich möchte nun noch einmal den Vergleich der ‚Welten' unternehmen und so einige Regelhaftigkeiten der Rechtfertigungen herausstellen, die nun, in der Reduktion der Denkräume auf ihre basale Strukturlogik, sichtbar werden.

Die Relation vom Ganzen zu seinen Teilen (a1 und a2). Im Laufe der Untersuchung hat sich herausgestellt, dass die Relation der elementaren Formen des Ganzen und seiner Teile für die Ordnung eines Gemeinwesens bestimmend sind. Dabei definiert Otto von Gierke das Ganze und seine Teile als strukturell Verschiedenes. Der „Verband" ist eine andere „Lebenseinheit" als die Teile, die ihn bilden. Dabei bleiben diese auf ihn zugeordnet – das Ganze ist mehr als seine Teile. Hans Kelsen lehnt eine solche Emergenzkonstruktion ab. Für ihn sind die „Personen" und der „Staat" als Größen des Rechts strukturell identisch. Für Carl Schmitt gilt, wie auch für Gierke, dass der Staat als „Einheit" mehr ist als die „Menschen". Beide sind strukturell verschieden, wobei die „Menschen" auf ihn hinwirken. Gleiches gilt dann auch für Böckenförde. Der Staat als „organisierte Wirkeinheit" ist strukturell verschieden von seinen „Bürgern". Die Teile sind dem Ganzen untergeordnet; wobei

Tab. 1 Welten des Staates

	Otto von Gierke	Hans Kelsen	Carl Schmitt	Ernst-Wolfgang Böckenförde
a1. Politische Metaphysik (Äquivalenzrelation)	Alle sind gleich/eins im Staat, insofern er als reale Verbandseinheit einen Gesamtorganismus bildet.	Alle sind gleich/eins im Staat, insofern er Zurechnungspunkt geltenden Rechts ist.	Alle sind gleich/eins im Staat, sofern der Staat die historische Form des Volkes ist.	Alle sind gleich/eins im Staat, sofern er eine organisierte Wirkeinheit darstellt.
a2. Politische Repräsentation (Relation der Verschiedenheit)	Jedes Mitglied des Staates ist ein Einzelorganismus.	Jedes Mitglied des Staates ist eine Rechtsperson.	Jedes Mitglied des Staates ist Mensch.	Jedes Mitglied des Staates ist ein Bürger.
a3. Soziale Dynamik (gemeinsame Würde der Mitglieder des Gemeinwesens)	Alle Einzelorganismen sind gleich/eins im Staat in Hinsicht auf ihre Verbundenheit mit anderen Einzelorganismen zu einem für den Gesamtorganismus Staat Wirkkräfte entfaltenden Verband,	Alle Rechtspersonen sind gleich/eins in Hinsicht darauf, dass ihre Handlungen unter bestimmte Rechtsnormen subsumierbar sind und so der Praxis der Rechtserzeugung unterliegen,	Alle Menschen sind gleich/eins im Staat, sofern sie potenziell die Feinde des Staates auch als ihre Feinde anerkennen,	Alle Bürger sind gleich/eins in der organisierten Wirkeinheit Staat in Hinsicht auf ihre durch die ökonomisch-gesellschaftliche Zugehörigkeit vermittelte Teilnahme an ihm,
a4. Politische Hierarchisierung (Rangordnung der repräsentativen Merkmalszustände)	… auch wenn mancher Einzelorganismus für den Gesamtorganismus von größerer Bedeutung ist,	… auch wenn manche eine größere Bedeutung hinsichtlich des dynamischen Ganzen der Rechtserzeugung entfalten,	… auch wenn sich manche für die Konstitution der Einheit bedeutender zeigen,	… auch wenn manche für die Enfaltung der Freiheit von größerer Bedeutung sind,

(Fortsetzung)

Tab. 1 (Fortsetzung)

	Otto von Gierke	Hans Kelsen	Carl Schmitt	Ernst-Wolfgang Böckenförde
a5. Gerichtete (politisch-ökonomische) Dynamik (Bestimmung der Korrespondenzen zwischen Rängen und Verzichtsleistungen)	… da er seine Lebendigkeit auf den Gesamtorganismus richtet.	… da sie vom Recht autorisiert sind, funktionaler für die Rechtserzeugung und -vollziehung zu sein.	… da sie in Hinsicht auf das Politische maßgebender sind.	… da sich diese engagierter für ihre Verwirklichung zeigen.
a6. Politische Metaphysik II (übergeordnetes gemeinsames Prinzip)	Weil der Staat eine organische Lebenseinheit ist, bedarf er lebendiger Glieder.	Weil der Staat Zurechnungspunkt des Rechts ist, bedarf er steter Rechtserzeugung.	Weil der Staat die politische Form des Volkes ist, bedarf er eindeutig sich bekennender Freunde kraft des Zusammenhanges von Schutz und Gehorsam.	Weil der Staat eine auf die Realisierung der Freiheit hin organisierte Wirkeinheit ist, bedarf er engagierter Bürger.

das Ganze die natürliche und notwendige Emergenz der Teile repräsentiert. Die Emergenz des Staates bei Gierke, Schmitt und Böckenförde bestätigt ihn in seiner übergeordneten Stellung als historische Form eines (trans-)historischen Wertes: der *lebendige* Körper, das *politische* Volk, die *bürgerliche* Wirkeinheit. Nur Kelsen denkt in Begriffen einer reinen Gegenwart.

Dynamik und Hierarchisierung (a3, a4 und a5). Die Hierarchisierung der Teile im Ganzen sowie die hiermit eng verbundene Möglichkeit der Dynamik der Ordnung stellen sich als eine Ableitung des Ordnungsprinzips zwischen der Ganzheit und der Vielheit aus. Die Teile ordnen sich entsprechend der funktionalen Beziehung dieser beiden Ordnungsgrößen. Ist für Gierke der Staat ein „Körper", wirkt die Lebendigkeit als hierarchisierendes Prinzip der Teile untereinander und konstituiert formal auch die Möglichkeit von Auf- und Abstieg in dieser Ordnung. Hiervon ist grundsätzlich keine Abweichung in den anderen explizierten Fällen zu vermerken. Bei Kelsen ist die Funktion im und für das „Recht" bestimmt, während bei Schmitt das „Politische" die Staffelung bestimmt, was dem Grad potenzieller Maßgeblichkeit im Horizont des „Ernstfalls" entspricht. Allein im Falle Böckenfördes liegt es komplexer, da das Beziehungsverhältnis zwischen der Freiheit und den Mitgliedern des Gemeinwesens nicht einseitig bedingt ist. Wenn bei Gierke, Kelsen und Schmitt eine Größe die andere bestimmt, sind „Freiheit" und „Bürger" wechselseitig aufeinander verwiesen. Die „Freiheit" bestimmt als Prinzip die Staffelung der Mitglieder des Gemeinwesens, insofern derjenige, der sich um ihre Verwirklichung bemüht, eine höhere Stellung bekleidet als andere. In dieser Form verwirklicht sich die „Freiheit" in die Welt hinein durch die Entfaltung in den sie erkennenden und sie annehmenden Bürgern.

Vermittlung, Gemeinwohl (a6). Das beschließende Element der ‚Welten' wurde als Prinzip der *politischen Metaphysik* beschrieben, welches letztlich die Einheit und die Vielheit miteinander zu einer „selbstgenugsamen Konstellation" versöhnen muss. In der empirischen Betrachtung wurde eine zentrale Differenz in der Ausformulierung einer solchen politischen Metaphysik ausgemacht. Der Staat wird entweder *für* die Teile, also instrumentell gedacht. Oder aber er genügt sich selbst und bezieht seinen Wert intrinsisch. Bei letzterer Konstruktion ist das Gemeinwohl definiert als ein Wert, der sich vom Einzelwohl absetzt. In der Regel führt die Emergenzkonstruktion des Staates zu der Höherwertung vor dem Individuum. Hier bedingen sich die Struktur des Gemeinwesens und die denkbaren Ausformulierungen moralischer Imperative. In den ‚Welten', die eine Emergenzkonstruktion anlegen, ist das Beziehungsverhältnis vor allem dadurch gekennzeichnet, dass die Teile ihr Handeln auf einen nicht unmittelbar greifbaren Wert ausrichten; in dem Vertrauen, dass ihr Handeln qua Vermittlung der Gesamtheit zugutekommt, mit der man verbunden ist. Dies trifft für Otto von Gierke und auch für Ernst-Wolfgang

Böckenförde zu. Hingegen die ‚Welten', die eine instrumentelle Beziehung des Ganzen zu seinen Teilen konstruieren. Der Staat existiert dort einzig als Garant der Möglichkeit auf Einzelwohl. Bei Kelsen stellt sich der Staat so als die Gesamtheit der „Rechtspersonen" dar, die „Recht" erzeugen für andere „Rechtspersonen". Auf diese Weise liegt in der Struktur der Staatskonstruktion deren Wertrelativismus begründet. Carl Schmitts ‚Welt' der Einheit gleicht sich dieser Logik der instrumentellen Denkungsart an. Obwohl sie sich gegen Kelsens Wertrelativismus zu wenden gedenkt, bleibt sie doch schließlich auf diesem Grund. Der „ewige Zusammenhang von Schutz und Gehorsam" rechtfertigt die „Einheit", die jedoch nicht mehr ist als eine Anzahl der sich ihrer Notwendigkeit ergebenden Individuen. Letztlich gibt Ernst-Wolfgang Böckenförde auf diese Frage die komplexeste Antwort. Einzelwohl und Gemeinwohl bleiben aufeinander verwiesen, da sie über ein transzendentes Drittes vermittelt werden. Das heißt, die Mitglieder des Gemeinwesens sind nicht unmittelbar aufeinander bezogen oder auf das Ganze hingeordnet, sondern jedes Mitglied ist für sich auf die Verwirklichung der „Freiheit" gerichtet und erfüllt so eine Aufgabe für den Staat, der seinerseits durch die Realisierung dieser „Freiheit" qualifiziert wird.

Das Verhältnis von Rechtfertigung und Selbstrechtfertigung. An den hier versammelten ‚Welten' der Rechtfertigung konnten darüber hinaus einige Erkenntnisse gewonnen werden, die Aussagen über das Verhältnis des Denkens und seines sozialen Bezugsrahmens erlauben und die über das Modell der Rechtfertigung von Boltanski und Thévenot hinausgehen.

So konnte festgestellt werden, dass die hier versammelten Denker sich selbst stets einer besonderen Stellung innerhalb der Ordnung bewusst sind. Sie stehen alle gemäß ihrer eigenen Rechtfertigung an der Spitze des Ordnungsgefüges: Gierke als ein Ausleger des Rechts im Dienste des lebendigen Körpers; Kelsen, der Verfassungsrichter, als oberster „Rechtserzeuger"; Schmitt als Wartender und Wissender um den „Ernstfall"; Böckenförde als dem Staat dienender Bürger aus freiheitlicher Pflicht. Es konnte spezifischer noch gezeigt werden, dass diese Welthaltung des ‚Geistes' stets mit einer bestimmten Grenzstellung korrespondierte. Gierke, Kelsen, Schmitt und Böckenförde verstehen sich zu Beginn ihrer Ideenentwicklung nicht als Teile der bestehenden Ordnung und blicken in kritischer Absicht auf sie. Die ‚neuen' Ideen emergieren entsprechend jenseits von fest institutionalisierten Realisierungskonstellationen. Für die untersuchte Fallauswahl verallgemeinerbar zeigt sich folglich die Korrelation zwischen einer solchen sozialen Position, dem Selbstverständnis als Wissende und ihrem ‚originären' Denken.

Dies verweist schließlich auf die Ermöglichungsbedingung für die Überlieferung einer Idee, nämlich deren historische Besonderung im Narrativ der ‚Neuerung'. Dass wir heute die Gelegenheit besitzen diese Ideen als ‚neu' für ihre Zeit zu begreifen, liegt (teils) schon darin begründet, dass sie sich darüber hinaus als solche Neuerungen in ihrer Zeit begriffen wissen wollten und andere hierdurch ausschlossen. Dies ist in den vorliegenden Fällen stets mit der sozialen ‚Grenzstellung' ihrer Denker verbunden, die sowohl innerhalb wie außerhalb des Zusammenhangs standen, über den sie gedacht haben. Insbesondere Schmitts Bild des „im Dunkeln [S]tehend[en]" veranschaulicht dies. Dabei muss immer von ‚Neuerung' in Anführungszeichen gesprochen werden, denn es konnte zugleich gesehen werden, dass selbst bei den ‚Welten', die uns nun vorliegen, Wiederholungen und Überschneidungen auftauchen, die auf die Tatsache eines begrenzten ‚Baukastens' des Denkens verweisen, auch wenn diese Regelhaftigkeit an der Oberfläche der Begrifflichkeiten nicht so deutlich hervortritt.

Literatur

Böckenförde, Ernst-Wolfgang. 1972/2006. Die Bedeutung der Unterscheidung von Staat und Gesellschaft im demokratischen Sozialstaat der Gegenwart. In *Recht, Staat, Freiheit. Studien zu Rechtsphilosophie, Staatstheorie und Verfassungsgeschichte*. Frankfurt a.M.: Suhrkamp, S. 209–243.
Böckenförde, Ernst-Wolfgang. 1981. *Gesetz und gesetzgebende Gewalt. Von den Anfängen der deutschen Staatsrechtslehre bis zur Höhe des staatsrechtlichen Positivismus*. Berlin: Duncker & Humblot.
Böckenförde, Ernst-Wolfgang. 1985/2006. Freiheit und Recht, Freiheit und Staat. In *Freiheit. Studien zu Rechtsphilosophie, Staatstheorie und Verfassungsgeschichte*. Frankfurt a.M.: Suhrkamp, S. 42–57.
Boltanski, Luc, und Thévenot, Laurent. 2007. *Über die Rechtfertigung. Eine Soziologie der kritischen Urteilskraft*. Hamburg: Hamburger Edition.
Dilcher, Gerhard. 1986. Zur Geschichte und Aufgabe des Begriffs Genossenschaft. In *Recht, Gericht, Genossenschaft und Policey. Studien zu Grundbegriffen der germanistischen Rechtstheorie. Symposion für Adalbert Erler*, hrsg. Gerhard Dilcher und Bernhard Diestelkamp. Berlin: Erich Schmidt, S. 114–123.
Dilthey, Wilhelm. 1883. *Einleitung in die Geisteswissenschaften. Versuch einer Grundlegung für das Studium der Gesellschaft und der Geschichte. Bd. 1*. Leipzig: Duncker & Humblot.
Gierke, Otto von. 1889. *Der Entwurf eines bürgerlichen Gesetzbuchs und das deutsche Recht*. Leipzig: Duncker & Humblot.
Gierke, Otto von. 1884/1983. Rezension von Wilhelm Diltheys ‚Einleitung in die Geisteswissenschaften'. In *Dilthey Jahrbuch für Philosophie und Geschichte der Geisteswissenschaften*, hrsg. Hans-Ulrich Lessing. Göttingen: Vandenhoeck & Ruprecht, S. 91–181.
Gierke, Otto von. 1895. *Deutsches Privatrecht*. Leipzig: Duncker & Humblot.
Gierke, Otto von. 1903. *Die historische Rechtsschule und die Germanisten. Rede zur Gedächtnisfeier des Stifters der Berliner Universität König Friedrich Wilhelm III in der Aula derselben am 3. August 1903*. Berlin: Schade.

Gierke, Otto von. 1909. *Die Steinsche Städteordnung: Rede zur Feier des Geburtstages Seiner Majestät des Kaisers und Königs gehalten in der Aula der Königlichen Friedrich-Wilhelms-Universität zu Berlin am 27. Januar 1909*. Berlin: Schade.
Gierke, Otto von. 1954. *Das Wesen der menschlichen Verbände*. Darmstadt: Wissenschaftliche Buchgemeinschaft.
Glaser, Barney, und Strauss, Anselm. 2005. *Grounded Theory. Strategien qualitativer Forschung*. Bern: Huber.
Gostmann, Peter. 2016. *Einführung in die soziologische Konstellationsanalyse*. Wiesbaden: Springer VS.
Gostmann, Peter, und Ivanova, Alexandra. 2019. Glossar zur Soziologie des Geistes. In diesem Band.
Gostmann, Peter, und Winkelhaus, Jan. 2019. Die Frage der Rechtfertigung. In diesem Band.
Hebeisen, Michael Walter. 2004. *Recht und Staat als Objektivationen des Geistes. Eine Grundlegung von Jurisprudenz und Staatslehre als Geisteswissenschaft, Teilband 3*. Biel und Bienne: Schweizerischer Wissenschafts- und Universitätsverlag.
Jestaedt, Matthias. 2009. Von den „Hauptproblemen" zur Erstauflage der „Reinen Rechtslehre". In *Hans Kelsen: Leben – Werk – Wirksamkeit. Ergebnisse einer Internationalen Tagung, veranstaltet von der Kommission für Rechtsgeschichte Österreichs und dem Hans Kelsen-Institut (19.–21. April 2009)*, hrsg. Robert Walter, Werner Ogris und Thomas Olechowski. Wien: Manz Verlag, S. 113–136.
Janssen, Albert. 1974. *Otto von Gierkes Methode der geschichtlichen Rechtswissenschaft. Studien zu den Wegen und Formen seines juristischen Denkens*. Göttingen: Musterschmidt.
Kelsen, Hans. 1911. *Hauptprobleme der Staatsrechtslehre*. Tübingen: Mohr Siebeck.
Kelsen, Hans. 1923. *Hauptprobleme der Staatsrechtslehre*, 2. Aufl. Tübingen: Mohr Siebeck.
Kelsen, Hans. 1925/2006. Allgemeine Staatslehre. In *Verteidigung der Demokratie*, hrsg. Matthias Jestaedt und Oliver Lepsius. Tübingen: Mohr Siebeck, S. 34–114.
Kelsen, Hans. 1963/1986. Die Selbstbestimmung des Rechts. In *Die Wiener Rechtstheoretische Schule, Zwei Bände*, hrsg. Hans Klecatsky, René Marcic und Herbert Schambeck. Wien und Salzburg: Europa-Verlag und Universitätsverlag Anton Pustet, S. 1445–1453.
Kelsen, Hans. 1923/1986. Gott und Staat. In *Die Wiener Rechtstheoretische Schule, Zwei Bände*, hrsg. Hans Klecatsky, René Marcic und Herbert Schambeck. Wien und Salzburg: Europa-Verlag und Universitätsverlag Anton Pustet, S. 171–193.
Kelsen, Hans. 2008. *Reine Rechtslehre*. Tübingen: Mohr Siebeck.
Kleinheyer, Gerd, und Schröder, Jan. 1989. *Deutsche Juristen aus fünf Jahrhunderten. Eine biographische Einführung in die Geschichte der Rechtswissenschaften*. Heidelberg: C.F. Müller.
Koller, Peter. 2005. Zur Theorie des rechtlichen Stufenbaus. In *Hans Kelsen – Staatsrechtslehrer und Rechtstheoretiker des 20. Jahrhunderts*, hrsg. Stanley Paulson und Michael Stolleis. Tübingen: Mohr Siebeck, S. 106–121.
Mehring, Reinhard. 2009. *Carl Schmitt. Aufstieg und Fall*. München: C.H. Beck.
Métall, Rudolf Aladár. 1969. *Hans Kelsen. Leben und Werk*. Wien: Franz Deuticke.
Müller, Jan Werner. 2013. *Das demokratische Zeitalter. Eine politische Ideengeschichte des 20. Jahrhunderts*. Frankfurt a.M.: Suhrkamp.
Münkler, Herfried, und Hacke, Jens. 2009. Politische Mythisierungsprozesse in der Bundesrepublik: Entwicklungen und Tendenzen. In *Wege in die neue Bundesrepublik. Politische*

Mythen und kollektive Selbstbilder nach 1989. Frankfurt und New York: Campus Verlag, S. 15–32.

Oevermann, Ulrich. 2016. „Krise und Routine" als analytisches Paradigma in den Sozialwissenschaften. In *Die Methodenschule der Objektiven Hermeneutik*, hrsg. Roland et al. Wiesbaden: Springer VS, S. 43–114.

Oexle, Otto Gerhard. 1988. Otto von Gierkes ‚Rechtsgeschichte der deutschen Genossenschaft'. In *Deutsche Geschichtswissenschaft um 1900*, hrsg. Notker Hammerstein. Stuttgart: Franz Steiner Verlag, S. 193–217.

Paulson, Stanley. 1988. Zur neukantianischen Dimension der Reinen Rechtslehre. In *Die Rolle des Neukantianismus in der Reinen Rechtslehre. Eine Debatte zwischen Sander und Kelsen*. Aalen: Scientia Verlag, S. 7–22.

Schlosser, Hans. 2012. *Neuere Europäische Rechtsgeschichte, Privat- und Strafrecht vom Mittelalter bis zur Moderne*. München: C.H. Beck.

Schmitt, Carl. 1930. *Hugo Preuß: sein Staatsbegriff und seine Stellung in der deutschen Staatsrechtslehre*. Tübingen: Mohr Siebeck.

Schmitt, Carl. 1932/1963. *Der Begriff des Politischen*. Berlin: Duncker & Humblot.

' # Glossar zur Soziologie des Geistes

Peter Gostmann und Alexandra Ivanova

Abduktion
Die erste Regel für eine Konstellationsanalyse (d. h. eine Forschungspraxis im Sinne der Soziologie des Geistes) folgt dem abduktivischen Imperativ: *Sieh genau hin! Lass Dich irritieren!*[1] Der abduktivische Imperativ reformuliert Charles S. Peirces „Einsicht", dass „der Vorgang, in dem eine erklärende Hypothese gebildet wird", neben deren „verschiedenen Elementen" eine („extrem fehlbare") „*Idee*" beinhaltet: „das zusammenzubringen, welches zusammenzubringen wir uns

---

Wenn wir im Rahmen der folgenden Einträge Begriffe verwenden, die an anderer Stelle weitergehend erläutert werden, markieren wir dies durch Unterstreichung; ein Begriff wird jedoch nur einmal pro Eintrag durch Unterstreichung markiert, auch wenn er darin mehrfach Erwähnung findet. Wo wir keine weiteren Literaturhinweise anführen, bezieht sich unsere Darstellung auf einen der Texte, die im Grundlagen-Teil des vorliegenden Bandes abgedruckt sind, oder dessen Einleitung.

---

[1] Gostmann, Peter. 2016. *Einführung in die soziologische Konstellationsanalyse*. Wiesbaden: Springer VS, S. 22.

P. Gostmann (✉) · A. Ivanova
Institut für Soziologie, Goethe-Universität Frankfurt am Main,
Frankfurt am Main, Deutschland

© Springer Fachmedien Wiesbaden GmbH, ein Teil von Springer Nature 2019
P. Gostmann, A. Ivanova (Hrsg.), *Soziologie des Geistes*,
https://doi.org/10.1007/978-3-658-25722-4_11

vorher nicht hätten träumen lassen". Peirce nennt „*Abduktion* [...] das einzige logische Verfahren, das irgendeine neue Idee einführt".[2]

Während „*Induktion* [...] einzig und allein einen Wert" bestimme (bestenfalls „zeigt, daß etwas tatsächlich wirksam ist"), „*Deduktion* [...] nur die notwendigen Konsequenzen einer reinen Hypothese" entwickle (bestenfalls „beweist, daß etwas der Fall sein muß"), lässt „*Abduktion*" sich auf die „[V]ermut[ung]" ein, „daß etwas der Fall sein mag".[3] Konstellationsanalysen enthalten neben abduktiven auch (wenigstens gedankenexperimentell) induktive und deduktive Forschungssequenzen.

Analytische/emanatistische Logik
Die Unterscheidung von *analytischer* und *emanatistischer* Logik geht zurück auf Emil Lask. Nach der *analytischen Logik* ist das „Empirische" die „einzige und volle Wirklichkeit"; der „Begriff" ist ein vom Empirischen „künstlich ausgesonderter Teilinhalt ohne eigene Existenzfähigkeit". D. h. nach analytischer Logik geht es um *Begriffe* (nicht um *den* Begriff) als empirische Größen. Nach der *emanatistischen Logik* ist *der* „Begriff", der eine empirische Wirklichkeit abbildet, „stets inhaltsreicher als die empirische Wirklichkeit"; die empirische Wirklichkeit ist ein „besondere[r] Verwirklichungsfall" des Begriffs.[4]

Lask unterscheidet von der analytischen („sinnliches Gebiet") *und* der emanatistischen Logik („übersinnliches Gebiet") die *Logik der Geltungssphäre* („Sphäre des Nichtsinnlichen").[5] Dieses Gebiet des *theoretischen Sinns* umfasst „zwei sich zur Einheit des Sinnes zusammenschließende unsinnliche Elemente": *Geltendes und kategoriales Gelten* bzw. *Werthaftes und kategoriales Wertmoment.*[6] In dieses Gebiet des theoretischen Sinns fällt das Gegenstandsgebiet der Soziologie des

---

[2] Peirce, Charles S. 1976. *Schriften zum Pragmatismus und Pragmatizismus.* Frankfurt am Main: Suhrkamp, S. 404. Vgl. Wagner, Hans-Josef. 2001. *Objektive Hermeneutik und Bildung des Subjekts. Mit einem Text von Ulrich Oevermann: „Die Philosophie von Charles Sanders Peirce als Philosophie der Krise".* Weilerswist: Velbrück, S. 109–110; Hervorhebungen von uns/PG und AI.

[3] Peirce. *Pragmatismus und Pragmatizismus*, S. 400; Hervorhebungen von uns/PG und AI.

[4] Lask, Emil. 1923. Fichtes Idealismus und die Geschichte. In *Gesammelte Schriften. I. Band.* Tübingen: Mohr (Siebeck), S. 1–274, hier S. 30.

[5] Lask, Emil. 1923. Die Logik der Philosophie und die Kategorienlehre. In *Gesammelte Schriften. II. Band.* Tübingen: Mohr (Siebeck), S. 1–282, hier S. 177–179.

[6] Lask. Logik der Philosophie, S. 103.

Geistes, die, als Kulturwissenschaft,[7] mit den *Einzel*bestimmtheiten des theoretischen Sinns sich beschäftigt (*nicht*, wie *analytische* Wissenschaften, mit sinnlichen Größen, und *nicht*, wie *emanatistische* Wissenschaften, mit übersinnlichen Größen), während die *Philosophie* mit der *Grund*bestimmtheit theoretischen Sinns beschäftigt ist.

Ausdruck/Materialisation

Das Material, mit dem die Soziologie des Geistes befasst ist, versteht sie als *Ausdruck* einer Denkbewegung, der den Vollzug einer Geltungsrealisierung anzeigt. In der Folge eines an den neuplatonischen Philosophen Proklos anknüpfenden Gedankenexperiments gilt die Überführung einer Denkbewegung in ihren Ausdruck als deren *dialektisches* (neben einem *triadischen* und einem *kyklischen*) Strukturelement. Solche *Materialisationen* gliedert die Soziologie des Geistes sequenziell, um sie mit den Mitteln der Konstellationsanalyse zu untersuchen.

Axiomatik der Einigung/Kritik

Eine Möglichkeit für eine transserielle Konstellationsanalyse, d. h. den Vergleich des Sinngehalts unterschiedlicher, nicht zwangsläufig raum-zeitlich verbundener sozialer Serien, folgt der von Luc Boltanski und Laurent Thévenot vorgeschlagenen *Axiomatik der Einigung bzw. Kritik*, die eine allgemeine Ordnung des Vorgangs der Rechtfertigung eines Gemeinwesens abbildet. Jede vollständige Rechtfertigung eines Gemeinwesens lässt sich als ein endliches System sechs interagierender *Axiome* rekonstruieren, die auf vier *logischen Ebenen* bearbeitet werden.[8]

Bruch/Übergang

Bruch und *Übergang* sind sprachliche Bilder, die wir verwenden, um die *beiden* Dimensionen des Verhältnisses zweier aufeinanderfolgender sozialer Sequenzen zu beschreiben. Den *Unterschied* zwischen einer Sequenz *a* und einer Sequenz *b* definiert formal die Differenz zwischen den Mengen anwesender Elemente (*a:* Person A, Person B; *b:* Person A, Person B, Person C, o. ä.). Dieser *formalen* Differenz korrespondiert in *inhaltlicher* Hinsicht, dass die gemeinsamen kommunikativen Erfahrungen, die die Elemente einer Sequenz *a* teilen, nicht *bruch*los in

---

[7] Lask, Emil. 1924. Zum System der Wissenschaften. In *Gesammelte Schriften. III. Band.* Tübingen: Mohr (Siebeck), S. 237–293, hier S. 242.

[8] Boltanski, Luc, und Thévenot, Laurent. 2007. *Über die Rechtfertigung. Eine Soziologie der kritischen Urteilskraft.* Hamburg: Hamburger Edition, S. 108–112.

Sequenz *b* überführt werden können, sondern gemäß deren Zusammensetzung und Belangen ein *Übergang* zwischen den kommunikativen Erfahrungen der zurückliegenden und der aktuellen Sequenz zu organisieren ist.

Wenn wir den Fokus auf die *einzelnen* Elemente richten, beobachten wir also eine Organisation der *Brüche* zwischen verschiedenen sozialen Serien, die einhergeht mit der Organisation des *Übergangs* zwischen seriellen Sequenzen: Was mit Fokus auf eine *Serie 1* beschrieben werden kann als eine Sequenzfolge: **1/a** → **1/b** → **1/c**, kann mit Blick auf eine *Person A* beschrieben werden als eine komplexere, den Durchlauf unterschiedlicher Serien spiegelnde Sequenzfolge, z. B.: **1/a** → *2/a* → *3a* → *2/b* → **1/b** → *2/c* → *4/a* → *3/b* → **1/c** usw.[9]

Coram publico

Der geistige Verkehr von Personen, die sich *coram publico* äußern, bildet den Gegenstandsbereich einer Konstellationsanalyse (d. h. einer Forschungspraxis im Sinne der Soziologie des Geistes). Um des präziseren Verständnisses von Äußerungen *coram publico* willen arbeitet die Konstellationsanalyse neben öffentlichen Äußerungen in Form von Reden, Vorträgen, Artikeln, Aufsätzen, Interviews usw. auch mit privaten Äußerungen öffentlicher Personen, z. B. in Form von Briefen, Notizen, Tagebüchern.

Denkbewegung

In der Folge eines an den neuplatonischen Philosophen Proklos anknüpfenden Gedankenexperiments versteht die Soziologie des Geistes unter einer *Denkbewegung* einen auf Selbsterkenntnis ihres sinnlichen Trägers zielenden Akt, der sich in drei Elemente zergliedern lässt: μονή (moné, *Verharren*), πρόοδος (próodos, *Hervorgang*) und ἐπιστροφή (epistrophé, *Rückkehr*).[10] Während *moné* das Moment der Selbstgeltung des sinnlichen Subjekts bezeichnet, und *próodos* bezeichnet, dass an diesem sinnlichen Subjekt *etwas* in Erscheinung tritt, das nicht *es* in seiner sinnlichen Qualität, sondern etwas Nichtsinnlich-Gegenwärtiges ist, bezeichnet *epistrophé* eine Aneignung dieses Nichtsinnlich-Gegenwärtigen durch das sinnliche Subjekt in der Form einer Geltungsrealisierung, in der das Zusammentreffen von etwas Nichtsinnlich-Gegenwärtigem und einem vorliegenden sinnlichen Material eine Form findet.

Eine solche *Denkbewegung* materialisiert sich als ein Zusammenhang von Zeichen und Lauten, Worten und Sätzen, Reden und Schriften. Solche Materialisationen

---

[9] Vgl. Gostmann. *Einführung*, S. 16–18.
[10] Vgl. Beierwaltes, Werner. 1979. *Proklos. Grundzüge seiner Metaphysik*. Frankfurt am Main: Klostermann, S. 15–18 und S. 118–125.

gliedert die Soziologie des Geistes in Sequenzen der Geltungsrealisierung, um diese mit den Mitteln der Konstellationsanalyse zu untersuchen. Die Argumentationsfiguren, Stilelemente, sprachlichen Bilder, Deutungsmuster, die in einer solchen Sequenz auftreten, bilden im Sinn der Konstellationsanalyse Elemente bzw. Element-Relationen (selbstgeltende und transmittierende Größen) eines Denkraums, der sich mit dem fortgesetzten Vollzug der Denkbewegung, Sequenz für Sequenz, verändert.

Denkraum
Als *Denkraum* bezeichnet die Soziologie des Geistes einen Zusammenhang unterschiedlicher sozialer Serien, die ein sinnliches Subjekt im Zuge seiner intellektuellen Biografie durchläuft. Ein solcher Denkraum materialisiert sich als ein Gebilde von Argumentationsfiguren, Stilelementen, sprachlichen Bildern, Deutungsmustern. Seine materiale Qualität verändert sich über die Zeit, in der sequenziellen Abfolge unterschiedlicher sozialer Serien. Zum Aufgabenfeld einer Konstellationsanalyse zählt die Erfassung der Elemente bzw. Element-Relationen (selbstgeltenden und transmittierenden Größen), die einen solchen Denkraum bilden.

Element/Größe
Die Soziologie des Geistes spricht von *Elementen* im Sinne der *mathematischen Mengenlehre*, entsprechend von *Größen* als Elementen eines Größen*bereichs*. Beide Begriffe werden häufig synonym verwendet. So versteht die Soziologie des Geistes z. B. selbstgenugsame *Größen* als *Elemente* eines Untersuchungsmaterials, oder betrachtet sinnliche Subjekte als Größen der Geltungsrealisierung *und* als Elemente von Sequenzen, Serien oder Konstellationen. Dabei ist der Anwendungsbereich des Begriffs *Element* allerdings weiter als derjenige von *Größe*: Während Größen in Form von Materialisationen vorliegen (z. B. als Elemente von Schriften, aber auch als Element-*Relationen*), sprechen wir von Elementen auch in Bezug auf Denkbewegungen (und deren *triadisches, kyklisches* und *dialektisches* Struktur*element*), oder von μονή (moné, *Verharren*), πρόοδος (próodos, *Hervorgang*) und ἐπιστροφή (epistrophé, *Rückkehr*) als den *Elementen* der Selbsterkenntnis des sinnlichen Trägers einer solchen Denkbewegung.

Emanatistische Logik
s. Analytische/emanatistische Logik

Erscheinung/Ereignis
Von *Erscheinungen* ist in der Soziologie des Geistes die Rede, um anzuzeigen, dass ihre Gegenstände, obschon sie eine empirische Wissenschaft ist, nicht *bloße* Tatsachen sind, sondern Größen, in denen auch *Nicht*sinnliches gegenwärtig ist. Zwar

untersucht sie Vollzüge der Geltungsrealisierung; aber sie geht davon aus, dass etwas Geltendes neben der Relation mit den sinnlichen Subjekten, die von ihm betroffen sind, überdies in einer Relation zum *Nicht*-Geltenden sich befindet, d. h. zu all dem Material, in dem *nicht* realisiert ist, was *dies* Subjekt zur Geltung bringt.

Forscher*innen im Sinn der Soziologie des Geistes interessieren sich besonders für Nicht-Geltendes an solchen konkreten sinnlichen Subjekten, die *nicht* als Geltungsrealisierungsinstanzen für diejenigen Werte in Frage kommen, die sich im Ausgangsmaterial identifizieren lassen (d. h. für Personen, die andere Wertentscheidungen getroffen bzw. andere Kulturleistungen vollbracht haben als die sinnlichen Träger des Ausgangsmaterials). Denn anhand *dieser* Wertentscheidungen bzw. Kulturleistungen zeigt sich, dass das Ausgangsmaterial seinerseits bestimmte Geltungsrealisierungen *nicht* enthält.

Mit der Bestimmung solcher *Erscheinungen* an sinnlichen Subjekten, in denen etwas *Geltendes* (etwas Nichtsinnlich-Gegenwärtiges) und *Nicht-Geltendes* (an anderen Geltendes oder andere Formen der Geltungsrealisierung) einander begegnen, bildet die Soziologie des Geistes den Zusammenstoß der Welten des Zeitlosen und des Zeitlichen ab. Unter Gesichtspunkten einer Konstellationsanalyse (d. h. einer Forschungspraxis nach der Soziologie des Geistes) sprechen wir hier von einem *Ereignis*. Ein solches Ereignis bildet eine Sequenz tätiger Geltungsrealisierung, in die i. d. R. eine Mehrzahl sozialer Serien involviert sind; entsprechend ist die erste Aufgabe im Rahmen einer Konstellationsanalyse die Identifikation der *Ereignis*konstellation.[11]

Exegetische Pendelbewegung
Im Rahmen der Soziologie des Geistes kennzeichnet das Bild der *exegetischen Pendelbewegung* die Praxis des Umgangs mit einem rekonstruktionslogischen Problem, zu dem es im Zuge einer Konstellationsanalyse gelegentlich kommen kann: Wenn wir im Sinne des *abduktivischen* Imperativs der Vermutung nachgehen, dass etwas der Fall sein mag, bietet es sich häufig an, *frühere* Sequenzen einer sozialen Serie heranzuziehen und somit die ‚natürliche' Sequenzfolge umzukehren. Das Bild der exegetischen Pendelbewegung zeigt an, dass diese Operation nur der *erste* Schritt eines umfassenderen Gedankenexperiments ist, dem notwendig ein *zweiter* Schritt folgt, der die ‚natürliche' Sequenzfolge wiederherstellt, d. h. von der früheren Sequenz zu der ihr folgenden, von der die Pendelbewegung ihren Ausgang nahm, fortschreitet.

---

[11] Vgl. Gostmann. *Einführung*, S. 12–15.

Familienähnlichkeit[12]

Das Konzept der *Familienähnlichkeit* kommt im Rahmen der Soziologie des Geistes zum Tragen, wenn die Beschaffenheit des Materials und der Forschungsprozess eine vergleichende Perspektive nahelegen (z. B. dem Namen nach *eine* Größe in *mehreren* Serien in Erscheinung tritt). Das Konzept, das auf Ludwig Wittgenstein zurückgeht, bietet eine forschungspraktische Orientierungshilfe im Sinne einer Logik der Rekonstruktion (anstelle einer Logik der Subsumtion).[13]

Wittgensteins *Familienähnlichkeit* lässt sich im Sinne der Soziologie des Geistes einsetzen als Kriterium für den prüfenden Vergleich solcher Größen in verschiedenen Serien, die der „[V]ermut[ung]" nach[14] (gemäß Abduktion) *einunddieselbe* Größe sein *könnten*. Dabei kann (aber muss nicht) *Ähnlichkeit* eines Namens eine Rolle spielen; können (aber müssen nicht) dieselben Argumentationsfiguren oder Bilder zur Geltung gebracht werden; können diese Größen (aber müssen nicht) in derselben Reihung mit anderen Größen auftreten, usw.

Familienähnlichkeit bedeutet, *dass* (und liegt vor, *wenn*) an Größen unterschiedlicher Serien (oder den Gebärden unterschiedlicher öffentlicher Personen) unter dem Gesichtspunkt des „Bemerken[s] eines Aspekts"[15] – d. h. in unserem Falle: gemäß *einer* spezifischen Qualität der verglichenen Größen – „viele gemeinsame Züge verschwinden, andere [auf]treten."[16] *Familienähnliche* Größen bilden (seriell, interseriell und transseriell verbunden) ein „kompliziertes Netz von Ähnlichkeiten".[17] Der Gedanke dieses Netzes von Ähnlichkeiten bildet sprachphilosophisch das Über-Sich-Hinausweisen *selbstgeltender* Größen in Richtung einer Mannigfaltigkeit von ihnen ermöglichter Geltungsrealisierungen ab, ohne den verglichenen Größen ein allen Gemeinsames oder Universales *oder* dessen vollständiges Fehlen unterstellen zu müssen.

---

[12] Dieser Eintrag stammt von Frank Meyhöfer.

[13] Für Wittgenstein zeigt sich die Problematik der Subsumtionslogik vor allem an dem Begriff der Sprache, ferner an den Begriffen des Spiels und der Sprachspiele. Anstatt anzugeben, „was allem, was wir Sprache nennen, gemeinsam ist", sei „diesen Erscheinungen gar nicht Eines gemeinsam, weswegen wir für alle das gleiche Wort verwenden, – sondern sie sind miteinander in vielen verschiedenen Weisen *verwandt*", Wittgenstein, Ludwig. 1977. *Philosophische Untersuchungen*. Frankfurt am Main: Suhrkamp, hier § 65, Herv. im Original.

[14] Peirce. *Pragmatismus und Pragmatizismus*, S. 400.

[15] Wittgenstein. *Philosophische Untersuchungen*, S. 307.

[16] Wittgenstein. *Philosophische Untersuchungen*, § 66. Vgl. dazu auch Wittgensteins Beispiel der Betrachtung von Aussagen über dieselben Namen – wir können sagen: dieselben Größen – „Moses" und „N" in: Wittgenstein. *Philosophische Untersuchungen*, § 79.

[17] Wittgenstein. *Philosophische Untersuchungen*, § 66.

Forschungstagebuch
Im Rahmen einer Konstellationsanalyse (d. h. einer Forschungspraxis im Sinne der Soziologie des Geistes) empfiehlt es sich, ein *Forschungstagebuch* zu führen, um die verschiedenen Aspekte des Materials systematisch und möglichst vollständig zu erfassen, sie so zur Wiedervorlage in den Forschungsprozess einzuspeisen, um auf dieser Grundlage wohlbegründete Forschungsentscheidungen treffen zu können. Ein solches Forschungstagebuch entsteht, indem wir ausgangs jeder Analyse einer einzelnen Sequenz des Untersuchungsmaterials eine Forschungshypothese formulieren, in der wir verbinden: *a.* eine Rekonstruktion des Sinngehalts des Materials in Hinsicht auf das eigene Forschungsproblem; *b.* eine Reflexion über den Stand der Klärung des Forschungsproblems, der auf Grundlage dieser letzten Rekonstruktionsleistung erreicht wurde, im Vergleich zu dem Stand, der vor der Analyse dieser Sequenz erreicht war; *c.* eine Reflexion über die Kriterien und Kategorien, die anlässlich der Analyse der nächsten Sequenzen forschungsleitend sein sollen.[18]

Gebärde
Emil Lask spricht von einer *Gebärde*, um die Praxis zu beschreiben, mit der ein *sinnliches* Subjekt sich ins Verhältnis zu *der* „empirischen Wirklichkeit" setzt, d. h. der materialen Welt als Gesamtheit verstanden.[19] In der Soziologie des Geistes entsprechen solche Gebärden den *allgemeinen* Tendenzen von denjenigen Denkbewegungen, die sich in ihren Forschungsmaterialien (i. d. R. Schriften) manifestieren; das Ziel einer Konstellationsanalyse dieser Materialien sind der Nachweis und die Deutung von Gebärden der Autoren dieser Schriften im Sinne Lasks. Über die konstellationsanalytische Praxis hinaus sind Erkenntnis und Beurteilung solcher Gebärden für die Soziologie des Geistes aufschlussreich zu Zwecken der Arbeit am Problem der aktuellen politischen Ordnung (Recht und Regime).

Geist
Die Soziologie des Geistes beschäftigt sich (nach dem Vorschlag Emil Lasks) mit *Geist* als einer Größe der Geltungssphäre (Gebiet des *theoretischen* Sinns); d. h. nicht mit dem (übersinnlichen) *Begriff* des Geistes und nicht mit einem (sinnlich-)*empirischen* Geist (z. B. nicht mit dem ‚Geist' eines oder des Gehirns).

---

[18] Vgl. Gostmann. *Einführung*, S. 34–35.
[19] Lask, Emil. 1923. Hegel in seinem Verhältnis zur Weltanschauung der Aufklärung. In *Gesammelte Schriften. I. Band.* Tübingen: Mohr (Siebeck), S. 335–345, hier S. 340–341.

Während Lask zufolge die *Philosophie* sich mit der *Grundbestimmtheit* des Geistes beschäftigt,[20] beschäftigt die Soziologie des Geistes (als Kulturwissenschaft) sich mit *Geist* in Form von *Einzelbestimmtheiten*.
Diese Einzelbestimmtheiten des Geistes untersucht die Soziologie des Geistes an konkreten (i. d. R. in Schriften repräsentierten und materialisierten) Subjekten. Der Logik der Geltungssphäre entsprechend interessiert sie sich für diese Subjekte als Größen der Verbindung von Sinnlichem und Geltendem. Für die Soziologie des Geistes ist die *Einheit* des Geistes nur nach Maßstäben des einzelnen *Falls* (z. B. einer Schrift), den sie als Element einer *Vielfalt* des Geistes (Vielfalt der Größen, die in einer Schrift auftreten; Vielfalt der Schriften und der Autoren) untersucht, von Interesse.

Geltendes/Nicht-Geltendes
Gelten ist ein Grundmorphem der Soziologie des Geistes: Die ‚neuere' Soziologie des Geistes unterscheidet sich von der ‚älteren', nach einer emanatistischen Logik verfahrenden (Karl Mannheim), insofern diese *Geltendes* mit der *lebendigen Gegenwart* gleichsetzt und das Problem des Geltens*sollens* auf eine dynamische Synthese des Gerade-Geltenden reduziert. Die ‚neuere' Soziologie des Geistes verfährt dagegen, anknüpfend an Überlegungen Emil Lasks, nach einer Logik *der Geltungssphäre*:[21] Sie arbeitet am Problem des *theoretischen Sinns* und ist deswegen an *Geltendem* (Nichtsinnlich-*Gegenwärtigem*) *und kategorialem Gelten*, als den beiden *unsinnlichen* Elementen theoretischen Sinns, interessiert.

Das Problem des theoretischen Sinns verfolgt die Soziologie des Geistes an dessen *Einzel*bestimmtheiten, d. h. ausgewählten Größen der Geltungs*realisierung*. Die Träger solcher Vorgänge der Geltungsrealisierung, öffentliche Personen, werden in der Soziologie des Geistes mit den Mitteln der Konstellationsanalyse als Elemente von Mengen *selbst*geltender (bzw. selbstgenugsamer) Größen untersucht.

Neben der Relation mit dem Subjekt, das für eine Geltungs*realisierung* signiert, befindet *Geltendes* sich in einer weiteren fundamentalen Relation: zum *Nicht-Geltenden*, d. h. zu all dem Material, in dem *nicht* realisiert ist, was *dieses* Subjekt zur Geltung bringt. Im Sinne der Soziologie des Geistes materialisiert *Nicht-Geltendes* sich in bestimmten Wertentscheidungen bzw. Kulturleistungen, die *andere* Subjekte getroffen bzw. vollbracht haben (aber *dieses* Subjekt nicht). Korrespondenzen zwischen Geltendem und Nicht-Geltendem rekonstruiert man in der Soziologie des Geistes in Form von seriellen, interseriellen und transseriellen Analysen.

---

[20] Lask. Logik der Philosophie, S. 103.
[21] Lask. Logik der Philosophie, S. 177–179.

Geltungsrealisierungsinstanz

Geltungsrealisierungsinstanzen sind diejenigen Größen, die das Gegenstandsgebiet der Kulturwissenschaften im Sinne Emil Lasks (d. h. auch der Soziologie des Geistes) bilden.[22] Es handelt sich um Subjekte, die Sinnliches und Geltendes verbinden, z. B. an einem bestimmten sinnlichen Material einen bestimmten Wert von Schönheit oder der Idee des Schönen bezeichnen. In der Soziologie des Geistes wird in diesem Gegenstandsgebiet besonders nach dem Vollzug der Wertentscheidungen und Kulturleistungen dieser Subjekte gefragt, d. h. nach dem *Prozess* (und die *Details* des Prozesses) der Verbindung von etwas Sinnlichem und etwas Geltendem.

In forschungspraktischer Hinsicht sind für die Soziologie des Geistes neben solchen Subjekten, die (i. d. R. in der Form einer Schrift) *Geltungsrealisierungsinstanzen* sind, auch solche Subjekte relevant, die (z. B. als Größen in einer bestimmten Schrift) *andere* (oder keine) Werte oder Kulturleistungen zur Geltung bringen.

Größe

s. Element/Größe

Historische Semantik[23]

Als *Historische Semantik* lässt sich ein *transdisziplinäres* Methodenensemble bezeichnen, das sich in der Breite der Historisierung des Zusammenhangs von *Sprache* und *Geschichte* widmet. Auf Grundlage unterschiedlicher theoretischer Konzeptionen fußt die *Historische Semantik* allgemein auf der Annahme, dass der historische Bedeutungswandel von Begriffen, Argumentationsfiguren, sprachlichen oder ikonischen Bildern usw. sowohl langfristigen Entwicklungstendenzen als auch plötzlichen Ereignissen in der politischen und sozialen Welt korrespondiert. Im (je nach theoretischem Ansatz nicht immer klar zu ziehenden) Unterschied zur Ideengeschichte wird der *diachrone* Wandel von Semantiken vorwiegend auf der allgemeineren Ebene der politisch-sozialen Sprache registriert; Begriffsprägungen einzelner Autor*innen versehen solche Semantiken zeitweise mit Beharrungs- oder Veränderungspotenzial.

Aus der Perspektive der Soziologie des Geistes beschreibt die *Historische Semantik* den historischen Wandel der Wechselwirkungen zwischen der allgemeinen öffentlichen Auslegung des Problems der politischen Ordnung (d. h. von Recht und Regime) und den besonderen Geltungsrealisierungen einzelner, sich coram publico äußernder Personen. Insofern der Gegenstandsbereich der Historischen Semantik

---

[22] Vgl. Lask, Emil. 1924. Zum System der Wissenschaften.

[23] Dieser Eintrag stammt von Frank Meyhöfer.

damit zeitlich, räumlich und hinsichtlich des Personen- und Adressat*innenkreises eine Vielzahl heterogener Serien bildet, lässt sich die Praxis der *Historischen Semantik* als eine spezifische Form der Analyse von transseriellen Konstellationen bezeichnen.

Ideengeschichte
Die allgemeine *Ideengeschichte*, verstanden als eine (von der Ordnung der institutionalisierten Wissenschaften zu Beginn des 21. Jahrhunderts her betrachtet) *transdisziplinäre* Wissenschaft, die u. a. einen soziologischen Gesichtspunkt aufweist, bildet den Horizont der Soziologie des Geistes. Dabei gehen wir in der Soziologie des Geistes davon aus, dass eine ideengeschichtliche Schrift eine Antwort auf das Problem derjenigen politischen Ordnung (d. h. von Recht und Regime) darstellt, in der (bzw. unter denen) ihre Autorin lebt. Weil sie auf dieses Problem antwortet, indem sie Formen seiner Bearbeitung in anderen Zeiten und an anderen Orten untersucht, ist die Qualität ideengeschichtlicher Schriften eine *transhistorische*.

Interseriell
Die Untersuchung interserieller Konstellationen tritt im Zuge einer Konstellationsanalyse i. d. R. neben die Untersuchung serieller Konstellationen. Während es *dort* um den Nachvollzug der sequenziellen Bearbeitung eines Fundus gemeinsamer kommunikativer Erfahrungen der an einer Serie beteiligten Größen geht, liegt *hier* der Fokus auf solche *Einzel*größen und deren Organisation der Brüche zwischen den verschiedenen Serien, an denen sie partizipieren, bzw. der Übergänge zwischen seriellen Sequenzen. Das Ziel der Untersuchung einer *interseriellen* Verdichtung ist der Nachvollzug einer Denkbewegung und die Beschreibung des Denkraums, den diese Denkbewegung konstituiert.[24]

Kommunikative Erfahrung
Als *kommunikative Erfahrungen* bezeichnet man in der Soziologie des Geistes die Sozialität sinnlicher Subjekte *vor* derjenigen Sequenz der Geltungsrealisierung, die das Material einer Konstellationsanalyse ist. Dabei gilt als Kennzeichen sozialer Serien, dass es mit ihrer sequenziellen Entwicklung zu einer *Verdichtung* (gemeinsamer) *kommunikativer Erfahrungen* durch deren fortgesetzte Bearbeitung kommt; deswegen unterscheiden sich Serien voneinander nicht nur formal (da sie sich aus unterschiedlichen Elementen zusammensetzen), sondern überdies nach ihrem Sinngehalt.

---

[24] Vgl. Gostmann. *Einführung*, S. 16 19.

Konstellation/Konstellationsanalyse

Eine *Konstellation* ist ein Sinnzusammenhang, der eine bestimmte (endliche) Menge unterschiedlicher Größen umfasst. Solche Konstellationen treten in Serien von in sich abgeschlossenen zeitlichen Sequenzen auf. Die Soziologie des Geistes nimmt diese Serien auf Grundlage der sequenziellen Abläufe der Geltungsrealisierung, d. h. einer temporären Konstitution *theoretischen Sinns*, in den Blick. Diese Einzelabläufe untersucht sie mittels Konstellations*analyse* auf deren serielle, interserielle bzw. transserielle Zusammenhänge und Tendenzen hin.

Eine *Konstellationsanalyse* ist eine Forschungspraxis im Sinne der Soziologie des Geistes.[25] Das Untersuchungsfeld solcher *Konstellationsanalysen* bildet allgemein die Öffentlichkeit; d. h. Fälle „geistigen Verkehr[s]" (Personen, die sich coram publico äußern), der Fragen von Recht und Regime behandelt und in eigens diesem Verkehr zugeeigneten „sozialen Medi[en]" stattfindet.[26]

Konstellationsanalysen basieren auf einer Reihe interagierender Verfahrensregeln. Auf deren Grundlage prüfen sie Argumentationsfiguren, Stilelemente, sprachliche Bilder, Deutungsmuster, usw. als Elemente bzw. Element-Relationen (selbstgeltende und transmittierende Größen) eines Denkraums, der sich mit dem fortgesetzten Vollzug von interagierenden Denkbewegungen verändert. Die *allgemeinen* Tendenzen solcher Denkbewegungen bezeichnet Emil Lask als Gebärden sinnlicher Subjekte gegenüber der empirischen Wirklichkeit.[27]

Kulturwissenschaft

Im Sinne des von Emil Lask vorgeschlagenen Systems der Wissenschaften handelt es sich bei der Soziologie des Geistes um eine *Kulturwissenschaft*; als solche orientiert sie sich an der Logik der Geltungssphäre und ist deswegen der Philosophie näher als den Naturwissenschaften.[28] Anders als die Philosophie ist allerdings Lask zufolge eine Kulturwissenschaft wie die Soziologie des Geistes nicht mit der *Grund*bestimmtheit ihres Materials, sondern mit *Einzel*bestimmtheiten befasst, d. h. mit ausgewählten Größen der Geltungs*realisierung*.

Materialisation

s. *Ausdruck/Materialisation*

---

[25] Vgl. Gostmann. *Einführung.*
[26] Vgl. Hölscher, Lucian. 1984. Öffentlichkeit. In *Historisches Wörterbuch der Philosophie.* Band 6, hrsg. Joachim Ritter und Karlfried Gründer. Basel: Schwabe, S. 1134–1140, hier S. 1135.
[27] Lask, Emil. 1923. Hegel in seinem Verhältnis, S. 340–341.
[28] Lask, Emil. 1924. Zum System der Wissenschaften, S. 242.

Nicht-Geltendes
s. *Geltendes/Nicht-Geltendes*

Nicht-Sinnliches
s. *Sinnliches/Nicht-Sinnliches*

Objektensemble
Von *Objektensembles* sprechen Luc Boltanski und Laurent Thévenot im Rahmen ihrer Rekonstruktion einer allgemeinen Ordnung des Vorgangs der Rechtfertigung eines Gemeinwesens, welche eine Möglichkeit für eine transserielle Untersuchung im Sinne der Soziologie des Geistes darstellt (d. h. für den Vergleich des Sinngehalts unterschiedlicher, nicht zwangsläufig raum-zeitlich verbundener sozialer Serien). Solche *Objektensembles* entstehen Boltanski und Thévenot zufolge im Zuge von „Prüfungen zur Regelung von Streitfällen", für die die Prüfenden bestimmte Objekte mit bestimmten „übergeordneten gemeinsamen Prinzipien" in Korrespondenz setzen und so „zur Geltung zu bringen" versuchen.[29] Der Begriff des Denkraums lässt sich als eine Spezifikation dessen, was bei Boltanski und Thévenot die Kategorie des *Objektensembles* umfasst, verstehen.

Öffentlich/privat
Den Gegenstandsbereich einer Konstellationsanalyse (d. h. einer Forschungspraxis im Sinn der Soziologie des Geistes) bilden *öffentliche* Äußerungen, wie sie z. B. in Form von Reden, Vorträgen, Artikeln, Aufsätzen, Interviews vorliegen. Die Träger öffentlicher Äußerungen (*öffentliche Personen* im Sinne der Konstellationsanalyse) kennzeichnet, dass sie mit ihnen Geltung im Rahmen einer umfassenderen sozialen Einheit beanspruchen, nämlich für Fragen deren politischer Ordnung (Recht und Regime) Klassifizierungsprinzipien zur Anwendung bringen bzw. die Zuschreibung von Kategorien betreiben. Um des präziseren Verständnisses solcher Äußerungen coram publico willen arbeitet die Konstellationsanalyse neben *öffentlichen* Äußerungen (s. o.) auch mit *privaten* Äußerungen öffentlicher Personen, z. B. in Form von Briefen, Notizen, Tagebüchern.[30]

Rechtfertigung
Die von Luc Boltanski und Laurent Thévenot rekonstruierte allgemeine Ordnung des Vorgangs der *Rechtfertigung* eines Gemeinwesens stellt eine Möglichkeit für eine transserielle Untersuchung dar, d. h. für den Vergleich des Sinngehalts

---

[29] Boltanski und Thévenot. *Über die Rechtfertigung*, S. 65.
[30] Vgl. Gostmann. *Einführung*, S. 1–8.

unterschiedlicher, nicht zwangsläufig raum-zeitlich verbundener sozialer Serien. Dies ist dadurch begründet, dass Boltanskis und Thévenots Verständnis von *Rechtfertigung* als eines Vorgangs der *Konfliktbewältigung*[31] eine Analogie in dem zentralen Stellenwert hat, den die Soziologie des Geistes der Organisation der Brüche bzw. Übergänge im Zuge von Geltungsrealisierung einräumt. Während aber die Soziologie des Geistes die *Mikroprozesse* von Kommunikation fokussiert, nehmen Boltanski und Thévenot mit dem Begriff der Rechtfertigung die *Gesamttendenz* eines Prozesses der Geltungsrealisierung, d. h. die vollzogene Denkbewegung, in den Blick.

Recht/Regime
Recht und *Regime* stellen im Sinne der Soziologie des Geistes die beiden interagierenden Dimensionen politischer Ordnung dar. Dabei bildet die Kategorie *Recht* die äußere, relativ konstante Form ab; sie umfasst ebenso Fälle von Recht, das sich göttlicher Offenbarung oder heroischer Stiftung verdankt, wie Fälle einer naturrechtlich basierten Ordnung oder Fälle reinen Säkularrechts. Die Kategorie *Regime* erfasst die innere, relativ kurzweilige Form der politischen Ordnung: die Gesinnungen und Gepflogenheiten, die in einer bestimmten Sequenz einer politischen Ordnung die größte öffentliche Anerkennung genießen.[32]

Die Soziologie des Geistes verwendet die Kategorien *Recht* und *Regime* ausdrücklich auch *selbstreflexiv*: Untersuchungen im Sinne dieser Forschungslogik gelten als Antworten auf das Problem derjenigen politischen Ordnung, in der ihre Autor*innen leben; diese Antworten werden in der Form der Deutung von Bearbeitungsweisen des Problems der politischen Ordnung in anderen Zeiten und an anderen Orten übermittelt.

Rekonstruktiv/subsumtiv
Konstellationsanalysen (Forschungspraxis im Sinne der Soziologie des Geistes) verfahren *rekonstruktions*logisch, *nicht subsumtions*logisch: Konstellationsanalytiker*innen setzen zwar voraus, dass auch eine wissenschaftliche Beschreibung (z. B. der Gebärde) gegenüber der empirischen Wirklichkeit, die der Autor einer Schrift vollzieht) eine Praxis der „soziale[n] Verallgemeinerung" (nach „Ähnlichkeit",

---

[31] Vgl. Boltanski und Thévenot. *Über die Rechtfertigung*, S. 61–62.
[32] Vgl. Gostmann, Peter. 2019. Die Gedankenfigur einer „Soziologie avant la lettre". Zur Systematik der Politiken des Denkens. In *Komplexe Dynamiken lokaler und globaler Entwicklungen. Verhandlungen des 39. Kongresses der Deutschen Gesellschaft für Soziologie 2018 in Göttingen*, hrsg. Nicole Burzan. http://publikationen.soziologie.de/index.php/kongressband_2018.

„Typus", „Oberbegriff", „ideelle[r] Möglichkeit") ist.³³ Aber in einer Konstellationsanalyse finden solche Verallgemeinerungen nicht *subsumtiv* Verwendung: als „Schemata", die Wissenschaftler*innen ihrem Material applizieren.³⁴ Sondern Konstellationsanalytiker*innen nehmen den apriorischen „Mangel" von Verallgemeinerungen³⁵ als „Begründung der Möglichkeit, rekonstruktionslogisch umfassend vorgehen zu können": in einem abgeschlossenen exegetischen Prozess mithilfe einer Reihe interagierender Verfahrensregeln eine „Theorie" der „Wirklichkeit [...] in der ‚Sprache des Falls'" („mit Bezug auf die lesbaren, hörbaren und sichtbaren Zeichen und Markierungen" eines Materials) auszuarbeiten.³⁶

Selbstgenugsame (bzw. selbstgeltende) Größe
Selbstgenugsamkeit bzw. *Selbstgeltung* ist eine Eigenschaft bestimmter Subjekte, mit denen die Soziologie des Geistes sich forschungspraktisch beschäftigt. Ein selbstgenugsames (bzw. selbstgeltendes) Subjekt kennzeichnet, dass an ihm seiner Anlage nach nur deswegen etwas Geltendes (etwas Nichtsinnlich-Gegenwärtiges) in Erscheinung treten kann, weil und insofern es selbst als Subjektivität in Geltung ist.

Zu den forschungspraktischen Aufgaben der Soziologie des Geistes zählt deswegen die Identifikation der *selbstgenugsamen Größen*, die in einem Forschungsmaterial (i. d. R. einer Schrift) auftreten. Formal handelt es sich bei einer solchen selbstgenugsamen Größe um ein Element des Materials, das in sich vollständig heißen kann, weil an ihm etwas Nichtsinnlich-Gegenwärtiges (z. B. ein Wert der Schönheit oder die Idee des Schönen) in Erscheinung tritt. Selbstgeltenden Größen korrespondieren im Material transmittierende Größen (Größen der Element-Relation), die selbstgeltende Größen miteinander in Verbindung setzen.

Serie
Eine *Serie* bilden in sich abgeschlossene Sequenzen der tätigen Geltungsrealisierung, die miteinander verbindet, dass sie sich bestimmten sinnlichen Subjekten zurechnen lassen. Eine solche Serie ist formal definiert durch die Menge der anwesenden Größen, d. h. neben dem Signierenden selbst durch ihre Adressaten

---

[33] Vgl. Simmel, Georg. 1992. *Soziologie. Untersuchungen über die Formen der Vergesellschaftung.* Frankfurt am Main: Suhrkamp, S. 47–50.

[34] Wagner. *Objektive Hermeneutik*, S. 94.

[35] Simmel. *Soziologie*, S. 48.

[36] Oevermann, Ulrich. 1996. *Konzeptualisierung von Anwendungsmöglichkeiten und praktischen Arbeitsfeldern der objektiven Hermeneutik. (Manifest der objektiv hermeneutischen Sozialforschung).* Unveröffentlichtes Manuskript, MS. 1–37, hier MS. 32–33 und MS. 26–27. Vgl. Wagner. *Objektive Hermeneutik*, S. 94–96.

(Leserinnen oder Zuhörer). Einzelne Serien unterscheiden sich also *formal* voneinander wegen der unterschiedlichen Elemente, aus denen sie sich zusammensetzen. Ihre *inhaltliche* Differenz ergibt sich aus dem unterschiedlichen Fundus kommunikativer Erfahrungen und dem Stand ihrer (gemeinsamen) Bearbeitung: Jede einzelne Serie ist durch ihren spezifischen Sinngehalt gekennzeichnet, der einer sequenziellen Entwicklung unterliegt.

Zu den grundlegenden Operationen einer Konstellationsanalyse (d. h. einer Forschungspraxis im Sinn der Soziologie des Geistes) zählen die vollständige Identifikation der in Sequenzen der Geltungsrealisierung involvierten Serien sowie die Beschreibung der seriellen Verdichtung kommunikativer Erfahrungen. Da Subjekte in einer *Mehrzahl* von Serien agieren, tritt im Zuge einer Konstellationsanalyse neben eine solche Untersuchung serieller Konstellationen i. d. R. eine Untersuchung interserieller Konstellationen.[37]

Sequenz

Sequenzen sind abgeschlossene (in sich vollständige) Zeiteinheiten. Das Forschungsmaterial der Soziologie des Geistes besteht aus Serien von Sequenzen. Sie erforscht solche Serien von Sequenzen als pragmatisch erzeugte *Sinn*einheiten: Prozesse tätiger Geltungsrealisierung, die sich sinnlichen Subjekten zurechnen lassen. Den Sinn*zusammenhang* der Größen, die in einer bestimmten Serie in sich abgeschlossener Sequenzen der Geltungsrealisierung in Erscheinung treten, nennen wir eine Konstellation.

Eine Sequenz der Geltungsrealisierung an einem sinnlichen Subjekt ist formal definiert durch die Menge der bei der Äußerung anwesenden Größen, d. h. ihre Adressaten (Leser oder Zuhörer). Eine *einzelne* Sequenz der Geltungsrealisierung involviert demnach eine *Mehrzahl* sinnlicher Subjekte, d. h. mehrere Serien der Geltungsrealisierung.

Eine *Konstellationsanalyse* untersucht *Sequenzen* als Elemente mehrerer ihr vorhergegangener und mehrerer später sich fortsetzender Sequenz*folgen*; die unterschiedlichen Dimensionen einer solchen Untersuchung bezeichnen wir als seriell, interseriell und transseriell.

Sinnliches/Nicht-Sinnliches

Das *sinnliche* Gebiet ist der Definition Emil Lasks zufolge das Gegenstandsgebiet von Wissenschaften, die nach der analytischen Logik verfahren; Lask unterscheidet sie von Wissenschaften, die nach der emanatistischen Logik verfahren (das *übersinnliche* Gebiet anvisieren) sowie von Wissenschaften, die sich an der Logik der

---

[37] Vgl. Gostmann. *Einführung*, S. 14–19.

Geltungssphäre als der „Sphäre des *Nichtsinnlichen*" (mit dem Gegenstandsgebiet des *theoretischen Sinns*) orientieren.[38] Von den *beiden* unsinnlichen Elementen, die *theoretischen* Sinn konstituieren, liegt der Soziologie des Geistes, die sich an der Logik der Geltungssphäre orientiert, *eines (kategoriales Gelten* bzw. *kategoriales Wertmoment)* in *sinnlichen* Formen vor: als Zusammenhänge von Zeichen und Lauten, Worten und Sätzen, Reden und Schriften.

Solche *sinnlichen* Materialien untersucht die Soziologie des Geistes mit den Mitteln der Konstellationsanalyse auf die Denkbewegungen hin, die in ihnen in Vorgängen der *Geltungs*realisierung (bzw. *Wertrealisierung)* einen Ausdruck gefunden haben. Die Träger solcher Denkbewegungen sind *sinnliche* Subjekte; eine Konstellationsanalyse untersucht solche sinnlichen Subjekte als *nicht*sinnliche Größen: als hervorgehobene Elemente bestimmter Mengen selbstgenugsamer Größen. An solchen Mengen selbstgenugsamer Größen, die in Materialien wie Schriften, Reden o. ä. in Korrespondenz mit bestimmten Mengen transmittierender Größen auftreten, rekonstruiert eine Konstellationsanalyse *Nichtsinnlich-Gegenwärtiges (Geltendes)* von öffentlicher Tragweite und politischer Bedeutung (Klassifizierungsprinzipien und Kategorienzuordnungen für Fragen von Recht und Regime).

Subjekt
Subjekte heißen im Sinne der Soziologie des Geistes selbstgenugsame sinnliche Größen, an denen *etwas* in Erscheinung tritt, das nicht *es* in seiner *sinnlichen* Qualität, sondern etwas Nichtsinnlich-Gegenwärtiges ist, das sich diese *Subjekte* in der Form der Geltungsrealisierung (bestimmten *Wertentscheidungen* bzw. *Kulturleistungen)* aneignen. Subjekte agieren auf Grundlage kommunikativer Erfahrungen in unterschiedlichen sozialen Serien, deren Zusammenhang wir ihren Denkraum nennen. *Subjekte* sind Elemente von Konstellationen.

Konstellationsanalysen (Forschungsarbeiten im Sinn der Soziologie des Geistes) interessieren sich besonders für solche *Subjekte*, die coram publico agieren, d. h. als öffentliche Personen. Das Ziel einer Konstellationsanalyse ist, mit einem Wort Emil Lasks, Nachweis und Deutung der „Gebärden" solcher öffentlicher Personen,[39] d. h. des *theoretischen Sinns* ihrer öffentlichen *und* privaten Äußerungen auf der materialen Grundlage ihrer Schriften, Reden, usw.

Subsumtiv
s. *Rekonstruktiv/subsumtiv*

---

[38] Lask. Logik der Philosophie, S. 177–179; Hervorhebungen von uns/PG und AI.
[39] Lask. Hegel in seinem Verhältnis, S. 340–341.

Transmittierende Größe
Transmittierend heißen bestimmte Elemente des Forschungsmaterials, mit dem die Soziologie des Geistes sich in der Praxis beschäftigt. Solche transmittierenden Größen korrespondieren Elementen des Materials, die als selbstgenugsame (bzw. selbstgeltende) Größen auftreten: Transmittierende Größen setzen selbstgeltende Größen in Verbindung; d. h. es handelt sich um Größen der *Relation*. Transmittierende Größen bringen die äußere Begrenzung der Geltung selbstgeltender Größen zum Ausdruck, indem sie sie in Relationen einfügen (z. B. sie als Teile einer Hierarchie oder einer Organisation zeigen oder sie in ein Verhältnis der Kooperation oder des Konflikts setzen).

Transseriell
Transserielle Analysen stellen eine ergänzende Operation zur genuinen Forschungspraxis der Soziologie des Geistes dar, d. h. zur Untersuchung serieller und interserieller Konstellationen. Dabei geht es darum, am Leitfaden spezifischer Argumentationsfiguren, Stilelemente, sprachlicher Bilder, Deutungsmuster usw. unterschiedliche, nicht zwangsläufig raum-zeitlich, jedenfalls aber in semantischer Hinsicht verbundene soziale Serien einander zum Zweck des Vergleichs ihrer Sinngehalte zu kontrastieren. Eine Möglichkeit für eine solche transserielle Konstellationsanalyse ergibt sich in Anknüpfung an die allgemeine Ordnung des Vorgangs der Rechtfertigung eines Gemeinwesens, die Luc Boltanski und Laurent Thévenot als ein endliches System interagierender Axiome identifiziert haben.[40] Allgemein stellt die transserielle Analysemethode eine Möglichkeit der Erweiterung und Präzisierung der Historischen Semantik dar.

Übergang
s. *Bruch/Übergang*

Verfahrensregeln
Eine Konstellationsanalyse (d. h. eine Forschungspraxis im Sinne der Soziologie des Geistes) basiert auf einer Reihe interagierender *Verfahrensregeln*. Deren Formulierung folgt dem Anspruch eines strikt rekonstruktiven (nicht subsumtiven) Forschungsansatzes. Eine zentrale Regel stellt der abduktivische Imperativ dar; außerdem u. a. der Einsatz eines Forschungstagebuchs oder das Initiieren exegetischer Pendelbewegungen.[41]

---

[40] Vgl. Boltanski und Thévenot. *Über die Rechtfertigung*, S. 108–112.
[41] Vgl. Gostmann. *Einführung*, S. 21–39.

Zeitlos/zeitlich

Der „Zusammenstoß der beiden Welten des *Zeitlosen* und des *Zeitlichen*" ist ein Bild, an dem Emil Lask einen Mangel der emanatistischen Logik erläutert (aus deren Kritik nebst der Kritik der analytischen Logik er die *Logik der Geltungssphäre* entwickelt).[42] Für die Soziologie des Geistes ist es von Bedeutung, weil die *ältere* Soziologie des Geistes (Karl Mannheim) diesen Mangel teilt. Wir verwenden das Bild des Zusammenstoßes der Welten des *Zeitlosen* und des *Zeitlichen*, um *Gegenstandsgebiet* und *Erkenntnismaterial* der Soziologie des Geistes zu erläutern: der Vollzug von Wertentscheidungen und Kulturleistungen konkreter, i. d. R. in Schriften repräsentierter Subjekte.

Im Aufbau der Denkbewegung, die in einer solchen Schrift ihren Niederschlag findet, entspricht der Zusammenstoß der Welten des *Zeitlosen* und des *Zeitlichen* dem *dialektischen* Moment der Überführung einer Denkbewegung in denjenigen Ausdruck, in dem der Vollzug einer Geltungsrealisierung (Zusammentreffen von etwas Nichtsinnlich-Gegenwärtigem und einem sinnlichen Material) sich materialisiert hat; d. h. er lässt sich nur (aber immerhin) indirekt bestimmen.

Literatur

Beierwaltes, Werner. 1979. *Proklos. Grundzüge seiner Metaphysik*. Frankfurt am Main: Klostermann.
Boltanski, Luc, und Thévenot, Laurent. 2007. *Über die Rechtfertigung. Eine Soziologie der kritischen Urteilskraft*. Hamburg: Hamburger Edition.
Gostmann, Peter. 2016. *Einführung in die soziologische Konstellationsanalyse*. Wiesbaden: Springer VS.
Gostmann, Peter. 2019. Die Gedankenfigur einer „Soziologie avant la lettre". Zur Systematik der Politiken des Denkens. In *Komplexe Dynamiken lokaler und globaler Entwicklungen. Verhandlungen des 39. Kongresses der Deutschen Gesellschaft für Soziologie 2018 in Göttingen*, hrsg. Nicole Burzan. http://publikationen.soziologie.de/index.php/kongressband_2018.
Hölscher, Lucian. 1984. Öffentlichkeit. In *Historisches Wörterbuch der Philosophie. Band 6*, hrsg. Joachim Ritter und Karlfried Gründer. Basel: Schwabe, S. 1134–1140.
Lask, Emil. 1923a. Die Logik der Philosophie und die Kategorienlehre. In *Gesammelte Schriften. II. Band*. Tübingen: Mohr (Siebeck), S. 1–282.
Lask, Emil. 1923b. Fichtes Idealismus und die Geschichte. In *Gesammelte Schriften. I. Band*. Tübingen: Mohr (Siebeck), S. 1–274.
Lask, Emil. 1923c. Hegel in seinem Verhältnis zur Weltanschauung der Aufklärung. In *Gesammelte Schriften. I. Band*. Tübingen: Mohr (Siebeck), S. 335–345.

---

[42] Lask, Hegel in seinem Verhältnis, S. 343–344; Hervorhebungen von uns/PG und AI.

Lask, Emil. 1924. Zum System der Wissenschaften. In *Gesammelte Schriften. III. Band.* Tübingen: Mohr (Siebeck), S. 237–293.
Oevermann, Ulrich. 1996. *Konzeptualisierung von Anwendungsmöglichkeiten und praktischen Arbeitsfeldern der objektiven Hermeneutik. (Manifest der objektiv hermeneutischen Sozialforschung).* Unveröffentlichtes Manuskript, MS. 1–37.
Peirce, Charles S. 1976. *Schriften zum Pragmatismus und Pragmatizismus.* Frankfurt am Main: Suhrkamp.
Wagner, Hans-Josef. 2001. *Objektive Hermeneutik und Bildung des Subjekts. Mit einem Text von Ulrich Oevermann: „Die Philosophie von Charles Sanders Peirce als Philosophie der Krise".* Weilerswist: Velbrück.
Wittgenstein, Ludwig. 1977. *Philosophische Untersuchungen.* Frankfurt am Main: Suhrkamp.

	MIX
	Papier aus verantwortungsvollen Quellen
FSC	Paper from responsible sources
www.fsc.org	FSC® C105338

If you have any concerns about our products,
you can contact us on
ProductSafety@springernature.com

In case Publisher is established outside the EU,
the EU authorized representative is:
**Springer Nature Customer Service Center GmbH
Europaplatz 3, 69115 Heidelberg, Germany**

Printed by Libri Plureos GmbH
in Hamburg, Germany